GA
1. LIGA
RIONS-LEAGUE

ZEUS
Anzeigesysteme für
Crunchips
DEUTSCHER MEISTER 1998
Deutscher Fußballmeister 1998
DIE BUNDES LIGA
DEUTSCHER
MEISTER 1998

Deutscher
Meister 1998
Information und Werbung
Internationale Stadion- und Sportwerbung
salzbrenner
Würstchen
knackige Vergnügen
Crunchips
EUTSCHER
ISTER 1998
DIE
BUNDES
LIGA

FRITZ-WALTER
STADION
Danke
Otto !!!

BUNDESLIGA ´98

DAS FUSSBALL-JAHRBUCH

Redaktion:

Wolfgang Hartwig · Raymund Stolze

Sportverlag Berlin

SPORT VERLAG BERLIN

Sport Bild

 INHALT

FABER LOTTO
s.Oliver
BVB
FABER
Lotto-Service

C-Klasse T-Modelle

Liebe Freunde des Fußballs,

mal ehrlich: Wie oft haben Sie gestaunt oder fassungslos den Kopf geschüttelt, wenn Sie mit Freunden über die abgelaufene Bundesliga-Saison diskutierten. Otto Rehhagels große Meister-Nummer mit dem Aufsteiger 1. FC Kaiserslautern, Bayern Münchens wilde Vorstellungen mit dem Abgang von Giovanni Trapattoni, Dortmunds Rückkehr ins Mittelmaß – doch immer war es spannend: Im Abstiegskampf und bei der Vergabe der UEFA-Cup-Plätze.
Die wertvollsten Momente der Saison haben wir in diesem Buch festgehalten.
Ich wünsche gute Unterhaltung!

Gerhard Pietsch
Chefredakteur SPORT-BILD

Es gibt Momente in diese Mannschaft, oh, einige Spieler vergessen innen Profi, was sie sind ... Ich lese nicht sehr viel Zeitungen, aber ich habe gehört viele Situationen.
Erstens: Wir haben nicht offensiv gespielt. Es gibt keine deutsche Mannschaft spiel offensiv und dynam offensiv wie Bayern. Letzte Spiel hatten wir in Platz drei Spitzen.
Elber, Jancker und dann Zickler. Wir mussen nicht vergessen Zickler.
Zickler ist eine Spitzen mehr Mehmet, eh, mehr, eh, Basler.
Is klar diese Wörter, is möglich verstehen, was ich hab i gesagt?
Danke. Offensiv. Offensiv is wie maken wir in Platz.
Zweite: Ich habe erklär mit diese zwei Spieler nach Dortmund brauch i vielleicht Halbzeitpause. Ich habe auch andere Mannschaft geseh in Europa nach diese Mittwoch.
Ich habe geseh auch zwei Tage de Training. Ein Trainer ist nicht ein Idiot.
Ein Trainer seh, was passieren in Platz. In diese Spiel, es waren zwei, drei, diese Spieler waren schwach wie eine Flasche leer! Habe Sie gesehen Mittwoch?
Welche Mannschaft hat gespielt Mittwoch?
Hat gespielt Mehmet, or hat gespielt Basler, or hat gespielt Trapattoni?
Diese Spiele beklagen mehr als Spiel! Wissen Sie, warum die Italien-Mannschaften kaufen nicht diese Spieler? Weil wir haben gesehen viele Male dumme Spiel.
Haben gesagt, sind nicht Spieler für die italienisch, eh, Meisters.
Struunz! Strunz is zwei Jahre hier und hat gespielt seine Spiel. Is immer verletzt.
Was erlauben Strunz? Letzte Jahr Meister geworden mit Hamann, eh, Nerlinger.
Diese Spieler waren Spieler! Waren Meister geworden!
Ist immer verletzt! Hat gespielt 25 Spiele in dieser Mannschaft, in diese Verein.
Mussen respektieren die anderen Kollega!
Haben viel nett Kollegen.
Stellen Sie die Kollegen die Frage!
Haben keine Mut an Worten!
Weil ich, was denken über diese Spieler mussen zeigen mich, eh zeigen de Fans.
Mussen alleine Spiel gewinnen!
Ich bin müde jetzt der Vater dieser Spieler - eh der Verteidiger dieser Spieler!
Ich habe immer die Schulde über diese Spieler!
Einer is Mario, einer, andere is Mehmet!
Strunz dagegen, egal, hat nur gespielt 25 Prozent diese Spiel!
Ich habe fertig.

Giovanni Trapattoni
am 10. März 1998

O-TON DER SAISON 1997/98

CHRONIK

Das Siegtor in München war der Bundesliga-Einstand des Dänen und Neu-Lauterers Michael Schjönberg (30), der 1992 mit Hannover 96 sensationell Pokalsieger wurde.

Nach zwölf Niederlagen und einem Remis gab es den ersten FCK-Sieg seit 1983 beim FC Bayern.

Nach fünf sieglosen Heimspielen seit März 1997 gewann Schalke erstmals wieder im Parkstadion.

Der VfB Stuttgart blieb trotz einer 1:0-Führung erstmals seit April 1996 zu Hause sieglos gegen 1860.

ERGEBNISSE

VfB Stuttgart	1
München 1860	1
Schalke 04	2
Bayer Leverkusen	1
Karlsruher SC	3
Werder Bremen	1
VfL Bochum	1
Arminia Bielefeld	0
1. FC Köln	3
MSV Duisburg	2
Hansa Rostock	0
VfL Wolfsburg	1
Bayern München	0
1. FC Kaiserslautern	1
Hertha BSC Berlin	1
Borussia Dortmund	1
Hamburger SV	2
Borussia M´Gladbach	2

TABELLE

1. Karlsruher SC	1	1	0	0	3:1	+2	3 ▲
2. 1. FC Köln	1	1	0	0	3:2	+1	3 ▲
3. Schalke 04	1	1	0	0	2:1	+1	3 ▲
4. VfL Bochum	1	1	0	0	1:0	+1	3 ▲
5. 1. FC Kaiserslautern	1	1	0	0	1:0	+1	3 ●
6. VfL Wolfsburg	1	1	0	0	1:0	+1	3 ●
7. Hamburger SV	1	0	1	0	2:2	0	1 ▲
8. Borussia M´Gladbach	1	0	1	0	2:2	0	1 ▲
9. VfB Stuttgart	1	0	1	0	1:1	0	1 ▼
10. München 1860	1	0	1	0	1:1	0	1 ▼
11. Borussia Dortmund	1	0	1	0	1:1	0	1 ▼
12. Hertha BSC Berlin	1	0	1	0	1:1	0	1 ●
13. MSV Duisburg	1	0	0	1	2:3	-1	0 ▼
14. Bayer Leverkusen	1	0	0	1	1:2	-1	0 ▼
15. Bayern München	1	0	0	1	0:1	-1	0 ▼
16. Arminia Bielefeld	1	0	0	1	0:1	-1	0 ▼
17. Hansa Rostock	1	0	0	1	0:1	-1	0 ▼
18. Werder Bremen	1	0	0	1	1:3	-2	0 ▼

Berlin in Sonntagslaune: Überstanden sind sechs Jahre „Straflager“ in Liga 2. Europas Könige aus Dortmund werden mit einem Remis verabschiedet. Was „nur“ 76 243 miterleben können. Ausverkauft ist auch Münchens Olympiaarena. Das Wiedersehen mit dem davongejagten Otto Rehhagel wird zum Alptraum. Lautern stoppt Bayern! Den imponierenden Einstand der Aufsteiger komplettiert Wolfsburg, als Roy Präger mit dem Siegtor in der 90. Minute Hansa Rostock schockiert. Schalkes Elf startet mit sieben Ausländern und nur vier deutschen Kickern. Leverkusens Schützenkönig Ulf Kirsten meldet sich zwar als Schütze Nr. 1 zurück, aber sonst wird´s ein Fehlstart. Weil Werder im zehnten Karlsruher Auftritt sieglos bleibt, springt die Schäfer-Herde an die Spitze.

ZEITLUPE

Der Augenblick der Wahrheit: Dänemarks Nationalspieler Michael Schjönberg köpfelt das Siegtor in München - und Bayer Thomas Strunz (rechts) schaut brav hinterdrein...

Seit 1991 hat Ottmar Hitzfeld (48) die Dortmunder Borussen trainiert und sie dabei 1995 und 1996 zum Deutschen Meistertitel geführt. 1997 gewann der BVB als erster deutscher Klub die Champions-League im Finale gegen Juventus Turin. Nach 14 Trainerjahren, davon acht in der Schweiz, übernahm er bei Borussia das Amt des Sportdirektors, kann deswegen den Fußball aus einer objektiveren Distanz betrachten.

INTERVIEW

Waren Sie nicht erschrocken über die Bayern-Dominanz im Liga-Pokal gegen Dortmund?
Nein. München war beim 2:0 sicher besser. Aber unser Trainer Scala hat klar gesagt, daß er das Training nicht auf den Ligapokal ausrichten würde. Bayern ist ein Jahr weiter, kennt Trapattonis Gedanken. Die Dortmunder kennen Scalas Taktik noch nicht. Er braucht Zeit. Natürlich sind die Bayern Favorit. Sie haben sich mit Elber optimal im Angriff verstärkt, aber nicht nur Künstler, sondern mit Fink, Tarnat, Lizarazu mannschaftsdienliche Spieler gekauft.
War Dortmund zu sparsam?
Unsere Verstärkungen kommen von der Bank, mit Sousa als Weltklasse-Regisseur, Schneider als Abwehr-As, mit den lange verletzten Tanko, Freund, Julio Cesar. Die Bayern haben das leichtere Startprogramm, um sich in Höchstform zu spielen. Das war schon oft so. Gleichzeitig werden wir benachteiligt, weil wir am letzten Tag beim FC Bayern anzutreten haben. Ein Unding.
Muß die Liga reduziert werden?
Das ist nicht sinnvoll. Für Städte wie Wolfsburg bedeutet der Aufstieg Aufschwung für die ganze Region. Nein, der DFB muß den Nationalspielern, den Juwelen unseres Fußballs, mehr Ruhezeiten geben. Ein Länderspiel eine Woche nach Saisonschluß muß nicht sein. Lieber vorher eine englische Woche mehr einlegen.
Ist es typisch für uns, daß ein Manndecker wie Kohler „Fußballer des Jahres“ wird?
Uns fehlt der große Mittelstürmer. Klinsmann ist ein guter Stürmer, aber kein Gerd Müller. Kohler aber ist in der Form seines Lebens und hat Großes geleistet. Er war Vorbild, dazu immer loyal zum Verein. Sowas bleibt in Erinnerung.
Nie gab es mehr Ausländer. Sind sie billiger als deutsche Talente?
Nein, aber alle Vereine haben nicht mehr die Zeit wie einst Hennes Weisweiler, eine Mannschaft über vier Jahre aufzubauen. Die 18jährigen brauchen drei Jahre. Ricken und Tanko haben bei mir damals auch nur gespielt, weil Riedle und Chapuisat verletzt waren.
Bayern hat die wenigsten Ausländer.
Dahin müssen wir auch kommen. Ich sehe da auch Gefahren für den Bundestrainer. Zentrale Positionen sind oft von Ausländern besetzt. Nur: Spitzenleute setzen sich doch wohl überall durch. Ansonsten sind sie eben nicht Spitze.
Ohne Europacup-Geld scheint kein Titel mehr möglich. Ein Trend?
Dafür gibt´s nie eine Garantie. Je mehr Stars, umso empfindlicher das Gebilde. Schalke hat 20 Millionen im UEFA-Cup eingespielt. Jetzt muß sich der Klub damit gezielt verstärken. Diese Chance hat auch Bochum.
Überdreht die Bundesliga nicht?
Im Gegenteil. Ich bin überzeugt, wir machen in ein paar Jahren Umsätze von 300 bis 400 Millionen Mark. Über Werbung refinanziert, können Topstars 15 Millionen Mark verdienen. Wir stehen da ja erst am Anfang.
Werden Spieler nicht allmählich übermächtig?
Die Verträge sind so zu formulieren, daß Spieler loyal sein müssen. Politik im Verein ist nicht ihre Sache, sondern das Fußballspielen. Beim FC Bayern wollte Ziege immer mehr, bis die Führung sagte, das machen wir nicht mit. Sie haben ihn ziehen lassen. Toll.

Der Alltag eines Sportdirektors kann auch anstrengend sein, aber Dortmunds Ottmar Hitzfeld weiß schon, was er den Borussen-Fans schuldig ist.

TORSCHÜTZE DES TAGES
Jörgen Pettersson

Der Schwede hatte seinen großen Tag: zwei Torchancen, zwei Tore. Und dennoch sprang für den 21jährigen Pettersson, der schon siebenmal für Schweden spielte, und Gladbachs Team nach der 2:0-Führung beim HSV nur ein 2:2 heraus. Der blonde Stürmer ließ in der 38. und 47. Minute auch gleich alle jene Spötter verstummen, die gefragt hatten, wie lange die Borussia wohl diesmal brauchen würde, um das erste Auswärtstor zu erzielen. In der vergangenen Saison schossen die Gladbacher in der gesamten Hinrunde kein einziges Tor auf fremden Plätzen. Weil Pettersson als Einziger in der Auftaktrunde zweimal erfolgreich war, wurde er damit auch erstmals Spitzenreiter in der Bundesliga-Torjägerliste. Der Jugendabteilung seines Heimatvereins beschert er damit auch die erste Prämie für den Schützen des Tages. Bei Dösjebro FF lernte Jörgen das Fußballspielen, bevor er zu Malmö FF wechselte. Die „Continentale“ und SPORT-BILD stiften 1000 Mark (500 pro Tor) und einen Satz Trikots für die Jugend von Dösjebro FF.

„Tor, Tor...!“ - so scheint es aus Jörgen Pettersson herauszuschreien. Mit dem Doppelpack in Hamburg sind es jetzt 15 in 55 Erstligaspielen.

Freudenspender Bundesliga! Schon oft hieß es: Das wird die beste, schönste, spannendste Serie aller Zeiten. Doch diesmal tat sich schon vorm Start Außergewöhnliches. Viele Rekorde wurden überboten:
250 000 Dauerkarten haben die Vereine bisher verkauft, 17 Prozent mehr als im Vorjahr, obwohl der FC Bayern bei 20 000 stoppte, um möglichst vielen Fans aus dem Umland mal eine Chance zu geben, die Elf live im Stadion zu erleben.
So mutig wie nie ist die Liga, weil Bayern, Leverkusen, Stuttgart und Dortmund den Meistertitel als Ziel angeben. Dazu starten acht Teams in den Europacups - Rekord. Nur 1991/92 waren es mehr deutsche Teams, weil da vier der aufgelösten DDR-Oberliga mitspielten.
Unter den 449 Spielern, die in 18 Vereinen unter Vertrag stehen, kommen 148 aus dem Ausland. Bisher waren die 113 des Vorjahrs Spitze. Auch der Gesamtetat stieg um 22,5 Prozent auf 629,5 Millionen Mark. Verdienten bislang 86 Spieler eine Million und mehr im Jahr, so sind es nun über hundert. Die Schiedsrichter verdienen statt 2500 pro Spiel nun 4000 Mark. Erstmals gibt es mit Giovanni Trapattoni und Nevio Scala zwei italienische Trainer in der Liga. Trotz der weggefallenen Ablösesummen wurde mit 124 Millionen Mark (neun mehr als 95/96) ein neuer Transfer-Rekord markiert. Giovane Elber war mit 12,5 Millionen der teuerste Spieler beim Wechsel von Stuttgart nach München. Zuvor war es Heiko Herrlich, der 1995 für elf „Mille" von Gladbach nach Dortmund ging.
Die Trikotsponsoren haben ihre Beiträge um 47 Prozent auf 75,2 Millionen gesteigert. Gab es früher zwei Ausrüster (adidas, Puma) so bieten jetzt acht ihre Dienste an. Deswegen kommt zu den Schuhfarben schwarz, rot (Bobic), weiß (Elber) nun auch blau (diadora für Hirsch/MSV) hinzu.
Neues auch für die Fans. In Bremen, Dortmund, Karlsruhe und Berlin wird im Stadion auf Videowänden das Fan-TV gezeigt. Um Spiele mit möglichst wenig Unterbrechung zu bieten, liegen um das Spielfeld sechs Bälle bereit. Den Torleuten ist es nicht mehr gestattet, den Ball nach Einwürfen in die Hand zu nehmen. Das bedeutet weniger Verzögerungen und hoffentlich auch mehr Spielfluß.

REPORT

LEISER ABGANG Uli Stein

Bei Arminia Bielefeld war Uli Stein 1976 in den Profi-Fußball gestartet, dort stieg er nach 512 Bundesligaspielen nun aus. Zwischendurch war er 1982 und 1983 mit dem Hamburger SV Meister und 1983 auch Gewinner des Europacups der Meister geworden. Da erwarb er sich den Ruf, zu den allerbesten Torstehern des Landes zu zählen. „Ich trete jetzt ganz leise ab", sagt der 42jährige. „Wer hätte das gedacht, wo es doch in meiner Laufbahn oft so laut war. Das Ende ist so atypisch, wie meine ganze Karriere verlief." Beim HSV (zweimal) und in Frankfurt wurden seine Verträge vorzeitig gelöst. Bei der WM 1986 in Mexiko mußte er vorzeitig die Koffer packen, weil er Teamchef Franz Beckenbauer „Suppenkasper" genannt hatte. „Ich war oft der Buhmann, weil ich Kritik übte. Im Nachhinein habe ich meist recht behalten." Zuletzt warf er Bielefelds Trainer Middendorp und Manager Lamm miese Menschenführung vor. „Die Fans reden von Sauerei, und die haben ein Gespür dafür, wer die Wahrheit sagt." Der gebürtige Hamburger hatte schon zwischen 1976 und 1980 in Bielefeld gespielt. Nun trifft er sich mit Arminias Chefs vorm Arbeitsgericht wieder...

„Alles geht einmal zu Ende, alles ist einmal vorbei..." - für Uli Stein jedenfalls ist Bundesliga-Feierabend, wenn auch ungewollt.

„Der Herr Bräutigam konnte mit dem Ball nichts anfangen, da habe ich ich ihn eben reingemacht." (O-Ton Roy Präger zum Tor des Tages in Rostock)

MAGAZIN

DIE RÜCKKEHR DES GROSSEN FUSSBALLS
Hertha BSC Berlin

2241 Tage haben die Fans warten müssen, jetzt ist der große Fußball wieder nach Berlin zurückgekehrt. Das Motto: „Janz Berlin will Hertha sehn." Der Westen und der Osten, in mancherlei Hinsicht noch getrennt, ist in Sachen Hertha vereint. Ganz im Sinne der Spieler. Kapitän Axel Kruse: „Bisher ist das ja noch keine richtige Wiedervereinigung. Wir wollen dazu beitragen, daß es besser wird." Schon zum Auftakt paßte kein Mäuschen mehr ins Olympiastadion. Um die letzten 800 der 76 243 Karten zu ergattern, belagerten die ersten Fans schon um neun Uhr das Stadion, sieben Stunden vor Kassenöffnung. Eine Berliner Zeitung erlebte einen regelrechten Telefonterror, weil sie auf die Idee gekommen war, an die ersten 1000 Anrufer Eintrittskarten zu verschenken. 190 000 (!) meldeten sich. Wer glaubt da noch, daß Herthas Führung Phantasten sind, weil sie beim DFB einen Zuschauerschnitt von 29 000 angaben? Berti Vogts: „Der schlafende Riese ist geweckt worden." Mittelfeld-Flitzer Ante Covic (21) sorgte mit seinem 1:1 in der 35. Minute gegen Borussia Dortmund auch gleich für den ersten Torjubel. Am Abend feierten, wie bei „Holst am Kreuzberg", auch die Fans von Hertha und Borussia in schöner Eintracht. Ein Tag der friedlichen Wiederkehr.

JÜRGEN KOHLER FUSSBALLER DES JAHRES
Borussia Dortmund

Die deutschen Sportjournalisten wählten den Dortmunder 92fachen Nationalspieler Jürgen Kohler zum „Fußballer des Jahres 1997". Vor dem Spiel bei Hertha BSC bekam Kohler den Ehrenpreis überreicht. Er siegte mit 286 Stimmen vor dem Bochumer Dariusz Wosz (100) und dem Schalker Olaf Thon (90). „Für einen Defensivspieler wie mich ist es unheimlich schwer, diese Auszeichnung zu erhalten. Ich habe sie mir aber immer gewünscht", gestand der gebürtige Mannheimer.

TORWART-LEGENDEN BELASTEN ANDI NICHT
1. FC Köln

„Alles kommt von allein, wenn man hart trainiert", sagte Andi Menger. Der 24jährige muß hart gearbeitet haben. Von Greuther Fürth gekommen, wurde er beim 1. FC Köln von Trainer Neururer gleich zum Stammtorwart befördert. Michael Kraft, bisher die Nummer 1, erschien dem Trainer in der Vorbereitung nicht fit genug. Menger weiß um die großen Kölner Torwart-Traditionen. Vergleiche mit seinen Vorgängern Schumacher und Illgner „ehren, aber belasten mich nicht." Eher seinen Trainer: „Es nervt, wenn der Andi jetzt schon mit Illgner verglichen wird. Aber man merkt, daß er einer werden kann." Kraft indessen beklagt „fehlende Rückendeckung". Schumacher dazu: „Ein Torwart braucht Vertrauen. Bei Kraft wurde verpaßt, ihm den Rücken zu stärken. Menger muß erst über eine Saison zeigen, was er kann, um ihn einzuordnen."

ALI DAEI GAB HITZFELD EINEN KORB
Arminia Bielefeld

Bei der Frage, ob die sympathische Dolmetscherin auch Ahnung vom Fußball habe, müssen Ali Daei (28) und Karim Bagheri (23) lachen. „Nein", sagen sie unisono und lächeln Samila Keyhani (29) an. Die Iranerin, Chemie-Studentin in Berlin, soll den ersten Iranern der Bundesliga die Eingewöhnung in Ostwestfalen erleichtern. Auf dem Rasen sind beide bereits integriert. Welt-Torjäger Ali Daei feierte in Bochum ein vielversprechendes Debüt. Trainer Ernst Middendorp: „Er hat eine Riesenzukunft und wird sich durchsetzen." Auch Ottmar Hitzfeld sprach mit Ali Daei, und mit Otto Rehhagel saß der Riese (1,89 m!) im Januar in einem Münchner Hotel zusammen. Auch der HSV, St. Pauli und 1860 München machten Angebote. Warum also nach Bielefeld? Daei: „Es hat mich beeindruckt, wie intensiv Trainer Middendorp sich um mich bemüht hat." Da die Bundesliga über Satellit auch im Iran per TV empfangen werden kann, gibt es nun auch dort eine Menge Arminia-Fans.

EINWURF

Wie wichtig ist ein gelungener Start in die Saison? Die Statistik verrät, daß in den 34 Bundesligajahren seit 1963 nur sechs Vereine Meister wurden, die ihr Auftaktspiel verloren! Mit einer Heim-Niederlage ist bislang nur einer Meister geworden. Jenen Fehlstart leistete sich Mönchengladbach 1974/75 mit 1:3 gegen den Hamburger SV. Ob der FC Bayern nach dem 0:1 gegen den 1. FC Kaiserslautern nun Beispiel Nummer 2 liefert? Mit zwei Niederlagen in Folge ist noch nie einer Meister geworden.

Das waren die bisherigen Meister (M) mit ihren Saison-Fehlstarts:

1964/65:	Kaiserslautern - Bremen (M)	2:1
1969/70:	Schalke - M´Gladbach (M)	2:0
1974/75:	M´Gladbach (M) - HSV	1:3
1977/78:	Düsseldorf - 1. FC Köln (M)	5:1
1985/86:	Uerdingen - FC Bayern (M)	1:0
1991/92:	MSV Duisburg - VfB Stuttgart (M)	1:0

Zwei Kopfstoß-Spezialisten in der Hitze des „Gefechts": Axel Kruse (Hertha/links) & Paul Lambert (Dortmund)

CHRONIK

Wolfsburg ist zu Hause seit 21 Monaten in 20 Pflichtspielen ungeschlagen.

Für den 1. FC Köln war das 0:3 die siebente Niederlage in Serie in Dortmund.

München 1860 schoß sein 700. Bundesligator, nur schien es wertlos, weil die Partie zunächst annulliert wurde.

Nach zwei Knieoperationen und acht Monaten Pause meldete sich Dortmunds Julio Cesar zurück. Zwei Tage später heiratete er.

ERGEBNISSE

MSV Duisburg	1
Schalke 04	0
Bayer Leverkusen	3
VfL Bochum	2
Arminia Bielefeld	2
VfB Stuttgart	1
München 1860	2
Karlsruher SC	2
Werder Bremen	1
Hansa Rostock	1
VfL Wolfsburg	1
Hamburger SV	1
1. FC Kaiserslautern	1
Hertha BSC Berlin	0
Borussia Dortmund	3
1. FC Köln	0
Borussia M´Gladbach	1
Bayern München	1

TABELLE

1. 1. FC Kaiserslautern	2	2	0	0	2:0	+2	6	▲
2. Borussia Dortmund	2	1	1	0	4:1	+3	4	▲
3. Karlsruher SC	2	1	1	0	5:3	+2	4	▼
4. VfL Wolfsburg	2	1	1	0	2:1	+1	4	▲
5. Bayer Leverkusen	2	1	0	1	4:4	0	3	▲
6. VfL Bochum	2	1	0	1	3:3	0	3	▼
7. MSV Duisburg	2	1	0	1	3:3	0	3	▲
8. Schalke 04	2	1	0	1	2:2	0	3	▼
9. Arminia Bielefeld	2	1	0	1	2:2	0	3	▲
10. 1. FC Köln	2	1	0	1	3:5	-2	3	▼
11. Hamburger SV	2	0	2	0	3:3	0	2	▼
12. Borussia M´Gladbach	2	0	2	0	3:3	0	2	▼
13. München 1860	2	0	2	0	3:3	0	2	▼
14. VfB Stuttgart	2	0	1	1	2:3	-1	1	▼
15. Hertha BSC Berlin	2	0	1	1	1:2	-1	1	▼
16. Bayern München	2	0	1	1	1:2	-1	1	▼
17. Hansa Rostock	2	0	1	1	1:2	-1	1	●
18. Werder Bremen	2	0	1	1	2:4	-2	1	●

Noch keine Woche ist die 35. Liga-Saison alt, und schon gibt es Arbeit für das DFB-Gericht. Karlsruhes 2:2-Treffer in München wird einen Moment zu früh von Schiedsrichter Malbranc´s Pfiff angekündigt. 1860 protestiert. Der DFB will das Spiel wiederholen. Die FIFA verbietet es. Nach zwei 1:0 springt Aufsteiger Kaiserslautern verwegen an die Spitze. Wolfsburgs zweite Erstliga-Premiere sieht auch den ruhmbeladenen HSV angesichts der VfL-Power in Sorgen. Sechs Ex-HSVer hieven Wolfsburg auf Rang 4. Drittletzter ist Titelfavorit Bayern, wie Stuttgart, Bremen, Hansa, Hertha noch sieglos - und das in Gladbach seit zehn Jahren. An der Weser stützt auch zehnfache deutsche Kraft, mit „Alpen-Maradona“ Andy Herzog als Beigabe nicht den wackligen Trainerstuhl von Dixie Dörner.

ZEITLUPE

Jörg Heinrich - Dortmunds Mann für viele Fälle - hier beim 3:0 per Kopf gegen den 1. FC Köln.

Im Januar 1996 gab Hans-Jürgen Dörner, genannt „Dixie", seinen sicheren Job als DFB-Trainer auf, um das Abenteuer Bundesliga bei Werder Bremen zu suchen. Nach 100 Länderspielen für die DDR, Olympiasieg 1976, fünf Meistertiteln mit Dynamo Dresden und dreifacher Wahl zum „Fußballer des Jahres" war er als DDR-Olympiatrainer 1990 in DFB-Dienste getreten. Nun macht man ihn für Werders Niedergang im letzten Jahr verantwortlich. Wieviel Zeit gibt man ihm noch?

INTERVIEW

Wie ertragen Sie es, wenn man „Dörner raus!" ruft?
An Pöbeleien mußte ich mich gewöhnen. Die Fans suchen einen Schuldigen. Die Spieler können Ihren Frust auf dem Rasen rauslassen. Ich werde mir dafür einen Sandsack in die Kabine hängen.

Können Sie die aggressive Stimmung gegen Ihre Person nachvollziehen?
Es wurde gezielt Stimmung gemacht. Innerhalb weniger Monate kippte die Stimmung total um. Positive Schlagzeilen wird es für mich erst wieder geben, wenn wir in einem internationalen Wettbewerb spielen.

Läßt die Mannschaft Sie im Stich?
Was uns fehlt, sind Typen, die mit der Faust auf den Tisch hauen. Mir ist das alles zu ruhig hier. Früher hat ein Uli Borowka Klartext geredet. Ich kann schreien, toben, Gespräche führen - am Ende muß eine Reaktion kommen. Ich kann doch mit einer Mannschaft, die eine so schlechte halbe Stunde wie gegen Rostock hinlegt, nicht einfach weitermachen. Jetzt muß ich personell handeln, wie mit Todt, Labbadia, die diesmal draußen blieben.

Noch immer ist kein Stürmer verpflichtet worden, obwohl Manager Lemke bis zu sieben Millionen bereitstellen will.
Vor einem halben Jahr habe ich Stürmernamen genannt. Damals hieß es, der Verein habe kein Geld, maximal zwei Millionen. Jetzt, wo der Markt leer ist, soll plötzlich soviel Geld da sein. Damit wird der Eindruck erweckt, ich könnte nicht mal einen Stürmer präsentieren.

Anders als unter Otto Rehhagel geben jetzt auch Manager Lemke und Vizepräsident Fischer öffentliche Kommentare ab.
Wenn sie das Richtige sagen, ist es o.k. Den sportlichen Bereich sollten sie dem Cheftrainer überlassen. Deswegen hat es unnötige Reibereien gegeben, bei denen es immer nur um meine Person ging. Beim nächsten Job würde ich von Anfang an sagen: „Kein Kommentar zu einzelnen Spielern. Intern jederzeit." In meinem ersten Bundesliga-Job muß ich halt Lehrgeld zahlen.

Haben Sie gespürt, daß einige Herren von Ihnen abgerückt sind?
Im letzten halben Jahr praktisch jede Woche. Da mußte ich an jedem Sonnabend um meinem Job zittern. Abschalten ging nicht mehr. Ich weiß nicht, wie lange man das aushalten kann. Es war schon unmenschlich.

Wie stehen Sie zu Werders „Denkmal" Otto Rehhagel?
Ein erfolgreicher Trainer, der bei Werder sehr gute Arbeit abgeliefert hat. Mich hat gefreut, daß er mir in dieser schwierigen Situation per TV den Rücken stärkte.

Ein Bruno Labbadia wurde intern kritisiert, weil er einigen zu mächtig wurde.
Brunos Engagement kann ich nur positiv werten. Aber er soll auch mal Zeichen setzen, wenn es schlecht läuft, wenn er in einer Formkrise ist. Auch wenn Herzog und Labbadia eine handfeste Auseinandersetzung hatten und sogar im Training aneinander vorbeispielten, haben wir eine zu brave Mannschaft. Früher hat Mario Basler mit seinen Provokationen für positive Spannungen gesorgt. Dieser Typ fehlt uns.

Sind Sie bei Werder gescheitert?
Ich habe den Prozeß eingeleitet, das Team schrittweise zu verändern. Ich hätte mit Votava, Schulz, Neubarth weiterspielen und es mir einfach machen können.

Als dieses Foto gemacht wurde, da war für Hans-Jürgen Dörner zumindest die Tischfußball-Welt noch in Ordnung...

TORSCHÜTZE DES TAGES
Michael Sternkopf

An diesem Spieltag gab es keine Doppel- und Dreifachtorschützen. Aber Michael Sternkopfs 2:1-Siegtreffer für Arminia Bielefeld war doch etwas Besonderes. Es war das erste große Erfolgserlebnis des 27jährigen Neuzugangs aus Freiburg, der nun in Ostwestfalen auf seinen dritten Frühling hofft. Zumal das Tor ihn Überwindung kostete. Denn der rechte Fuß des Schußbeins schmerzte noch wegen eines Blutergusses. Also versuchte es „Sterni" aus 25 Metern mal mit dem linken, und es wurde ein „Unhaltbarer" für den erfahrenen Franz Wohlfahrt im VfB-Gehäuse. Trainer Middendorp hält viel von Sternkopf, dessen Wege aus Karlsruhe über München, Gladbach, Freiburg nach Bielefeld führten. „Er ist mit seinem fußballerischen Potential für uns ein wertvoller Führungsspieler." Dieses Vertrauen möchte Sternkopf („Leider war das nicht überall so") mit Leistungen rechtfertigen. Nun kann sich die Jugendabteilung von Nordwest Karlsruhe über 500 Mark und einen Satz Trikots freuen, gestiftet von „Continentale" und SPORT-BILD.

„Sterni" läßt sich feiern. Ob dem „ewigen" Talent nun in Bielefeld endlich der Durchbruch gelingen wird?

REPORT

Beim Spiel München 1860 gegen Karlsruhe steht es 2:1. In der 87. Minute ertönt nach einem Foul von Abedi Pelé an Karlsruhes Schroth ein Pfiff. Sekundenbruchteile später trifft Sean Dundee zum 2:2. Schiedsrichter Malbranc entscheidet auf Tor und sagt: „Ich habe nicht gepfiffen." Etwas später: „Ich habe erst gepfiffen, als der Ball im Tor war." Die Fernsehtöne widerlegen ihn. Wegen des Regelverstoßes legten die „Löwen" Protest ein. Selbst Thomas Häßler (KSC) sagt: „Der Schiedsrichter hat gepfiffen, und ich habe mich gefragt: Freistoß für uns oder 1860?"
„Ich habe den Foulpfiff in einen Torpfiff umgewandelt", meint Schiedsrichter Malbranc vor dem DFB-Sportgericht. „In der Sekunde habe ich die Situation auf dem Platz wirklich anders wahrgenommen. Ich war überzeugt, daß der Ball vor dem Pfiff im Tor war, maximal zeitgleich über die Linie ging." Nach dem Studium der Fernsehbilder aber muß er eingestehen: „Ja, ich habe einen Fehler gemacht. Mein Pfiff kam eine halbe Sekunde, bevor der Ball im Tor war."
Das DFB-Sportgericht annulliert das Spiel, und das in der Berufung geforderte DFB-Schiedsgericht bestätigt die Entscheidung. Aber damit ist die Tatsachenentscheidung, vom Weltverband FIFA für unumstößlich erklärt, in Gefahr. Am 11.11.1997 wird die

„In Spanien gäbe es bei einem Fall wie meinem einen Generalstreik der Erstliga-Schiedsrichter. In Deutschland schweigen sie."

Michael Malbranc

FIFA dem DFB die Wiederholung deswegen untersagen. Es bleibt beim 2:2. Für den Hamburger Michael Malbranc (44) aber ist die Laufbahn beendet. Auf Trost und Solidarität der Kollegen wartet er vergebens. Nicht ein Bundesliga-Schiedsrichter meldet sich. Kein aufmunterndes Wort. Das überrascht ihn nicht. „Wir sind längst kein Kameradenkreis mehr. Als Einzelkämpfer stehst du immer mit einem Bein am Abgrund. Jetzt hat es mich erwischt. Ein Fehler - und Tschüss." Seit 19 Jahren steht Malbranc auf der DFB-Liste, pfiff in der Bundesliga einst für 72 Mark. Heute fließen 4000 Mark pro Spiel.

TECHNIK IM TOR
Hans-Jörg Butt

Richard Golz galt als Säule im HSV-Tor und war auch Kapitän. Nun setzte ihm Trainer Pagelsdorf den 23jährigen Hans-Jörg Butt vor die Nase. Den wollte der damalige HSV-Trainer Felix Magath schon vor zwei Jahren aus Oldenburg holen. „Aber ich wollte erst meine Ausbildung als Großhandelskaufmann beenden. Wie schnell endet eine Profikarriere durch Verletzung", so Butt. Nach einem Bänderriß saß er in der 2. Liga auch meist auf der Bank. Nun rief der HSV erneut. Pagelsdorf: „Er ist fußballerisch stärker als Golz und Ilic." Und wie wichtig das ist, haben die ersten beiden Spiele schon gezeigt. Der selbstbewußte Butt: „Wenn die Abwehr weiß, da hinten steht einer, der mit der Kugel umgehen kann, wirkt das beruhigend." Beim heimatlichen TV Großkneten hatte er als Stürmer zusätzlich beim Torwarttraining mitgemacht, weil ihm die Einheiten nicht ausreichten. Und als beim VfB Oldenburg die Aufstiegsfrage positiv geklärt war, durfte Butt auch mal einige Zeit mitstürmen. „Aber das Tempo ist für einen Torwart doch ganz schön hoch...". Die Pässe, die er beim HSV nun aus dem Strafraum spielt, sind für seine Vorderleute stets verwertbar.

Ein „unfreiwilliger Pfiff" sorgte für das Ende einer Schiedsrichter-Karriere. Für Michael Malbranc kam der „Abpfiff" nach Bundesliga-Spiel 64.

Verrenkungs-Spiele - hier perfekt demonstriert von den Herren Eilts (Bremen) & Zallmann (Rostock/rechts).

BALAKOV ZAUBERT UND SCHWEIGT

VfB Stuttgart

Stuttgarts Regisseur Krassimir Balakov ist zornig auf die deutschen Journalisten, die ihn nur auf Platz vier bei der Wahl des „Fußballers des Jahres" setzten. Für den Bulgaren ein Unding, wo ihn doch Kenner wie DFB-Präsident Egidius Braun oder Rudi Völler zu ihrem „Spieler der Saison" erhoben. Und nun Vierter, hinter Kohler, Wosz und Thon. Balakovs Konsequenz: Auf dem Platz wird weitergezaubert, aber Journalisten will er keine Interviews mehr geben. „Für mich ist es eine Frage des Respekts. Ich habe ein Jahr lang hart gearbeitet und meine Leistung gebracht. Da kann ich ein solches Ergebnis einfach nicht nachvollziehen. Ich werde den Journalisten denselben Respekt entgegenbringen, den sie meiner Leistung gezollt haben." In seinem Heimatland wird das Ballgenie vergöttert. 1995 wurde er sogar als erster Spieler, der nicht aus Sofia stammt oder bei ZSKA Sofia spielte, von Bulgariens linientreuen Journalisten zum „Fußballer des Jahres" gewählt. Auch in Portugal erlangte Balakov schnell Kultstatus und wurde 1992 zum besten Profi der Saison gekürt. Da konnte er in Lissabon bei Staus auch mal mit dem Auto auf den Bürgersteig ausweichen. Er lächelte die Polizisten an und durfte ungestraft weiterfahren. Sein Gesicht kannte jeder. So weit ist Balakov in Deutschland (noch) nicht.

BECKENBAUER WILL PRÄSIDENT BLEIBEN

Bayern München

Franz Beckenbauer wird sich im November für weitere drei Jahre zum Bayern-Präsidenten wählen lassen. Manager Uli Hoeneß, der die Befürchtung äußerte, am Schreibtisch wegen Überlastung umzufallen, hatte gefordert, „daß alle unterschreiben, noch sechs Jahre mitzumachen." Beckenbauer: „Wenn wir ein neues Stadion bauen und an die Börse gehen, mache ich weiter." Hoeneß: „Nun bin auch ich nicht mehr gegen den Neubau. Es ist doch schön für Franz, so eine Aufgabe vor sich zu haben."

HÄRTEPROGRAMM FÜR DARIUSZ WOSZ

VfL Bochum

„Nur wenn ich mich morgens umdrehe, zwickt es ein bischen", sagt Dariusz Wosz lächelnd. Wer Bochums Wirbelwind flitzen sieht, kann kaum glauben, daß er erst vier Wochen zuvor an der Leiste operiert wurde. Für den VfL Bochum wird mitentscheidend sein, wie sein Nationalspieler die härteste Saison seiner Karriere bewältigt. Bis zur Winterpause könnten bis zu 37 Pflichtspiele auf ihn warten, 20 in der Bundesliga, vier im DFB-Pokal, eins im Ligapokal, sechs im UEFA-Cup und ein halbes Dutzend in der Nationalmannschaft. „Eine unglaubliche Belastung", so Trainer Toppmöller. „Wegen der Operation konnte er auch nur eine gebremste Vorbereitung absolvieren. Ich werde ihn z.B. nach einem schweren UEFA-Cup-Spiel mal draußen lassen müssen." Stickroth, Hofmann, Dickhaut sollen Wosz nach hinten absichern.

MAGAZIN

BREHME BEKOMMT EINE ABSCHIEDS-GALA

1. FC Kaiserslautern

Beim 1:0 gegen Bayern schaute Andreas Brehme noch zu, beim 1:0 gegen Hertha war er dabei. „Gegen den dribbelstarken Scholl habe ich in München den schnelleren Oliver Schäfer gestellt, in Lautern war die Situation eine andere", betont Trainer Otto Rehhagel. „Andreas ist und bleibt mein Kapitän und wird uns noch oft helfen können. Er ist ein großer Spieler und so behandle ich ihn auch. Er wird einen ehrenvollen Abschied bekommen." Auf dem Betzenberg wird ein großes Abschiedsspiel für den heute 36jährigen steigen. Die Vorbereitungen laufen bereits. Brehme dazu: „Ich werde auch Diego Maradona einladen. Schließlich habe ich in Italien und auch bei Länderspielen, darunter das WM-Finale von 1990, zigfach gegen ihn gespielt." Er läßt seinem Ehrgeiz freien Lauf: „Ich möchte mich mit einer guten Saison von den Fans verabschieden." Er habe Trainer Otto Rehhagel aber auch gesagt, „daß er mich sofort auf die Bank setzen muß, wenn meine Leistung nicht mehr stimmt".

EINWURF

Seit dem Bundesliga-Start 1963 wurde erst eine Begegnung wegen eines Regelverstosses des Schiedsrichters wiederholt. Am 23. April 1994 hatte Thomas Helmer vom FC Bayern in München im Spiel gegen den 1. FC Nürnberg den Ball am gegnerischen Pfosten vorbei ins Aus gestoßen. Linienrichter Jablonsky zeigte aber „Tor" an, und Schiedsrichter Osmers ließ das „Tor" gelten: 2:1 für Bayern.

Die Fernsehbilder sorgten schnell für Aufklärung. In der Wiederholung siegte Bayern 5:0. Nürnberg stieg damals ab, Bayern wurde Meister. Schiedsrichter Osmers blieb auf der Bundesliga-Liste, Linienrichter Jablonsky wurde gestrichen.

Ein Präzedenzfall war das Spiel in der 2. Liga zwischen Borussia Neunkirchen und den Stuttgarter Kickers 1978. Da war der Ball von hinten unter dem Netz hindurch zum 4:3 für Borussia ins Kickers-Netz gerutscht. Wiederholung - und 1:0 für Kickers.

Schnell ist er ja, der Giovane Elber, aber M'Gladbachs Torwart Uwe Kamps kann aufatmen - der Ball geht vorbei...

CHRONIK

Der KSC ist Spitzenreiter wie zum Saison-Start.

Vier sind noch ohne Niederlage: KSC, Lautern, 1860 und Gladbach.

Auch im 13. Spiel in Folge wurde es nichts mit einem Kölner Sieg gegen den FCK.

Stefan Kuntz (Bielefeld) bestritt sein 400. Bundesligaspiel. Er schoß 162 Tore.

Am 26. April 1997 gelangen den Bayern zuletzt fünf Tore in München (5:0 gegen Düsseldorf).

ERGEBNISSE

VfB Stuttgart	1
Bayer Leverkusen	0
VfL Bochum	0
MSV Duisburg	0
Karlsruher SC	3
Arminia Bielefeld	1
Schalke 04	1
Borussia Dortmund	0
Bayern München	5
VfL Wolfsburg	2
1. FC Köln	0
1. FC Kaiserslautern	0
Werder Bremen	3
München 1860	3
Hansa Rostock	2
Hamburger SV	1
Hertha BSC Berlin	2
Borussia M´Gladbach	2

TABELLE

1. Karlsruher SC	3	2	1	0	8:4	+4	7	▲
2. 1. FC Kaiserslautern	3	2	1	0	2:0	+2	7	▼
3. Schalke 04	3	2	0	1	3:2	+1	6	▲
4. Bayern München	3	1	1	1	6:4	+2	4	▲
5. Borussia Dortmund	3	1	1	1	4:2	+2	4	▼
6. Hansa Rostock	3	1	1	1	3:3	0	4	▲
7. VfB Stuttgart	3	1	1	1	3:3	0	4	▲
8. MSV Duisburg	3	1	1	1	3:3	0	4	▼
9. VfL Bochum	3	1	1	1	3:3	0	4	▼
10. VfL Wolfsburg	3	1	1	1	4:6	-2	4	▼
11. 1. FC Köln	3	1	1	1	3:5	-2	4	▼
12. München 1860	3	0	3	0	6:6	0	3	▲
13. Borussia M´Gladbach	3	0	3	0	5:5	0	3	▼
14. Bayer Leverkusen	3	1	0	2	4:5	-1	3	▼
15. Arminia Bielefeld	3	1	0	2	3:5	-2	3	▼
16. Hamburger SV	3	0	2	1	4:5	-1	2	▼
17. Hertha BSC Berlin	3	0	2	1	3:4	-1	2	▼
18. Werder Bremen	2	0	2	1	5:7	-2	2	●

Die Badener Schäfer-Jungs stürmen an die Spitze mit Kuriosem: Nur zu Zehnt machen sie mit Eigentor und drei Treffern alles selbst gegen elf Arminen. Denen wird von Trainer Middendorp „große Dämlichkeit" bescheinigt. Diese kann Frank Pagelsdorf bei seinen Ex-Rostockern nicht entdecken, als sie seinen HSV auf Sand setzen, dank Doppelschütze Barbarez, der bei ihm nur Reservist war. Dreimal wird unverdrossene Beharrlichkeit in den Schlußminuten belohnt. Die eingewechselten Anderbrügge und Bodden retten Schalkes 1:0 gegen Dortmund beziehungsweise das 3:3 der Löwen in Bremen. Effenbergs Kunst-Freistoß erzwingt ein Remis gegen die traurigen Herthaner. Die warten wie Gladbach, 1860, HSV und Bremen weiter auf den ersten Sieg.

ZEITLUPE

Der Mann mit dem „Hammer" schlägt zu: Ingo Anderbrügge hat zum 1:0 für Schalke abgezogen, und Steffen Freund (Dortmund/rechts) kann's nur fassungslos registrieren.

„Trink, Andy, trink..." Bleibt die Frage offen: Was für ein Getränk hat Trainer Scala für seinen Spielmacher Möller zubereitet?

Nun hat es auch den Champions-League-Gewinner erwischt. Sieben Spiele hatte Schalke gegen Dortmund nicht gewinnen können. Nach 1993 gelang nun wieder ein 1:0-Triumph. Über den schimpfte Borussias Spielmacher Andreas Möller: „Wir waren noch nie so schlecht und eigentlich ohne jede Torchance." Möller sieht eine Ursache in der Taktik von Trainer Nevio Scala, ihn in die Sturmspitze zu schicken. „Dort gehöre ich nicht hin." Möller und Scala - Dortmunds Problem?

BLICKPUNKT

Nur Gutgläubige konnten annehmen, daß sich Möller als Dortmunds bewährter Regisseur mit der von Trainer Scala verordneten Position im Sturm anfreunden würde. Selbst beim 3:0 gegen Köln mußte Möller vorzeitig vom Platz. Angeblich, weil er müde war. Als beim 0:1 in Schalke das Spiel an ihm vorbeilief (nur 39 Ballkontakte!), kochte er. „Wenn ich mich morgens nicht mehr auf das Training freue", hat er mal gesagt, „ist die Zeit da, über einen Wechsel nachzudenken." Im Moment hat Möller wenig Freude.

„Möller ist nun einmal kein Stürmer", sagt SPORT-BILD-Kolumnist Günter Netzer, früher schärfster Möller-Kritiker. „Ein kluger Trainer muß die Stärken und Schwächen einer Mannschaft erkennen und darf nicht stur an seinen Ideen festhalten." Doch genau das tut Nevio Scala. Nach außen wird er von den Spielern gestützt. Aber innen trägt die Unruhe um Scala komische Züge. Bei Vorgänger Hitzfeld konnten sich die Spieler viel herausnehmen: Sie durften beim Mannschaftsessen fehlen (Cesar), eigene Fitnesstrainer beschäftigen (Sousa), Auszeiten nehmen (Sammer), mit zwei Stürmern agieren (Herrlich, Chapuisat), ihre Lieblingspositionen nach eigenem Gutdünken interpretieren (Möller). Hitzfeld hatte seine Gründe: „So ein Star-Ensemble ist ein sensibles Gebilde. Spieler brauchen Freiheiten, die sie mit Leistung zurückzahlen."

Kapitän Reuter war einer der Garanten dafür, daß Freiheiten nicht schamlos ausgenutzt wurden. „Wir alle wußten, worauf es ankam." Sonst wäre Borussia nicht zweimal Meister und Champions-League-Sieger geworden. Trotzdem wollten einige Spieler Veränderungen und weinten sich beim Präsidenten Niebaum über Hitzfeld aus. Heute schauen sie sich fassungslos an. Der Satz „Ihr habt es nicht anders gewollt", macht in der Kabine die Runde im Team der Borussen.

Hitzfeld kreierte das Dreieck Möller-Chapuisat-Riedle, „Scala hat es gesprengt", so Möller. Nun spielt nur Herrlich ganz vorn, der aber auch sagt: „Zu zweit wären wir schwerer auszurechnen." Man erinnert sich an Kohlers Warnung vor dem Europacup-Finale: „Die große Leistung von Hitzfeld wird man erst schätzen, wenn er nicht mehr da ist."

Von Präsident Dr. Niebaum bestärkt („Nevio, zieh deine Linie durch!"), sagt Scala: „Möller bleibt Stürmer." Der aber beteuert: „Ich will das Beste für die Mannschaft, aber in der Stürmerrolle kann ich nicht das Optimale leisten. Das macht mich fertig. Vielleicht bin ich zu ungeduldig, aber als ich das Kommando im Mittelfeld hatte, haben wir drei Titel geholt."

Scala glaubt, daß Sousa als Spielmacher die Mannschaft führen könne. „Er hat das Finale gegen Juventus gewonnen." Nun ist Sousas Knie wieder dick - wie kann sich Scala auf ihn verlassen? Möller: „Ich will das Kommando, dann übernehme ich auch die Verantwortung, wenn wir am Ende nur Zweiter werden."

Bundestrainer Vogts wird Möller nie wieder in den Sturm stellen. „Er spielt bei mir hinter den Spitzen. Schluß. Aus." Und Gladbachs Manager Rüssmann: „Möller ist stark, wenn er mit dem Ball am Fuß auf den Gegner zuläuft. Nur so erreicht er hohes Niveau." Das hat er bei Borussia wie in der Nationalmannschaft zur Genüge bewiesen."

Nicht nur im Bremer Spiel eine feste Größe, sondern auch in Österreichs Nationalmannschaft: Andreas Herzog, der „Alpen-Maradona"

TORSCHÜTZE DES TAGES
Andreas Herzog

Als Andreas Herzog in der 87. Minute das 3:2 für Werder gelang, stürmte er zur Außenlinie und sprang seinem in die Kritik geratenem Trainer „Dixie" Dörner um den Hals. „Ja, es war eine Geste für den Trainer, denn er hat genug abgekriegt", bekannte er später. Nach seinem Elfmeter zum 1:1 nährte das die Hoffnung auf den ersten Sieg, den Bodden drei Minuten darauf zunichte machte. „Viel lieber hätte ich auf beide Tore verzichtet, wenn wir gewonnen hätten", grantelte der Wiener später. Er spielt ständig mit Schmerzen im rechten großen Zeh, der eigentlich operiert werden müßte. Aber Werder braucht seinen Regisseur, der auch diesmal wieder der Beste war, wie die Luft zum Atmen.

Gewonnen hat Andreas Herzog wenigsten durch das Los gegen Barbarez (Rostock), Rizzitelli (FC Bayern) und Karlsruhes belgischen Neuzugang Schepens, die alle zwei Tore erzielten. So bekommt die Jugendabteilung von Admira/Wacker Wien, aus der Herzog stammt, 1000 DM und einen Satz Trikots, gestiftet von „Continentale" und SPORT-BILD.

FACTS - FACTS - FACTS
News

Der MSV Duisburg hat 1977 das letzte Mal beim VfL Bochum gewinnen können (2:1). Es war nun das erste 0:0 im heimischen Stadion für Bochum nach dem Wiederaufstieg 1996. Aber seit 295 Minuten hat der VfL zu Hause kein Tor kassiert.

Am 59. Geburtstag von Trainer Otto Rehhagel gelang dem 1. FC Kaiserslautern in Köln zwar kein Tor, das Team aber ist als einziges weiterhin ohne Gegentor.

Rudi Merk, Vater von Bundesliga-Schiedsrichter Dr. Markus Merk, wurde für sein 40jähriges Wirken beim FCK im Jugend- und Schiedsrichterbereich das Bundesverdienstkreuz verliehen.

Dortmunds Auswärtskrise ist offensichtlich: In den letzten sechs Spielen blieb man ohne Sieg (bei vier Niederlagen) und seit dem 26. April (0:2 in Bielefeld) auch ohne Treffer.

Der große Ernst Happel hatte es eingeführt: In der Halbzeitpause mußte Masseur Rieger die Beine der Spieler mit Franzbranntwein einreiben, weil das erfrischt. Frank Pagelsdorf hat das jetzt untersagt. Rieger: " Der Trainer hat ein anderes Rezept zum Abkühlen." Nur es wirkt noch nicht.

REPORT

Nicht nur die Trikots, auch das Schuhwerk der Profis wird immer farbiger: Liga kunterbunt! Vorreiter waren die Stuttgarter Giovane Elber und Fredi Bobic, die bereits seit zwei Jahren in weißen bzw. roten Schuhen spielen. Elber (jetzt FC Bayern): „Das habe ich mir bei AC Mailands Simone abgeschaut." Rot lieben auch Ramzy (Bremen) und Polster (Köln), währenddessen Team-Kollegen Kostner und Cichon ganz in Weiß spielen. Beim MSV Duisburg verlangt über die Hälfte nach gelben Streifen auf schwarzen Schuhen. Mittelfeldspieler Hirsch hat sich das Modell „Brasil SC" in leuchtendem Blau ausgesucht.
Farbe an den Füßen ist mehr als ein Mode-Gag. Sie verrät auch einiges über den Träger. Der Münchner Psychologe Dr. Stefan Lermer: „Rot ist Signalfarbe Nummer 1." Sie macht unruhig, signalisiert Gefahr und wenn ein Porsche-Fahrer an der Ampel den Motor abwürgt." Der fällt aus.
Weiß hingegen spricht eher für passive Präsenz. Man wirkt eleganter, leichtfüßiger - eben wie Elber beim Dribbling. Der Psychologe mit Augenzwinkern: „Vielleicht bekommen solche Spieler auch weniger Tritte ab, wenn die Gegenspieler erzogen wurden, Weißes nicht schmutzig zu machen."
Weil Arminia Bielefelds Manager Rüdiger Lamm genervt war, weil seine Spieler ständig an den Schuhen der Firma „Lotto" herummeckerten, nahm er sich nun mit „reusch" einen Ausrüster, der keine Schuhe herstellt und sagte den Profis: „Ab heute könnt ihr eure Schuhe selbst aussuchen." So entwickelte sich ein in der Liga einmaliger Mix mit adidas, Nike, Fila, Patrick.
Beim Nike-Klub Dortmund indessen spielt Aggressivität. Spieler mit roten Schuhen wollen sich abheben, wie Ferrari- oder Porsche-Fahrer." Sind Bobic, Polster und Co also Angeber? Dr. Lermer: „Mit roten Schuhen wird man mehr beachtet, auch vom Gegner. Eine selbstgewählte Rolle, die man bewußter ausfüllt." Dazu gehört Mut. Wer so auffällig auftritt, wird kritischer beäugt. Dr. Lermer: „Das ist so, als Sammer als einziger in „adidas". „Diese Schuhe trug ich schon heimlich zu DDR-Zeiten. Darin fühle ich mich wohl." Sein Modell „World Cup" wollte „adidas" längst vom Markt nehmen. Dank Sammer aber ist die Nachfrage zu groß. Der Bielefelder Stefan Kuntz: „Die Schuhe sind das Allerwichtigste für den Profi. Wenn die nicht stimmen, leidet die Leistung."

„Olaf im Glück"! Nicht zu fassen, aber in Minute 88 eingewechselt, erzielt „Löwe" Bodden 60 Sekunden später beim ersten Ballkontakt das 3:3.

Zwei Parterre-Akrobaten bei ihrer Bodenkür: Steffen Baumgart (Rostock/links) & Hasan Salihamidzic (Hamburg)

MIT SCHÄFERS RIECHER WIEDER TOP

Karlsruher SC

„Icke“ Häßler wird zu Recht gefeiert. Er ist mit Karlsruhe Tabellenführer. Doch das Entscheidende lief ohne ihn ab. Als Trainer Schäfer ihn bat, bei der Spielersuche zu helfen, meinte er: „Trainer, seit zehn Jahren haben sie darin Erfahrung, junge und billige Leute zu holen.“ Um Tarnat, Fink (zu Bayern), Kirjakow (Kreuzbandriß) zu ersetzen, holte Schäfer vier Ausländer, die kaum einer kannte. Gunther Schepens (24) spielte vor über einem Jahr mit Lüttich im UI-Cup gegen den KSC. Schäfer erinnerte sich an den „Wilden auf links“, und dessen beide Tore gegen Bielefeld sorgten mit für Rang 1. Alexander Nyarko (23) wurde zufällig entdeckt, als Schäfer eigentlich einen Neuchatel-Spieler beobachten wollte. Da fiel ihm bei Basel der Ghanaer auf. Der Ex-Stuttgarter Radoslav Gilewicz (26) setzte sich beim Liga-Pokal gegen die Leverkusener Nowotny, Happe und Wörns durch. Schäfer: „Für Kirjakow brauchte ich einen wendigen Stürmer. In drei Partien traf Gilewicz zweimal für den KSC. David Regis (28), der Verteidiger vom RC Lens, war ein Tip von KSC-Stürmer Keller. Der gab Schäfer ein Video, in dem Regis dem Weltstar George Weah von AC Mailand keinen Stich ließ. Gekauft! „Durch die Neuzugänge wurde keiner aus dem Team verdrängt“, betonte Torwart Reitmaier. „So gab es keine Eifersucht.“

DIE GROSSE ANGST DES RIESEN BODDEN

München 1860

Der 1860-Torjäger Olaf Bodden stürmt in der 89. Minute aufs Feld, schießt mit seiner ersten Ballberührung das 3:3, rennt dann berauscht vor Freude um den ganzen Platz, rennt und rennt - bis ihn am nächsten Tag seine Probleme wieder einholen. „Da wurde mir bewußt, wie unvernünftig das war. Mein Körper war total ausgepumpt.“ Dabei ist der 1,93-m-Hüne nicht mehr krank. Das Pfeiffersche Drüsenfieber, das ihn acht Monate lähmte, war überwunden. Dann kam der Fehler. „Ich wollte die dreiwöchige Vorbereitung mit durchziehen. Seitdem geht gar nichts mehr.“ So nahm ihn Trainer Lorant „nur für alle Fälle“ mit.

EINWURF

SPORT-BILD-Leser Stephan Bechtel hat sich der Mühe unterzogen, aus dem Bundesliga-Vorschau-Heft einmal Mannschaften mit den größten und den kleinsten Akteuren zu formieren.
Die „größte“ Mannschaft:
Golz 1,99 m - Nowotny 1,94, Reich 1,91, Schjönberg-Christensen 1,91 - Schierenbeck 1,95, Eijkelkamp 1,95, Hristov 1,93, van Hoogdalem 1,91 - Jancker 1,93, Bodden 1,93, Bäron 1,96.
Die „kleinste“ Mannschaft:
Kamps 1,80 - Böger 1,73, Thon 1,70, Münch 1,70 - Frydek 1,69, Häßler 1,66, Wosz 1,68, Lizarazu 1,69 - Bastürk 1,67, Arnold 1,69, Vladoiu 1,70.
Könnte man angesichts solcher Größenunterschiede bei einem Spiel Groß gegen Klein nicht auf verschiedenfarbige Jerseys verzichten? Und müßten Eckbälle nicht wegfallen?

MAGAZIN

GOLZ WILL KEIN ERSATZ MEHR SEIN

Hamburger SV

Richard Golz (29), der ehemalige Kapitän des HSV, will sein Dasein als Ersatz-Torwart hinter Hans-Jörg Butt nicht mehr ertragen. Sein Berater soll ihm einen Klub („am liebsten in England“) suchen. „Ganz schön bitter, nachdem man zwölf Jahre für den HSV gespielt hat. Ich stehe noch für drei Jahre unter Vertrag, und im Augenblick ist der Torhüter-Markt leider zu.“ Trainer Pagelsdorf will Golz ohnehin noch halten. „Wo kämen wir denn da hin, wenn jeder Reservist gleich weg wollte!“

Ein Zweikampf der besonderen Art - Leverkusens Torjäger Ulf Kirsten & Stuttgarts Keeper Franz Wohlfahrt bei der Arbeit.

LIGA-AUSLÄNDER Facts

Die 148 Ausländer verteilen sich so in den Lizenz-Kadern der Bundesliga: Schalke 45,8%, Arminia Bielefeld 41,7%, Hertha BSC Berlin 38,4%, VfL Wolfsburg 38,1%, VfB Stuttgart 36,0%, 1. FC Kaiserslautern 34,8%, Hamburger SV 34,5%, 1. FC Köln 33,3%, Bayer Leverkusen 33,3%, Borussia Dortmund 32,0%, Borussia Mönchengladbach 31,8%, 1860 München 30,8%, Karlsruher SC 29,6%, MSV Duisburg 28,0%, Hansa Rostock 26,9%, Bayern München 25,0%, VfL Bochum 25,0%, Werder Bremen 21,4%.

Bundesliga-Tore sind auch nicht mehr das, was sie mal waren. Sie heißen jetzt Bramka (auf polnisch), But (französisch), Gol (persisch), Golo (portugiesisch), Goal (holländisch). Von den 34 Stürmern, die am 3. Spieltag auf Torejagd gingen, hatten nur 14 einen deutschen Paß, wie Kölns Gaißmayer, Bielefelds Reina, Lauterns Marschall, Berlins Kruse. Nun sind sie die Exoten unter den Torjägern.

VON RAINER S. WILD

Gesucht: Torjäger made IN GERMANY

WARUM KLUBS NUR IM AUSLAND SUCHEN

Auf fast 100 Tore in knapp 300 Spielen brachte es der Niederländer René Eykelkamp in der Ehrendivison. Nun will er für Schalke auf Torejagd gehen - und läßt sich erst einmal von Trainer Huub Stevens ziehen...

Von den bisher 70 Bundesliga-Toren wurde die Hälfte von Ausländern erzielt. Es gibt zur Zeit nur drei Spitzenstürmer made in Germany: Leverkusens Ulf Kirsten, Dortmunds Heiko Herrlich und Stuttgarts Fredi Bobic. Deutsche Torjäger dieser Klasse zu kaufen, das können sich nur Klubs wie Bayern (Interesse an Bobic) und Dortmund (11 Millionen für Herrlich) leisten. Ansonsten werden ligaweit Gastarbeiter zum Spartarif gesucht. Diese Woche peppte der Hamburger SV für zwei Millionen seine Billiggruppe mit dem Polen Dembinski auf. Vielleicht ein guter Stürmer, aber sicherlich nicht der Mann, für den die Massen ins Volksparkstadion strömen. Und wahrscheinlich nicht besser als Dirk Weetendorf, der drei Tore in fünf Spielen schoß. Er sitzt draußen, wenn Dembinski spielt.

In Gladbach muß Marco Villa, der in größter Abstiegsnot vorige Saison drei Tore in

„Bachirou Salou ist jetzt drüberweg. Aber die Sprache ist das allerwichtigste. Wer ausländische Spieler verpflichtet, sollte ihnen einen Sprachlehrer zur Verfügung stellen. Sonst gibt es Schwierigkeiten.“

Salou-Berater Peter Telek

acht Spielen erzielte, bei den Amateuren ran. Die Stammplätze gehören den Schweden Pettersson und dem Polen Juskowiak. Da kann Villa noch so trainieren, Manager Rüssmann sucht weiter Verstärkung - im Ausland: „In Deutschland finde ich nichts.“ Wenn einer hier zum Durchschnitt reift, haut er ins Ausland ab, wo noch gutes Geld bezahlt wird: Bremens Hobsch wanderte ins französische Rennes ab, Kölns Kohn nach Nizza. Da bleibt der Bundesliga nur übrig, als in Gastarbeiter zu investieren. Spitzenreiter ist Schalke mit elf Ausländern. Davon sind sieben Stammspieler. Marc Wilmots kostete 1,5 Millionen Mark Ablöse. „Dafür kriege ich keinen adäquaten deutschen Spieler“, sagt Manager Assauer. „Deutsche Spieler fragen zuerst: ‘Was kriege ich?’ Sowas können wir hier sowieso nicht gebrauchen.“

Ein Beispiel aus der Regionalliga. Marcus Feinbier (27) wechselte in der Winterpause von Aachen, für 450 000 Mark Ablöse nach Wattenscheid, 350 000 Mark Jahresgehalt. Er war sein Geld wert, schoß 14 Tore. Gleichzeitig wurde Trainer Tenhagen ein noch besserer Stürmer angeboten: Jozef Juriga von Slovan Bratislava. 17 Länderspiele, Europacup-Erfahrung, viermal Meister. Der Zahlenvergleich: 70 000 Mark kostet Juriga Ablöse, 180 000 Mark Gehalt. So wird er per Fax überall angeboten.

Grundsätzlich hat man beim DFB nichts gegen Ausländer. Warum auch? Sie beleben die Liga mit frechen Dribblings (wie Dortmunds Tanko) oder dynamischen Soloäufen (wie Duisburgs Salou). „Aber Ausländer besetzen immer mehr Schlüsselpositionen“, klagt Bundestrainer Berti Vogts. Er befürchtet, daß irgendwann die Stars nicht mehr Deutsch reden. U-21-Auswahltrainer Hannes Löhr hat, nachdem Lars Ricken in den A-Kader aufgerückt ist, größte Schwierigkeiten, eine Mannschaft mit Stammspielern aus der Bundesliga aufzustellen, die um die Qualifikation für Olympia 2000 kämpfen kann. „Diese Entwicklung“, sagt er, „bedrückt mich sehr.“ DFB-Präsident Egidius Braun: „Ich sage keinesfalls: Ausländer raus! Aber die Balakovs, die die Zuschauer begeistern, müssen wir selbst heranziehen.“

Aber wo ist das möglich? „Wenn ich einen Spieler aus dem Ausland hole“, sagt Dortmund Ex-Trainer Ottmar Hitzfeld, „dann tue ich das nicht, weil er billiger, sondern in seiner Entwicklung drei Jahre weiter ist.“ Die Zeit, in der ein Hennes Weisweiler eine Fohlen-Elf zur Reife führte, die haben weder Hitzfeld noch ein anderer Trainer. Ohne Erfolg sind sie ihren Job los.

Der Erfolg mit Ausländern gibt Assauer bei Schalke recht. „Den Wilmots kannte vorher

„Gerade Brasilianer brauchen optimale Betreuung mit sehr viel Herz, die Sprache muß ihnen so schnell wie möglich vermittelt werden. Und sie brauchen Akzeptanz im Team, die sportliche Qualifikation muß stimmen.“

Bayer-Manager Reiner Calmund

keiner“, sagt er „Jetzt ist er Publikumsliebling und gefürchteter Schütze. Ein echter Glücksgriff also.“

Assauer weckt indes Hoffnungen: „Im nächsten Jahr ist der Ausländerboom zu Ende.“ Viele Verträge laufen aus, und Paragraph 11, der die Spieler noch an die Vereine bindet, ist vielfach nicht mehr wirksam. „Dann sind auch deutsche Spieler ablösefrei, und man wird sich verstärkt auf den hiesigen Markt orientieren.“

Als 1963 die Bundesliga startete, waren drei Ausländer dabei: Petar Radenkovic, Jugoslawe von 1860 München, Wilhelm Huberts, Österreicher von Eintracht Frankfurt, Jacobus Prins, Holländer vom 1. FC Kaiserslautern. Durch das Bosman-Urteil, das ab 1996 allen Europäern alle Tore öffnete, wurde die 35. Saison mit 148 Ausländern begonnen. Dabei muß jeder der 36 Profivereine in seinem Lizenzspieler- Kader mindestens zwölf deutsche Fußballer haben. Was die große Welle nicht bremste.

Die erfolgreichen „Gastarbeiter“ der Liga: Bachirou Salou (Duisburg), Jonathan Akpoborie (Stuttgart/links - im Zweikampf mit dem Karlsruher David Régis) und Ali Daei (Bielefeld/von oben).

CHRONIK

Nur Gladbach und Lautern sind noch ungeschlagen, diese vier am Tabellenende ohne Sieg: 1860, Hertha, HSV, Werder.

Leverkusen feiert den 13. Heimsieg in Folge seit dem 2. November 1996. 40:10 Tore lautet diese Bilanz.

Nach drei Reise-Pleiten verbucht der VfB den ersten Sieg.

Hansas erstaunliche Auswärts-Bilanz: Vier Siege und ein Remis. Das mit drei 1:0 Spielen.

ERGEBNISSE

VfL Wolfsburg	2
Hertha BSC Berlin	1
München 1860	0
Hansa Rostock	1
1. FC Kaiserslautern	3
Schalke 04	0
Borussia Dortmund	5
VfL Bochum	2
MSV Duisburg	0
VfB Stuttgart	3
Bayer Leverkusen	6
Karlsruher SC	1
Arminia Bielefeld	3
Werder Bremen	0
Borussia M´Gladbach	4
1. FC Köln	1
Hamburger SV	0
Bayern München	2

TABELLE

1. 1. FC Kaiserslautern	4	3	1	0	5:0	+5	10	▲
2. Borussia Dortmund	4	2	1	1	9:4	+5	7	▲
3. Bayern München	4	2	1	1	8:4	+4	7	▲
4. VfB Stuttgart	4	2	1	1	6:3	+3	7	▲
5. Hansa Rostock	4	2	1	1	4:3	+1	7	▲
6. Karlsruher SC	4	2	1	1	9:10	-1	7	▼
7. VfL Wolfsburg	4	2	1	1	6:7	-1	7	▲
8. Bayer Leverkusen	4	2	0	2	10:6	+4	6	▲
9. Borussia M´Gladbach	4	1	3	0	9:6	+3	6	▲
10. Arminia Bielefeld	4	2	0	2	6:5	+1	6	▲
11. Schalke 04	4	2	0	2	3:5	-2	6	▼
12. VfL Bochum	4	1	1	2	5:8	-3	4	▼
13. MSV Duisburg	4	1	1	2	3:6	-3	4	▼
14. 1. FC Köln	4	1	1	2	4:9	-5	4	▼
15. München 1860	4	0	3	1	6:7	-1	3	▼
16. Hertha BSC Berlin	4	0	2	2	4:6	-2	2	▲
17. Hamburger SV	4	0	2	2	4:7	-3	2	▼
18. Werder Bremen	4	0	2	2	5:10	-5	2	●

Trainer-Rauswurf Nummer 1! In Bremen erwischt es Hans-Jürgen Dörner, weil sich seine Profis beim 0:6 auf Teneriffa blamieren. Unter Nachfolger Wolfgang Sidka folgt mit dem 0:3 in Bielefeld die nächste Schlappe. Nun wartet Werder auf Wunder. Die erlebt Lautern beim 3:0 gegen Schalke: Ohne Gegentor ist der „Betze" nun der Gipfel der Liga. Denn Karlsruhe, Ex-Erster, verschluckt sich an Bayer-Schlafpillen. Ein 1:6 gab´s zuletzt 1991 in Wattenscheid. Erste Reisesiege feiern Hansa bei 1860, der VfB in Duisburg, Bayern in Hamburg. Womit sich diese Teams auf die UEFA-Cup-Plätze neben Dortmund hieven, das den Nachbarn Bochum mit 5:2 plattwalzt. In Gladbach wird Effenberg gefeuert, und gegen Köln das Team gefeiert. Der frustrierte Star geht früher nach Hause.

ZEITLUPE

„Wer 1:0 führt, der stets verliert!" - Aber schön ist dieses Tor von „Icke" Häßler schon. Toll, wie der Karlsruher den Ball an der Bayer-Mauer vorbei ins Tor zirkelt!

Bis zu seinem 16. Lebensjahr spielte Giovane Elber (24) im heimischen Londrina in Brasilien fast nur in der Halle. 1991 verpflichtete ihn der AC Mailand und verlieh ihn an Grasshoppers Zürich. Für 3,3 Millionen Mark holte ihn 1994 der VfB Stuttgart. Nun zahlte der FC Bayern 12,5 Millionen für den Stürmer, der 1991 mit Brasiliens Junioren Vize-Weltmeister wurde. Vom VfB verabschiedete er sich 1997 mit dem DFB-Pokalgewinn im Finale gegen Cottbus.

INTERVIEW

Sie wirken glücklich. Ist es beim FC Bayern wirklich so schön?
Ja. Stuttgart und Bayern sind zwar sehr verschieden, aber ich hatte kaum Schwierigkeiten mich einzuleben, fühlte mich schnell richtig wohl hier.
Wie war das so schnell möglich?
Ich habe von Anfang an versucht, alles zu vergessen, was ich mit Stuttgart erlebt habe. Ich wollte keinen Spieler mit Balakov oder Bobic vergleichen und habe auch nicht erwartet, daß sie deren Spielweise kopieren. Ich mußte mich dem Bayern-Stil anpassen und nicht umgekehrt. Wichtig war, daß ich im Pokalfinale mit beiden Toren den Spielern wie Fans nochmal „Danke" sagen konnte. Es war ein guter Abschluß. Danach hatte ich den Kopf frei für Neues.
Was unterscheidet die Systeme von Stuttgart und Bayern?
Der Fußball der Bayern ist vorsichtiger, abwartender. Beim VfB haben wir immer versucht, das Tor schnell zu machen. Die Bayern glauben an ihre Stärke, das Spiel auch in der 90. Minute zu entscheiden.
Hat sich jemand um Sie gekümmert?
Ich habe niemanden gebraucht. Ich spreche deutsch, habe damit keine Probleme und war schon mit vielen Spielern essen.
Was unterscheidet die Trainer Trapattoni und Löw?
Der Erfolg. Löw ist kein schlechter Trainer, das hat er schon gezeigt. Aber Trap hat viel mehr Erfahrung, viel mehr gewonnen und viele Stars trainiert. Ein großer Unterschied.
Ihr Spiel wirkt abgeklärter.
Es scheint, als wäre ich viel gelassener geworden. In Stuttgart sollte alles schnell gehen, hier mache ich alles mit mehr Ruhe.
Wie Ihr Tor im Liga-Pokal gegen den VfB. So eines haben Sie früher auch schon mal versiebt.
Als Jancker den Paß spielte, mußte ich genau daran denken: „Oh Gott, den mach ich nie rein." Und dann war er drin.
Viele haben Ihnen ein Scheitern in München vorausgesagt. Woher nahmen Sie Ihre Zuversicht?
Wahrscheinlich war es mein großer Vorteil, daß ich diese Zuversicht gar nicht hatte. Ich war sogar sehr unsicher, hatte Angst vor den Bayern, dem Training, den Spielern, dem Drumherum. Aber dann kam alles ganz anders. Die Spieler sind nicht arrogant. Ich habe in der Kabine genauso viel Spaß wie in Stuttgart, sitze neben Mario Basler und Mehmet Scholl.
Kapitän Helmer hat Sie als Vergnügungswart im Visier.
Demnächst werde ich mit der Mannschaft in einem brasilianischen Restaurant essen. Man muß sich nicht jede Woche treffen, um gut miteinander auszukommen, aber vielleicht einmal im Monat.
Was ist die Rolle von Matthäus im Bayern-Team?
Er macht sehr viel für die Mannschaft, spricht mit den jungen Spielern, gibt Anweisungen im Spiel. Auch mir hat er schon gute Tips gegeben. Er ist wichtig.
Wäre Balakov auch wichtig?
Ich glaube, das weiß jeder. Wir brauchen einen richtigen Mittelfeldregisseur, der hinter den Spitzen die Bälle verteilt.
Bis jetzt traf noch kein Ausländer mehr als elfmal für Bayern.
Dann will ich mindestens zwölf Tore machen und nicht 18, wie ich mir vorgenommen habe.

Die unbekannte Seite des Giovane Elber. Seit Mitte 1997 unterstützt er nicht nur materiell eine Schule in seiner Heimatstadt Londria. Und die Kinder freuen sich über jeden Besuch des Stars.

TORSCHÜTZE DES TAGES
Olaf Marschall

Sollte sich das Blatt für den Unglücksraben der letzten Jahre doch wieder wenden? Vor drei Jahren spielte Kaiserslauterns Stürmer Olaf Marschall noch in der Nationalmannschaft, beim 0:0 gegen Ungarn. Danach wurde er durch Verletzungen und Krankheiten zurückgeworfen. Zuletzt waren es Nierensteine, die ihn zur Pause zwangen. Wenn er aber mal richtig fit ist, wird er sofort zum brandgefährlichen Torjäger. Wie jetzt. Der Erfolg: Aufsteiger Kaiserslautern steht an der Tabellenspitze, und drei der bislang fünf Tore der „Roten Teufel" erzielte Marschall. Am vierten Spieltag waren es beim 3:0 gegen Schalke, dem UEFA-Cup-Sieger, gleich zwei. Für den dritten Treffer durch Sforza lieferte er dazu die Vorlage. Die Prämie für beide Tore in Höhe von 1000 DM geht samt einem Satz Trikots an die Jugendabteilung TSV Blau Weiß Torgau (nahe Leipzig), in der Marschall das Fußballspielen lernte. Das Los entschied diesmal gegen Olaf Marschalls Nationalmannschafts-Kollegen Ulf Kirsten und Andreas Möller, die auch je zwei Tore erzielten.

„Na, wie habe ich das gemacht?" scheint Olaf Marschall zu fragen. Super, Olaf, super!

FACTS - FACTS - FACTS
News

„Keine Abwehr - doch den schönsten Bus“, spotteten Karlsruhes Fans nach dem 1:6. 1,2 Millionen Mark kostete das Prachtstück, mit Bar, Anschlüssen für TV und Videospiele. Den alten KSC-Bus kaufte Bielefeld - und gewann 3:0.

Sechs Tore hatte der KSC letztmals beim 2:6 gegen den FC Bayern kassiert, und das sogar im heimischen Wildpark (1995). Weitere August-Pleiten des KSC: In Duisburg 1991 mit 2:6, in Köln 1988 mit 1:6.

Hertha startete wie in der Abstiegssaison 1990/91 mit vier Spielen ohne Sieg. Der kam damals erst im elften Spiel. Das erste Auswärtstor mußte Wolfsburgs Rejna für Hertha schießen.

Kaiserslautern hat Bremens Bestmarke von 1987 eingestellt: Vier Spiele ohne Gegentor! In der Abstiegssaison startet man mit fünf Punkten, nun mit zehn.

Für Bielefeld war das 3:0 gegen Werder der deutlichste Heimsieg nach dem Wiederaufstieg. Drei Tore Differenz gab es zuletzt 1985.

REPORT

Gladbachs Trainer Hannes Bongartz tat vor dem Köln-Spiel etwas, was seinem Verein den Atem raubte: Er suspendierte Stefan Effenberg, seinen Kapitän und Spielmacher. Es folgten Krisensitzungen, Aussprachen, Spekulationen. „Es war falsch in den letzten drei Jahren, daß alles auf eine Person abgestimmt wurde“, sagte Kalle Pflipsen. Er, Wynhoff, Witeczek - alle übernahmen nun Verantwortung und schossen Köln mit 4:1 in Richtung Tabellenkeller. „Das war keine einfache Situation für uns“, so Pflipsen. „Wenn wir verloren hätten, hätte es geheißen: Ohne Stefan geht es nicht. Wir - auch Bongartz - könnten viel verlieren, haben aber viel gewonnen.“ Mit jedem Tor wurden die Rufe nach Effenberg leiser.
„Wenn der Wind von vorn kommt, brauchen wir Effenberg“, kontert Manager Rüssmann. Braucht aber Effenberg Gladbach noch? Monatelang testete er, wie weit er bei Bongartz gehen kann, schwänzte Training und Werbetermine, kam zu spät. Unerträglich die Launen. Man ging ihm aus dem Weg. Bongartz stellte ihn zur Rede. „Da kam ein bißchen Unzufriedenheit raus, allgemeine Sachen.“ Nach drei Remis fühlte sich Effenberg bestätigt: Es ging bei Borussia nicht voran. Der Verein unternimmt nichts in punkto Neuverpflichtungen, um ihm zu zeigen: Wir wollen nach oben.
Als er in Moskau für die Weltauswahl spielte, fühlte er sich bestens aufgehoben. „Beim ersten Training am Mittwoch morgen war er lustlos, apathisch“, merkte Trainer Bongartz. „Da dachte ich noch: Vielleicht war die Reise Mist. Aber am nächsten Morgen war er wieder für sich, lief eigene Strecken. Was sollten da die anderen denken?“
Diese wollten die Pokal-Peinlichkeit von Hannover wettmachen. Effenberg nicht. Seine Starallüren hatten lange die Mitspieler gelähmt. Sie wollten nicht länger für einen Kollegen laufen, der ihnen zu verstehen gab: Ihr seid nicht meinesgleichen. Pflipsen: „Darunter leidet das Selbstbewußtsein der anderen. Zum Erfolg braucht man eine ganze Mannschaft.“

LINKS WIE RECHTS

Gegen Nordirland spielte Jörg Heinrich auf der linken Seite und später für Wörns wie selbstverständlich an der rechten Außenlinie. Umstellungsprobleme gleich Null. „Jörg Heinrich kann wie Andy Brehme rechts wie links spielen“, so Bundestrainer Vogts. „Nur hat er die größere Grundschnelligkeit.“ Heinrich besser als Weltmeister Brehme? „Das habe ich in Frankfurt/Oder und Rathenow gelernt, weil die Konkurrenten meist einen Kopf größer waren. Also mußte ich am Boden besser sein und habe bewußt mit beiden Füßen abwechselnd aufs Tor geschossen.“
Geraume Zeit unentdeckt spielte Heinrich bei Kickers Emden. Joachim Stocker, Präsident des SC Freiburg und auf Urlaub an der Küste, wollte sich so nebenbei einen Amerikaner anschauen. Da fiel ihm Heinrich auf. Für nur 1,5 Millionen kaufte ihn dann Dortmund von den Freiburgern. „Unglaublich, wie günstig wir ihn bekamen“, sagt Manager Meier. Nun wollen ihn Arsenal London, AC Parma, Juventus Turin nach den sensationellen Auftritten in der Champions League haben. 15 Millionen Mark wurden geboten. Jörg Heinrich ist damit Deutschlands teuerster Fußballer. „Aber den“, so Sportdirektor Hitzfeld, „geben wir nicht her.“
„Macht es dir etwas aus, wenn du rechts spielst?“ fragte ihn Berti Vogts. „Überhaupt nicht. Ich kann rechts wie links“, war die Antwort. „Mit rechts flanke ich, mit links schieße ich die Elfmeter.“ Was er auch anderweitig übt. „Tischtennis spiele ich mit links, Tennis mit rechts.“ Weil aber Vogt´s Ziehsohn Ziege für die linke Seite abonniert ist, wird Heinrich zur Alternative für Reuter auf rechts. Heinrichs Klubkollege wurde prompt für das Nordirland-Spiel ausgeladen. Als 25jähriger debütierte Heinrich 1995 gegen Italien. Ein Spätstarter, aber ein besonders guter.

Bilder, die für sich sprechen - und für das ungleiche Paar Stefan Effenberg & Hannes Bongartz.

NACH OTTO REHHAGEL GING ES NUR BERGAB

Werder Bremen

Ein anonymer Anrufer drohte Werders Manager Willi Lemke mit Mord, wenn er nicht genau wie Dörner sofort bei Werder die Brocken hinwirft". Aschfahl im Gesicht, spulte Lemke die Gründe für Dörners Entlassung herunter: „Zu ruhig, zu bescheiden, zu anständig, um sich in diesem harten Geschäft durchzusetzen." Zwei Jahre sind seit dem Weggang Otto Rehhagels vergangen. Das reichte, um all das einzureißen, was der Klub 14 Jahre aufgebaut hatte. „Die da oben", sagt ein Spieler, „schwelgen doch nur in Erinnerungen. Der Realität stellt sich niemand."
Das 0:3 in Bielefeld war die blamabelste Vorstellung der letzten Jahre. Sie macht die Suche nach einem Dörner-Nachfolger nicht einfacher. Dortmunds Sportdirektor Ottmar Hitzfeld lehnte ohne Bedenkzeit sofort ab. „National ist der Klub praktisch nicht mehr zu verkaufen", klagt ein Marketing-Experte. Auch bei der Lizenz-Verteilung für einzelne Produkte ging Werder wieder leer aus. Die Lizenzen bekamen Gladbach, Hertha, Schalke. Lemke mußte Gehaltskürzungen hinnehmen und ist prozentual bei der Beschaffung von Sponsoren beteiligt. Kein Wunder, daß er an der Dörner-Entlassung kräftig mitsägte. Jener aber konnte einer Mannschaft mit 13 aktuellen bzw. ehemaligen Nationalspielern auch kein neues Leben einhauchen.

DAUM PRÜFT NOCH ALLE PERSPEKTIVEN

Bayer Leverkusen

Real Madrid buhlte bereits um seine Dienste, Borussia Dortmund wollte ihn als Nachfolger für Ottmar Hitzfeld verpflichten. Leverkusens Trainer Christoph Daum (43) freut sich über das Interesse, wie auch Bayer-Manager Reiner Calmund: „Wenn sich keiner für unseren Trainer interessiert, müßten wir uns fragen, ob wir den richtigen Mann haben." Aber am Saisonende läuft sein Zwei-Jahres-Vertrag aus. Und bisher ziert sich der Trainer, bei Bayer zu verlängern. „Ich habe Zeit", sagt Daum gern. „Ich muß erst sehen, wie sich hier alles weiterentwickelt." Mit Ablauf der Winterpause will Calmund Daums Entscheidung .

EINWURF

Durch einen Fehler von Torwart Bernd Meier, der den Ball durchrutschen ließ, verlor München 1860 vier Minuten vor Ende die Partie gegen Rostock mit 0:1. Nichts sehen die Fans - ausgenommen diesmal die der Münchner „Löwen" - aber lieber als Tore. Und der vierte Spieltag sorgte mit 34 für einen neuen Saisonrekord.
In der vergangenen Saison waren nur einmal mehr zu erleben: 35 am 27. Spieltag. Der Bundesliga-Rekord aber wird wohl so schnell nicht gebrochen werden. Am 32. Spieltag der Saison 1983/84 durfte 53mal gejubelt werden. Das waren 5,9 Tore im Schnitt pro Spiel. Derzeit sind es 2,94 in der laufenden Saison. Zehn der 53 Treffer fielen übrigens damals allein beim 7:3-Sieg der Bremer in Offenbach. Werders Trainer war zu dieser Zeit Otto Rehhagel, der von 1973 bis 1975 seine Trainer-Laufbahn in Offenbach begonnen hatte bevor er 1976 für ein halbes Jahr als Trainer in Bremen einsprang.

MAGAZIN

EIN HERZ FÜR DIE JUNGEN HANSEATEN

Hansa Rostock

Rostocks Angreifer Steffen Baumgart und sein einstiger Mannschaftskamerad René Schneider (jetzt Dortmund) sind gute Freunde geblieben und haben beide ein Herz für den Nachwuchs. „Weil wir etwas von dem zurückgeben wollen, was wir durch Hansa geworden sind", so Schneider, stifteten sie der C-Jugend von Hansa die komplette Ausrüstung, sponserten für sie ein Trainingslager und laden die Knirpse auch noch zu einem Heimspiel des Champions League-Gewinners nach Dortmund ein.

Nur Fliegen ist schöner: Dortmunds Stephane Chapuisat schwebt scheinbar schwerelos durch den Bochumer Strafraum. Mit seinem Seitfallzieher - hier in zwei Phasen - erzielt er das 4:1.

CHRONIK

Der FC Bayern schießt in Rostock beim 3:0 wie im Mai ´97 wieder drei Tore.

Köln bleibt heimstark: in fünf Spielen vier Siege, ein Remis. Auf fünf Tore kamen die „Geißböcke" zuletzt 1995 beim 5:1 gegen Schalke.

Duisburgs Sieg in Karlsruhe ist der erste seit 1967!

Leverkusen erlitt die vierte Auswärtsniederlage in Serie. Das gab´s mal vor vier Jahren.

ERGEBNISSE

VfL Bochum	1
1. FC Kaiserslautern	3
Hertha BSC Berlin	0
Hamburger SV	2
VfB Stuttgart	0
Borussia Dortmund	0
Schalke 04	2
Borussia M´Gladbach	0
1. FC Köln	5
VfL Wolfsburg	3
Werder Bremen	2
Bayer Leverkusen	1
Hansa Rostock	1
Bayern München	3
Karlsruher SC	1
MSV Duisburg	2
München 1860	1
Arminia Bielefeld	0

TABELLE

1. 1. FC Kaiserslautern	5	4	1	0	8:1	+7	13	●
2. Bayern München	5	3	1	1	11:5	+6	10	▲
3. Schalke 04	5	3	0	2	5:5	0	9	▲
4. Borussia Dortmund	5	2	2	1	9:4	+5	8	▼
5. VfB Stuttgart	5	2	2	1	6:3	+3	8	▼
6. Hansa Rostock	5	2	1	2	5:6	-1	7	▼
7. Karlsruher SC	5	2	1	2	10:12	-2	7	▼
8. MSV Duisburg	5	2	1	2	5:7	-2	7	▲
9. 1. FC Köln	5	2	1	2	9:12	-3	7	▲
10. VfL Wolfsburg	5	2	1	2	9:12	-3	7	▼
11. Bayer Leverkusen	5	2	0	3	11:8	+3	6	▼
12. Borussia M´Gladbach	5	1	3	1	9:8	+1	6	▼
13. München 1860	5	1	3	1	7:7	0	6	▲
14. Arminia Bielefeld	5	2	0	3	6:6	0	6	▼
15. Hamburger SV	5	1	2	2	6:7	-1	5	▲
16. Werder Bremen	5	1	2	2	7:11	-4	5	▲
17. VfL Bochum	5	1	1	3	6:11	-5	4	▼
18. Hertha BSC Berlin	5	0	2	3	4:8	-4	2	▼

In der Liga gibt es nichts, was es nicht gibt. 1860 contra Bielefeld muß auf Montag verschoben werden. Das Zeltdach im Olympiastadion ist noch defekt. Dann aber gelingt München der erste Saisonsieg. Auf den wartet allein noch die Hertha, vom HSV im anderen Olympiastadion „vergewaltigt". Die kühnsten Springer aber hat Schalke: Der erst zweite Sieg im 29. Duell mit Gladbach bringt sie von Rang 11 auf 3! Im Schattenreich der im Vorjahr noch unbesiegten Bochumer fühlen sich Ottos „Rote Teufel" sichtlich wohl. Wer schlägt Lautern? Antwort vertagt. Ohne Schwung traben Stuttgart und Dortmund zum 0:0, was dem VfB in 28 Spielen nicht widerfuhr. Bremen bleibt für Leverkusen ein Schrecken: Noch nie ein Sieg, nur je neun Remis und Niederlagen.

ZEITLUPE

Zwei „gute" Freunde: Marijan Kovacevic (Wolfsburg) mit Ball & Toni Polster (in der Luft). Was uns wohl diese Momentaufnahme sagen will?

Er war Fleischerlehrling und avancierte in München zum Groß-Gastronom, dem sechs Firmen gehören: Karl-Heinz Wildmoser (57). Zum Präsidenten von München 1860 wurde er 1992 (bis 1999) gewählt. Wildmoser verpflichtete Trainer Werner Lorant und führte mit ihm die „Löwen" innerhalb von drei Jahren aus der Bayernliga über die 2. Liga in die 1. Bundesliga und dort sogar in den UEFA-Pokal. Der frühere Boxer ist auch Mitglied des FC Bayern, und das seit 25 Jahren.

INTERVIEW

Nach 30 Jahren ist 1860 wieder international dabei. Dennoch gibt es Krach. Die Schwabl-Affäre, Kündigungen und nun auch Morddrohungen gegen Sie.
Um meinHaus patrouilliert ein Wachdienst. Aber selbst ein Kennedy konnte sich nicht schützen. Ein bißchen Gottvertrauen sollt´ schon sein. Schlimmer sind die Drohungen, Lorants Kinder mit Säure zu übergießen. Lorants Frau, die Unschuldigste, leidet am meisten. Ich nehme das ernst, weil im Vorjahr mein Auto mit Säure übergossen wurde.

Warum werden Sie bedroht?
Je steiler der Aufstieg, desto steifer die Brise und umso größer der Neid. Die letzten zwölf Monate waren Mobbing pur. Aber um 1860 zu führen, braucht man ein breites Kreuz. Meine Lebensqualität liegt bei 0,0. Mein Jahresurlaub sind fünf Tage in einer Kurklinik.

Sie führten den Verein bisher von ihrer Wirtschaft in Hinterbrühl.
Zwangsläufig. Es war weder ein Schreibtisch noch ein Computer da. Jetzt haben wir aufgestockt, das Vereinsheim und das Personal. Herr Weitzl von der Kirch-Gruppe arbeitet seit Montag als Manager bei uns. Außer der Verpflichtung von Trainer Lorant habe ich jedoch nichts allein entschieden.

Geschäftführer Sven Jäger blieb auch nur zwei Jahre.
Ich habe mit ihm hervorragend zusammengearbeitet. Als Schwabl auf einen neuen Vertrag pochte, sagte Jäger: „Machen wir den Vertrag, und wenn Schwabl nicht mehr aufgestellt wird, ist er der erste, der ihn löst." Darauf habe ich vertraut. Als Jäger in der Schwabl-Affäre gegen mich Partei ergriff, war keine Zusammenarbeit mehr möglich.

Würden Sie mit dem Mann wieder „Krieg" führen?
Vielleicht würde ich heute zu Schwabl fahren und mit ihm unter vier Augen reden.

Ihr Vorsatz, mit Niedriglöhnen zu arbeiten, geht nicht mehr auf.
Weil durch das Bosman-Urteil der Durchschnitt zu hoch bezahlt wird, überschwemmen billigere Ausländer den Markt. Da gebe ich Berti Vogts recht. Aber wenn er von einer 600 Mark-Ausbildungsvergütung für Jugend-Nationalspieler spricht, scheint die Entwicklung an ihm vorbeigegangen zu sein.

Bekommen Jugendliche deshalb immer seltener eine Chance?
1860 soll mit Pele-Bender-Nowak das beste Mittelfeld haben. Doch die sind alle über 30. Heute spielen manche erst mit 34 auf dem Höhepunkt. Wenn für den 33jährigen Peter Nowak dann so ein Top-Angebot wie von Tottenham (2,3 Millionen netto!) kommt, kann ich verstehen, daß er weg will.

Lorant bleibt, laut Vertrag bis ins Jahr 2001. In München sagt man, Sie hätten eine Leiche im Keller.
Die heißt 1860 und ist in permanenter Aufwärtsentwicklung. Wenn Lorant aber sieht, daß seine Arbeit nicht mehr fruchtet, bricht er den Vertrag. Ich werde aber um ihn kämpfen. Ich habe ihn überredet, am Stadtrand ein Haus zu kaufen. Das war ein Signal: Wir lassen dich nicht weg. Er hat immer große Angebote, war vor einem Jahr überzeugt, mit Stuttgart, das ihn unbedingt verpflichten wollte auf Anhieb deutscher Meister zu werden.

Ein Präsident ganz entspannt und glücklich: Karl-Heinz Wildmoser träumt auf einer Bank am Genfer See von Europacup-Erfolgen seiner „Löwen".

TORSCHÜTZE DES TAGES René Tretschok

Der 1. FC Köln scheint Mittelfeldrenner René Tretschok Glück zu bringen. Vor zweieinhalb Jahren, am 25. Februar 1996, erzielte er in Diensten von Borussia Dortmund sein erstes Bundesliga-Tor - gegen die Kölner. Jetzt, im FC-Trikot, hat sich die undankbare Joker-Rolle von Dortmund in einen Stammplatz im Kölner Team verwandelt. Der Erfolg: Beim 5:3-Sieg gegen den VfL Wolfsburg erzielte der 1,5 Millionen-Mark-Einkauf zwei Treffer. Mit drei Toren auf dem Konto ist er neben dem Karlsruher Häßler jetzt torgefährlichster Mittelfeldspieler der Liga. Die Prämie für seine beiden Treffer, 1000 Mark und einen Satz Trikots, gestiftet von SPORT-BILD und „Continentale", sind bei seinem Heimklub Chemie Wolfen gut angelegt. Tretschok ist gerade dabei, in seiner Heimatstadt eine Fußballschule zu eröffnen. „Ich möchte dem Verein und dem Fußball in dieser Region etwas von dem zurückgeben, was ich durch ihn bekommen habe." Über den Halleschen FC (wo er mit Wosz und Karl spielte) war er 1992 nach Dortmund zur Borussia gekommen.

Acht Tore für Dortmund, nun kommen zwei für Köln hinzu: René Tretschok läßt die „Geißbock"-Elf hoffen.

„Magisches Dreieck" war eine der schönsten Wortschöpfungen der vergangenen Jahre. Die Stuttgarter Balakov-Bobic-Elber waren für den Zauberfußball des VfB verantwortlich. Sie verwöhnten die Fans. Auch darum lassen sich die Pfiffe vom Samstag erklären. Ist ein 0:0 zwischen dem DFB-Pokalsieger und dem Champions League-Gewinner zu wenig? Stuttgarts Startbilanz ist zwiespältig: Erst zwei Tore in drei Heimspielen, aber schon 278 Minuten ohne Gegentor in der Liga. Das freut Torwart Wohlfahrt. „Unsere Abwehr ist derzeit das Prunkstück."
Aber was ist mit dem Sturm? Wo einst Elber (jetzt FC Bayern) mit Bobic und Balakov um die Wette wirbelten, wird jetzt nüchtern auf Treffer gelauert. Balakov, die Verkörperung von Spielfreude, bleibt gelassen: „Wenn es in der Meisterschaft um den schönsten Fußball ginge, müßten wir uns Sorgen machen. Aber auch in dieser Saison wird jener Verein Meister, der die meisten Punkte sammelt." Also Abschied vom Zauberfußball?
Es sieht so aus. Auch in Stuttgart hat das Erfolgsdenken über den Spaßfaktor gesiegt. Was Spitzenmannschaften wie Dortmund und Bayern auszeichnet. Wohlfahrt: „Wichtig ist, daß wir mehr Punkte holen als im Vorjahr, wie ist egal." Für Trainer Joachim Löw kommt die spielerische Krise seines Teams nicht überraschend. Wir haben erst 70 Prozent unseres Leistungsvermögens erreicht. Wir wollen weiter offensiv spielen, vor allem aber erfolgreich."
Im nächsten Auswärtsspiel in Kaiserslautern geht es sogar um einen Vereinsrekord. Noch nie hat es Stuttgart in der Bundesliga geschafft, vier Spiele ohne Gegentor zu bleiben. Die letzte von nunmehr dreizehn Drei-Spiele-Serien ohne Gegentor gab es im Winter 1993. Gegen Dortmund wäre sogar ein 1:0-Sieg herausgesprungen, wenn Schiedsrichter Fröhlich nicht bemerkt hätte, daß Bobic zuvor den Ball mit dem Oberarm mitnahm.

„Es war ja fast beängstigend, wie wir in der vergangenen Saison kombiniert haben. Dieses Unwiderstehliche und traumhaft Sichere fehlt."

Trainer Joachim Löw

REPORT

MUNTERER DÄNE Thomas Gravesen

„Hallo Frank, ich bin der Thomas." So stellte sich der Däne Thomas Gravesen (21) bei HSV-Trainer Frank Pagelsdorf vor. Der wies ihn zurecht: „Ich heiße Trainer oder Herr Pagelsdorf." Nun fragt er im Training provozierend laut, wenn ihm was gelungen ist: „Gut so, Herr Pagelsdorf?" „Sehr gut, Herr Gravesen", kommt als süffisante Antwort. Die anderen amüsieren sich köstlich. Bei allem Flachs hält Pagelsdorf viel von seinem Abwehrchef. Er sei ein Verrückter im positiven Sinne. Und gleich bei seinem ersten Spiel in Berlin wurde Gravesen den Vorschußlorbeeren gerecht. Die sonst so wacklige HSV-Abwehr ließ Hertha beim 2:0 kaum eine Chance. Der laufstarke Kämpfer war hinterher heiser. Mit lautstarken Anweisungen, wie man sie beim HSV nicht mehr gewohnt war, hatte er sich die Stimme aus dem Leibe geschrien. 1,5 Millionen Mark hat der von Vejle BK gekommene U-21-Nationalspieler gekostet. Nach acht Toren für Vejle in der vorigen Saison zeigte er im Training auch seine Schußqualitäten. Seine lockere Art hat ihm schon viele Freunde gemacht. „So sind wir Dänen eben", sagt er nur und könnte ein Muntermacher werden, den der HSV unbedingt braucht.

Demonstriert im Training seine Liebe zum Ball - Hamburgs neuer Däne Thomas Gravesen.

Kommt ein Bayer geflogen: Torsten Fink, in die Luft befördert vom Rostocker Thomas Gansauge.

EINIGE WOLLEN, ANDERE KÖNNEN NICHT
Hertha BSC Berlin

Hertha Letzter, noch kein Sieg und nur zwei Punkte. Jetzt stehen zwei Auswärtsspiele an, und schon wird in der Hauptstadt vom Abstieg gesprochen. Ein Grund für die Misere: Auf dem Platz fehlt ein Chef, im Team eine klare Hierarchie. Bisher konnte keiner in kritischen Phasen das Kommando übernehmen. Spieler, die in Form sind (Dinzey, Mandreko), haben intern nicht den nötigen Stellenwert. Zuverlässige Typen wie Veit, Herzog oder Karl sind zu ruhig. Und die möglichen Anführer Rekdal, Roy, Sverrisson („Wir sind keine Mannschaft") sind nicht in Form. Nur Axel Kruse (29), der von Trainer Röber ernannte Kapitän, reißt mal den Mund auf. Aber der Torlos-Stürmer ist selbst in der Kritik. Bezeichnend, daß Röber ihn gegen den HSV (0:2) draußen ließ, obwohl Kruse mit Spritze hätte spielen können. Röber wollte ihn vor den ungeduldigen Fans schützen. „In kritischen Situationen müssen Spieler, die 30 oder 60 Länderspiele haben, mit dem Druck umgehen und Verantwortung übernehmen können", sagt Trainer Röber in Richtung Roy und Rekdal. Mit 1,5 Millionen (Roy) und einer Million (Rekdal) im Jahr führen beide aber nur die Gehaltsliste an. Kjetil Rekdal wurde von Röber eigens in den Spielerrat mit Kruse, Preetz, Fiedler berufen. Doch das macht den Norweger, der jüngst mit dem Ball auf zwei kritische Journalisten schoß, auch nicht sicherer.

BREHME-LOB FÜR TORJÄGER MARSCHALL
1. FC Kaiserslautern

Lauterns Olaf Marschall steht bei den Torschützen nun schon auf Platz 2. „Olaf ist für uns der wichtigste Mann", bekennt Kapitän Andy Brehme, der beim 3:1 in Bochum wegen Fieber fehlte. „Sein Kopfballspiel ist super, dazu ist er ein intelligenter Fußballer. Noch ein paar solche Leistungen, und er ist ein Mann für die Nationalelf. Erfolgreich sind wir, weil wir unbelastet und locker aufspielen. Wenn am Ende ein UEFA-Cup-Platz rauskäme, wäre das wie ein Sechser im Lotto."

EXISTENZKAMPF DER MITTELFELDSPIELER
Bayern München

Der FC Bayern war in der Meistersaison die fairste Mannschaft der Liga. Nun sah ausgerechnet der brave Dietmar Hamann in Rostock Rot, und das 14 Sekunden vor Ende, nach einer „Sense" gegen Yasser. Der Bayer: „Das war natürlich saudumm." Übermotiviert wäre richtiger. Denn Hamann als Einwechselspieler hatte in Rostock nur 25 Minuten Zeit, sich in die Stammelf zurückzuspielen. Aus der war er für Scholl rausgeflogen. Da treibt der Ehrgeiz zum überharten Einsteigen. Denn elf Mittelfeldspieler streiten sich um fünf Plätze. Von den 16 Gelben Karten der Bayern in fünf Spielen gingen zwölf an Mittelfeldspieler. Nur dreimal sahen Verteidiger Gelb. Dort sind Matthäus, Helmer, Babbel „gesetzt" und müssen nichts mit Härte beweisen. Nun fürchtet Hamann vier Wochen Sperre. Also hat er wieder schlechte Karten.

MAGAZIN

DER EIERTANZ UM STEFAN EFFENBERG
Borussia M'Gladbach

Die Situation in Gladbach nimmt groteske Züge an. Erst warf Trainer Bongartz Effenberg aus dem Team, weil der nicht engagiert trainierte, dann unternahm er alles, den Star milde zu stimmen. Vor der Mannschaft lobte er dessen Trainingsfleiß, obwohl jener trainiert hatte, wie immer: herablassend, bestimmend. Um keinen der Mittelfeldspieler weh zu tun, die beim 4:1 gegen Köln ohne Effenberg geglänzt hatten, mußte Juskowiak raus. Auf Schalke beim 0:2 stürmte Gladbach mit nur einem Angreifer (Pettersson), was zur Folge hatte, daß nicht ein Spielzug ins Sturmzentrum gelang. Bongartz kann nun nur mit Hilfe von Manager Rüssmann den Schaden begrenzen. Der traf sich mehrfach mit „Effe", um diesem die Abwanderungsgelüste auszureden. Für Rüssmann ist er der Messias vom Bökelberg. Aber Effenberg war nie Weltmeister, Europameister, Deutscher oder Italienischer Meister. Er war einmal Pokalsieger und immer nur Kopf einer Mannschaft, die mit der Zeit von selbst zerfiel.

EINWURF

Leverkusens Ulf Kirsten ist der erfolgreichste Torjäger der 90er Jahre. Sein erstes Tor erzielte er beim Dresdner 1:1 gegen den FC Bayern (1990/91), sein 105. beim 1:2 in Bremen. Seine sensationelle Quote: 0,51 pro Spiel. Zweimal wurde Kirsten auch Liga-Schützenkönig in Leverkusen: 1992/93 zusammen mit dem Frankfurter Yeboah (je 20 Tore) und in der verflossenen Saison (22). Sein Ziel ist die Verteidigung des Titels, was in 34 Liga-Jahren bislang erst sechs Spielern gelang. Gerd Müller, Bayerns „Bomber der Nation", ist dreimal dabei. Die sechs:

	Saison	T.	Saison	T.
Emmerich (Dortmund)	65/66	31	66/67	28
G. Müller (Bayern)	68/69	30	69/70	38
G. Müller (Bayern)	71/72	40	72/73	36
G. Müller (Bayern)	72/73	36	73/74	30
Heynckes (Gladbach)	73/74	30	74/75	27
D. Müller (Köln)	76/77	34	77/78	24
K.-H. Rummenigge (Bayern)	79/80	26	80/81	29
Yeboah (Frankfurt)	92/93	20	93/94	18

Strahlemann Ulf Kirsten, geh' du voran!

CHRONIK

Dem Fehlstart des FC Bayern folgten vier Siege in Serie und 13:3 Tore.

Nur Lautern ist weiter unbezwungen.

Wolfsburg blieb in 30 Heimspielen ungeschlagen und Schalke weiter ohne Reisetor.

Nach Leverkusens 13 Heimsiegen sorgte 1860 für das erste Remis.

Bochum kassierte die dritte Niederlage in Folge, wie zuletzt im Abstiegsjahr 1995.

ERGEBNISSE

Arminia Bielefeld	0
Hansa Rostock	1
Hamburger SV	2
1. FC Köln	1
VfL Wolfsburg	0
Schalke 04	0
Borussia Dortmund	2
Karlsruher SC	2
MSV Duisburg	2
Werder Bremen	1
Bayer Leverkusen	2
München 1860	2
Bayern München	3
Hertha BSC Berlin	0
Borussia M´Gladbach	2
VfL Bochum	1
1. FC Kaiserslautern	4
VfB Stuttgart	3

TABELLE

1. 1. FC Kaiserslautern	6	5	1	0	12:4	+8	16	●
2. Bayern München	6	4	1	1	14:5	+9	13	●
3. Hansa Rostock	6	3	1	2	6:6	0	10	▲
4. Schalke 04	6	3	1	2	5:5	0	10	▼
5. MSV Duisburg	6	3	1	2	7:8	-1	10	▲
6. Borrusia Dortmund	6	2	3	1	11:6	+5	9	▼
7. Borrusia M´Gladbach	6	2	3	1	11:9	+2	9	▲
8. VfB Stuttgart	6	2	2	2	9:7	+2	8	▼
9. Hamburger SV	6	2	2	2	8:8	0	8	▲
10. Karlsruher SC	6	2	2	2	12:14	-2	8	▼
11. VfL Wolfsburg	6	2	2	2	9:12	-3	8	▼
12. Bayer Leverkusen	6	2	1	3	13:10	+3	7	▼
13. München 1860	6	1	4	1	9:9	0	7	●
14. 1. FC Köln	6	2	1	3	10:14	-4	7	▼
15. Arminia Bielefeld	6	2	0	4	6:7	-1	6	▼
16. Werder Bremen	6	1	2	3	8:13	-5	5	●
17. VfL Bochum	6	1	1	4	7:13	-6	4	●
18. Hertha BSC Berlin	6	0	2	4	4:11	-7	2	●

Ein Marschall kommandiert die Liga. Mit drei Toren wirft er auch die Stuttgarter auf den Rost der „Roten Teufel". In München erntet Hertha im 0:3 Lob und Mitleid. „Das hasse ich am meisten", ärgert sich Kruse. Andere Europacup-Starter wie Dortmund, Leverkusen, Schalke dürfen ihre Remis gegen Karlsruhe, 1860 und in Wolfsburg als verdorbene Generalproben werten. Statt Selbstvertrauen erntet man überflüssige Debatten. Weiterhin punktlos in der Fremde bleiben auch die Kölner beim HSV, Bochumer in Gladbach, Bremer in Duisburg. Die Hälfte der Liga beklagt die Fehlstarts in die Saison. Voll im Wind segelt dagegen die Hansa-Kogge auch in Bielefeld auf Platz 3. Frappierend die unterschiedliche Punktausbeute in fremden (7) und heimischen Gewässern (3).

ZEITLUPE

Ein Wühler vor dem Herrn, dem keine hohle Gasse zu eng ist: Schalkes „Eisernes Büffelchen" Wilmots, mit dem Wolfsburgs Kryger (rechts) seine Müh' und Not hatte.

Seit Anfang 1996 ist Jürgen Röber (43) Trainer von Hertha BSC. Es ist nach Rot-Weiß Essen (1987-93) und VfB Stuttgart (bis 1995) die dritte Trainerstation des Ex-Profis. In 303 Bundesligaspielen bei Bayern, in Bremen und Leverkusen schoß er 75 Tore. Er kickte auch in Calgary (Kanada) und Nottingham. Nach Berlin kam er als Hoffnungsträger, der mit Hertha 1997 auch den Aufstieg schaffte. Aber Herthas Erstliga-Rückkehr nach sechs Jahren brachte viele Probleme.

INTERVIEW

Anfangs spielte Hertha zeitweise Traumfußball und ist Letzter. Mit Hurra in den Abstieg?
Mit nur zwei Punkten klingt jede Erklärung nach Entschuldigung. Jedes Spiel war eine Gratwanderung. Als ich vor anderthalb Jahren kam, war alles viel schlimmer. Alle sahen alles nur negativ. Deshalb bin ich ruhig. Man muß zwar immer damit rechnen, selbst in Frage gestellt zu werden. Aber ich bin davon überzeugt, daß ich es hier schaffe, die Bundesliga zu halten. Ich kenne meine Truppe. Die ist topfit.
Worauf gründet sich denn dieser Optimismus?
In Bremen habe ich sechs Jahre gegen den Abstieg gespielt. Damals haben sich Spieler mit Leistenproblemen am Mittwoch abgemeldet, um sich vor dem Samstag zu drücken. Das hat mich geprägt. Ich kann den Spielern vermitteln, wie man um seine Existenz spielt.
Man wirft Ihnen verfehlte Einkaufspolitik vor. Doch in Stuttgart haben Sie das „magische Dreieck" erfunden.
Mit Hertha haben wir bis zum Schluß um den Aufstieg gespielt. Deshalb hatten wir nicht so viel Zeit wie in Stuttgart, wo ich Balakov, Elber und Bobic zusammen mit Dieter Hoeneß monatelang beobachten konnten. Ich wunderte mich immer, warum Bayern Balakov nicht holte.
Und bei Hertha?
Gibt es keinen Balakov. Ante Covic hat gegen Dortmund zwar Jörg Heinrich schwindlig gespielt, muß aber auch noch sehr viel lernen.
Wie geduldig sind die Fans?
Früher hätten sie uns im Stich gelassen. Jetzt nicht mehr. Wenn sie langfristig Bundesliga sehen wollen, müssen sie hinter uns stehen.
Beckenbauer-Manager Schwan hat Sie gewarnt: Roy sei schwierig.
Mit solchen Leuten hatte ich nie Probleme, weder mit Berthold noch mit Kruse. Letzterer quält sich hier ohne Ende. Welches Theater hatte ich beim VfB mit Dunga! Nach dem WM-Gewinn bedankte er sich: „Durch Ihre Arbeit bin ich Brasiliens Kapitän geworden." Roy machte nicht zufällig 30 Spiele für Holland. Rekdal fehlen zwei Vorbereitungswochen, Tchami drei. Er hat Bewegungen drauf wie kein anderer. Rekdals 60 Länderspiele für Norwegen sind auch etwas. Ich werde der Letzte sein, der alles in Frage stellt.
Sind Sie vielleicht zu kumpelhaft?
Das war früher so. Ich habe mich geändert. Heute habe ich die nötige Distanz. Ansprechpartner für die Spieler ist mein Co-Trainer Bernd Storck.
Warum ist Ihr kompliziertester Spieler, Axel Kruse, der Kapitän?
Er ist eine Integrationsfigur für die Berliner und eine Reizfigur, die eine Mannschaft braucht. Er rackert und schreit. Drumherum haben wir zu viele ruhige Leute. Vielleicht kommt ein bißchen Haß auf. Das könnte ganz nützlich sein und den Konkurrenzkampf beleben.
Ist zwischen Ihnen und Manager Honeß wirklich allles in Butter?
Wir haben uns in Stuttgart gefetzt und tun das hier manchmal auch. Wichtig ist, ein gemeinsames Ziel zu haben und dann miteinander essen zu gehen. Ich jedenfalls will - wie er auch den Klassenerhalt -, denn ich liebe diese Stadt. Hier würde ich auch gern langfristiger etwas aufbauen können.

Auf seine Zeichensprache allein wird wohl Berlins Trainer Jürgen Röber nicht vertrauen können, wenn das „Klassenziel" Nichtabstieg erreicht werden soll.

TORSCHÜTZE DES TAGES
Olaf Marschall

Mit seinen drei Toren gegen Stuttgart hat Olaf Marschall (31) die Pfalz ins Glück geschossen. Aufsteiger Lautern weiter Erster! Dabei hatte der VfB mit nur drei Gegentoren in fünf Spielen bislang die zweitbeste Abwehr gestellt. Mit sieben Toren in sechs Spielen liegt Marschall damit an der Torjäger-Spitze. Bundestrainer Berti Vogts hat ihn schon in seine Planungen einbezogen. Nun hofft der viermalige DDR-Nationalspieler, doch noch eine WM zu erleben. Es ist sein dritter Anlauf ins Glück. Den ersten nahm der Sachse 1990 bei Admira/Wacker Wien (41 Tore in 99 Spielen!). Der zweite endete bei Dynamo Dresden im Abstieg. Der dritte läuft jetzt. Sein Glück war, daß der FCK keinen Stürmer fand.
„Viele meinten, den Marschall kannst du abschreiben", so Manager Briegel. Marschalls Pechsträhne: Bänderriß, Knieoperation, Fußbruch, Nierensteine. Marschall konnte nicht mal die ganze Vorbereitung mitmachen. Aber nun ist er fit, und die Jugend von TSV Blau-Weiß Torgau (bei Leipzig) darf sich erneut über 1500 Mark und einen Satz Trikots freuen.

Olaf Marschall weiß ganz sicher, wo es lang geht: auf dem direkten Weg zum Tor!

FACTS - FACTS - FACTS
News

Debütant Guido Gorges (24) von 1860 München benötigte neun Ligaminuten, um sich die erste Gelbe Karte einzuhandeln. Der Neuzugang aus Nordhausen (1,94 m, 92 kg) ließ Leverkusens Eric Meijer wenig Spielraum.

Giovanni Trapattoni verlängerte seinen Trainervertrag beim FC Bayern bis ins Jahr 2000.

Olaf Marschall gelangen zum zweiten Male drei Bundesliga-Tore. Nummer 1 war sein Einstand 1993 in Dresden gegen den VfB Leipzig, bei dem er bis 1990 spielte.

Karlsruhes Mittelfeld-As „Icke" Häßler erzielte in den letzten vier Spielen je ein Tor.

Michael Spies (32) vom VfL Wolfsburg absolvierte 200 Bundesligaspiele in sieben Vereinen. Derzeit Liga-Rekord.

Bayerns Fans haben Neuzugang Giovane Elber gleich zum Spieler des Monats August gewählt. Er siegte mit 26,25 Prozent der Stimmen vor Scholl (20,39) und Kahn (11,93).

REPORT

Zehn Minuten war Carsten Jancker im Spiel gegen Hertha, und schon war sein zweites Saisontor fällig. Wieder durfte er nur 27 Minuten für Rizzitelli ran, lieferte aber dann auch die Vorarbeit für Strunz´ spielentscheidendes 3:0. Sein erstes Bundesliga-Tor der Saison, das 3:1 in Rostock, hatte ihn locker gemacht, entspannt wie lange nicht. Als er sich nach dem Tor das Trikot vom Leib riß, „da war die Freude einfach über mich gekommen. Da war mir auch die Gelbe Karte wurscht, die ich dafür bekam."
Jancker nervt es gewaltig, daß seine Fortschritte in der Mannschaft des Deutschen Meisters im Schneckentempo vorankriechen. „In dieser Saison", hat er durchgerechnet, „spiele ich, wenn ich denn überhaupt reinkomme, im Schnitt 30 Minuten. In der vergangenen Hinrunde waren es Freund Alexander Zickler. „Der ist ja in der gleichen Lage."
Nicht nur mit dem Schicksal der Reservisten hat Jancker zu kämpfen. Der Mann mit dem mikro-kurzen Blondhaar muß sich auch gegen Gerüchte wehren, rechtsradikal eingestellt zu sein. „Leute haben sich beschwert, weil ich vorige Saison nach meinem Tor gegen 1860 im Derby den geheimen Hitlergruß gemacht hätte." Ein Vorwurf, der ihn völlig überraschte.
Damals warf Jancker seiner Frau eine Kußhand zu, ließ die Hand mit geschlossenen Fingern oben, angeblich das Geheimzeichen von Neo-Nazis. Jancker: „Das war purer Zufall. Mein kurzes Haar gefällt meiner Frau einfach am besten. Und in meiner Zeit beim 1. FC Köln war Pablo Thiam aus Guinea mein bester Freund. Mit dem telefoniere ich heute noch. Ich habe nichts ge-

meist nur magere zehn Minuten. Das war noch unerfreulicher."
Das 20-Minuten-Plus ist dem Mecklenburger 1,93-m-Riesen, der bei Trapattoni hinter Elber und Rizzitelli als Nummer 3 gilt, zuwenig. „Ich habe in der Vorbereitung die meisten Tore geschossen, Es bringt keinem was, wenn ich nur sporadisch eingesetzt werde." Oft diskutiert er das mit seinem gen Ausländer." Und Schnürstiefel wie Bomberjacke trage er auch nicht. Um irgendwelche Vermutungen im Keim zu ersticken, will sich Carsten Jancker nun die Haare wieder ein paar Millimeter wachsen lassen. „Aber Locken, wie früher mal, kommen garantiert nicht wieder in Frage."
Doch viel wichtiger ist ihm der Stammplatz im Bayern-Team.

Glückliche Torschützen: In München wird Carsten Jancker nach dem erlösenden 2:0 gegen Hertha BSC von dem am Boden liegenden Giovane Elber gefeiert...

... in Dortmund ist es Thomas Häßler, der in Minute 81 den 2:2 Ausgleich für seinen KSC erzielt.

MAGAZIN

DER FLEISSIGE SIDKA BIETET SICH AN
Werder Bremen

Wolfgang Sidka (43) hat mittlerweile erfahren, welcher Streß auf einen Cheftrainer zukommt. Termine, Termine, Termine. Sein Ziel: In Bremen kein Cheftrainer auf Zeit, sondern auf Dauer zu werden. Manager Lemke: „Ich kann über Herrn Sidka nichts Schlechtes sagen." Der aber hält sich zurück. „Was ich will, ist Respekt. Den muß ich mir im Umfeld, beim Präsidium und der Mannschaft verdienen." Vergleiche mit Vorgänger Dixie Dörner mag er nicht. „Man soll mich fragen, was ich anders mache und nicht vergleichen."
Eines hat Sidka sofort geändert: Cola und Kaffee sind für die Spieler gestrichen. „Jetzt gibt es Säfte. Und bei Auswärtsspielen wird der gleiche Anzug getragen. Ich will, daß wir uns als Einheit präsentieren." Mit Herzog, Reck, Labbadia hat er viel geredet. Auch mit Eilts und Bode. „Den beiden habe ich gesagt: Euer Ziel muß die WM in Frankreich sein. Dafür müßt ihr arbeiten." Mit Reck, Eilts und Wolter hat Sidka einst bei Werder gespielt. „Die Spieler haben mich vorher geduzt, und sie dürfen es auch weiterhin. Respekt verschaffe ich mir durch Leistung." Das Präsidium sieht das Engagement mit Wohlwollen. Und weil mit Ottmar Hitzfeld, Hans Meyer und Wolfgang Frank bereits drei Wunschkandidaten absagten, ist die Stuttgarter Löw-Lösung im Gespräch: Der Assistent wurde Chef.

MATTHÄUS DENKT NICHT ANS AUFHÖREN
Bayern München

Bisher wußte Lothar Matthäus (36) nicht, ob er 1998 aufhören soll oder nicht. Nach dem Sieg gegen Hertha fühlte er sich sicher. „Ich bin körperlich so fit, daß ich blöd wäre, aufzuhören. Ich wäre sogar der größte Depp." Ob er beim FC Bayern weitermacht, läßt er offen. Obwohl Präsident Beckenbauer sagte: „Gehalt und Vertragszeit kann Lothar selbst bestimmen." Matthäus: Das ehrt mich. Aber ich will sehen, wie sich alles entwickelt und nicht als Sündenbock dastehen."

DIE „LÖWEN" UND DAS ALUMINIUM
München 1860

Der legendäre Ernst Happel stellte einst in Rotterdam seinen trainingsfaulen Spielern eine Cola-Dose auf die Latte. Wer sie runterschoß, durfte zum Duschen. Happel war der Erste, andere mühten sich noch in der Nacht. Auch 1860-Trainer Werner Lorant läßt „zum Gaudi im Training auf Latte und Pfosten schießen. Ich mache mit und treffe oft." In der Liga ist das nun bitterer Ernst. Achtmal verwehrte den „Löwen" bislang nur das Aluminium einen Torerfolg. Lorant: „Sonst hätten wir in Bremen, gegen den KSC und Rostock gewonnen. Aber Latte ist besser als drüber. Es fehlt noch die Genauigkeit."

Die „Löwen"-Abwehr um Torwart Meier und Verteidiger Gorges gestattet Leverkusens Sturm um Linksaußen Meijer (von links) keinen Treffer.

EINWURF

Dreimal haben die Herthaner in München nur das Torgestänge des FC Bayern getroffen. Am Ende war am 0:3 nicht zu rütteln. Die ran-Datenbank registrierte, in wievielen Schußversuchen die Stürmer überhaupt das Tor treffen. In Klammern: Gesamt-Schußzahl.

Bayern-Hertha	3:0	6:3	(20:8)
Hamburger SV-Köln	2:1	5:4	(23:12)
Bielefeld-Rostock	0:1	5:2	(20:8)
Leverkusen-1860 München	2:2	8:4	(24:9)
Dortmund-Karlsruhe	2:2	8:8	(17:11)
Wolfsburg-Schalke	0:0	1:2	(9:12)
Lautern-Stuttgart	4:3	15:4	(29:14)
Duisburg-Bremen	2:1	5:3	(19:13)
Gladbach-Bochum	2:1	8:6	(23:13)

Spitzenreiter 1. FCK hat die Stuttgarter also mit einem Angriffsorkan überzogen. Wohlfahrt im Tor hatte einen schweren Arbeitstag.

CHRONIK

Lauterns Start ist der beste aller Aufsteiger: 6 Siege, 1 Remis in 7 Spielen.

Schalke verliert gegen den HSV erste Heimpunkte

Bayern feiert den 5. Sieg (16:4 Tore), aber Matthäus muß am Fuß operiert werden.

Bochums Baluszynski vergibt den ersten Saison-Strafstoß, den Zimmermann (Wolfsburg) hält.

Das 4:0 gegen Hertha ist Hansas höchster Sieg seit 1991.

ERGEBNISSE

Karlsruher SC	2
1. FC Kaiserslautern	4
München 1860	0
MSV Duisburg	1
VfL Bochum	2
VfL Wolfsburg	1
Schalke 04	2
Hamburger SV	2
1. FC Köln	1
Bayern München	3
Arminia Bielefeld	2
Bayer Leverkusen	1
Werder Bremen	2
Borussia Dortmund	1
Hansa Rostock	4
Hertha BSC Berlin	0
VfB Stuttgart	3
Borussia M´Gladbach	0

TABELLE

1. 1. FC Kaiserslautern	7	6	1	0	16:6	+10	19	●
2. Bayern München	7	5	1	1	17:6	+11	16	●
3. Hansa Rostock	7	4	1	2	10:6	+4	13	●
4. MSV Duisburg	7	4	1	2	8:8	0	13	▲
5. VfB Stuttgart	7	3	2	2	12:7	+5	11	▲
6. Schalke 04	7	3	2	2	7:7	0	11	▼
7. Borussia Dortmund	7	2	3	2	12:8	+4	9	▼
8. Hamburger SV	7	2	3	2	10:10	0	9	▲
9. Arminia Bielefeld	7	3	0	4	8:8	0	9	▲
10. Borussia M´Gladbach	7	2	3	2	11:12	-1	9	▼
11. Karlsruher SC	7	2	2	3	14:18	-4	8	▼
12. Werder Bremen	7	2	2	3	10:14	-4	8	▲
13. VfL Wolfsburg	7	2	2	3	10:14	-4	8	▼
14. Bayer Leverkusen	7	2	1	4	14:12	+2	7	▼
15. München 1860	7	1	4	2	9:10	-1	7	▼
16. VfL Bochum	7	2	1	4	9:14	-5	7	▲
17. 1. FC Köln	7	2	1	4	11:17	-6	7	▼
18. Hertha BSC Berlin	7	0	2	5	4:15	-11	2	●

Die Euro-Fighter staucht es kräftig zusammen. Nach sieben Cup-Siegen nur drei im harten Liga-Geschäft. Und ganz zittrige dazu, wie die von Bayern in Köln und Bochum gegen Wolfsburg. Leverkusen und Dortmund bekommen in Bielefeld wie Bremen schmerzhafte 1:2-Quittungen für ihre Reisemiseren. Fünf- und achtmal in Serie fehlt ihnen der Erfolg. Champions-League-Anspruch und Alltag klaffen weit auseinander. Nur Stuttgart zieht wie gehabt Gladbach am Neckar das Fell über die Ohren: 5:0, 5:0 und nun „nur" 3:0. In Karlsruhe feiert Lautern den glänzendsten Saison-Start seiner Geschichte, während Hertha bei dem 0:4 in Rostock trostlos eingeht, wie im Debakeljahr 1990/91. In vier von sieben Spielen hat sie nicht einmal das gegnerische Tor getroffen.

ZEITLUPE

Er ist einer der „giftigsten" Spieler der „roten Teufel": Harry Koch (rechts). Auch KSC-Star Sean Dundee mußte diese Erfahrung machen - Auswechslung in Minute 61.

Mit 18 Jahren nahm er sich bei Dortmund die Rücken-Nummer 18, hatte aber schon in der Bundesliga debütiert: Lars Ricken. Mit 21 ist er bereits zweimal Meister, Europacup-Sieger, Nationalspieler. Ricken gilt als Deutschlands größtes Talent. Geboren in Dortmund, kickt er seit 1990 für die Borussia, ist also ein Eigengewächs. Nun ist Ricken Soldat bei der Bundeswehr.

INTERVIEW

Mit 21 solche Erfolge - wann heben Sie denn ab?
Ich bin in relativ kurzer Zeit populär geworden. Aber ich stehe dem, was ich in den Zeitungen lese, kritisch gegenüber. Von mir wird ein Image aufgebaut, mit dem ich mich nicht identifiziere. Hunderte Mädchen sollen hinter´m Auto herlaufen. Viele Dinge werden auf mich projiziert, denen ich noch gar nicht gerecht werden kann. Die Leute könnten sagen: Wenn er in Dortmund die entscheidenden Tore schießt, muß er das auch in der Nationalelf bringen. Solche Ansprüche sind doch viel zu unrealistisch.
Ihr Nike-Werbespot zeigt, „was mir wirklich wichtig ist". Was denn?
Das grüne Rechteck da unten im Stadion. Viele Spieler waren bei der Nationalelf, und dann hat man sie nicht mehr gesehen. Dagegen gehe ich an, allein wegen Berti Vogts. Er war und ist mein schärfster Kritiker. Nach einem U-18-Länderspiel, in dem ich richtig schlecht war, hat er sich ziemlich negativ über mich geäußert. Das war für mich Ansporn, zu zeigen, daß er mit seiner Einschätzung falsch lag. Wenn es bei einem Länderspiel bliebe, würde er aber recht behalten, und das will ich unbedingt verhindern.
Sie gelten als größtes Talent im deutschen Fußball.
Davon möchte ich schnell wegkommen. Ich sehe es an Andreas Möller. Trotz überragender Leistungen im Ausland, zig Länderspielen und Titeln galt er bis kurz vor der EM 1996 immer noch als Talent. Nach einem schlechten Spiel hieß es: Er solle mehr aus seinem Talent machen. Das will ich mir ersparen.
Einblicke ins Privatleben werden Ihnen nicht erspart bleiben.
Auch wenn sich Journalisten beschweren: Ich mache mich rar in der Öffentlichkeit. Dundee und Scholl waren mir Warnung. Jede private Sorge konnte ich in der Zeitung lesen. Eigentlich will ich auch nicht Vorbild sein. Aber dann denke ich, daß man den 12- bis 16jährigen aufzeigen kann, was man durch den Sport erreichen kann, auch Rauschzustände ohne Alkohol.
Sport als Drogenersatz?
Der Sport kann einen Menschen durch Hormonschübe in einen drogenähnlichen Zustand versetzen. Wie bei meinen Toren in La Coruna oder im Finale gegen Turin. Da wußte ich für einige Zeit nicht, was ich getan hatte.
Der Bundestrainer sorgt sich, weil sich junge Spieler angeblich nicht quälen.
In der U-21-Mannschaft geben immer alle alles. Bei Borussia legen die Jugendlichen Sonderschichten ein. Trainer Scala nimmt sich dafür extra Zeit. Hollands Jugendmannschaften werden regelmäßig besiegt. Aber der Konkurrenzkampf ist extrem. Man muß warten können. Ich hatte Glück, daß ich von Trainer Hitzfeld immer Vertrauen spürte.
Dennoch ist Ihr Aufstieg doch wohl steinig gewesen.
Nach Europacup-Spielen bin ich mit den Fans zurückgeflogen, um morgens pünktlich in der Schule zu sein. Ich hatte nicht die Regeneration wie die Profis. Länger als 70 Minuten konnte ich dann auch nie spielen, so kaputt war ich. Von acht bis eins Schule, danach Extra-Training mit Michael Henke. Aber es gibt für mich nichts schöneres als Fußball. Manche waren mit 15 besser, aber ich habe immer etwas mehr trainiert als andere.

Lars Ricken im Netz gefangen! Und doch ist für den BVB-Überflieger Fußball auch nicht alles. So studiert er an der Fernuniversität Hagen Betriebswirtschaft für sein zweites Leben.

TORSCHÜTZE DES TAGES
Karsten Hutwelker

So schnell kann es gehen: Weil einige seiner Kollegen verletzt waren, wirkte Bochums Mittelfeldakteur Karsten Hutwelker (26), eigentlich kein Stammspieler, gegen Wolfsburg von Beginn an mit. Und er nutzte seine Chance. Mit den Treffern in der 16. und 25. Minute erzielte er zum erstenmal in seiner Profikarriere zwei Tore in einem Spiel und ist neben Wosz Bochums erfolgreichster Schütze. Kurios dabei der zweite Treffer: Wolfsburgs Keeper Zimmermann erwischte Hutwelkers Eckball erst im Tor, weil er ihn falsch berechnet hatte. Auch beim 1:0 hatte Hutwelkers Kopfball schon die Linie überschritten, ehe die Rettungsaktion einsetzte. Im Sommer 1996 war der gebürtige Wuppertaler aus Jena nach Bochum und nur gelegentlich zum Einsatz (und zu zwei Treffern) gekommen. „Die Saison ist lang und schwer, da muß man zum richtigen Zeitpunkt da sein", meint er. Die Jugendabteilung seines Heimatvereins ASV Wuppertal erhielt nun 1000 DM und einen Satz Trikots, wie immer gestiftet von SPORT-BILD und „Continentale".

Glückwünsche für den Matchwinner Karsten Hutwelker (Zweiter von rechts), für den die Bundesliga-Welt an diesem Tag in Ordnung war.

Krisensitzung bei Borussia Dortmund. „Da hat der Baum gebrannt", so Jürgen Kohler später. Doch die Wirkung reichte nur für das 1:0 bei Besitkas Istanbul. Schon in Bremen war alles wieder verpufft. Es setzte eine 1:2-Niederlage, das achte Auswärtsspiel ohne Sieg. Der 1:0-Stolpersieg beim FC St. Pauli im März war der letzte. Mit zehn Punkten Rückstand auf Platz 1 ist der Titel fast unerreichbar weit weg. Deswegen hat Kohler nochmal mächtig nachgelegt: „Das, was ich von jedem Fußballer erwarten kann, sind Einsatz und Laufbereitschaft. Aber seit einem Jahr macht sich bei uns eine Zufriedenheit breit, die ich nicht länger hinnehmen kann. Wenn einer mal was sagt, ist der andere gleich beleidigt. Es geht zu familiär zu."
Dann wird Kohler fachlich. „Das Spielsystem von Nevio Scala ist darauf angelegt, auf der Nase herumtanzen. Genauso soll sich niemand hinter Sousa verstecken." In der Nationalelf sei es ähnlich gewesen. Da habe man versucht, sich hinter Jürgen Klinsmann zu verstecken.

„Wir spielen derzeit wie ein Absteiger, wie ein schlechter Absteiger."

BVB-Torwart Stefan Klos

Ausdrückliche Zustimmung findet Kohler in der Vereinsspitze. Sportdirektor Hitzfeld: „Er hat sich zu einer großen Persönlichkeit unseres Vereins entwickelt." Und Manager Meier: „Als Kapitän hat er das Recht, aufzupassen, daß wir unsere Saisonziele nicht verfehlen." In der Mannschaft läßt Kohler verbreiten, daß an Scala und seinen Methoden nicht zu rütteln sei. Indirekt gibt ihm Jörg Heinrich recht: „Es gibt mehrere

REPORT

daß alle mitarbeiten. Aber ein paar denken, sie könnten ein bißchen weniger laufen." Auch Paulo Sousa muß mit einer härteren Gangart rechnen, wenngleich Kohler feststellt: „Natürlich versucht ein Südländer immer auszuloten, wie weit er beim Trainer gehen kann. Aber Scala läßt sich nicht Gründe, warum wir auswärts nicht den Mut haben, offensiv aufzutreten. Kohler hat Scala deswegen volle Rückendeckung zugesichert." „Ich habe ihm gesagt, daß mein erstes Ziel nicht die Champions League ist. Ich will Meister werden. Und das lasse ich mir nicht kaputtmachen", so Kohler.

RATE GEZAHLT Michael Goossens

„Natürlich stand ich bei Schalke unter Druck", gestand Michael Goossens. „Sieben Spiele ohne Tore sind zu viel. „Für vier Millionen Mark hatte Schalke den Belgier von Genua 93 geholt. Mit zwei Toren im UEFA-Cup und dem 1:0 gegen den HSV hat er endlich die erste Rate zurückgezahlt. Kapitän Olaf Thon: „Es ist bei ihm ein bißchen wie bei Jürgen Klinsmann. Im Training trifft er wie ein Weltmeister, aber auf dem Platz fehlt der entscheidende Kick." Bisher wohnte Goossens bei Landsmann Wilmots im Keller („Souterrain klingt besser"), nun ist das eigene Haus in Castrop fertig. Wilmots, von Standard Lüttich gekommen, hatte seinen früheren Kollegen auch anempfohlen. Von dessen Talent war Trainer Huub Stevens trotz wachsender Kritik immer überzeugt. „Wir hätten auch David Zitelli für vier Millionen verpflichten können. Aber er ist schon 29 und Goossens sechs Jahre jünger. Von ihm haben wir einfach mehr." Goossens weiß, daß nur Tore seine Nationalmannschafts-Karriere (bisher sechs Spiele für Belgien) sichern. Denn soviel Geduld wie Berti Vogts mit Jürgen Klinsmann hat Belgiens Trainer Georges Leekens mit seinen Stürmern nicht.

So sieht die Variante Drübersteiger aus: Die Ausführenden sind die Herren Flo (Bremen) & Kohler (Dortmund).

Nicht zu bremsen gegen den HSV - Schalkes Belgier Michael Goosens, an dem die Königsblauen noch viel Freude haben werden.

MAGAZIN

DAS DREISTÜNDIGE KAFFEE-KRÄNZCHEN

Arminia Bielefeld

Bielefelds Spieler staunten jüngst nicht schlecht, als Co-Trainer Frank Geideck das Trainingskommando übernahm und der Chef Ernst Middendorp mit Stefan Kuntz als Beifahrer im Mercedes vom Gelände brauste. „Du brauchst dich gar nicht umzuziehen. Warum, sage ich dir gleich", hatte Middendorp seinen Stürmer empfangen. Wenig später saßen beide im Oldentrupper Hof, einem Hotel, und redeten sich drei Stunden die Köpfe heiß. Ein offenes Gespräch unter Männern, die anscheinend nicht zueinander finden konnten. Wenige Tage zuvor hatte Middendorp einen Reporter, der Belangloses fragte, abgekanzelt: „Da müssen sie unseren ‚Pressesprecher' fragen." Ein Seitenhieb auf Kuntz, der nach dem Rostocker 0 : 1 „die mentale und körperliche Frische" vermißt hatte.
Als sich Rob Maas, von Middendorp zum Kapitän bestimmt, verletzte, wählte die Mannschaft Stefan Kuntz. Ein Zeichen für Respekt. Zu allen ehemaligen Trainern pflegt Kuntz ein herzliches Verhältnis und regelmäßigen Kontakt. Der zu Middendorp wird sicher mit dem letzten Bielefelder Arbeitstag enden. „Ich habe kein Verhältnis zu Ernst Middendorp. Er spricht nicht mit mir." Middendorps Konter: „Von allen Bundesliga-Trainern rede ich am meisten mit den Spielern." Ein Drei-Stunden-Kaffeekränzchen könnte wohl Rekord sein.

MUND AUF, WER EIN HANSEAT IST

Hansa Rostock

Bei allen Kindern sind Zahnspangen höchst unbeliebt. Aber in Rostock könnten sie zu einem „Renner" werden. Denn mittlerweile gibt es sie in den blau-weiß-roten Klubfarben des FC Hansa und mit dem Emblem in der Plastik-Masse. Die Kiefer-Orthopädin Dr. Elisabeth Heller hatte die Idee. Und weil es um die Volksgesundheit geht, gab Hansas Marketingleiter Stephan Beutel es ihr sogar schriftlich, daß sie „das Hansa-Emblem unentgeltlich in Zahnspangen integrieren" dürfe.

SPIELER BESUCHEN DIE AUSBLEIBENDEN FANS

MSV Duisburg

Der Allerbeste aller Ruhrpott-Größen in der Liga ist derzeit der MSV Duisburg. Vierter! „Das Positive am MSV Duisburg ist auch", so Kapitän Thorsten Wohlert, „daß es über uns wenig zu berichten gibt. Wir sind keine Schaumschläger, sondern grundsolide Arbeiter." Das Problem ist jedoch, daß das kaum jemanden interessiert. In der Zuschauertabelle ist der MSV nur 17., vor Wolfsburg. „Welch Bombenstart hatten wir. Dennoch kamen zuletzt gegen Bremen nur 12 500. Da fehlen einem die Worte", ärgert sich Wohlert. Deshalb wird nun die Mannschaft selbst aktiv. Wohlert: „Wir Spieler werden in dieser Woche in die Stadt gehen und das Gespräch mit den Duisburgern suchen." Vielleicht merken sie, daß ihre „Zebras" besser sind als Schalke, Dortmund, Bochum, die sonst so übermächtigen Nachbarn.

„EINIGE MACHEN SICH IN DIE HOSE"

Bayer Leverkusen

Während seine Mitspieler händeringend nach Entschuldigungen für das 1:2 in Bielefeld suchten, wollte Torjäger Ulf Kirsten nur eines - möglichst schnell in den Mannschaftsbus. Ihm drohte der Kragen zu platzen: „Wir haben in unserer Mannschaft viel zu viele Schönwetter-Fußballer. Die denken alle, sie sind Weltmeister, aber nur drei, vier Mann reißen sich den Hintern auf." Während er und Wörns zumindest mit Leidenschaft spielten, gab sich der Rest der Bayer-Profis kampflos geschlagen. Der sonst so wortgewandte Christoph Daum flüchtete sich in blumige Vergleiche. „Das ist wie bei Eltern, die ihre Kinder warnen. Die aber sagen sich: Es wird schon nicht so schlimm werden, und plötzlich haben sie sich verbrannt." Kirsten aber redet Klartext: „Bei uns wird viel geredet. Alle wollen was zu sagen haben. Aber wenn es auf den Platz geht, machen sie sich in die Hosen. Wenn man jetzt nicht dazwischenhaut, kriegen wir richtig Probleme. Wir sind schon ganz unten!"

EINWURF

Vier Elfmeter durch Michael Zeyer, zwei Freistöße - damit hat der MSV Duisburg 75 Prozent der Tore nach Standardsituationen erzielt. Spitze! Lauterns 7 Tore sind im Gesamtkonto der 16 „nur" 43, 8 Prozent. Noch nicht eine Standardsituation haben der FC Bayern und Wolfsburg genutzt. Die Tabelle (E = Ecken, St. = Strafstöße, Ew = Einwürfe, Fr = Freistöße, TS = Tore nach Standardsituationen, Tg = Tore gesamt, % = Prozent).

	E.	St.	Ew.	Fr.	TS.	Tg.	%
Duisburg	-	4	-	2	6	8	75,0
Schalke	2	1	-	2	5	7	71,4
1860 München	3	1	-	2	6	9	66,7
Köln	5	-	-	1	6	11	54,5
Bremen	1	1	-	3	5	10	50,0
Hertha	2	-	-	-	2	4	50,0
K´Lautern	1	1	-	5	7	16	43,8
Leverkusen	3	1	1	1	6	14	42,9
Bielefeld	-	1	-	2	3	8	37,5
M´Gladbach	-	-	1	3	4	11	36,4
Karlsruhe	-	1	-	4	5	14	35,7
HSV	-	-	-	3	3	10	30,0
Stuttgart	-	-	-	3	3	12	25,0
Bochum	1	1	-	-	2	9	22,2
Dortmund	1	-	-	1	1	12	16,7
Rostock	1	-	-	-	1	10	10,0
Wolfsburg	-	-	-	-	-	10	0,0
Bayern	-	-	-	-	-	17	0,0

Der Ex-Rostocker Axel Kruse war der tragische Held in Rostock. Hier versiebt der Herthaner wieder einmal eine hundertprozentige Torchance - für Keeper Bräutigam hätte es nichts zu halten gegeben.

CHRONIK

Die Hälfte der Mannschaften wartet noch auf einen Auswärtssieg, von Gladbach bis Hertha, nebst Schalke.

Bei Bayerns 1:1 gab es ein Jubiläum zu feiern: das 1500. Tor in Heimspielen.

Für 1860 war es der erste Sieg gegen Dortmund nach dem Wiederaufstieg 1994.

Leverkusen ist in 19 Heimspielen ungeschlagen.

Für Schalke war es der erste Punktgewinn beim FC Bayern seit 1992.

ERGEBNISSE

MSV Duisburg	2
Arminia Bielefeld	1
Bayern München	1
Schalke 04	1
VfL Wolfsburg	1
VfB Stuttgart	0
1. FC Kaiserslautern	1
Werder Bremen	3
Borussia Dortmund	2
München 1860	3
Bayer Leverkusen	1
Hansa Rostock	1
Borussia M´Gladbach	1
Karlsruher SC	1
Hamburger SV	2
VfL Bochum	1
Hertha BSC Berlin	1
1. FC Köln	0

TABELLE

1. 1. FC Kaiserslautern	8	6	1	1	17:9	+8	19	●
2. Bayern München	8	5	2	1	18:7	+11	17	●
3. MSV Duisburg	8	5	1	2	10:9	+1	16	▲
4. Hansa Rostock	8	4	2	2	11:7	+4	14	▼
5. Hamburger SV	8	3	3	2	12:11	+1	12	▲
6. Schalke 04	8	3	3	2	8:8	0	12	●
7. VfB Stuttgart	8	3	2	3	12:8	+4	11	▼
8. Werder Bremen	8	3	2	3	13:15	-2	11	▲
9. VfL Wolfsburg	8	3	2	3	11:14	-3	11	▲
10. München 1860	8	2	4	2	12:12	0	10	▲
11. Borussia M´Gladbach	8	2	4	2	12:13	-1	10	▼
12. Borussia Dortmund	8	2	3	3	14:11	+3	9	▼
13. Arminia Bielefeld	8	3	0	5	9:10	-1	9	▼
14. Karlsruher SC	8	2	3	3	15:19	-4	9	▼
15. Bayer Leverkusen	8	2	2	4	15:13	+2	8	▼
16. VfL Bochum	8	2	1	5	10:16	-6	7	●
17. 1. FC Köln	8	2	1	5	11:18	-7	7	●
18. Hertha BSC Berlin	8	1	2	5	5:15	-10	5	●

Ausgerechnet Werder löscht die Feuer in der Hölle des Betzenberges, wo Otto Rehhagel der Heizer ist. Das 3:1 bei seinem Lehrherren befördert Wolfgang Sidka zum neuen Bremer Cheftrainer. Seinen Kölner Kollegen Peter Neururer bringt das 0:1 in Berlin um den Arbeitsplatz. Saison-Entlassung Nummer 2! Die Herthaner feiern nach 6 Jahren, 11 Monaten und 8 Tagen wieder einen Erstligasieg. Berliner Neugeburt. Weil der unterkühlte Stil den Bayern gegen Schalke nur ein Remis einbringt, bleibt Lautern Spitze. In Dortmund lassen sich die konfusen Borussen von den auf Reisen bislang zahnlosen „Löwen“ fressen. Und weil Hansa in Leverkusen nur ein 1:1 zuläßt, hat sich das Champions-League-Trio total blamiert. Ein goldener Herbst bleibt´s für Duisburg und Wolfsburg.

ZEITLUPE

Die Situation voll erfaßt: Marc Wilmots taucht ab und trifft per Kopf zur 1:0-Führung der Schalker gegen den FC Bayern. Ein Tor fürs Lehrbuch!

Vom 1. FC Nürnberg kam Martin Wagner (29) 1992 zum 1. FC Kaiserslautern und wurde mit ihm 1996 DFB-Pokalgewinner. Sechsmal wurde er in die Nationalelf berufen und spielte auch bei der WM 1994. Weil Andreas Brehme nicht mehr ständig im Einsatz ist, übernahm der Linksverteidiger das Amt des Kapitäns und führt nun das Überraschungsteam der Saison, das Spitzenreiter ist. Einen erfolgreicheren Aufsteiger hatte die Liga noch nicht.

INTERVIEW

Beim Abstieg war der FCK ein zerstrittener Haufen. Was ist anders?
Daß wir oben stehen, haben wir uns hart erarbeitet. Eitelkeiten und Neidgefühle sind weitgehend ausgeräumt. Die Reibereien zum Beispiel zwischen Brehme und Kadlec um die Libero-Position, wurden nicht von den Spielern, sondern vom Trainer Rausch initiiert. Mir als WM-Spieler hielt man Arroganz vor. Viele solcher Dinge führten zum Abstieg.

War die 2. Liga eine Kur für Verein und Mannschaft?
Als Brehme, Kuka, Kadlec sagten, daß sie bleiben, entstand ein Wir-Gefühl. In der 2. Liga wurden wir gefürchtet, gejagt und dennoch Meister. Das setzt sich in der Bundesliga fort, wo aber vieles leichter fällt.

Sie wollten doch aber mal zu den Bayern abwandern ...
Ich wäre 1995 gegangen, wenn unser damaliger Manager nicht sechs Millionen verlangt hätte. Ich hatte das Gefühl, nicht mehr gebraucht zu werden. Nach dem Abstieg wollten alle, daß ich bleibe. Die Pfalz war ein Tal der Tränen. Hier spielt man nicht nur für einen Verein, sondern für eine Region.

Warum hat Rehhagel so viel mehr Erfolg als in München, wo er angeblich falsch trainieren ließ?
Sein Training kann nicht schlecht sein, wenn wir Erster sind. Die Bayern hat er ins UEFA-Cup-Finale geführt. Mehmet Scholl beschwerte sich, daß er auf der falschen Position spielte. Nur: als Rechtsaußen hatte er seine besten Jahre und war Nationalspieler. Jetzt, hinter den Spitzen, ist er es nicht mehr.

Ihr habt wenig Verletzte.
Rehhagel achtet darauf, daß wir uns nicht im Training die Knochen polieren, wie in Dortmund.

Rehhagel ist für seine Sprüche bekannt. Was sagt er so?
Zu jungen Spielern sagt er: „Geben Sie mir Ihr Alter, kriegen Sie mein Gehalt". Und zu mir: „Wut und Haß sind schlechte Ratgeber". Und das so oft, bis man danach wirklich handelt.

Wird es Probleme mit Andreas Brehme geben, wenn Otto Rehhagel ihn mal nicht aufstellt?
Andy ist ein wichtiger Teil unserer Mannschaft und wird sich nicht beschweren, sondern lieber jüngere auf der Bank sehen. Das zeigt seine Größe als Mensch. Mit 36 ist er kein Joker mehr.

Bei Ihnen ist eine Stirnnarbe Sinnbild für einen Wandel.
Es war eineinhalb Wochen vor dem Bundesligastart. Nach einer Autogrammstunde in Heltersberg, wo ich auch ein, zwei Bier trank, fuhr ich mit 100 Sachen in eine unbekannte Kurve. Die Fahrt endete am Baum. Ich war leichtsinnig und dumm und hätte meiner Familie sehr schaden können. Ich zog die Lehre, daß man heute lebt und nicht morgen. Als ich den Wagen nicht halten konnte, dachte ich: Alles ist aus. Da zog mein ganzes Leben an mir vorüber, innerhalb einer Sekunde.

Haben Sie sich wegen des Unfalls etwas vorzuwerfen?
Nein, weil ich den Beruf Fußballer ein bißchen anders sehe als andere, habe ich mich dort mit den Leuten unterhalten. Ich komme auch von ganz unten und bin stolz, niemanden danke sagen zu müssen. Auch mit meinen vielen Verletzungen lernte ich umzugehen. Ich stehe immer wieder auf.

Mit nunmehr 208 Bundesliga-Spielen, davon 106 für den 1. FCK, ist Martin Wagner eine feste Größe im Spiel der „roten Teufel" geworden.

TORSCHÜTZE DES TAGES
Bernhard Winkler

Wieder einmal war es der 31jährige Stürmer Bernhard Winkler, der seinen Klub 1860 München aus der Krise schoß. Die Unruhe im Verein und im Umfeld hatte angesichts des Fehlstarts in die Saison mit nur einem Sieg in sieben Spielen schon beängstigende Formen angenommen. Schließlich war man UEFA-Cup-Teilnehmer. Selbst Werner Lorant, der bis dahin unumstrittene Trainer, stand in der Kritik. Doch mit dem 3:2-Sieg beim Champions-League-Sieger Dortmund ist erst einmal wieder Ruhe eingekehrt. Bernhard Winkler, zweimal mit Kopfbällen erfolgreich, knüpft damit an seine Torgefährlichkeit der vergangenen Saison an. Nun hat er bereits fünf Treffer erzielt. In der vorigen Spielzeit waren es 17. Und wäre der Ur-Bayer nicht am Saisonende verletzt gewesen, hätte er sogar noch ein gewichtiges Wort beim Kampf um den Titel des Torschützenkönigs mitreden können. Nutznießer des 1860-Sieges ist auch die Jugendabteilung des SV Veitshöchheim, Winklers Heimatklub. Sie erhält 1000 Mark und einen Satz Trikots, gestiftet von SPORT-BILD und „Continentale".

Er ist wieder da, und natürlich voller Emotionen - Torjäger Bernhard Winkler von den 60er aus München.

FACTS - FACTS - FACTS
News

Der Bielefelder Stefan Kuntz erzielte sein 165. Tor und ist damit mit Abstand der erfolgreichste der aktiven Torjäger. Der Dortmunder Zorc folgt mit 130 Treffern.

Vier Neuzugänge schossen Tore: Tarnat für die Bayern, Frey für Bremen, Andreas Zeyer für den HSV, Chiquino für Gladbach.

Hansa Rostock ist in sieben Spielen hintereinander auf Reisen ungeschlagen, kassierte in dieser Saison nur zwei Tore.

Dortmund erlebt den schlechtesten Start seit 1988 mit vier Spielen ohne Sieg. Münchens Bernhard Winkler gelang beim 3:2 der achte Doppelpack an Toren!

Anthony Yeboah ist der 152. Ausländer in der Liga und der erste Afrikaner beim HSV.

Stuttgarts Auswärtsschwäche ist frappierend: Fünf von sechs Spiele verloren und nun nach zehn Spielen sogar auch ohne eigenen Treffer geblieben.

REPORT

Wütend stapfte Giovane Elber zu Giovanni Trapattoni: „Trainer, wir spielen zu oft mit langen Bällen. Das ist nicht mein Spiel.“ Das blieb auch so im Pokal in Wolfsburg und auch gegen Schalke. Dort wurde der alte Stiefel mit 1:1 bestraft. In den ersten Spielen beim FC Bayern hatten die Aktionen noch tänzerisch leicht ausgesehen. Im Sturm immer isolierter, versuchte Elber zunehmend, etwas allein zu machen, „weil ich immer etwas Schwieriges versuchen werde.“
Elber ist traurig und hat nicht mal mehr gelacht, als er in Wolfsburg sein erstes Auswärtstor schoß. Er wirkte fast apathisch, als er viermal ausgewechselt wurde. Dennoch war er meilenweit davon entfernt, wie Klinsmann vor Wut in eine Werbetonne zu treten. Doch die Unbekümmertheit ist weg. „Ich habe mich mit Trapattoni darauf geeinigt, ins Mittelfeld zurückzugehen und die Bälle zu holen, sonst bekomme ich noch weniger. Ich muß neben den spektakulären Dingen auch die einfachen machen. Das gehört zu meinem Beruf.“

Macht uns den wunderbaren Elber nicht kaputt! Denn verzagt haben in München manche, wenn nach erstem Frust der Frost des Winters kam. Menschliche Wärme bezieht er nach wie vor aus Stuttgart. „Der Kontakt zu Fredi Bobic ist nie abgerissen. Ich hatte Angst, daß es so ist wie meist. Man ist schnell vergessen.“ In München ist es das Restaurant „Eboli“, wo sich Elber aufgehoben fühlt, wo man ihn häufiger mit Rizzitelli trifft. Er leidet sehr darunter, daß es bei Bayern keine Spielmacher gibt. „Wie oft hat Thomas Helmer gesagt, wir bräuchten einen Balakov. Scholl und Basler haben auch das Zeug dazu, wenn man ihnen Zeit gibt. Aber bei so vielen langen Bällen, kriegt ein Scholl ja Halsschmerzen vom vielen In-die-Luft-gucken.“ Dennoch beginnt er die Mentalität Trapattonis aufzunehmen. „Du kannst bei so vielen Terminen nicht nur attraktiv spielen. Ich habe gelernt, cool und clever zu spielen. Deswegen denke ich an die Mannschaft und nicht an 20 Tore, damit mich Nationaltrainer Zagallo holt.“

YEBOAHS RÜCKKEHR

Anthony Yeboah, der Ghanaer, meldete sich in der Bundesliga zurück. Mit ihm gewann der HSV 2:1 gegen den VfL Bochum. Der frühere Torwart Uli Stein, der mit ihm vier Jahre in Frankfurt spielte, begutachtete die Rückkehr: „Natürlich kann der Thony noch Fußball spielen. Geschickte Ballannahme, die schnellen Drehungen in den Gegenspieler, die Wendigkeit - das, was ihn früher stark machte - ist noch da. Doch weil ihm noch die Kraft fehlt, kann er diese Stärken nicht nutzen. Es hapert im Antritt. Mit seiner Kraft ist er nach einer halben Stunde am Ende. Die Spielpraxis fehlt auch. Er kann trainieren wie er will, Wettkampf ist durch nichts zu ersetzen. Immerhin: Der HSV hat wieder einen Stürmer, vor dem die Gegner Respekt haben. Kam er in Strafraumnähe, geriet er in Doppeldeckung.“ Yeboah hat bei Leeds United acht Monate nicht gespielt und Verletzungen in aller Ruhe auskuriert. Deshalb sagt Trainer Pagelsdorf: „Spielen, spielen, spielen - bis Blasen kommen.“ Bis zur Winterpause hat er seinen Stammplatz. Teuer genug war der zweifache Bundesliga-Schützenkönig. Auf die zwei Millionen Ablöse schlug Leeds noch 2,3 Millionen drauf, die der Klub an Yeboah zahlte, damit er seine Steuerschulden aus Frankfurter Zeiten begleichen konnte. Die hätten damals Eintrachts Manager übernehmen müssen, gegen die Yeboah nun klagt.
Mit 1,5 Millionen Jahresgehalt ist Yeboah nun der Spitzenverdiener des HSV. Wodurch nun die Leistungsträger Salihamidzic und Kmetsch bessere Chancen beim Vertragspoker bekommen. Ihre Verträge laufen 1998 aus. Sie wollen viel mehr.
Nochmal Uli Stein: „Alles hängt von Yeboahs Fitneß ab. Wenn er von der Kraft so wird, wie ich ihn aus der Frankfurter Zeit kenne, kann man noch einiges von ihm erwarten.“

Action please, Mr. Yeboah! Und Thony läßt sich nicht bitten - ob im Training oder im Spiel - hier eine Szene mit Bochums Torwart Gospodarek. Die Bundesliga hat ihn wieder!

ZEYER IN NOLDENS REKORDSPUR

MSV Duisburg

Für den MSV Duisburg werden derzeit eine Menge Superlative formuliert, wie „Könige des Ruhrpotts" oder „Zeyer - der Killer vom Elfmeterpunkt" oder „Bester Saisonstart seit zwei Jahrzehnten". Tatsache ist, daß Duisburg zuletzt 1974 fünf Siege nach acht Spieltagen registrierte. Vor einem Jahr hockte man dagegen mit nur fünf Punkten auf Platz 16.

Michael Zeyers Sicherheit vom Elfmeterpunkt ist heute eine Basis des Erfolgs: Fünf Versuche, fünf Treffer! Von Ludwig Nolden hat Zeyer vermutlich noch nie gehört. Aber mit jedem Strafstoß rüttelt er an Noldens Vereinsrekord. 15mal schoß der einstige Bundesliga-Profi zwischen 1963 und 1967 von der Elfmetermarke, und 15mal traf er auch! Beim Strafstoß-Treffer gegen Bielefeld versuchte Zeyer sogar die Nolden-Taktik. Nolden verriet mal in einer Umfrage: „Flach schießen ist besser. Da muß der Torwart erstmal runter. Und bis er unten ist, ist der Ball schon drin." Gegen Bielefeld traf Zeyer ins linke untere Eck. Trainer Friedhelm Funkel: „Alle Strafstöße Zeyers waren traumwandlerisch sicher." Funkel selbst kann ähnlich gute Tips geben, obwohl er an Noldens Trefferquote von 100 Prozent nicht ganz herankommt. Funkel verwandelte in seiner aktiven Zeit (320 Bundesliga-Spiele) in Kaiserslautern und Uerdingen von 24 Elfmetern 18. bemerkenswert!

PRÄGER MACHT TORE UND HÄLT SICH ZURÜCK

VfL Wolfsburg

Erst acht Bundesliga-Spiele hat Roy Präger (25) für den VfL gemacht und schon hat ihn Bundestrainer Berti Vogts im Auge: „Er ist uns aufgefallen, wir haben ihn beobachtet." Präger wahrt trotz diesen Einstands mit fünf Toren und dem Pokaltreffer gegen den FC Bayern Zurückhaltung. Und daß bei seinem Berater Jörg Neubauer vier Anfragen von anderen Bundesligisten eingingen, läßt ihn kalt. Neubauer: „Er bat mich, ihm die Vereine nicht zu nennen. Er will sich erst-einmal in der Bundesliga etablieren."

PELÉ SORGTE FÜR NEUE STIMMUNG

München 1860

Nach dem Pokal-k.o. in Hannover scharte in Abwesenheit der Kapitäne Fach und Winkler der erfahrene Abedi Pelé die Mannschaft um sich: „So geht es nicht weiter. Fußball ist unser Leben, und nur wir können bestimmen, ob wir ein gutes Leben haben. Laßt uns in Dortmund die Saison neu beginnen." Da Pelé kaum deutsch kann, übersetzte Nowak aus dem Englischen. Die Worte der beiden Spielmacher wirkten, zumal Pelé voranging. In Dortmund traf er per Kopf zum 1:0, und Nowak führte beim 3:2 brillant Regie. Pelé stolz: „Genau das wollte ich erreichen." Nun hofft alles auf eine neue Siegesserie.

MAGAZIN

EINWURF

Fast zehn Spiele, exakt 854 Minuten, blieb Jürgen Klinsmann in der Auswahl ohne Tor. Im 100. Spiel beendete „Klinsi" die Misere, traf gegen Armenien beim 4:0 zweimal. Die Liga hat etliche „Klinsis".

Axel Kruse (30) von Hertha: 816 Minuten ohne Pflichtspieltor. Er versagte auch ohne Streß, wie beim Elfmeter in Eisenhüttenstadt. Hertha führte 2:0. Trainer Röber: „Ich habe ihn in Stuttgart so lange gebracht, bis er traf."

Bachirou Salou (27) vom MSV: Seit 995 Minuten – UI-Cup, Liga, Pokal – ohne Treffer. Trainer Funkel: „Er muß lockerer werden. ‚Bachi' weiß, daß ich ihn nicht nur an Toren messe."

Giuseppe Reina (25) aus Bielefeld: Neun Tore im Vorjahr, nun Latte, Pfosten und über 1000 Minuten kein Tor. Trainer Middendorp: „Da muß er sich durchbeißen."

René Eijkelkamp (33) von Schalke: 18 Tore für Eindhoven, für Schalke in elf Spielen noch keines. Trainer Stevens: „René ist dennoch wichtig für uns."

Noch ein Toni, der hier den Herthanern Sverisson und Kiraly wohl verständlich machen will: „Ich bin's nicht gewesen!"

CHRONIK

Vier sind auf Reisen ohne Niederlage: der FCK, Bayern, Hansa und 1860 München.

Ein Bayer-Jubiläum: 20 Heimspiele ungeschlagen.

Bobic (Stuttgart) erzielte im 100. Spiel sein 55. Tor und Zorc (Dortmund) im 444. sein 131. Tor.

Nach sechs Auswärts-Niederlagen siegte Köln in Rostock.

Schalkes Heimstärke imponiert: Fünf Spiele, vier Siege, ein Unentschieden.

ERGEBNISSE

München 1860	1
1. FC Kaiserslautern	3
Werder Bremen	1
Borussia M´Gladbach	0
Karlsruher SC	2
VfL Wolfsburg	1
VfL Bochum	2
Bayern München	3
Schalke 04	1
Hertha BSC Berlin	0
Bayer Leverkusen	2
MSV Duisburg	1
Arminia Bielefeld	3
Borussia Dortmund	1
Hansa Rostock	1
1. FC Köln	2
VfB Stuttgart	5
Hamburger SV	2

TABELLE

1. 1. FC Kaiserslautern	9	7	1	1	20:10	+10	22	●
2. Bayern München	9	6	2	1	21:9	+12	20	●
3. MSV Duisburg	9	5	1	3	11:11	0	16	●
4. Schalke 04	9	4	3	2	9:8	+1	15	▲
5. VfB Stuttgart	9	4	2	3	17:10	+7	14	▲
6. Hansa Rostock	9	4	2	3	12:9	+3	14	▼
7. Werder Bremen	9	4	2	3	14:15	-1	14	▲
8. Arminia Bielefeld	9	4	0	5	12:11	+1	12	▲
9. Hamburger SV	9	3	3	3	14:16	-2	12	▼
10. Karlsruher SC	9	3	3	3	17:20	-3	12	▲
11. Bayer Leverkusen	9	3	2	4	17:14	+3	11	▲
12. VfL Wolfsburg	9	3	2	4	12:16	-4	11	▼
13. München 1860	9	2	4	3	13:15	-2	10	▼
14. Borussia M´Gladbach	9	2	4	3	12:14	-2	10	▼
15. 1. FC Köln	9	3	1	5	13:19	-6	10	▲
16. Borussia Dortmund	9	2	3	4	15:14	+1	9	▼
17. VfL Bochum	9	2	1	6	12:19	-7	7	▼
18. Hertha BSC Berlin	9	1	2	6	5:16	-11	5	●

„Gefährlich wie nie zuvor“ ist Dortmunds Situation für Sportdirektor Hitzfeld. Wie wahr! Denn Europas Nummer 1 stürzt in Bielefeld auf einen Abstiegsplatz. Dagegen ziehen die Bayern in Bochum und die Lauterer bei 1860 souverän ihre Bahnen. Otto Rehhagel, aus München verjagt, triumphiert dort zweimal binnen zwei Monaten. In Köln und Bremen erzeugen Günter-Lorenz Köstner und Wolfgang Sidka als neue Chef-Windmacher Oktoberstürme. Rostock verhilft Köln zum ersten Auswärtssieg, Gladbach verpaßt diesen an der Weser und verliert Effenberg (Gelb-Rot). Das erste Yeboah-Tor bewahrt den HSV nicht vor einem Debakel beim arg gescholtenen VfB Stuttgart, der erstmals wieder fünfmal trifft. Hertha zeigt sich auf Reisen wie gehabt: Auch auf Schalke wird nichts beschädigt.

ZEITLUPE

Ein flotter Zweier: Untermann Dietmar Hamann (FC Bayern) & „Flieger“ Yildiray Bastürk (Bochum)

Er ist der herausragende Akteur beim respektlos aufspielenden Neuling VfL Wolfsburg: Roy Präger (26). Dafür sorgten vor allem seine fünf Tore, meist raffinierte Treffer. Geboren im brandenburgischen Zossen kam das Stürmer-Leichtgewicht (1,72 m, 63 kg) über Stahl Brandenburg (bis 1992), Fortuna Köln (bis 1995) in die VW-Stadt. Seine Zweitliga-Bilanz: 29 Tore in 199 Spielen.

INTERVIEW

Wie fühlt man sich als Fußball-Star in Wolfsburg?
Ich weiß auch nicht, wie das alles passiert ist. Vor kurzem dachte ich noch, meine Karriere in der zweiten Liga zu beenden. In der Bundesliga machst Du fünf gute Spiele, schießt ein paar Tore - und schon giltst Du als ein Star. Aber das bin ich nicht. Ich habe ja nicht mal ein Handy.

Jetzt müssen Sie schon manche Interviews ablehnen.
Stimmt. Mein Berater Jörg Neubauer und unser Pressesprecher achten darauf. Ich will doch Fußball spielen und nicht nur mit Reportern reden. Trotz allem: Verbiegen lasse ich mich nicht. Ich will als Roy Präger rüberkommen. Außerdem habe ich nicht nur schöne Seiten erlebt. Es können auch in Wolfsburg wieder schlechtere Zeiten anbrechen.

Gibt es ein warnendes Beispiel für Sie in der Liga?
Sean Dundee. Der hat eine Super-Karriere hingelegt. Plötzlich war er nicht mehr so stark. Dann wurde seine Familie durch die Presse gezogen. Schlimm. Unser Masseur Manni Kroß hat mich gewarnt: „Junge, wenn du jetzt abhebst, kriegst du welche von mir vor den Latz!"

Wie sehen Sie Ihr tolles Bayern-Spiel im DFB-Pokal?
Mein absoluter Höhepunkt. Dem Kahn so´n Ding reinzupfeffern, unglaublich. Der absolute Tiefpunkt kam später, als ich den Elfmeter verschoß. Aber da hatte ich 38 Grad Fieber, der zählt nicht. Schön war, daß mich die Nachbarn in Giffthorn nachts mit einem Plakat empfangen haben: „Roy, Du bist der Beste!"

Erstes Spiel in Rostock, und gleich erstes Tor zum 1:0.
Das war geil, absolut geil. Jeden Treffer feiere ich so, als wär´s mein letzter. Man weiß ja nie. Erste Tore sind meine Spezialität, das erste bei der Flutlichteinweihung, das erste Heimspieltor ...

Schauen die anderen Teams noch spöttisch auf Wolfsburg?
Es gab einige, die gedacht haben: „Guck mal, da kommt der Aufsteiger, die kennt sowieso keiner." Das ist vorbei. Komisch war´s, als wir nach München flogen. Das riesige Stadion, die Leute, die Du nur aus dem Fernsehen kanntest: Matthäus, Basler, Helmer. Da schlotterten mir schon die Knie. Und dann die Gästekabine, mit Fernseher, Entspannungsbecken und so. Dann kommst Du aus der tollen Kabine, und der Elber steht vor dir. Da bist du schon überrascht.

Haben Sie im Spiel mit den Bayern-Profis geredet?
Nö, eigentlich nicht. In der zweiten Liga war das anders, da kannte man sich und hat mal gequatscht. Aber in der Bundesliga kannte mich keiner. Wer sollte mit mir reden?

Für den Sohn von Kölns Ex-Trainer Peter Neururer jedoch sind Sie die ganz große Nummer. Wie kommt´s?
Der wollte mein Trikot haben. Also habe ich es dem Neururer in die Hand gedrückt. Es war das erste mal, daß einer mein Trikot haben wollte. Ich habe mir das von Balakov geholt. Ein Riesen-Fußballer. Und die von Thomas Häßler und Stefan Effenberg. Denn die haben beide schon was gezeigt in der Bundesliga. Und beim Effenberg imponiert mir, wie der seinen Weg geht. Der hängt seine Fahne nicht in den Wind. So will ich auch bleiben und mich auf keinen Fall verbiegen.

Ein blonder Wirbelwind mit Torriecher und Ballgefühl: Roy Präger, für den Wolfsburg „der richtige Verein" ist.

TORSCHÜTZE DES TAGES
Mario Basler

Er ist der „Kurzarbeiter der Liga". Nur selten spielt Bayerns Mittelfeldstar Mario Basler volle 90 Minuten. Seiner Effektvität schadet das nicht. Das hat er wiederum beim 3:2-Auswärtserfolg der Münchner in Bochum bewiesen. Nach einer frisch auskurierten Waden-Verletzung reichte seine Luft nur für 55 Minuten - genug für zwei wunderschöne Tore, eines mit links, eines mit rechts. Dabei hatte Basler erst zwei Tage wieder mit der Mannschaft trainieren können und mit einem Fehlpaß den Bochumern auch zur Führung verholfen. „Aber dann hat Basler mit zwei großen Toren seinen Fehler wieder repariert", wie Trainer Trapattoni staunte. Bochums Trainer Toppmöller meinte genervt: „Schon beim letzten Mal hat er das Spiel entschieden. Und das nun wieder nach zwei Wochen Pause ausgerechnet gegen uns." Für die Nationalelf reicht das aber noch nicht. Basler:"Ich bin mit dem Bundestrainer so verblieben, daß ich erst noch Konditionsarbeit leiste." Die Jugend des heimischen VfL Neustadt/Weinstraße darf sich über 1000 Mark (500 pro Tor) und neue Trikots freuen.

Kühlung ist angesagt. Dabei hat der Mann nur 55 Minuten gespielt, aber eben super: Mario Basler!

Noch nie war Borussias Situation so verfahren wie nach dem 1:3 in Bielefeld. Nur neun Punkte aus neun Spielen, Drittletzter, als Europacup-Sieger eine Lachnummer. Dieses Gefühl kannte Dortmunds Kapitän Stefan Reuter bisher nicht. Und sein Streit mit Trainer Nevio Scala in der Kabine war der Tiefpunkt. Auslöser war Reuters Beschwerde, daß gegen den Bielefelder Fuchs nicht der kopfballstarke Manndecker Schneider reingekommen war. „Er ist noch nicht soweit", entschuldigte sich Scala. „Ja, aber ...", weiter kam Reuter nicht. „Ich habe keine Lust mehr, mich von euch ständig kritisieren zu lassen. Ihr sollt endlich Fußball spielen und nicht reden", schrie Scala. „Wo sind meine Autoschlüssel. Ich fahre nach Italien und komme nicht zurück. Ich habe keine Lust mehr." Noch am selben Abend informierte Manager Michael Meier die Vereinsführung. Nun wurde offen diskutiert, ob Scala noch der richtige Trainer für Borussia ist. Denn ihm sind etliche Fehler nachzuweisen.

So wollte er sein System mit einem Stürmer durchdrücken und scheiterte an Möllers Widerstand. In der Champions League ließ er zuletzt wie Hitzfeld spielen, mit Sousa und Möller im Mittelfeld, mit Chapuisat und Herrlich im Sturm. So wollte er den neuen Kapitän selbst bestimmen, ließ aber abstimmen - Reuter wurde gewählt, nicht der favorisierte Sammer. So wollte Scala nach den Niederlagen gegen 1860 für eine Nacht ins Hotel Lehnhof ziehen. Die Spieler zogen Sousas Geburtstagsfeier im Restaurant „Antica Roma" vor. So hat Scala immer gesagt, daß er Gespräche will. Nun stellten die Spieler fest, daß er mit dem Mannschaftsrat weniger redet als Vorgänger Hitzfeld, taktisch kaum Hilfe annimmt. Als er Bremens Spielmacher Herzog nicht manndecken ließ, schoß dieser prompt das erste Tor. Noch schützt Sportdirektor Hitzfeld seinen Trainer. „Die Spieler haben nicht über Taktik zu reden, das ist Trainersache. Verantworten muß sich Scala nur vor dem Vorstand."

„Lautern glaubte auch, nichts mit dem Abstieg zu tun zu haben. Und dann waren sie in der 2. Liga."

Andreas Möller

REPORT

LIENEN LOCKTE Oliver Neuville

Hansa hat gegen Köln verloren, aber Oliver Neuville (24) hat seinen Tor-Einstand gegeben. Genützt hat es noch nichts. „Der Coach Ewald Lienen ist der Hauptgrund, weshalb ich nach Rostock gekommen bin", sagt der Mann mit dem deutschen und italienischen Paß, weil der Vater Deutscher war und die Mutter Italienerin ist. Lienen hatte Neuville schon von Genf, wo dieser von 1992 bis 1996 bei Servette spielte, nach Teneriffa gelockt. Er kostete drei Millionen Mark Ablöse. Aber Cheftrainer Jupp Heynckes hielt dort nicht ganz soviel von ihm wie Assistent Lienen. Auch unter Heynckes-Nachfolger Fernandez lief es nicht viel besser." Er spielte nur mit einer Spitze, und ich war ihm mit 61 Kilo zu leicht." Da kam der rettende Engel Lienen und ließ sich nicht abschrecken. Rostocks Vorstand auch nicht. Schließlich war Neuville eine Million billiger geworden. Mit zwei Jahren Verspätung (die 1995 interessierten Bayern sagten ihm wegen einer Knieoperation ab) begann nun das Abenteuer Bundesliga. In zwei Monaten will Neuville, der fließend Italienisch, Französisch und Spanisch spricht, auch Deutsch reden können - als deutscher Staatsbürger und mit Auswahlambitionen.

Nach getaner Arbeit hält der Neue hof: Oliver Neuville, ein Glücksgriff für Hansa Rostock!

Bundesliga brutal: Bielefelds Uwe Fuchs (rechts) grätscht in die Beine von Lars Ricken. Der Dortmunder schreit vor Schmerz, wird in Minute 86 ausgewechselt und fällt mehrere Wochen aus.

AN REHHAGELS RÜCKKEHR WIRD GEARBEITET

Werder Bremen

Drei Siege in Folge haben Werder-Boß Dr. Franz Böhmert (63) nicht von einer Grundsatzentscheidung abgebracht: Werder bekommt 1998 einen Sportdirektor. „Die Bundesliga ist im Wandel, auch bei uns muß über einen solchen Posten diskutiert werden." Deswegen hat Dr. Böhmert im Sheraton-Hotel in Essen schon mit Otto Rehhagel verhandelt und das Werder-Modell erklärt: Trainer bleibt Wolfgang Sidka, Rehhagel wird zuständig für die Personalpolitik. Denn daß Sidka, einst vier Jahre Profi unter Rehhagel, mit diesem arbeiten würde, weiß man im Präsidium. Rehhagel und Manager Lemke gehen sich auch nicht mehr aus dem Wege. Der Manager:"Otto ist bei uns immer willkommen, ohne Wenn und Aber. Er hat ein unglaubliches Gespür für das Zusammensetzen von Mannschaften. Es wäre phantastisch, wenn er wieder bei uns dafür zuständig wäre." Intern soll Rehhagel gefordert haben: „Ich komme nur, wenn das alte Präsidium bleibt", zu dem Lemke zählt. „Wir haben zu lange so getan, als ob Otto Rehhagel noch bei uns wäre", sagte jener noch. Zu lange habe man bei Spielerverpflichtungen der Kompetenz der Nachfolger vertraut. „Ein teuerer Irrtum." Rehhagel hat in Bremen noch seinen Bungalow und Freunde. Mehrmals im Jahr ist er Gast im Park-Hotel. In Bremen würde man ihn als König empfangen.

KÖSTNER KOMMEN DIE EINFÄLLE IM WALD

1. FC Köln

Vor dem Heimspiel gegen Schalke wird Günter-Lorenz Köstner (45) für eine halbe Stunde ganz allein durch den Grüngürtel am Geißbockheim joggen. So, wie er das bei seinem Ex-Verein Unterhaching im Perlacher Forst bei München getan hat. „Dabei bekomme ich den Kopf frei", erklärt Köstner. „Ich lasse die Trainingseindrücke Revue passieren und ändere manchmal kurzfristig die Aufstellung. Das ist oft Intuition." Es wird selbst für Stammspieler gefährlich, wenn der Trainer verschwitzt einläuft.

TOPPMÖLLER LIESS DAS HERZ REDEN

VfL Bochum

Seit einem halben Jahr wartet Werner Altegoer auf ein Signal, um Klaus Toppmöllers Vertrag zu verlängern. Der Trainer wollte „zunächst die sportliche Entwicklung abwarten." Er wurde mit Kaiserslautern, Leverkusen in Verbindung gebracht. Nach dem grandiosen UEFA-Cup-Abend gegen Trabzonspor (5:3) hat er sich entschieden. „Daß mein Herz am VfL hängt, ist keine Frage. Da bin ich sehr konservativ eingestellt. Die Jungs habe ich zusammengestellt. Das sind meine Jungs." Nach dem Bundesliga-Fehlstart und dem K.o. im DFB-Pokal sei die Art und Weise, wie man die Türken besiegte, wichtig für seine Entscheidung gewesen. „Es gibt Trainerkollegen mit einem sehr starken Namen, die stets ein Tor weniger kassieren wollen als der Gegner. Ich will ein Tor mehr schießen. Von dieser Linie gehe ich nicht ab."

MAGAZIN

STRATOS WARTET AUF RUF AUS GRIECHENLAND

Arminia Bielefeld

Bielefelds Libero Thomas Stratos (30) ließ sich nach dem 3:1 gegen Dortmund noch mal erklären, wie sich Griechenlands Trainer ausspricht. „Damit ich weiß, wer am Telefon ist und ich nichts falsch mache." Doch Nationaltrainer Konstantinos Polychroniou hat sich nicht gemeldet. Noch nicht. Denn die zwei Freistoßtore gegen Dortmund nähren die Hoffnung des gebürtigen Griechen auf eine Berufung in die Nationalelf. Schließlich verfolgt man per Satellit auch in Griechenland die Bundesliga. Stratos: „Das Dilemma ist, daß man auf einen wie mich sonst nicht so achtet. Ein Sammer wird bei gleicher Leistung viel besser bewertet. Nur wenn mir so spektakuläre Dinge wie gegen Dortmund gelingen, stehe ich im Mittelpunkt." In seinem ersten Profijahr beim HSV (1990/91) reiste der damalige Nationaltrainer einmal zur Beobachtung an. „Aber er wollte einen Stürmer, ich spielte im Mittelfeld." Seither, seit nunmehr sieben Jahren, wartet Stratos auf seine zweite Chance.

EINWURF

Gladbachs Spielmacher Stefan Effenberg fand seine Gelb-Rote Karte in Bremen „o.k." Die erste Gelbe gab es für eine Grätsche gegen Herzog, die zweite nach absichtlichem Handspiel in Minute 82. Warum keine wütenden Attacken auf Schiedsrichter Albrecht? Die Routine macht´s. Stefan Effenberg ist nun zusammen mit Thomas Rath (Dresden/Freiburg - heute VfB Leipzig) Spitzenreiter in der 34jährigen Bundesliga-Geschichte. Beide haben je 6 Feldverweise! Das ist die Spitzengruppe:

	Gelb/Rot	Rot	Feldverw.
Stefan Effenberg	4	2	6
Thomas Rath	4	2	6
Franco Foda	2	3	5
Torsten Kracht	4	1	5
Markus Kranz	4	1	5
Wolfgang Rolff	3	2	5
Bernhard Trares	4	1	5

Der unrühmliche Abgang eines Stars: Stefan Effenberg sieht seine vierte Gelb/Rote Karte.

NATIONALELF Facts

Beim Toreschießen hielt sich Europameister Deutschland in der WM-Qualifikation zurück: Lediglich 23 Treffer (2,3 pro Spiel) wurden gegen zumeist zweitklassige Gegner erzielt. Nur vier gelangen in der ersten Halbzeit, dabei eines der wichtigsten durch Andy Möller zum 1:1-Endstand gegen Nordirland.

Im ersten Spiel gegen Albanien begann das Einwechsel-Glück von Berti Vogts. Nach 0:1 wurde Ulf Kirsten eingewechselt und schaffte mit Hattrick das 3:1. (Ende: 3:2). In Nordirland wiederholte Oliver Bierhoff dieses Kunststück. Auch er kam beim 0:1 in der 68. Minute herein und schaffte binnen sieben Minuten das 3:1 (73./78./79.). Kirsten, spät gegen Portugal eingewechselt, gelang in Berlin der 1:1-Treffer.

Beim 4:0 über Armenien beendete Jürgen Klinsmann seine 854 Minuten währende Torlosigkeit mit zwei Treffern. Gegen Albanien brach Helmer den Bann, und Bierhoff (2) sowie Marschall erlösten die Fans.

Die Joker-Rolle liegt Oliver Bierhoff. Hier löst er Ulf Kirsten (rechts) im Nordirland-Spiel ab und wird dreimal treffen.

Es war längst Sonntag, als Berti Vogts ein bißchen Schlaf zu finden suchte. Das glückliche 4:3 gegen Albanien, mit dem eine mühevolle Qualifikation für die WM´98 überstanden war, hatte den Bundestrainer erschüttert. Selbst den Fans fällt es schwer, sich danach auf das WM-Endrundenturnier zu freuen. Es bleibt nur eine Hoffnung: der Bundestrainer selbst. Denn er arbeitet noch penibler als seine Vorgänger Schön und Beckenbauer, die trotz gleicher Qualifikationsprobleme stets dabei waren. 1974 und 1990 wurden sie Weltmeister.

RAIMUND HINKO UND JOCHEN COENEN

Was macht ihr ohne GLÜCK?

NATIONALELF KRAMPFTE SICH ZUR WM

Wenn sich Trainer der Nationalmannschaft nicht auf ihre Spieler verlassen konnten, eines hat ihnen immer geholfen - das Glück. Das ist der Strohhalm, an den sich die Fans jetzt klammern. Angesichts einer Mannschaft, die uns in den WM-Qualifikationsspielen das Fürchten lehrte, aber wenigstens Glück hatte. Man denke nur an das 1:1 gegen Portugal in Berlin. Deshalb begann für Berti Vogts die Bestandsaufnahme unmittelbar nach dem letzten WM-Spiel. Beginnen wir mit Positivem.

Die Aufsteiger: Berti Vogts will sich zwar nicht festlegen („Wer weiß, was bis Juni noch alles passiert"), aber wenn Oliver Bierhoff jetzt keinen Stammplatz erhält,

„Gegen namhaftere Gegner werden wir besser aussehen als gegen Mannschaften, die sich hinten reinstellen."

Berti Vogts

wann dann? Die Tore elf und zwölf in seinem 18. Länderspiel öffneten den Weg nach Frankreich. Genauso taten es die drei Flanken zum 1:1, 3:2 und 4:3 von Michael Tarnat gegen Albanien. Der schüchterne Neu-Bayer bedrängt ernsthaft Christian Ziege, dessen Posten er beim FC Bayern erbte.

Die Absteiger: Auch wenn sich Fredi Bobic über seine Auswechslung aufregte - er und die Nationalmannschaft, das paßt (leider) nicht. Das Sicherheitsspiel und Querpaßdenken von Stefan Reuter mag Vogts auch nicht, deshalb lud er ihn unlängst gegen Nordirland nicht ein.

Die Hierarchie: Wie es Denkmälern so geht, setzten auch Europameister Staub an. Auch wenn Klinsmanns Kampfgeist gegen Albanien vermißt wurde, ist er angesichts

„Jürgen, nimm dir dein Eigentor nicht so zu Herzen. Bei der WM 1978 schieden wir nach einem Eigentor von mir gegen Österreich aus. Das war viel schlimmer."

Vogts zu Kohler

der Präsenz von Bierhoff nicht mehr unumstritten. Sammer droht leider das Karriere-Ende. Ersatz-Kapitän Kohler (Eigentor und schuld am 2:2) strahlte auch nicht im vollen Glanze. Bertis WM-Team ist praktisch geplatzt. Wer wächst nun um den heimlichen Chef Helmer in eine Führungsrolle hinein? Olaf Thon?

Parallelen zu 1994: Damals holte Vogts in höchster Not mit Völler und Brehme zwei Weltmeister von 1990 zurück. Völler gelangen gegen Belgien zwei Tore, das Aus kam gegen Bulgarien im Viertelfinale. Jetzt holte Vogts Europameister Stefan Kuntz sowie Olaf Thon, einen Weltmeister von 1990, wegen Sammers Verletzung. Illusorisch scheint eine Matthäus-Rückkehr, die aber für Kohler, nicht unbedingt ein Matthäus-Freund, denkbar wäre: „Wenn Sammer ausfällt und Matthäus fit ist, wäre er eine Alternative." Wegen der Differenzen mit Klinsmann schloß Matthäus das bisher

aus. Kohler: „Entscheiden muß allein Berti Vogts. Aber wir leben in einer Leistungsgesellschaft ..."

Plus und Minus: Neben Kohler sieht sich Helmer längst nicht mehr als reiner Zerstörer. Die Entwicklung von Babbel ist ungewiß, Linke hat wenig Erfahrung. Bisher konnte sich Vogts nur über seine Offensivkräfte freuen. „Da habe ich vor allem im Mittelfeld mit Möller, Häßler, Basler, Wosz und Ricken eine große Auswahl." Aber Dortmunds Misere strahlte auch Negatives aus. Kohler: „Sowas auf Knopfdruck zu verdrängen, geht natürlich nicht."

„Die Qualifikation nervte uns alle. Wir haben in keinem Spiel richtig überzeugt. Weil wir uns im Gegensatz zu anderen Top-Favoriten wie Italien aber direkt qualifiziert haben, ist uns eine Last von den Schultern gefallen."

Jürgen Kohler

Trainer-Autorität: „Wer nicht hundertprozentig gesund ist, spielt nicht", sagte Vogts und ließ den Mailänder Christian Ziege (Meniskusschaden) gegen Albanien draussen. René Schneider („Spieler, die nur abkassieren, mag ich nicht" - so Vogts über ihn) bekam eine Abfuhr. Die Spieler wissen: Vogts ist kein Zauderer mehr, er greift knallhart durch.

Taktik: Mit Bierhoff, Bobic und Kuntz griffen drei Spitzen gegen Albanien an. Aber mehr Spitzen bedeutet nicht mehr Druck. Im Gegenteil. Am besten spielt Deutschland mit dem Vogts-System (1-1-4-2-2), mit dem Libero, nur einem Manndecker und dafür sechs Mann im Mittelfeld. Mit der Einwechslung von Tarnat für Bobic kam man wieder in diese Erfolgsspur. Vogts hielt mit seinem Vertrauten, Pressechef Wolfgang Niersbach, „Kriegsrat". Kmetsch, diesmal verletzt, hat beste Chancen. Niersbach: „Wir hoffen auch auf Jeremies, Zickler, Scholl." Erschreckend ist, daß Vogts in der WM-Qualifikation 30 Spieler einsetzen mußte. Überbelastungen und Verletzungen verhinderten immer wieder, daß sich eine Elf einspielt. Deshalb war am Qualifikationsende mehr denn je unklar, wie die WM-Formation für Frankreich aussehen wird.

Mitunter geht es auch per „Köpfchen". Gegen Albanien ist es Thomas Helmer, der in vorbildlicher Haltung das wichtige 1:1 erzwingt.

Na bitte, er kann es doch noch! Jürgen Klinsmann dürfte nach seinem 1:0 gegen Armenien ein Stein vom Herzen gefallen sein!

CHRONIK

Mit nur elf Toren sammelte Schalke 18 Punkte und kassierte nur acht Gegentore. Es war Schalkes 100. Auswärtssieg.

Prägers Tor in der 90. Minute stärkt Wolfsburgs Serie: 31 Heimspiele ohne Niederlage. Das sind ein Jahr und elf Monate!

Nach 25 Heimspielen bleibt Dortmund erstmals wieder ohne Torerfolg.

Das erste Tor von Verteidiger Kuffour rettet Bayern gegen den VfB Stuttgart das Remis.

ERGEBNISSE

VfL Wolfsburg	1
Werder Bremen	0
Borussia Dortmund	0
Bayer Leverkusen	1
1. FC Köln	0
Schalke 04	2
Hertha BSC Berlin	2
VfL Bochum	2
Hamburger SV	3
Karlsruher SC	1
MSV Duisburg	0
Hansa Rostock	1
1. FC Kaiserslautern	3
Arminia Bielefeld	1
Bayern München	3
VfB Stuttgart	3
Borussia M´Gladbach	5
München 1860	1

TABELLE

1. 1. FC Kaiserslautern	10	8	1	1	23:11	+12	25	●
2. Bayern München	10	6	3	1	24:12	+12	21	●
3. Schalke 04	10	5	3	2	11:8	+3	18	▲
4. Hansa Rostock	10	5	2	3	13:9	+4	17	▲
5. MSV Duisburg	10	5	1	4	11:12	-1	16	▼
6. VfB Stuttgart	10	4	3	3	20:13	+7	15	▼
7. Hamburger SV	10	4	3	3	17:17	0	15	▲
8. Bayer Leverkusen	10	4	2	4	18:14	+4	14	▲
9. Werder Bremen	10	4	2	4	14:16	-2	14	▼
10. VfL Wolfsburg	10	4	2	4	13:16	-3	14	▲
11. Borussia M´Gladbach	10	3	4	3	17:15	+2	13	▲
12. Arminia Bielefeld	10	4	0	6	13:14	-1	12	▼
13. Karlsruher SC	10	3	3	4	18:23	-5	12	▼
14. München 1860	10	2	4	4	14:20	-6	10	▼
15. 1. FC Köln	10	3	1	6	13:21	-8	10	●
16. Borussia Dortmund	10	2	3	5	15:15	0	9	●
17. VfL Bochum	10	2	2	6	14:21	-7	8	●
18. Hertha BSC Berlin	10	1	3	6	7:18	-11	6	●

Dramatik pur steht auf dem „Spielplan“. Schon nach 193 Spielsekunden muß Babbel nach Rot (Handspiel!) seine Bayern-Crew verlassen, die dennoch Stuttgart ein 3:3 aufzwingt. Gladbach zeigt Zwangszuschauer Effenberg, was auch ohne ihn geht: 5:1 gegen München 1860. Die auswärts unwiderstehlichen Hanseaten siegen dank Neuville auch in Duisburg. Leverkusen nutzt Dortmunds sieben Verletzungsausfälle zu den allerersten Auswärtspunkten. Hamburg erlebt ein Yeboah-Festival, als dem Ghanaer in der 90. Minute das 2000. HSV-Tor gelingt. Im Duell der Kellerkinder verhelfen die Herthaner mit dem ersten Selbsttor von Steffen Karl Bochum zum ersten Auswärtspunkt. Und Köln kassiert zu Zehnt das 0:1, weil Einwechsler Fensch sein Trikot in der Kabine vergessen hat.

ZEITLUPE

Paarlauf in Vollendung, hier demonstriert von den Herren Todt (Bremen/links) & Präger (Wolfsburg).

Anthony Yeboah (31) hat sich in der Bundesliga als Torschütze zurückgemeldet. 22jährig kam er 1988 zum 1. FC Saarbrücken. Seine große Zeit hatte er von 1990 bis 1995 bei Eintracht Frankfurt, wo er 1993 und 1994 mit 20 bzw. 18 Toren Torschützen-König der Liga wurde. In 127 Bundesligaspielen traf er 70mal, bevor er zu Leeds United wechselte. Aber dort wurde er nicht froh, und so unterschrieb der Ghanaer am 27. September beim HSV.

INTERVIEW

Hat sich die Bundesliga in der Zwischenzeit verändert?
Oh, ja. Durch mehr ausländische Stars ist die Liga noch besser geworden. Im Gegensatz zu England kannst Du hier nicht in Ruhe den Ball annehmen. Da steht gleich einer auf Deinen Füßen.

Was bedeutet das für Sie?
Wie jeder gute Stürmer schieße ich schon am Abend vorher in Gedanken mein Tor. Ich überlege dann, wie ich reagiere, wenn ich allein auf den Torwart zulaufe, ob ich links oder rechts vorbeischieße oder ihn ausspiele. Wenn Du den Ball hast und fängst dann an zu überlegen, ist der Ball weg.

Viele zweifelten an Ihrem erfolgreichen Comeback beim HSV.
Darüber war ich sehr enttäuscht. Ich war nur zwei Jahre weg. Plötzlich hieß es, „der Tony packt´s nicht mehr." Das war unglaublich. Aber Präsident Uwe Seeler sagte mir: „Tony, manche behaupten, daß du 40, zu dick, nicht fit bist und dein Knie kaputt ist. Aber ich vertraue dir." Mit jedem Tor möchte ich mich dafür bedanken. Und kein anderer Trainer hat mich in Ghana angerufen, nur Frank Pagelsdorf.

Mußten Sie ihm erklären, warum Sie in Frankfurt und Leeds Streß mit den Trainern hatten?
Ja. In Frankfurt war ich der König, als Heynckes kam. Er wollte, daß ich wieder ganz unten lande. Er hat die besten Spieler wie Okocha, Gaudino und mich einfach weggeschmissen. Das Ergebnis ist bekannt. Und Trainer Graham in Leeds gab mir keine Chance, obwohl ich gesund war. Ich brauche einen Trainer, der mich nicht wie einen Schüler behandelt, sondern hinter mir steht.

Sie haben beim Abschied 230 000 Mark Monatsgehalt verschenkt.
Stolz ist wichtiger als Geld. Ich bin kein Abzocker, der nur kassiert. Ich will Fußball spielen. Ich bin ein Ashanti. Wir sind ein sehr stolzes Volk. Ich gebe nie auf. Deshalb mußte ich zurück nach Deutschland, in die Bundesliga. Nach meiner Karriere werde ich nach Ghana zurückkehren und als Jugendtrainer den Talenten Ratschläge geben, wie sie sich in Europa durchsetzen können. Außerdem betreibe ich dort ein Sportgeschäft und eine Computerfirma.

Warum haben Sie eigentlich nie beim FC Bayern München gespielt?
Nach der Trennung von Frankfurt gab es einen unterschriftsreifen Vertrag. Aber dann forderte Eintracht zehn Millionen Mark. Daran scheiterte es.

Jetzt sind Sie beim HSV gelandet. Warum gerade dort?
Er ist auf dem Wege, wieder eine große Mannschaft zu werden. Wir haben sehr viele junge, talentierte Spieler, wie Butt, wie Gravesen. Ein Yeboah allein kann nichts bewegen. Gemeinsam geht viel. Ich will in den Europacup.

Sogenannte HSV-Fans haben farbige Spieler oft verunglimpft.
Ich kann mich daran erinnern. Deshalb freue ich mich, daß ich zu den Fans ein gutes Verhältnis habe. Diese Affenrufe gibt es auswärts noch. Aber ich glaube nicht, daß die Zuschauer mich hassen. Sie haben Angst vor mir. Die Fans wissen, schwarze Spieler sind stark und schießen viele Tore. Deswegen versuchen sie, mich nervös zu machen. Aber ich schalte die Ohren auf Durchzug. Das hat mir bisher in solchen Situationen immer geholfen.

Wenn es denn nicht nur bei Flugeinlagen bleibt, wird's den HSV freuen, Anthony Yeboah verpflichtet zu haben.

TORSCHÜTZE DES TAGES
Christian Hochstätter

Borussia Mönchengladbachs Trainer Hannes Bongartz mußte seinen Defensiv-Mitarbeiter Christian Hochstätter (34) erst überreden, trotz dessen Rükkenbeschwerden gegen 1860 München doch aufzulaufen. Die Gelb-Rot-Sperre für Stefan Effenberg hatte in der Borussen-Elf schon einiges durcheinandergebracht. Doch Hochstätter hielt nicht nur lange durch, sondern zeigte dazu auch erfreuliche Offensiv-Stärken in einer Elf, die sich erneut ohne „Effe" beweisen wollte. Beim 5:1-Erfolg gegen die Münchner erzielte Hochstätter die wichtigen Treffer zum 1:0 und 2:1. Beim Stande von 3:1 durfte er dann wieder seinen Rücken schonen und wurde ausgewechselt. Aber 71 Minuten reichten, um Torschütze des Tages zu werden. Ein Bayer schlug also die Bayern. Wer weiß schon noch, daß er mit 19 aus Augsburg nach Mönchengladbach kam? Dort bestritt er bislang 330 Ligaspiele und erzielte 54 Tore. Nun darf sich die Jugend des Post SV Augsburg freuen. Denn sie erhält 1000 DM und einen Satz Trikots, gestiftet von SPORT-BILD und „Continentale".

Ein Gladbacher Urgestein: Christian Hochstätter, der seit 1982 dem Verein die Treue hält. Seine Bilanz: 325 Bundesliga-Spiele/54 Tore.

Ausgerechnet vor dem Spiel gegen den VfB Stuttgart wird Hertha-Manager Dieter Hoeneß von der Vergangenheit eingeholt. Damals hatte ihn VfB-Präsident Mayer-Vorfelder zweimal abgemahnt, das dann aber zurücknehmen müssen. Dennoch flog Hoeneß, gemeinsam mit dem Trainergespann Röber/Storck. Heute ist das Trio bei Hertha. Auch hier kracht es zwischen Hoeneß und dem Präsidenten Zemaitat. Dieser verübelte ihm, daß er den Geldgeber Ufa in Hamburg besucht hatte, ohne ihn zu informieren.
1994 hatte Zemaitat beim Tennisturnier in Wimbledon den Medienkonzern Ufa nach Berlin gelockt. Dafür wählte man ihn zum Häuptling der Herthaner. Alles schien gutzugehen. Die Schulden sanken, die Zuschauerzahlen stiegen. Berlin bekam das Vergnügen Bundesliga zurück. Dann Aufsichtsrat nicht im Ufa-Sinne besetzt werde. Seitdem ist er für die Ufa gestorben. Kein Wunder, daß Ufa-Mann Geert Bittner sagt: „Wir investieren in dieser Saison keine Mark mehr." Der Leidtragende ist Hoeneß. Er wurde mit der Aussicht auf eine Bürgschaft für den Fall, daß Hertha die DFB-Auflagen überschreite, abgespeist. Zumal er und Röber schon 9,5 Millionen für Neuzugänge bekommen haben. Das Geld wurde schlecht angelegt, Roy, Tchami, Rekdal enttäuschten bisher. Überhaupt macht der Präsident Hoeneß das Leben schwer. Insider wissen: Das geht nicht mehr lange gut. Hoeneß diplomatisch: „Ich arbeite nicht gegen Zemaitat, sondern für Hertha." Nach Attacken gegen Trainer Röber und Geschäftsführer Müller hat der Präsident nun Hoeneß im Visier. Kaum war dieser aus Hamburg zurück, gab es eine

REPORT

wurde Ufa-Mann Dr. Müller als Geschäftsführer eingesetzt und Zemaitat nicht gefragt. Worauf Zemaitat sich mit den Geistern anlegte, die er rief. Die Mitglieder erfuhren, daß der liebe Partner Ufa so lieb gar nicht ist und sechs von neun Millionen Mark zurückhaben will, wenn der neue Krisensitzung. In einer Pause erfuhr der Manager schon eine Zeitungs-Schlagzeile: „Abmahnung für Hoeneß?" Die hatte Zemaitat beantragt. Jener später: „Hoeneß hat Besserung gelobt." Der entgegnete sauer: „Das stimmt so nicht." Der Streit geht weiter. Ende offen.

GEDULD IST GEFRAGT
Youri Mulder

In Köln hat sich Youri Mulder, 20 Minuten nach seiner Einwechslung, auch als Torschütze bei Schalke zurückgemeldet. Sechs Monate Pause lagen hinter ihm. Am 5. April riß ihm in Karlsruhe das Kreuzband im Knie. Operation, Rehabilitation, viel Geduld. „Als ich mir eine Operation am Kreuzband per Video angesehen habe, und das Knie so offen da lag, fürchtete ich, nie wieder laufen zu können." Nun macht das Knie keine Probleme mehr. „Mir hat der Bundesliga-Rhythmus gefehlt, jede Woche dieses Auf-ein-Spiel-Hinleben," sagt der 28jährige. „Aber ich darf jetzt nicht übertreiben, muß auf meinen Körper hören." Kurzeinsätze gegen Hertha, Bayern und nun Köln reichen ihm. „Einen Stammplatz fordern, das wäre blöd von mir!" Er hat genug warnende Beispiele (Chapuisat, Freund) um sich herum. Die WM 1998 hat der Stürmer aber noch nicht abgeschrieben. „Trainer Guus Hiddink hat mich angerufen, mir Mut gemacht. Wenn er mich braucht, will er mich in jedem Fall holen, auch noch kurz vor der Fußball-Weltmeisterschaft." Wenn nicht, wird Mulder nicht verzweifeln. „Ich habe gemerkt: Es gibt ein Leben ohne Fußball. Aber mit ihm ist´s schöner."

Ein Silberstreif am Schalker Horizont: Youri Mulder steigt wieder hoch...

Zeigt her, eure Füße, zeigt her eure Schuh´... Verlaat & Berthold (beide Stuttgart) nehmen Jancker (FC Bayern) in die Mitte - und los geht's!

MAGAZIN

IM HOSPITAL IST HOCHBETRIEB
Borussia Dortmund

Keinen Verein trafen schwere Verletzungen in den vergangenen Jahren so hart wie Borussia Dortmund. Riedle, Chapuisat, Freund rissen die Kreuzbänder, bei Herrlich die Bänder im Sprunggelenk. Cesar wurde am Knie, Möller an der Schulter, Schneider am Knöchel operiert. Ob Reuter (Muskelfaserriß), Kree (Muskelbündelriß), Ricken (doppelter Bänderriß) - beim Europapokalsieger blieb niemand verschont. Und Matthias Sammer erwischte es am schlimmsten. Ihm, dem Kopf der Mannschaft, dem Top-Libero der EM-Elf, droht die Invalidität: Muskelfaserrisse, Meniskusoperation, Muskelbündelriß und noch ein schwerer Knorpelschaden. „Ich glaube, es ist Schluß", kündigte er vor der vierten Operation fast emotionslos an. Bei jedem Dortmunder Training läuft die Angst mit: Bin ich der nächste? Vor allem die Älteren wie Jürgen Kohler (32) werden nachdenklich: „Das höchste Gut ist die Gesundheit. Ich habe mich durchchecken lassen. Meine Blutwerte sind besser als vor acht Jahren. Aber der nächste Tritt kann der letzte sein. Das ist brutal." Und Andreas Möller (30): „In einem Jahr zog ich mir mehr Verletzungen zu als in meiner ganzen Karriere zuvor." Auch Steffen Freund (27) dachte schon ans Aufhören. „Wir haben körperlich und mental Raubbau betrieben", muß Präsident Dr. Niebaum feststellen.

MARCELL FENSCH, DER VERGESSLICHE DEBÜTANT
1. FC Köln

So hat sich wohl noch keiner in die Bundesliga eingeführt wie Kölns Vertragsamateur Marcell Fensch, der vom FC Berlin an den Rhein kam. Als Dirk Schuster wegen Nasenbeinbruch behandelt werden mußte, wollte ihn Trainer Köstner beim Stand von 0:0 gegen Schalke einwechseln. Doch Fensch hatte sein Trikot mit der „22" in der Kabine vergessen. Es zu holen, dauerte vier Minuten und in denen gelang Oliver Held das 0:1. Fensch wurde 25 Minuten später gegen einen Stürmer wieder ausgewechselt. Eine traurige Premiere.

HÄSSLER SOLL SICH IM STURM AUSRUHEN
Karlsruher SC

Thomas Häßler redet nicht mehr über seine Schmerzen im operierten Fuß. Die Nasen-Nebenhöhlen waren auch vereitert. Aber sein Pflichtgefühl gegenüber Berti Vogts ließ ihn auch gegen Albanien (4:3) antreten. Also grübelt KSC-Trainer Winfried Schäfer, wie er seinen müden Star, der den Winterurlaub herbeisehnt, entlasten kann. „Wenn wir künftig zur Halbzeit führen, werde ich den Icke in den Sturm stellen. Da muß er nicht so viel rennen, wie im Mittelfeld. Wir gewinnen wertvolle Zeit, weil er die Bälle vorn halten kann." Besser als die Stürmer Schroth, Dundee, Gilewicz oder Wück. Auch weil ihnen immer wieder unnötige Ballverluste unterliefen, verspielte der KSC fünfmal nach einer 1 : 0-Führung noch den Sieg. Schäfer: „Da werden sie plötzlich alle unruhig. Gegen starke Gegner rächt sich das.

WIE DER BLITZ WAR KOCH WIEDER ZURÜCK
Arminia Bielefeld

In Kaiserslautern konnte Georg Koch (25) seine Arminen noch nicht retten. Aber in Bielefeld ist der kraftvolle Torwart ein neuer Hoffnungsträger. Vier Monate nach seinem Wechsel von Düsseldorf zu PSV Eindhoven ist Koch zurück in der Bundesliga. Am liebsten wäre er ohnehin bei Fortuna geblieben. „Ich bin ein bodenständiger Typ." Und im Eindhover Vorort Lierup fühlte sich die Familie auch nicht wohl. Als Koch beim holländischen Meister immer öfter auf der Bank hockte, war klar: Nichts wie weg! Bielefeld handelte sofort, verhandelte am Donnerstag bis drei Uhr in der Nacht bei PSV-Sportdirektor Arnesen, bekam Freitagmorgen das o.k., für 3,5 Millionen. Montag stand Koch auf der Transferliste. Bielefelds bisherige Nummer 1, Zdenko Miletic, „will um den Platz im Tor kämpfen", aber Kochs Ehrgeiz ist aufs Neue erwacht. „Ich will mich über Arminia für die Nationalmannschaft empfehlen." Die in Eindhoven im Kraftraum etwas abhanden gekommene Geschmeidigkeit wird er dafür zurückholen müssen.

EINWURF

Von den zwei noch verbliebenen Gründungs-Mitgliedern der Bundesliga (1963), dem HSV und 1. FC Köln, feierte jetzt der HSV sein 2000. Bundesliga-Tor. Erfolgreicher waren bislang nur der FC Bayern (2385), der 1. FC Köln (2103) und Borussia Mönchengladbach (2094). Nahe dran ist der VfB Stuttgart (1963).
In dieser Saison können andere Jubiläen folgen, wie das 1000. Tor des KSC (993) und von Leverkusen (954), oder das 1500. von Schalke (1450).
Bislang sind 33 074 Tore gefallen. Das waren die Jubiläumsschützen:

1	Konietzka (Dortmund)	24.08.63
1000	Grau (Schalke)	26.09.64
5000	Netzer (Gladbach)	18.01.69
10 000	Ettmayer (Stuttgart)	26.01.74
15 000	Fichtel (Schalke)	25.11.78
20 000	Niedermayer (Stuttgart)	1.10.83
25 000	Mill (Dortmund)	10.09.88
30 000	Borodjuk (Freiburg)	6.04.94

So saudumm kann es einem Torwart gehen. Stefan Klos mißlingt die Faustabwehr, und Bayer Beinlich wird's gefreut haben: Goldenes Tor zum 1:0-Auswärssieg.

CHRONIK

Stuttgart trifft zu Hause wieder: Zwölf Tore in drei Spielen.

Dortmund ist 200 Minuten ohne Torerfolg.

Erstmals seit Mai (1:1 gegen Dortmund) gewinnt Karlsruhe nicht nach einer 1:0-Führung.

Seit April 1996 verlor Kaiserslautern keines seiner elf Auswärtsspiele in der 1. Liga.

Für den FC Bayern ist es das dritte Remis in vier Spielen.

ERGEBNISSE

VfL Bochum	2
1. FC Köln	1
Werder Bremen	0
Hamburger SV	0
Karlsruher SC	1
Bayern München	1
VfB Stuttgart	4
Hertha BSC Berlin	1
MSV Duisburg	0
Borussia Dortmund	0
Bayer Leverkusen	1
1. FC Kaiserslautern	1
München 1860	2
VfL Wolfsburg	1
Hansa Rostock	4
Schalke 04	1
Arminia Bielefeld	3
Borussia M´Gladbach	1

TABELLE

1.	1. FC Kaiserslautern	11	8	2	1	24:12	+12	26 ●
2.	Bayern München	11	6	4	1	25:13	+12	22 ●
3.	Hansa Rostock	11	6	2	3	17:10	+7	20 ▲
4.	VfB Stuttgart	11	5	3	3	24:14	+10	18 ▲
5,	Schalke 04	11	5	3	3	12:12	0	18 ▼
6.	MSV Duisburg	11	5	2	4	11:12	-1	17 ▼
7.	Hamburger SV	11	4	4	3	17:17	0	16 ●
8.	Bayer Leverkusen	11	4	3	4	19:15	+4	15 ●
9.	Arminia Bielefeld	11	5	0	6	16:15	+1	15 ▲
10.	Werder Bremen	11	4	3	4	14:16	-2	15 ▼
11.	VfL Wolfsburg	11	4	2	5	14:18	-4	14 ▼
12.	Borussia M´Gladbach	11	3	4	4	18:18	0	13 ▼
13.	Karlsruher SC	11	3	4	4	19:24	-5	13 ●
14.	München 1860	11	3	4	4	16:21	-5	13 ●
15.	VfL Bochum	11	3	2	6	16:22	-6	11 ▲
16.	Borussia Dortmund	11	2	4	5	15:15	0	10 ●
17.	1. FC Köln	11	3	1	7	14:23	-9	10 ▼
18.	Hertha BSC Berlin	11	1	3	7	8:22	-14	6 ●

Im Gleichschritt marsch! Nach den Siegen zu Hause rettet das Spitzenduo aus Lautern und München in Leverkusen und Karlsruhe gegen Ende noch seine 1:1-Remis. Den KSC-Kickern bringt Ex-Kamerad Tarnat seine Freistoß-Kunst schmerzhaft in Erinnerung. Dortmund als Europas Nummer 1 muß sich freuen, daß in Duisburg mit 0:0 eine Serie von vier Niederlagen endlich reißt. Das Hanse-Derby sah schon Stolzeres: Torlos endet es an der Weser. Bielefeld feiert gegen Gladbach den für nur ein Spiel herbeigeeilten Torjäger Ali Daei. Weil Toni Polster beim ersten seiner bisher 16 Elfmeter patzt, wirkt der Kölner Köstner-Bonus nicht in Bochum. Ratlos, kraftlos dümpelt die Hertha auch beim VfB dahin. Man entdeckt nichts von einer einstigen Röber-Handschrift.

ZEITLUPE

Das ist eben Nevio Scala: Der Maestro gibt Regieanweisungen an sein Ensemble - auch nach der müden Aufführung gegen Duisburg.

Die Abwehrreihen stehen immer besser. Das macht Tore aus dem Spiel heraus immer schwieriger. Aber da gibt es ja noch die Freistoß-Spezialisten. Sie produzieren mehr Tore denn je. Die Statistik beweist es. 1992/93 fielen 1,9% der Tore aus Freistößen (17). Danach gab es diese Ausbeute: 1993/94: 4,9% (44), 1994/95: 3,1% (29), 1995/96: 4,0% (33), 1996/97: 3,6% (33). Nun sind es schon 8,8% durch 26 Freistoß-Tore. Diese Quote kann sich durchaus noch steigern.

BLICKPUNKT

Wann immer sich Münchens Michael Tarnat in Tornähe den Ball zum Freistoß zurechtlegt, beginnt das große Zittern. Gegen Schalke traf er, gegen Karlsruhe gar aus 25 Metern. Die gleiche Gefahr geht von Krassimir Balakov (VfB) aus: „Wenn ich den Ball gut treffe, hat der Torwart keine Chance. Aber trainieren kann man das nicht. Dafür muß man geboren sein."
Bei wenigen lag solche Filigrantechnik mit in der Wiege. Aber immer mehr machen es Balakov nach. 19 Spieler haben per Freistoß bereits 26 Treffer erzielt. An elf Spieltagen! Doppeldeckungen an den Flügeln lassen Außenstürmer seltener in den Strafraum flanken. Und in der Mitte war es schon immer eng. Das führt zu mehr Fouls - und auch zu mehr Freistößen.
Vogts-Assistent Rainer Bonhof, in den 70er Jahren selbst ein gefährlicher Freistoßschütze, läßt sie schon in der U-18-Auswahl regelmäßig üben. „Mit viel Effet und Schmackes. Denn der Standardsituation kommt steigende Bedeutung zu."
Es treffen aber auch Spieler, denen man das bislang kaum zutraute. Den Grund nennt Bielefelds Thomas Stratos: „Schiedsrichter achten penibler darauf, daß die Mauer 9,15 m vom Freistoßpunkt entfernt steht. Da kann man leichter drüberwegschießen." So gelang ihm das 3:1 gegen Dortmund. Basler bestätigt ihn und fügt hinzu: „Es gibt Kreativspieler, denen das jedoch egal ist. Die haben mehr Gefühl im Fuß als andere."
Die Tore der Balakov, Häßler, Basler sind für die Zuschauer ein Traum, für Torleute indes ein Trauma. Wie für den Bochumer Uwe Gospodarek. Der ließ fünf Freistöße durch, Klos (Dortmund) und Reck (Bremen) je drei. Keine Chance? Münchens Torwart Oliver Kahn erklärt: „Aus 16 bis 20 Meter ist es ein Vabanque-Spiel. Der Schütze wird von der Mauer verdeckt. Spekulieren ist gefährlich. Denn bewegt man sich zu früh in die von der Mauer gedeckte Ecke, schießen die raffinierten Schützen hart und gedreht ins Torwarteck." Kahn kann es sich leisten, stehen zu bleiben, „weil unsere Mauer sehr hoch springt." Ab 25 m verzichtet er sogar auf die Mauer. „Ich habe lieber freie Sicht."
In 45 Bundesliga-Spielen hat ihn nur der Hamburger Spörl mit einem Effet-Schuß über die Mauer bezwungen. Balakov verrät seine Machart: „Ich visiere den Ball relativ weit oben an, schieße mit Effet aber hart. Der Ball fliegt hoch, stürzt kurz vor dem Tor aber wieder ab. Die Torhüter meinen, er geht drüber." Häßlers Rezept: „Der Schuß kommt aus dem Fußgelenk. Ich führe den Fuß unter den Ball und lasse ihn über den Innenspann rutschen." Um diese Technik zu perfektionieren, macht Häßler Überstunden. Balakov übt wöchentlich „nur acht, neun Schüsse, um den Bewegungsablauf aufzufrischen". Basler verzichtet auf ein Spezialtraining. „Ich entscheide mich je nach Situation, ob ich draufhaue oder anschneide. Glück gehört aber auch dazu." Oder der richtige Ball. Kahn: „Es gibt welche für Vollspannschützen, so unseren adidas-Ball, prima für Basler bei weiten Entfernungen. Es gibt Bälle für Schnibbler, die fallen wie Steine ins Netz." Mit je drei Toren aus Freistößen waren bisher die Bayern, Borussia Mönchengladbach (dank Effenberg), der VfB Stuttgart, Karlsruher SC und Arminia Bielefeld die größten Nutznießer.

Üben, üben, üben! Vielleicht gehört ja auch Kölns Anton Polster einmal zu den Freistoß-Künstlern. Die Bayern-Mauer nimmt ihn auf jeden Fall ernst.

TORSCHÜTZE DES TAGES
Krassimir Balakov

Der Bulgare Krassimir Balakov mußte gegen Hertha BSC seine Freistoßkünste nicht bemühen. Er zauberte den Berlinern auf „normale" Art zwei Tore ins Netz. In der wiedereröffneten Stuttgarter Tore-Fabrik ist er mit fünf Treffern hinter Bobic (7) und vor Akpoborie (4) der zweitfleißigste Arbeiter. Jetzt kann er auch schon wieder lachen, nachdem ihn der schwache Start der Stuttgarter in die Saison doch sehr ärgerte. „Ich muß Erfolge haben", sagte er. „Sonst bin ich nicht mehr ich selbst." Da der Erfolg ausblieb, verkniff er sich nach dem 0:1 von Wolfsburg auch nicht eine unmißverständliche Drohung: „Ich habe hier zwar ein schönes Haus, aber dafür finde ich auch schnell einen Käufer." Schon schossen wieder die Gerüchte über einen Wechsel zum FC Bayern München, von wo sein Freund Elber lockt, ins Kraut. Nun aber gehen erst mal 1000 Mark und ein Satz Trikots, gestiftet von SPORT-BILD und „Continentale", an die Jugendabteilung von Etar Tarnovo, Balakovs Heimatklub. Dort hat sich der bulgarische Nationalspieler übrigens ein Haus gebaut.

Ein Fußball-Genie ist erschöpft, aber nur einem Fotografen ist Krasimir Balakov, der Mann mit dem goldenen Linksfuß, dieser Schnappschuß wert.

FACTS - FACTS - FACTS
News

Nach interner Sperre und Gelb-Roter Karte wird Gladbachs Stefan Effenberg wegen der 5. Gelben Karte gegen Leverkusen fehlen. Zweimal gab es klare Borussen-Siege.

Die Bremer haben erstmals seit dem 21. März im zehnten Heimspiel kein Tor erzielt, zum zweiten Male in Folge aber auch keines kassiert.

Das 1:1 zwischen Leverkusen und Kaiserslautern rief schlimme Erinnerungen wach. Dieses Ergebnis besiegelte im Vorjahr Lauterns Abstieg.

Der Ex-Karlsruher Oliver Kahn hat keines der Spiele zwischen dem KSC und Bayern, egal in welchem Tor, verloren. Der Ex-Karlsruher Michael Tarnath erzielte das 100. Bayern-Tor gegen den KSC.

Der Pole Tomasz Waldoch sorgte nach seiner Sperre mit dem ersten Saisontor in der 90. Minute für den 2:1-Sieg der Bochumer gegen Köln.

Hertha kassierte die sechste Auswärts-Niederlage wie in der Abstiegs-Saison 90/91. Damals stand man bei 6:19 Toren, jetzt heißt das Verhältnis 2:15.

Auf Reisen noch ohne Niederlage bei je zwei Punkteteilungen sind Kaiserslautern, der FC Bayern und Hansa Rostock.

In Zeiten tiefer Krisen wird nach dem kleinsten Strohhalm gegriffen. So beim 1. FC Köln, jetzt Vorletzter. „Auf dieser 1:2-Niederlage läßt sich aufbauen", analysierte Trainer Günter-Lorenz Köstner in Bochum. Sein Sportdirektor Carl-Heinz Rühl sieht es drastischer: „Seien wir doch ehrlich: Einige sind am Limit." Beide eint die Erkenntnis, daß Köln vor seiner schwierigsten Saison steht. Weil Besserung nicht in Sicht ist, plant Rühl einen personellen Schnitt, ohne Rücksicht auf Verluste. „Wir sind zu unterschiedlich besetzt. Einige sind für die Bundesliga in Ordnung, aber das Gefälle ist zu groß." Namen nennt Rühl nicht, „weil ich mit diesen Spielern noch leben muß, wie lange auch immer." Aber von einigen wird man sich radikal trennen. Dabei sind auch bestehende Verträge kein Tabu mehr. „Man muß ihnen deutlich sagen, daß ihre Einsatzchancen immer geringer werden. Und da die meisten leistungsbezogenen Verträge haben, verlieren sie Geld, wenn sie nicht spielen." Es ist das Eingeständnis einer verkorksten Personalpolitik. Rühl: „Tretschok, Menger und Schuster sind okay. Azizi ist noch nicht zu bewerten. Und Rytschkow und Vucevic sind körperlich noch nicht fit." Eine magere Bilanz für insgesamt sechs Millionen Mark teure Einkäufe.

Auf große Namen werden die Fans auch in Zukunft verzichten müssen. Rühl sagt zwar, daß es „unsere nächste Aufgabe sein muß, einen großen Spieler zu holen", gesteht aber auch im nächsten Atemzug: „Wenn wir so weiterspielen, wird das schwer. Den mußt du schon mit Geld zuschütten." Man müsse deshalb auf Ausländer setzen, „denn dort hat der FC noch einen großen Namen."

Ein Teufelskreis für Köln, denn schon jetzt leidet der Traditionsklub an Gesichtslosigkeit. Daß der Klubführung die Durststrecke seit dem letzten Erfolg, dem Pokalgewinn von 1983, auch an die Nerven geht, zeigt der Briefkopf des FC. Dort wird jetzt auch der Sieg beim Hallen-Masters 1993 aufgeführt und der Titel „Gründungsmitglied der Bundesliga." Ob das hilft, auch in dieser Saison zu überleben?

„Ich habe schon nach dem Sieg in Rostock gesagt: Nicht blenden lassen! Wohin so etwas führt, war in den letzten fünf Jahren in Köln zu sehen."

Günter-Lorenz Köstner

REPORT

Sieht so vielleicht das Abstiegsgespenst aus? Nein, es es nur Kölns Dirk Schuster, der trotz Nasenbeinbruchs in Bochum spielte.

Kaiserslauterns Torwart Reinke in seiner zupackenden Art. Für Leverkusens Lehnhoff ist da nichts mehr zu holen.

MAGAZIN

BUBIS FÜR HARTE ZEITEN NOCH ZU WEICH
Hertha BSC Berlin

Es ist noch nicht lange her, da war Herthas Trainer Jürgen Röber voll des Lobes über seine Super-Talente wie Covic, Dinzey, Fährmann, Hartmann, Dardai. „Mit diesen Jungs planen wir für die Bundesliga." Alle erhielten gute Verträge, auch wegen zahlreicher anderer Angebote. So bekam Michael Hartmann (23) einen Kontrakt bis in das Jahr 2000 und statt 250000 Mark nun ca. 400000 Mark im Jahr. Doch nun spielen sie alle kaum. Der Abstiegskampf, klagt Röber, ist nichts für die Hertha-Bubis. „Da haben selbst die Führungsspieler Probleme." Zwei Stunden redete Röber jüngst auf Hartmann (sieben Kurzeinsätze) ein: „Du bist schneller als deine Gegner, schießt beidfüssig, hast viel Sprungkraft - wo ist das Problem?" Es ist das gleiche wie bei Christian Fährmann (22), der erst 45 Bundesliga-Minuten erlebte und das nach 27 Zweitliga-Einsätzen. Einst von Dortmund umworben, wird er schon auf der Straße gefragt, ob er noch bei Hertha sei. Röber: „Auch ihm fehlt das Selbstvertrauen." Fortschritte erkennt er bei Pal Dardai (21, 85 Bundesligaminuten). „Der Ungar ist der beste Fußballer unter den Jungen, aber noch zu unkonzentriert." Röber mußte selbst einen Ante Covic (22) nach Fehlern rausnehmen, „um ihn zu schützen. Dabei spielte er anfangs überragend. In einem gefestigten Team hätten alle weniger Probleme."

FLOTT GESPRINTET - ABER NICHTS ERFAHREN
MSV Duisburg

Duisburgs Trainer Friedhelm Funkel wollte es mal genau wissen: Wer ist mein bester Sprinter? Deswegen fuhr er mit dem Profi-Kader nach Uerdingen, wo es eine Zeitmeßanlage gibt. Und los ging es, fünfmal über 30 Meter, die für Fußballer entscheidende Distanz. Alle sprinteten flott, sind dennoch nicht schlauer als zuvor. Denn der Zeitnehmer hatte die mit den Werten gespeicherte Platte im Kofferraum. Ein Unfall bei der Heimfahrt machte die Platte unbrauchbar.

LINKE-DING SOLL SCHALKE SCHWÄCHEN
Bayern München

Als sich Bayern-Manager Uli Hoeneß in München mit Schalkes Thomas Linke zeigte, war für Insider klar: Er wird der Nachfolger von Markus Babbel. Das Linke-Ding hat noch einen anderen Hintergrund: Wird ein Gegner zu gefährlich, muß man ihn schwächen. So verfuhr Hoeneß, als er Giovane Elber beim VfB Stuttgart abwarb. Ein anderer Schalke-Fall liegt zehn Jahre zurück. Da holte Hoeneß den aufstrebenden Olaf Thon, der dann von 1988 bis 1994 für die Bayern spielte. Jetzt gehört Schalke wieder zu den Spitzenklubs. Hoeneß: „Schalke ist einer der Vereine, die ich am meisten achte und beachte."

Hoch, höher, am höchsten ... Hans-Jürgen Butt, Hamburgs Nummer 1 im Tor, beherrscht in Bremen dieses Spiel meisterhaft.

EINWURF

Wenn nur die Chancen-Verwertung zählen würde, wäre der VfL Bochum Spitze mit 30,8 Prozent. Doch die zweitschwächste Quote an Minustoren (22) wirft ihn in die Abstiegszone zurück. Gleiches gilt für den 1. FC Köln, mit 25% Sechsbester, aber mit dem Spitzen-Minus von 23 Gegentoren nur Vorletzter. Hertha ist mit 12,9% und 22 Gegentoren verdientermaßen Letzter in allen Kategorien.

Das ist die Tabelle mit Chancen und ihrer Verwertung:

1. VfL Bochum 52/30,8%, 2. Bayern München 82/30,5, 3. Karlsruher SC 56/30,4, 4. VfB Stuttgart 79/30,4, 5. 1. FC Kaiserslautern 84/28,6, 6. 1. FC Köln 56/25,0, 7. Hansa Rostock 69/24,6, 8. Arminia Bielefeld 67/23,9, 9. München 1860 59/23,7, 10. Borussia Dortmund 64/23,4 11. Borussia M´Gladbach 78/23,1, 12. Leverkusen 84/22,6, 13. HSV 77/22,1, 14. Werder Bremen 64/21,9, 15. VfL Wolfsburg 65/21,5, 16. Schalke 59/20,3, 17. Duisburg 59/18,6, 18. Hertha BSC 62/12,9%.

CHRONIK

Der FCK und Bayern im Gleichschritt: Auswärts Remis und ungeschlagen, zu Hause siegreich.

Nomen est omen: Schiedsrichter Fröhlich (Berlin) braucht in Lautern keine Karten.

Leverkusen kann in Gladbach nicht gewinnen: Acht Niederlagen und elf Remis.

Der KSC führte in den letzten fünf Spielen mit 1:0, gewann aber nie.

Hertha: Erstmals seit 1983 schoß die Elf drei Heimtore.

ERGEBNISSE

1. FC Kaiserslautern	1
MSV Duisburg	0
Schalke 04	2
VfL Bochum	0
VfL Wolfsburg	2
Arminia Bielefeld	0
Borussia Dortmund	3
Hansa Rostock	2
Hertha BSC Berlin	3
Karlsruher SC	1
Bayern München	2
Werder Bremen	0
Hamburger SV	1
München 1860	2
Borussia M´Gladbach	2
Bayer Leverkusen	2
1. FC Köln	4
VfB Stuttgart	2

TABELLE

1. 1. FC Kaiserslautern	12	9	2	1	25:12	+13	29	●
2. Bayern München	12	7	4	1	27:13	+14	25	●
3. Schalke 04	12	6	3	3	14:12	+2	21	▲
4. Hansa Rostock	12	6	2	4	19:13	+6	20	▼
5. VfB Stuttgart	12	5	3	4	26:18	+8	18	▼
6. VfL Wolfsburg	12	5	2	5	16:18	-2	17	▲
7. MSV Duisburg	12	5	2	5	11:13	-2	17	▼
8. Bayer Leverkusen	12	4	4	4	21:17	+4	16	●
9. Hamburger SV	12	4	4	4	18:19	-1	16	▼
10. München 1860	12	4	4	4	18:22	-4	16	▲
11. Arminia Bielefeld	12	5	0	7	16:17	-1	15	▼
12. Werder Bremen	12	4	3	5	14:18	-4	15	▼
13. Borussia M´Gladbach	12	3	5	4	20:20	0	14	▼
14. Borussia Dortmund	12	3	4	5	18:17	+1	13	▲
15. Karlsruher SC	12	3	4	5	20:27	-7	13	▼
16. 1. FC Köln	12	4	1	7	18:25	-7	13	▲
17. VfL Bochum	12	3	2	7	16:24	-8	11	▼
18. Hertha BSC Berlin	12	2	3	7	11:23	-12	9	●

„Geht Röber, geh´n wir!“, so warnt ein Fanplakat die Hertha-Bosse. Der offene, geradlinige Trainer hat Kredit trotz Platz 18. Der wird gestärkt, als sich das Team nach einem 0:1 noch mit 3:1 aus Karlsruhes Schlingen zieht. Ähnliches erlebt Gladbachs Trainer Hannes Bongartz, als seine Borussen in letzter Minute gegen Leverkusen das Remis retten. Die Hamburger werden von bayerischen Alpträumen geplagt, denn nach Bayern siegen auch die für eine Stunde auf zehn dezimierten „Löwen“. In Lautern rettet Keeper Reinke den FCK ins 29. Jahr voller Heimsiege gegen Duisburg. Tiefes Durchatmen in Köln und Dortmund, wo man gegen den VfB und Hansa den Frust quälender Sieglosigkeit vertreibt. Bochum muß das Festival der Schalke-Belgier Goossens und Wilmots erdulden.

ZEITLUPE

Elegant und erfolgreich: Andreas Möller macht in der Szene das 3:1 für seine Dortmunder Borussia gegen Hansa Rostock.

Hansa Rostock kassierte nach fünf tollen Auswärts-Vorstellungen zwar in Dortmund die erste Niederlage, bleibt aber eine der großen Saison-Überraschungen und belegt Platz 4! Neben Trainer Ewald Lienen gehören der langjährige Kapitän Heiko März (32), der souveräne Torwart Perry Bräutigam (34) und der neue Spielmacher Sergej Barbarez (26) zu den Erfolgsgaranten. Das Trio nennt Auftriebs-Gründe.

INTERVIEW

Weshalb Ist Hansa neben Lautern die Überraschungself?
März: Das ist eine Wechselwirkung. Wir haben Erfolg, also auch Spaß, wie anfangs unter Frank Pagelsdorf. Aber letztes Jahr wurden Beinlich und Akpoborie unser Problem Da nur sie permanent eine Presse hatten, muß der Rest nur Mist gespielt haben. Das war für den Teamgeist leider allmählich nicht förderlich.
Bräutigam: Vor zwei Jahren haben wir einfach nur Fußball gespielt, sind Sechster geworden. Danach redete alles nur vom UEFA-Cup, womit vor allem die jungen Spieler nicht fertig wurden. Da nicht abgestiegen zu sein, ist höher einzuschätzen als Platz 6.
Barbaraz: Weil von der „1" bis zur „22" alle gleich behandelt werden, haben viele ihr Selbstvertrauen wiedergewonnen.
Und war das im Vorjahr nicht so?
Barbarez: Es war mein erstes Bundesligajahr. Ich mußte auf Positionen spielen, die mir nicht so lagen. Nach einer halben Stunde wurde ich rausgeholt. Mein Selbstvertrauen war im Keller. Obwohl Pagelsdorf mich entdeckt hat, habe ich schlechte Erfahrungen mit ihm.
Bräutigam: Lienen arbeitet sehr viel mit Lob, sucht jeden nach mißratenen Aktionen aufzubauen. Pagelsdorf war schnell aufbrausend und sprach auch nicht mit jedem. Aber er hat hier gute Arbeit geleistet.
Lienen liebt Einzelgespräche. Braucht Ihr Streicheleinheiten?
Barbarez: Lienen erklärt jedem Stärken und Schwächen des Gegners. Wie auch die eigenen und erklärt, warum man selbst nicht spielt.
Bräutigam: Mit der ganzen Mannschaft redet er nur über die Gruppentaktik. Der Erfolg gibt ihm recht.
März: Ich bin leider zum Reservisten geworden. Doch für den Verein ist die Entwicklung super.
Warum kommt für die Nationalelf kein Hanseat in Frage?
Bräutigam: Vogts hat sich in Rostock noch nie blicken lassen, sieht uns nur, wenn er irgendwo Nationalspieler beobachtet.
März: Das Verhältnis zum DFB ist nicht gut. Von Stefan Beinlich hört man, wie oft Manager Calmund mit Vogts telefoniert. Genau wie Michael Meier in Dortmund. Wenn ich sehe, daß Ramelow eine Einladung bekommt, obwohl Leverkusen total bescheiden gespielt hat, lache ich mich kaputt. Klüngel gibt es nicht nur in Köln. In Rostock ist man am Arsch der Welt.
Barbarez: Ich könnte auch für Deutschland spielen. Zwei Einladungen aus Bosnien habe ich aus persönlichen Gründen abgelehnt. Ich will erstmal gute Leistungen für Rostock bringen.
Bräutigam: Junge Spieler mit guten Voraussetzungen wie Marco Rehmer sie mitbringt, werden überhaupt nicht beachtet.
Soll das immer so bleiben?
März: Sich in den Vordergrund zu spielen, paßt nicht zu uns. Wenn andere Klubs mit den Scheinen wedeln, gehen die Spieler aber weg, siehe Beinlich, Akpoborie. Karlsruhe hat sieben Jahre gebraucht, eine Mannschaft zu formen. Die haben jetzt höhere Ansprüche. Aber bei uns laufen acht Verträge aus, auch der von Sergej. Er möchte auch Geld verdienen.
Barbarez: Ich fühle mich wohl hier. Und der HSV? Man soll nie nie sagen, auch wenn das mit Frank Pagelsdorf eine schwierige Frage ist.

Nicht die „Drei von der Tankstelle", sondern das Hansa-Trio, das für den „Aufschwung Rostock" sorgte: Heiko März, Perry Bräutigam und Sergej Barbarez (von links)

TORSCHÜTZE DES TAGES Andreas Möller

War das die Wende beim BVB? Nach den teilweise katastrophalen Leistungen in der Bundesliga holte die Dortmunder Borussia mit dem 3:2-Erfolg über Rostock erstmals nach sieben sieglosen Spielen in Folge wieder drei Punkte und verließ den Abstiegs-Keller. Stellvertretend für diese Wende steht Nationalspieler Andreas Möller (30). Er hatte am meisten in der Kritik gestanden, wurde bereits wieder in die Schublade „Schönwetter-Spieler" gesteckt, der nur stark spielt, wenn es ohnehin gut läuft. Gegen Rostock aber übernahm Möller wieder die Initiative und Verantwortung. Er krönte seine überragende Leistung mit zwei Toren - ein Treffer nach Stéphane Chapuisats Freistoß und ein glänzendes Solo durch Rostocks Abwehr mit einem Tor aus spitzem Winkel. Und das alles aus der ungeliebten Position der hängenden Spitze. Der Jugendabteilung vom BSC Schwarz-Weiß 1919 Frankfurt, sein Heimatklub, brachte das (zum wiederholten Male!) 1000 Mark und einen Satz Trikots, gestiftet von SPORT-BILD und „Continentale".

Dieser Mann sitzt und denkt: Hab' ich alles richtig gemacht? Hat Andreas Möller, zumindest gegen Rostock.

REPORT

Vor dem „Schicksalsspiel" des Jürgen Röber, Trainer des Tabellenletzten Hertha BSC, gegen Karlsruhe (3:1) geisterten tagelang Namen von potentiellen Nachfolgern durch den Raum. Sie hießen Berger, Smuda, Geyer, Meyer usw. Nicht zu lesen war, daß der Vorstand definitiv mit keinem anderen Trainer gesprochen hatte. Manager Dieter Hoeneß, Röbers Freund, blockte alles ab. Röber: „Hoeneß hat sich mir gegenüber korrekt verhalten." Und andere? Am Donnerstag zuvor waren alle Funktionsträger da, als Röber ins „Grand Hotel Esplanade" zum peinlichen Verhör antreten mußte: Vorstand, Aufsichtsrat, Sponsor Ufa, insgesamt zehn Personen. Da mal wieder einer geplaudert hatte, standen auf Röbers schwerem Weg zum Sitzungssaal fünfzig Journalisten und Kameraleute Spalier. „Das war sehr, sehr unglücklich", reagierte Hoeneß entsetzt. „Auch in schwierigen Zeiten sollten wir einen gewissen Stil bewahren. Ein so sauberer Charakter hat so ein Blitzlichtgewitter nicht verdient." Auch drinnen bombardiert, beschlich den Trainer das Gefühl, „daß da nicht allzu viele pro Röber gewesen sind".

Nicht nur Fachleute stellten ihm „Fachfragen". Die Aufsichtsräte Schmidt-Holtz, Warneke und Schwan waren am wißbegierigsten. Röber sollte erklären, warum Rekdal nicht das spiele, was er in Norwegens Nationalteam zeigt und warum er Roy so oft auswechsele, was Präsident Zemaitat grämt.

„Wir brauchen keinen neuen Trainer. Hertha hat zehn andere in wenigen Jahren zuvor gehabt, und keiner war erfolgreich."

Kjetil Rekdal

Röbers Verteidigung: „Rekdal hat sich von Anfang an mit seiner gereizten Patella-Sehne geplagt, und Roy ist mit sehr niedrigen Laktat-Werten hier angekommen", war also noch nicht fit. Außerdem seien die fast sicheren Transfers von Gilewicz (jetzt Karlsruhe) und Hoffmann (Bochum) im letzten Moment noch geplatzt. Nach 40 Minuten durfte er gehen, stinksauer über die öffentliche Demontage. „Das kann man auch anders handhaben. Ich wünsche mir jetzt einen Lauf, um einige Leute zu ärgern."

VERLETZTER STOLZ
Jonathan Akpoborie

Für die meisten Mitmenschen hat Jonathan Akpoborie (29), Stuttgarts nigerianischer Stürmer, ein Lächeln. Geduldig, höflich gibt er den Fans Autogramme. Doch die nervenden Vergleiche mit Giovane Elber haben ihn verärgert und gedemütigt. Die vorschnellen Verrisse des Sieben-Millionen-Einkaufs zu Saisonbeginn haben seinen Stolz tief verletzt. Deshalb schweigt er zu diesem Thema - und schießt lieber Tore wider die Demütigung. Fünf waren es allein in drei Europacup-Spielen (vier in der Liga). Doch Sturmpartner Fredi Bobic (25) redet. „Johnny bringt all das, was man sich von ihm erhofft hat. Was uns besonders gefällt, ist sein Kämpferherz." Und dennoch dauerte es bis zum 5:2-Heimsieg gegen den Hamburger SV am 5. Oktober, ehe sich die beiden Stürmer so richtig gefunden hatten. „Da habe ich bei einigen Kombinationen gemerkt: Jetzt hat er es drin. In Rostock war er mehr der Einzelkämpfer. Nun wird er mehr zum Kombinationsspieler. Wir können uns auch in der Defensivarbeit gut abwechseln. Johnny geht sehr lange Wege. Am Anfang hat er fast zuviel nach hinten gearbeitet." Nun spart er Kraft für Sturmläufe.

Ein Supertyp ist er, wird schnell überall heimisch und war bislang bei jedem Verein der Publikumsliebling: Jonathan Akpoborie

Ein Bild, das sich fast von selbst kommentiert: Tor, Tor, Tor... Der eingewechselte Axel Kruse (links) erdrückt förmlich Jolly Sverrisson, den Torschützen zum 2:1 für Hertha gegen den KSC.

„LIEBER KLEIN UND OSTHOFF ..."

MSV Duisburg

Während sich die Kollegen bei einem Spaziergang auf das Spiel in Kaiserslautern einstimmten, durfte sich Duisburgs Markus Osthoff entfernen, um einen alten Bekannten zu besuchen: Rudi Merk, Vater von Schiedsrichter Dr. Markus Merk und Schiedsrichter-Betreuer beim 1. FCK. Er hatte vor Jahren den Jugendspieler Osthoff auf den Betzenberg geholt. Das Stürmertalent wohnte sogar im Hause Merk. Entsprechend groß war die Freude des Wiedersehens. Daß aber ausgerechnet die Schiedsrichter für Osthoff ein rotes Tuch sind, wird ihm Merk verzeihen. Zumal Trainer Funkel mit Osthoff daran schon arbeitet. „Er ist ein aggressiver, bissiger Spieler und im Umgang mit Schiedsrichtern zu impulsiv." Mit den Stars der Liga hat Osthoff weniger Probleme. Häßler, Möller, Wosz, Pelé und zuletzt Sforza - sie alle hatte er im Griff. Der gelernte Stürmer ist Funkels „Allzweckwaffe" geworden. Die Art, wie der 1,68 m große Osthoff das tut, brachte ihm den Beinamen „Kettenhund" ein. „Doch lieber stürme ich und schieße Tore", meint Osthoff. In 60 Bundesligaspielen traf er jedoch erst fünfmal. Keine Frage, daß die Duisburger Fans den anderen Osthoff lieber sehen. Und deshalb malten sie auch das Plakat: „Lieber klein und Osthoff als groß und Basler" und hängten es im Wedaustadion auf.

DIE LEIDENSCHAFT DES CHARLY NEUMANN

Schalke 04

Charly Neumann, Schalkes Original, ist sicher der bekannteste Betreuer in der Bundesliga. Jetzt nahm ihn „play", die Stadionzeitung des 1. FC Kaiserslautern, auf humorige Art aufs Korn: „Charly Neumann, der gutgenährte Betreuer, der immer so gerne flennt, wenn viele Kameras eingeschaltet sind, soll in die Klapsmühle eingeliefert worden sein. Warum? Er ist auf dem Gelsenkirchner Zentralfriedhof herumgelaufen und hat gesungen: 'Steht auf, wenn ihr Schalker seid ...'"

WEHE, WENN KELLER KALTE FÜSSE KRIEGT

VfL Wolfsburg

33 Pflichtspiele hält sie schon, die längste Heimerfolgsserie im deutschen Profifußball. Seit dem 18.11.95 hat Wolfsburg zu Hause nicht verloren. Das erste Spiel von Libero Jens Keller (26) im Dezember 1995 war auch der Beginn der Super-Serie. Fehlte er, wurde es kritisch. Von fünf Spielen ohne ihn endeten drei remis. Doch nun, wo der Winter naht, muß Wolfsburg um ihn zittern. Jens Keller hat ein Problem: Seine Zehen reagieren extrem empfindlich (medizinisch: Raynaud-Syndrom) auf Kälte und Nässe. Die Gefäße verengen sich, die Zehen schmerzen wahnsinnig und werden ganz weiß. Keller: „Weil sie nicht durchblutet sind, geht auch das Ballgefühl verloren." Deswegen stellt man ihm Töpfe mit heißem Wasser in die Kabine. Als er noch bei 1860 München spielte, mußte er deswegen ausgewechselt werden.

MAGAZIN

EINE TRENNUNG DER SANFTEN ART?

Hamburger SV

Mit 17 Jahren kam Stefan Schnoor (26) aus Neumünster zum HSV. Er steht dort in seiner zehnten Saison. Ein gestandener HSVer also. Doch derzeit gibt es für ihn dort helle und dunkle Seiten. Vor Saisonbeginn wurde Schnoor von Trainer Klaus Pagelsdorf als Sündenbock ausgeguckt und öffentlich demontiert. Nach dem mageren 2:1-Sieg im UI-Cup bei Olafsfjördur auf Island wurde Schnoor zusammen mit Ivanauskas wegen angeblicher Einstellungsprobleme suspendiert. Pagelsdorf: „Er wird nie wieder für den HSV spielen." Doch Schnoor spielt wieder. Haben beide Frieden geschlossen? Schnoor: „Wir haben ein ganz normales Verhältnis. Gesprochen haben wir aber nicht." Er weiß, daß dieses nur ein Frieden auf Zeit ist. „Momentan sind viele verletzt. Da spiele ich. Doch mein Vertrag läuft aus, und vom Verein hat noch niemand mit mir gesprochen. Ich weiß nicht, ob sie hier noch mit mir planen." Wird es also wieder einmal eine Trennung der sanfteren Art?

EINWURF

Elfmeter sind in der Bundesliga allmählich Erlebnisse mit Seltenheitswert geworden. Warum? DFB-Schiedsrichter-Lehrwart Eugen Striegel: „Wird einem Schiedsrichter nachgewiesen, daß er einen Elfmeter zu Unrecht gegeben hat, wird er vorsichtiger. Wir sagen ihnen auch, daß sie nur pfeifen sollen, wenn sie 100prozentig sicher sind." Kein Wunder: Ein nicht gegebener Elfmeter, der aber einer war, wird schnell vergessen. Eine Schwalbe, auf die ein Schiedsrichter reingefallen ist, bleibt lange im Gespräch und wird im Fernsehen immer wieder vorgeführt. Die Verteidiger sind auch cleverer geworden. Ein Vergleich der Strafstöße nach zwölf Spieltagen der letzten sechs Jahre ergibt dieses Bild:

Saison	1992/93	32 Strafstöße
Saison	1993/94	30 Strafstöße
Saison	1994/95	32 Strafstöße
Saison	1995/96	25 Strafstöße
Saison	1996/97	28 Strafstöße
Saison	1997/98	20 Strafstöße

Zwei-Kampf: Carsten Ramelow (Leverkusen/links) kontra Karlheinz Pflippsen (M'Gladbach)

CHRONIK

Mit dem zweiten Remis gegen die Bayern in diesem Jahr wartet 1860 bereits zwanzig Jahre auf einen Derby-Sieg.

Im September pausenlos Sieger, erlebte Duisburg im Oktober die vierte Pleite.

Schalkes Abwehr steht: Auch in Stuttgart wurde kein Tor zugelassen, zum siebenten Male.

Im 17. Anlauf gelang Hertha der erste Sieg in Bremen.

Wolfsburg verlor zum fünften Mal mit 1:2.

ERGEBNISSE

MSV Duisburg	4
Borussia M´Gladbach	5
Borussia Dortmund	2
1. FC Kaiserslautern	2
Bayer Leverkusen	2
VfL Wolfsburg	1
Karlsruher SC	3
1. FC Köln	1
VfB Stuttgart	0
Schalke 04	0
Werder Bremen	0
Hertha BSC Berlin	2
Hansa Rostock	2
VfL Bochum	2
München 1860	2
Bayern München	2
Arminia Bielefeld	0
Hamburger SV	3

TABELLE

1. 1. FC Kaiserslautern	13	9	3	1	27:14	+13	30	●
2. Bayern München	13	7	5	1	29:15	+14	26	●
3. Schalke 04	13	6	4	3	14:12	+2	22	●
4. Hansa Rostock	13	6	3	4	21:15	+6	21	●
5. VfB Stuttgart	13	5	4	4	26:18	+8	19	●
6. Bayer Leverkusen	13	5	4	4	23:18	+5	19	▲
7. Hamburger SV	13	5	4	4	21:19	+2	19	▲
8. Borussia M´Gladbach	13	4	5	4	25:24	+1	17	▲
9. VfL Wolfsburg	13	5	2	6	17:20	-3	17	▼
10. MSV Duisburg	13	5	2	6	15:18	-3	17	▼
11. München 1860	13	4	5	4	20:24	-4	17	▼
12. Karlsruher SC	13	4	4	5	23:28	-5	16	▲
13. Arminia Bielefeld	13	5	0	8	16:20	-4	15	▼
14. Werder Bremen	13	4	3	6	14:20	-6	15	▼
15. Borussia Dortmund	13	3	5	5	20:19	+1	14	▼
16. 1. FC Köln	13	4	1	8	19:28	-9	13	●
17. VfL Bochum	13	3	3	7	18:26	-8	12	●
18. Hertha BSC Berlin	13	3	3	7	13:23	-10	12	●

Erst ärgert Lauterns Nachahmungstrieb (Remis-Sieg-Remis) die Bayern, weil das den Vier-Punkte-Rückstand zementiert, dann ärgert Schiedsrichter Krug die noch mehr. Sein „Rot“ für Kuffour peitscht im Münchner Derby die Emotionen hoch und läßt Manager Hoeneß tönen: „Der pfeift Bayern nie wieder!“ Dortmund tanzt mit dem 2:2 gegen den FCK am Abstiegsrang vorbei. In Duisburg fühlt sich Gladbachs Trainer Hannes Bongartz im Neun-Tore-Festival viermal gefeuert und fünfmal gerettet. In Bremen verhilft Werder mit einem Selbsttor den Herthanern zum ersten Auswärtssieg. Weil Bochum in Rostock die Tradition auffrischt - gegen Hansa wurde noch nie verloren bleibt die Rote Laterne in Berlin. In Bielefeld imponiert der HSV mit 3:0!

ZEITLUPE

Nicht zu halten: Samuel Kuffour mit seinen Personenschützern Hoeneß (Manager), Matthäus (Rekonvaleszent) und Hörwick (Pressesprecher/von links)

Dreizehn Saisontore machen Olaf Marschall (31) zum klaren Spitzenreiter unter den Torjägern. In 81 Bundesligaspielen für Dynamo Dresden und den 1. FC Kaiserslautern kommt er auf 31 Tore. Geboren im sächsischen Torgau, sportlich aufgewachsen beim 1. FC Lokomotive Leipzig (1978-90) kam der vierfache DDR-Nationalspieler über Admira-Wacker Wien (bis 1993), Dynamo Dresden (bis 1994) in die Pfalz. 1994 stürmte er in der Nationalelf gegen Ungarn.

Wie trainiert man eigentlich mit einem Stahlhelm?
Ach, das war ein Witz. Otto Rehhagel sagt manchmal: „Unsere beiden Jungs aus der Kaderschmiede werden´s schon richten", also Rische und ich. Da habe ich geantwortet: „Richtig Trainer. Schließlich haben wir in der DDR mit Stahlhelm trainiert."

INTERVIEW

Nach der Wende gingen Sie nach Wien. Geschah dieser Schritt aus Respekt vor der Bundesliga?
Nein, ich hatte einfach kein Angebot. Außerdem wußte ich nicht, daß die österreichische Liga im Westen belächelt wird.
Rostock blieb in der Bundesliga übrig. Hat der Osten die Zukunft verschlafen?
Er hatte keine reelle Chance. Natürlich wurden Fehler gemacht, wie in Dresden. Aber der Geldmangel zwang zum Verkauf der besten Spieler. Hansa hatte das Glück, daß die billigen Neueinkäufe einschlugen. Ein Europacupplatz wäre für den Osten enorm wichtig.
Der FCK ist Erster, aber alle reden nur von Klassenerhalt.
Otto Rehhagel sagt immer: „Wir ärgern jetzt die anderen und wollen solange wie möglich oben bleiben." Ich denke, wir können einen UEFA-Cup-Platz schaffen. Das wäre eine Sensation. Rehhagel hat nun mal eine eingebaute Erfolgsgarantie. Einmalig.
Lautern oben, Hertha unten. Beide sind Aufsteiger ...
Fußball spielt sich im Kopf ab. Wir starteten gleich mit zwei Siegen, gehen jetzt raus und spielen drauflos. Bei uns redet keiner über Fehler. Solche Erfolgserlebnisse fehlen Hertha. Dort denkt jeder „hoffentlich mache ich am Samstag keinen Fehler." Das ist Wahnsinn. Der Sieg gegen Karlsruhe hat da einiges gelöst. Beim Abstieg 1996 waren wir auch alle nervlich kaputt. Anfangs dachten wir, daß wir das in die Reihe bekommen. Aber dann verkrampft man immer mehr, man kriegt sogar Angst, den Ball einfach nur abzuspielen.
Nun sind Sie sogar Kandidat für Berti Vogts, trotz Beschwerden an der Achillessehne.
Seit Jahren heißt es, ich sei verletzungsanfällig. Dabei hatte ich nie muskuläre Probleme. Was soll ich machen, wenn nach einem Foul das Innenband reißt, oder ich beim Waldlauf auf eine Wurzel trete und mir den Fuß breche? Da fragt man sich: Warum immer ich? Wegen der Achillessehnenprobleme trage ich bereits Einlagen und werde derzeit mit einem Medikament aus der ehemaligen DDR behandelt. Über jeden schmerzfreien Tag freue ich mich. Da macht der Fußball doppelten Spaß.
Werden Fußballer heute verheizt?
Nein. Zwar drängen alle auf deinen Einsatz, aber letzlich entscheidest du selbst. Beim Profi sind natürlich die Abnutzungserscheinungen größer als bei anderen. Natürlich frage ich mich auch manchmal: Kann ich mit 45 noch normal laufen? Wir verdienen viel Geld, sehr schön. Aber die Gesundheit ist eben wichtiger als alles andere.
Angeschlagene Profis bekommen den Tritt oft auf die verletzte Stelle. Zufällig?
Der Erfolgsdruck ist heute extrem hoch. Jeder kämpft um den Vorteil. Und wenn der Gegner die Zehenprobleme des anderen kennt, dann macht er halt den Schritt rückwärts und tritt ihm auf den Zeh. Fußball ist heute ein knallhartes Geschäft.

Was für ein Spiel, und was für eine Leistung: Olaf Marschall nach dem 2:2 in Dortmund

TORSCHÜTZE DES TAGES
Thomas Häßler

Es ist keine Neuigkeit, daß die Freistöße von Karlsruhes Kapitän Thomas Häßler gefährlich sind. Zur Zeit trifft der Nationalspieler wie nie. Im UEFA-Cup-Hinspiel der zweiten Runde in Metz gelangen ihm zwei Treffer auf diese Weise. Der KSC gewann 2:0. Und beim 3:1-Sieg gegen Köln schnippelte der kleine Spielmacher mit dem großen Herzen den Ball wieder einmal um die Mauer herum ins Tor. Zuvor hatte Häßler mit einem Volleyschuß bereits zum 2:1 getroffen. Die Erklärung für seine ansteigende Form hat er auch gleich parat: „Ich werde zum drittenmal Vater. Das beflügelt natürlich." Sieben Tore hat Häßler in dieser Saison bereits erzielt, 40 insgesamt in der Bundesliga. Dennoch war es ein Debüt: Nie zuvor hatte er zweimal in einem Bundesligaspiel getroffen. Einen erfreulichen Geldsegen beschert er damit Meteor 06 Berlin. Die Jugendabteilung seines Heimatvereins erhält von „Continentale" und SPORT-BILD 1000 Mark (500 pro Tor) und einen Satz Trikots. Das Los entschied gegen Marschall und Juskowiak, die auch zweimal trafen.

Thomas Häßler-Show oder: Ballgefühl hat man, oder man hat's nicht!

FACTS - FACTS - FACTS
News

Die „12" ist von Wert für den FC Bayern. In der vorigen Saison wurde man nach zwölf Spielen ohne Niederlage Meister, und nun schaut man auf die gleiche Zahl - noch ohne Titel.

Dortmunds lange verletzter Steffen Freund feierte einen besonderen Erfolg: Schon nach 33 Sekunden im Spiel gegen Lautern gelang ihm ein Treffer, der erste nach anderthalb Jahren.

13 Tore in 13 Spielen wie Olaf Marschall gelangen zuletzt 1984 Klaus Allofs (1. FC Köln), dem 56fachen Nationalspieler.

Schalkes Abwehr sorgte siebenmal für Zu-Null-Spiele (darunter zwei 0:0), was bei nur 14 Plustoren 22 Punkte einbrachte.

Herthas letztes Auswärtsspiel in der Bundesliga ohne Gegentor war 1980 ein 1:0 bei München 1860. Zwischen München und Bremen lagen 41 Spiele.

Der FC Bayern trat bereits 70 Eckstöße, doch nicht einer führte zu einem Tor.

Nur noch Bielefeld ist auf Reisen ohne jeden Punktgewinn, bei 3:12 Toren.

REPORT

Ein Foul wurde zum Streitfall, und ein bis zur 68. Minute keineswegs unfaires Münchner Derby drohte aus den Fugen zu geraten: Sammy Kuffour hatte Harald Cerny mit einer Attacke von hinten zu Fall gebracht. Schiedsrichter Hellmut Krug aus Gelsenkirchen zog dafür die Rote Karte. Der verzweifelte Kuffour mußte in die Kabine geführt werden, und Mario Basler attackierte 1860-Trainer Lorant, weil er angeblich die Rote Karte gefordert habe. Bayern-Manager Uli Hoeneß wetterte später: „Herr Krug pfeift den FC Bayern nicht mehr!" Und weiter: „Herr Krug ist ein Pfau und ein schlechtes Aushängeschild des deutschen Fußballs."
Mit dem Abstand von 24 Stunden ließ Krug eine Warnung los: „Hoeneß weckt schlafende Hunde. Die Konsequenzen scheinen ihn nicht zu interessieren. Ich sage nur soviel: Im Ausland sind schon Schiedsrichter umgebracht worden." Auch bei uns wurden schon welche bedroht, wie Alfons Berg. Als der 1991/92 im Spiel der letzten Runde Eintracht Frankfurt in Rostock einen Elfmeter verweigerte, stellten ihn die Spieler an den Pranger: „Er hat uns die Meisterschaft gestohlen." Die Folgen: Telefonische Morddrohungen. In der Praxis von Zahnarzt Dr. Markus Merk hatten aus dem selben Grund die Sprechstundenhilfen zeitweise Angst ans Telefon zu gehen. Mittlerweile haben alle Schiedsrichter Geheimnummern. Obmann Volker Roth: „Äußerungen wie die von Hoeneß sind unverantwortlich. Ich lasse mir von niemandem vorschreiben, wer wo pfeift." Doch in anderen Situationen hat der Ausschuß schon Schutzmaßnahmen getroffen wie im Falle Merk und Stuttgart, Heynemann und Bremen, Strampe und 1860 München. Die hielt man tunlichst auseinander.
Bundestrainer Berti Vogts wollte sich zwar heraushalten, sagte dann aber doch: „In der Bundesliga werfen die Schiedsrichter mit Karten um sich und pfeifen anschließend im europäischen Ausland völlig anders. Ich habe Volker Roth bereits darauf aufmerksam gemacht. Denn darunter leiden die Nationalmannschaft und die deutschen Vereine im Europacup. Fußball ist ein körperbetontes Spiel, nur in der Bundesliga nicht."
Droht Uli Hoeneß nun eine Strafe? Darüber entscheidet der DFB-Kontrollausschuß. Denn auch alle Vereins-Funktionäre unterliegen der Gerichtsbarkeit des Deutschen Fußball-Bundes.

Dramatik pur im Münchner Derby: Harald Cerny (links) krümmt sich am Boden nach Kuffours Foul, „Löwen"-Trainer Lorant ist jetzt kaum noch zu „bändigen". Schiedsrichter Krug kommentiert den Platzverweis des Bayern: „Das ist hier kein Wunschkonzert!"

VOLLE TASCHEN, LEERER KOPF
Hamburger SV

In Hamburg wurde ein junger Mann von gerade 20 Jahren nach oben geschwemmt, verdiente 7400 Mark im Monat plus 3000 Mark pro Spiel. Nun taucht er ein in die Millionen. Hasan Salihamidzic geht zum FC Bayern, wo er in vier Jahren rund acht Millionen bekommt. „Brazzo" („Bürschchen") lebte bislang unbekümmert dahin, konnte herzhaft lachen und die Fans mochten ihn. Nun ist er fast kirre im Kopf. „Die Zeitungen machen alle verrückt", klagte er und ließ sich eine geheime Telefonnummer geben. Sechs Tore hat er in dieser Saison erzielt. Seine Quote: 5,5 Versuche für ein Tor. Bayern-Stürmer Jancker hat eine Quote von 3,2. Rostocks Neuville, gar von 2,7. Den großen FC Bayern vor Augen, die Millionen im Sinn, wurde es Salihamidzic fast schwindlig im Kopf. Jeder, den er fragte, sagte ihm: „Das mußt du selbst entscheiden." Die „Hamburger Morgenpost" bemerkte dazu: „Hasan hat die Ohren auf Durchzug geschaltet und ist für rationale Argumente nicht mehr zugänglich." HSV-Kollege Sven Kmetsch sagte: „Hasan lebt von seiner Unbekümmertheit. Aber unter den ganzen Weltstars in München steht er vor einer schweren Prüfung." Und die scheint bereits zu wirken. Denn Mittelfeldspieler Rodolfo Cardoso spürt, „daß ihm die Sache im Kopf herumspukt. Er ist nicht mehr so locker wie gewohnt."

KÖSTNER VERMISST AM RHEIN DAS WIR-GEFÜHL
1. FC Köln

Fünf Spiele hat Köln unter Günter-Lorenz Köstner absolviert, den Abstiegsplatz aber noch nicht verlassen. Was der Trainer bislang am meisten vermißt, ist das „Wir-Gefühl". „In Unterhaching fuhren wir beispielsweise alle zusammen in den Urlaub, mit Frauen und Kindern." Typisch für die Kölner Profis: Als Torwart Menger im August seinen Einstand geben wollte, wurde das verschoben, weil es im Pokal in Ulm eine peinliche Niederlage setzte. Köstner: „Gerade in solcher Situation müssen alle an einen Tisch." Sie lernten. Nach dem 1:3 in Karlsruhe zogen alle auf Einladung von Schuster zum Italiener.

EINWURF

Bis zur 75. Minute war die Partie MSV - Gladbach mit 2:3 im „Normalen". Dann ging es Schlag auf Schlag und wurde mit 4:5 das torreichste Spiel der Saison. Vom Rekord der Liga war das indes noch weit entfernt. Schon fünfmal fielen sogar zwölf Tore, und beim höchsten Sieg (12:0) war Gladbach auch beteiligt. Hier die fünf Zwölf-Tore-Spiele:

M´Gladbach - Dortmund	12:0	29.04.1978
FC Bayern - Dortmund	11:1	27.11.1971
Dortmund - Bielefeld	11:1	06.11.1982
Dortmund - Kaiserslautern	9:3	16.11.1963
1. FC Köln - TeBe Berlin	8:4	26.02.1977

Den Gladbachern gelangen noch mehr solcher Streiche, so beim 11:0 gegen Schalke 1966/67, beim 10:0 gegen Neunkirchen 1967/68 und gegen Braunschweig 1984/85. Der November steht als ein rekordverdächtiger Monat.

MAGAZIN

DARF EIN „LÖWE" „LEO" GERUFEN WERDEN?
Bayern München

Kommandos wie „Laß!" oder „Laß durch!" sind auf dem Platz nicht gestattet. Dafür erfanden die Fußballer den Begriff „Leo". Und das rief Mario Basler (FC Bayern), als Bernhard Winkler (1860) in aussichtsreicher Schußposition den Ball erwartete. Der glaubte einen besser positionierten 60er hinter sich und ließ die Kugel durch. Schiedsrichter Krug zeigte wegen Unsportlichkeit Gelb für Basler. Ein „Löwe" darf eben nicht „Löwe" (lateinisch: Leo) gerufen werden. Hinterher umarmten sich beide.

Auf der Alm, da gibt's ka Sünd - es sei denn, die Arminia verliert. Hier fällt durch HSV-Stürmer Salihamidzic das 0:3, die Bielefelder Maas & Reeb haben das Nachsehen.

CHRONIK

Mit 19 Punkten ist Schalke die beste Heimmannschaft vor dem FCK (18).

Bremen ist 465 Minuten (fünf Spiele) ohne Torerfolg. - Vereinsrekord.

Der FC Bayern ist nach dem 0:1-Auftakt gegen Kaiserslautern in 13 Spielen unbesiegt und hat dabei 30:14 Tore erzielt.

Auf Reisen noch sieglos: Dortmund (4 Remis), Karlsruhe (3), Bochum (2) und Bielefeld (noch kein Remis!).

ERGEBNISSE

VfL Wolfsburg	0
MSV Duisburg	2
1. FC Kaiserslautern	4
Hansa Rostock	3
1. FC Köln	2
Werder Bremen	0
Hertha BSC Berlin	2
München 1860	0
Bayern München	1
Arminia Bielefeld	0
Hamburger SV	0
Bayer Leverkusen	1
Borussia M´Gladbach	1
Borussia Dortmund	1
Schalke 04	2
Karlsruher SC	0
VfL Bochum	0
VfB Stuttgart	2

TABELLE

1.	1. FC Kaiserslautern	14	10	3	1	31:17	+14	33 ●
2.	Bayern München	14	8	5	1	30:15	+15	29 ●
3.	Schalke 04	14	7	4	3	16:12	+4	25 ●
4.	VfB Stuttgart	14	6	4	4	28:18	+10	22 ▲
5.	Bayer Leverkusen	14	6	4	4	24:18	+6	22 ▲
6.	Hansa Rostock	14	6	3	5	24:19	+5	21 ▼
7.	MSV Duisburg	14	6	2	6	17:18	-1	20 ▲
8.	Hamburger SV	14	5	4	5	21:20	+1	19 ▼
9.	Borussia M´Gladbach	14	4	6	4	26:25	+1	18 ▼
10.	VfL Wolfburg	14	5	2	7	17:22	-5	17 ▼
11.	München 1860	14	4	5	5	20:26	-6	17 ●
12.	Karlsruher SC	14	4	4	6	23:30	-7	16 ●
13.	1. FC Köln	14	5	1	8	21:28	-7	16 ▲
14.	Borussia Dortmund	14	3	6	5	21:20	+1	15 ▲
15.	Arminia Bielefeld	14	5	0	9	16:21	-5	15 ▼
16.	Hertha BSC Berlin	14	4	3	7	15:23	-8	15 ▲
17.	Werder Bremen	14	4	3	7	14:22	-8	15 ▼
18.	VfL Bochum	14	3	3	8	18:28	-10	12 ▼

Lautern siegt und siegt und siegt. Mit zehn Erfolgen, drei Remis und nur einer Niederlage avanciert die Elf zum besten Aufsteiger aller Zeiten. Die Experten küren das 4:3 gegen Hansa zum „besten Spiel der Saison". Ein kleiner Trost für Rostock in der dritten Betzenberg-Pleite. Bayern bejubelt nicht den 600. Ligasieg gegen die matten, auf Reisen punktlosen Arminen. Hertha feiert umso länger. Dritter Triumph in Serie, wie in besten Zeiten. Münchens Löwen wirken zahnlos. Das erfolgsgewohnte Borussen-Duo aus Gladbach und Dortmund ist wenigstens in einem Spitze: Beide haben sechs Remis. In Wolfsburg drücken die nüchternen Duisburger den auf heimischer Rennstrecke 32mal unbeschädigten VW an den Baum. Bochum siegt im UEFA-Cup und wird Liga-Letzter.

ZEITLUPE

Und so jubelt Köln! Nach dem 2:0 gegen Bremen ist die Mannschaft zunächst aus den Abstiegsrängen raus.

Rudolf („Rudi“) Assauer (53) kennt die Bundesliga von innen und außen. Für Borussia Dortmund bestritt er 119 Spiele (1964-70), für Werder Bremen sogar 188 (-1976). Danach war er Trainer (u.a. in Schalke 1981) und Manager in Bremen. Als er 1993 in Schalke als Manager einstieg, mußte dort wegen 20 Millionen Mark Schulden um die Lizenz gezittert werden. Heute ist Schalke saniert, UEFA-Cupsieger 1997 und ein Spitzenklub.

Ein Mann kocht vor Wut, in der Hand qualmt seine Zigarre, er legt sich gern mit den Schiedsrichtern an und lebt Fußball wie kaum ein zweiter Manager: Rudi Assauer

BLICKPUNKT

Im Jahre 2 nach dem Bosman-Urteil ist die ganze Bundesliga in Angst und Schrecken. Die ganze Liga? Ein von einem unbeugsamen Manager regierter Klub hört nicht auf, den Großvereinen Widerstand zu leisten. Rudi Assauer hält knallhart an seinen Prinzipien fest: „Ich mache für einen Spieler keine Schulden. Das hatten wir hier schon mal. Und er hat mit seiner Linie Erfolg. Derzeit ist Schalke Liga-Dritter und wieder auf einem UEFA-Cup-Platz. Was ist Assauers „Geheimnis“?

Assauers geheime Liste: Er hat alle Schalker Profis nach ihrem Können beurteilt und danach das Gehalt festgelegt: „Ich muß eine Richtlinie haben. Thon, Mulder, Wilmots sind sehr wichtige Spieler für uns. Wenn einer mehr verdienen will, muß er besser sein.“ Als Verfechter des Prämiensystems weiß er, daß die Spieler das Geld reinholen. „Wenn sie Erfolg haben, sollen sie bis zum Kragen verdienen. Aber nur bei Erfolg und abhängig von der Leistung.“ Es gibt hohe Jahresleistungsprämien und Spielprämien.

Assauers Verhandlungstaktik: „Die ausufernden Personalkosten sind das gefährlichste in der Bundesliga. Früher habe ich eine Ablösesumme gezahlt und konnte ruhig schlafen. Heute muß ich Sonderzahlungen auf das Gehalt schlagen. Deshalb bin ich vom Erfolg abhängig und gezwungen, immer international zu spielen.“ Als Thomas Linke seinen Wechsel zum FC Bayern bekanntgab, reagierte Assauer gelassen: „Dann holen wir eben einen Besseren.“ Und als Sven Kmetsch vom HSV verpflichtet wurde, widersprach er allen Millionen-Gerüchten: „Wegen ihm habe ich nicht unser ganzes Gehaltsgefüge gesprengt.“

Assauers Einfühlungsvermögen: Als Ex-Profi weiß er, wie Spieler denken. „Ich mache ihnen klar, wie es im Verein aussieht. Und sie wissen: Der Alte erzählt kein dummes Zeug.“ Als der tschechische Nationalspieler Jiri Nemec nach schwerem Beginn glänzende Leistungen ablieferte, stieg er in Assauers Werteliste und bekam mehr Gehalt. So etwas kitzelt die übrigen. UEFA-Cup-Prämien werden vorher nicht ausgehandelt. Kommt man weiter, ist Manager Assauer dann auch großzügig. Geschätzte Finalprämie: 35 000 Mark. Die Spieler sind zufrieden.

Assauers Philosophie: Ein Spieler muß sich total mit dem Klub identifizieren. „Ich hole nur solche, die unbedingt zu Schalke wollen. Wir sind kein normaler Klub. Wilmots hatte finanziell bessere Angebote, ist aber trotzdem gekommen. Das gefällt mir. Nur wegen der Kohle soll hier bei Schalke keiner kicken.“

Assauers Näschen: „Ich habe das Talent, Spieler und Trainer zu beurteilen. 1998 wollten wir international spielen. Das haben wir viel früher geschafft.“ Bei Personalentscheidungen war er treffsicher, von Trainer Stevens bis zu Spielern wie Thon, Wilmots, van Hoogdalem oder Max. Für die nächste Saison will Assauer investieren. „Wir sitzen im Augenblick zwischen Baum und Borke. Unsere Truppe ist gut, sie bietet aber keine Garantie, immer oben mitzuspielen.“ Stars sollen her. „Kommen neue Spieler, muß unser gesamtes Gehaltsgefüge angehoben werden. Sonst ist es nicht fair. Ein Risiko werden wir eingehen, aber keine utopischen Summen zahlen, auch wenn wir es uns im Einzelfall eigentlich sogar leisten könnten.“

TORSCHÜTZE DES TAGES
Jürgen Rische

Die dritte Saison beim 1. FC Kaiserslautern scheint für Jürgen Rische (27) den Durchbruch am Betzenberg zu bringen. Beim 4:3 gegen Hansa Rostock schoß der ehemalige Leipziger bereits die Saisontreffer vier und fünf. Insgesamt hat er bislang zwölf Bundesliga-Tore erzielt. Beim Spitzenreiter verdrängte er zuletzt sogar den tschechischen Vize-Europameister Pavel Kuka. Sein Trainer Otto Rehhagel erklärt: „Rische ist schneller. Außerdem bleibt er bei Ballverlusten nicht so oft stehen wie Pavel, und er arbeitet auch hinten mit.“ Genau wie Sturmkollege Olaf Marschall (13 Tore) trifft Rische, weil Rehhagel ihm das Vertrauen schenkt. Wird er jetzt Marschalls Konkurrent beim Kampf um die Torjäger-Kanone? Rische wehrt ab: „Garantiert nicht. Hauptsache, wir holen die Punkte. Dann kann Olaf von mir aus auch 20 Saisontore machen.“ Freuen wird sich Risches Heimatklub Glasseide Oschatz, nahe Leipzig. Die Jugendabteilung bekommt neben 1000 Mark (500 pro Treffer) noch einen Satz Trikots, gestiftet von SPORT-BILD und „Continentale“.

Joker-Tore sind nicht nur für den Trainer - in diesem Fall Otto Rehhagel - die schönsten, sondern auch für den Spieler - hier ist es Jürgen Rische (links).

Im Internet tippten die SPORT-BILD Leser mit 55,3 Prozent auf Bayern und 36,7 Prozent auf Kaiserslautern als Meister. Acht Prozent sahen andere Vereine vorn. Die Bundesliga votierte mit 63:37 Prozent für den 1. FCK als neuen Titelträger.
Für Leverkusens Trainer Christoph Daum waren „der unglaublich gute Fußball des FCK, die völlige Konzentrationsmöglichkeit auf die Bundesliga, der Erfolgshunger nach dem Abstieg, die Persönlichkeit Rehhagel" wichtige Gründe, „und auch, weil niemand den 1. FCK auf der Rechnung hatte". Stefan Kuntz aus Bielefeld, mit Lautern 1991 Meister, sieht „eine tolle Harmonie zwischen Trainer und Mannschaft". Was sein damaliger Teamkamerad Marco Haber (jetzt VfB) unterstreicht: „So, wie wir damals Meister wurden, kann es jetzt genauso kommen."

ben sich mit Sforza und Ratinho verstärkt, und Marschall ist wieder fit. Eine sehr erfahrene Truppe." Sein Kölner Kollege Günter-Lorenz Köstner bewundert den „phantastischen Mannschaftsgeist, Rehhagel ist zudem der erfahrenste Trainer". Gewichtige Gründe haben auch jene, die Bayern am Ende vorn sehen, wie Torsten Wohlert (Duisburg): „Die FCK-Abwehr ist nicht gut genug." Dortmunds Manager Michael Meier meint: „Die größere Substanz der Bayern wird den Ausschlag geben." Marco Rehmer vom FC Hansa sagt voraus: „Lautern schafft es nicht, weil man nicht immer so viel Glück hat wie beim 4:3 gegen uns." Gladbachs Manager Rolf Rüssmann befürchtet: „Wenn die FCK-Spieler merken, daß sie Meister werden können und als Favorit auflaufen, spielen sie ganz anders." Wofür Hertha-Trainer Jürgen Röber ein Beispiel nennt: „Vor zwei Jahren war Stuttgart nach der Vorrunde oben und wäre dann fast abgestiegen. Eine Folge der Drei-Punkte-Regel. Bayern wird Meister."

REPORT

Jens Keller vom VfL Wolfsburg sagt, „wenn ich 100 Mark auf den Meister setzen sollte, würde ich auf Lautern setzen. Allein der Sturm mit Marschall, Rische, Kuka - wer hat den schon". Auch 1860-Trainer Werner Lorant traut ihnen viel zu. „Vom Können her können sie Meister werden. Sie haben sich mit Sforza und Ratinho verstärkt, und Marschall ist wieder fit. Eine sehr erfahrene Truppe."

Schalkes Olaf Thon hat ausgerechnet: „Wenn Lautern 40 Punkte nach der Vorrunde hat, reichen 25 in der Rückrunde."

EINGELEBT Emerson

In Brasilien wird er „Atomic" genannt, Leverkusens Mittelfeldspieler Emerson. „Weil ich immer versuche, alles sehr schnell zu machen", sagt der 21jährige Ferreira da Rosa Emerson, wie er mit vollem Namen heißt. Trainer Christoph Daum hatte ihm bis Weihnachten Zeit gegeben, sich in der Bundesliga zu akklimatisieren. Das zeugt von großem Vertrauen. Doch nach den drei Toren in der Champions League gegen Sporting Lissabon hat er vielleicht schon den Durchbruch geschafft. „Der Fußball in Deutschland ist doch härter und schneller als in Brasilien, und deswegen habe ich mich anfangs auch nicht wohl gefühlt. Aber mein Grundsatz war: Du mußt deine Chance nutzen. Und jetzt fühle ich mich nützlich für die Mannschaft." Weil das Nationaltrainer Mario Zagallo auch so sieht, zählt Emerson zum WM-Kader des Weltmeisters. Über Christoph Daum sagt Emerson: „Noch habe ich mit der deutschen Sprache Probleme, aber ich spüre, daß ich bisher keinen vergleichbaren Trainer hatte." Besonders glücklich macht ihn, daß sich Frau Sonia, „die anfangs sehr ängstlich war, nun Deutschland wunderbar findet." Und beider Tochter ist auch hier geboren worden.

Kommt langsam auf Touren: Leverkusens „schwarze" Perle Emerson - hier im Sturmlauf gegen HSV-Verteidiger Böger.

Mann, oh Mann... Handelnde Personen sind in diesem Fall die Spieler Scholl (FC Bayern) und Schäfer (Bielefeld/ rechts).

MAGAZIN

DER AJAX-FAN MUSS NUN NACH AMSTERDAM
VfL Bochum

In der Videosammlung von Klaus Toppmöller haben diese Kassetten einen Ehrenplatz: „Die Fußball-Philosophie von Ajax Amsterdam" - Lehrvideos über die berühmte Ajax-Schule und deren perfektes 4-3-3-System. Der VfL-Trainer ist bekennender Ajax-Fan und hat dort auch schon beim Training gekiebitzt. Nun muß er im UEFA-Cup mit dem VfL zu Ajax. „Einfach sensationell", findet Toppmöller. Wenn da nur nicht der Sturz an das Liga-Ende wäre. Der Trainer dazu: „Der Europacup ist ein Highlight für alle. Vor dem Spiel in Trabzon haben wir im Dunkeln auf einem absoluten Acker trainiert. Dennoch kamen von zehn Flanken alle wie an der Schnur gezogen. Zu Hause wären mindestens drei hinter dem Tor gelandet. Da sind die Jungs also wesentlich konzentrierter." Das ist jedoch nicht der alleinige Grund für den Fehlstart. Da waren Juran, Hoffmann, Dickhaut, Sundermann gekommen, die alle einen Stammplatz einforderten. Die Luft wurde rauher. Die Idylle drohte zu zerbrechen. „Ich habe den Konkurrenzkampf unterschätzt", gibt Toppmöller zu. „Die Etablierten sahen ihre Felle wegschwimmen, das Selbstvertrauen litt. Hinzu kamen viele Verletzte." Der sensationelle Platz 5 im Vorjahr hat den VfL überrollt. Doch weil er überzeugt ist, „daß wir da unten rauskommen", verlängerte Toppmöller seinen Vertrag.

„BRAZZO" HAT SEINE FREUNDE VERLOREN
Hamburger SV

Wenn zwei dasselbe tun, ist es dennoch nicht dasselbe. Thomas Linke und Hasan Salihamidzic werden im Sommer 1998 zum FC Bayern wechseln. Während Linke von den Schalke-Fans weiter gefeiert wird („Fußball-Gott"), wird „Brazzo" beim HSV gnadenlos ausgepfiffen. Was Ex-HSV-Profi Jürgen Milewski, seinen Berater, sagen läßt: „Der HSV klagt ständig über die reichen Bayern, die Spieler mit ihrem Geld verrückt machen. Schalke dagegen betrachtet solche Wechsel als etwas Normales."

DIE TEUERSTEN WAREN DIE GRÖSSTEN FLOPS
1. FC Köln

Kölns Geschäftsführer Wolfgang Loos sieht die prekäre Lage ganz nüchtern. „Wir haben wenig Geld, deshalb müssen wir stärker auf den eigenen Nachwuchs setzen." Da schmerzt es, wenn ausgerechnet die teuersten Neuzugänge Flops sind. Goran Vucevic und Alexander Rytschkow kosteten zusammen vier Millionen Mark - gebracht haben sie bislang nichts. Von 1260 Bundesliga-Minuten war Rytschkow 174 und Vucevic 461 Minuten dabei. Besonders der Russe strapaziert die Kölner Nerven. Trotz Knie-Beschwerden holte man ihn aus dem französischen Lens an den Rhein, und jetzt schmerzt das Knie wieder. Und auch die Anzeige wegen versuchter Vergewaltigung war dem FC bekannt. Alexander Rytschkow muß im Januar erneut vor einem französischen Gericht erscheinen.

DIE ERSATZMUTTER FÜR SAMMYS KUMMER
Bayern München

Was wäre Sammy Kuffour (21) in München ohne seine Ersatz-Mutter Karin Potthoff. Bei der Chefsekretärin von Manager Uli Hoeneß kann er allen Kummer abladen. Wie jenen nach dem Feldverweis im Derby gegen 1860. Da fing Karin Potthoff noch am Abend den Bus im Vereinsheim ab. Und als Sammy jammerte: „Karin, ich habe doch nur den Ball spielen wollen", gab sie ihm recht und einen guten Rat dazu: „Sammy, in Zukunft weigerst du dich zu spielen, wenn der Krug pfeift." Eine salomonische Konfliktlösung. Am nächsten Tag rief sie als erste wieder an und riet ihm zum Studium der Fernsehbilder. „Dann siehst du auch, wie du dich beim Rausgehen benommen hast. Eine Rote Karte mußt du männlich wegstecken. Ich will doch aus dir kein Weichei machen." Da konnte Kuffour schon wieder lachen. „Nie mehr im Leben werde ich vom Platz gestellt. Das kommt nie wieder vor." Die DFB-Richter ließen Gnade walten mit dem sonst so fröhlichen Sammy. Sie sperrten ihn nur für ein Spiel.

EINWURF

Stürmer werden an Toren gemessen - so sagt es eine alte Fußball-Weisheit. Doch mittlerweile kann man das auch auf die Mittelfeldspieler übertragen, wie der neue Bundesliga-Trend beweist. Die einstigen Zulieferer und Vorbereiter sind drauf und dran, die Hauptverantwortung beim Toreschießen zu übernehmen. Sie erzielten bisher 167 Tore, nur eins weniger als die Stürmer. Natürlich gibt es mehr Mittelfeldakteure als Stürmer. Auswärts agiert oft nur eine Spitze. Dennoch hatten im Vorjahr die Stürmer die Nase klar vorn. Der Vergleich (Saison 1997/98 nach 14 Spieltagen):

	Tore	Stürmer	Mittelfeld	Abwehr
96/97	911	442/48,5%	362/39,7%	84/9,3%
97/98	375	168/44,8%	167/44,5%	30/8,0%

Hinzu kommen an Eigentoren 1996/97: 23/2,5% und 1997/98: 10/2,7%.

Fair play, wie man es selten genug sieht: Bochums Gospodarek kümmert sich um Stuttgarts Sturm-As Bobic.

CHRONIK

Acht Niederlagen in neun Auswärtsspielen - so schlecht war Köln noch nie.

Lautern blieb im 13. Auswärtsspiel hintereinander ungeschlagen. Es war Gladbachs erste Heimniederlage.

Marco Bode beendete Bremens 501 Minuten andauernde Torlosigkeit.

ERGEBNISSE

Karlsruher SC	1
VfL Bochum	1
MSV Duisburg	3
Hamburger SV	0
Borussia Dortmund	2
VfL Wolfsburg	1
Werder Bremen	2
Schalke 04	1
Arminia Bielefeld	1
Hertha BSC Berlin	3
VfB Stuttgart	2
Hansa Rostock	1
München 1860	1
1. FC Köln	0
Borussia M´Gladbach	1
1. FC Kaiserslautern	3
Bayer Leverkusen	verlegt auf den
Bayern München	30. November
Bayer Leverkusen	4 vorgezogen
1. FC Köln	0 vom 17. Spieltag
Borussia Dortmund	0 auf den
Bayern München	2 11. November

TABELLE

1. 1. FC Kaiserslautern	15	11	3	1	34:18	+16	36	●
2. Bayern München	15	9	5	1	32:15	+17	32	●
3. VfB Stuttgart	15	7	4	4	30:19	+11	25	▲
4. Bayer Leverkusen	15	7	4	4	28:18	+10	25	▲
5. Schalke 04	15	7	4	4	17:14	+3	25	▼
6. MSV Duisburg	15	7	2	6	20:18	+2	23	▲
7. Hansa Rostock	15	6	3	6	25:21	+4	21	▼
8. München 1860	15	5	5	5	21:26	-5	20	▲
9. Hamburger SV	15	5	4	6	21:23	-2	19	▼
10. Borussia Dortmund	16	4	6	6	23:23	0	18	▲
11. Borussia M´Gladbach	15	4	6	5	27:28	-1	18	▼
12. Hertha BSC Berlin	15	5	3	7	18:24	-6	18	▲
13. Werder Bremen	15	5	3	7	16:23	-7	18	▲
14. VfL Wolfsburg	15	5	2	8	18:24	-6	17	▼
15. Karlsruher SC	15	4	5	6	24:31	-7	17	▼
16. 1. FC Köln	16	5	1	10	21:33	-12	16	▼
17. Arminia Bielefeld	15	5	0	10	17:24	-7	15	▼
18. VfL Bochum	15	3	4	8	19:29	-10	13	●

Tabellen-Wirrwarr auf Fernseh-Wunsch: Bayer contra Bayern wird an das Serien-Ende verlegt. Dafür dürfen Bayer gegen Köln (4:0) und Bayern in Dortmund (2:0) vorfristig siegen. Die Erfolge beider Teams lassen die Probleme der Unterlegenen noch deutlicher zu Tage treten. Die Borussen holen danach den Ex-Freiburger Decheiver aus Holland zurück, was den Wolfsburgern auf Reisen das fünfte 1:2 bringt. Mit diesem Resultat beendet Werder gegen Schalke eine 501 Minuten andauernde Torlosigkeit. Einmalig in Werders Historie. Lautern siegt nach zehn Jahren wieder in Gladbach. Hertha erzwingt in Bielefeld den erstmaligen Raumwechsel für beide: Raus aus der und rein in die Abstiegszone. Und der HSV fällt und fällt, trifft in Duisburg wieder das Tor nicht.

ZEITLUPE

Drei Tore gegen Köln - da ist gut Jubeln für Leverkusens Ulf Kirsten. Warum er seinen Gegenspieler Karsten Baumann dann noch provozieren muß?

Beim 3:1-Sieg der Herthaner in Bielefeld, der die Berliner erstmals aus der Abstiegszone brachte, trafen auch der 63fache norwegische Nationalspieler Kjetil-Andre Rekdal (29) und Michael Preetz (30), gebürtiger Düsseldorfer. Der 30fache holländische Nationalspieler Bryan Roy (27) war verletzt. Alle drei sind wichtige Akteure für den Hauptstadt-Klub, Preetz seit 1996, die anderen seit Sommer 1997. Sie erklären, was hinter der sportlichen Wende steckt.

Der FCK und Wolfsburg überrascht. Ist Hertha der schwächste Aufsteiger?

Preetz: Es liegt doch oft an Kleinigkeiten. Am ersten Tag hatte Otto Rehhagel mit den Bayern noch eine Rechnung offen. Hätte Lautern dort nicht 1:0 gewonnen, hätte die Saison auch für sie eine andere Entwicklung genommen. Wir kassieren gegen

INTERVIEW

Gladbach in letzter Minute das 2:2. Wäre das nicht passiert, hätte alles von einem guten Start gesprochen. So aber kamen die Probleme, wie die Integration der Neuen, voll zum Tragen.

Nun folgten endlich drei Siege. Was änderte sich?

Rekdal: Wir stehen kompakter und schießen endlich mal Tore. Wir waren Letzter, weil wir nur 18 Prozent der Chancen nutzten.

Roy: In unserem System wissen nun alle, was sie tun müssen, Steffen Karl spielt im Mittelfeld, Kjetil weiter hinten. Das ist für beide besser. Und ich kann hinter den Spitzen mein Spiel besser kontrollieren.

Haben die Spieler Trainer Röber deswegen umgedreht?

Rekdal: Wichtig ist, daß der Trainer ab und zu hört, was die Spielergruppe sagt, und daß es nicht besser ist, stur seinen Weg zu gehen. Die Meinungen über das System waren unterschiedlich. Mehrere waren unglücklich darüber, daß alles nur über den kämpferischen Stil ging. Wenn wir mit der Taktik „Bloß zu null spielen!" aufliefen, fiel nach dem ersten Gegentor alles zusammen. Röber hat gehandelt.

Preetz: Im Mißerfolg muß man alles hinterfragen. Das hat Röber getan. Er hat aber nur Nuancen seines Systems geändert.

Der Trainer stand doch dicht vor dem Rauswurf.

Roy: So etwas habe ich in Nottingham erlebt. Was bringt das, mitten in der Saison?

Rekdal: Obwohl ich Streit mit ihm hatte (5000 Mark Strafe, weil er bei der Auswechslung die Kapitänsbinde wegwarf), bin ich für ihn. Hertha hat schon so viele Trainer gefeuert, nun soll man mal einem eine Chance geben, hier etwas aufzubauen.

In der Krise gab´s in der Mannschaft selbst keinen Krach.

Preetz: Das war schon im letzten Jahr unser Plus. Bei uns gibt es keinen „Chef", wir sind ein Kollektiv ohne Anführer. Auch mit acht Neuen blieben wir als Mannschaft immer intakt.

Rekdal: Wenn einer Theater macht, wird er sofort von den anderen zurechtgestutzt.

Die Presse hatte Rekdal und Roy ja schon als Fehleinkäufe bezeichnet.

Roy: In Berlin ist der Druck der Presse so groß wie sonst nur in Mailand, bei Ajax oder in Paris. Dabei ist Hertha ja kein Weltverein. In Deutschland gibt es nur „alles oder nichts". Aber jeder braucht doch Zeit zur Eingewöhnung.

Rekdal: Das kann in zwei, drei Wochen schon wieder losgehen, wenn wir verlieren. Ich will hier mithelfen, daß wir eine Mannschaft für die Zukunft bauen. Dabei eine Rolle zu spielen, ist eine Riesenherausforderung für mich.

Preetz: Berlin als Hauptstadt soll auch im Fußball eine tragende Rolle spielen. Es ist doch grandios, wenn zu einem Spiel gegen 1860 München in unserer Situation 50 000 Menschen kommen. Diesen Fans werden wir noch allerhand bieten. Davon bin ich jedenfalls fest überzeugt.

So wünscht sich Hertha-Coach Jürgen Röber den teuersten Einkauf der Berliner: als Torschütze, wie das Bryan Roy ja gegen den KSC so unnachahmlich unter Beweis stellte.

TORSCHÜTZE DES TAGES
Wladimir But

Die 23 Tore dieses Spieltages teilten sich 23 Schützen. Wladimir But war mit 20 Jahren der jüngste. Sein Tor sicherte Dortmunds Erfolg gegen den VfL Wolfsburg. Saisonpremiere für But nach seinem Tor-Auftakt im Vorjahr. Der Junge aus dem russischen Noworossisk kam mit 17 nach Dortmund, weil er bei der U 16-EM in Irland beim russischen 2:0-Sieg gegen Deutschland mit exzellentem Können aufgefallen war. Borussias Nachwuchstrainer Edwin Boekamp: „Er war Chef auf dem Feld und konnte auch einen Paß über 50 m in den Lauf des Mitspielers schlagen. Wer kann das noch?" Mit 16 spielte But schon in der 1. Liga. Boekamp konnte gegen italienische und russische Mitbewerber den Preis für But auf 100 000 Dollar drücken. Heute zählt But zu Borussias großen Hoffnungsträgern. Die Erinnerung an die Heimat ist düster. Der Vater wurde von der Russen-Mafia erschossen. Wladimir suchte den Schock im Fußball zu überwinden. Für Trainer Scala ist er fähig, mit Sousa und Möller ein „magisches Dreieck" zu bilden. Es braucht halt nur seine Zeit.

Von dem Jungen wird die Liga noch hören: Vladimir But, der nach dem 2:0 gegen Wolfsburg ob seiner Leistung zu Recht die Fäuste nach oben reißt.

REPORT

Es war vor dem Spiel des FCK bei München 1860. Als Lauterns Aufsichtsratsmitglied Wolfgang Fritz den Spielberichtsbogen sah, fragte er verblüfft: „Wer hat denn diese Mannschaft aufgestellt?" „Der Trainer natürlich", kam die Antwort. Fritz irritierte, daß mit Schjönberg nur ein Manndecker aufgeboten war und Koch auf der Bank saß. Die Verteidiger Roos und Schäfer mußten im Mittelfeld ran. Die Taktik ging auf, und der 1. FCK gewann 3:1.
Woche für Woche setzt Rehhagel auf Überraschungseffekte: „Der alte Satz 'never change a winning team' gilt nicht mehr. Beim Schach beginnt man auch nicht immer mit dem selben Zug. Da könnte sich der Gegner doch wunderbar auf dich einstellen. Heute gilt eher der Grundsatz: 'Wer nicht wagt, der nicht gewinnt'".
Wie beim Saisonauftakt. Da verzichtete er beim FC Bayern überraschend auf Andy Brehme. Statt dessen setzte der schnelle Oliver Schäfer auf der linken Seite Mario Basler matt. Der Meister verlor 0:1. Der von den Amateuren reaktivierte Roger Lutz (33) meldete in Dortmund Andreas Möller ab. Lautern erreichte ein 2:2. Gegen Rostock entschied sich Rehhagel plötzlich für Rische und gegen Kuka. Der bedankte sich beim 4:3 mit zwei Toren.
Das läßt Torjäger Olaf Marschall sagen: „Was Rehhagel macht, funktioniert. Das ist einmalig. Der Trainer hat eine eingebaute Erfolgsgarantie." Manchmal sagt Rehhagel in den Sitzungen vor dem Spiel: „Ich gebe Ihnen jetzt die Aufstellung bekannt. Aber es kann sein, daß ich in der Kabine vor dem Anpfiff noch einmal umstelle." Er informiert deswegen nicht frühzeitiger, „weil die Reservisten dann enttäuscht sind, wenn sie nicht spielen und sich hängen lassen". Er macht dabei keine Sachen, „die unmöglich sind und nicht aufgehen können, also kein Harakiri". Zu 80 Prozent glückt das auch. Manchmal verblüfft ihn seine Aufstellung selbst, wie vor dem Rostock-Spiel: „Da war ich erschrocken. Wir spielten mit zwei Rechtsaußen (Buck und Ratinho), zwei Mittelstürmern (Marschall und Rische) und einem Linksaußen (Reich). Das war ein ganz neues System. Da habe ich mich gefragt: 'Mensch, Otto, was hast du da wieder gemacht ...?'" Die Fans freuten sich über die Offensive und das 4:3.

PERFEKT AM BALL
Dietmar Hamann

Trotz seiner 1,89 Meter war Dietmar Hamann (24) unter den großen Fußballern lange ein Kleiner. Seit er als Torschütze beim 3:0 gegen Südafrika ein prima Nationalelf-Debüt feierte, bekommt er mehr Lob als alle anderen. So von Bayerns Co-Trainer Egon Coordes: „Didi ist einer unserer komplettesten Fußballer, wenn nicht der kompletteste. Ähnlich wie früher Franz Beckenbauer. Er ist defensiv stark, aber auch torgefährlich, zweikampfstark und perfekt am Ball. Er kann ein Spiel lesen und macht unter Druck fast immer das Richtige." Hamann ist nicht nur Bindeglied zwischen Abwehr und Offensive, sondern offen und zugänglich und damit auch Integrationsfigur für alle Bayern-Typen. „Um glücklich zu sein, muß ich nicht Fußball spielen", hat Hamann mal gesagt. Da stand seine Karriere in Frage. Wegen einer Durchblutungsstörung im Gehirn war er zusammengebrochen und auf der Intensivstation gelandet. Eine Erfahrung, die ihn menschlich hat reifen lassen. „Seitdem weiß ich, daß der Fußball nicht alles ist. Ich lebe bewußter". Seine Ehefrau Tina erwartet ihr erstes Baby. Hamanns Ausgeglichenheit und Gelassenheit ließen ihn für Berti Vogts interessant werden.

15.11.1998, Länderspiel gegen Südafrika. Dietmar Hamann feiert ein glänzendes Debüt mit einem tollen Tor und der „kicker"-Note 2. Der Mann wird seinen Weg gehen...

Auch das Eindrehen (hier von links) will gelernt sein. Anschauungsunterricht geben die Herren Herrlich (Dortmund) & Kovacevic (Wolfsburg).

WAR HARRY DECHEIVER EIN PANIKKAUF?

Borussia Dortmund

Am Freitag verpflichtet, am Dienstag schon in Aktion gegen Wolfsburg: Der Holländer Harry Decheiver, für 2,7 Millionen vom FC Utrecht verpflichtet, soll Dortmunds Stürmersorgen vertreiben. Er tat´s mit Eifer, großem Laufpensum, aber noch ohne zählbarem Erfolg beim 2:1-Sieg. Ihn zu verpflichten, war die zweite Amtshandlung von Sportdirektor Ottmar Hitzfeld seitdem Nevio Scala Trainer ist. Die erste war der Verkauf von Riedle, gegen den Willen von Präsident Dr. Niebaum. Seitdem geistert in der Mannschaft die Frage: Hat der Tausch Decheiver gegen Riedle den Sturm wirklich verstärkt? „So viele Tore wie Decheiver in Freiburg", verteidigt sich Hitzfeld, „hat Riedle in einer Saison bei uns nie geschossen." Saisonrekord des Holländers waren elf Treffer, Riedles beste Bilanz: sieben. Dennoch wird man Sportdirektor Hitzfeld am Erfolg der Neuverpflichtung messen. Er hat ihn in Holland beobachtet, seinen Namen auf der Wunschliste zunächst unten angesiedelt und erst nach der 0:2-Heimpleite gegen den FC Bayern wieder ins Gespräch gebracht. Nun gilt Decheiver bei manchem gleich als „Panikkauf". „Die Diskussion läßt mich kalt", sagt Hitzfeld. „Nevio Scala muß zusehen, daß er einschlägt." Der Trainer bekannte, daß er Decheiver zuvor nie gesehen habe, was die Einordnung erschwert.

SCHÜTZE DUNDEE MUSS FRÜH AUS DEN FEDERN

Karlsruher SC

Beim 1:1 gegen Bochum durfte Sean Dundee (24) nur für zwölf Minuten stürmen. Viel mehr läßt die latente Müdigkeit nicht zu. Denn statt im BMW-Kabrio kommt er jetzt im VW der KSC-Fahrbereitschaft zum 10-Uhr-Training. Davor liegt das Wecken um 5.15 Uhr in der Kaserne Bruchsal. Dann folgt der Alltag: Antreten, Stuben- und Revierreinigung, Frühstück, Ausbildung, Grüßen, Marschieren, Waffenkunde, politischer Unterricht. Abends fällt Dundee todmüde ins Soldatenbett. Weswegen sich Ehefrau Charlotte für sechs Wochen nach Südafrika abgesetzt hat. Dundees Privileg: Er darf am 10-Uhr-Training teilnehmen. Danach muß er zurückgebracht werden. Am 18. Dezember endet die Grundausbildung, dann wird Schütze Dundee Mitglied der Sportförderkompanie in Kirlach. Sein Dienstplan ist dann der des KSC.

MAGAZIN

DER TRAINER AUCH ALS NOTHELFER

1. FC Kaiserslautern

Ein Trainer hat immer Dienst. Beispiel Otto Rehhagel. Nachts um halb eins ruft ihn sein Spieler Ratinho im Restaurant „La Forchetta" an. „Trainer, mein rechter Fuß schmerzt fürchterlich und ist ganz dick angeschwollen." Rehhagel: „Ich organisiere alles. Warten Sie auf weitere Anweisungen." Der Trainer mobilisierte das Städtische Krankenhaus, und als Ratinho dort im Taxi ankam, warteten der diensttuende Arzt und Rehhagel bereits mit einem Rollstuhl. Ratinho kam sofort an den Tropf.

EIN SCHNEIDER WIRD SCHIEDSRICHTER

Borussia M´Gladbach

Was machst du nach dem Fußball? Diese Frage stellen sich viele Profis. Gladbachs Martin Schneider (29) sagte sich: „Ich könnte doch Schiedsrichter werden. Da bleibst du hautnah am Fußball." Der 310fache Bundesligaspieler schrieb an Schiedsrichterobmann Volker Roth und bekam prompt Antwort, die ihn bestärkte. „Lehrwart Eugen Strigel sagte mir auch, bei wem ich die Prüfung machen kann." Ausgerechnet Gladbachs Stadionsprecher Rolf Göttel ist zuständig. Ex-Profis als Schiedsrichter - Schneider erhofft sich „eine Signalwirkung". Seinen Vertrag bis 1999 will er aber erfüllen. Die Ankündigung, etwa sechs Jahre von der Kreisklasse bis in die 2. Liga zu benötigen, hält Schneider für unpassend. „Ich könnte ja schon parallel Sonntagsspiele leiten. Dann sollte es nach dem Profi-Ende ein halbes Jahr dauern, bis ich oben pfeife." Bei Jugendspielen hat er in den schwarzen Reise-Trikots der Borussen schon die angewandte Regelkunde praktisch geübt.

EINWURF

So mancher Stadionbesucher verläßt gern mal ein paar Minuten vor Spielende die Arena, um nicht so lange im Stau zu stehen. Aber wer viele Tore sehen will, muß schon den Schlußpfiff abwarten. Denn bislang sind 52 Tore in den letzten fünf Minuten gefallen. Dies war die Bilanz nach 14 Spieltagen plus der zwei vorgezogenen Spiele vom 17. Spieltag. In der Schlußphase, wenn eigentlich Kraft und Konzentration nachlassen, herrscht hohe Risikofreudigkeit. So ist die zeitgleiche Trefferquote:

01. - 22. Min.	78 Tore = 20,10 Prozent
23. - 45. Min.	98 Tore = 25,26 Prozent
46. - 68. Min.	88 Tore = 22,68 Prozent
69. - 90. Min.	124 Tore = 31,96 Prozent

(dabei: 85. - 90. Min. 52 Tore = 13,40 Prozent)

Beim 4:0 gegen Köln traf Leverkusens Ulf Kirsten in der 88. und 90. Minute. Er ist so ein „Mann der letzten Minuten".

Kaiserslauterns Fans sind eine Macht, auch auswärts, wie hier beim 3:1 gegen M'Gladbach auf dem Bökelberg.

DIE LINKSFÜSSER Facts

Bis zum 15. Spieltag hat der VfB Stuttgart mit links die meisten Tore erzielt: 12 von 30 (40,0 Prozent). Es folgen Bielefeld mit 6 von 17 (35,3), Dortmund mit 8 von 23 (34,8), Köln mit 6 von 21 (28,6), FC Bayern mit 9 von 32 (28,1), Hertha BSC mit 5 von 18 (27,8). Schlußlicht ist Duisburg mit 10,0 Prozent (2 von 20) hinter Gladbach mit 14,8 (4 von 27).

Daß die Karlsruher 66,7 Prozent ihrer Tore über die linke Seite einleiteten, konnte nicht verhindern, daß sie am Rande der Abstiegszone stehen. Dortmund (65,2), Bochum (57,9), Bremen (56,3), Schalke (52,9) pflegen diese Angriffsseite auch. Schlußlichter sind Wolfsburg (33,3), Lautern (35,3), Köln (38,1).

Die besten Linksschützen unter den Torjägern sind: Balakov 6 (von 7), Barbarez 5 (von 5), Kuntz 3 (von 5).

Wem wohl diese Füße - vor allem die linken - gehören mögen?

Nur 72 der rund 400 Bundesligaspieler schießen mit dem linken Fuß. Linksfüßer sind deshalb begehrt. Beispiele: Krassimir Balakov vom VfB Stuttgart gilt als der genialste Spielmacher der Liga. Werder Bremen fiel ohne den am linken Fuß operierten Andy Herzog in die Abstiegszone. Münchens Christian Ziege wurde vom AC Mailand geholt. Für Dortmunds Jörg Heinrich bot Juventus Turin 18 Millionen Mark. Abedi Pelé, Spielmacher von 1860, wurde in Afrika dreimal „Fußballer des Jahres".

VON JÖRG ALTHOFF

DER LINKE FUSS MACHT REICH

LINKSFÜSSER SIND RAR IM FUSSBALL

In den 70er Jahren wurde Wolfgang Overath aus Köln weltberühmt, weil er mit links seine genialen Pässe schlug. „Diese Gabe hatte schon damals Seltenheitswert", sagt der Weltmeister von 1974. Was der Psychologe Ivo-Kurt Cicek von der Beratungsstelle für Linkshänder so erklärt: „Linksfüßer sind die genialeren Fußballer, weil sie eine bessere Raum-Wahrnehmung haben." Nürnbergs Trainer Felix Magath (43 Länderspiele, Europameister 1980), selbst ein Linksfuß, sagt: „Profis mit Spielwitz sind meist Linksfüßer. Sie sind extravagant und

„Linkshänder oder Linksfüßer denken vernetzter und können die Folge mehrerer Ereignisse mit einem Gedanken erfassen. Der Rechtshänder denkt chronologischer. Solch strategisches Denken ist beim Fußball im Vorteil. Der Linksfüßer nimmt Räume intuitiv und dreidimensional wahr, kann schneller reagieren."

Dr. Barbara Sattler, Psychologin, München

machen auch extravagante Sachen." Für Trainer Frank Pagelsdorf sind sie „deswegen auch oft die Regisseure."

Angebot und Nachfrage regeln auch da den Preis. Der Rostocker Sergej Barbarez hat seine fünf Saisontore mit links geschossen und hat nun acht Angebote vorliegen. Er kann pokern. Der Ex-Rostocker Stefan Beinlich verbesserte in Leverkusen sein Gehalt von 850000 auf 1,6 Millionen. Für Jörg Albertz'"Linke Klebe" zahlen die Glasgow Rangers jährlich 1,7 Millionen netto. Christian Ziege wird der linke Fuß in Mailand mit 3 Millionen vergoldet. Sein Bay-

„Motorik und Wahrnehmungsvermögen beim Linksfüßer werden von der rechten besser durchbluteten Gehirnhälfte gesteuert, weil die Nervenstränge über Kreuz laufen."

Dr. Barbara Sattler über Anatomie

ern-Nachfolger Michael Tarnat verdient auch schon 2,3 Millionen.

Trainer Werner Lorant von 1860 München hält diese Gehälter für vertretbare Investitionen. Mit Pelé, Nowak, Bender, Walker, Heldt, Böhme und Malz kann er gleich sieben Profis der seltenen Linksfuß-Spezies aufstellen. „Je mehr man davon hat, desto schwerer ist man auszurechnen", meint Lorant. „Ihr Bewegungsablauf ist für die Gegner, meist Rechtsfüßer, unnormal und läßt sie schlechter reagieren." Die Hälfte beider Kategorien ist für ihn die ideale Zusammensetzung. Die Statistik (SAT.1-"ran"-Datenbank) bestätigt ihn. Elf von 21 Toren (52,4%) bereitete seine Mannschaft über die linke Seite vor. Aber nur 5 Tore wurden tatsächlich mit links erzielt. Die meisten „linken" Löwen spielen im Mittelfeld.

Für Werder schoß Andreas Herzog vorige Saison 15 Tore mit links und dirigierte von dort auch das Bremer Spiel. 54,7 Prozent der Tore fielen über diese Seite, und 58,7 Prozent wurden mit links erzielt. Herzog

fehlt nun vor allem als Vollstrecker (nur 25,0% der Tore mit links). Die „linkeste" Mannschaft ist der VfB Stuttgart mit 40 Prozent Torausbeute (12 von 30), was weniger

„Jedem, dem die Linksfüßigkeit nicht in die Wiege gelegt wurde, rate ich, täglich 15 Minuten mit links zu üben. Es macht sich bezahlt."

Andreas Brehme

mit Begabung als mit Bemühen zu tun hat. Denn Balakov (7 Tore) und Poschner (2) sind die einzigen Linksfüßer in der Stammelf. „Deshalb wird es immer wichtiger, daß die Spieler beide Füße trainieren", fordert Trainer Joachim Löw. Auch Bobic, Berthold, Akpoborie treffen nun mit dem „schwachen" Fuß.
Links-Genie Overath empfielt dagegen die Konzentration auf die naturgegebene Stärke. „Der Linksfüßer wirkt auch eleganter. Ich habe nie den rechten Fuß trainiert, sondern drauf geachtet, den linken noch stärker zu machen." Berti Vogts sucht jedoch das beidfüßige Training durchzusetzen, so wie Jörg Heinrich in der DDR gefördert wurde. Sein Beispiel zeigt, wie wertvoll Beidfüßigkeit im modernen Fußball ist. Er kann bei Dortmund wie auch in der Nationalmannschaft auf beiden Seiten spielen. Der Prototyp des beidfüßigen Profis ist Lauterns Andreas Brehme. Der Weltmeister von 1990 mußte sich die Stärke des linken Fußes schwer erarbeiten. „Im Jugend-Training hat mir mein Vater die Bälle abwechselnd links und rechts zugeworfen. Mit links schieße ich härter, mit rechts plazierter, zum Beispiel Elfmeter. Als ob ich eine Waffe nach Bedarf wähle." Brehmes verwandelter Elfmeter brachte 1990 der deutschen Elf den WM-Titel. Er erinnert sich auch an die gemeinsame Zeit bei Inter Mailand mit Lothar Matthäus und Trainer Trapattoni. „Lothar durfte im Training nur mit links spielen, weil das sein schwacher Fuß war." Mit dem schoß Matthäus sein berühmtes WM-Tor 1990, das 1:0 gegen Jugoslawien in Mailand, mit dem der Weg erfolgreich in Richtung Weltmeistertitel am 10. Juni begann, den Linksfuß Andy Brehme im Finale von Rom vollendete.

Ein wahres Kabinetstück: Fallrückzieher mit links, perfekt demonstriert von Abédi Ayew Pelé (1860 München) im Gottlieb-Daimler-Station zu Stuttgart.

So macht es Stefan Beinlich (Leverkusen) mit links...

CHRONIK

Ohne Auswärtssieg sind der KSC, Bochum, ohne Heim-Niederlage VfB, Schalke, Leverkusen.

Der FC Bayern ist in 15 Spielen, Leverkusen in neun Spielen unbesiegt.

Marco Bode machte das 250. Spiel für Werder.

Der HSV verlor zu Hause zum vierten Male hintereinander.

Karlsruhe, zuletzt 1965 Sieger in Stuttgart, kassierte 300. Bundesliga-Niederlage.

ERGEBNISSE

VfL Bochum	0
Werder Bremen	1
Hamburger SV	1
Borussia Dortmund	3
VfL Wolfsburg	2
1. FC Kaiserslautern	1
VfB Stuttgart	3
Karlsruher SC	0
Schalke 04	2
München 1860	0
1. FC Köln	3
Arminia Bielefeld	5
Hertha BSC Berlin	2
Bayer Leverkusen	2
Bayern München	3
MSV Duisburg	0
Hansa Rostock	2
Borussia M´Gladbach	0

TABELLE

1. 1. FC Kaiserslautern	16	11	3		235 : 20+15			●
								●
								●
35								▲
3. VfB Stuttgart	16	8	4	4	33 : 19	+14	28	▼
4. Schalke 04	16	8	4	4	19 : 14	+5	28	▲
5. Bayer Leverkusen	16	7	5	4	30 : 20	+10	26	▼
6. Hansa Rostock	16	7	3	6	27 : 21	+6	24	▲
7. MSV Duisburg	16	7	2	7	20 : 21	-1	23	▲
8. Borussia Dortmund	17	5	6	6	26 : 24	+2	21	▲
9. Werder Bremen	16	6	3	7	17 : 23	-6	21	▼
10. VfB Wolfsburg	16	6	2	8	20 : 25	-5	20	▼
11. München 1860	16	5	5	6	21 : 28	-7	20	▼
12. Hamburger SV	16	5	4	7	22 : 26	-4	19	▼
13. Hertha BSC Berlin	16	5	4	7	20 : 26	-6	19	▲
14. Borussia M´Gladbach	16	4	6	6	27 : 30	-3	18	▼
15. Arminia Bielefeld	16	6	0	10	22 : 27	-5	18	▼
16. Karlsruher SC	16	4	5	7	24 : 34	-10	17	●

Die „Wölfe" fangen die „Teufel", denn Spitzenreiter FCK bleibt in den Fallen von Aufsteiger Wolfsburg hängen. In nebliger Ferne bejubeln das die Bayern und zaubern gegen Duisburg erstmals wieder. Endlich in der Fremde gewonnen; Dortmunds und Bielefelds Erleichterung hinterläßt bei den letzten noch nie abgestiegenen Bundesliga-Gründern in Hamburg und Köln tiefe Ratlosigkeit. Ausgerechnet vor dem UEFA-Cup-Spiel bei Ajax Amsterdam vermag Bochum auch das Bremer Tor nicht zu beschädigen. Das „zu Null" pflegt auch Nachbar Schalke, doch nur für seine Gäste. Auch 1860 gelingt als sechstem Gast kein Durchbruch. Und die Hertha strahlt immer mehr. Auch von den stattlichen Leverkusenern werden die Berliner nicht umgeworfen und klettern aus dem Keller.

ZEITLUPE

Die Einsamkeit des Torwarts. In diesem Fall trifft es Andreas Reinke (K'lautern), dessen Patzer den Wolfsburger Führungstreffer ermöglichte.

Weil vor allem seine Tore Österreich zur WM ´98 brachten, wurde Toni Polster (33) als erster Fußballer zum Sportler des Jahres im Alpenland gewählt. Austria Wien, AC Turin, FC Sevilla, CD Logrones, Rayo Vallecano und seit 1993 der 1. FC Köln sind die Stationen des 87fachen Nationalspielers. 70 Tore hat er in 134 Liga-Spielen für Köln geschossen und dabei ein ständiges Auf und Ab erlebt. Derzeit steckt der Traditionsklub wieder mitten im Abstiegskampf.

Ist immer für einen Joke gut: Kölns Toni Polster (rechts), der sich hier mit einem Spieler der Kölner Haie aufs Eis wagt.

Ihr seid Vorletzter, die Fans werfen mit Steinen. Ist Köln am Ende?
Nach dem 3:5 gegen Bielefeld habe ich mich gefragt: Wo ist die Polizei? Leute, die gegen Busse treten, Steine werfen, werden anderswo verhaftet. Ich verstehe die Enttäuschung. Aber niemand erkauft sich mit der Karte das Recht, uns zu beleidigen.

INTERVIEW

Die Fans fürchten den Abstieg.
Ich wäre kein Realist, wenn ich etwas anderes behaupten würde. Denn mit uns stehen Mannschaften unten drin, die vom Potential nach oben gehören. Was ist, wenn die erst gewinnen?
Köln wollte in den Europacup.
Hätten wir gesagt, wir wollen nur nicht absteigen, hätten uns alle mangelnde Berufsauffassung vorgeworfen. Also gab es ein anderes Ziel. Wenn man das nicht erreicht, hagelt es Kritik.
Köln verkauft seit Jahren die Besten, will aber stets nach oben.
Wir kommen nur mit großen Spielern nach oben. Fußballer mit Charisma, die andere mitziehen können. Der Iraner Azizi kann eine Verstärkung werden. Leider ist er zu selten hier. Wir haben einfach zu viel Geld für durchschnittliche Spieler ausgegeben, für solche, die wir selbst im Nachwuchs haben. Hätten wir mit all diesem Geld einen Thomas Häßler gekauft, wären wir jetzt sicher weiter.
Nach dem 0:4 in Leverkusen drohten Sie mit dem Abgang.
Das war nicht einfach so dahergesagt. Der Frust saß tief. Aber es gibt Momente, da schöpfe ich wieder Kraft und sage: „Komm, pack ma´s wieder."
Man neidet Ihnen die Starrolle.
Kann sein, einige wenige vielleicht. Ich hätte keine Probleme, etwas abzugeben. Mit Vergnügen sogar, wenn der „Icke" Häßler gekommen wäre. Ich selbst dränge mich nicht in den Mittelpunkt. Durch meine offene Art komme ich halt bei den Fans an. Und das wird sich nicht ändern. Die Fans identifizieren sich über mich mit dem 1. FC Köln.
Ist in Köln die Cliquenwirtschaft schlimmer als anderswo?
Ich rege mich nicht mehr über alles auf. Die Kameradschaft war in Spanien oder Italien besser. Da war es ein Fixtermin, mit der ganzen Mannschaft mal wegzugehen. Man muß nicht immer zusammenhängen, aber zusammenhalten, und auch bereit sein, die Fehler des anderen auszubügeln. Das ist hier nicht immer so. Es gibt Spiele, da kann man echt verzweifeln. Wenn ich in der Nationalmannschaft zu Andy Herzog sage, „Andy, du mußt links stopfen", dann hört der auf mich. Andere reagieren da bockig.
Einige sagen: „Laß den Toni mal reden. Er denkt, er ist der Größte."
Das mag schon sein. Einige sehen nicht, daß die Leute in Deutschland den 1. FC Köln mit Toni Polster verbinden. Diese Spieler sollten nicht vergessen: Ich besetze für den Verein jeden PR-Termin, auch die unangenehmen. Und ich gehe auf die Leute zu. Würde ich nicht unten auf dem Platz spielen, wäre ich mit Schal und Fähnchen in der Kurve.
Rivale Leverkusen ist Köln um Jahre voraus.
Dabei war Bayer vor eineinhalb Jahren wie wir dick im Abstiegskampf. Ich will auch mal ein ruhiges Jahr erleben. Mit so einem Druck kann man nicht ewig leben.

TORSCHÜTZE DES TAGES
Stefan Kuntz

Alter schützt vor Toren nicht. 35 Jahre ist Europameister Stefan Kuntz inzwischen alt - oder besser jung. Seine Torgefährlichkeit hat er dennoch nicht eingebüßt. Schon vor elf Jahren, damals noch in Diensten des VfL Bochum, wurde der heutige Bielefelder mit 22 Treffern Torschützenkönig der Saison 1985/ 86. Das gleiche Kunststück gelang ihm 1993/94 mit 18 Toren für den 1. FC Kaiserslautern. In der laufenden Spielzeit hat er schon wieder neun Treffer auf seinem Konto. Drei davon erzielte der ehemalige Polizist beim 5:3-Auswärtserfolg in Köln, dem ersten der Arminen in dieser Saison. Wie wichtig diese ersten Punktgewinne auf fremden Platz waren, beschrieb Kuntz so: „Endlich haben wir unsere Auswärtsschwäche überwunden. Bei uns war es nicht fünf vor, sondern schon Punkt zwölf." Von Abstiegsplatz 17 kletterte sein Team um zwei Ränge nach oben. Nicht zum ersten Male beschert der Linksfüßer (alle drei Tore in Köln erzielte er mit rechts!) seinem Heimatklub Borussia Neunkirchen eine satte Prämie mit 1500 Mark und einen Satz Trikots.

Vertraut den Tips von Trainer Ernst Middendorp: Stefan Kuntz. Der Bielefelder belegt mit nunmehr 171 Toren Platz 7 unter den Top Ten der Bundesliga-Torjäger.

FACTS - FACTS - FACTS
News

Auf den Traversen des Volksparkstadions sagten die Fans per Plakat ihre Meinung zu den Wechseln von Kmetsch nach Schalke und Salihamidzic zum FC Bayern: „Volle Taschen, leerer Kopf" - „Der Verrat hat zwei Namen" - „Kennt ihr keine Ehre?" - „Ihr geht würdelos!". Drei Heim-Niederlagen in Folge kassierte der HSV vor 27 Jahren.

Bei den Dortmundern beendete Heiko Herrlich eine 843 minütige Trefferpause. Um Mitternacht gratulierte das Team Trainer Nevio Scala zum 50. Geburtstag. Borussia gelang der letzte Auswärtssieg im März - in Hamburg.

FCK-Kapitän Martin Wagner mußte erst pausieren, erzielte dann mit seinem 25. Freistoßversuch das 1:1 in Wolfsburg.

Das 1:2 in Wolfsburg brachte für FCK-Trainer Otto Rehhagel das 1000. Gegentor seiner Laufbahn.

Schon im Vorjahr hatte Bielefeld in Köln mit 5:2 gewonnen. Für Köln die bisher schlechteste Hinrunde.

REPORT

Die feststehenden Wechsel von Sven Kmetsch, Nationalelf-Debütant gegen Armenien (4:0), nach Schalke und von Hasan Salihamidzic zum FC Bayern nach der Saison haben viel Aufsehen erregt. Wird nun auch Schalke zur Top-Adresse? „Daß ein Spieler wie Sven Kmetsch sich für Schalke und gegen andere Klubs entscheidet, bestätigt unser gutes Image. Wir holen noch einige gute Spieler", verkündete Manager Rudi Assauer. Kmetsch selbst sieht seinen Wechsel so: „Ich habe mich auch deswegen für Schalke entschieden, weil sich da personell noch einiges tun wird." In Hamburg hätte Kmetsch in fünf Jahren zwölf Millionen Mark verdient. Schalke zahlt mehr, obwohl Assauer dementiert: „Er bekommt das, was er entsprechend seinem Können verdient. Ich kann jedem Spieler in die Augen schauen und muß kein Gehalt anheben." Doch Insider sprechen von 3,5 Millionen brutto, also 14 Millionen in vier Jahren.

Sind die Spieler heute teurer als früher? Sie kosten die Vereine nicht mehr. Früher wurden Ablösesummen gezahlt. Heute stecken die Spieler einen Teil als Handgeld ein. Ablösesummen fließen nur, wenn Spieler aus Verträgen gekauft werden. Dennoch geht in der Liga die Angst um. Hertha-Manager

„Ein Spieler, der ablösefrei ist, soll mehr verdienen. Sven Kmetsch wird bei uns eine tragende Rolle spielen."

Schalkes Libero Olaf Thon

Dieter Hoeneß meint: „Die Gehälter explodieren, die Reichen plündern die Armen." Und Stuttgarts Trainer Löw sagt: „Die Millionen für Balakov oder Häßler sind gerechtfertigt, aber für Spieler nach einem guten halben Jahr? Das ist besorgniserregend. Kmetsch ist ein solider Mannschaftsspieler, aber so viel Geld nicht wert."

HSV-Trainer Frank Pagelsdorf zeigt sich tief getroffen: „Ich dachte, beim HSV als gute Adresse wäre es leichter als in Rostock, Spieler zu halten." Gegen Dortmund setzte er Kmetsch eine Stunde auf die Reservebank.

KARLSRUHER MISERE

Nach dem 0:3 in Stuttgart forderte KSC-Präsident Schmider, die Krise müsse „völlig ungeschminkt" aufgearbeitet werden. Über das Gesicht des KSC im Herbst 1997 sagte Stürmer Sean Dundee: „Wir spielen nicht als Mannschaft. Auf dem Platz gelingt es keinem, das Team zusammenzuhalten." Geredet wird erst nach dem Abpfiff und meist über andere. Dundee: „Jeder sagt dann, der ist schuld oder der dort." Kostproben dieser Schuldzuweisungen: Nach dem 1:1 gegen Bochum schimpfte Abwehrchef Hengen auf den Angriff: „Vorn hätte das 2:0 gemacht werden müssen." Kapitän Häßler entgegnete: „Das 1:1 darf man hinten nie bekommen." Und Metz, der Sekunden vor dem Ausgleich das 2:0 verstolpert hatte, stand im Regen. Torwart Reitmaier: „Wir hätten uns um ihn kümmern sollen."

Dem Torwart ist sonnenklar: „Wenn nicht jeder selbstkritisch genug ist, kommen wir da unten nicht mehr raus." Ohne Fehl ist aber auch der Torwart nicht. Beim 1:3 in Hamburg stellte er sich demonstrativ neben das Tor, „weil ich mich von den Vorderleuten im Stich gelassen fühlte". Dabei hatte Trainer Schäfer seinem Torwart eine Führungsrolle zugedacht. „Ich versuche wachzurütteln, aber ohne Erfolg." Auch Thomas Häßler fiel in Stuttgart meist durch Abwinken auf.

Schuldzuweisungen nur im Team? Die Bosse sind nicht besser. Via Stadionheft griff Schmider gewisse Spieler an, sie dächten mehr an die WM´98 als an den KSC. Gemeint war Kellner, der um seine WM-Chance bangt, aber derzeit verletzt ist. Und Schäfer attackierte Christian Wück: „Er muß sich mal fragen, warum wir den Horst Heldt von 1860 wollen." Als Reitmaier Teamarzt Dr. Löhr nach den Ursachen fragte, antwortete der: „Das Problem liegt in den Köpfen." Nur habe er dafür kein Medikament.

Zwei, die zwar eine Zukunft vor sich haben, aber zumindest mit dem HSV am Boden zerstört scheinen: Sven Kmetsch & Hasan Salihamidzic (von links).

EFFENBERG MUSS SICH ENTSCHEIDEN

Borussia M'Gladbach

Obwohl Stefan Effenberg noch einen Vertrag bis 2000 besitzt, macht er aus seinem Wechseldrang keinen Hehl. Mal will er sich „bis Dezember alles anschauen und dann entscheiden, ob ich bleibe." Dann wieder geht Ehefrau Martina in die Offensive. „Es kribbelt schon, wieder etwas Neues kennenzulernen." Bisher schwieg die Führung aus Angst vor Ärger. Doch nun sagt ausgerechnet Manager Rolf Rüssmann, ein Effenberg-Fan, im Fernsehen: „Es kann nicht sein, daß ein Mann, der soviel Identität für den Verein bedeutet, häufig im Raum stehenläßt, ob er nun bleibt oder nicht. Es kann nicht sein, daß deswegen auch die Spieler immer unsicherer werden." Präsident Jacobs: „Das war mit Herrn Rüssmann so abgestimmt. Ich stehe 100prozentig dahinter. Wir erwarten von Stefan jetzt ein öffentliches Bekenntnis zur Borussia." Der Verein geht noch einen Schritt weiter. Jacobs: „Ich gehe davon aus, daß Stefan bleibt. Aber wenn er den Vertrag doch nicht erfüllen will, dann reden wir." Das sieht nach einem Angebot an Effenberg für eine vorzeitige Vertragsauflösung aus. Was man auch Rüssmanns Worten entnehmen kann: „Wenn man einen Vertrag nicht erfüllen will, muß man es klar sagen." Das würde auch die Präsidenten-Liebe zu seinem Kapitän beenden. Jacobs: „Ich liebe Menschen, die Verträge einhalten."

WENN EIN TRAINER SICH VERFOLGT FÜHLT

Arminia Bielefeld

Bielefelds Trainer Ernst Middendorp (39) hätte sich über das 5:3 in Köln eigentlich freuen müssen, aber er spielte verbal den Amokläufer, fühlte sich von den Medien verfolgt. Obwohl noch ein eher unbedeutender Liga-Trainer, glaubt er an „20 bis 30 Journalisten, die meine Demontage einleiten wollen." So etwas wird allenfalls Meistertrainern zuteil. Einen Radio-Reporter, der den Spieler Jörg Bode interviewen wollte, rempelte er von hinten, daß dieser nur mit Mühe einen Sturz vermeiden konnte. „Du A...., mach dein Scheiß-Mikro aus." Der Sender zeigte ihn an. Die Klärung erfolgte außergerichtlich.

EINWURF

Das Fußball-Leben ist ungerecht. Der Fehler eines Torwarts kostet fast immer ein Tor - und auch Punkte, die am Ende über den Titel entscheiden können. Daß Vizemeister Leverkusen bereits zehn Punkte hinter Kaiserslautern liegt, hat seinen Grund auch darin, daß sich Torwart Dirk Heinen drei kapitale Böcke leistete. So spielte er gegen Hertha den Ball Covic genau auf den Kopf (2:0). Als Lauterns Torwart Andreas Reinke am Ball vorbeischlug, nutzte das Wolfsburgs Spies zum 1:0. Hier die Torwart-Liste und ihre Fehler, die zu Toren führten:
Bräutigam (Hansa) 3, Heinen (Leverkusen) 3, Meier (1860 München) 3, Reitmaier (Karlsruhe) 3, Zimmermann (Wolfsburg) 3, Gospodarek (Bochum) 2, Koch (Bielefeld) 2, Lehmann (Schalke) 2, Menger (Köln) 2, Reck (Bremen) 2, Butt (HSV) 1, Fiedler (Hertha) 1, Gill (Duisburg) 1, Klos (Dortmund) 1, Miletic (Bielefeld) 1, Reinke (FCK) 1.

MAGAZIN

GLÄNZENDES COMEBACK VON LOTHAR MATTHÄUS

Bayern München

Als Lothar Matthäus beim Übungsspiel gegen den SV Lohhof (4. Liga) den Ball aus gut 30 m ins Tor schmetterte, war jedem klar: Gegen den MSV Duisburg feiert der 36jährige sein Comeback. Es wurde ein glanzvoller Einstand des deutschen Rekord-Nationalspielers, nach 65tägiger Pause. „Lothar hat gespielt, als sei er nie weggewesen", sagen die Bayern-Kicker unisono. Er selbst hatte mit „größeren Problemen gerechnet." Die traten auch anderntags nicht auf. Da las er in den Zeitungen für sich nur Bestnoten.

Akrobat Marc Arnold, der das 1:0 seiner Hertha gegen Leverkusen mit einem artistischen Flic-Flac feiert.

LOTHAR MATTHÄUS Facts

Lothar Matthäus spielte für Borussia Mönchengladbach (bis 1984), FC Bayern München (fünfmal Meister, UEFA-Cup-Sieger), Inter Mailand (Meister, UEFA-Cup-Sieger).

Seine längsten, mehrmonatigen Verletzungspausen erlebte er 1992 nach einem Kreuzbandriß im rechten Knie mit Operation in Vail (USA), 1995 nach einem Riß der linken Achillessehne, samt zwei Operationen binnen fünf Monaten. 1997 hatte er einen Muskelfaserriß und dreifachen Außenbandriß im Sprunggelenk.

In fast zwei Jahrzehnten seiner Profikarriere hat Lothar Matthäus alle Gipfel und Täler kennengelernt: Als Weltmeister-Kapitän von 1990 wurde er zum „Weltsportler des Jahres" gewählt, dazu zweimal zum „Weltfußballer des Jahres". Er ist DFB-Rekordmann mit 122 Länderspielen binnen 14 Jahren. Aber er hatte auch viele Rückschläge zu verkraften, vor allem durch schwere Verletzungen.

VON RAIMUND HINKO

Das siebente COMEBACK

LOTHAR MATTHÄUS MELDET SICH ZURÜCK

Lothar is back ...

Mit der Wucht seiner 90 Kilo hatte sich Duisburgs 1,90-Meter-Riese Bachirou Salou dem zehn Jahre älteren Bayern-Libero Lothar Matthäus (36, 1,74 m) entgegengestürzt, schien ihn stehen zu lassen wie ein ICE eine müde Dampf-Lok. Aber der „Alte" trat bei seinem Bundesliga-Comeback - es war sein siebentes - kurz und kräftig an und schon hatte er den Ball. Salou lief ins Leere. Angst hat Lothar Matthäus vor niemandem mehr, auch nicht nach neunwöchiger Verletzungspause. Comebacks kehren für ihn wieder wie Geburtstage. Mal pausiert er vier, mal fünf Monate, mal ein halbes Jahr. Jetzt waren es nur ein paar Wochen. Was ist das schon! Wenn Matthäus einmal nicht mehr Fußball spielen sollte („Frühestens in zwei Jahren will ich meine Karriere unter Trapattoni beenden"), könnte er Bayern-Arzt Dr. Müller-Wohlfahrt zur Hand gehen. Dann hatte er

„Mit Berti Vogts unterhalte ich mich über Spieler, die für ihn wichtig sind. Daß ich für die WM bereit bin, habe ich nur für den Fall gesagt, daß er Probleme hat. Ich hoffe nicht, daß er sie bekommt."

Lothar Matthäus

so viel hinter sich, daß er fast blind Diagnosen stellen, sich sogar selbst behandeln kann. Er zählt auf: „Zweimal die Achillessehne operiert, einmal das Kreuzband, einmal den Meniskus. Ein Innenbandriß im Knie, Brüche der Rippen, des Schlüsselbeins, des Mittelhandknochens, einige Muskelbündelrisse, von Muskelfaserrissen will ich gar nicht reden, und jetzt das zweitemal der Riß der Bänder im rechten Sprunggelenk." Als ihm am 20. September der Kölner Pablo Thiam gegen den rechten Knöchel trat, wußte „Doktor" Matthäus, bevor der erste Sanitäter ihn erreichte: Alle drei Außenbänder sind durch. Dem Krankenhausarzt, der ihn nach dem ersten Röntgen beruhigen wollte („kein Riß zu erkennen") sagte er: „Das wäre das erste mal, daß ich mich geirrt hätte." Anderntags gab ihm Müller-Wohlfahrt nach einer Ultraschallaufnahme recht. Leider.

Auch die Schwere der Verletzung wußte Matthäus einzuordnen: „Diese Bänder waren schon 1989 gerissen, sind vernarbt. Deshalb dauert es zehn Tage länger. Ich spiele am 22. November wieder, gegen Duisburg." Genau so kam es. Matthäus wußte auch, daß er gesund werden und keine Angst vor dem Comeback haben würde. Unbehagen hatte er nur bei der Narkose, „obwohl man mir versicherte, daß nur einer von einer Million nicht wieder aufwacht ..." Er war schon sechsmal wieder aufgewacht. Vor dem ersten Testspiel in Lohhof wußte er, daß er „noch ein schmerzhaftes Ziehen verspüren" würde. Problematisch sei dann nicht, den Ball 30 Meter weit zu schlagen, sondern viel mehr die Feinheit der Ballbehandlung, wie auch „der Wechsel vom rechten auf das linke Bein."

Es gibt Wunden auf der Seele, die machen ihm mehr zu schaffen. „1993 nach dem US-Cup hatte ich keinen Spaß mehr und wollte aufhören. Auch letzten Sommer hatte ich es leid und wollte Schluß machen." Da hatte es nach seiner Ausbootung in der Nationalelf auch bei Bayern eine Verschwörung gegen ihn gegeben. Matthäus wurde als Kapitän gestürzt. Aber als er nun, aufs Neue verletzt, psychisch ganz unten war, kam Hilfe, die er nie erwartet hatte. Berti Vogts rief an. Und jene Nationalspieler, die ihn gerade abgesägt hatten, kamen und sagten: „Lothar, wir brauchen dich. Du schaffst es wieder." So kämpfte er sich wieder heran, wie sechsmal schon zuvor.

Dafür hatte er seine eigenen Rezepte. „Ich verlasse mich auf mein Gefühl, brauche auch keinen Ernährungsplan. Ich habe meinen Schweinebraten gegessen, mein Bier getrunken und freute mich auf eine Leberkäs-Semmel oder eine Pizza. Und wenn mein Sohn da war, gingen wir zu Mc Donald´s. Man muß mich da nicht zum Vorbild

„Wenn Jürgen Klinsmann nicht bei Bayern gespielt hätte, sondern anderswo, wären nie diese Probleme zwischen uns hochgekocht."

Lothar Matthäus

nehmen. Aber man soll ja Spaß am Leben haben. Erst recht, wenn man verletzt ist." Dennoch fühlte sich sein Körper nach acht Wochen Reha-Training wie aus Stein gemeißelt an. „Die Wut, nicht spielen zu können, reagiert man beim Krafttraining ab. Stundenlang. Ich brauche das Gefühl, wenn der Schweiß rinnt. Ich muß den Schweiß riechen." Nun aber durfte er sich endlich wieder an jenem Objekt abreagieren, daß ihm noch lieber ist, am Ball. Wohlwissend, daß morgen oder übermorgen wieder etwas passieren kann. Dann würde alles von vorn losgehen. Die Diagnose, die Behandlung, das Reha-Training. Aber auch wenn Matthäus es nicht beschwören mag: Er würde wieder aufstehen, wie bisher.

P.S.: Im März 1998 wird Lothar Matthäus von den SPORT-BILD-Lesern ganz überlegen zum „Deutschen Fußballer des Jahrzehnts" gewählt.

Das Foul des Kölner Pablo Thiam - Szene oben - hätte das Karriere-Ende bedeuten können, aber eisern kämpfte sich Lothar Matthäus auch mit Hilfe von „Trap" wieder ins Bayern-Team. Los geht's denn ...

CHRONIK

Dritter Trainerwechsel der Saison: Nach Bremen (Sidka für Dörner) und Köln (Köstner für Neururer) übernimmt in M´Gladbach Norbert Meier für Hannes Bongartz die Chef-Rolle.

In 23 von 34 Fällen holten die Herbstmeister den Titel. Der FCK wurde als Herbst-Champion 1978/79 Dritter.

Der FC Bayern hat erstmals unter Trainer Trapattoni nach einer Führung noch verloren.

Bei Saison-Halbzeit war Köln noch nie Letzter.

ERGEBNISSE

Karlsruher SC	3	
Hansa Rostock	0	
MSV Duisburg	0	
Hertha BSC Berlin	1	
1. FC Kaiserslautern	2	
Hamburger SV	1	
Arminia Bielefeld	1	
Schalke 04	1	
München 1860	0	
VfL Bochum	2	
Werder Bremen	2	
VfB Stuttgart	2	
Borussia M´Gladbach	0	
VfL Wolfsburg	2	
Bayer Leverkusen	4	Nachholespiel
Bayern München	2	vom 15. Spieltag

TABELLE

1. 1. FC Kaiserslautern	17	12	3		237 : 21	+16		●
								●
								●
35								▲
3. VfB Stuttgart	17	8	5	4	35 : 21	+14	29	▼
4. Bayer Leverkusen	17	8	5	4	34 : 22	+12	29	●
5. Schalke 04	17	8	5	4	20 : 15	+5	29	●
6. Hansa Rostock	17	7	3	7	27 : 24	+3	24	▲
7. MSV Duisburg	17	7	2	8	20 : 22	-2	23	▲
8. VfL Wolfsburg	17	7	2	8	22 : 25	-3	23	▼
9. Hertha BSC Berlin	17	6	4	7	21 : 26	-5	22	▼
10. Werder Bremen	17	6	4	7	19 : 25	-6	22	▲
11. Borussia Dortmund	17	5	6	6	26 : 24	+2	21	▼
12. Karlsruher SC	17	5	5	7	27 : 34	-7	20	▲
13. München 1860	17	5	5	7	21 : 30	-9	20	▼
14. Arminia Bielefeld	17	6	1	10	23 : 28	-5	19	▼
15. Hamburger SV	17	5	4	8	23 : 28	-5	19	▲
16. Borussia M´Gladbach	17	4	6	7	27 : 32	-5	18	▼

„Wer sowas gewinnt, wird auch Meister", ist HSV-Trainer Pagelsdorf überzeugt. In letzter Minute siegt Kaiserslautern 2:1, und die ganze Pfalz zieht Weihnachten vor. Ein Neuling wird Winter-König. Das Liga-Novum! Zumal anderntags die hochmotivierten Bayern von nur zehn Bayerlein auf Normalmaß gestutzt werden. Ulf Kirsten, neuer und alter Schützenkönig, wandelt fast allein ein 0:2 in ein 4:2 um. Der erste Hattrick der Saison. In Gladbach resigniert Trainer Hannes Bongartz, als sich die völlig apathischen Borussen von den „Wölfen" aus der Arena beißen lassen. Weil Bochum bei 1860 erstmals unfallfrei über die Auswärtshürde kommt, ist Köln Letzter. Den Rhein säumt Trauer, die Spree nur pure Freude. Hertha siegt und siegt und steigt und steigt.

ZEITLUPE

Dieter Eilts (Bremen) geht wie immer hart, aber fair, zur Sache - hier stoppt er Krasimir Balakov (rechts).

Mit dem VfL Bochum stieg Klaus Toppmöller (46) auf. Er führte das Team in den UEFA-Cup, kämpft jetzt jedoch gegen den Abstieg. In zehn Trainerjahren waren Salmrohr, Ulm 46, RSV Petersberg, Wismut Aue, Waldhof, Eintracht Frankfurt und Bochum (seit 1994) die Stationen. Der dreifache Nationalspieler bestritt 204 Bundesligaspiele (mit 108 Toren) für den 1. FC Kaiserslautern und wohnt noch in seinem Geburtshaus in Rivenich an der Mosel.

INTERVIEW

Denken Sie noch an Lautern?
Ich habe nach wie vor ein großes Herz für meinen früheren Verein und würde mich wahnsinnig freuen, wenn er Meister würde. Den Titel von 1991 habe ich mit Freunden in einer großen Fete gefeiert.
Im April sagten Sie: „Kämpfen kann jeder, wir wollen Fußball zelebrieren und den Platz zwischen Dortmund und Schalke." Und nun?
Ich setzte mich immer unter Spannung und mir Ziele, die vielleicht über dem Machbaren liegen. Dann weiß ich: Um die zu erreichen, darf ich keine Fehler machen.
Trotz des 2:0 bei München 1860 sind Sie aber Vorletzter.
Ich bin ein Fußballverrückter und will beweisen, daß man auch mit bescheidenen Mitteln im Konzert der Großen mitspielen kann. Mit etwas Glück hätten wir Fünfter oder Sechster sein können. Ich bin überzeugt, daß ich hier gute Arbeit leiste. Ein denkender Mensch stellt wegen so einer Phase ohnehin nicht alles in Frage.
Haben einige den Erfolg nicht verkraftet. Wieso dieser Absturz?
Bei uns hat keiner abgehoben. Der Erfolg kam wohl zu schnell. Die Euphorie des Durchmarschs durch die 2. Liga haben wir mitgenommen. Ein guter Start, ein bißchen Glück - das war plötzlich ein Selbstläufer. Aber jeder hat auch am oberen Limit gespielt. Einige, die es anderswo nicht packten, haben sich ausgetestet: Wie stark sind wir? So haben sie ein Riesenziel erreicht. Nun aber haben manche nach wenigen Spielen nicht mehr geglaubt, diesen Erfolg wiederholen zu können. Ein Abschwung im Unterbewußtsein. Das hatte ich befürchtet.
Außerdem hat jeder Angst um seinen Platz.
Wir haben sechs Neue geholt. Da haben einige gemerkt: Hoppla, die beanspruchen einen Stammplatz. Der Konkurrenzkampf war kraß zu spüren. Die Spontanität, der positive, lockere Umgang miteinander waren weg. Wie auch das Selbstvertrauen. Als das in der Sitzung zur Sprache kam, habe ich erkannt: Die Jungs sind nicht mehr frei im Kopf. Jetzt wird der Ball beim ersten Widerstand lieber abgegeben. Im Vorjahr haben wir mit mutigen Dribblings noch Überzahlsituationen erzwungen.
Wie war es vor dem Ajax-Spiel?
Da saßen sie beim Kaffeetrinken wie leblos da, erschreckend. Ich habe sie an frühere Begeisterung erinnert. Und dann stand es 2:0 für uns nach 30 Minuten. Unbeschreiblich. Wie die Jungs unter Druck von hinten rausgespielt haben, hat mich stolz gemacht. Umso ärgerlicher, daß wir das durch dumme Fehler noch mit 2:4 vergeigt haben.
Sie haben Juran stets verteidigt. Und dann wird er morgens um drei mit zwei Promille am Steuer erwischt.
Ich war wahnsinnig enttäuscht, und ich habe ihm das unmißverständlich klargemacht. Mehr möchte ich nicht sagen, da er vehement bestreitet, so viel getrunken zu haben.
Per Handschlag haben Sie bis 1999 verlängert. Gilt das auch für die 2. Liga?
Ich habe diese Spieler zusammengeholt und einige haben Ihre Verträge mit der Laufzeit des meinen gekoppelt. Ich stehe also in der Verantwortung. Bei einem Abstieg könnte ich ruhigen Gewissens sagen: Die Jungs haben mich hängen lassen...

Ob der Erwartungsdruck nach Platz 5 im Vorjahr für Trainer Klaus Toppmöller doch eine zu große Hypothek ist?

TORSCHÜTZE DES TAGES
Ulf Kirsten

Es ist zwar schon drei Wochen her, aber nicht vergessen. Im vorgezogenen Spiel der 17. Runde traf Leverkusens Ulf Kirsten beim 4:0 gegen Köln gleich dreimal. Ein lupenreiner Hattrick war es jedoch nicht, weil die Halbzeitpause dazwischenlag. Den aber holte der Nationalstürmer im Nachholespiel des 15. Spieltages gegen Bayern München nach. Trotz eines 0:2-Rückstandes und nach dem Platzverweis von Christian Wörns dezimiert, gewann das Team noch mit 4:2 - durch Kirstens drei Tore binnen 21 Minuten. Damit hat er bei Halbzeit der Liga mit 14 Toren erneut die Führung übernommen. Eine gute Basis, um seinen Vorjahrs-Titel verteidigen zu können. Kirstens Heimatverein wird sich ganz besonders über seine Treffsicherheit gefreut haben. Die Jugendabteilung von Chemie Riesa erhält eine üppige Prämie für Kirstens Tore: Zwei Trikotsätze (je einen für den 15. und 17. Spieltag) und zweimal 1500 Mark (500 pro Treffer), gestiftet von „Continentale" und SPORT-BILD. Übrigens: Ulf Kirsten hat noch guten Kontakt zu seiner Heimatstadt in Sachsen.

So trifft ein Stürmer mit dem Prädikat „Weltklasse" gegen den FC Bayern: Ulf Kirsten

FACTS - FACTS - FACTS News

Zu Hause ungeschlagen sind Stuttgart, Leverkusen, Schalke, ohne Auswärtssieg der KSC.

Nach 1074 torlosen Minuten in der Liga und UEFA-Cup traf Sean Dundee wieder für Karlsruhe.

Die Trainer Ewald Lienen (Hansa) und Huub Stevens (Schalke) feierten jeweils ihren 44. Geburtstag in sehr unterschiedlichen Stimmungen.

Hertha gewann auswärts noch nie dreimal in Folge und in Duisburg zuletzt 1974. Je ein Tor von Preetz zierten die letzten fünf Siege.

Olaf Thon (Schalke) wurde von den Profi-Kollegen vor Balakov (VfB) und Häßler (KSC) zum „Profi des Jahres" gewählt.

Siege krönten das 300. Spiel von Andreas Brehme (FCK) und das 250. von Thomas Häßler (KSC).

Mit dem 27. Freistoßtor der Saison rettete Balakov in Bremen das 2:2 für den VfB. Von den 464 Saisontreffern waren 100 Kopfballtore.

REPORT

Gladbachs Präsident Wilfried Jacobs hatte im VIP-Zelt gerade am ersten Kölsch genippt, als dies über die Bildschirm flimmerte: Hannes Bongartz gab seinen Rücktritt bekannt. „Ich konnte mit Hannes nicht mal vorher über seine Entscheidung reden und wußte von nichts", sagte der überraschte Klubchef. Gladbach und Bongartz, das hat eigentlich nie richtig funktioniert. Voller Häme erschien das Gladbacher Fan-Magazin mit dem Titel „Hannes Bongartz, Trainer-Gott". Den Fans fehlte die Identifikation. Täglich pendelte Bongartz zwischen Wohnort Bottrop und Arbeitsplatz Bökelberg. Nie war er greifbar. „Das macht der Manager seit zehn Jahren. Er fährt täglich nach Gelsenkirchen", wehrte sich der Trainer. „Aber wenn vor meinem ersten Spiel mit Gladbach ein Aufkleber mit dem Spruch ‚Gib Hannes eine Chance!' erscheinen muß, um die Fans zu beruhigen, stimmt mich das schon bedenklich."

Es war aber nicht nur dieser blanke Haß, der Bongartz die Flucht nach vorn antreten ließ. „Er hat eingesehen, daß er keine Chance mehr hatte, mit dieser Mannschaft klarzukommen", so Präsident Jacobs. Noch 24 Stunden zuvor hatte der Trainer gesagt: „Solange ich spüre, daß ich mit den Jungs

> ***„Das neue Präsidium mußte bislang nur alte Dinge aufarbeiten. Das Eis, auf dem wir arbeiten, läßt keine Pirouetten zu."***
> Wilfried Jacobs, Borussia-Präsident

noch etwas bewegen kann, sehe ich nicht ein, die Brocken hinzuschmeißen." Als ihm beim 0:2 gegen Wolfsburg „die Jungs" die Gefolgschaft aufkündigte, war es Zeit zu gehen. Dafür wird Manager Rolf Rüssmann weiterwursteln, wenn nun auch von Jacobs kritisch beäugt: „Für die Zusammensetzung unserer Mannschaft sind das alte Präsidium und Manager Rüssmann verantwortlich. Viele Probleme kommen auf uns zu. Wir müssen uns fragen, ob Spieler verpflichtet wurden, die uns in den UEFA-Cup bringen können." Doch Geld für neue Spieler ist keines mehr da.

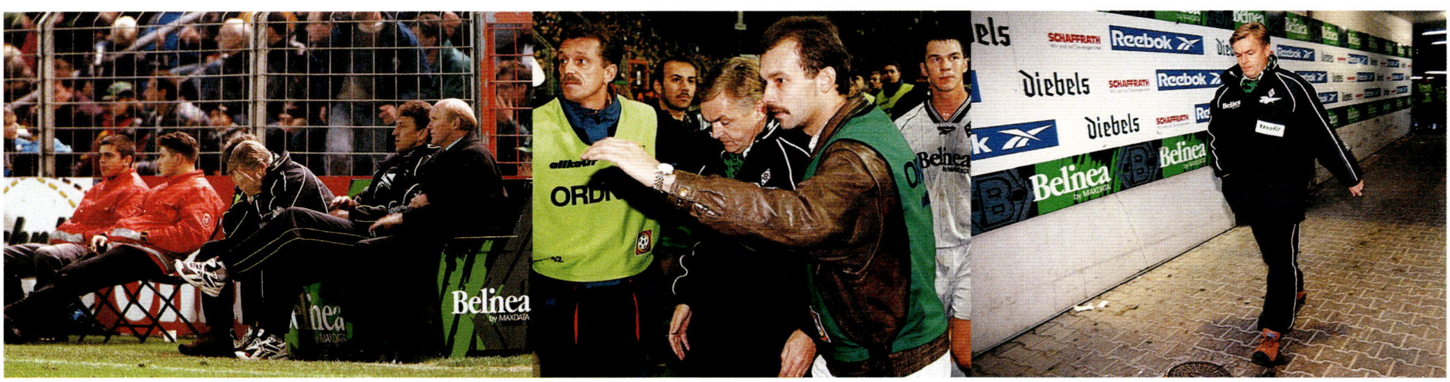

BEGEHRTER BARBAREZ

Für Ewald Lienen war es kein schöner 44. Geburtstag: 0:3 in Karlsruhe verloren und von Sergej Barbarez (26) reinen Wein eingeschenkt bekommen: „Ich verlasse Hansa im Sommer und gehe nach Dortmund. Ich fühle mich bei Hansa sehr wohl und werde mir dort bis zum letzten Spieltag den Hintern aufreißen. Aber Hansa kann nie soviel zahlen wie andere Vereine", sagt Barbarez. Und in Dortmund habe er die besten sportlichen Perspektiven, soll Borussias Offensivspiel noch variabler gestalten, über die halblinke Position und mit Möller aus dem zentralen Mittelfeld.

Es reizt ihn auch, sich wie Sean Dundee eindeutschen zu lassen und dann von Berti Vogts in die Nationalelf berufen zu werden. Denn für sein Heimatland Bosnien hat er noch nie gespielt. Barbarez´ Zusage für Dortmund war für viele andere Vereine eine Enttäuschung. Am schnellsten war der HSV mit Entdecker Pagelsdorf aus dem Rennen, wie auch Schalke und Bielefeld. Besonders bitter trifft es Schalkes Manager Rudi Assauer, der schon den Barbarez-Vorgänger Stefan Beinlich von Hansa verpflichten wollte. Doch der wechselte nach Leverkusen. Apropos Bayer: Der Klub hatte ebenfalls um Barbarez gebuhlt. Zuletzt war noch München 1860 als Konkurrent übrig. Die „Löwen" wollten Barbarez als Nachfolger für Peter Nowak.

Für Barbarez ist es ein kometenhafter Aufstieg. Noch vergangene Saison saß der einstige Berliner Union-Kicker vornehmlich auf der Hansa-Bank. Nun bekam er einen Millionenvertrag, und er verläßt Hansa ablösefrei. Warum sind Sie so wertvoll, Herr Barbarez? „Ich bin ein Linksfuß und davon gibt es in der Bundesliga nicht so viele."

Ende einer Dienstzeit: letztes Spiel, dann der Ordnungsschutz und schließlich aus, allein - Hannes Bongartz (Borussia M'Gladbach).

BAYERN WOLLTE SCHON ZWEIMAL ULF KIRSTEN

Bayer Leverkusen

Uli Hoeneß, Manager des FC Bayern München, wird am Sonntagabend nach der 2:4-Pleite in Leverkusen mit Schmerzen daran gedacht haben, daß er Ulf Kirsten schon zweimal verpflichten wollte. Doch Bayer 04 hatte beide Male ein Veto eingelegt. Bei Bayer wird Kirsten auch seine Karriere beenden und seinen bis 1999 laufenden Vertrag vorzeitig verlängern.
0:2 hatte Leverkusen zurücklegen und Wörns durch Feldverweis verloren. Doch dann drehte „Mister Bombastic" nach Heintzes 1:2 das Spiel noch fast alleine um: 2:2, 3:2, 4:2! Später sagte ein strahlender Bayer-Manager Reiner Calmund: „Nach Rudi Völler haben wir mit Ulf Kirsten einen weiteren Weltklasse-Stürmer. Er ist der Torschützenkönig des Jahrzehnts und hat auch persönlich an Format gewonnen." Es war Kirstens fünfter Dreierschlag in der Liga. Seit 1990 schoß er für Bayer 114 Tore in 215 Spielen. Gefährlich war er immer, aber nicht überall beliebt. Meckern war sein Hobby. „Motzki" taufte ihn Calmund. Doch unter Christoph Daum hat Kirsten gelernt, daß Harmonie der Schlüssel zum Erfolg ist. So veränderte sich auch das Verhältnis zu Christian Wörns. Daum: „Einmalig, welche langen Wege Ulf geht und sich für die Mannschaft zerreißt." Seine TV-Reklame für Panasonic-Rasierer ist treffend: „Sonst rasiert mich keiner!"

MAXIMOW NOCH NICHT MAXIMAL

Werder Bremen

Er wurde wie ein Heilsbringer empfangen: Juri Maximow (28) aus Kiew. Schade nur, daß Werder beim 2:2 gegen Stuttgart erst gut spielte, als der Ukrainer ausgewechselt war. Er wird Anpassungszeit brauchen. Der Nationalelf-Stammspieler und Champions-League-Viertelfinalist mit Dynamo Kiew hatte auch ein Angebot von Otto Rehhagel. Aber er wollte nach Bremen, zu Landsmann Viktor Skripnik, bei dem er auch wohnt. Als Trainer Sidka und Manager Lemke ihn in Kiew sahen, schoß er zwei Tore. „Noch zwei, dann ist er unbezahlbar", jammerte Lemke. Maximow wurde ausgewechselt und kostete 3,5 Millionen.

EINWURF

Der Halbzeit-Vergleich mit den Vorjahren sagt eindeutig: Mehr Fans, mehr Tore - und weniger Feldverweise!
Die bislang 4 987 756 Zuschauer hoben den Schnitt auf 32 541, was die Rekordmarke von 1995/96 (30 333) klar überbietet. Die Fans bejubelten 464 Tore (1996/97: 452). Nach zehn Jahren ist der Schnitt mit 3,03 erstmals wieder über der Drei-Treffer-Grenze.
Die Spitzenreiter bei den Torjägern und Vorlagengebern sind wieder Ulf Kirsten (14 Tore) und Krassimir Balakov (9 Tore, 11 Vorlagen).
Erfreulich, daß „nur" 30 Spieler des Feldes verwiesen wurden (im Vorjahr 39). Nur sieben Rote Karten kontrastieren mit den 18 von 1996/97. Gelbe Karten wurden häufiger gezogen: 652 : 603. Dafür gab es weniger Elfmeter: 28 : 41.
Mit Hannes Bongartz verabschiedete sich der dritte Trainer vorzeitig (nach Dörner, Neururer). Im Vorjahr waren es zu diesem Zeitpunkt vier: Fringer, Berger, Ristic und Krauss (Nachfolger: Bongartz).

MAGAZIN

DER SELTSAME RAUSWURF DES GÜNTER GÜTTLER

1. FC Köln

„Mensch Günter. Hast du schon gelesen? Du wirst heute entlassen!" So empfing Pablo Thiam Kölns Co-Trainer Günter Güttler am Geißbockheim. Güttler wurde gefeuert, weil er noch immer Kontakte zu Ex-Trainer Neururer hält. „Mir kann das doch keiner verbieten", meinte Güttler. „Wer einen Schnitt machen will, entläßt mich mit ihm zusammen." Weil Torwart-Trainer Rolf Herings ablehnte, wurde mit Colin Bell der B-Jugend-Trainer zum Assistenten von Cheftrainer Köstner befördert.

Lange sah es düster für den Spitzenreiter gegen den HSV aus, doch dann traf Lauterns Ratinho zum 1:1 und das Spiel kippte noch.

1. FC KAISERSLAUTERN Facts

Die Spieler des FCK, noch ohne Feldverweis, haben die wenigsten Gelben Karten erhalten (25). Trainer Rehhagel: „Lauf die Gegenspieler ab, und holt euch so den Ball. Wer grätscht und am Boden liegt, gewinnt kein Spiel." Im Training herrscht Grätschverbot.

Von den 22 eingesetzten Spielern trafen elf, allen voran Marschall (13 Tore), gefolgt von Rische (6). Nur Torwart Reinke spielte 17 mal.

Senior ist Andreas Brehme (37), Junior Marco Reich (19). Das Durchschnittsalter beträgt 27,7 Jahre. Aktuelle Nationalspieler sind Sforza (Schweiz), Kouba und Kuka (beide Tschechien), Hristov (Bulgarien), Schjönberg (Dänemark), Ojigwe (Nigeria), Marschall (Deutschland).

Da jedes Heimspiel ausverkauft war, wurde der kalkulierte Zuschauerschnitt (37 000) mit 38 000 überboten. Gesamtetat: 26 Millionen Mark.

Der Dirigent auf dem „Betze": Otto Rehhagel, der selbst 148 Bundesliga-Spiele für den 1. FCK absolviert hat, in action ...

Freude ohne Ende in der Pfalz. Die „Roten Teufel" vom Betzenberg sind schon bei Halbzeit absolute Spitze - und das mit vier Punkten Vorsprung vor den großen Bayern. Die Münchner waren bislang die erfolgreichsten Aufsteiger der Liga-Historie mit zwölf Siegen, drei Remis und drei Niederlagen anno 1965. Nun wurden sie übertroffen. Lautern weist zwölf Siege, drei Remis und nur zwei Niederlagen vor! Die Bayern wurden in jener Saison 1965/66 am Ende Dritter. Wo aber wird der 1. FC Kaiserslautern landen?

JÖRG ALTHOFF UND JOCHEN COENEN

Das Wunder VOM BETZE

DIE STÄRKEN EINES AUFSTEIGERS

„Es ist kaum zu glauben, daß wir noch immer oben stehen", sagt der Brasilianer Ratinho. „Aber Fußball ist manchmal schwer zu erklären. Vielleicht liegt es daran, daß Spiele zu 50 Prozent im Kopf entschieden werden." Ganz Deutschland rätselt über das Wunder vom Betzenberg. Als Otto Rehhagel vor zwei Jahren mit den Bayern einen neuen Startrekord von sieben Siegen in Folge hinlegte, war das mit jener Top-Mannschaft fast eine Selbstverständlichkeit. Jetzt schaffte er Ähnliches mit dem Provinz-Klub. Nie war ein Aufsteiger besser. „Die kommen mit einer so breiten Brust aus der Kabine, als könnte ihnen niemand was anhaben", applaudierte Karlsruhes Winnie Schäfer. „So mutig spielen sie dann auch, überdecken damit ihre Schwachpunkte." Gegen Stuttgart lagen sie zweimal zurück, gewannen trotzdem 4:3. In sechs Spielen hat man bislang solche Rückstände aufgeholt, gegen Stuttgart, 1860, Rostock, HSV gewonnen und in Leverkusen wie Dortmund Remis gespielt. Kapitän Martin Wagner weiß, warum. „Wir sind psychisch stark. Und Otto Rehhagel treibt uns nach vorn. „Jede einzelne Szene lebt der Trainer intensiv mit. Immer und immer wieder erklärt er seinen Auswechselspielern wild gestikulierend die Spielzüge und Laufwege. Die Reservisten wissen, was sie bei der Einwechslung zu tun haben. Gleichzeitig wird das Wir-Gefühl gefördert. Die Bank-Belegschaft fiebert mit. „Das hat er schon in Bremen gemacht. Eine Bank, die Emotionen zeigt, hilft den Kollegen auf dem Feld", sagt Winnie Schäfer.
Was Rehhagel mit den Bayern-Stars nie gelang, schaffte er in Lautern, eine Musketier-Mentalität: Einer für alle, alle für einen. Die aber hat noch eine andere wichtige Auswirkung. Ratinho dazu: „Warum haben wir

„Olaf Marschall wäre vor zwei Jahren, als er sich schwer verletzte und niemand mehr an ihn glaubte, fast in Bochum gelandet. Olaf wollte aber aus der Pfalz, wo er sich wohlfühlt, nicht mehr wegziehen."

Trainer Klaus Toppmöller

wohl keine Verletzten? Weil bei uns keiner den anderen im Training in die Beine knüppelt, um am Sonnabend einen Platz zu bekommen. Es ist ein fairer Konkurrenzkampf." So etwas wie in Lautern habe er anderswo noch nie erlebt, vor allem „die menschliche Wärme." Jeden Tag rede Rehhagel mit seinen Spielern. Es sei normal, daß jeder zu seinem Geburtstag die ganze Mannschaft einlade, inklusive Trainer.
Für Otto Rehhagel geht das alles eine Spur zu schnell. „Als ich vergangenes Jahr hier anfing, war der Verein sportlich wie finanziell am Boden. Und jetzt sind wir noch nicht so gut, daß wir in jedem Spiel Traumfußball zeigen und 4:0 gewinnen können. Aber bis jetzt ist mehr herausgekommen, als wir alle zu hoffen wagten. Wir sind die Sensation der Bundesliga."
Kalli Feldkamp, mit dem FCK 1991 Meister,

warnte, ohne Verstärkungen drohe der erneute Abstieg. Rehhagel: „Bestimmte Fachleute sagten, daß sieben, acht Spieler ausgetauscht werden müssen. Ich habe

„FCK-Präsident Hubert Keßler bringt dem Verein lieber zehn Mark, bevor er eine nimmt. Ein großartiger Mensch, der sich nicht in die Öffentlichkeit drängt."

FCK-Kapitän Martin Wagner

stattdessen dafür gesorgt, daß Spieler wie Axel Roos, Oliver Schäfer, Olaf Marschall oder Miroslav Kadlec, der aufhören wollte, wieder aufblühen."
Es gab auch Vorwürfe, daß im Training zuviel Fußball gespielt werde. „Als ich hier anfing, konnten die Spieler den Ball nicht über vier Stationen spielen", erinnerte sich Rehhagel. „Da habe ich gesagt: 'Leute, ich kenne Spieler, die sind beim Stretchen und Auslaufen Weltklasse. Aber im Spiel bringen sie leider nichts.' Wir müssen lernen, miteinander zu kombinieren. Genau das üben wir im Training."
Ciriaco Sforza, von Rehhagel als Spielmacher zurückgeholt, hat eingeschlagen. Rehhagel: „Ein Superstratege, der in jeder Lage cool bleibt. Davon profitieren die Stürmer. Olaf Marschall ist super drauf. Er schirmt den Ball wunderbar ab, da hat man als Gegenspieler kaum eine Chance. Jürgen Rische kämpft wie ein Löwe, bleibt auch bei Ballverlust nie stehen - im Gegensatz zu Pavel Kuka. Der kann eine Abwehr verrückt spielen, braucht aber zu viele Torchancen.
Otto Rehhagel hat sich auch mit Andy Brehme arrangiert. „Selbst wenn er fit ist, heißt das nicht automatisch, daß er spielt. Er kann dann selbst entscheiden, ob er sich auf die Bank setzt oder Jüngeren den Vorzug läßt. Wir achten ihn als Weltmeister und er verhält sich auch wie einer." Als Kapitän wird Brehme von Martin Wagner vertreten. „Seitdem spielt der Martin sachlicher und möglichst ohne Ausraster."
Als Saisonziel hat Otto Rehhagel „40 Punkte für den Klassenerhalt" ausgegeben. „Erst danach können wir uns neue Ziele stecken. Doch Abschlußzeugnisse gibt es erst im Mai ..."

Zauberhaft! Lauterns „Zaubermäuschen" Ratino hebt ab und fliegt König „Otto" in die Arme. Der kleine Brasilianer ist Garant für ein Wunder, das eigentlich keines ist ...

Stand-By-Profi Andreas Brehme, auf den immer Verlaß ist, wenn man ihn braucht.

CHRONIK

Schalke feierte sein 1000. Ligaspiel. Die Bilanz 358 Siege, 246 Remis, 396 Niederlagen.

Leverkusen hat in 25 Heimspielen nicht verloren.

Bayern bleibt auswärts erstmals torlos.

Bielefeld schaffte zum siebenten Male kein Tor.

Köln stoppte in Duisburg mit einem 2:2 seine Niederlagen-Serie.

ERGEBNISSE

1. FC Kaiserslautern	2
Bayern München	0
Werder Bremen	2
Karlsruher SC	4
München 1860	1
VfB Stuttgart	3
Arminia Bielefeld	0
VfL Bochum	2
Bayer Leverkusen	0
Schalke 04	0
MSV Duisburg	2
1. FC Köln	2
Borussia M´Gladbach	1
Hamburger SV	1
VfL Wolfsburg	1
Hansa Rostock	1
Borussia Dortmund	verlegt auf den
Hertha BSC Berlin	16. Dezember 1997

TABELLE

1. 1. FC Kaiserslautern	18	13	3	239 : 21	+18			●
								●
								●
35								●
3. VfB Stuttgart	18	9	5	4	38 : 22	+16	32	●
4. Bayer Leverkusen	18	8	6	4	34 : 22	+12	30	●
5. Schalke 04	18	8	6	4	20 : 15	+5	30	●
6. Hansa Rostock	18	7	4	7	28 : 25	+3	25	●
7. MSV Duisburg	18	7	3	8	22 : 24	-2	24	▲
8. VfL Wolfsburg	18	7	3	8	23 : 26	-3	24	▼
9. Karlsruher SC	18	6	5	7	31 : 36	-5	23	▼
10. Hertha BSC Berlin	17	6	4	7	21 : 26	-5	22	▼
11. Werder Bremen	18	6	4	8	21 : 29	-8	22	▲
12. Borussia Dortmund	17	5	6	6	26 : 24	+2	21	▼
13. Hamburger SV	18	5	5	8	24 : 29	-5	20	▲
14. München 1860	18	5	5	8	22 : 33	-11	20	▲
15. Borussia M´Gladbach	18	4	7	7	28 : 33	-5	19	▼
16. VfL Bochum	18	5	4	9	23 : 30	-7	19	●

Für Bayern bleibt der Betzenberg ein Schicksalsgipfel. Zum 16. Male und nirgendwo öfter stürzen die Münchner dort ab. Nun bestaunt das ganze Land den Sieben-Punkte-Vorsprung der Lauterer. In München stöhnen die Löwen unter Schwaben-Streichen. Der VfB, sechsmal ungeschlagen, bleibt oben dran. Ausgerechnet in Bremen, wo man elfmal kein Tor schoß, stoppt Karlsruhe seine Auswärts-Pleiten. Oliver Reck, nach 329 Werder-Spielen gegen Rost im Tor getauscht, möchte lachen und heulen. Schmerzen erzeugt das 0:0 weder bei Leverkusen noch Schalke. Empörung herrscht über Kirstens rüden Ellbogenstoß in Linkes Gesicht. Mit Norbert Meier, Gladbachs Neuem, wird´s auch nur ein 1:1 gegen den HSV. In Bielefeld feiert Bochum die Wiedergeburt.

ZEITLUPE

Das Unglück für die Bayern nimmt seinen Lauf: Dietmar Hamanns Eigentor in Minute 45.

Uli Hoeneß saß als Letzter noch auf der Bayern-Bank. Mit versteinertem Gesicht bekam der Manager gar nicht mit, wie Kaiserslauterns Trainer Otto Rehhagel ein kurzes Freudentänzchen aufführte, wie die Bayern-Profis nach dem 0:2 geknickt davonschlichen. Aber Hoeneß konnte sehr wohl hören, wie die Kaiserslautern-Fans sangen: „Es kommt die Zeit, in der die Bayern untergehen!“ Solch Hohngesang schmerzt.

BLICKPUNKT

So richtig glauben kann es immer noch niemand. Sieben Punkte liegt der FCK vor dem FC Bayern. Für den Brasilianer Ratinho wird es nun richtig lustig. „Wir sitzen jetzt oben auf einer Burg und schießen mit Pfeilen auf die Angreifer. Das ist viel leichter, als wenn du unten vor den Mauern stehst und versuchst die Burg zu erobern.“
Weil so ein Kampf vor allem ein Nervenspiel ist, braucht man die richtigen Strategien. Und so wollte Bayern-Manager Uli Hoeneß die Burgherren vom Betzenberg schon vor dem Spiel überfallen. „Otto Rehhagel“, so sagte er abfällig, „ist als Trainer für jeden Verein der Welt geeignet, aber nicht für die Weltvereine.“ FCK-Kapitän Martin Wagner bekannte: „Diese Aussage war für uns eine Motivationsspritze.“ Und das aufgebrachte Publikum war der zwölfte Mann.
Hoeneß dagegen sieht seine Äußerung „total von Logik geprägt“. „Hätte ich gesagt, Otto Rehhagel sei der beste Trainer, hätte sich doch jeder gefragt, warum der FC Bayern ihn dann entlassen und noch zwei Millionen Abfindung gezahlt hat. Würde ich die Meinung unserer Spieler äußern, wären noch ganz andere Sachen zu sagen.“
Für Lauterns Aufsichtsratsvorsitzenden Dr. Robert Wieschemann steckt noch anderes dahinter. „Herr Hoeneß weiß, daß wir in Vertragsverhandlungen mit Otto Rehhagel stehen. Seine Strategie heißt doch: „Otto, zeig mal, daß du auch einen Weltverein trainieren kannst und verlasse den FCK.“ Hoeneß will unsere Schwächung an entscheidender Stelle. Aber solche Attacken schweißen Mannschaft und Trainer nur noch mehr zusammen.“ Was 1991 begann, als Kaiserslautern Meister wurde, findet jetzt seine Fortsetzung. Auch damals attackierten die Bayern ständig. Am Ende zogen sie den kürzeren.
Trainer Otto Rehhagel bleibt weltmännisch und sagt lediglich: „Ich lache darüber. Das ist nur Neid und Mißgunst. Bayerns Führungsmannschaft hat solche verbalen Fouls gar nicht nötig. Herr Hoeneß versucht, die Leute gegeneinander auszuspielen. Greift er mich noch mal persönlich an, erhält er die passende Antwort.“
Obwohl sie mit sieben Punkten Rückstand hinterhertraben, haben die Bayern nicht aufgegeben. Carsten Jancker glaubt: „Für Kaiserslautern ging alles sehr schnell. Aus der zweiten Liga an die Spitze. Jetzt muß man sehen, ob sie das verkraften können.“ Hoeneß: „Im Winter werden sich unsere Spieler erholen und dann greifen wir wieder richtig an.“ Lothar Matthäus: „Wir wissen, wie schwer es ist, jede Woche als Gejagter anzutreten. Gegen uns hatten sie genaugenommen keine richtige Torchance. Sie hatten Glück.“
Trotz dieser Verbalgefechte will man in Lautern erkannt haben, wie die Bayern-Nerven zucken. Dr. Wieschemann: „Sie reklamierten grundsätzlich jede Schiedsrichterentscheidung. Helmer, Matthäus, Zickler, Scholl taten sich hervor, auch mit verächtlichen Handbewegungen hinter dem Rücken des Schiris.“ Andreas Brehme sieht die Unparteiischen „auf Dauer von den Bayern beeinflußt“. Man befürchtet beim FCK, daß bald Spieler mit Münchner Riesengehältern gelockt werden. Dr. Wieschemann: „Gegen ihre Geldmaschine können wir - noch nicht - mithalten.“ Die Liga aber sieht alle sportlichen wie verbalen Auseinandersetzungen mit Freude: Die Rückrunde wird brisant.

Nach dem 2:0 gegen den Titelverteidiger sind die „roten Teufel“ nicht mehr zu halten ...

TORSCHÜTZE DES TAGES
Markus Schroth

Markus Schroth ist neben Kapitän Thomas Häßler der einzige Feldspieler des Karlsruher SC, der in allen 18 Liga-Runden der Saison dabei war. Stammspieler kann er sich dennoch nicht nennen, denn nur achtmal spielte er von Beginn an, und gar nur viermal über die volle Distanz. Seine drei Treffer beim 4:2-Auswärtssieg in Bremen werden ihn seinem Ziel Stammplatz indes näher gebracht haben. Es waren auch nicht seine ersten Tore. Sechs hat der 22jährige Stürmer in dieser Saison bereits auf dem Konto. Sein Trainer Winfried Schäfer charakterisiert ihn so: „Markus ist nicht gerade ein Filigrantechniker. Aber jedes Team braucht Arbeiter wie ihn.“ So ist es auch nicht verwunderlich, daß Schroth alle drei Tore per Kopf erzielte, jeweils auf Vorlage von „Icke“ Häßler. Schroth wußte aus seinen 1,93 m was zu machen, „und wenn ‚Icke' flankt, braucht man nur noch den Kopf hinzuhalten“. Eine bescheidene Untertreibung. Für seinen Heimatverein TSV Reichenbach brachten drei Tore 1500 DM und einen Satz Trikots, wie immer gestiftet von „Continentale“ und SPORT-BILD“.

„Verdammt, ich lieb' dich ...“ - KSC-Kapitän Thomas Häßler umhalst jedenfalls seinen doppelten Torschützen Markus Schroth von Herzen.

REPORT

DFB-Präsident Egidius Braun gilt als guter Menschenkenner. Über Leverkusens Nationalspieler Ulf Kirsten sagt er: „Das ist einer, auf den wir stolz sind. Was der auf die Knochen kriegt, ist oft unglaublich. Aber er macht nie Theater. Ich halte es für ausgeschlossen, daß er Linke mit Absicht geschlagen hat." Was war geschehen? Beim Spiel gegen Schalke hatte Kirsten seinem Gegenspieler Thomas Linke den Ellenbogen ans Kinn gerammt. Linke mußte auf einer Trage vom Platz, das Foul blieb ungeahndet. Wie konnte Kirsten so entgleisen? Erklärungsversuche. Da ist der Dauerstreß mit Liga, Pokal, Champions League, Nationalelf. „Ich bin mental nicht mehr so frisch und fit. Vielleicht ist mir das deswegen passiert." So Kirsten. „Ich kriege immer viel ab und flog gegen Schalke ja auch wieder in die Werbebande. Aber das entschuldigt nichts. Das war eine blöde und sinnlose Aktion, und ich war selbst total erschrocken. Ich kann nur betonen, daß ich ihn nicht im Gesicht treffen wollte." Noch am Samstag rief Kirsten den Nationalelf-Kollegen an und bat um Entschuldigung. Der versicherte, daß sich „die Sache für mich erledigt hat." Am Dienstag drauf konnte Linke im UEFA-Cup wieder für Schalke spielen.

Kirsten ist nicht der erste Stürmer, der auf dem Platz die Nerven verliert. Strahlemann Jürgen Klinsmann hatte sich vergangenes Jahr gleich dreimal nicht unter Kontrolle. Und Dortmunds Heiko Herrlich, dem der Ruf anlastet, besonders hart gegen die Verteidiger einzusteigen, sagt: „Man weiß sich zu wehren. Doch zuletzt hat mir ein Wolfsburger Verteidiger seinen Ellenbogen auf die Nase geschlagen. Was ich nicht vertragen kann, ist das Gejammere der Abwehrspieler. Wir Stürmer tuns auch nicht." Ulf Kirsten hat schon viel Böses verkraften müssen. 1992 drohte ihm nach einem Foul von Stefan Klos sogar eine Bein-Amputation. Zwei Jahre drauf beförderte ihn der Dortmunder Verteidiger Bodo Schmidt brutal in die Trainerbank. Das linke Knie war aufgerissen, die Kniescheibe lag frei. Lehrwart Eugen Strigel mahnt: „Der Schiedsrichter muß solch eine Entladung von Emotionen verhindern. Was Kirsten nicht entlastet." Der DFB-Kontrollausschuß sperrte Kirsten für vier Spiele.

Szenen aus der Ellenbogen-Liga?! Ulf Kirstens Schlag gegen Thomas Linke, dem zuvor ein sanfter Tritt des Schalkes (links) vorangegangen war.

TOR-ALTERNATIVE Marian Hristov

Als der FC Bayern auf dem Betzenberg drauf und dran war, den Ausgleich zu erzwingen, spielte der pfeilschnelle Andreas Buck einen Konter. Marian Hristov, der bulgarische Athlet, stürmte hinterdrein, erwischte mit langem Bein noch die Eingabe und lenkte den Ball an Kahn vorbei zum 2:0 ins Netz (85. min). Eine Woche zuvor hatte Martin Wagner im HSV-Spiel beim Stande von 1:1 den Schlußangriff gestartet. Und Hristov war danach sein erstes Bundesligator gelungen (90. min). Damit hatte er den FCK schon zum Herbstmeister gemacht. So endet die erste Serie für den 24jährigen Bulgaren im Happy end. Er hatte den verletzten Torjäger Olaf Marschall mit entscheidenden Toren glänzend vertreten. Kurz vor Saisonbeginn war er für 2,4 Millionen Mark von Levski Sofia erworben worden. Doch seine Premiere beim Auftakt in München (1:0 für den FCK) endete mit einem Fußbruch, der ersten schweren Verletzung seiner Karriere. Schlimmer kann ein Einstand nicht enden. Umso bemerkenswerter, wie sich der bulgarische Nationalspieler wieder herangekämpft hat und für Otto Rehhagel zur erfreulichen Angriffs-Alternative geworden ist.

Torschütze Marian Hristov in tragender Rolle. Joker Jürgen Rische (oben) hat alles im Blick.

MAGAZIN

ELBERS GROSSER FRUST: WARUM MUSS ICH RAUS?

Bayern München

Diesmal war es die 75. Minute. Die Bayern lagen in Lautern mit 0:1 zurück, als Giovane Elber (25) vorzeitig vom Platz mußte, zum elften Male in 18 Bundesligaspielen. Der Brasilianer: „Ich hoffe jedesmal, daß ich durchspielen darf - aber der Trainer läßt mich nicht. In Stuttgart haben sie mir Kraft für 90 Minuten zugetraut, und gerade in den letzten Minuten ist mir viel gelungen." Was die Statistik beweist: Von 33 Bundesliga-Toren beim VfB zwischen 1995 und 1997 erzielte Elber 39,4 Prozent in den letzten 20 Minuten. Genausoviel hat er vorbereitet. Es ist die Zeit, wo er bei Trapattoni meist nur noch Zuschauer ist. „Er will mir wegen der vielen Spiele Pausen gönnen. Aber so viele brauche ich nicht." In Lautern schied er jedoch nach null Torschüssen, Toren und Vorlagen aus. Elber: „Wenn du weißt, daß du 90 Minuten Zeit hast, um dein Tor zu machen, bist du viel lockerer. Gegen Ende werden die Manndecker doch müde, machen Fehler. Aber wenn ich hier nach einer Stunde beim Dribbling hängen bleibe, weiß ich: Jetzt mußt du raus." In Stuttgart holte Joachim Löw den Ausnahmestürmer in der letzten Saison nur neunmal vorzeitig vom Platz. Muß Bayerns bester Scorer (sechs Tore, sieben Vorlagen) auch im nächsten Spiel früher raus, wäre er so oft ausgewechselt worden, wie Klinsmann in der Saison 96/97.

WENN DER IRAN FEIERT, DANN FEIERT ER

Arminia Bielefeld

Bielefelds Ali Daei riß sich los aus den Freudenfesten über die erreichte WM-Qualifikation des Iran und traf Samstagfrüh auf dem Frankfurter Flugplatz ein. Völlig übermüdet, richtete er im 0:2 gegen Bochum nichts aus. Doch wo war Landsmann Karim Bagheri? Im vollgestempelten Paß sei kein Platz für eine weitere Ausreisegenehmigung gewesen, so Ali Daei. Und weil Freitag der Sonntag im Iran sei, hätte kein neuer Paß beschafft werden können. Was Arminia bezweifelt.

NORBERT MEIER WILL SICH NICHT VERBIEGEN

Borussia M'Gladbach

Ein 1:1 gegen Wolfsburg war der Einstand von Gladbachs neuem Coach Norbert Meier, dem Bongartz-Nachfolger. Was hat sich für den Amateur-Trainer verändert? „Natürlich müssen alle sehen, daß du der Chef bist. Aber als Mensch sollte man sich deswegen nicht verbiegen. Das merkt jeder. „Natürlich beobachtete er, wie andere den Weg vom Co- zum Cheftrainer gingen. „Aber die Situation von „Jogi" Löw in Stuttgart kann man mit meiner nicht vergleichen. Er übernahm eine intakte Mannschaft, konnte bei Null anfangen. Bei uns ist das anders." Die gerade angezettelte Taktikdiskussion will er unterbinden. „Man kann mal den Rat der Spieler einholen. Aber bestimmen tue ich. Denn ich muß den Kopf hinhalten." Und über Effenberg sagte Meier: „Er ist einer von 23. Die Mannschaft steht und fällt nicht mit ihm."

HABEN SICH LORANTS METHODEN ABGENUTZT?

München 1860

Für Werner Lorant ist die Sache einfach: „Wenn man nicht gewinnt, wird viel dummes Zeug gequatscht. Aber das interessiert mich nicht." Von fünf Spielen hat 1860 nun vier verloren, zuletzt gegen Stuttgart mit 1:3. Im Sommer hatte Präsident Wildmoser noch das „erfolgreichste Jahr der Vereinsgeschichte" bejubelt. Der UEFA-Cup war erreicht. Jetzt geht es gegen den Abstieg. „Ohne die individuellen Fehler hätten wir auch gegen Stuttgart gewonnen", sagte Lorant einmal mehr. Doch die sind kein Zufall, sondern Produkt von Intrigen in einer zerbrechenden Mannschaft. „Es gibt nur noch Cliquen, die sich nicht verstehen", klagt ein Spieler. Und wer Kritik an Lorant wagt, landet auf der Tribüne. Lorant: „Alles Alibi-Gequatsche. Bei mir zählt nur die Leistung. Und wenn mir ein Spieler nicht paßt, werfe ich ihn aus dem Kader." Fünf Jahre hatte Lorant damit Erfolg. Doch diese Art vom „passiven Widerstand" aus den einzelnen Gruppen ist was Neues für diesen Mann, der den „Löwen"-Aufstieg bewirkte.

EINWURF

Seit die Bayern 1965 in die Bundesliga aufstiegen, gehören sie zur Spitze. Doch ein Trainer hält gegen: Otto Rehhagel! Mit sechs verschiedenen Klubs (Offenbach, Bremen, Dortmund, Bielefeld, Düsseldorf, Kaiserslautern) spielte er 43mal gegen den FC Bayern. Seine vorzügliche Bilanz: 17 Siege, 14 Remis, 12 Niederlagen und 69 : 62 Tore.
Eines der bemerkenwertesten Spiele war die Saisoneröffnung 1974/75 und das 6:0 in Offenbach. Torschützen: Erwin Kostedde (2), Siegfried Held, Winfried Schäfer, Egon Bihn, Dieter Schwemmle. Für Bayern spielten u. a. Beckenbauer, Maier, Uli Hoeneß, Karl-Heinz Rummenigge, Müller, Schwarzenbeck. Reichen dem FCK sieben Punkte Vorsprung zum Titelgewinn? 1985/86 führte Bremen mit Trainer Rehhagel nach 30 Spielen mit 47 : 13 Punkten vor Bayern (43:17). Durch Niederlagen gegen Uerdingen (0:1), Stuttgart (1:2) und ein 0:0 gegen die Bayern (samt verschossenem Elfmeter) zogen die Münchner noch vorbei und wurden Meister.

Krampf-Kampf bei HSV-M'Gladbach. Die Spielszene belegt das trefflich: Schneider, Klinkert (beide Borussia) & Dembinski (Hamburg)

CHRONIK

Dortmunds Siegesserie über fünf Spiele in Champions League, Weltcup und Liga endete in Köln.

Bayer und Schalke im Gleichschritt: acht Siege, sieben Remis, vier Niederlagen.

Schalke blieb im 500. Heimspiel zum neuntenmal zu Hause unbezwungen.

Krassimir Balakov (VfB) gelang das fünfte Freistoßtor (von zehn). Das ist Spitze!

Böse HSV-Serie: Vier Heimniederlagen.

ERGEBNISSE

Hamburger SV	1
VfL Wolfsburg	2
1. FC Köln	4
Borussia Dortmund	2
Schalke 04	1
MSV Duisburg	1
VfB Stuttgart	1
Arminia Bielefeld	0
Karlsruher SC	0
München 1860	0
Bayern München	3
Borussia M´Gladbach	2
VfL Bochum	0
Bayer Leverkusen	0
Hansa Rostock	1
Werder Bremen	2
Hertha BSC Berlin	2
1. FC Kaiserslautern	0

TABELLE

1. 1. FC Kaiserslautern	19	13	3	3	39:23 +16	●
						●
						●
38						●
3. VfB Stuttgart	19	10	5	4	39:22 +17	●
						▲
						▼
						▼
						▲
						▲
						▼
						●
						▲
						▼
						▼
						▲
						▼
						▼
16. 1. FC Köln	19	6	2	11	30:42 -12	20

Das „R" hat Konjunktur: Revolte der Rehhagel, Reimann, Röber! Alle Aufsteiger belagern erstmals die obere Hälfte, was auch die 2. Liga enorm aufwertet. Hertha besorgt es dem Spitzenreiter FCK, Wolfsburg dem alteingesessenen HSV. „Danke, Hertha", plakatieren Bayern-Fans und zittern anschließend beim 3:2 gegen Gladbach, als ein 3:0 vertändelt ist. Lautern ist mit vier Punkten wieder in Sichtweite. Zwei 0:0 verbreiten Kummer: KSC erstmals zu Hause, 1860 auf Reisen ohne Treffer, und Bochum beklagt die dritte Torlosigkeit im Ruhrstadion. Ganz Köln atmet auf: Es „polstert" wieder! Nach acht sieglosen Spielen gegen Dortmund wird endlich mit 4:2 gegen die Borussen-Elf gewonnen und die Rote Laterne an Bielefeld, das auswärts nur drei Punkte hat, abgegeben.

ZEITLUPE

***Leid & Freude:** Dortmunds Stefan Reuter ist symbolisch in die Knie gegangen, während Kölns Iraner Azizi zu Recht jubelt - immerhin hat er das vorentscheidende 3:2 erzielt.*

Marc Wilmots (28) kam 1996 von Standard Lüttich nach Schalke, gewann dort mit den UEFA-Cup, schoß 7 Tore in 17 Europacupspielen. Der 27fache belgische Nationalspieler (9 Tore) war mit Mechelen Meister und mit Lüttich Pokalsieger geworden. In Schalke avancierte „Willi" dank Einsatz, Lauffreude und zehn Treffern in 46 Ligaspielen zum Liebling der Fans. Sie wußten: Der paßt zu Schalke!

INTERVIEW

Hatten Sie mit solcher Entwicklung auf Schalke gerechnet?
Natürlich nicht. Mein Ziel war ein Stammplatz, dazu zwei, drei Runden im UEFA-Cup. Schließlich war es meine erste Auslandsstation Zwei schwere Operationen an Leiste und Knöchel lagen hinter mir. Ich wußte: Nach zehn Jahren in Belgien fängst du hier wieder bei Null an.
Das klingt nach Respekt vor dem deutschen Fußball und auch vor der ganzen Bundesliga.
Es heißt, die Deutschen können kämpfen, rennen. Dazu gewinnen sie alles. Aber welches Land hat so viele Klassetechniker wie Andreas Möller, Thomas Häßler oder unseren Olaf Thon. Dazu kommen starke Ausländer. Ich hatte noch Anfragen aus Marseille, Monaco, von Aston Villa, Benfica. Vor meiner Unterschrift habe ich mir das Spiel Schalke - Gladbach (3:3) angesehen. Das Parkstadion war ausverkauft. Da wußte ich: Hier willst du spielen.
Sie haben viele entscheidende Tore für Schalke erzielt.
In Belgien habe ich trotz vier Operationen in fünf Jahren 90 Tore geschossen. Ich bin kein Torjäger wie Ulf Kirsten, der nur im Strafraum lauert. Ich will auch noch Fußball spielen. Und ob offensiv oder defensiv - ich will der Mannschaft helfen.
Warum sind sie erst mit 27 ins Ausland gewechselt?
Dortmunds damaliger Trainer Ottmar Hitzfeld wollte mich 1992 haben. Aber ich hatte in Lüttich unterschrieben, wollte den Vertrag auch erfüllen. Ich gehe nach einem guten Jahr auch nicht zu Manager Assauer und verlange mehr Geld. Der zahlt mir ja auch nicht weniger, wenn ich mich verletze und nicht spielen kann.
Sie haben auf Schalke bis 2001 verlängert. Mal im Ernst: Bleiben Sie tatsächlich bis 2001?
Da können die Schalker Fans sicher sein. Benfica will eine zweistellige Millionensumme für mich zahlen. Ich habe zu Assauer gesagt: Wenn der Verein Geld braucht, können wir drüber reden. Er hat gesagt, für kein Geld der Welt würde er mich gehen lassen. Erledigt!
Sind Sie doch in Belgien mittlerweile ein Volksheld ...?
Erst seit ich auf Schalke spiele, hat man dort Respekt vor mir. Ich hatte in Belgien keine Lobby, weil ich als 22jähriger gesagt habe, ich spiele nie für Anderlecht. Deswegen kam ich auch nicht zur WM 1994 in die USA. Dabei war ich mit sechs Toren Bester der Qualifikation. Anderlechts Einfluß ist enorm. Deswegen trat ich zurück. Nun ist Georges Leekens statt Paul van Himst Nationaltrainer. Ihm habe ich gesagt: Ich komme wieder, aber Schalke steht an erster Stelle. Das hat er akzeptiert. Jetzt bin ich stellvertretender Kapitän.
Bis zum 18. Lebensjahr haben Sie hart auf dem väterlichen Hof gearbeitet. Haben Sie deswegen ein besonderes Verhältnis zu den Fans?
Manche Fans haben mich über meine ganze Karriere begleitet, wie zwei Rollstuhlfahrer aus meinem Geburtsort Dongelberg und aus Lüttich. Seit zehn Jahren reisen sie zu jedem Spiel. Da ist es doch normal, daß ich ihnen die Karten besorge, die Fahrt organisiere, das Spritgeld bezahle. Sie verdienen nicht viel.
Wie haben Sie so gut Deutsch gelernt?
Vor dem Fernseher bei der „Sportschau" am Samstag 18 Uhr. Die fand ich toll und habe sie von Kleinauf gesehen.

Die Belgier kommen - zumindest auf Schalke. Und Marc Wilmots ist nicht nur dank seiner Tore inzwischen eine feste Größe im Team des UEFA-Cup-Siegers 1997.

TORSCHÜTZE DES TAGES
Toni Polster

Toni „Doppelpack" ist eigentlich sein Spitzname. Der ist entstanden, weil Kölns Toni Polster in der Vergangenheit oft zwei Treffer in einem Spiel erzielte. Jetzt müssen die Fans flugs umdenken. Zum drittenmal in diesem Jahr schoß Österreichs frisch gekürter „Fußballer des Jahres" und „Sportler des Jahres" drei Tore in einer Partie. Am vergangenen Wochenende, beim 4:2-Erfolg über Dortmund, zeigte der 33jährige seine ganze Routine und Schlitzohrigkeit. Vor dem 1:0 schlich er sich von seinen Gegenspielern weg und schob aus zwei Metern ein, beim zweiten Tor düpierte er Nationalspieler Freund, beim dritten ließ er sogar Weltstar Sousa mit einer Körpertäuschung an sich vorbeirutschen. Als Kapitän hat er Österreichs Nationalelf zur WM 1998 geführt. Man darf sich dort auf Toni „Dreierpack" freuen. „Mein letztes internationales Highlight", wie er sagt. Über 1500 Mark Prämie und einen Satz Trikots, gestiftet von „Continentale" und SPORT-BILD darf sich Austria Wiens Jugend freuen, aus der Toni Polster kommt.

„Wir haben gezeigt, daß wir jeden schlagen können", so Kölns Toni Polster, der einen guten Draht zu Trainer Köstner hat.

FACTS - FACTS - FACTS
News

Hertha, das 82 neue Fanclubs meldet, ist in sieben Spielen ungeschlagen. Preetz traf bei sechs Siegen sechsmal. Ein Fan-Plakat: „Otto laß drei Punkte hier, dann gönnen wir den Titel dir!“

Für Lautern war es nach 13 niederlagenlosen Auswärtsspielen die nächste Niederlage gegen einen Mitaufsteiger, erst Wolfsburg, nun Hertha. Erstmals nach 15 Spielen blieb ein Torerfolg aus.

Kölns Munteanu ist mit neun Treffervorlagen aus Eckstößen am erfolgreichsten. Schalkes de Kok ist mit vier Toren der beste verteidigende Torjäger.

In 30 Ligajahren gelang Gladbach beim FC Bayern erst ein Sieg. Jancker (Bayern) erzielte erstmals zwei Tore, Kahn kassierte durch Effenberg sein erstes Saison-Freistoßtor.

Bei VfB - Bielefeld agierten acht WM-Kandidaten aus sechs Ländern.

Ihre fünfte Gelbe Karte holten sich am 19. Tag 13 Spieler ab und müssen nun am letzten Spieltag vor Weihnachten pausieren. Eine wohl eher unfreiwillige Woche „Zusatzurlaub“.

REPORT

Endlich einmal hatte HSV-Manager Bernd Wehmeyer das richtige Näschen. Auf die Vertragsverlängerung von Andre Breitenreiter angesprochen, sagt er: „Ich gehe davon aus, daß er seine Entscheidung von der sportlichen Perspektive abhängig macht.“ Genau das tat Breitenreiter und unterschrieb beim VfL Wolfsburg, der beim HSV mit 2:1 gewann. Soweit ist es gekommen: Der Meistercup-Gewinner von einst wird von einem Bundesliga-Neuling ausgestochen. Dabei ist Breitenreiter (24) nicht der erste, der den HSV fast fluchtartig verläßt. Sven Kmetsch (Schalke), Hasan Salihamidzic (Bayern) machten es vor. Auch Rodolfo Cardoso hat genug vom HSV. Er beklagt, daß er im Training immer alles gebe, dennoch aber nicht berücksichtigt werde. An der Situation werde sich wohl nichts ändern. Sein Berater Ipaguirre soll ihm schleunigst einen anderen Verein suchen. Gleiches gilt für Torwart Richard Golz, nach 272 Bundesligaspielen von Trainer Pagelsdorf aussortiert. Der „Lange“ denkt über sein Karriere-Ende nach. So gibt der HSV im zur Neige gehenden Jahr ein tristes Bild ab, wirkt abgetakelt wie das abweisende, unmoderne Volksparkstadion, in dem man zuletzt viermal in Folge verlor. Vereinsrekord! Dabei war die Mannschaft für 15 Millionen Mark verstärkt worden. Von 14 Neuzugängen spielten gegen Wolfsburg nur noch vier: Gravesen, Butt, Dembinski, Yeboah. Letzterer kostete den Klub insgesamt neun Millionen Mark und droht zu einem Flop mit katastrophalen Auswirkungen auf die Zukunft des Traditionsvereins zu werden.

Die Kasse ist leer, Talente wie der ehemalige U-21-Nationalspieler Breitenreiter sehen sich durch Yeboah blockiert. Neue sind nicht in Sicht. Der von neun Bundesligisten umworbene Sergej Barbarez (FC Hansa) sagte zuerst dem HSV ab, obwohl Pagelsdorf den Bosnier einst von Union Berlin in die Bundesliga mitnahm.

Die hoffnungslosen Verhältnisse verunsichern die Mannschaft mehr und mehr. Kapitän Kmetsch läuft mit versteinerter Miene an allen Kameras vorbei. Die „Hümör-Bömbe“ Gravesen legte sich nach dem Wolfsburg-Spiel sogar mit schimpfenden Zuschauern an. HSV-Angestellte verhinderten eine Prügelei. „Jetzt müssen wir eben klüger und schneller sein als andere“, fordert Pagelsdorf in einem Rettungs-Konzept. Dafür hat er ja Manager Wehmeyer mit seinem „Näschen“.

Blieb in Berlin blaß: Marian Hristov (1. FCK/ links). Herthas Michael Preetz hingegen gelang wieder ein Tor.

Land unter, meldet Hamburg. Gegen die Filiale in Wolfsburg gab's eine Heimniederlage. Akteure in diesem Trauerspiel waren Kovacevic (VfL) und die HSVer Breitenreiter & Weetendorf.

DER KLEINE NOWAK HAT GROSSE PROBLEME
München 1860

Vor drei Jahren war Peter Nowak (33) ein gefeierter Held. Weil er 1860 vor dem Abstieg bewahrte. Doch wer rettet ihn vor dem Absturz? Als der polnische Nationalspieler bat, ihn in der Winterpause für eine Million Mark Ablöse in die US-Liga zu Chicago Fire gehen zu lassen, willigte 1860-Präsident Wildmoser ein. Doch Nowak müsse sein Gehalt für die zweite Saisonhälfte, rund 500 000 Mark, zurückzahlen. Weil Nowak 1996 mit einem Wechsel nach Japan kokettierte, hatte er vom Verein für 1996/97 und 1997/98 je eine Million als Vorschuß erhalten, damit er bleibt. Wildmoser: „Peter hat das Geld nicht mehr. Er gibt immer 30 000 Mark mehr aus, als er einnimmt." Ein Mercedes 500 SL, ein Haus im feinen Grünwald können aber nicht alles verschlungen haben, auch nicht ein Sportgeschäft in Polen. Ein Freund: „Peter gibt mit vollen Händen aus, kauft alles." Nun will Nowak wechseln, weil er in den USA seine letzte Chance sieht. Doch dort bekommen alle Profis umgerechnet 370 000 Mark pro Saison. Das große Werbegeld kassieren nur Topstars, wie der Kolumbianer Valderrama. Nowak kennt keiner. Der Pole hofft nun auf eine Bankbürgschaft der US-Liga für die Gehaltsrückzahlung, damit er wenigstens weiterspielen kann. Trainer Lorant suspendierte ihn, „weil er nur noch ans Wechseln denkt.

ZEHNKÄMPFER SOLL KIRJAKOW TRIMMEN
Karlsruher SC

Ein Zehnkämpfer, der Franzose Alain Blondel (35), soll den seit April verletzten Stürmer Sergej Kirjakow wieder fit machen. Der Europameister von 1994 lebt mit Olympiasiegerin Heike Drechsler nahe Karlsruhe. Trainer Winnie Schäfer: „Fußballer haben oft Probleme, wenn sie allein trainieren müssen. Zehnkämpfer hingegen sind das als Einzelsportler gewohnt. Blondel könnte Kirjakow motivieren, mit Krafttraining, mit Laufen. Als mir die Achillessehne dreimal riß, hat mich Ex-Zehnkämpfer Drygalsky in Gladbach auch wieder auf die Beine gebracht." Gladbachs späterer Präsident war damals Konditionstrainer.

EINWURF

Am Sonntag (14. Dezember) feierten sämtliche Schalker Fan-Klubs im Lande gleichzeitig Weihnachten. Und bei 22 Klubs war ein Schalker Profi der warm empfangene Gast. Der Dachverband der Fan-Organisation hatte die Spieler „verteilt". Marc Wilmots erschien im belgischen Malmedy, Andreas Müller im schwäbischen Schorndorf, Thomas Linke im brandenburgischen Belzig. Manager Assauer besuchte den Klub in Geldenstedt bei Bremen, Trainer Steevens den in Ense im Sauerland. Befreit davon waren nur Latal und Nemec, weil sie mit Tschechiens Auswahl in Saudi-Arabien spielten.

Rolf Rojek (44), Präsident des Fan-Verbandes, ist seit zwei Jahren auch Mitglied des Schalke-Aufsichtsrates. Dort hat er ein Mitspracherecht, kämpft u. a. für stabile Eintrittspreise wie auch für den Erhalt der Stehplätze, die bei den Fans so beliebt sind, weil sie das Gemeinschaftserlebnis fördern.

MAGAZIN

PROFIS MIT GESCHENKEN ZU WAISEN & KRANKEN
VfB Stuttgart

Weihnachtszeit, Zeit der offenen Herzen? Beim VfB Stuttgart kann man davon reden. Kapitän Frank Verlaat und sein Stellvertreter Fredi Bobic teilten dem Verein mit: „Die Spieler des VfB spenden ihre DFB-Pokalprämie vom Sieg in Ulm für soziale Einrichtungen." Immerhin sind das 60 000 Mark. Davon werden Geschenke gekauft, die von den Profis in Krankenhäusern und in Waisenhäusern verteilt werden, wo Begegnungen mit den schwäbischen Idolen ganz sicher besondere Erlebnisse sind.

Ball sichern, so Oliver Recks Devise in Rostock. Marko Rehmer (33) freilich beweist Fairness, denn der Torschütze zum 1:0 springt fair über den Bremer Torwart.

CHRONIK

Zu Hause ungeschlagen: VfB, Leverkusen, Schalke.

Durch zusätzliche Stahlrohrtribünen wurde das Fassungsvermögen des Wolfsburger Stadions auf 21.600 gebracht (eigentlich 15.200).

Gladbachs Wende: Nach sechs sieglosen Heimspielen dieses 4:2 gegen Hertha.

Für Stuttgart war das 1:6 die höchste Niederlage seit 1989 (1:6 in Bremen).

Der FCK und Bayern schossen neunmal drei und mehr Tore!

ERGEBNISSE

Borussia Dortmund	2	
Schalke 04	2	
Borussia M´Gladbach	4	
Hertha BSC Berlin	2	
Arminia Bielefeld	2	
Karlsruher SC	1	
Bayer Leverkusen	6	
VfB Stuttgart	1	
MSV Duisburg	2	
VfL Bochum	0	
1. FC Kaiserslautern	3	
1. FC Köln	2	
VfL Wolfsburg	2	
Bayern München	3	
München 1860	0	
Werder Bremen	1	
Hamburger SV	0	
Hansa Rostock	1	
Borussia Dortmund	3	Nachholespiel
Hertha BSC Berlin	0	vom 18. Spieltag

TABELLE

1. 1. FC Kaiserslautern	20	14	3	3	42:25	+17		●
								●
								●
41								●
3. VfB Stuttgart	20	10	5	5	40:28	+12		●
								▲
								▲
								▲
								▼
								▲
								▼
								▼
								▲
								▲
								▼
								▼
								▼
								▼
16. Hamburger SV	20	5	5	10	25:32	-7	20	

Oh, du fröhliche ...! Nicht alle singen´s aus voller Kehle. In Lautern und Leverkusen herrscht eitel Freude über die Siege und die Vertragsverlängerungen der Trainer Rehhagel (bis 2000) und Daum (bis 2001). Die Bayern preisen ihren Schutzengel nach dem glücklichen und knappen Entrinnen aus der „Wolfs-Höhle“. Die Schalker haben ihn in Dortmund in Gestalt von Torwart-Torschütze Lehmann, der in allerletzter Sekunde das Remis rettet, die Bielefelder in ihrem Iraner-Duo. Lobet die Gäste: 19 Ausländer beschenken unter anderem Bayern, Rostock, MSV, Werder, FCK, Bayer mit Sieg-Toren. Köln und HSV sinken in den Keller. Frohes Fest? Die nun beginnende Winterpause kommt allen recht, zum Heilen, zum Sanieren, zum Nachdenken.

ZEITLUPE

20mal hatten die Schalker im Training eine solche Situation wie in Dortmund trainiert. Nun ist es auch passiert: das erste Torhüter-Tor der Bundesliga, per Kopf von Jens Lehmann erzwungen!

Die erste Hälfte des Jahres brachte schon viel Erregendes wie die Europacupgewinne von Borussia Dortmund und Schalke 04, den vorzeitigen Titelgewinn des FC Bayer. Die zweite Hälfte hielt Schritt, als sich Bayern, Dortmund, Leverkusen ins Viertelfinale der Champions League spielten, Borussia auch den Weltpokal eroberte und der 1. FC Kaiserslautern als erster Aufsteiger Herbstmeister wurde. Aber in diesem halben Jahr passierte noch mehr, auch Kurioses.

BLICKPUNKT

Tor des Jahres: Oliver Kahn. Sein Patzer beim Champions-League-Spiel gegen Göteborg, als er eine harmlose Babbel-Rückgabe über den Fuß ins Tor springen ließ, sagt den Torhütern: Auch Olli ist Mensch.
Schussel des Jahres: Marcel Fensch. Der Kölner Bundesliga-Debütant hatte leider sein Trikot in der Kabine vergessen, als ihn Trainer Köstner einwechseln wollte.
Lied des Jahres: „Steht auf, wenn ihr Schalker seid!" Der Song ist so gut, daß Betreuer Charly Neumann ihn angeblich schon auf dem Schalker Zentralfriedhof gesungen haben soll und jetzt sogar ein Wecker damit auf den Markt kam.
Überflieger des Jahres: Ali Daei. Der Iraner verbrachte durch das Pendeln zwischen WM-Qualifikation und Bielefeld mehr Zeit im Flugzeug als auf dem Fußballplatz.
Arroganz des Jahres: Ernst Middendorp, Bielefelds Trainer, glaubte tatsächlich, daß sich zwanzig Journalisten für ihn interessieren. Die wenigen, die es aus dienstlichen Gründen taten, beschimpfte er als „Bratwürste". Er ließ sich durch den Verein entschuldigen.
Buch des Jahres: Das Tagebuch des Lothar M. Kaum ein anderer Autor hat mit einer Auflistung so vieler Harmlosigkeiten jemals für so viel Wirbel gesorgt.
Haarschnitt des Jahres: Die Glatze. Quer durch die Liga, in Mannschaftsstärke fast vom VfB Stuttgart erreicht.
Absteiger des Jahres: Sean Dundee. Zwei Frauen, zwei Berater, ein Baby, ein neuer Paß - aber kaum noch Tore und kein Länderspiel.
Pfiff des Jahres: Er kam von Michael Malbranc bei 1860 München gegen KSC. Warum hat er nicht die Luft angehalten, als Sean Dundee zum Schuß ansetzte?
Anlauf des Jahres: Den unternahm Jürgen Klinsmann und er dauerte 854 Minuten. Dann hatte er in seinem 100. Länderspiel endlich wieder einmal für Deutschland getroffen.
Irrtum des Jahres: Der unterlief Giovane Elber. Er dachte tatsächlich, die Bayern hätten ihn gekauft, damit er so zaubert wie in Stuttgart.
Glückspilz des Jahres: Berti Vogts. Erst zitterte sich sein Team durch die WM-Qualifikation ´98, dann wurde er noch mit der leichtesten WM-Gruppe belohnt. Das wiederholte sich bei der Auslosung für die EM-Qualifikation.
Comeback des Jahres: Otto Rehhagel. Aus der 2. Liga direkt an die Tabellenspitze. Das macht Uli Hoeneß zu schaffen.
Joker des Jahres: Ulf Kirsten und Oliver Bierhoff. Beide erzielten nach ihrer Einwechslung drei Tore für Deutschland (gegen Albanien bzw. Nordirland).
Frechdachs des Jahres: Roy Präger. Der Wolfsburger ist so herrlich unbekümmert - auf dem Platz und auch außerhalb.
Karriere des Jahres: Harry Decheiver. Aus Utrecht nach Dortmund gekommen, sofort Weltpokalsieger geworden, sitzt er nun eine Sperre ab, von der Borussia nichts ahnte.
Berliner des Jahres: Jürgen Röber. Er schien am Ende und startete danach eine großartige Siegesserie. Nun hatte jeder im Hertha-Präsidium „schon immer gewußt, was für ein guter Trainer Jürgen Röber ist."
Ekel des Jahres: Carl-Heinz Rühl. Selten hat ein Manager derart ungeniert und systematisch einen Trainer (Kölns Peter Neururer) demontiert.

Was für ein Abstieg für Sean Dundee vom Karlsruher SC: Erst ließ sich der Mann aus Südafrika einbürgern, um Bertis Buben zu verstärken, mittlerweile ist er sogar für den KSC oft nur zweite Wahl ...

TORSCHÜTZE DES TAGES
Stefan Beinlich

„Paule" wird Stefan Beinlich von seinen Kollegen gerufen. In Berlin, wo die Karriere des aus dem Prenzlauer Berg stammenden Talents beim BFC Dynamo begann und sich bei Bergmann-Borsig fortsetzte, ehe es zum englischen Aston Villa ging, gab es so viele Stefans, daß ihm ein Trainer diesen Ersatznamen gab. „Paule" Beinlich erzielte beim 6:1 von Bayer Leverkusen gegen den VfB Stuttgart zwei Treffer. Besonders freute sich der 25jährige über sein Freistoßtor zum 3:0. Wie zuvor schon in Rostock übt er im Training diese Kunstschüsse. Dazu spannt er sich nach dem Training vier Gummibänder ins Tor, zwei quer und zwei längs, so daß sich in den oberen und unteren Winkeln vier Quadrate von einem Meter Durchmesser ergeben. In diese Quadrate zielt Beinlich über Pappkameraden ins Tor. Mit Erfolg. Schon gegen Dortmund war er per Freistoß erfolgreich. Über 1000 Mark und einen Satz Trikots, gestiftet von „Continentale" und SPORT-BILD darf sich nun die Jugendabteilung des FC Berlin freuen, der früher mal BFC Dynamo hieß.

Torerfolge sind doch nicht peinlich, Herr Beinlich!

FACTS - FACTS - FACTS
News

Christian Nerlinger (24) gab nach elf Jahren beim FC Bayern seinen Wechsel für 1998 nach Dortmund bekannt. Sein Vater hatte 1974-76 für Borussia gespielt und Christian in Dortmund die ersten sieben Kindheitsjahre verbracht. Sein Motiv: „Ich will mal was anderes erleben und hoffe, mir dort einen Nationalmannschaftsplatz zu erobern."

1860 München gelang nach dem Wiederaufstieg noch kein Heimsieg gegen Bremen. Die Serien: Dritte Heimniederlage für 1860, dritter Auswärtssieg für Werder.

Der Bremer Marco Bode kassierte im 254. Bundesliga erst die dritte Gelbe Karte und erstmals eine zweite in einer Saison.

Zwei Flanken von Neuzugang René Rydlewicz bereiteten Bielefelds Tore durch die Iraner Bagheri und Ali Daei vor, die erstmals gemeinsam erfolgreich waren.

Ciriaco Sforza war der fünfte Kapitän des FCK in dieser Saison nach Brehme, Marschall, Wagner, Reinke. Im Vorjahr hatte Lautern nach 20 Spielen 20 Punkte (und stieg ab). Heute sind es 45 Punkte. Selbst im Meisterjahr 1990/91 waren es „nur" 36, nach der damals noch nicht gültigen Drei-Punkte-Regel. Am Ende sogar 67.

Als eine der größten Bedrohungen des Profi-Fußballs gilt seit einiger Zeit die „Verwaltungs-Berufsgenossenschaft" (VBG) wegen ihrer Millionen-Forderungen. Es geht um Behandlungskosten nach Sportunfällen der Profis seit 1995. Weil die Kosten rapide stiegen, erhöhte die VBG die Beiträge um 673 Prozent. Nun stehen die Klubs der oberen drei Ligen mit 79,7 Millionen Mark in der Kreide, die 1. Liga allein mit 21,6 Millionen. Pfändungen drohen! „Wir haben Ende November 18 Vollstreckungs-Aufträge erteilt", sagt Manuela Gnauck-Stuwe, Leiterin der Abteilung Gefahr-Tarif. „Diese Klubs haben eineinhalb Jahre nicht auf unsere Forderungen reagiert. Sonst hätten sie eventuell Chancen auf einen Erlaß gehabt. Bis zum nächsten Gespräch mit dem DFB am 22. Januar kommen noch einige Gerichtsvollzieher. Danach aber sind keine Pfändungen denkbar. Der DFB hat informiert, daß keiner käme, solange die Musterprozesse laufen. Das ist jedoch ein Irrtum." Aus der 1. Liga betrifft es den VfL Bochum, aus der 2. Liga Unterhaching, die Stuttgarter Kickers, Mainz, Freiburg. Dazu elf Regionalligisten und zwei Oberligisten.

„Die Profis verursachen rund 55 Prozent aller Kosten im Sport", erläuterte Manuela Gnauck-Stuwe weiter. „Wir haben alles versucht, sie zu senken. Eine Arbeitsgruppe hat u.a. untersucht, warum durch Stollen rein fußballspezifische Verletzungen entstehen. Ändert man was, sind es aber keine Fußballschuhe mehr. Dennoch muß es weniger Unfälle geben. Allein in der Saison 1996/97 gab es 13 aktive Spieler, die wegen Verletzungsfolgen bereits eine Rente kassiert haben." Die beträgt jeweils 1600 Mark im Monat.

Die Gehälter entscheiden aber auch über die Beitragshöhe. „Wenn ich einige Gehälter sehe, schwindelt mir", so Frau Gnauck-Stuwe. „Sollen wir die reichen Klubs noch subventionieren? Die anderen Berufsverbände würden es nicht verstehen." Ihre Prognose lautet deshalb: „Wenn die Kosten im Fußball von der 1. Bis zur 3. Liga so bleiben, es keine Lösung mit dem Deutschen Fußball-Bund gibt und die Klubs nicht zahlen können, werden sicherlich einige Vereine nach der Jahrtausendwende nicht mehr existieren. Für uns gibt es kein Zurück. Es sei denn, wir verlieren diese Prozesse ..." In den Januar-Verhandlungen erreichte aber der DFB dann Ermäßigungen bei der Berufsgenossenschaft (VBG).

REPORT

Kommt ein Scholl geflogen, setzt sich nieder nicht auf Herrn Janckers Schoß ...

Sechs Tore am Bökelberg - das ist doch etwas. Und dann noch als Zugabe ein „Schauspringen" von Herthas Keeper Gabor Kiraly & M'Gladbachs Michael Klinkert...

JENS LEHMANN GELANG ERSTES TORWART-TOR

Schalke 04

Bislang war der Ball für Jens Lehmann (28) eher ein Störenfried. So wie beim ersten Tor der laufenden Saison. Schalkes Torwart schoß nach einem Rückpaß den Leverkusener Stürmer Ulf Kirsten an. Der lupfte das Leder locker über den verdutzten Torwart zum 0:1 ins Netz. Schalke gewann noch 2:1. Solche Tore bringen den ehrgeizigen Lehmann fast zur Verzweiflung. Doch auf seiner eigenen Internet-Homepage bewies er anderntags wenigstens Galgenhumor: Das sei mit Kirsten so abgesprochen gewesen. Nun kann er wieder lachen. Mit seinem Kopfballtor zum 2:2 gegen den großen Rivalen aus Dortmund hat er Geschichte geschrieben und sich für seine Fans zum Helden gemacht. In 35 Jahren Bundesliga war noch kein Torwart Torschütze aus dem Spiel heraus. Kein Zufall: In Schalke werden solche Situationen trainiert. Der Ball ist Mittelpunkt des Programms, auch für Lehmann, auch beim Aufwärmen. Kreisspiel oder Freilaufspiel - die Torhüter müssen bei Huub Stevens alles mitmachen: „Bei der heutigen Rückpaßregel müssen die Torleute auch Fußball spielen können." Wenn Flanken geübt werden, läßt der Trainer selbst die Torhüter mal mitspielen, den Kopfball probieren. Als Elfmeter-Schütze hatte sich Lehmann schon bewährt: Vor zweieinhalb Jahren. Es geschah beim 6:1 über 1860 München.

EIN MANN WIRD MÜRBE GEMACHT

Werder Bremen

Das Jahr klingt froh aus für die Labbadias. Sie erwarten ihr zweites Kind. Doch beruflich ist Bruno bei Werder am Ende. Wegen der Ablösesumme soll der 31jährige zur Winterpause gehen. Am Saisonende gibt es nichts mehr. Das Abstellgleis sollte Labbadia mürbe machen. Doch der schaltet auf stur. „In der Winterpause werde ich garantiert nicht gehen." Das Tischtuch zwischen ihm und Trainer Sidka ist seit dem 2:4 gegen Karlsruhe Anfang Dezember zerschnitten. Beim Stand von 2:2 wechselte Sidka den Amateur Seidel ein, Labbadia erst beim 2:4 in Minute 88. Der Stürmer sagte Sidka vor der Mannschaft die Meinung.

MAGAZIN

EINWURF

20 Punkte nach 20 Spielen - damit landete ein Trio zur Winterpause auf den Abstiegsplätzen, das sich im Vorjahr in sicheren Zonen befand: Der 1. FC Köln (32) war Fünfter, der Hamburger SV (24) Elfter und der VfL Bochum (29) Neunter, von wo man dann unglaublich durchstartete: 24 Punkte aus den restlichen 14 Begegnungen bedeuten am Ende Platz 5 und einen UEFA-Cup-Platz. Bochum hat im übrigen die abstiegserfahrenste Mannschaft der Liga. 17 Spieler sind in ihrer Karriere insgesamt 25mal abgestiegen, drei sogar dreimal: Kapitän Dariusz Wosz 1992 mit dem FC Halle aus der 2. Liga, 1993 und 1995 mit Bochum aus der 2. Liga, Karsten Hutwelker 1993 mit Düsseldorf aus der 2. Liga, zweimal mit Bochum aus der 1. Liga.
„Ich glaube, das ist ein kleines Plus", meint Trainer Klaus Toppmöller. „Meinen Jungs brauche ich jedenfalls nicht zu erklären, was es bedeutet, in der 2. Liga zu spielen." Dort waren Köln und HSV als Letzte von den Liga-Gründern aus dem Jahr 1963 noch nie.

TRAINER VERLANGT MEHR ANERKENNUNG UND GELD

VfL Wolfsburg

Aufsteiger VfL Wolfsburg überwintert auf Platz 9. Wer hätte diese Prognose gewagt? Deswegen verlangt Trainer Willi Reimann (48) mehr Anerkennung - und Geld: „Sie sollen mir ein Angebot machen, an dem ich erkenne, ob man den Trainer Reimann noch will oder nicht." Der VfL-Vorstand tat sich schwer. Auch gegen die Bayern imponierte das Team, als es erstmals ein 0:2 zum 2:2 ausglich. Selbst Dammeier traf. Letzmals tat er das vor siebeneinhalb Jahren beim HSV. Kuffour rettete Bayern das 3:2.

Leverkusen - wunderbar! Nach dem 6:1 gegen den VfB Stuttgart können die Spieler dann auch schon mal Wunderkerzen abbrennen, oder?!

CHRONIK

Allein noch ohne Heim-Niederlage sind Stuttgart, Leverkusen und Schalke.

Wie Köln hat nun auch Bielefeld auf Reisen zum neunten Male verloren.

Effenberg (Gladbach), Kovacevic (Wolfsburg) sahen die zehnte Gelbe Karte. Folge: zweite Sperre!

Das erste Ligator im Jahr 1998 gelang Bobic (VfB).

Der Hamburger SV holte aus den letzten acht Spielen nur einen Punkt.

ERGEBNISSE

VfB Stuttgart	1
MSV Duisburg	1
VfL Bochum	2
Borussia Dortmund	1
Hertha BSC	1
VfL Wolfsburg	0
Schalke 04	1
1. FC Kaiserslautern	1
Werder Bremen	2
Arminia Bielefeld	1
Hansa Rostock	3
München 1860	0
Bayern München	3
Hamburger SV	0
1. FC Köln	3
Borussia M´Gladbach	2
Karlsruher SC	1
Bayer Leverkusen	1

TABELLE

1. 1. FC Kaiserslautern	21	14	4	3	43 : 26	+17	46	●
2. Bayern München	21	13	5	3	46 : 25	+21	44	●
3. VfB Stuttgart	21	10	6	5	41 : 29	+12	36	●
4. Bayer Leverkusen	21	9	8	4	41 : 24	+17	35	●
5. Schalke 04	21	8	9	4	24 : 19	+5	33	●
6. Hansa Rostock	21	9	4	8	33 : 27	+6	31	●
7. Werder Bremen	21	9	4	8	26 : 31	-5	31	▲
8. MSV Duisburg	21	8	5	8	26 : 26	0	29	▼
9. Hertha BSC Berlin	21	8	4	9	26 : 33	-7	28	▲
10. VfL Wolfsburg	21	8	3	10	27 : 31	-4	27	▼
11. Borussia Dortmund	21	6	7	8	34 : 32	+2	25	▼
12. Karlsruher SC	21	6	7	8	33 : 39	-6	25	●
13. VfL Bochum	21	6	5	10	25 : 33	-8	23	▲
14. 1. FC Köln	21	7	2	12	35 : 47	-12	23	▲
15. Borussia M´Gladbach	21	5	7	9	36 : 41	-5	22	▼
16. Arminia Bielefeld	21	7	1	13	26 : 34	-8	22	▼
17. München 1860	21	5	6	10	22 : 37	-15	21	▼
18. Hamburger SV	21	5	5	11	25 : 35	-10	20	▼

„Land unter" in Hamburg! 25 Jahre lang war der stolze HSV nie Letzter. Ausgerechnet Routinier Richard Golz, Saisondebütant im Tor, öffnet den Bayern die Schleusen. Den ersten seiner Fehlgriffe nutzt Elber nach nur elf Sekunden zum neuen Liga-Tor-Rekord. Auch Schalke hilft Bayern, weil sein neuntes Remis Kaiserslauterns Vorsprung auf zwei Punkte schmelzen läßt. Karnevalsgefühle in Köln und Bochum. Denn die nachbarlichen Rivalen aus Gladbach und Dortmund eignen sich als Trampolin zum Sprung aus der Abstiegszone. In Berlin meldet sich Andy Thom aus Glasgow mit einem Tempo-Treffer in der 2. Minute zurück. Wolfsburg, erstmals auf Reisen torlos, muß Platz 9 an Hertha abgeben. 350 Minuten kein Tor - auch in Rostock halten Münchens „Löwen" Winterschlaf.

ZEITLUPE

Das ist Timo Langes Geschoß zum 1:0 - und nicht nur für die 60er Meier und Heldt (von links) wird's danach ein schwarzer Sonnabend im Rostocker Ostseestadion.

Als erster Iraner hielt Ali D a e i (28) bei Saisonstart Einzug in die Bundesliga. Ernst Middendorp holte den „Welttorjäger 1996“ (22 Tore in 15 Länderspielen) nach Bielefeld. Drei Jahre war Ali Daei Torschützenkönig im Iran, wechselte dann zu Al-Sadd, Katar; wo ihm 50 Liga-Treffer gelangen. Er trug wesentlich dazu bei, daß sich der Iran für die WM´98 qualifizierte.

INTERVIEW

Hat der Name Daei eine Bedeutung?
Ja, „Onkel“. Mein Urgroßvater hat zu Pferde die Post ausgetragen. Er soll ein sehr herzlicher Mensch gewesen sein und alle Kinder riefen ihn nur „Daei“. Zu Hause aber nennen mich Freunde und Familie „Sharier“, das heißt König. Den Namen gab mir eine Tante, als ich noch ein Kind war.

Sind Sie für Irans Fans jetzt auch ein König?
Nur zu Beginn der Revolution habe ich solche Freudenszenen gesehen. In der Winterpause war ich elf Tage zu Hause. Die feiern dort noch immer die Qualifikation für das WM-Turnier.

Hat sich die für Sie finanziell gelohnt?
Geld ist nicht alles. Es sind andere Dinge, für die es sich lohnt, hart zu arbeiten. Ein Beispiel: Bei der Asienmeisterschaft wurde ich Torschützenkönig. In Teheran kam danach eine alte Frau auf mich zu, drückte mir einen Ring und ein kleines Kettchen in die Hand und sagte: „Ali, ich bin froh, daß ich dich sehe. Ring und Kettchen habe ich für dich aus Mashhad, der heiligen Stadt, mitgebracht.‘ Das hat mich wirklich sehr berührt.

Trotz sehr guter Angebote von Galatasaray Istanbul und anderer Bundesligavereine gingen Sie nach Bielefeld. Warum haben Sie sich so entschieden?
Beim Asien-Cup in Dubai hat mich Trainer Ernst Middendorp erstmals angesprochen. Danach war er mehrmals im Iran, um mich zu beobachten. Das hat mich beeindruckt. Ich spürte, daß er mich unbedingt haben wollte.

Hat man Sie als den ersten Iraner in der Liga belächelt?
Manchmal. Aber ich bin von meinem Können überzeugt und wußte, daß ich mich durchsetze. Doch nur vier Tore bis zur Pause sind auch mir zu wenig. Durch die ständigen Flüge zu Länderspielen war ich zuletzt sehr müde. Aber ich fühlte mich verantwortlich für die Nationalelf wie für Arminia und wollte beiden helfen. Das war ich auch Trainer Middendorp schuldig. Solche Belastungen sind für einen Profi kein Grund zum Jammern.

Das hat hierzulande vielen Menschen imponiert.
Das freut mich. Es gibt im Leben mehr als Fußball. Ich will die persische Kultur würdig vertreten und dazu beitragen, daß die Deutschen ein gutes Bild vom Iran bekommen. Ich will auch ein Vorbild für die Kinder sein. Hier in Deutschland leben über 100 000 Iraner. Viele haben angerufen und mir Glück gewünscht. Über ein gutes Spiel von mir freuen sie sich mehr als ich selbst. Iraner haben ein ausgeprägtes Nationalgefühl. Ein Fernsehkanal im Iran zeigt die Bundesliga. Überträgt er Bayern gegen Dortmund gibt es stürmische Proteste und Anfragen: Warum zeigt ihr nicht Arminia Bielefeld?

Bei der WM 98 trifft der Iran in der Vorrunde auf die USA, Jugoslawien und Deutschland. Was erwarten Sie?
Wir können die Vorrunde überstehen. Seien Sie sicher: Der Iran wird eine starke Mannschaft präsentieren.

Januar ist Ramadan, der Fastenmonat: Von Sonnenaufgang bis Untergang nichts essen und trinken. Geht das als Leistungssportler?
Das mache ich seit dem 14. Lebensjahr, und ich habe immer auch Fußball gespielt. Mein Körper hat sich angepaßt. Der innere Wille ist stärker. Aus meinem Glauben ziehe ich viel Kraft.

Bitte, recht freundlich! Und Ali Daei gibt sich als Mann von Welt ...

TORSCHÜTZE DES TAGES
Jörgen Pettersson

Bei Gladbach nennen ihn alle nur „Gazza“, so wie der englische Fußball-Rüpel Paul Gascoigne genannt wird. Weil Jörgen Pettersson mal rote, dann wieder schwarze oder wie jetzt wasserstoffblonde Haare hat. Aber der Schwede im Trikot von Borussia Mönchengladbach redet deutlich weniger als der Engländer. Ex-Trainer Bernd Krauss hat über den 22jährigen Stürmer gesagt: „Wenn Jörgen morgens ‚Hallo‘ sagt, hat er schon eine Riesengeschichte erzählt.“ Egal, auf dem Platz jedenfalls wird Pettersson immer besser. Beim 2:3 in Köln machte er seine Saisontore Nummer sieben und acht, wobei letzteres eines der feinen Sorte war: Effenberg verlängerte per Hacke, Petterson lupfte den Ball ins lange Eck. In Punkten zahlte sich der Petterson-Doppelschlag zwar nicht für Gladbach aus, dafür aber freut sich die Jugendabteilung von Dösjebro IF, Pettersons erstem Verein in Schweden. Insgesamt gibt es 1000 Mark (500 pro Tor) sowie einen Satz Trikots, gestiftet von der „Continentale“ und SPORT-BILD. Auch Elber traf zweimal, aber das Los entschied für den Schweden.

Ein Schwede mit Köpfchen in M'Gladbacher Diensten: Jörgen Pettersson (rechts), im Verein seit der Saison 1995/96.

FACTS - FACTS - FACTS
News

Carsten Jancker, elffacher Torschütze in 21 Spielen, wurde im Klub-Magazin von den Fans mit 24,44 Prozent vor Mehmet Scholl (22,89) und Torwart Oliver Kahn (11,85) zum Bayern-Star der Vorrunde gewählt.

Für Bayern war es gegen den HSV der dritte Sieg in Serie, und das stets mit drei Toren. Zum zehnten Mal gelangen mehr als zwei Tore.

Bremens Harvard Flo erzielte das 2:1 gegen Bielefeld mit dem ersten Ballkontakt. Seine drei Tore gelangen ihm stets nach Einwechslungen.

Torschützenkönig Ulf Kirsten (Leverkusen) mußte nach seiner Foul-Sperre in Karlsruhe zum letzten Male zuschauen.

Mit Neu-Libero Manfred Binz setzte Dortmund bereits den 29. Spieler ein.

Horst Heldt war bei München 1860 bereits der siebente Kapitän in dieser Saison.

REPORT

Noch hat der HSV, seit 25 Jahren nie Letzter, 13 Spiele Zeit, den Abstieg zu verhindern. Aber die Rettungsversuche von Trainer Frank Pagelsdorf rufen doch manches Kopfschütteln hervor.

Der Fall Dembinski: Der Pole hatte mit Technik, Spielübersicht und fünf Toren überzeugt. Als er körperlich abbaute, setzte Pagelsdorf alle Hoffnung auf die Pause. Gegen Bayern saß Dembinski auf der Bank. Pagelsdorf: „Er ist der deutschen Sprache noch nicht so mächtig." Es spielte Spörl, genutzt hat´s nichts.

Der Fall Gravesen: Als der Däne zum HSV stieß, bot er Siegeswillen, Dynamik und ein freches Mundwerk. Von den Teamkollegen wegen letzterem kritisiert, flog er aus dem Team, trotz guter Vorbereitung. Kmetsch, noch gar nicht fit, verlor statt seiner viele Zweikämpfe. Gravesen, später eingewechselt, spielte dann total verunsichert.

Der Fall Golz: Wegen mangelnder Führungsqualitäten in der Hinrunde nur auf der Bank, wurde er nach guter Vorbereitung wieder Nummer 1. Doch gegen Bayern machte er fast mehr Fehler als Butt in der gesamten Hinrunde. Nun droht Golz das Spießrutenlaufen bei den Fans, die ihn ablehnen.

Der Fall Pagelsdorf: Im Trainingslager verwarf der Trainer die Variante mit zwei echten Manndeckern in der Dreierkette als „enormen Rückschritt". In München rannten Panadic hinter Jancker (ein Tor), sowie Böger, dann Fischer und später Hertzsch hinter Elber (zwei Tore) her.

Der Fall Yeboah: Viele Leute mit Sachverstand haben den HSV gewarnt, ihn zu verpflichten. Torwart Uli Stein, mit ihm bei Eintracht Frankfurt, in SPORT-BILD: „Die Wintermonate, das ist die Zeit, die ihm gar nicht behagt." Gegen den FC Bayern ließ Pagelsdorf Yeboah trotz Muskelproblemen und minus vier Grad auflaufen. Zur zweiten Halbzeit allerdings erschien der Ghanaer dann nicht mehr. Thomas Helmer, nach seiner Knieverletzung ohne Vorbereitung: „Ich brauchte mich nur hinter ihn zu stellen. Das reichte."

BORUSSIA IN NÖTEN

Um Spannungen abzubauen, tat Dortmunds Trainer Nevio Scala Bemerkenswertes: Er lud u. a. seine größten Kritiker Stefan Reuter und Jürgen Kohler, beide des Italienischen mächtig, zu einer Flasche Wein nach Hause ein. „Jetzt weiß ich", so Scala später, „was in der Mannschaft läuft." Beim nächsten Umtrunk sollten ihm die Spieler ausreden, weiterhin einen UEFA-Cup-Platz als Saisonziel auszugeben. Denn nun geht´s zweimal gegen die Bayern in der Champions League. Reicht´s dort noch zur Titelverteidigung? Wo doch nach dem 1:2 in Bochum klar ist: Es reicht nicht mal für Punkte beim Tabellenvorletzten.

Dortmunds Elf ist derzeit schwächer als die im Vorjahr. Des Geldes wegen wurden die EC-Sieger Riedle, Sousa, Lambert für 27 Millionen Mark verkauft. Geholt wurde braver Ersatz mit Decheiver und Binz. „Wir sind im Niemandsland", sagt Spielmacher Andreas Möller. „Wir müssen bei Null anfangen." Beim Hinweis auf Platz 11, drei Punkte vom Abstiegsrang entfernt, sagt Scala: „Es bringt nichts, von morgens bis abends auf die Tabelle zu schauen." Und bei Auswertungen hören die Spieler immer wieder: „Wir müssen arbeiten, arbeiten, arbeiten." Ist im Trainingslager aber richtig gearbeitet worden? Bochum hatte in Portugal einen mit Dortmund identischen Zeitplan. Kapitän Reuter nach dem 1:2: „Die Bochumer waren immer einen Schritt schneller, wirkten frischer." Die Startpleite war wie ein Offenbarungseid: Dortmund fehlte die alte Borussen-Tugend: Zweikampfstärke! Ex-Kapitän Michael Zorc: „Sie haben uns in den ersten zehn Minuten gezeigt, wie man spielen muß, wenn man unten steht." Und Stefan Reuter: „Wir sind nicht damit klargekommen, daß Bochum so variabel spielte." Dort hat man sich vom früheren Hurra-Fußball verabschiedet, zog sich zurück und konterte. Im eigenen Stadion.

Lang macht er sich ja, der Richard Golz, und doch ist's wohl vergebliche Liebesmühe - zumindest für den HSV!

ES LOHNTE SICH, AN TONI POLSTER ZU GLAUBEN.

1. FC Köln

Irgendwann wird es auch einem Anton Polster (33) zuviel. „Deutsche, österreichische, spanische und sogar ein chilenischer Reporter wollten wissen, wie es mit Köln weitergeht. Denen habe ich gesagt: Schaut ins Internet, da steht alles." Unter „www.toni-polster.at." hat der Kölner eine eigene Homepage. Aber dort kann er sein verrücktes Tor zum 3:2 gegen Gladbach auch nicht erklären. „Ich war ja minutenlang in der Luft, kann mich an nichts erinnern."
Trainer Günter-Lorenz Köstner zuckt mit den Schultern. „Wie der seine Tore macht, weiß nur der liebe Gott." Aber er macht sie. Neun in dieser Saison. Vier entschieden Spiele für die Kölner. Polster ist wie eine Versicherung gegen den Abstieg. Dabei ist er im Team nicht unumstritten. „Sein Auftreten, seine Witze, damit kann nicht jeder umgehen", so Köstner. Auch er wurde auf die Geduldsprobe gestellt, als Polster in neun Spielen nur einmal traf und er ihn sogar öfter auswechselte.
„Aber es hat sich gelohnt, an Toni festzuhalten." Der Mannschaft habe er klargemachen müssen: „Toni muß seine Freiheiten haben. Ihr müßt für ihn auch Wege laufen, dann wird er euch belohnen." Wie jetzt gegen Gladbach. Dafür übersieht der Trainer auch mal Verschnaufpausen. „Manchmal siehst du den Toni überhaupt nicht. Und dann, schwups, macht er wieder sein Tor."

ELBER MUSS SPIELEN „WIE EIN BRASILIANER"

Bayern München

Giovane Elber hatte keine Zeit, sein Blitztor (1:0 nach 11 Sekunden gegen den HSV) zu feiern. Am andern Morgen flog er in sein Glück, zur Nationalmannschaft. Die Operation „WM-Ticket" rollt. In den USA trainierte er das erstemal mit Brasiliens Team, Seite an Seite mit den Superstars Romario, Denilson. „Wunderbar! Jedes Training ist so schön wie ein Spiel. Beim Gold-Cup muß ich nun auch wie ein Brasilianer spielen." Taktische Disziplin und Laufbereitschaft weiß er vom FC Bayern her zu bieten, nun muß er Trainer Zagalo durch Tore überzeugen. Elbers Ziel: „Das Spiel in Stuttgart gegen Deutschland."

EINWURF

Die Bundesliga-Geschichte bekam einen neuen Rekordhalter bei den schnellsten Torschützen: Giovane Elber (FC Bayern)!
Hier die Spitze der Tempo-Tore:

11 Sekunden: Giovane Elber (FC Bayern) am 31.1.1998 gegen den Hamburger SV.
12 Sekunden: Dirk Zander (FC St. Pauli) am 12.4.1991 gegen den Karlsruher SC.
14 Sekunden: Ronald Worm (MSV Duisburg) am 12.10.1974 gegen den Hamburger SV.
15 Sekunden: Martin Dahlin (Borussia Mönchengladbach) am 22.3.1997 gegen Borussia Dortmund.
16 Sekunden: Uwe Wegmann (VfL Bochum) am 6.12.1992 gegen FC Bayern München.
Henryk Baluszynski (VfL Bochum) am 3.3.1995 gegen Werder Bremen.
Alexander Zickler (FC Bayern München) am 29.3.1997 gegen Werder Bremen.

MAGAZIN

PELÉ WIRD IN

München 1860

München 1860 wartet auf Pelé. Der ist nach Accra geflogen, um sich auf den Afrika-Cup vorzubereiten. „Ich bin alles für unser Team", berichtet Pelé. „Darum tut der Verband alles, um mich dazubehalten." Deswegen hat man Pelé auch den Paß abgenommen. Er kann nicht ausreisen. Manager Geenen: „Es war mit allen verabredet, daß er am Donnerstag anreist und direkt nach den Spielen in Rostock und Bielefeld zurückfliegt." Ghana will die verpaßte WM´98 beim Afrika-Cup korrigieren.

Schnell, schneller, am schnellsten - Giovane Elber!

CHRONIK

Heimstark: Nach 1:0- Führungen verlor Wolfsburg zu Hause noch nie.

Sparprogramm: Mit 25 Toren holte Schalke 36 Punkte. In elf Spielen gab es kein Gegentor.

Armut: Gladbach, nie ohne Minustor geblieben, hatte im Vorjahr zur gleichen Zeit nur einen Punkt mehr.

Kontraste: Duisburg blieb fünfmal ungeschlagen, Karlsruhe viermal ohne Sieg.

Misere: Bielefeld erspielte auf Reisen nur drei Punkte.

ERGEBNISSE

MSV Duisburg	1
Karlsruher SC	0
1. FC Kaiserslautern	3
VfL Bochum	0
Borussia Dortmund	3
VfB Stuttgart	1
Borussia M´Gladbach	0
Schalke 04	1
Hamburger SV	1
Hertha BSC Berlin	1
Arminia Bielefeld	1
München 1860	1
Bayer Leverkusen	4
Werder Bremen	1
Bayern München	2
Hansa Rostock	0
VfL Wolfsburg	1
1. FC Köln	1

TABELLE

1.	1. FC Kaiserslautern	22	15	4	3	46 : 26	+20	49 ●
2.	Bayern München	22	14	5	3	48 : 25	+23	47 ●
3.	Bayer Leverkusen	22	10	8	4	45 : 25	+20	38 ▲
4.	VfB Stuttgart	22	10	6	6	42 : 32	+10	36 ▼
5.	Schalke 04	22	9	9	4	25 : 19	+6	36 ●
6.	MSV Duisburg	22	9	5	8	27 : 26	+1	32 ▲
7.	Hansa Rostock	22	9	4	9	33 : 29	+4	31 ▼
8.	Werder Bremen	22	9	4	9	27 : 35	-8	31 ▼
9.	Hertha BSC Berlin	22	8	5	9	27 : 34	-7	29 ●
10.	Borussia Dortmund	22	7	7	8	37 : 33	+4	28 ▲
11.	VfL Wolfsburg	22	8	4	10	28 : 32	-4	28 ▼
12.	Karlsruher SC	22	6	7	9	33 : 40	-7	25 ●
13.	1. FC Köln	22	7	3	12	36 : 48	-12	24 ▲
14.	Arminia Bielefeld	22	7	2	13	27 : 35	-8	23 ▲
15.	VfL Bochum	22	6	5	11	25 : 36	-11	23 ▼
16.	Borussia M´Gladbach	22	5	7	10	36 : 42	-6	22 ▼
17.	München 1860	22	5	7	10	23 : 38	-15	22 ●
18.	Hamburger SV	22	5	6	11	26 : 36	-10	21 ●

Für das letzte Drittel hat sich eine Karnevals-Hierachie formiert: Dem Prinzenpaar (Lautern, Bayern) folgen Festkomitee (Bayer, VfB, Schalke) und Garde (von Duis- bis Wolfsburg), während vom (Liga-) Straßenrand das Fußvolk winkt, zwischen Karlsruhe und Hamburg von Wünschen und Kummer gebeutelt. Beim HSV bekränzt Präsident Uwe Seeler den ersten Punkt nach fünf Pleiten mit Treueschwüren für Trainer Pagelsdorf. Wie Grüße von anderen Sternen wirken dagegen die Heim-Serien von Leverkusen (22 Siege in 27 Spielen ohne Niederlage), Lautern (siebenter Sieg und 18:6 Tore), Bayern München (sechs Siege und fünf „zu Null"). Auf Schwaben-Rücken klettern die Dortmunder Borussen aus dem Keller und plätten dem VfB dabei letzte Titelhoffnungen.

ZEITLUPE

Manchmal muß man ja auch Fallwürfe beherrschen - so wie der Lauterner Michael Schjönberg (links) gegen Bochum.

Obwohl als Sportdirektor in Leverkusen nicht mehr auf dem Rasen, ist Rudi Völler (37) doch eine der beliebtesten Größen des deutschen Fußballs geblieben. Er wurde Weltmeister und schaut auf 90 Länderspiele, gewann mit Marseille den Europacup der Meister, hat in Italien gespielt und in 232 Bundesligaspielen für München 1860 und Werder Bremen 132 Tore erzielt. Völlers Meinung ist gefragt.

Leverkusen wollte 1996 Nevio Scala haben. Nun ist er in Dortmund, wo es drunter und drüber geht.

Die Probleme dort haben nichts mit Scala zu tun. Schon vorige Saison sind gewisse Dinge nur durch den Europacup-Sieg übertüncht worden. Da war schon absehbar, daß Borussia diesmal nicht um den Titel mitspielen würde.

In der Liga läuft doch ein „Ball paradox":

INTERVIEW

Titelverteidiger Bayern jagt Aufsteiger Kaiserslautern.

Lautern wird es jetzt schwerer haben, weil der Überraschungseffekt weg ist. Doch man tritt nun sehr selbstbewußt auf.

Otto Rehhagel, den sie aus Bremer Zeiten kennen, spielt das Titel-Thema stets herunter.

Er ist ein Schlitzohr. Otto denkt Tag und Nacht an den Titel und wird den Spielern ständig unter die Nase reiben, daß diese Chance für sie in den nächsten zehn Jahren so nie wiederkommt. Dieser Titel mit dem FCK wäre noch höher einzustufen als seine Meisterschaften und der Europacupgewinn mit Werder. Dann hätte er mit einem Aufsteiger alle Rekorde gebrochen. Wer als Trainer bei Bayern einen Fünf-Jahres-Vertrag unterschreibt, wird zwangsläufig zweimal Meister. Fast automatisch. Aber so etwas mit einem Aufsteiger - Otto ginge in die Geschichte ein.

Und müßte sofort zurücktreten.

Warum? Mit etwas Losglück wirst du eher Europameister als Deutscher Meister.

Daum und Rehhagel - da prallen doch Trainerwelten aufeinander.

Das stimmt. Allerdings können beide mit Spielern umgehen. Die Methoden sind unterschiedlich. Bei Christoph Daum läuft alles unter wissenschaftlicher Kontrolle. Otto Rehhagel kann mit Laktat-Tests nichts anfangen, läßt im Training den Ball rollen. Wenn es in Bremen zwei Tage geregnet hatte und der Platz naß war, wurde nicht trainiert, sondern gefrühstückt. Und es hat oft geregnet. Andi Brehme sagte mir, daß Otto es in Lautern genauso macht.

Wenn es nach Berti Vogts ginge, gäbe es bald nur noch einen Absteiger.

Da verstehe ich ihn nicht. Das wäre tödlich für die Bundesliga, weil die Spannung verlorengeht. In Italien gibt es die interessanteste Liga, weil dort sogar vier absteigen. Das will ich nicht, weil ich hier dafür gekreuzigt würde.

Was mißfällt Ihnen an der Liga?

Es ist alles so bierernst geworden. Es sollte heißen: Liga, lach mal wieder. Wenn Mehmet Scholl mal drei Scherze macht, kommt die kritische Frage: Wann wird der endlich erwachsen? Weil es um so viel Geld geht, wird alles tierisch ernst gesehen. Wer den Mund aufmacht, überlegt doch dreimal, ob das nicht irgendwann gegen ihn verwendet wird.

Die Namen Sammer und Klinsmann sind in aller Munde, obwohl beide nicht spielen. Was erhoffen Sie von beiden?

Ich hoffe, daß Matthias Sammer überhaupt noch einmal spielen kann. Er ist ein Vollblut-Fußballer, wie wir ihn in den letzten zwei Jahrzehnten nicht hatten. Andere hätten längst aufgegeben. Aber sein Ehrgeiz treibt ihn. Der Jürgen tut mir wegen seines Kieferbruchs ebenfalls sehr leid. Er war im Gegensatz zu mir immer ein Turnierspieler. Warum sollte er eine großartige Leistung in Frankreich nicht wiederholen? Sein Glück ist, daß Berti Vogts ihn deckt. Jürgen Klinsmann kann das Vertrauen mit Toren zurückzahlen.

„Wähle 333 on the telephone ..." war mal ein Hit - für Rudi Völler gehört das Telefonieren nun zum Alltag eines Sportdirektors.

TORSCHÜTZE DES TAGES
Jürgen Rische

Üblicherweise jubeln Spieler ausgelassen, wenn sie ein Tor erzielt haben. Dies umso mehr, wenn es gleich zwei sind, wie Kaiserslauterns Jürgen Rische (27) es beim 3:0 gegen Bochum schaffte. Sein dritter Saison-Doppelpack! Jürgen Rische aber schlich ohne die Miene zu verziehen über den Platz und sagte nur: „Einer muß halt die Tore machen." Der Stürmer, der bereits achtmal traf, ist trotz der Tabellenführung nicht fröhlich. „Es macht einen schon nachdenklich, wenn man nicht immer spielt." Auch gegen Bochum wurde Rische nur deshalb von Beginn an eingesetzt, weil Marschall wegen einer Erklärung fehlte. Trainer Rehhagel versuchte, ihn mit einem Extra-Lob bei Laune zu halten: „Besonders gefreut habe ich mich für Jürgen." Hintergedanke: Bei Marschalls Verletzungsanfälligkeit wird er Rische noch oft brauchen, wenn es mit der Meisterschaft klappen soll. Rische bescherte der Jugendabteilung seines Heimatklubs Glasseide Oschatz in Sachsen eine Prämie von 1000 Mark und einen Satz Trikots von der „Continentale" und von SPORT-BILD.

Bochumer Fußsticheleien können Torjäger Jürgen Rische nicht aufhalten ...

Willi Lemke hatte Mühe, die Beherrschung zu bewahren: „Schiedsrichter Fröhlich hatte einen Blackout. Wenn er jetzt was anderes behauptet, belügt er sich und ganz Fußball-Deutschland." Fröhlich hatte für Torwart Reck nach einem Foul an Nowotny Gelb-Rot gezogen, ohne ihm vorher eine Gelbe Karte gezeigt zu haben (82. min.). Fröhlich: „Das war ein Fehler, den ich korrigierte und wegen der Notbremse auf ‚Rot' entschied. Das habe ich den Spielern auch gesagt." Was die Bremer bestritten, die Leverkusener aber bestätigten. Zuvor war Reservist Uwe Harttgen aus dem Innenraum gewiesen worden. Er hatte sich um Reck gekümmert, der von einem Schokoladenriegel getroffen worden war. Fröhlich sprach von einer Beleidigung. Für Reck ging Stürmer Flo ins Tor und kassierte durch Beinlichs Freistoß noch das 1:4.

„solange kein Spiel mehr pfeifen, wie ich mir das alles nicht selbst erklären kann". Werder Bremen und die Schiris - das ist schon eine komische Geschichte. „Pauly, Pauly" rufen die Fans bei Fehlentscheidun-

„Wenn der Assistent einen Schiedsrichterfehler wie im Fall Reck bemerkt, muß er die Spielfortsetzung verhindern und notfalls auf den Platz laufen."

Schiri- Lehrwart Eugen Strigel

gen, in Erinnerung an jenen Mann, der 1988 mit (zugegeben) unglücklichen Entscheidungen das 0:1 im DFB-Pokal-Halbfinale gegen Frankfurt besiegelte. Ähnliches geschah im gleichen Jahr im Europacup der Landesmeister gegen AC Mailand. Sauer ist man auch auf WM-Schiedsrichter Bernd Heynemann, der Werder 1995 mit Fehlent-

REPORT

Werder forderte später die Spielwiederholung und den Verzicht auf Sperren für Reck und Harttgen. Schiedsrichter-Lehrwart Eugen Strigel sah keinen Regelverstoß: „Wenn das Spiel ruht, kann der Schiedsrichter jeder Entscheidung korrigieren." Der Berliner Lutz-Michael Fröhlich will scheidungen die Meisterschaft verbaut habe. Und nach Tumulten im Pokalspiel 1996 gegen Leverkusen hat der Magdeburger kein Werder-Spiel mehr gepfiffen. „So einen Skandal wie diesmal", so Lemke, „hatten wir noch nie. Da war das andere doch harmlos."

PLATZANGST Khodadad Azizi

Die Aufregung im Iran war groß: „Azizi nur Ersatz - warum?" fragten die Zeitungen. Und auch der Neu-Kölner war verwundert, als ihn Trainer Günter-Lorenz Köstner gegen Borussia Mönchengladbach und der VfL Wolfsburg zunächst nur auf die Bank setzte. Köstner: „Nach längerer Krankheit fehlte ihm noch die Kraft." Der Iraner schluckte es. „Ich akzeptiere das, aber ich war in meiner Karriere noch nie Einwechsler." Muß Azizi, zu Hause ein „Fußball-Gott", nun um seinen WM-Platz fürchten? Tomislav Ivic, der neue Nationaltrainer aus Kroatien, war als Beobachter in der Bundesliga und betonte: „Die Bielefelder Daei und Bagheri sowie Azizi aus Köln sind bei der Weltmeisterschaft in Frankreich unsere Schlüsselspieler. Denn unsere Stärken liegen im Mittelfeld und Angriff." Azizi-Berater Talebi warnt: „Kriegt Azizi in Köln zu wenig Spielpraxis, könnte Ivic ihn zu Testspielen einladen." Und dann würde Azizi dem FC gleich bei mehreren Spielen im Abstiegskampf fehlen. Nun brachte sich Azizi, in Wolfsburg eingewechselt, mit dem von den Kölnern enthusiastisch bejubelten Ausgleich wieder selbst ins Gespräch. „Ich würde gern in Köln bleiben", so der Iraner.

Kölns Iraner Azizi in Siegerpose nach dem wichtigen Treffer gegen die „Wölfe"

Torwart-Wechsel: Oliver Reck (links) übergibt an Feldspieler Havard Flo, der sogleich das 1:4 kassiert.

MAGAZIN

DIE VERFLIXTEN FREITAGSSPIELE

Bayern München

Wenn Freitagabend am Betzenberg das Licht angeht, leuchtet im Bayern-Quartier der riesige Fernsehschirm. „Es ist schon unglücklich, daß die immer vorlegen, und wir erst samstags den Abstand wieder verringern können", sagt Mehmet Scholl. Mit Basler und Hamann spielt er dann lieber Schafskopf. Uli Hoeneß darf nicht mehr in den Fernsehraum. „Als er hereinkam, lag Lautern zurück, schoß dann aber noch zwei Tore", erzählt Michael Tarnat. Die Entsetzensschreie verkünden sowieso, daß Lautern wieder führt. So, wie am Freitag, dem 5. Dezember, als Bayern am Betzenberg mit 0:2 unterlag. Spätestens seit dem letzten 3:0 gegen Bochum stellen sich alle die Frage: Kosten uns die Freitagsspiele den Titel? Denn der FCK ist bei Flutlicht nicht nur zu Hause hellwach (15 Punkte aus fünf Spielen), sondern holte auch auswärts 10 Punkte in vier Abendspielen. Und nun sind noch sechs seiner zwölf Spiele abends! Laut Spielleiter Hans Noack ist das korrekt: „Freitags spielen jene, die nicht im Europacup sind und keine Nationalspieler abstellen müssen. Als ich den Plan machte, traf das auf den FCK zu. Daß die Situation so pikant wird, war nicht absehbar." Bayern-Vize Karl-Heinz Rummenigge: „Wir können gar nicht freitags spielen, weil samstags mehr Zuschauer kommen." Tarnat: „Unter Druck sind wir am stärksten."

RYDLEWICZ HAT DEN STRESS SCHON ERLEBT

Arminia Bielefeld

Nach dem 1:1 klopfte 1860-Trainer Werner Lorant dem Bielefelder Rene Rydlewicz auf die Schulter: „Schönes Tor." Das war mehr als Fair play im Abstiegskampf. Unter Lorant wurde Rydlewicz bei 1860 U21-Nationalspieler. Gern wäre er dort geblieben, aber Bayer-Trainer Ribbeck wollte die Rückkehr. Aber unter Daum spielte er kaum. „Hier profitiere ich von meiner Zeit bei den Münchner ‚Löwen'. Den Abstiegsstreß kenne ich schon aus der Leverkusener Zeit und bin ganz ruhig."

BUCHWALD WILL SEINEN FRUST BEKÄMPFEN

Karlsruher SC

Die Karlsruher haben Weltmeister Guido Buchwald herzlich begrüßt und danach nur frierend auf der Reservebank erlebt. Ein Muskelfaserriß in der Wade zwickt den Japan-Heimkehrer. „Vor meinem Comeback habe ich mir zu viele negative Gedanken gemacht", ärgert sich der 1, 92-m-Riese. „Du bist 37 und fühlst dich fit. Aber die innere Angst vor einer Verletzung verunsichert nur." Bei einer einfachen Grätsche auf knüppelhartem Boden ist es dann passiert. Trainer Schäfer sucht Buchwalds Ehrgeiz zu bremsen. Aber dieser fühlt sich in der Pflicht. „Für 14 Spiele bin ich geholt worden. Ein Viertel ist fast rum, ohne daß ich gespielt habe." Bis zum Spiel gegen Lautern am 27. Februar will er wieder fit sein. „Mitte März kann man sich die Frage stellen, ob mein Comeback ein Fehler war."

BALAKOV PLANT DEN ABSCHIED

VfB Stuttgart

Mit seinem 1:3 in Dortmund dürfte Stuttgart alle Titelträume begraben haben. Das frustriert Krassimir Balakov (31). „Ich bin bald drei Jahre in Stuttgart. Es ist immer dasselbe: Wir spielen gut, aber irgendwann in der Saison kommt der Einbruch. Das ist kein Zufall mehr. Es gibt eine gewisse Grenze, die mußt du als Verein überschreiten können. Wenn ich aber das Gefühl habe, daß der Verein das nicht schafft, dann tschüß." Trotz des Vertrages bis ins Jahr 2002. Spieler seiner Qualität können solche Grenzen auf Dauer nicht akzeptieren. „Meine Grenze ist nur der erste Platz. Ich kann bei jedem Verein der Welt spielen, ob AC oder Inter Mailand. Hier aber fehlt es an allen Ecken und Enden. Ich frage mich und meine Freunde oft: „Will ich zu viel, bin ich zu ungeduldig?" Ohne Erfolg hat Balakov Verstärkungen gefordert. Das Kapital fehlt. Ein Balakov-Verkauf könnte dem VfB 20 bis 25 Millionen Mark Ablöse bringen. So viel Geld hat nur Bayern - wo Freund Elber spielt.

EINWURF

Der 1. FC Köln und der Hamburger SV sind die „Dinosaurier" der Bundesliga: Sie sind die letzten Gründungsmitglieder, die in 35 Jahren noch nie abstiegen. Aber jetzt sind beide in Abstiegsgefahr!

Von damals (1963/64) sind in der 35. Bundesliga-Saison wieder oben dabei: MSV Duisburg, Dortmund, Stuttgart, 1860 München, Schalke, Bremen, Kaiserslautern, Karlsruhe, Hertha.

Nur ein Verein, der 1964 abstieg, hat die Rückkehr nie wieder geschafft: Preußen Münster.

In der 2. Liga kicken derzeit Frankfurt, Nürnberg, in der Regionalliga Braunschweig und Saarbrücken, wo sich u. a. auch 1860 München, Hertha zeitweise tummelten.

Mit je fünf Anläufen halten der Karlsruher SC und Hertha BSC die Spitze bei den wackligsten Liga-Gründern.

Mit dem Kopf durch die Wand: Wosz (Bochum) kontra Lauterns Urgestein Roos (oben) Zu spät: Uwe Kamps (M'Gladbach) läßt den Ball abprallen, Schalkes Martin Max gelingt das einzige Tor.

Wenn das „Ich-muß-keinem-mehr-etwas-beweisen“ wirklich innere Überzeugung wird, dann ist der Zeitpunkt gekommen, die Bundesliga zu verlassen. Oder wie Andreas Brehme sagt, wenn er die Saisonvorbereitung mit Streß und Schwitzen vor Augen hat: „Da denkst du immer: Wann ist dieser Wahnsinn endlich vorbei?“ Demnächst brauchen sich einige große Persönlichkeiten, die der Bundesliga Gepräge gaben, diese Frage nicht mehr zu stellen.

RAINER S. WILD

ALTMEISTER Facts

Acht „Oldtimer“ kamen in der Bundesliga auf über 500 Einsätze. Von ihnen spielten Körbel nur für Eintracht Frankfurt, Kaltz nur für den HSV, Lameck nur für den VfL Bochum.

Die acht mit ihren Spielen, Rücktrittsalter, letztem Verein:

Karl-Heinz **Körbel**: 602/36/ Frankfurt.
Manfred **Kaltz**: 581/38/ HSV.
Klaus **Fichtel**: 552/43/ Schalke.
Mirko **Votava**: 546/40/ Bremen.
Klaus **Fischer**: 535/38/ Bochum.
Willi **Neuberger**: 520/37/ Frankfurt.
Michael **Lameck**: 518/38/ Bochum.
Uli **Stein**: 512/42/ Bielefeld.

EINMAL TUT´S NOCH WEH

FÜR BREHME, ZORC UND CO. DIE LETZTE SCHICHT

Auf 20 Jahre Borussia Dortmund kann Michael Zorc zurückblicken, der übrigens auch sieben Länderspiele für Deutschland absolviert hat - Premiere war am 16.12.1992 beim 1:3 gegen Brasilien in Porto Alegre.

Wenn selbst die Ehrenrunde nach dem Gewinn des Weltpokals zur Qual wird, ist es Zeit zu gehen. Spätestens da wußte Michael Zorc (35), daß es richtig war, im Beruf auf ein neues Spielfeld zu wechseln. Dortmunds dienstältester Profi witzelte später, er sei wohl „die langsamste Ehrenrunde der Vereinsgeschichte“ gelaufen. So kaputt sei er gewesen. Auch für Weltmeister Andreas Brehme (37) galt in der Vorbereitung für die Rückrunde: Einmal tut´s noch weh. Dann ist Schluß. Aus der Nationalelf werden sie nach der WM gleich reihenweise ausscheiden: Kohler, Klinsmann, Köpke, Thon.
Doch wichtig sind die Alten noch allemal. Zorc zum Beispiel. Er schoß für Borussia im Weltcup-Finale gegen Belo Horizonte das vorentscheidende 1:0. Wenig später spielte er in der Champions League. Im Training hatte er sich so ausgegeben, daß keiner sagen konnte „der Alte packt´s nicht mehr.“

„Ich habe Andy Brehme gesagt, daß wir ihn als Weltmeister achten, er sich aber in dieser Situation auch so verhalten muß. Andy wird als Weltmeister abtreten.“

Otto Rehhagel

Ansprüche stellt er nach über 450 Bundesligaspielen indes nicht mehr. „Es war immer meine Art, nicht allein an mich zu denken. Ich werde nicht aufmucken und erzählen, daß ich in die Mannschaft gehöre.“ Er findet Gefallen an der Idee, sich und dem Verein nach zwei Jahrzehnten treu zu bleiben, wohl als Sportdirektor. Eine „führende Position“ ist ihm vom Präsidium versprochen worden. „Nicht zu früh freuen“, sagt sich Zorc, von den Fans stets als „Susi“ gefordert und gefeiert ...
Solche Spieler werden von ihren Klubs nicht nur als Reservisten betrachtet, eher als die „Elder statesman“, wie in der Politik. So auch Andreas Brehme, Siegtorschütze im WM-Finale 1990. „Ich freue mich über ordentliche Kritiken nach einem Spiel“, sagt er. „Aber ich habe so viele schöne Sachen in meiner Karriere erlebt, da kommt es auf ein paar Bundesliga-Spiele mehr oder weniger nicht an.“ Inzwischen sind es 300. Brehme wollte schon zweimal Schluß machen. So 1996. „Aber da sind wir abgestiegen.“ Mit Brehme kehrte man zurück. „Doch so wollte ich denn auch nicht aufhören, sondern nochmal in der Bundesliga spielen.“ Nun ist er nur noch Rehhagels Mann für gewisse Spiele. So, wenn Libero Kadlec, der auch weggehen wird, ausfällt. Aber als Reservist müsse er sich nicht auf Bank setzen. „Da mache ich Platz für einen Jüngeren.“ Brehme ist von DFB-Präsident Egidius Braun angesprochen worden, „ob ich die Mexiko-Hilfe des DFB unterstützen kann. Das mache ich sehr gern.“
Wohl den Klubs, die solche Persönlichkeiten haben. Zorc suchte sich als Ersatzaufgabe, mit den Jungfüchsen wie But und Ricken „viel zu reden.“
Vom Spielführer zum Stand-by-Profi - Andreas Müller (35) von Schalke 04 sieht das als logischen Ausklang einer Karriere an. „Ich habe absolut keine Probleme, mich auf die Bank zu setzen. Ich muß keinem mehr etwas beweisen.“ Mit einer solchen Einstellung kann man es auf Schalke zu ansehnlichen Rekorden bringen. Klaus Fichtel war bei seinem letzten Spiel in Königsblau 43 Jahre, sechs Monate und zwei Tage alt. Sein Abgang erntete großen Respekt. Die Gelassenheit dieser „Oldies“ fehlt jenen Profis, die feststellen, daß ihre Karriere nicht so verlaufen ist, wie sie sich das vorgestellt hatten. Dann kann es unangenehm werden, für Team wie Spieler gleichermaßen. Reservist Roland Wohlfarth (35) hat es geschafft, beim VfL Bochum suspendiert zu werden. Ohne ein Saisonspiel bestritten zu haben, kritisierte er in einem Interview Trainer Toppmöller: „Er hat mich abgeschrieben und seitdem auf dem Kieker.“ Dabei hatte ihm der Trainer lange vor der Saison eröffnet, daß er ihn nicht brauche.

„Wenn ein Wechselspieler wie Andreas Müller nach langer Zeit in Berlin wieder ein Tor schießt, macht mich das besonders glücklich, weil es gut ist für ihn und für Schalke.“

Huub Stevens

Worauf Wohlfarth, von 1989 bis 1992 beim FC Bayern Torschützenkönig, Paragraph 11 zog und seinen Aufenthalt in Bochum um ein Jahr verlängerte. Jetzt probiert er es beim VfB Leipzig in der 2. Liga, wie auch Gunnar Sauer (33). Der war 1988 als „der neue Beckenbauer“ ins EM-Aufgebot geschlüpft, hatte aber beim EM-Gewinn keine Sekunde gespielt. Von Bremen zur Hertha gekommen, saß er dort zuletzt nur auf der Tribüne.
Kurioserweise kam Holger Fach (35) bei 1860 München zu Spielen und wurde sogar Kapitän, obwohl nicht mehr zu klären ist, ob ihm überhaupt daran gelegen war. Schon beim Wechsel von Düsseldorf zu 1860 war klar, daß dies sein Karriere-Ende wird. Fach sollte dann Co-Trainer von Lorant werden. Längst spielt er wieder bei Fortuna. Aber Co-Trainer will er noch werden. „Denn manchmal kotzt mich mein Job an. Dieses ganze Getue und Gerede drum herum - das muß ich mir nicht mehr lange antun.“

Die „großen Drei“ der Bundesliga, die es zusammen auf 1734 Einsätze bringen: Karl-Heinz Körbel, Manfred Kaltz und Klaus Fichtel (von oben)

CHRONIK

Nach seinem 10. Remis ist Schalke allein mit Leverkusen noch ohne Heim-Niederlage.

Nach neun sieglosen Spielen sprang der HSV mit 2:1 in Köln aus der Abstiegszone.

Der FCK stoppte den zu Hause zwölfmal unbezwungenen VfB und hat gegenüber FC Bayern 16:14 Siege.

In der Rückrunde sind allein Leverkusen, Duisburg und Schalke (mit dem 250. Remis in der Liga) bislang ohne Niederlage.

ERGEBNISSE

Karlsruher SC	0
Borussia Dortmund	1
Werder Bremen	2
MSV Duisburg	2
1. FC Köln	1
Hamburger SV	2
Schalke 04	1
VfL Wolfsburg	1
VfB Stuttgart	0
1. FC Kaiserslautern	1
München 1860	3
Bayer Leverkusen	4
Hansa Rostock	2
Arminia Bielefeld	1
Hertha BSC Berlin	2
Bayern München	1
VfL Bochum	3
Borussia M´Gladbach	1

TABELLE

1. FC Kaiserslautern	23	16	4	3	47:26	+21	52	●
2. Bayern München	23	14	5	4	49:27	+22	47	●
3. Bayer Leverkusen	23	11	8	4	49:28	+21	41	●
4. Schalke 04	23	9	10	4	26:20	+6	37	▲
5. VfB Stuttgart	23	10	6	7	42:33	+9	36	▼
6. Hansa Rostock	23	10	4	9	35:30	+5	34	▲
7. MSV Duisburg	23	9	6	8	29:28	+1	33	▼
8. Hertha BSC Berlin	23	9	5	9	29:35	-6	32	▲
9. Werder Bremen	23	9	5	9	29:37	-8	32	▼
10. Borussia Dortmund	23	8	7	8	38:33	+5	31	●
11. VfL Wolfsburg	23	8	5	10	29:33	-4	29	●
12. VfL Bochum	23	7	5	11	28:37	-9	26	▲
13. Karlsruher SC	23	6	7	10	33:41	-8	25	▼
14. Hamburger SV	23	6	6	11	28:37	-9	24	▲
15. 1. FC Köln	23	7	3	13	37:50	-13	24	▼
16. Arminia Bielefeld	23	7	2	14	28:37	-9	23	▼
17. Borussia M´Gladbach	23	5	7	11	37:45	-8	22	▼
18. München 1860	23	5	7	11	26:42	-16	22	▼

Der 23. Tag sollte die Liga verändern. So das Bayern-Planspiel: Lautern verliert in Stuttgart, wir siegen in Berlin und stürmen erstmals den Gipfel. Und aus dem Jubel schöpft die zum Tatort transportierte Hundertschaft aller Bayern-Angestellten neue Motivationen. Doch da spielt keiner mit. Spreegöttin Hertha „blamiert Bayern" (so Beckenbauer) und beendet eine 20jährige Siegpause, Stuttgart erleidet die 100. Heimpleite seiner Liga-Historie. Am Rhein löschen das 50. Gegentor und ein wiedererwachter HSV alle Lichter der 50-Jahr-Feier des 1. FC Köln. In München packen die Löwen brüllend mit 3:1 zu und fallen dann doch in die Leverkusener Fallgrube eines 3:4. Den Bochumern gelingen erstmals drei Tore, was Gladbachs Leidensweg weiter endlos erscheinen läßt.

ZEITLUPE

Eine Begegnung der besonderen Art: die Herren Thom (Hertha BSC) und Helmer (rechts/FC Bayern)

Trainer Otto Rehhagel und Ciriaco Sforza (27) haben schon 1996/97 beim FC Bayern zusammengearbeitet. Zuvor spielte der zweifache Schweizer Fußballer des Jahres beim FC Aarau, Grasshoppers Zürich und von 1993 - 95 beim 1. FC Kaiserslautern. Von München wechselte Sforza zu Inter Mailand, ehe ihn Rehhagel nach Lautern holte. Nach dem 1:0-Sieg in Stuttgart sind die Roten Teufel nun drauf und dran, den vierten Meistertitel nach Lautern zu holen.

INTERVIEW

Nach Großvereinen wie München und Mailand ist nun Kaiserslautern Ihr Klub. Sind Sie ein Provinzfürst?
Quatsch. In München hatten wir drei Spielmacher, und ich habe mich in die defensive Rolle drängen lassen. Das war ein Fehler, wie auch jener, Bayern zu verlassen. Damals gab es viel Unruhe, aber auf Dauer hätte ich mich durchgesetzt. In Mailand habe ich ein Jahr mit einem Haarriß im Schienbein gespielt. Das war falsch.

Was haben Sie sich zum Ziel gesetzt?
Als ich hier unterschrieb, habe ich mich gefragt: Warum sollen wir nicht das erreichen, was Dortmund geschafft hat? Bevor Ottmar Hitzfeld 1991 nach Dortmund kam, war Borussia auch Provinz. Damals dachte jeder, der Sforza ist verrückt. Heute sind alle heiß auf den Titel. Trotz fünf Punkten Vorsprung dürfen wir aber nicht anfangen, zu rechnen, sondern müssen von Spiel zu Spiel denken. Ich wäre total enttäuscht, wenn wir nicht in die Champions League kämen.

Alle Fans, außer denen der Bayern, freuen sich, daß der Aufsteiger vorn ist.
Für viele Fans ist Bayern ein Feindbild. Aber diesen Neid hat sich der Klub erarbeitet. Für unseren Verein ist dieser Nobelklub mit allen Möglichkeiten ein Vorbild. Zwischen uns liegen noch Welten.

Viele Fans werfen Ihnen vor, Gegenspieler zu provozieren, wie zuletzt Bochums Donkov, der sie schlug und vom Platz flog.
In SPORT-BILD hat Trainer Toppmöller gefordert, Bochums Spieler sollten mehr taktische Fouls begehen. Und was passiert? Donkov fliegt wegen einer Tätlichkeit vom Platz, und ich werde vom Opfer zum Täter. Ich finde das scheinheilig. Körpereinsatz, Zupfen und Zerren gehören zum Zweikampf, sonst hast du keine Chance. Wird die Grenze überschritten, muß der Schiedsrichter abpfeifen. Noch nie habe ich hinter seinem Rücken einen Gegner geschlagen oder angespuckt. Wenn das passiert, höre ich auf. Darauf mein Wort.

Wie kann ein Aufsteiger gleich um den Titel spielen?
Kaiserslautern war kein normaler Absteiger. Der FCK wurde auf jedem Platz gejagt. Da hat sich diese Sieger-Mentalität entwickelt. Als ich damals beim FCK spielte, hatten wir vom Papier her bessere Spieler. Doch heute paßt es besser zusammen.

Ist Rehhagel, dessen Training Sie in München kritisierten, auch heiß auf den Titel?
Natürlich. Je näher ein Spiel rückt, umso hektischer wird er. Doch er verliert nie den Kopf. Auch wir sollen immer den Verstand einschalten. In Sachen Training sind wir noch immer unterschiedlicher Meinung. Doch Otto hat Erfolg. Und in Lautern gibt es mehr Spaß als in München, wo kein Flachs blühte und keiner lachte. Hier ist Rehhagel auch ein anderer Mensch geworden, weil er nicht hinter jedem Baum einen Feind vermuten muß.

Für Otto Rehhagel wäre es das Größte, vor Bayern Meister zu werden.
Er hatte den FC Bayern ins UEFA-Cup-Finale geführt und wurde dann entlassen. Die Bayern haben ihn verletzt. Das steckt tief in ihm. Salopp gesagt: Wenn Rehhagel den Titel holt, wird Franz Beckenbauer verrückt. Otto aber hätte die Schmach von München getilgt. Von freitags bis sonntags hört man bei uns oft den Namen Bayern. Aber der Trainer beleidigt niemanden. Er hat Respekt vor dem FC Bayern.

Der Künstler in Diensten des 1. FC Kaiserslautern: Ciriaco Sforza

TORSCHÜTZE DES TAGES Michael Preetz

Besondere Zeiten (es ist Fasching) gestatten Besonderes: Nach dem 23. Spieltag kamen zwei Profis mit in die Verlosung um den Titel des Torschützen der Woche, die nicht damit gerechnet hatten: Bremens Jens Todt und Herthas Michael Preetz. Beide erzielten wie Rink (Leverkusen) und Agostino (1860 München) je zwei Tore. Daß ihre Bälle dabei je einmal im eigenen Netz landeten, soll keine Rolle spielen. Das Los fiel auf Preetz, sicher nicht unverdient. Denn er steht für die Wende bei Hertha. Bis zum 12. Spieltag stand sie am Ende. Preetz hatte noch kein Tor erzielt. Dann starteten die Berliner ihre Aufholjagd, und nun stehen sie auf Platz 8. Preetz traf bereits achtmal und damit einmal mehr als in den 61 Spielen für Düsseldorf und Duisburg. Gegen Bayern gelangen dem 30jährigen 1,92-m-Hünen vor 76000 Zuschauern das 1:0, für Covic´2:0 die Vorlage und auch Bayerns Ehrentor, per Kopf. Die Jugendabteilung seines Heimatvereins Düsseldorfer SC 99 freute sich in der Ferne und bekommt nun 1000 Mark und einen Satz Trikots.

Da kann man schon mal Küßchen verteilen, wenn es denn so gut wie bei Michael Preetz läuft.

FACTS - FACTS - FACTS
News

Nationalspieler Dieter Eilts (Bremen) beendete nach dreieinhalb Jahren seine Torflaute, die nach dem Stuttgart-Spiel am 12.11. 94 einsetzte.

Durch Gegentore von Oliver Bierhoff (jetzt Udinese) hatte der 1. FC Köln zu Hause gegen den HSV zuletzt am 10.9.1988 mit 1:2 verloren.

Dortmund gelang in Karlsruhe erst zum zweiten Male der zweite Sieg in Folge, während der KSC in fünf Begegnungen nur zwei Punkte und zwei Tore produzierte.

Wolfsburgs weiße Weste bekam durch Jann Jensen den ersten roten Fleck: Sein zweiter Feldverweis nach 1991. Damals spielte er für den 1. FC Köln.

Dem Rostocker Sergej Barbarez gelang das 600. Saisontor der Liga.

Der Kölner BC und Sülz 07 fusionierten am 13.2.1948 zum 1. FC Köln. Die Trikots vom 1968 gewonnenen Pokalfinale wurden diesmal nicht zum Erfolgsgaranten.

REPORT

Beim 3:4 gegen Bayern Leverkusen hat 1860-Trainer Werner Lorant eigentlich alles richtig gemacht. Den Ausfall von sechs wichtigen Profis kompensierte er mit einer cleveren Taktik und bewies mit Agostinos Einwechslung ein glückliches „Händchen". Der Australier traf zweimal. Die Schuld an der tragischen Niederlage trug in erster Linie Stopper Guido Gorges: „Zwei Tore gehen auf meine Kappe." So ist 1860 erstmals Tabellenletzter. Hat aber der Trainer nicht auch Schuld? „Ja", sagt Thomas Miller (35), von 1989 bis 1997 als Kämpfer ein Symbol für den Aufstieg aus der Bayern- in die Bundesliga. Heute wieder Finanzbeamter, macht er sich große Sorgen. „Lorant trägt vor allem die Schuld an der Misere. Er dachte, sein Erfolg würde sich immer weiter fortsetzen. Er hat aber die Falschen aussortiert." Damit meint er Bernhard Trares (nach Bremen), Rainer Berg (Nürnberg), Peter Nowak (Chicago), Manfred Schwabl (entlassen). Miller: „Diese vier bildeten den Kern. Mit ihnen wurde 1860 das Herz herausgerissen." Weil Fußball-Malocher wie Trares für die Tugenden der Löwen standen: kämpfen, kratzen, beißen.

Damit ist es vorbei. Denn seit zwei Jahren geht Lorant offenbar den falschen Weg. Um dem von Präsident Wildmoser vorgegebenen Ziel Champions League näherzukommen, setzte ausgerechnet er, als Fußballer selbst ein Malocher, auf Techniker. Neben Trares und Co. mußten Dauerrenner wie Dowe (heute Rostock) oder Hamann (Neuchatel) gehen. Dafür kamen Dribbelkünstler wie Horst Heldt, Abedi Pele, Ned Zelic. Aber die Künstler brachten dem einstigen Arbeiterverein kein Glück. Die Ernennung des phlegmatischen Holger Fach zum Kapitän erwies sich als Irrtum (er floh heim nach Düsseldorf), dem gleich ein zweiter folgte: Lorant ernannte den bei Fans und Mitspielern unbeliebten Manfred Bender zum Spielmacher. Seitdem ist auch Benders letztes Fünkchen Kampfgeist erloschen. Im Abstiegskampf droht München 1860 mit seinen „Zauberern" jedoch unterzugehen.

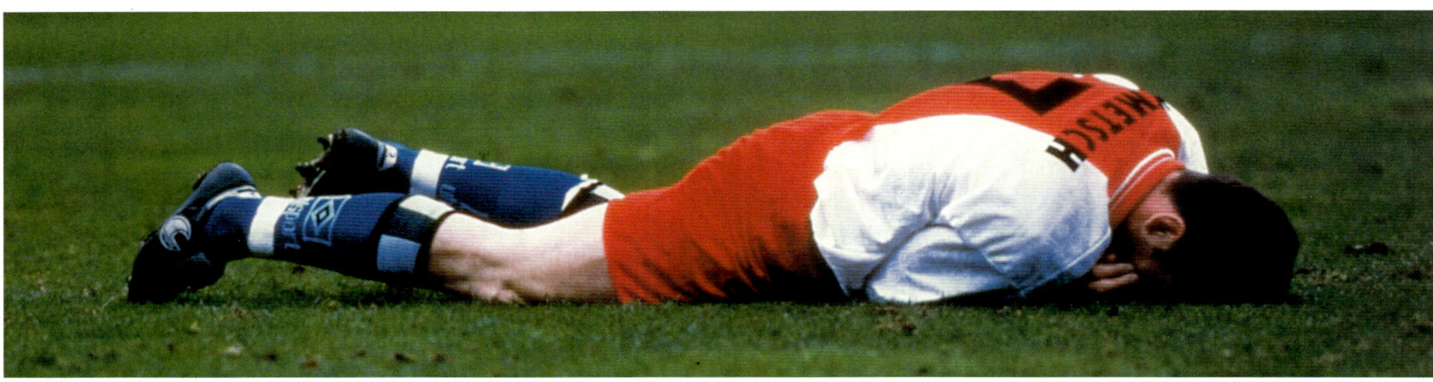

KMETSCH ATMET AUF

Endlich lachte für Sven Kmetsch (27) mal wieder die Sonne. Nach dem 2:1-Sieg in Köln flog der HSV-Kapitän mit der Nationalelf in den Oman. Er ließ die Krise in Hamburg hinter sich. „Es war die härteste Zeit meiner Karriere." Denn in Hamburg wurde er gnadenlos ausgepfiffen, als sein Wechsel nach Schalke für die kommende Saison feststand. „Ich habe ja auch nur ganz normale Gefühle. Es war schrecklich." Kmetsch fühlte sich als einer hingestellt, „der nur noch das Dollarzeichen in den Augen hat. Natürlich hat bei dem Wechsel auch das Geld eine Rolle gespielt. Aber ich habe auch noch Ziele als Sportler, möchte die Meisterschale in der Hand halten." Trainer Frank Pagelsdorf verbannte Kmetsch wegen unprofessionellen Verhaltens auf die Bank, womit der Ex-Dresdner zum Sündenbock gestempelt wurde. „Der Trainer hat vielleicht nicht mit einem so extremen Verhalten der Fans gerechnet", sagt Kmetsch heute. „Dabei hatte ich mich vor dem Spiel gegen Dortmund gerade gegen Borussia entschieden."

Eine Quelle der Misere ist für Sven Kmetsch auch der Aderlaß beim HSV. „Normal ist es, wenn drei, vier Leute gehen. Aber wenn das ganze Jahr über 15 oder mehr Spieler kommen und gehen, dann macht das natürlich Schwierigkeiten. Zudem gibt es durch die vielen Ausländer Sprachprobleme egal, ob in der Kabine oder auf dem Platz. Da ruft man, ‚geh kurz!' oder ‚mach zu!' und nichts passiert. Dadurch läuft man auch viele Wege umsonst. Die Integration brauchte Zeit und hat dann auch geklappt. Viele Neue beleben den Konkurrenzkampf. „Sven Kmetsch hat beim HSV noch ein wichtiges Ziel. „Ich will nicht mit dem Makel dastehen, Kapitän jener HSV-Mannschaft zu sein, die erstmals abgestiegen ist. Der Klassenerhalt ist für mich eine Frage der Ehre."

Hoffentlich hat sich Jung-Nationalspieler Sven Kmetsch richtig entschieden - für Schalke 04 und gegen den HSV ...

MAGAZIN

KEINE GEDULD MEHR MIT SEAN DUNDEE
Karlsruher SC

„Ich kann ihn der Mannschaft nicht mehr zumuten", sagt KSC-Trainer Winfried Schäfer. Sean Dundee ist beim Spiel gegen Kaiserslautern erst einmal draußen. Kleinlaut und blaß hörte sich der Stürmer die Kritik an, auch den angestauten Ärger der Mannschaft. Da war er plötzlich mit weißblond gefärbten Haaren erschienen. „Ein Zeichen des Wandels", hofften alle. Tatsächlich spielte Dundee im Training locker auf. Doch vor dem Dortmund-Spiel ließ er sich die Haare wieder dunkel färben - und auch sonst war wieder alles beim alten. Vor allem über Dundees Verhalten während seiner Bundeswehr-Grundausbildung hatten die Mitspieler den Kopf geschüttelt. Der eingedeutschte Südafrikaner hatte Termine verschlampt, sich vor dem Dienst drücken und von den Mitarbeitern des Vereins hofieren und chauffieren lassen wollen. „Wir haben Sean durch den Grundwehrdienst getragen." Dieser Satz eines Funktionärs wurde zum geflügelten Wort. Ein anderer glaubt: „Ohne Vereinshilfe hätte Dundee die meiste Zeit im Bau gesessen." Wegen grober Dienstverfehlungen. „Was geht in dem Jungen bloß vor. Ich werde noch verrückt mit dem Kerl", stöhnt Trainer Schäfer. Auch er ist mit der Geduld am Ende. Und beim KSC gilt nach dem 0:1 gegen Dortmund Alarmstufe 1. Der Abstiegsrang ist nur noch zwei Punkte entfernt.

DER NACHWUCHS MUSS NOCH WARTEN
Schiedsrichter

Trainer, Spieler und Fans sind sich einig: Selten war der Abstiegskampf gnadenloser. Das bringt auch Schiedsrichter-Obmann Volker Roth bei der Ansetzung der Spielleitungen Probleme. „Eigentlich wollte ich zu diesem Zeitpunkt schon die Besten der 2. Liga testen. Aber die Spiele sind zu brisant. Das würde die jungen Schiedsrichter unnötig unter Druck setzen." Und so müssen sich die Herren Wack (Gersheim), Weiner (Ottenstein), Gettke (Haltern), Wezel (Dußlingen), Dr. Fleischer (Neuburg) noch gedulden.

UEFA-CUP FÜR DIE BERLINER EIN THEMA
Hertha BSC

Im Oktober noch Letzter mit Sicht auf die 2. Liga. Vier Monate später herrscht nach einem furiosen 2:1 gegen Bayern und 20 Punkten aus zwölf Spielen Ratlosigkeit: Wo soll das enden? Manager Dieter Hoeneß: „Wir planen noch zweigleisig. So über sich hinauszuwachsen, geht nicht jedesmal." Jürgen Röber, der Trainer: „Ab 35,36 Punkte können wir auch an den UEFA-Cup denken." 32 hat man schon. Alle fünf Konkurrenten müssen noch nach Berlin: Rostock, Stuttgart, Schalke, Bremen, Duisburg. Und dort hat Hertha schon Lautern und Bayern geschlagen. Über den UI-Cup könnte man sich ja auch qualifizieren.

EINWURF

Jedes zehnte Tor wurde von eingewechselten Spielern erzielt, 62 von 619! Dem Australier Paul Agostino (1860 München) und dem Brasilianer Paulo Rink (Leverkusen) gelangen am 23. Tag sogar zwei. Agostino, ab der 65. Minute für Hobsch im Spiel, traf mit der ersten Ballberührung zum 2:1 und mit der zweiten zum 3:1 (70.). Zum Leidwesen der Münchner machte Rink, in der 33. Minute für Meijer gekommen, ihm das später nach, und Leverkusen gewann noch 4:3.
Der erfolgreichste „Joker" der Liga aber ist Igor Pamic vom FC Hansa. Der kroatische Hüne (1,91/95 kg) erzielte vier seiner fünf Tore nach Einwechslungen. So auch das 2:1 gegen Bielefeld. Er kommt erst, wenn sich Hansas Kontertaktik nicht ausgezahlt hat. Die erfolgreichsten „Joker" nach ihm: Agostino, Rink, Flo (Werder), Raducioiu (VfB), Juskowiak (Gladbach) je 3 Tore. Hansa, Gladbach, 1860 schossen schon je sechs Einwechslertore, Hertha und Bochum noch keines!

„Ich will nicht nur der ewige Joker sein!" scheint die Geste von Igor Pamic zu bedeuten. Muß er ja nicht, wenn er denn Hansas Trainer Ewald Lienen durch Leistung beeindruckt ...

CHRONIK

Für die Bayern war es die zweite Heim-Niederlage nach dem 0:1-Auftakt gegen Lautern.

Nach achtfacher Erfolglosigkeit konnten Münchens „Löwen" wieder mal feiern.

Das 0:0 gegen Bielefeld läßt Leverkusens imposante Serie von 28 Heimspielen ohne Niederlage unangetastet.

Im Südwest-Derby stoppte der KSC den zu Hause siebenmal siegreichen FCK, der zuletzt auch 1996 torlos blieb.

ERGEBNISSE

1. FC Kaiserslautern	0
Karlsruher SC	0
Borussia Dortmund	2
Werder Bremen	2
Borussia M´Gladbach	0
VfB Stuttgart	0
VfL Wolfsburg	0
VfL Bochum	2
Hamburger SV	1
Schalke 04	1
Bayern München	0
1. FC Köln	2
Bayer Leverkusen	0
Arminia Bielefeld	0
MSV Duisburg	0
München 1860	2
Hertha BSC Berlin	1
Hansa Rostock	1

TABELLE

1. FC Kaiserslautern	24	16	5	3	47:26	+21	53	●
2. Bayern München	24	14	5	5	49:29	+20	47	●
3. Bayer Leverkusen	24	11	9	4	49:28	+21	42	●
4. Schalke 04	24	9	11	4	27:21	+6	38	●
5. VfB Stuttgart	24	10	7	7	42:33	+9	37	●
6. Hansa Rostock	24	10	5	9	36:31	+5	35	●
7. MSV Duisburg	24	9	6	9	29:30	-1	33	●
8. Hertha BSC Berlin	24	9	6	9	30:36	-6	33	●
9. Werder Bremen	24	9	6	9	31:39	-8	33	●
10. Borussia Dortmund	24	8	8	8	40:35	+5	32	●
11. VfL Wolfsburg	24	8	5	11	29:35	-6	29	●
12. VfL Bochum	24	8	5	11	30:37	-7	29	●
13. 1. FC Köln	24	8	3	13	39:50	-11	27	▲
14. Karlsruher SC	24	6	8	10	33:41	-8	26	▼
15. Hamburger SV	24	6	7	11	29:38	-9	25	▼
16. München 1860	24	6	7	11	28:42	-14	25	▲
17. Arminia Bielefeld	24	7	3	14	28:37	-9	24	▼
18. Borussia M´Gladbach	24	5	8	11	37:45	-8	23	▼

Welch ekliges Wochenende. Kälte, Regen, Hagel - und festgefrorene Tor-Maschinerien. Wer vor eigenem Publikum rennen mußte, war am schlimmsten dran. Sechs trafen gar nichts. Nicht ein Heimsieg! Dreimal quälte man sich sogar torlos über die 90 Minuten. 320 700 Unentwegte (dreimal ausverkauft!) hatten mehr verdient als 14 Treffer. Den drei 2:0-Triumphatoren gehört deswegen ganz besonderer Applaus. Allen voran die Kölner, die nach 16 Jahren wieder mal in der Höhle der (völlig schockierten) Bayern siegten. Vornweg bei der Revolte der Kellerkinder waren auch Bochum in Wolfsburg, 1860 in Duisburg, Bielefeld in Leverkusen. Im Ost-Derby reparierte eine ausfallgeplagte Hertha die 0:4-Hinspiel-Tragödie von Rostock mit einem 1:1 so halbwegs.

ZEITLUPE

Das war dann die endgültige Entscheidung gegen die Bayern: Kölns Azizi wuchtet den Ball per Kopf unhaltbar für Torwart Kahn zum 2:0 ins Netz.

Geboren in Karlsruhe, ist Oliver Kahn (28) auch beim KSC von 1975 bis 1994 aufgewachsen. Dann sicherte sich der FC Bayern für eine Ablösesumme von 4,8 Millionen Mark den bislang teuersten Torwart. Mit Bayern wurde Kahn Meister und UEFA-Cup-Sieger und drängt voller Ehrgeiz darauf, die Zahl von bislang acht Länderspielen (Stand März) aufzustocken. Der designierte Köpke-Nachfolger in der National-Elf glaubt trotz der Bayern-Misere auch weiter an den Titelgewinn.

Wie haben Sie nach dem 0:2 gegen Köln geschlafen?
Ich schlafe immer gut, auch wenn es ärgerlich war, so unglücklich zu verlieren.
Könnte der Tanz auf drei Hochzeiten - Meisterschaft, Champions League, DFB - Pokal - für Bayern zu viel sein?
Ich beschäftige mich nur mit positiven Dingen. Den Pokal können wir doch bis zum 16. Mai streichen. Also sind´s nur zwei Hochzeiten. Da können wir Vollgas geben.

INTERVIEW

Meinen Sie nicht, daß Kaiserslautern praktisch Meister ist?
Wer uns abschreibt, macht einen großen Fehler. Wir dürfen nicht mal aufgeben, wenn Lautern rechnerisch nicht mehr einzuholen ist. Wegen der Champions League brauchen wir Platz 2. Je mehr Druck, desto überzeugter bin ich, daß wir gewinnen.
Warum schwärmt Trainer Trapattoni von Bayerns Ordnung?
Wenn wir sie einhalten, sind wir kaum zu schlagen. Wir verlieren sie nur zwischendurch. Ein bißchen Show muß sein, aber die Leistung darf nicht leiden.
Bremst Trapattoni die Mannschaft, wenn sie führt?
Nein. Seine Philosophie von Offensive ist kontrolliertes Spiel, nach vorn und zurück. Mit zehn, die blind nach vorn rennen, schießt du drei Tore, bekommst aber fünf.
Hat er Autoritätsprobleme wie seine Vorgänger?
Er hat die Mannschaft im Griff, ohne künstlich autoritär zu sein. Er hat eine menschliche Autorität, die immer da ist.
Warum holt Bayern nicht einen Ronaldo oder Balakov?
Alles muß im wirtschaftlichen Rahmen bleiben. Außerdem garantiert ein 50-Millionen-Mann noch nicht den Erfolg. Juventus, Real leben vom Gesamtkader. Man braucht 20 sehr gute, denn du kannst nicht mal beim 18. im Vorbeigehen gewinnen.
Sie sprechen von Aggression. Das hört sich martialisch an, nach Grasfressen und In-den-Pfosten-beißen.
Torwartspiel bedeutet Emotion, lautstark und engagiert aufzutreten. Das ist keine negative Aggression, sondern voller Einsatz im Spiel und Training, mit dem Kopf hundertprozentig da sein und kein sinnloses In-die-Beine-grätschen.
Es hat den Anschein, daß es den Torleuten im Spiel immer schwerer gemacht wird. Wie sehen Sie das?
Die Herausforderungen werden tatsächlich immer größer. Rückpaß-, Vier-Schritte-, Sechs-Sekunden-Regel, ein neuer WM-Ball, der noch schneller fliegen soll und danach auch in die Bundesliga kommt. Dadurch wird das Trainingspensum größer, denn man muß noch schneller reagieren und fliegen. Konstant hohes Niveau erfordert harte Arbeit.
Was kommt dann noch?
Vielleicht wird unser Kasten vergrößert, damit mehr Tore fallen. Unsere Fehlgriffe entscheiden oft über Vereins-Existenzen, Millionen-Einnahmen, Titel oder Abstieg. Durch die gefordert hohe Konzentration sind oft schnell drei Kilo weg.
Illgner und Köpke spielen in Madrid und Marseille. Klos und Lehmann wollen auch weg. Und Sie?
Sportlich interessiert mich außer Milan, Real, Barcelona wenig. Eine charakterliche Weiterentwicklung im Ausland ist reizvoll. Aber mit Bayern in die europäische Spitze zu kommen auch.

Ein Torwart versteht die Welt nicht mehr und bittet um Hilfe: Oliver Kahn.

TORSCHÜTZE DES TAGES
Thomas Gravesen

Die Freude über den großartigen Weitschuß zum 1:1-Ausgleich gegen Schalke 04 war schnell verflogen. Was nützt das schönste Tor, wenn auch im siebten Heimspiel hintereinander nicht gewonnen wird? Thomas Gravesen ging es wie seinen HSV-Teamkollegen. Er wußte, „das war heute zuwenig." Dabei müßte der Däne eigentlich ganz zufrieden sein, darf er doch seit zwei Spielen wieder auf seiner Lieblingsposition als Libero spielen. Vorher war er nach der Winterpause sogar kurzzeitig aus der Stammelf geflogen. Doch Gravesen geizt jetzt öffentlich mit seinen Gefühlen. Die erfrischenden Zeiten als „Hümörbombe" sind leider vorbei. Mannschaft und Trainer trichterten ihm in der Winterpause ein, mehr Respekt gegenüber den Mitspielern zu zeigen und nicht, so Pagelsdorf, „egal, in welcher Situation, immer nur lustig zu sein." Der Däne hat seine Lektion offenbar gelernt. Durch sein Tor aber darf sich die Jugendabteilung von Vejle BK, Gravesens Heimatverein, über 500 Mark und einen Satz Trikots, gestiftet von der „Continentale" und SPORT-BILD, freuen.

Hamburgs Däne Thomas Gravesen kann nicht nur Schneewalzer tanzen, sondern auch Tore schießen. Die geballte Faust signalisiert: „Na, wie habe ich das gemacht?!"

FACTS - FACTS - FACTS
News

Herthas Ehrenpräsident Heinz Roloff ist 84jährig verstorben. Er sanierte ab 1986 als Präsident den hochverschuldeten Verein, der sogar aus der 2. Liga abgestiegen war. 1990 war man wieder erstklassig, wenn auch nur für ein Jahr. 1994 trat Roloff ab.

Der letzte Stuttgarter Treffer liegt 207 Minuten zurück. Fünf Spiele hintereinander sieglos - das passierte dem VfB zuletzt im Mai 1996 mit sogar zehn erfolglosen Begegnungen.

Leises Hoffen an der Alster: Nach fünf Heimniederlagen erreichte der HSV wenigstens das zweite 1:1 in Folge im Volkspark-Stadion. Doch zum zehnten Male rannte man einem 0:1 hinterher.

Ausgerechnet in Leverkusen schaffte es Bielefeld, nach 16 Spielen mal kein Gegentor zu kassieren.

Welch Rostocker Wandel: Vor einem Jahr nach 24 Spielen Vorletzter mit 21 Punkten, jetzt Sechster mit 35 Punkten.

Glücklicher Andy Herzog: Erstmals nach dem 9. August traf er für Werder wieder. Dazwischen lag die lange Operationspause.

REPORT

Nach dem trost- und torlosen Gekicke gegen Stuttgart tagte das Gladbacher Krisen-Management mit Präsident Jacobs, seinen Vertretern Waltherscheidt und Bocks sowie Manager Rüssmann. Ergebnis: Trainer Norbert Meier, der bislang katastrophale 5 von 21 Punkten holte, darf weitermachen. Ein Insider dazu: „Die Chance, daß Meier am Sonnabend in Karlsruhe auf der Bank sitzt, ist zwar größer, als daß er vorher entlassen wird. Aber darauf wetten würde ich nicht.“ Meier später selbst: „Wenn wir in Karlsruhe verlieren, bin ich nicht mehr der Trainer.“

Zwar weiß auch Jacobs, daß Meier nur die Mißwirtschaft seiner Vorgänger und des Managers verwalten kann. Aber er sagt: „Für mich ist die Frage entscheidend: Hat Meier die Autorität, einen komplizierten Kader, wie wir ihn haben, nach vorn zu führen. Ich persönlich halte viel von ihm.“

Überlegungen gab es, Manager Rüssmann in der wichtigsten Phase der Vereinsgeschichte zum Interims-Trainer zu bestimmen. Jacobs: „Einen Pseudo-Trainer Rüssmann wird es nicht geben. Ich kann mir nicht vorstellen, daß er das mitgemacht hätte.“ Der Name Rüssmann aber steht auch für die schlechte Einkaufspolitik der letzten Jahre. „Die jetzige Situation ist ja die Folge einer langfristigen Entwicklung“, so Jacobs. Reden halten will er nicht mehr. „Ich mache mich doch lächerlich, wenn ich jeden dritten Tag einen Hirtenbrief von mir gebe. Der Trainer muß die Mannschaft zum Kämpfen bringen.“

Kaum einer glaubt, daß bei einem Abstieg die sofortige Rückkehr wie die von Kaiserslautern möglich wäre. Spieler wie Effenberg, Pflipsen, Andersson, Pettersson wären nicht zu halten. Der Ausverkauf würde auf Jahre den Abschied von der Bundesliga wie auch vom ehrgeizigen Stadionprojekt bedeuten. Die Super-Arena wäre dann nicht zu realisieren. Wirtschaftsstudien ergaben, daß Mönchengladbach für eine Image-Kampagne rund 230 Millionen zahlen müßte. Dafür aber sorgen schon jährlich 130 TV-Stunden über die Borussia. So ist auch Mönchengladbach von der Borussia abhängig. Jacobs: „Jetzt gibt es nur noch das Problemfeld Abstiegskampf. Wer mit anderen Problemen zu mir kommt, wird rausgeschmissen.“ Jacobs´ Vorgänger Karl-Heinz Drygalski aber ist nach seinem Abgang nicht wieder im Stadion gesehen worden. „Meine Dauerkarte hat mein Bruder, und ich leide samstags am Radio.“

Es gibt 0:0-Spiele, die bleiben unvergeßlich - jenes am Bökelberg gehört nicht dazu, trotz des verbissenen Zweikampfes zwischen Stuttgarts Poschner & M'Gladbachs Effenberg (rechts).

REIMANNS SORGEN UM DEN TEAMGEIST

VfL Wolfsburg

Trainer Will Reimann ist in seiner langen Karriere noch nie abgestiegen. Viele garantierten ihm das vor Saisonbeginn mit dem VfL Wolfsburg. Aber das Team rangierte bislang noch nie auf einem Abstiegsplatz. Doch die ersten vier Heimspiele der Rückrunde brachten keinen Sieg, nur zwei Remis. Weil der kecke Aufsteiger nach dem 0:2 gegen Bochum offensichtlich Nerven zeigt, zieht der Trainer die Notbremse. „Vor der ganzen Mannschaft und in Vier-Augen-Gesprächen werde ich klarmachen, daß nur noch das Punktesammeln zählt. Gegen Bochum haben wir schon in der Vorbereitung verloren. Das Spiel war die ganze Woche kein Thema. Es ging nur um Einzel-Schicksale. Die Konzentration fehlte.“ Er mache sich große Sorgen um den Teamgeist. Spieler wie Tomcic und Spies hatten sich öffentlich über fehlende Perspektiven beklagt. Zudem wird permanent spekuliert, ob die Leistungsträger Keller und Präger ihre Verträge verlängern. Daß Libero Keller einen Elfmeter verschoß, ist für Reimann ebensowenig Zufall wie die Leistung von Präger. Willi Reimann: „Er hat sich in der zweiten Halbzeit nicht engagiert und zeigte sein schlechtestes Saisonspiel. Wenn wir dauernd verl eren, steigt der Marktwert der Spieler bestimmt nicht.“ Wohl wahr, aber Keller und US-Star Claudio Reyna können beim Abstieg gehen, sagen ihre Verträge.

SCALAS WUTAUSBRUCH GING INS LEERE

Borussia Dortmund

Nach der gegen Bremen mit 2:2 verpatzten Generalprobe für das Champions League-Spiel gegen Bayern ist Trainer Nevio Scala ausgerastet: „Arrogant“, „schlecht“, „überheblich“ seien die Borussen. „Das lasse ich mir nicht bieten. So müssen wir nicht nach München fahren. Wir fahren jetzt ins Trainingslager. Sofort!“ Noch während der Pressekonferenz holte sich Manager Meier per Handy die Absagen der Hotels in Dortmunds Umgebung ein. Alle waren wegen des Schulz-Boxkampfes belegt. Meier: „Tut mir leid, Nevio.“ Die Dortmunder Borussen fuhren also doch noch heim zu ihren Frauen und Kindern.

EINWURF

Die Iraner in der Bundesliga könnten bald ein Quartett sein. Borussia Dortmund steht in Verhandlungen mit dem 20jährigen Mehdi Mahdavikia von Pirouzi Teheran. Der Flügelstürmer wurde bei der asiatischen Champions League nach zwei Spielen als Bester des Turniers geehrt.
Borussia hätte nach der WM ´98 mit diesem Nationalspieler sicher weniger Sorgen als Köln zur Zeit mit Azizi (Siegtorschütze in München!) und Bielefeld mit Ali Daei und Bagheri. Der iranische Verband forderte sie für ein Trainingslager vom 10. bis 23. März in der französischen Bretagne an.
Bielefelds Trainer Ernst Middendorp: „In der Hinrunde habe ich wegen der WM-Qualifikation über drei Monate auf die Herren verzichtet. Es ist abgemacht, daß sie mir bis Saisonende zur Verfügung stehen. Ich baue nur noch auf Spieler, die wissen, wofür sie sich voll einzubringen haben. Jetzt zerreißt euch für den Verein, von dem ihr euer Geld kassiert.“

MAGAZIN

LEHMANNS PROTEST WAR ÜBERFLÜSSIG

Schalke 04

Schalkes Torwart Jens Lehmann beschwerte sich lautstark, daß er vor dem 1:1-Treffer in Hamburg behindert worden sei. Dem widerspricht Schiedsrichter-Lehrwart Eugen Strigel: „Lehmann wurde außerhalb des Torraumes angerempelt. Dort gilt der Torwart im Kampf um den Ball aber als Feldspieler.“ Eine ganz andere Situation: Stefan Klos (Dortmund) wurde von Heimo Pfeifenberger (Werder) im Torraum angegangen. Das daraus vom Bremer Mittelfeldspieler erzielte Tor wurde anulliert.

Es wird zwar eng für Leverkusens Keeper Heinen, aber Bielefelds Ali Daei kann letztlich nicht mehr eingreifen.

CHRONIK

Zu Hause sind immer noch ungeschlagen: Schalke 04, Bayer 04.

Durch Spörls Feldverweis in Bochum hat der HSV nun die meisten (7) vor Bochum (5).

Spitzenreiter FCK blieb durch das 1:1 im neunten Spiel gegen Werder Bremen ohne Sieg.

Stefan Effenberg traf zum 50. Mal, davon 31mal für Gladbach, 19mal für den FC Bayern.

Bielefelds Heim-Misere: Nur vier Punkte!

ERGEBNISSE

Werder Bremen	1
1. FC Kaiserslautern	1
VfL Bochum	0
Hamburger SV	0
München 1860	4
Borussia Dortmund	2
Arminia Bielefeld	3
MSV Duisburg	3
Hansa Rostock	1
Bayer Leverkusen	2
1. FC Köln	2
Hertha BSC Berlin	0
Karlsruher SC	2
Borussia M´Gladbach	5
VfB Stuttgart	2
VfL Wolfsburg	1
Schalke 04	1
Bayern München	0

TABELLE

1. 1. FC Kaiserslautern	25	16	6	3	48 : 27	+21	54	●
2. Bayern München	25	14	5	6	49 : 30	+19	47	●
3. Bayer Leverkusen	25	12	9	4	51 : 29	+22	45	●
4. Schalke 04	25	10	11	4	28 : 21	+7	41	●
5. VfB Stuttgart	25	11	7	7	44 : 34	+10	40	●
6. Hansa Rostock	25	10	5	10	37 : 33	+4	35	●
7. MSV Duisburg	25	9	7	9	32 : 33	-1	34	●
8. Werder Bremen	25	9	7	9	32 : 40	-8	34	▲
9. Hertha BSC Berlin	25	9	6	10	30 : 38	-8	33	▼
10. Borussia Dortmund	25	8	8	9	42 : 39	+3	32	●
11. VfL Bochum	25	8	6	11	30 : 37	-7	30	▲
12. 1. FC Köln	25	9	3	13	41 : 50	-9	30	▲
13. VfL Wolfsburg	25	8	5	12	30 : 37	-7	29	▼
14. München 1860	25	7	7	11	32 : 44	-12	28	▲
15. Borussia M´Gladbach	25	6	8	11	42 : 47	-5	26	▲
16. Hamburger SV	25	6	8	11	29 : 38	-9	26	▼
17. Karlsruher SC	25	6	8	11	35 : 46	-11	26	▼
18. Arminia Bielefeld	25	7	4	14	31 : 40	-9	25	▼

Spectaculo italiano bei Bayern und Borussia. Die Trainer Trapattoni und Scala beschimpfen ihre Profis für die müden Vorstellungen in Schalke (Bayerns dritte Niederlage in Serie) und bei 1860 München (Dortmund 0:4 nach 25 Minuten!). Die Bayern Basler, Scholl, Strunz büssen für ihre Kritik an der Trainer-Taktik mit je 20 000 Mark. Lautern lacht sich scheckig und verliert auch in Bremen nicht. Leverkusen hat nun sogar Bayerns 2. Rang im Visier und bekränzt Trainer Daums 300. Ligaspiel mit dem Sieg in Rostock samt Vereinsrekord von 18 Begegnungen ohne Niederlage. Gladbachs zweiter Auswärtssieg rettet Trainer Meiers Stuhl und stürzt Karlsruhe in die gleiche Überlebensängste wie die Arminen. Denen wird in Bielefeld von Duisburg dreimal die Führung zerstört.

ZEITLUPE

So muß man foulen, damit es Gelb/Rot gibt: Bremens Wicky (rechts) ist der Übeltäter gegen Lauterns Buck.

Mit Kerkrade scheiterte Huub Stevens (44) im UEFA-Cup 1996 an den Schalkern die ihn kurz darauf als Berger-Nachfolger verpflichteten. Der 18fache holländische Nationalspieler (u. a. zwölf Jahre als Spieler und Trainer bei PSV Eindhoven mit Titeln und Cupgewinnen) führte Schalke 04 gleich im ersten Jahr zum Gewinn des UEFA-Cups. Nun bezwangen seine Schalker auch den FC Bayern.

Ist dieses 1:0 eine Hilfe vor dem UEFA-Cup-Rückspiel gegen Inter Mailand?
Nein. Denn Inter spielt anders, ganz überlegt aus der Abwehr heraus. Zudem hat es mit dem Torschützen Ronaldo einen Weltklassemann, an den Elber, bei allem Respekt, nicht herankommt. Für uns war wichtig, gegen Bayern auch ohne Wilmots und später Linke erfolgreich zu sein.
Sie kannten Ronaldo schon als 17jährigen aus Eindhoven.

INTERVIEW

Unglaublich, wie locker der 21jährige trotz allen Rummels geblieben ist. Er weiß, was in ihm steckt und kann es einfach. Dennoch haben auch wir in Mailand Druck ausgeübt, aber unsere Chancen nicht genutzt.
Dennoch wollten Sie keinen neuen Stürmer verpflichten.
In der Winterpause wollten wir Ruhe bewahren und den Verletzten wie Martin Max und Youri Mulder eine Chance geben. Man hat ihnen gegenüber auch eine Verantwortung. Ich hoffe auch auf Goossens. Sonst müssen wir natürlich Überlegungen anstellen, denn auch Rene Eijkelkamp bleibt vielleicht nur noch ein Jahr.
Mit dem Belgier Nico van Kerckhoven sollen Sie sich einig sein.
Wenn Büskens sich verletzt, brauchen wir eine Alternative auf der linken Seite. Aber Schalke ist ein deutscher Klub und wir wollen möglichst Deutsche holen. Aber die sind teuer.
Dann müßte auch der ablösefreie Frankfurter Ralf Weber ein Thema sein.
Natürlich. Aber er spielt im zentralen Mittelfeld, und da haben wir gute Leute.
Wieviel Ausländer kann Schalke noch vertragen?
Das Problem ist: Wo sind bezahlbare Deutsche, die uns weiterbringen? Einen deutschen Spieler von der Qualität eines Marc Wilmots hätten wir nie bezahlen können. Aber mit Sven Kmetsch haben wir ein Zeichen gesetzt. Er paßt von Gehalt, Einstellung und Spielweise zu uns und wollte zu uns, hat Dortmund einen Korb gegeben.
Wenn Linke zu Bayern geht und auch Lehmann abwandert, wirft Sie das zurück?
Linkes Entschluß haben wir zu respektieren. Wir hätten ihn gern gehalten. Für Lehmann und Schalke wäre es das Beste, wenn er bliebe. Hier fühlt er sich wohl und wird akzeptiert, so wie er ist. Andernfalls müssen wir gleichwertigen Ersatz finden. Dafür haben wir Kandidaten.
Hat der UEFA-Cup-Gewinn die Spielersuche vereinfacht?
Ja. Dennoch können wir mit Bayern, Dortmund, Leverkusen, Stuttgart noch nicht mithalten. Inter verstärkte sich mit Spielern für 72 Millionen, wir fast nur mit ablösefreien. Das sagt doch alles.
Unter Ihrer Leitung hat Schalke mit Thon, Linke, Lehmann wieder drei Nationalspieler. Sind Sie darauf stolz?
Es zeigt, daß die Spieler sich weiterentwickelt haben und andere die Arbeit auf Schalke anerkennen. Das ist für den Verein sehr wichtig. Andere haben sich für sich selbst sogar noch mehr entwickelt.
Warum wollten Sie den Drei-Jahres-Vertrag, obwohl fünf Jahre angeboten wurden?
Drei Jahre sind schon lang. Solange Schalke und ich zusammenpassen, ist alles kein Problem. Andernfalls muß man sauber auseinandergehen können. Im nächsten Jahr kann meine Familie mit den schulpflichtigen Kindern in die Nähe der deutsch-holländischen Grenze ziehen. Das macht vieles leichter.

Der Bergarbeiter-Sohn auf Schalke: Trainer Huub Stevens, der bereits in seinem ersten Jahr bei den „Königsblauen" den größten internationalen Erfolg der Vereinsgeschichte schaffte.

TORSCHÜTZE DES TAGES
Bernd Hobsch

Gleich vier Profis trafen am 25. Spieltag zweimal ins Tor. Neben den Gladbachern Stefan Effenberg und Stephan Paßlack auch Bachirou Salou vom MSV Duisburg und der „Löwen"-Stürmer Bernd Hobsch. Das Los entschied schließlich zugunsten des Neu-Münchners. Im Juli 1997 war Hobsch für 800000 Mark von Werder Bremen zum französischen Erstligisten Stade Rennes gewechselt, wo er aber nicht heimisch wurde. Noch im Winter holte 1860 ihn als Ersatz für den Dauerkranken Olaf Bodden, und das für die vergleichsweise kleine Ablösesumme von 500 000 Mark. Vorschnell als Noteinkauf abgestempelt, erweist sich der 29jährige mittlerweile als Schnäppchen. Denn seine beiden Treffer in der 8. und 25. Minute beim 4:2-Sieg über Champions-League-Gewinner Borussia Dortmund waren bereits die Tore Nummer 2 und 3 im fünften Spiel für die Löwen. Die Jugendabteilung seines Heimatvereins Eintracht Schkeuditz am Rande von Leipzig freut sich darüber. Sie erhält von der „Continentale" und SPORT-BILD 1000 Mark und einen Satz Trikots.

„Hobscher", wie des Sachsen Spitzname lautet, ist nach Torerfolgen selten aufzuhalten ... So ist er eben, der Bernd Hobsch!

REPORT

Manchmal weiß Karlsruhes Trainer Winfried Schäfer (48) nicht, was er noch machen soll. Sein Team lahmt in Richtung Abstieg. „Ich muß umbauen. Diese Elf kann ich nicht mehr spielen lassen." Beim 2:5 gegen Gladbach zeigte sie krasse Auflösungserscheinungen. Im Tor mosert Claus Reitmaier (33) über Taktik und Trainer und schafft miese Stimmung. Rauswurf? Mangels Ersatz (Simon Jentzsch, 21, ist zu unerfahren) darf Reitmaier weiter halten. Auch Libero Thomas Hengen (23) spielt mit Wut im Bauch, seit ihm Schäfer mangelndes Verantwortungsbewußtsein vorwarf. Manndecker Thomas Ritter (30), einst Nationalspieler, ist nach langen Rückenbeschwerden nur zweite Wahl. Verunsichert betreibt er mit den Ex-Lauterern Hengen und Reitmaier als „Pfalz-Connection" Mobbing gegen den Franzosen Marc Keller. Er sei arrogant und arbeite zuwenig nach hinten. Verteidiger Burkhard Reich (33) flattern die Nerven. Er verschuldete gegen Gladbach das 1:2. Vorstopper David Regis (29) will US-Bürger werden und bei der WM´98 spielen. Sein Bekenntnis zum KSC ist da zweitrangig. Ähnlich Marc Keller (30), den die WM und ein Top-Gehalt in England reizen. Auch die Gedanken von Thomas Häßler (31) kreisen um die Zukunft. Im Kampf um den WM-Stammplatz erntete er in Arabien eine Niederlage gegen Möller.

„Es war mein Fehler, vor der Saison zuwenig Konkurrenz eingekauft zu haben."

Winfried Schäfer

Steigt der KSC ab, kann er ablösefrei gehen. Schäfer: „Icke leidet. Nach dem Gladbach-Spiel sah man ihm die schlaflose Nacht an." Ruhig schlafen kann Jung-Stürmer Markus Schroth (23), denn er hat für mehr Geld bis 2000 verlängert. Selbst schwache Leistungen gefährden seinen Platz nicht, weil die Konkurrenz zu harmlos ist: Radoslav Gilewicz (26) fehlt es an Selbstvertrauen, Sergej Kirjakow (28) ist nach der Knieoperation selten schmerzfrei. Und Sean Dundee (25) hat viele private Sorgen. Allein zwei Spieler haben nicht enttäuscht: Jens Bäumer (19) und Guido Buchwald (37). Der eine hat noch nichts erreicht, der andere wird seine Laufbahn bald beenden. Das ist die „Zukunft" des KSC ...

WAS HART MACHT
Miroslav Stevic

Dortmunds Andy Möller hatte gegen Miroslav Stevic (28) beim 2:4 nichts zu lachen und Stevic ist sich sicher, auch am 21. Juni bei der WM für Jugoslawien gegen Möller zu spielen. „Denn der war gegen mich noch nie gut." Stevic spielte mit einen fünf Zentimeter langen Riß im Fuß. Den hatte er sich im Streit mit 1860-Trainer Lorant selbst zugefügt, als er in Badelatschen wütend gegen einen Spind trat. Lorant hatte ihm befohlen, auf Kunstrasen mit zu trainieren. Stevic: „Das ist schlecht für meine operierte Leiste." Er wollte nur joggen. Lorant: „Es wäre ja das Äußerste, wenn ein Spieler bestimmt, wie er trainiert." Nach dem Tritt mußte die Wunde mit sieben Stichen genäht werden. Lorant zu Stevic: „Wenn du deswegen gegen Dortmund fehlst, spielst du bei mir nie wieder." Der Jugoslawe ließ sich eine Spritze geben, spielte überragend und schoß mit dem 1:0 sein erstes Löwen-Tor. Frau und Sohn saßen erstmals auf der Tribüne und jubelten. Für 1860 war das 4:2 der bislang höchste Saisonerfolg und der erste Heimsieg seit 28 Jahren gegen Dortmund. Trainer Lorant weiß, was hart macht.

Warum so eitel, Herr Schmider? Nach der 2:5-Schlappe gegen M'Gladbach besteht doch überhaupt kein Grund ...

Und wieder platzt für Bielefeld kurz vor Schluß ein Drei-Punkte-Traum: Duisburgs Bachirou Salou (9) sorgt mit seinem Kopfballtreffer für den 3:3-Endstand.

AMERELL: „WAS DIE SPIELER MACHEN, IST BETRUG“

Schiedsrichter

Über 120 Bundesligaspiele leitete Hans-Jürgen Weber (42). Er pfeift seit 1991 international. Doch bei Bremen - FCK verlor er den Überblick. Ihm droht nun auch eine Zwangspause. Zwei klare Strafstöße versagte er den Bremern, dafür gab er einen für den FCK nach einer Schwalbe von Reich. Bei Gelb/Rot für Balack und Wicky binnen 120 Sekunden schüttelten alle Beteiligten den Kopf. Für Manfred Amerell vom Schiedsrichterausschuß sind die sich häufenden Unzulänglichkeiten kein Zufall mehr. „An Fehlentscheidungen gibt es nichts zu beschönigen. Aber das Verhalten der Spieler trägt dazu bei. Sie betrügen sich auf dem Platz gegenseitig. Vor Jahren haben wir das unsportliche Verhalten der Südländer beklagt. Die haben wir längst überholt. In manchen Situationen ist man als Schiedsrichter dann machtlos. Man merkt erst in der dritten Zeitlupe, ob das ein Foul oder grandiose Fallsucht war. Deshalb bleibt bei klaren Fouls der Pfiff immer öfter aus. Der Schiri denkt dann: ‚Der leimt mich schon wieder.‘ Der Fair-play-Gedanke ist im Profi-Fußball kaum noch vorhanden. Das ist ein abgebrühtes, unsportliches Verhalten. Dem Gegner schaden, sich einen Vorteil erschleichen. Es klingt zynisch: Nur wenn sich die Herren in die Knochen treten, ist es völlig eindeutig. Dann regt sich keiner auf - gut für den Schiedsrichter.“

DAS LINKE-DOPPEL: ERST TOR, DANN ROT

Schalke 04

„Das entscheidene Tor gegen Bayern“ wünschte sich Schalkes Thomas Linke. Er schoß es. Die Fans feierten ihn trotz des anstehenden Wechsels zu Bayern als „Thomas Linke - Fußball-Gott“. Dann kam Elbers Provokation. Linke reagierte mit Fauststoß. Rote Karte! „Das hätte mir nie passieren dürfen“, so Linke. Deswegen wird er sein letztes Spiel gegen Bayern nie vergessen Zum Wechsel: „Schalke ist auf gutem Wege, aber ich möchte Meister werden. Das ist in München eher machbar.“

ULI HOENESS: JETZT KOMMT DIE HARTE WELLE

Bayern München

Der Titel scheint für die Bayern nach dem 0:1 auf Schalke verspielt. Manager Uli Hoeneß kündigt den Spielern „härtere Zeiten“ an. Präsident Frank Beckenbauer hielt eine flammende Anklagerede, Trainer Trapattoni schäumte vor Ärger gegenüber der Presse und die Spieler Basler, Scholl und Strunz wurden für unpassend gehaltene Interviews mit je 20 000 Mark abgestraft. Hoeneß: „Wer so viel Geld verdient, der muß auch mehr leisten. Der Fußball muß wieder im Mittelpunkt stehen, nicht die Geldanlagen usw.“ Hoeneß´ Plan: Mehr Arbeit und Aufsicht, weniger Freizeit. „Warum nicht von morgens um neun bis abends um fünf beim Verein, wie in Italien? Mittags gehen und anderntags um zehn wiederkommen, das reicht nicht. Und Reservisten sollten täglich vier, fünf Stunden trainieren.“

MAGAZIN

DARF MAN SEINE FANS VERSCHAUKELN?

Borussia Dortmund

Verteidiger Knut Reinhardt „krönte“ das 2:4 von München mit der Bemerkung: „Wenn man sich in der Champions League zu 200 Prozent anspannt, ist es nicht einfach, sich wieder zu motivieren.“ Was sollten denn die 3000 mitgereisten BVB-Fans nach 24 Minuten beim 0:4 denken? Acht Stunden waren sie aus dem Ruhrgebiet angereist, einige wohnten seit Mittwoch in der Stadt. Mit hängenden Köpfen bestiegen sie weit vor dem Schlußpfiff die Busse. Fakt ist: Borussia hat die teuerste Mannschaft der Liga, mit insgesamt 14 Gehalts-Millionären und Möller (6,1 Millionen), Sammer (6,5), Reuter (4,5), Cesar (4,0) als Spitzenverdiener. Cesar kroch geradezu über den Platz. Jürgen Kohler: „Wir müssen hoffen, daß die Saison schnell vorbei geht. Wir schaffen es einfach nicht, in der Liga bis an die Leistungsgrenze zu gehen.“ Eine Frage des Kopfes, des Charakters? „Wir sind doch in der Bundesliga gegenwärtig nur noch Mittelmaß“, sagte Steffen Freund. „Der soll rennen, nicht reden“, schimpfte ein Fan.

EINWURF

Neun Punkte Distanz zum Rang 3 bringen den Spitzenreiter 1. FCK am Ende mindestens Platz 2. Schon das stempelt ihn zum besten Aufsteiger aller Bundesliga-Zeiten. Das waren bisher die erfolgreichsten Aufsteiger:

1. FC Bayern München: Saison 1965/66 Platz 3 mit 47:21 Punkten/71:38 Toren. Trainer: Zlatko Cajkovski.
2. Wuppertaler SV: 1972/73, 4. Platz, 40:28/62:49. Trainer: Horst Buhtz.
3. VfB Stuttgart: 1977/78, 4. Platz, 39:29/58:40. Trainer: Jürgen Sundermann.
4. Werder Bremen: 1981/82, 5. Platz, 42:26/61:52. Trainer: Otto Rehhagel.
5. VfL Bochum: 1996/97, 5. Platz, 53/54:51. Trainer: Klaus Toppmöller.
6. Hannover 96: 1964/65, 5. Platz, 33:27/48:42. Trainer: Helmut Kronsbein.
7. FC Hansa Rostock: 1995/96, 6. Platz, 49/47:43. Trainer: Frank Pagelsdorf.
8. Kickers Offenbach: 1972/73, 7. Platz, 35:33/61:60. Trainer: Gyula Lorant.
9. Borussia Dortmund: 1976/77, 8. Platz, 34:34/73:64. Trainer: Otto Rehhagel.
10. Schalke 04: 1984/85, 8. Platz, 34:34/63:62. Trainer: Diethelm Ferner.

Ein unnötiges Foul von Hamburgs Harald Spörl gegen Bochums Regisseur Dariusz Wosz bringt ihm die Rote Karte ein. Das ist dann nicht mehr Pech, sondern Dummheit.

CHRONIK

Der 1. FCK hat mit 57 Punkten schon zwei mehr als Vorjahrsmeister FC Bayern nach 26 Spielen.

Durch die dritte Niederlage in fünf sieglosen Heimspielen rutschte Wolfsburg in den Keller und verlor Trainer Reimann.

Dreimal ohne Treffer - das passierte dem FC Bayern zuletzt vor 20 Jahren.

Karlsruhe atmet auf: Erster Sieg nach sieben erfolglosen Begegnungen.

ERGEBNISSE

MSV Duisburg	1
Bayer Leverkusen	1
Hertha BSC Berlin	1
Schalke 04	4
VfL Wolfsburg	1
Karlsruher SC	2
Hamburger SV	0
VfB Stuttgart	0
Bayern München	0
VfL Bochum	0
Borussia Dortmund	3
Arminia Bielefeld	2
1. FC Kaiserslautern	1
München 1860	0
Borussia M´Gladbach	0
Werder Bremen	0
1. FC Köln	0
Hansa Rostock	0

TABELLE

1. 1. FC Kaiserslautern	26	17	6	3	49 : 27	+22	57 ●
2. Bayern München	26	14	6	6	49 : 30	+19	48 ●
3. Bayer Leverkusen	26	12	10	4	52 : 30	+22	46 ●
4. Schalke 04	26	11	11	4	32 : 22	+10	44 ●
5. VfB Stuttgart	26	11	8	7	44 : 34	+10	41 ●
6. Hansa Rostock	26	10	6	10	37 : 33	+4	36 ●
7. Borussia Dortmund	26	9	8	9	45 : 41	+4	35 ▲
8. MSV Duisburg	26	9	8	9	33 : 34	-1	35 ▼
9. Werder Bremen	26	9	8	9	32 : 40	-8	35 ▼
10. Hertha BSC Berlin	26	9	6	11	31 : 42	-11	33 ▼
11. VfL Bochum	26	8	7	11	30 : 37	-7	31 ●
12. 1. FC Köln	26	9	4	13	41 : 50	-9	31 ●
13. VfL Wolfsburg	26	8	5	13	31 : 39	-8	29 ●
14. Karlsruher SC	26	7	8	11	37 : 47	-10	29 ▲
15. München 1860	26	7	7	12	32 : 45	-13	28 ▼
16. Borussia M´Gladbach	26	6	9	11	42 : 47	-5	27 ▼
17. Hamburger SV	26	6	9	11	29 : 38	-9	27 ▼
18. Arminia Bielefeld	26	7	4	15	33 : 43	-10	25 ●

München und Dortmund im Aufstand! Vor der verblüfften Öffentlichkeit wütet Trainer Trapattoni („schwach, wie eine Flasche leer...“) gegen seine trägen Profis. Denen verweigern auch die Fans jede Gnade. „Wir woll´n die Flaschen sehn“, dröhnt es. Und: „Außer Olli könnt ihr alle gehn!“, als nur Kahn das 0:0 gegen Bochum rettet. Die Dortmunder fühlen genauso. Das mühselige 3:2 gegen Bielefeld verhöhnen die Anhänger mit: „Ihr seid wie Flaschen leer!“ Weil Wolfsburg in den Keller rutscht, kapituliert Trainer Willi Reimann. Die vierte vorzeitige Trennung. Vier 0:0 - welche Stürmer-Ohnmacht! Nur Schalke weiß, wie man die Hertha zersägt. Und Lautern feiert nach der Löwen-Bändigung trotz Otto-Protest den Titel. Neun Punkte Distanz - kann da noch etwas passieren?

ZEITLUPE

Auch das gab's als Zugabe in Dortmund zu bewundern: Ballett-Einlage von Ali Daei (Bielefeld) & Manfred Binz (Borussia/von links).

Mit seinem TV-Auftritt setzte Bayern Münchens Trainer Giovanni Trapattoni einen Fan-Aufstand in Gang, der durch die ganze Bundesliga schwappt. „Langsam werden die Ausflüchte der Herren Basler und Co. lächerlich. Weiter so Trap. Laß Dich nicht unterkriegen." Mario Prosegger aus Niederaula spricht vielen Fans damit aus dem Herzen. „Kämpfen!", so fordern die Plakate in vielen Arenen.

BLICKPUNKT

Uli Hoeneß versteckte die rotblauen Schals, die von der Ehrentribüne herabflogen, hinter seinem Rücken. Aber nach der 0:0-Blamage gegen Bochum hagelte es Fan-Artikel Sogar aus der Südkurve - eine Revolution Noch härter traf die Spieler der Worthagel der Treuesten. „Sch...millionäre", „Berlin. Berlin, was wollt ihr in Berlin?" Das Entsetzen darüber machte die Beine der Millionäre noch schwerer. Kritik waren sie gewöhnt, von den Medien und Präsident Beckenbauer („Sch...mannschaft"). Aber von den Fans und von Trapattoni? Ausgerechnet dieser noble Herr hatte den Schummel-Fußball satt und geißelte Basler, Scholl Strunz namentlich und als „schwach wie eine Flasche leer". „Was erlauben sich die?" fragte er und schimpfte: „Diese Spieler klagen mehr als sie spielen." Traps Brandrede entzündete einen Flächenbrand. TV-Mann Günther Jauch: „Bei allen prima Verträgen und hohen Einschaltquoten, er berührt das Herz des Fußballs und damit das Herz der Fans." Also auch der Fans von Borussia Dortmund, die sich empörten: „Wir zahlen Eintritt, keiner weiß warum." Sie verhöhnten die höchstbezahlten Profis der Liga: „Und die Dusche könnt ihr euch erspar´n". Trap traf auch das Herz der HSV-Fans, die regelmäßig fordern: „Außer Hermann Rieger (der langjährige Masseur) alle raus!" Und das Herz der Gladbacher Fans, die ihren faulen Idolen demonstrativ den Rücken zuwandten und gegen Fünf-Millionen-Mann Effenberg protestierten.

Wolfgang Herbst (50) aus Niedersachsen war mit dem „Bayern-Fanclub Wagenfeld" auch in Schalke. „Bei so vielen Gurken-Ecken und Mist-Freistößen bin ich fast verrückt geworden. Aber von den Herren Spielern regte sich keiner auf. Mit denen kann ich mich nicht identifizieren." Holger Sitter vor den „Treuen Dortmundern" schimpfte: „Wenn wir sehen, wie Möller und Ricken über den Platz schleichen, platzt uns der Kragen. Wäre es noch ein paar Grad kälter gewesen, hätten die sich ´ne Lungenentzündung geholt." Andreas Möller meinte später kleinlaut: „Ich war dadurch ziemlich verunsichert." Im TV sehen die Spieler meist nur die guten Szenen, und nach kritischen Artikeln schimpfen sie über „ahnungslose Journalisten". Für den Fan-Aufstand aber fehlen ihnen die Argumente.

Konnte Manager Uli Hoeneß bisher verkünden, „die Plätze in der Südkurve werden vom Verein subventioniert, so billig sind sie", muß er heute sagen: „Auch für fünf, sechs Mark haben die Leute das Recht, uns hart zu kritisieren. Die Südkurve ist unser wichtigstes Element." Sein Werder-Kollege Willi Lemke hat eine „Ex-und Hopp-Mentalität" entdeckt: „Wir haben bezahlt, also wollen wir was sehen." Standen die Autogrammjäger bisher ergriffen vor einem Kicker, so „schlägt heute Sympathie in Ironie und Häme um." Für Lemke gibt es aber eine Schmerzgrenze: „Buh-Rufe ja, persönliche Verunglimpfungen nein."

Doch Franz Beckenbauer setzte auf die Trap-Schelte noch eins drauf: „Die Berufseinstellung ist unter aller Sau. Wenn Autogrammstunden und Werbeauftritte wichtiger sind als Training und Spiel, hört´s auf." Ob die Botschaft des „Kaisers" die Spieler erreicht? Lothar Matthäus hofft auf das Ende der Revolte. „Sie geben ihr Herz, ihre Kraft und dürfen Unmut äußern. Schnell stehen sie wieder hinter uns." Wirklich?

Die Stimmung der Fans sagt die Wahrheit, weil sie eine Macht sind. Also Trap, sag's noch einmal ...

TORSCHÜTZE DES TAGES
René Schneider

So schlimm die letzten Wochen für Borussia Dortmund auch waren, einer darf sich trotzdem als Gewinner fühlen: René Schneider. Bei der 2:4-Schmach bei 1860 München erzielte der Vorstopper ein Tor, seine beiden Treffer gegen Bielefeld sicherten dem BVB eine Woche später drei wichtige Punkte. Damit hat er schon neun Liga-Tore erzielt. Dabei hatten die meisten den früheren Rostocker, der 1996 nach Dortmund wechselte , eigentlich schon abgeschrieben. Immer wieder zog er sich schwere Verletzungen zu und fiel monatelang aus. Hinzu kam ein unerfreulicher Streit mit Bundestrainer Berti Vogts. Doch daß Schneider jetzt seine Bundesliga-Rückkehr ausgerechnet als Torjäger feiern kann, hat den 25jährigen wohl selbst am meisten überrascht. Wir hoffen, daß es der Anfang für ein Comeback ohne Rückschläge ist. Über seine Tore gegen Bielefeld freut sich auch die Jugendabteilung von Motor Schwerin, seinem Heimatverein. Sie bekommt die von „Continentale" und von SPORT-BILD gestifteten 1000 Mark und einen Satz Trikots.

Wohin wird der Weg des René Schneider in Dortmund noch führen?

FACTS - FACTS - FACTS
News

Vier 0:0 gab es zuletzt am 5. Spieltag 1992/93. HSV, Gladbach, VfB, Bochum, Bremen waren auch damals beteiligt. Nur bei Hertha steht derzeit kein 0:0 zu Buche. Das erste gab es im 66. Vergleich zwischen dem HSV und Stuttgart.

Mit je 17 Toren waren Leverkusen und Köln in der Rückrunde am erfolgreichsten. Bayer hat in neun Auswärtsspielen in Folge nicht verloren.

Weil auch Olaf Thon und Andreas Müller nach fast zwei Jahren wieder trafen, gelang Schalke bei Hertha nun mit vier Toren der höchste Auswärtssieg in Berlin.

In Gladbach wurden 30000 Glückspfennige an die Fans verteilt. Dennoch trafen die Borussen auf dem Bökelberg in 300 Minuten (drei Spiele) nicht ins Tor.

Der HSV hat nun acht Heimspiele in Serie nicht gewonnen, blieb aber zum ersten Male ohne Gegentor.

Werder Bremen probiert alles durch: Vier Remis hintereinander mit zwei 2:2, einem 1:1 und nun einem 0:0.

REPORT

Am Morgen nach dem 3:3 gegen Duisburg sah Stefan Kuntz vor dem Auslaufen hinter den Hotel-Glasscheiben eine Gruppe mit Trainer Middendorp, den Spielern Koch, Stratos, Maas, Sternkopf, Schäfer. Der komplette Mannschaftsrat - nur ohne ihn, dem Kapitän. Als Kuntz nach eineinhalb Stunden die Gruppe noch immer hinter der Scheibe sitzen sah, war ihm klar, daß es um ihn ging. Middendorp hatte enthüllt, daß Kuntz im Falle des Abstiegs ablösefrei gehen kann. Kuntz´ Berater Andre Gross (der Schweizer betreut auch Klinsmann) hatte die Klausel einbauen lassen, die in Bielefeld offensichtlich erst jetzt bemerkt wurde. Wie sonst hätte Manager Rüdiger Lamm noch wenige Tage zuvor auf Sponsoren-Anfrage betonen können: „Der Vertrag für Kuntz gilt für die 2. Liga." Ein Mitglied des Mannschaftsrates: „Auch der Trainer ist von dieser Klausel überrascht worden."
Middendorp war entsprechend in Rage. Von Egoismus war die Rede. „Kuntz ist nicht mehr mit dem Herzen dabei." Ein Vorwurf, den niemand bestätigte. Auge in Auge mit Kuntz wiederholte der Trainer seine Vorwürfe. Über eine halbe Stunde schrien sich beide an. Kuntz wollte später den Vorwurf nicht unbeantwortet lassen. „Der Trainer kann mir alles vorwerfen, aber nicht, daß ich mir nicht den Hintern aufreiße. Ich habe in dieser Saison ohne zu murren auf sechs Positionen gespielt." Und dabei erzielte er immerhin zehn von 33 Bielefelder Toren.
Freunde waren er und Middendorps noch nie. Schon vor der Saison gab es einen Eklat, als Kuntz erklärte: „Ich habe kein Verhältnis zum Trainer." Zuletzt herrschte Scheinfrieden. Im Oktober luden beide die Mannschaft zum Geburtstagsessen und bliesen gemeinsam die Kerze auf der Torte aus. Middendorp: „An Bertis Stelle würde ich Kuntz mit zur WM nehmen." Kuntz: „Der Trainer ist viel offener geworden. Es macht wieder Spaß." Nun wurde die alte Fehde neu belebt. Sie bringt Unruhe, die Arminia Bielefeld den Klassenerhalt kosten kann.

„WÖLFE" BEISSEN SICH

Willi Reimann (48) ist nicht mehr Trainer des VfL Wolfsburg. Amateur-Coach Uwe Erkenbrecher soll vorerst amtieren. Der Vorstands-Mitteilung, er habe um die Trennung gebeten, widersprach Reimann nachdrücklich: „Mit mir ist es nicht zu machen, daß sich der Manager in die sportlichen Belange einmischt. Das ist im Vertrag klar geregelt." Weil der VfL nach sieben sieglosen Spielen von Platz 6 auf 13 gefallen war, hatten Vorstand und Aufsichtsrat beschlossen, daß sich Manager Peter Pander verstärkt um die Mannschaft kümmern sollte. Alles hatte sich nach dem 1:2 gegen Karlsruhe zugespitzt. Torwart-Idol Uwe Zimmermann (36) wurde beschimpft: „Hau endlich ab, du alter Sack." Kapitän Jann Jensen äußerte: „Ich will hier weg." Abstiegsangst pur. Und nur einer hat Schuld: Willi Reimann. Freunde hatte er noch nie viele. Doch alle Feinde schwiegen, weil er den Verein in die Bundesliga geführt und in der Vorrunde etabliert hatte. Nun kommen die Kritiker aus den Löchern. Die wichtigsten sitzen im Vorstand. Grund: der öffentliche Poker, der Reimann einen Vertrag bis 2000, mehr Geld (ca. 700000 Mark im Jahr) und eine erhöhte Nichtabstiegs-Prämie einbrachte. Man fürchtete damals, daß er zu Werder Bremen gehen würde. Anonym äußerten die Feinde im Team in der Presse, sein Training sei langweilig. Jens Keller: „Das sind genau die Spieler, die uns nicht weiterhelfen." Torjäger Roy Präger: „Ich bin traurig, daß er nicht mehr Trainer ist. Wir hatten viele Erfolge mit ihm. Man sollte seine privaten Sorgen auch nicht vergessen." Immer öfter hatte der Trainer zu seiner schwerkranken Frau fahren müssen, die in einer Hamburger Klinik liegt. Co-Trainer Demuth hatte dann amtiert. Nun hofft man beim VfL Wolfsburg um eine Millionen-Entschädigung für Willi Reimann herumzukommen.

Abstieg pur in Wolfsburg: Guido Buchwald (rechts) erweist sich als KSC-Fels in der Brandung. Roy Präger (Mitte) hat das Toreschießen scheinbar verlernt. Der Matchwinner ist aber Karlsruhes Torwart Reitmaier, der einen Elfmeter hält. (Fotos von links)

DAS KESSELTREIBEN GEGEN STEFAN KLOS

Borussia Dortmund

Äußerlich zeigte sich Stefan Klos unbeeindruckt, als die Fans Sekunden nach dem Gegentor von Barcelona im Supercup lautstark „Teddy" de Beer forderten. Klos blieb ruhig, als sie gegen Bielefeld mißlungene Abschläge mit Pfiffen quittierten. Doch wie sieht es in ihm aus? Nur soviel gibt er preis: „Wer solche Extremsituationen noch nicht mitgemacht hat, kann sich da kaum hineinversetzen. Mir ist klar, daß ich bis zum Saisonende nur Ruhe habe, wenn ich ‚zu-null' halte. Dann kann ich unbehelligt in den Bus steigen und muß nicht Spießrutenlaufen wie nach dem Spiel gegen 1860." Der Frust der Fans und auch des Präsidiums richtet sich gegen Klos, weil er die Courage hatte, gerichtlich gegen den Paragraphen 11 vorzugehen (und in erster Instanz auch gewann), um am Saisonende ablösefrei zu sein. Das ist in jedem Kommentar zu spüren. Präsident Dr. Niebaum spricht von „undankbarem Verhalten". Schließlich hätte der Verein 1994 „wegen Klos auf Andi Köpke verzichtet. Auch seinetwegen haben wir den Vertrag mit Toni Schumacher (Torwarttrainer) verlängert." Wie lange darf Klos noch im Tor stehen? „Man muß mit allem rechnen, wenn man gegen den Verein klagt", so Klos. „Der Trainer hat vollstes Vertrauen zu mir. Der Vorstand denkt sicher anders."

DAS THON-WUNDER: ENDLICH GESUND

Schalke 04

Trotz des 1:4 gegen Schalke schwärmte Hertha-Trainer Jürgen Röber: „Niemand spielt so überragend als Libero wie Olaf Thon. Und das seit zwei Jahren." Der Pechvogel vom Dienst fehlte in nur drei von 60 Spielen. Was war nicht alles zwischen 1986 und 1996 passiert: Jochbeinbruch, sieben Bänderrisse, ausgekugelte Schultern, zwei verschobene Wirbel, Zerrungen, Muskelfaserrisse, Operationen an Leiste und Knie. Thon (31): „Das Training von Stevens ist gut dosiert. Fast alles passiert mit Ball." Gymnastik und Dehnübungen schützen Bänder und Muskeln. So darf Thon hoffen, die WM ´98 zu erleben.

EINWURF

Als der VfL Wolfsburg am Ende der Hinrunde fünfmal in Folge auswärts mit 1:2 verlor, gab Stürmer Roy Präger völlig frustriert allen Toto-Freunden den Rat, dieses Ergebnis als todsicheren Tip einzubauen. Aber danach gab es für die Wolfsburger lange eine 1:2-Pause, bis sie am 25. Tag mit ihrem „Lieblingsergebnis" in Stuttgart verloren. Eine Woche darauf wiederholten sie es gegen Karlsruhe, nun jedoch erstmals im eigenen Stadion.
29 mal siegten bislang die Gastgeber mit 2:1. Es war das häufigste Resultat. Bremen ist Spitze mit fünf 2:1-Siegen. Das 1:1 folgt mit 27 Auflagen auf Platz 2 und die Schalker Remiskönige (11) sind daran fünfmal beteiligt.
2:1 ist das häufigste Ergebnis bei Auswärtssiegen (15 mal). 1:0-Erfolge liebt Spitzenreiter Kaiserslautern (5 mal), im Gegensatz zu Schlußlicht Bielefeld mit seinen fünf 0:1-Niederlagen.

MAGAZIN

FÜR BASLER BLEIBT BERTIS TÜR OFFEN

Bayern München

Wie ein Irrwisch war Mario Basler die Linie entlanggefegt, um den Kritikern zu beweisen, daß er kein Spaziergänger ist. Doch in der 19. min traf ihn Bochums Olaf Schreiber: Stollenabdrücke am linken Knöchel, blutunterlaufene Striemen bis zum Oberschenkel. Diagnose: Syndesmose-Anriß plus Kapselriß im Fuß. Mindestens fünf Wochen Pause. Berti Vogts war erschrokken. „Natürlich halte ich für Mario die WM-Tür offen, wie für Sammer." Basler hofft auf das Pokalfinale in Berlin.

Für Mario Basler wird Minute 20 zu einem „Augenblick der Wahrheit": Nach dem Tritt von Bochums Schreiber wälzt er sich vor Schmerzen am Boden. Sein erster Gedanke: Die WM kann ich abschreiben.

CHRONIK

Drei Heimniederlagen hintereinander kassierte Karlsruhe zuletzt 1963/64.

Vom letzten Dutzend der Bayern-Spiele konnte der VfB Stuttgart nur eins gewinnen.

Werders gute Serie: Fünfmal unbesiegt.

Müde Gladbacher Borussen: In vier Spielen nur einmal ins Tor getroffen.

Wolfsburg ist 1998 ohne Sieg. Wolfgang Wolf (zuvor Stuttgarter Kickers) wurde am Montag Cheftrainer.

ERGEBNISSE

Werder Bremen	3
VfL Wolfsburg	1
Hansa Rostock	2
MSV Duisburg	1
Karlsruher SC	0
Hamburger SV	1
München 1860	2
Borussia M´Gladbach	0
VfB Stuttgart	0
Bayern München	3
Arminia Bielefeld	Die folgenden
1. FC Kaiserslautern	vier Spiele
Bayer Leverkusen	wurden wegen
Borussia Dortmund	des Castor-
Schalke 04	Transportes
1. FC Köln	auf den
VfL Bochum	29. April
Hertha BSC Berlin	verlegt

TABELLE

1. 1. FC Kaiserslautern	26	17	6	3	49 : 27	+22	57	●
2. Bayern München	27	15	6	6	52 : 30	+22	51	●
3. Bayer Leverkusen	26	12	10	4	52 : 30	+22	46	●
4. Schalke 04	26	11	11	4	32 : 22	+10	44	●
5. VfB Stuttgart	27	11	8	8	44 : 37	+7	41	●
6. Hansa Rostock	27	11	6	10	39 : 34	+5	39	●
7. Werder Bremen	27	10	8	9	35 : 41	-6	38	▲
8. Borussia Dortmund	26	9	8	9	45 : 41	+4	35	▼
9. MSV Duisburg	27	9	8	10	34 : 36	-2	35	▼
10. Hertha BSC Berlin	26	9	6	11	31 : 42	-11	33	●
11. VfL Bochum	26	8	7	11	30 : 37	-7	31	●
12. 1. FC Köln	26	9	4	13	41 : 50	-9	31	●
13. München 1860	27	8	7	12	34 : 45	-11	31	▲
14. Hamburger SV	27	7	9	11	30 : 38	-8	30	▲
15. VfL Wolfsburg	27	8	5	14	32 : 42	-10	29	▼
16. Karlsruher SC	27	7	8	12	37 : 48	-11	29	▼
17. Borussia M´Gladbach	27	6	9	12	42 : 49	-7	27	▼
18. Arminia Bielefeld	26	7	4	15	33 : 43	-10	25	●

Paradoxer geht`s nicht: Ausgerechnet Nordrhein-Westfalen (sechs Bundesligaklubs!) wurde fußballerisches Notstandsgebiet, weil der Atommüll rollte. Bei beiden Ereignissen präsent zu sein, überforderte die Polizei. Vier Liga-Treffen wurden auf den 29. April verschoben. Duisburg und Gladbach, dem NRW-Rest, wäre das am Ende auch lieber gewesen. Nach vier Remis auf Reisen verlor Duisburg in Rostock und Gladbach im Stile eines Absteigers bei den Löwen. Die anderen Münchner kamen den ausfallgeplagten VfB-Schwaben mal ur-bayerisch. Ihr 3:0 war wie eine Neugeburt. In Karlsruhe kletterte der HSV aus dem Abstiegskeller. Die Wende? Uwe Seelers Arbeitnehmer sind sechsmal ungeschlagen. Auch ohne Ex-Trainer Reimann fuhr der VfL-VW gegen Bremer Bäume.

ZEITLUPE

Ein Knäul vor dem von Thomas Gill gehüteten Duisburger Tor. Dem Ball ist das im übrigen völlig egal.

INTERVIEW

Der „Kokser", wie er schon in Mannheim genannt wurde, schuftet wie ein Bergarbeiter und kämpft bis zur letzten Minute. Jürgen Kohler ist Vorbild. Seine Meinungen über Moral und Pflichten eines Profis haben Gewicht. Der 32jährige ist dreifacher Landesmeister, Welt- und Europameister, Champions League-Gewinner mit Dortmund. Er wird nach der WM über 100 Länderspiele (derzeit 98) haben.

Wie haben Sie den Champions League-Erfolg gegen Bayern gefeiert?
Ich bin nach Hause gefahren, habe eine Kleinigkeit gegessen, dann einen Schluck Sekt getrunken. Wirklich nur einen einzigen Schluck! In meinem Alter muß ich mich professioneller verhalten als die Jungen, die noch in eine Disco gegangen sind. Ich will nach so einem Spiel nur noch die Beine hoch legen. Fußballer ist der schönste Job der Welt. Um diesen Genuß zu erhalten, kann ich es mir nicht erlauben, über den Durst zu trinken.
Es gibt Profis, die weniger solide leben, weniger Leistung bringen. In München schrien die Fans „Sch...Millionäre".
Als junger Spieler macht man Fehler. Auch für mich war Bayern München von 1989 bis 1991 eine lehrreiche Zeit. Ich gehörte dem größten deutschen Klub an und wurde bald sehr selbstzufrieden. Da habe ich schon mal einen über den Durst getrunken. Sofort trat Stillstand ein. Das hat Trainer Heynckes kritisiert.
In Turin bei Juventus haben Sie eine neue Berufseinstellung kennengelernt.
Richtig. Primär bin ich wegen des vielen Geldes gegangen. Dann habe ich gemerkt: die trainieren ganz locker, legen aber am Spieltag im Hirn einen Hebel um und marschieren bis zum Umfallen.
Damals hieß Ihr Trainer Trapattoni.
Er hat mich immer verteidigt, und ich habe es mit Superleistungen zurückgezahlt, als Abwehrspieler fünf Tore geschossen. Ich wurde 1992 bester Ausländer.
Die Mentalität italienischer Trainer läßt sich offenbar aber schwer übertragen.
Wenn man dazu bereit ist und sich selbst öffnet, kann es funktionieren. Mit unserem Trainer Nevio Scala war es ähnlich. Wir waren anfangs nicht bereit, seinen neuen Ideen zu folgen. Mittlerweile denken wir nach. Er möchte, daß man sich mit seiner Spielauffassung beschäftigt, aber die Kreativität behält.
Heißt diese Kreativität Mauern-auf-Teufel-komm-raus?
Nein und nochmals nein. Was schießen Lazio Rom oder Vicenza im Europacup für Tore! Trapattonis Mannschaften in Italien schossen immer viele Tore. Ihm geht´s um die Grundordnung. Wir glauben, vom Tag eins bis sieben immer unter Strom stehen zu müssen. Das wollen italienische Trainer gar nicht. Bei ihnen muß man beim Anpfiff unter Starkstrom stehen.
Die Jung-Millionäre scheinen das nicht zu verinnerlichen.
Wenn jemand jetzt vier oder fünf gute Spiele macht, heißt es, der muß zur Nationalmannschaft. Spielt er dann aber schlecht, lassen die Zuschauer Dampf ab. Ihr gutes Recht. Aber dann ist in München auch noch Trapattoni ausgeflippt. Das Rad, das sich jetzt dreht, ist nur schwer aufzuhalten. Wir Dortmunder haben uns gegen die Bayern von den Fans treiben lassen. Sie müssen uns auch mal unterstützen, wenn es nicht so läuft. Keiner spielt absichtlich schlecht.
Die Gehälter der Spieler sind gestiegen, die der Zuschauer gesunken. Wie soll das auf Dauer funktionieren?
Damit haben sogar unsere Politiker Probleme. Doch das ist die freie Marktwirtschaft. Egal, ob einer Meier, Müller, Schulze heißt: Wenn er die Möglichkeit hat, sich wirtschaftlich besserzustellen, wird er das mit Sicherheit tun. Also darf das auch der Fußballer machen. Ich habe wegen meines Gehaltes kein schlechtes Gewissen.

Selten so entspannt nach einem Spiel in dieser Saison: Jürgen Kohler, der mit Dortmund fast alles geholt hat, was es zu holen gab.

TORSCHÜTZE DES TAGES
Havard Flo

Torjäger werden an ihren Treffern gemessen und nicht, ob sie den vom Platz gestellten Torwart in guter Haltung vertreten können. Der Norweger Havard Flo (28) - gegen Leverkusen für Minuten Oliver-Reck-Ersatz - ist drauf und dran, in Bremen ersteren Anforderungen gerecht zu werden. Gegen Wolfsburg gelangen „Howie" seine Tore vier und fünf, nachdem er in 14 Spielen der vorigen Saison nicht traf. Da machte unter der Trainer-Ägide von Dixie Dörner schon das Wort vom Fehleinkauf die Runde. „Wenn man nur hin und wieder eingesetzt wird, wächst die Angst vor Fehlern", schaut der 1,86 m große Stürmer zurück. „Denn der Weg auf die Ersatzbank ist sehr kurz. Nun spüre ich mehr Vertrauen. Trainer Sidka hat mich auf Durststrecken von manchem großen Fußballer verwiesen. Wichtiger ist, für die Mannschaft immer alles zu geben. Und das tue ich." Das gleiche Vertrauen erhofft er sich auch von Auswahltrainer Olsen mit Blick auf die WM in Frankreich: „Ich weiß, daß er auf kopfballstarke Spieler setzt. Da kommen meine Tore gerade recht."

Wurde anfangs bei den Bremern als Fehleinkauf eingestuft; aber wer gut ist, setzt sich durch: Havard Flo, der auch schon das Werder Tor hütete.

In Karlsruhe geht die Furcht um. Nach dem 0:1-Heim-Desaster gegen den HSV ist die Kellerzone erreicht. Aus dem weit herumgekommenen Guido Buchwald (37) spricht die Erfahrung: „Wenn sich der KSC nicht gewaltig steigert, wird das nichts mehr." Dann spielt Karlsruhe im Sommer nach elf Jahren wieder in der 2. Liga. Freilich ohne Weltmeister Buchwald. Verabschieden muß sich der Absteiger dann auch vom eitlen Zukunftskonzept „KSC 2000" und auch von dessen Schöpfern. Denn Trainer Winfried Schäfer und Manager Klaus Fuchs könnten den Verein verlassen. Ihre Verträge gelten nur für die erste Liga. Nach der 0:1-Schlappe wüteten die Fans bereits: „Schäfer raus!" Jener Mann, der den KSC in die Erstklassigkeit und in den UEFA-Cup führte, steht nun auch am Pranger. DFB die Planung vorlegen müssen. „Der KSC würde finanziell gesund in die 2. Liga gehen."

Auch die Profis müssen umdenken. Ablösefrei könnten nur Spielmacher Thomas

„Besser fliegen mit Flugzeug voll. Als spielen wie Flasche leer."

„Aero Lloyd"-Werbung
in Abwandlung des Trapattoni-Spruchs.

Häßler und Stürmer Markus Schroth gehen. Der Rest steckt im Ungewissen. Geplante Vertragsgespräche wurden abgesagt, die laufenden mit Thomas Ritter, Marc Keller, Christian Wück und Sergej Kirjakow gestoppt. Karlsruhe bereitet sich auf den grossen Schnitt vor. Trainer, Manager, neues Stadion ade und auch die meisten Spieler weg. Der Kollaps droht im Wildpark. Und

REPORT

Seit Monaten arbeitet Fuchs verbissen daran, den Umbau des Wildpark-Stadions voranzutreiben. Inzwischen verschreckt die Kritik die Investoren. Fuchs: „Der Abstieg wäre für das Stadionprojekt ein herber Rückschlag." Mit dem Thema Abstieg hat er sich schon beschäftigen und dem nun hat sich auch Jens Bäumer (19), neben Buchwald und Häßler Hoffnungsträger im Mittelfeld, krank gemeldet. Seine Mandelentzündung entpuppte sich als Pfeiffersches Drüsenfieber. 1860-Torjäger Olaf Bodden hat die Krankheit in zwei Jahren nicht überwunden ...

JUNGER WILDER
Wladimir But

Es war beim Trainingsspiel. Julio Cesar, ein Bär von einem Mann, lag auf dem Rücken, umgestoßen von einem, der das vorher nie gewagt hatte, von Wladimir But (20). Dieser Zweikampf ist symbolisch für die rasante Entwicklung des jungen Russen. Trainer Scala ist begeistert: „Er hat sich durchgesetzt, ist viel selbstbewußter geworden. Ich bin sicher, er wird ein ganz Großer. Ich liebe diesen Wladimir But." But und Scala - das ist mehr als ein normales Trainer-Spieler-Verhältnis. Als But mit Übergewicht kämpfte, gab Scala Ernährungstips. Als sich der Mittelfeldspieler mehr mit seinem BMW Z 3 als mit der Profikarriere beschäftigte, redete ihm Scala ins Gewissen. Als Gerüchte über einen allzu lockeren Lebenswandel aufkamen, ordnete Scala an: „Geh um 22 Uhr ins Bett." Scala: „But ist sensibel. Er kam mit 16 in ein fremdes Land. Ich weiß, wie schwer das ist. Wir haben deshalb viel miteinander geredet." Und Co-Trainer Michael Henke sagt: „Im Training spielt But wie ein Weltmeister, zeigt aber im Spiel noch zu viel Respekt und spielt vier von fünf Bälle zurück. Er hat erst 70 Prozent seines Leistungsvermögens erreicht."

Wer den jungen Mann entdeckt hat, bewies Gespür. Wer ihn 1994 nach Dortmund geholt hat, ein „goldenes Händchen": Vladimir But wird der Borussia noch viel Freude machen.

Bussi, ab mit Sack & Pack: Die Münchner Sieger Heldt und Stevic beim „Knutsch", die M'Gladbacher Verlierer Kamps und Paßlack (jeweils von links) beim Abgang ...

THONY MÜSSTE VIEL GEHALT ZURÜCKZAHLEN
Hamburger SV

Ein Merkmal der Ashanti in Ghana ist ihr Stolz. Für ihre Ehre tun sie alles. Doch die steht für Anthony Yeboah jetzt auf dem Spiel. Vor seinem Wechsel zum HSV hat er gesagt: „Wenn ich nicht mindestens 15 Tore schieße, zahle ich die Hälfte meines Gehaltes zurück." Bislang sind es zwei Tore - und nur noch sieben Spiele. HSV-Geschäftsführer Hackmann könnte Yeboahs Rückzahlung gut gebrauchen, denn er steht mit 1,5 Millionen Jahresgehalt zu Buche. Natürlich handele es sich bei Yeboahs Aussage nur um einen Scherz, sagt Berater Joachim Leukel. Das Lachen aber ist zumindest dem HSV vergangen. Denn die Sieben-Millionen-Investition (vier Millionen Ablöse) hat seit 1076 Minuten nicht mehr getroffen. Berater Leukel: „Ich erkenne Anthony momentan nicht wieder. Ich habe ihm schon gesagt: ‚Thony' tritt doch mal an, damit die Leute sehen, daß du es noch kannst." Vergeblich. Yeboah („Ich habe Angst, daß ich hier meinen Ruf kaputtmache.") bringt niemand mehr um den Schlaf. Für Trainer Frank Pagelsdorf noch kein Grund, den Ghanaer auf die Bank zu setzen. „Es prügelt schon alles auf ihn ein. Ich würde ihm damit sicher nicht helfen, wenn ich es auch noch täte." Im Falle des Abstiegs müßte der Klub das Millionengehalt des Ex-Torjägers noch ein weiteres Jahr zahlen.

KÖSTNER IST DOCH EIN CLEVERLE
1. FC Köln

Günter-Lorenz Köstner ist ein Trainer mit diplomatischem Geschick. Er nutzte den Spielausfall zu einem Besuch des WM-Lehrgangs der Iraner in Nantes. Ihm ging´s um Stürmer Azizi. Nach „einem guten Gespräch mit Auswahltrainer Ivic" ist es möglich, daß Azizi, statt dem Iran bei einem April-Turnier in Teheran dem 1. FC Köln im Abstiegskampf hilft. Bielefeld, wie Köln spielfrei, verweigerte Bagheri und Daei die Reise nach Nantes und muß beide wohl nach Teheran schicken.

AUCH AUS SIEGEN MUSS MAN LERNEN
München 1860

Der 2:0-Sieg gegen Gladbach war keine Minute alt, da dachte Werner Lorant schon an den nächsten Gegner Wolfsburg. Noch auf dem Platz erklärte der 1860-Trainer Verteidiger Marco Walker, was er falsch gemacht hatte. Lorant: „Wenn ich Fehler sofort anspreche, ist der Lerneffekt am größten. Und nach einem Sieg wird niemand zu euphorisch. Aus Siegen muß man genauso lernen wie aus Niederlagen." Darum zeigte er auf der Heimfahrt aus Lautern sofort den Video-Mitschnitt vom 0:1. In München trank man nachts gemeinsam noch ein paar Bierchen und diskutierte die Fehler. „Weil jeder gut mitarbeitet", gibt Lorant nach Spielen auch mal anderthalb Tage frei. „Viel trainieren hilft nichts mehr. Wichtiger sind Lernbereitschaft und Konzentration." Die „Löwen" recken wieder ihre Glieder.

MAGAZIN

SOGAR IN SHANGHAI HALF DER NAME BAYERN
Bayern München

Daß der FC Bayern mit seinem 3:0 in Stuttgart wieder Boden unter die Füße bekam, wird auch im fernen Shanghai mit Sympathie aufgenommen worden sein. Bayerns Ministerpräsident Edmund Stoiber erlebte dort folgendes: „Als ich in China war, steckte ich in einem sehr schwierigen Gespräch mit dem Oberbürgermeister von Shanghai. Da fragte ich einfach: „Was kennen Sie von Bayern?" Er sagte: „Den Tegernsee und Bayern München." Ich sagte: „Ich gehöre dem Verwaltungsrat an." Da taute er auf: „Was? Erzählen Sie mal. Könnten Sie nicht mal hier spielen?" Plötzlich hatten wir eine gute Atmosphäre. Der Dolmetscher war ganz ergriffen. „Das wußten wir nicht. Das wäre toll, wenn der FC Bayern hierherkommt. Ganz China sieht die Bundesliga." Am liebsten wäre den Münchnern, als Deutscher Meister nach China zu reisen. „Was da für ein Markt vorhanden wäre, bei 1,2 Milliarden Menschen. Das ist was für Uli Hoeneß." Ein Spiel des FC Bayern in Shanghai soll folgen.

EINWURF

Thomas Helmer (FC Bayern) hat Kaiserslautern bereits zum Titel gratuliert. Der Spitzenreiter will davon nichts wissen. Ratinho: „Ich glaube nur, was ich sehe, und die Meisterschale sehe ich noch nicht." Recht hat er. In 18 von 34 Spielzeiten entschied sich die Meisterschaft erst am letzten Spieltag. Den Rekord halten die Bayern. 1972/73 lagen sie fünf Spieltage vor Ende uneinholbar vorn. So wurde die Meisterschaft entschieden:
Einmal am fünftletzten Spieltag.
Einmal am viertletzten Spieltag.
Fünfmal am drittletzten Spieltag.
Neunmal am vorletzten Spieltag.
18mal am letzten Spieltag.
So wurde der Abstieg entschieden:
Siebtletzter Tag: Einmal. Sechstletzter: Einmal.
Fünftletzter: 7mal. Viertletzter: 12mal.
Drittletzter: 13mal. Vorletzter: 23mal,
Letzter Tag: 23mal.

So steigt ein „Goldköpfchen" hoch: Andrej Panadic beim 1:0-Siegtreffer des HSV gegen den Karlsruher SC, der danach auf einem Abstiegsplatz liegt.

BRASILIANER Facts

Bisher haben 28 Brasilianer in der Bundesliga gespielt. Die ersten waren 1964 Tagliari (MSV Duisburg) und Zeze (1. FC Köln).

Die meisten Einsätze hatten: Jorginho (Leverkusen 1989-92, FC Bayern 1992-95) 154 Spiele, 15 Tore; Paulo Sergio (Leverkusen 1993-97) 121 Spiele, 47 Tore; Giovane Elber (Stuttgart 1994-97, FC Bayern ab 1997) 117 Spiele 49 Tore.

In Leverkusen spielten Tita, Jorginho, Paulo Sergio, Rodrigo, Ramon, Ze Elias. Außerdem kurzzeitig als Amateure Chagas und Hubner.

Bei Bayern München spielten Bernardo, Mazinho, Jorginho, Elber.

Die Brasilianer der Saison 1997/98: Elber (FC Bayern), Emerson, Rink (Bayer), Cesar (BVB), Emilio (Köln), Chiquinho (Gladbach), Ratinho (1. FCK).

Er war der erste Brasilianer in Köln: Zezé. Freilich wenig erfolgreich: fünf Spiele/1 Tor in der Saison 1964/65.

Am 25. März gab der amtierende Fußball-Weltmeister Brasilien in Stuttgart seine Visitenkarte vor der WM ´98 ab. Nun steht ein 2:1 Sieg drauf, der neunte im 16. Vergleich, bei drei Niederlagen und vier Remis. Sieben WM-Titel waren da mit im Spiel (Brasilien 4, Deutschland 3) gewesen, aber noch nie trafen beide Länder bei einer WM aufeinander. In der Bundesliga sind die Brasilianer längst zur begehrten Bereicherung geworden. Derzeit kicken sieben in sechs Vereinen. Schon kündigen sich neue an.

VON CHRISTOPH LEUTRUM

BUNDESLIGA DO BRASIL

SCHON ACHT BRASILIANER IN LEVERKUSEN

Einst galten sie als Exoten und Farbtupfer im tristen Bundesliga-Alltag. Die Zeiten sind endgültig vorbei. Fußballer aus Brasilien haben sich in Deutschland etabliert. Ob Julio Cesar, Giovane Elber, Ratinho oder Emerson - sie alle sind unumstrittene Stammkräfte ihrer Klubs. Dank ihrer Leistungen und der ihrer prominenten Vorgänger wie Ze Elias (seit 1997 Real Madrid), Paulo Sergio (Lazio Rom), oder davor Dunga, Jorginho, Tita, Mazinho landeten viele Vorurteile auf dem Müll. Bayern Münchens Stürmer Elber, wie Cesar immerhin

„Ich bringe bei Bayern nur 80 Prozent meiner Leistungen. Ich kann viel mehr für die Mannschaft tun, aber ich mache nicht das, was ich am besten kann. Man darf mir meine Kreativität nicht nehmen. Nur die macht mich unberechenbar."

Giovane Elber

schon seit 1994 in der Bundesliga, schaffte jetzt sogar den Sprung in die Nationalmannschaft, in der Cesar 13mal spielte. Was ist bloß dran an der neuen deutsch-brasilianischen Freundschaft? Auch wenn Angreifer Paulo Rink in Leverkusen den Durchbruch noch nicht geschafft hat, bestätigt er: „Der Stellenwert des deutschen Fußballs ist in Brasilien sehr gestiegen. Selbst Profis, die den Sprung am Ende nicht schafften, sprechen sehr positiv über die professionellen Strukturen der Liga und die deutsche Gastfreundschaft."

Andererseits haben die Brasilianer gelernt, sich anzupassen. Elber: „Erst in Deutschland habe ich begriffen, was es heißt, zu kämpfen und ein Spiel niemals verloren zu geben. Die Deutschen nehmen auch im Fußball alles sehr genau, aber diese Einstellung hat mich sportlich weitergebracht." Und selbst ein so erfahrener Haudegen wie Cesar, der schon in Frankreich und Italien spielte, lobt: „So professionell und ehrlich sind die Menschen noch nirgendwo mit mir umgegangen."

„Die Jungs brauchen optimale Betreuung mit sehr viel Herz. Die Sprache muß ihnen so schnell wie möglich vermittelt werden, und sie brauchen Akzeptanz im Team. Man muß auch mal ein Auge zudrücken."

Reiner Calmund

Fährt Giovane Elber nun zur WM? Durch vier Spiele und zwei Tore beim Gold-Cup in den USA haben sich die Chancen verbessert. Trainer Mario Zagallo urteilt: „Elber hat gezeigt, daß er ein großes Potential besitzt und für den Teamgeist der Gruppe ein starker Gewinn ist. Das ist wichtig, wenn man für fast zwei Monate zusammenlebt. Vier Stürmer nehme ich mit, habe aber dafür sieben Kandidaten." Den Brasilianern imponiert auch Elbers Persönlichkeit. Immer wieder wurden im Fernsehen Berichte über sein soziales Engagement in seiner Heimatstadt Londrina und die Errichtung der Berufsschule „Escola Ofizina

Pestalozzi" gesendet. Und der Journalist und Pelé-Freund Juca Kfoura schrieb in „Folha de Sao Paulo", Brasiliens größter Tageszeitung: „Elber besitzt alles, um bei Zagallo weitere Kopfschmerzen auszulösen. Zagallo brauchte sehr lange, um ihn aufzubieten. Nun hat es nur noch wenig Zeit, sich zu entscheiden. Elber zeigte eine bei Torjägern sehr seltene Qualität: Er dachte im Spiel mehr an die Mannschaft."

Beim Namen Junior Baiano wird Bremens Präsident Dr. Franz Böhmert fast schwermütig. „Sein Verkauf war der größte Fehler seit ich Präsident bin." Und das sind 28 Jahre. „Wir haben ihn verkauft, weil er für zwölf Spiele gesperrt wurde." Baiano hatte 1995 drei Millionen gekostet und ging 1996 zurück zu Flamengo Rio. Den kommenden WM-Verteidiger holt sich Real Madrid nun 1998 für 14 Millionen Mark. In Lautern schlug Ratino mit seinen frechen Dribblings ein. In Leverkusen schaffte der 21jährige Emerson den Sprung ins Nationalteam. In Köln und Gladbach hoffen Emilio (19) und Chiquinho (24) noch auf den Durchbruch.

Das Herz des Publikums gehörte ihm: Jorginho, der von 1989 bis 1995 in der Bundesliga begeisterte.

Der Trend scheint klar: Auch in den kommenden Jahren werden Zauberer aus dem Weltmeisterland in die Bundesrepublik drängen. Leverkusens Manager Reiner Calmund, der allein schon mehr Brasilianer (acht!) verpflichtet hat, als alle anderen Manager zusammen, weiß warum: „Die Zeit

„Jeder wußte, was Giovane Elber kann. Auch wir gebildeten Laien im Verwaltungsbeirat des FC Bayern. Noch dazu ein Brasilianer, der fließend Deutsch spricht. Da waren zwölf Millionen Mark bei dem Vermögensstatus der Bayern eine berechtigte Investition. 50 Millionen für Ronaldo aber würde ich ablehnen."

Dr. Edmund Stoiber, bayerischer Ministerpräsident

der Aldi-Preise ist zwar vorbei, aber die Qualität der Spieler ist noch immer einzigartig." Sportdirektor Rudi Völler und Calmund schauen sich deshalb ständig in Übersee um und speichern die Talente samt Qualitäten und Preise im Computer. Und mit Linksverteidiger Dede aus Belo Horizonte steht der nächste vor der Bayer-Tür.

Sein Weggang war ganz sicher für Leverkusen ein Verlust: Paulo Sergio - hier mit Söhnchen Filipe.

CHRONIK

Winfried Schäfer (12 Jahre beim KSC!) wird als fünfter Trainer nach Dörner (Bremen), Neururer (Köln), Bongartz (Gladbach), Reimann (Wolfsburg) entlassen.

Das 0:0 gegen Hansa ist Schalkes zwölftes Remis, damit bleibt Schalke wie Leverkusen zu Hause ungeschlagen.

Der FCK kassiert nach dem 1:3 gegen Bremen am 27.9.97 erst die zweite Heimniederlage.

Bayers tolle Serie: im 20. Spiel unbesiegt!

ERGEBNISSE

VfL Wolfsburg	1
München 1860	0
Hamburger SV	2
Werder Bremen	1
Bayern München	1
Karlsruher SC	1
Hertha BSC Berlin	3
VfB Stuttgart	0
Borussia Dortmund	3
MSV Duisburg	0
1. FC Kaiserslautern	0
Bayer Leverkusen	3
Borussia M´Gladbach	0
Arminia Bielefeld	0
Schalke 04	0
Hansa Rostock	0
1. FC Köln	2
VfL Bochum	1

TABELLE

1. 1. FC Kaiserslautern	27	17	6	4	49 : 30	+19	57	●
2. Bayern München	28	15	7	6	53 : 31	+22	52	●
3. Bayer Leverkusen	27	13	10	4	55 : 30	+25	49	●
4. Schalke 04	27	11	12	4	32 : 22	+10	45	●
5. VfB Stuttgart	28	11	8	9	44 : 40	+4	41	●
6. Hansa Rostock	28	11	7	10	39 : 34	+5	40	●
7. Borussia Dortmund	27	10	8	9	48 : 41	+7	38	▲
8. Werder Bremen	28	10	8	10	36 : 43	-7	38	▼
9. Hertha BSC Berlin	27	10	6	11	34 : 42	-8	36	▲
10. MSV Duisburg	28	9	8	11	34 : 39	-5	35	▼
11. 1. FC Köln	27	10	4	13	43 : 51	-8	34	▲
12. Hamburger SV	28	8	9	11	32 : 39	-7	33	▲
13. VfL Wolfsburg	28	9	5	14	33 : 42	-9	32	▲
14. VfL Bochum	27	8	7	12	31 : 39	-8	31	▼
15. München 1860	28	8	7	13	34 : 46	-12	31	▼
16. Karlsruher SC	28	7	9	12	38 : 49	-11	30	●
17. Borussia M´Gladbach	28	6	10	12	42 : 49	-7	28	●
18. Arminia Bielefeld	27	7	5	15	33 : 43	-10	26	●

Frühjahrsputz im Trainingslager. Statt des geschaßten Winni Schäfer feiert Jörg Berger mit dem KSC ein Remis beim FC Bayern, dessen Trainer Giovanni Trapattoni sich wieder nach Italien sehnt. Denn auch die Daum-Hilfe mit Leverkusens 3:0 in Lautern wird von Bayern verschlafen und entsetzt nur das Rehhagel-Land. Mit neuem Leit-Wolf (genannt Wolfgang) beißt das VfL-Rudel die 1860-Löwen aus dem Zwinger. Ober-„Löwe" Lorant sieht Schiri Konz als Mittäter: Hobsch-Tor und Elfmeter verweigert! Herthas Coach Jürgen Röber revanchiert sich mit einem 3:0 am VfB für den 1995er Rauswurf. Nun wankt Kollege Jogi Löw, ebenso wie Gladbachs Norbert Meier nach dem dritten, Heim-0:0 in Serie. Freudentränen dürfen Frank Pagelsdorf ob des HSV-Sieges gegen Werder überkommen.

ZEITLUPE

Auch das ist Fußball: Hamburgs Trainer Frank Pagelsdorf heult hemmungslos nach dem 2:1-Erfolg gegen Bremen. Und wird von Stürmer Dirk Weetendorf „beruhigt".

Mal am Abgrund, mal in der Champions League - Leverkusens Manager Reiner Calmund (49) hat in zwei Jahrzehnten viel erlebt. Mit 18 beendete eine Verletzung seine Fußballerlaufbahn. Danach war er zeitweise Trainer, bis 1976 Bayer Leverkusen rief. Dort begann die Manager-Karriere. Die Triumphe im UEFA-Cup 1988, im DFB-Pokal 1993 sind auch das Verdienst des Schwergewichts im Bayer-Vorstand.

Bayer-Spieler waren mal die „Millionarios" und Sie der „Pate mit dem Geldkoffer". Nun werden die Spieler aus München und Dortmund als „Sch...millionäre" beschimpft. Wie werden sie ihr Image los?
Wenn Bayern und Borussen erfolgreich spielen, interessiert sich niemand dafür, wieviel Geld sie verdienen. Erfolglosigkeit wird zum Bumerang. Im Gehaltsgefüge

INTERVIEW

zwischen Leverkusen sowie München und Dortmund gibt es immer noch deutliche Unterschiede. Aber Bayer-Trainer Christoph Daum lebt den Spielern vor, daß man sich total mit dem Verein, der Arbeit, den Fans identifizieren muß - die Voraussetzung für gute Leistung.

Ist es nicht traurig, Millionären die richtige Berufseinstellung verdeutlichen zu müssen?
Es sind junge Menschen, die sich wie Schauspieler vorkommen. Einige denken zudem, sie können mit halber Kraft die doppelte Kohle einfahren. Jeder kann mal schlecht spielen, aber ohne die richtige Einstellung müssen sie sich heftige Kritik gefallen lassen. Wer seinen Egoismus in den Vordergrund stellt, sich nur um Werbeverträge kümmert und nicht schuften will, hat im Profifußball nichts verloren. Solche Spieler müssen in der Öffentlichkeit die volle Breitseite kriegen - bis sie Kreislaufbeschwerden bekommen. Es geht nicht, sich bei Erfolgen in den Medien zu sonnen und bei Mißerfolgen nichts über sich lesen zu wollen. Das gilt auch für Manager und Trainer. Alle müssen es brutal vor den Koffer bekommen. Ende, aus, peng.

Die Vereine zahlen doch jedem, der geradeaus laufen kann, die Million ...
... aber es gibt noch Spieler, die sich jede Mark hart erarbeiten. Als die Ablösesummen nach dem Bosman-Urteil wegfielen, wußte niemand, wie er reagieren soll. Die Vereine mußten sich verstärken und dabei sind wirtschaftlich unvernünftige Entscheidungen gefallen. Zu schnell wurde zu viel Geld gezahlt. Das muß sich normalisieren, sonst sind wir irgendwann alle pleite. Meine Philosophie heute: Einen Spieler, der in mehreren Vereinen Theater hatte, hole ich nicht mehr.

Die Siegprämie für eine Runde im Europa-Cup entspricht dem Jahresgehalt eines Facharbeiters.
Die Prämien sind nicht das Problem. Hast du Erfolg, dann erwirtschaftest du viel Geld durch Werbe- und Fernseheinnahmen. Millionen Fans entscheiden darüber per Knopfdruck am Fernseher. Wenn es niemand sehen will, kriege ich keinen Pfennig. Ohne Vermarktung und Fernsehgelder wäre der deutsche Fußball tot, die Topstars im Ausland und dem Staat würden 300 bis 500 Millionen Steuern der Profis und Vereine fehlen.

Weshalb plädieren Sie für nur einen Absteiger?
Ich wollte provozieren. Manche Vereine, wie Gladbach, träumen von neuen Stadien für 300 Millionen Mark. Das ist nur in der ersten Bundesliga finanzierbar. Wenn du absteigst, kannst du dir die Kugel geben. Ohne eine neue Abstiegsregelung keine Investitionen und damit ein Rückschritt im deutschen Fußball. In Amerika läuft der Sport auch ohne Absteiger. Aber wenn du die deutschen Fans an einen Detektor anschließt, kommt heraus, daß sich 90 Prozent mehr für den Abstiegs- als den Titelkampf interessieren. Die Deutschen brauchen den Kick: Wer stirbt? Wer überlebt?

Reiner Calmund, wie er den Leverkusener Manager „leibt und lebt" ...

TORSCHÜTZE DES TAGES Stephane Chapuisat

Die Formkurve des Stephane Chapuisat entspricht zumeist der seiner Dortmunder Borussia. Nach einer für BVB-Verhältnisse katastrophalen Hinrunde geht es nun wieder bergauf. Gewinnt die Borussia das Nachholespiel der 27. Runde in Leverkusen, könnte sie sogar auf einem UEFA-Cup-Rang stehen. Schlecht verlief die Hinrunde für Chapuisat: Nur fünf Tore gelangen ihm in 20 Spielen vor der Winterpause. In diesem Jahr aber traf der Schweizer in sieben Spielen schon viermal, beim 3:0-Erfolg über Duisburg sogar erstmals doppelt in dieser Saison. Nicht zu vergessen sein Millionen-Treffer im Champions League-Viertelfinale gegen Bayern, der BVB ins Halbfinale gegen Real brachte. Doch nicht allein die Dortmund-Fans freuen sich über Chapuisats neuerliche Torgefährlichkeit. Die Jugendabteilung seines Heimatklubs Red Star Zürich erhält eine satte Prämie für die Tore des einstigen Spielers: 1000 Mark und einen Satz Trikots, gesponsort von Continentale und SPORT-BILD. Das Los entschied gegen Toni Polster, der auch zweimal traf.

Wenn er in Top-Form ist, dann braucht Stephane Chapuisat, der seit der Saison 1991/92 ein Borusse ist, nicht an sich zu zweifeln.

FACTS - FACTS - FACTS
News

David Régis vom KSC schießt mit seinem 1:0 in München das 700. Tor der Liga-Saison.

Tristes Effenberg-Jubiläum: Im 250. Spiel die dreizehnte Gelbe Karte und Gladbach im eigenen Stadion 370 Minuten ohne Treffer.

Bayern-Überlegenheit gegen Karlsruhe mit 17:6 Schüssen, 12:6 Ecken, aber 49:51-Prozent verlorenen Zweikämpfe, bei 11:25 Fouls.

Elfmal hintereinander hat Duisburg in Dortmund nur verloren. Der BVB ist wieder eine Hausmacht: fünf Siege in sieben niederlagenlosen Spielen und erstmals seit dem 16.12. kein Gegentor.

Für Hertha war das 3:0 gegen den VfB der klarste Heimsieg nach dem 5:1 gegen Karlsruhe vor 15 Jahren (12.3.1983).

1860 blieb sich selbst treu: Die Elf hat bei allen drei Aufsteigern verloren und dabei kein Tor erzielt.

Auf der Münchner Tribüne dankten die Karlsruher Fans mit ihren Plakaten dem entlassenen Trainer: „Kein Winnie - kein KSC" - „Winnie, Du fehlst uns" - „Winnie Schäfer, Trainer - Gott!"

REPORT

Trainer Giovanni Trapattoni flüchtete einstweilen zu seiner Familie nach Mailand. Die Bayern-Bosse Karl-Heinz Rummenigge und Uli Hoeneß gingen indessen auf Entdeckungsreise nach Italien und Kroatien. Ihre Personalplanung verfolgt Trapattoni nur aus der Distanz. In Mailand entging er wenigstens dem Spott, der sich auch dieses Wochenende über ihn ergoß. Bei Gottschalks „Wetten daß ...?" zitierten SAT.1-Entertainer Harald Schmidt und Fußball-Coach Stepanovic im Duett Traps Rede an die „Struuuunzens" unter uns. Wahlkämpfer Lafontaine empfahl Kanzler Kohl den Slogan „Haben regiert wie Flaschen leer", und Landsmann Scala („Verzeih mir, Giovanni") borgte sich die allgegenwärtigen Schlußworte aus: „Ich habe fertig."

Der Trapattoni-Ausbruch hat quer durch mehr wurmte: Einige Spieler sollen sich wiederholt beim Präsidium ausgeweint haben. Aber er konnte nicht eingreifen. Ein italienischer Journalist, der Trapattoni genau kennt, sagte: „Was hat Bayern aus Trap gemacht? In Italien ist ihm so etwas nie passiert." Für München reichte sein Trainer-Repertoire, das 25 Jahre lang Erfolg garantierte, nicht aus. Zum erstenmal verlor der Gentleman die Contenance und gestand mit diesem Hilferuf: „Ich weiß nicht mehr weiter." Akku leer.

Intern hat er damit zu kämpfen, daß ihm die Spieler seine Rede nicht verzeihen. Kapitän Helmer: „Es hätte nicht soweit kommen müssen. Die Unruhe hat uns nicht weitergebracht." Fast noch schlimmer ist die Wirkung nach außen. Immer wieder wenn er Trap-Parodien im Fernsehen sah oder den Trap-Rap im Radio hörte, fragt der

die Liga imponiert. Aber er selbst ist an seiner Rede zerbrochen. Ein Bayern-Profi: „Er ist wie ausgewechselt. Sein Feuer ist nicht mehr da. Trap läßt uns spüren, daß er von uns enttäuscht ist." Egon Coordes, Co-Trainer und Vertrauter: „Giovannis Großzügigkeit wurde von einigen ausgenutzt. Sie nahmen sich alle Freiheiten, ohne mit Leistung zurückzuzahlen." Was Trap noch

Coach: „Was soll das? Warum machen die Deutschen das?" In Italien hat sich nie jemand über den Meistertrainer lustig gemacht. Dort ist der Coach eine unangreifbare Autorität.

Trapattoni hat resigniert. Sein Rücktritt zum Saisonende gilt als sicher, seit er nach dem 1:1 gegen den KSC mit versteinerter Miene erklärte: „Ich weiß, was ich zu tun habe."

Ein Foul, daß sogar rechtliche Folgen haben könnte: Andrzej Juskowiak (M'Gladbach/links) fährt Silvio Meißner in Minute 44 von hinten brutal in die Beine. Das Ergebnis: Wadenbeinbruch und mehrfacher Bänderriß für den Bielefelder, mindestens sechs Monate Ausfall!

MAGAZIN

IST LEVERKUSEN GEFÄHRLICHER?

1. FC Kaiserslautern

Bayers 3:0-Sieg auf dem Betzenberg wirft die Frage auf: Muß Otto Rehhagel noch vor Christoph Daum Angst haben? Manche Fußball-Weisheiten bewahrheiten sich immer wieder. So hat Rehhagel schon einst in Bremen seinen Spielern eingetrichtert: „Wer zweimal gegen den Titel-Konkurrenten gewinnt, der wird Meister." Damals schlug Werder die Bayern 4:1 und 3:1 und wurde 1993 Meister. Diesmal gelang ihm mit Lautern das gleiche Kunststück gegen den Titelverteidiger: in München ein 1:0, am Betzenberg ein 2:0. Alles klar? Denkste! Mittlerweile hat sich Leverkusen, in 20 Spielen ungeschlagen, als Jäger Nummer eins hochgearbeitet. Zwar liegt Lautern noch acht Punkte vorn, aber in der Tordifferenz (25 gegen 19) ist Bayer schon vorbei. Doch das Team will von der Verfolgerrolle noch nichts wissen. Für den erkrankten Christoph Daum sagte Assistent Roland Koch vorher: „Mit einem guten Spiel am Betze könnt ihr euch für die 0:3-Blamage gegen Real Madrid bei den Fans entschuldigen", und für Platz 2 sei es auch wichtig. Hinterher saß Otto Rehhagel mit Präsident Hubert Keßler lange im Trainerzimmer und ärgerte sich. Dr. Wieschemann, der Aufsichtsratsvorsitzende, sprach aus, was alle gesehen hatten: „Leverkusen hat neben uns die stärkste Mannschaft und gegen den FCK mit 1:1 und 3:0 nicht verloren."

EIN VIDEO-COMPUTER ENTLARVT DIE LAUFFAULEN

Arminia Bielefeld

„Ich habe nicht das Gefühl, daß er ackert", warf Trainer Ernst Middendorp seinem erstaunten Kapitän Stefan Kuntz vor. „Ich habe seine Laufwege aus den letzten Spielen analysiert. Da kommt zuwenig." Für über 25 000 Mark hat sich Middendorp einen Video-Computer gekauft, der ihm per Mausklick in Sekunden die gesamte Aktion eines Spielers über 90 Minuten anzeigt. Nun soll Kuntz im Heimspiel gegen den VfL Wolfsburg den kritischen Computer widerlegen.

NACH LANGER FLAUTE FLOSSEN DIE TRÄNEN

Hamburger SV

„Es hat sich gelohnt, daß ich ihnen Vertrauen geschenkt habe", sagte HSV-Trainer Frank Pagelsdorf, nachdem er die Freudentränen getrocknet hatte. Jacek Dembinski und Anthony Yeboah waren gemeint. Beide hatte er gegen alle Anfeindungen gestützt. Und beide beendeten nach 1085 (Dembinski) und 1212 (Yeboah) torlosen Minuten ihre Tor-Flaute und retteten in der 78. und 90. Minute den 2:1-Sieg gegen den ewigen Rivalen aus Bremen. Da flossen Tränen. Yeboah: „Jetzt bin ich einfach nur froh." Am 14. Oktober hatte er gegen den KSC letztmals getroffen, auch in der 90. Minute.

EINWURF

Der Endspurt wandelt Trainerstühle in Schleudersitze. Winfried Schäfer flog in Karlsruhe hinaus. Der 27. Spieltag erlebte darin prominente Vorgänger in den letzten zehn Jahren. Die Entlassungen (1991/92 gab es 38 Spieltage):

Nach dem 27. Tag: Michels (Leverkusen 1989), Saftig (Bochum 1991), Reinders (Rostock 1992), Lerby (Bayern 1992), Schock (HSV 1992), Röber (Stuttgart 1995), Schäfer (KSC 1998). **28. Tag:** Jerat (Köln 1993), Maslo (St. Pauli 1997), Meier (Gladbach 1998).

29. Tag: Gede (Düsseldorf 1992), Saftig (Leverkusen 1993). **30. Tag:** Sundermann (Leipzig 1994), Toppmöller (Frankfurt 1994), Ribbeck (Leverkusen 1996), Rehhagel (Bayern 1996).

31. Tag: Neururer (Hertha 1991). **32. Tag:** Gelsdorf (Leverkusen 1991), Konietzka (Uerdingen 1991), Magath (HSV 1997).

33. Tag: Kremer (Duisburg 1992), Funkel (Uerdingen 1996). **34. Tag:** Ristic (Schalke 1992).

Leverkusens 3:0 auf dem „Betze" durch Ulf Kirsten in zwei Phasen: Erst muß der Ball ins Tor, und dann kann der „Schwarze" ausgelassen feiern.

DAUERBRENNER Facts

Mit 14 Jahren bei Werder Bremen (1981-95) ist Otto Rehhagel Rekord-Dauerbrenner der Erstliga-Trainer. Seine Bilanz: Europacup, zwei Meistertitel und DFB-Pokale. Ihm folgt Winfried Schäfer mit fast zwölf Jahren (1986-98) beim Karlsruher SC, den er aus der 2. Liga in den UEFA-Cup und ins DFB-Pokalfinale brachte.

Hennes Weisweiler führte Borussia Mönchengladbach in die Bundesliga und holte in elf Jahren (1964-75) drei Meistertitel, UEFA-Cup und DFB-Pokal. Sein Schüler Jupp Heynckes trainierte Gladbach acht Jahre (1979-87).

Am längsten amtieren derzeit Werner Lorant (München 1860/1.7.1992), Ernst Middendorp (Arminia Bielefeld/24.8. 1994), Klaus Toppmöller (VfL Bochum/ 9.11.1994), Jürgen Röber (Hertha BSC/1.1.1996).

Erste Trainerentlassung: Herbert Wiedmayer (1. FC Nürnberg) am 30.10.1963.

Keine Zeit zum Sprücheklopfen, dafür nachdenklich wie selten: Winfried Schäfer

In den letzten März-Tagen erlebte Winfried Schäfer (48) sein erstes Bundesliga-Wochenende seit 1986 ohne Spiel. Daheim in Ettlingen machte der Trainer eine Radtour, probierte die Rollerblades, arbeitete im Garten. Fans brachten Blumen. Nach zwölf Jahren beim Karlsruher SC wurde der amtierende Liga-Dienstälteste hinausgeschmissen. Er war die Nummer 5 der Saison. So wie seine Kollegen hatte er einen neuen Trend in der Bundesliga zu spüren bekommen, der so zu nennen ist:

VON MICHAEL SCHILLING

DIE SPIELER DEMONTIEREN IHRE TRAINER

WINNIE SCHÄFER NACH ZWÖLF KSC-JAHREN ABSERVIERT

Es geschah erst in Dortmund, dann in Bremen, Köln, Gladbach, Wolfsburg und nun in Karlsruhe. Da hatte Ottmar Hitzfeld aus Borussia zwar die beste Mannschaft Europas gebastelt, doch nach dem Sieg in der Champions League wurde er abgeschoben: Sportdirektor. Die Herren Profis intervenierten so lange bei Präsident Niebaum, bis der nachgab. Trainer-Experte Udo Lattek: „Ottmar wurde von den Spielern regelrecht abgeschossen."
Der Rausschmiß von Winfried Schäfer nach zwölf Jahren beim KSC war ein weite-

„Lieber mit Winnie in die 2. Liga, als mit Schmider in den UEFA-Cup" - „Kein Winnie, kein KSC" - „Winnie, du fehlst uns" - „Winfried Schäfer, Trainer-Gott".

Fan-Plakate bei Bayern - KSC

res Paradebeispiel. Dort machten die Profis große Augen, als Schäfer nach dem 0:1-Debakel gegen den HSV seine Elf im Training rigoros umstellte. Plötzlich spielten Amateure wie Sven Eller oder Rolf-Christel Guie-Mien im A-Team. Obendrein wollte Schäfer Stammtorwart Claus Reitmaier in München durch U-21-Mann Simon Jentzsch ersetzen. Es ging Altgedienten an den Kragen. Doch während sich Schäfer noch den Kopf über die Bayern-Taktik zerbrach, war der Putsch längst in Gang gebracht. Häßler, Reitmaier, Hengen, Metz, Wittwer, Reich und Buchwald hatten zuvor im Wohnzimmer von Präsident Roland Schmider gesessen. Manager Klaus Fuchs, auch dabei, sagte später: „Neben Selbstkritik kam dabei auch Kritik am Trainer auf. Die Mehrheit stand ihm kritisch gegen-

„Ich mache keinen Spieler zum Sündenbock. Das habe ich mir zum Grundsatz gemacht und daran halte ich mich."

Joachim Löw, VfB Stuttgart

über." Doch mit dem Rauswurf wartete man. Schmider wollte den Eindruck vermeiden, die Spieler hätten ihren Trainer abgeschossen, wie einst die Schalker Jörg Berger. Doch nach dem 0:1 gegen den HSV verkündete er den „einstimmigen Präsidiumsbeschluß": Rauswurf! Wenigstens Fuchs gab ehrlicherweise zu: „Natürlich waren die Spieleraussagen wichtig und saßen im Hinterkopf."
Jetzt sind sie Schäfer los beim KSC: Reitmaier, der um seine Karriere bangte; Hengen, Schepens und Keller, die kritisiert wurden; alte Recken wie Metz, Wittwer, Reich, die zu Ersatzspielern abstiegen. Weltmeister Guido Buchwald (37), erst vor drei Monaten von Schäfer angelockt, dazu fassungslos: „Da wurde aus einer Mücke ein Elefant gemacht. Es waren doch Eifersüchteleien, die den Erfolg bremsten. Der Trainer hat den Spielern Freiheiten gewährt. Aber einige haben völlig vergessen, was ihr Beruf ist, wofür sie ihr Geld erhalten." Intern hielt sich Buchwald zurück. „Was habe ich zu melden als einer, der ganz neu

ist?“ Die Mehrheit gegen Schäfer war erdrückend.
In Gladbach vermochte sich keiner gegen den übermächtigen Stefan Effenberg durchzusetzen. Er fand für seine Beschwerden über Trainer Bongartz immer ein offenes Ohr, meist das von Manager Rolf Rüssmann. Nie mehr, so drohte Effenberg, werde er es sich gefallen lassen, von Bongartz auf die Bank gesetzt zu werden. Bei Nachfolger Norbert Meier war das nicht zu erwarten. Und so machte sich „Effe“ stark für ihn, obwohl der Erfolg ausblieb: „Wir wollen mit Meier weiterarbeiten, ein Neuer hilft uns nicht weiter.“ Doch Präsident Jacobs, der den Münchner Auftritt (2:3 nach 0:3) als „Unverschämtheit“ und „Arbeitsverweigerung“ abqualifiziert hatte, setzte Friedel Rausch (58) ein. Dieser hofft, „daß sich Effenberg auch für mich stark macht“. Willi Reimann kann ebenso das Lied vom Abschuß singen. Profis wie Jann Jensen oder Jens Keller informierten den Vorstand über Reimanns angebliche Fehlleistungen. Heidenreich und Spies moserten in der Presse. Alles so lange, bis Wolfsburgs Fußballchef Wolfgang Heitmann weich wurde und Reimann an die Luft setzte. Noch eindrucksvoller demonstrierte Toni Polster in Köln die Spielermacht. Im Kleinkrieg mit Peter Neururer wurde der Österreicher jedermanns Darling: Mal schoß er Tore im Doppelpack, mal sang er mit den „Fabulösen Thekenschlampen“. Nur Neururer mochte Polster nicht - und wurde seinen Job los. Vorher hatte es in Bremen Hans-Jürgen Dörner erwischt. Gegen ihn rebellierte man mit passivem Widerstand, verlor und verlor. Nun siegen die Bremer wieder. Ein weiteres Beispiel liefert der VfB Stuttgart. „Was einige Stuttgarter Spieler sagen, kommt einer Kündigung von ‚Jogi‘ Löw gleich“, so KSC-Manager Fuchs.

Fußball-Millionäre kriege ich nur zum Laufen, wenn ich sie auf die Tribüne setze. Wenn sie nicht die nach 26 Spielen zustehende volle Leistungsprämie kriegen, geht's in die Hunderttausende. Die Blamage kommt hinzu.

Ex-Trainer Udo Lattek

Wenn die Stunde schlägt - Schäfer-Stunde!

It´s Berger-Time beim KSC ...

CHRONIK

Trainer-Wechsel Nummer 6: Friedel Rausch ersetzt in Gladbach Norbert Meier, der nur vier Monate amtierte.

Lauterns Torquote schmilzt: Erst 37 in 17 Spielen, nun nur 13 in elf Partien.

Dortmunder Rückschritt in Rostock: Erstmals seit März 1997 nach einer 1:0-Führung noch verloren. Ade UEFA-Cup?

Konstanter HSV: Fünftes Remis im achten Spiel ohne Niederlage.

ERGEBNISSE

Karlsruher SC	0
Hertha BSC Berlin	2
MSV Duisburg	1
1. FC Kaiserslautern	1
Arminia Bielefeld	0
VfL Wolfsburg	1
Hansa Rostock	3
Borussia Dortmund	1
VfL Bochum	3
Schalke 04	0
Werder Bremen	0
Bayern München	3
München 1860	1
Hamburger SV	1
Bayer Leverkusen	1
Borussia M´Gladbach	1
VfB Stuttgart	1
1. FC Köln	1

TABELLE

1. 1. FC Kaiserslautern	28	17	7	4	50:31	+19		●
								●
								●
55								●
3. Bayer Leverkusen	28	13	11	4	56:31	+25	50	▲
4. Schalke 04	28	11	12	5	32:25	+7	45	▼
5. Hansa Rostock	28	12	7	10	42:35	+7	43	▲
6. VfB Stuttgart	28	11	9	9	45:41	+4		▼
								▼
								●
39								●
8. Borussia Dortmund	28	10	8	10	49:44	+5		▲
								▲
								▼
								●
								●
35								●
12. VfL Wolfsburg	28	10	5	14	34:42	-8		●
35								

„Wir greifen voll an!“ Bayern-Manager Uli Hoeneß schleudert die Kampfansage Richtung Lautern. Das 3:0 von Bremen, wo man 1979 letztmals gewann, ist der Fehdehandschuh. Denn Rehhagels FCK zeigt beim 1:1 in Duisburg Nerven. Es sind die Tage der Mittelstands-Revolte. Bochum demütigt Schalke, Rostock die Dortmunder Borussen. Köln ärgert Stuttgart und stellt so VfB-Trainer Löw in den Regen. Mit „Retter“ Friedel Rausch dämpft Gladbach durch das wohlverdiente Remis alle Platz 2-Ambitionen der Leverkusener. In Karlsruhe funktioniert Wunderheiler Jörg Berger bei Herthas 2:0 noch nicht, was für Präsident Schmider Polizeischutz erfordert. Auf der Alm klagen die Arminen: Wolfsburg platt gespielt, dennoch wieder verloren und 1998 allein ohne Sieg.

ZEITLUPE

Mein lieber „Scholli“! Toll, wie Mehmet hier Bremens „Olli“ Reck zum 2:0 austanzt.

Er ist ein Dortmunder Junge und seit zehn Jahren auch ein Borusse: Stefan Klos (26). Mit Borussia ist der Torwart zweimal Deutscher Meister, Champions-League-Gewinner und in Tokio auch Weltcupsieger geworden. Doch nun kämpft er um seine Freigabe, ist vor Gericht gezogen, hat Recht bekommen. Dennoch versucht sein Klub, mit allen Mitteln den Weggang zu den Glasgow Rangers zu verhindern.

Eine turbulente Saison geht für Sie und Dortmund zu Ende.
Kann man wohl sagen. Zwar können wir noch Platz 6 und den UEFA-Cup erreichen, aber wir hatten andere Ziele. Unsere Verletzungssorgen ziehen sich jedoch durch die ganze Saison. In Rostock beim 1:3 haben wieder neun Nationalspieler gefehlt. Nächstes Jahr muß ein Titel drin sein.
Aber ohne Sie. Nach dem gerichtlichen Streit wundert uns, daß Sie noch im Tor stehen.

INTERVIEW

Ich habe auch gehört, daß aus dem Präsidium kam: Setzt Klos auf die Bank. Aber der Trainer stellt mich immer auf.
Können Sie sich konzentrieren, wenn Ihr Präsident zwei Tage vor dem Spiel in Madrid ankündigt, gegen Ihre einstweilige Verfügung Berufung einzulegen?
Wenn es zum Spiel geht, darf ich nicht an Klageschriften oder Beschwerden denken. Der Zeitpunkt war von Herrn Niebaum unglücklich gewählt. Nachdem ich den Prozeß im März gewonnen hatte, schien klar, daß ich zum Saison-Ende ablösefrei wechseln darf. Um mich war wieder Ruhe. Doch die Ankündigung der Berufung hat das geändert. Am Tag vor diesem wichtigen Spiel haben mich viele angesprochen.
Vertragsverlängerungen über Paragraph 11 sind unzulässig, so das Gericht. Herr Dr. Niebaum meint, das Urteil sei grob fehlerhaft.
Mein Anwalt Professor Dr. Röder und ich widersprechen ihm energisch. Wir meinen auch, daß keine elementaren Verfahrensgrundsätze verletzt wurden. Das Urteil ist sehr gut begründet worden.
Wurden Sie von Dr. Niebaums Äußerungen überrascht?
Ja, weil Manager Meier mein Ansprechpartner war. Er hat mir gesagt, daß ich auf die Transferliste komme, wenn ich vor Gericht gewinne. Ich habe ihm gesagt, wie enttäuscht ich von seinem Rückzieher bin. Er behauptete, daß der DFB seine Zustimmung verweigert habe. Doch wenn der BVB sagt, du darfst auf die Transferliste, dann macht der DFB das auch. Mir war klar, daß eine Beschwerde beim DFB-Ligaausschuß derzeit nicht durchkommt. Denn dort sitzen Herr Niebaum und die anderen Präsidenten. Und der DFB hat den Paragraphen 11 selbst geschaffen.
Haben Sie eine Vertragsverlängerung in Dortmund erwogen?
Im Winterurlaub sollte es zu einer Aussprache mit Präsident Niebaum kommen. Nichts geschah. Da habe ich mich entschieden: Ich verlasse Dortmund. Im Trainingslager sagte mir Herr Meier: „Was für dich anderswo möglich ist, geht auch in Dortmund." Daraus folgerte er vor Gericht, daß er mir einen Blanko-Vertrag angeboten hätte. Einen Blanko-Vertrag! Das tut kein Manager der Welt.
Der Rechtsstreit hat Ihnen das WM-Ticket gekostet.
Das ist längst gelaufen. Jens Lehmann kriegt nicht einfach so ein Länderspiel geschenkt. Das war ein Fingerzeig an mich. Ich wußte vorher: Klagst du gegen deinen Verein, ist das dein Todesurteil.
Wie sieht Ihr Abschied von Dortmund aus?
Ich kann einen schönen Abschied nicht mehr erwarten. Ich hoffe, wir gewinnen die Champions League. Ich habe zehn Jahre mein Bestes gegeben und möchte mit erhobenem Haupt aus dem Westfalenstadion marschieren. Es ist wirklich Zeit etwas Neues zu versuchen.

„Action, bitte, action, Herr Klos!"

TORSCHÜTZE DES TAGES
Mehmet Scholl

Mehmet Scholl hat den Kampf um eines der 22 WM-Tickets noch lange nicht aufgegeben: „Natürlich denke ich an die WM. Auf dieses Ziel ist momentan mein ganzes Leben ausgerichtet." Nicht nur wegen seiner beiden Tore (sein fünfter Doppelpack in der Bundesliga) beim 3:0-Sieg der Bayern in Bremen war der Münchner bester Spieler auf dem Platz. Er riß die Verantwortung an sich, forderte unentwegt den Ball, sprühte vor Ideen. Nach seinen Saisontreffern Nummer sechs und sieben folgte der verbale Kampf um die WM-Teilnahme: „Ich bin seit einem halben Jahr gur drauf. Das geht nur immer unter, weil wir als Mannschaft nicht gut gespielt haben." Aber auch die Hinweise auf eine Rückkehr von Gladbachs Stefan Effenberg zum FC Bayern scheinen Scholl anzutreiben. Der würde ihm den schwer erkämpften Platz streitig machen. Den SV Nordwest Karlsruhe kümmert das alles wenig. Die Jugendabteilung von Scholls Heimatverein ist glücklich mit der Torprämie von 1000 Mark und einem Satz Trikots, gestiftet von Continentale und SPORT-BILD.

„Besser ein ewiges Talent als gar keins!"
(Originalton Mehmet Scholl)

FACTS - FACTS - FACTS News

Der Dortmunder Verteidiger Martin Kree (33) machte sein 400. Bundesliga-Spiel. Nur fünf von den derzeit Aktiven können noch mehr aufweisen.

Karlsruhes Negativserie ist Rekord: Vierte Heimniederlage in Folge und dreimal ohne Treffer geblieben. Das 3:0 gegen Bochum am 28.11. war der letzte Sieg im Wildpark.

Der MSV Duisburg spielte zu Hause nacheinander 1:1 gegen Leverkusen und Lautern. Und Bayern kommt noch ...

Schalker Debakel in Bochum: Vorher zwölfmal unbesiegt, in 16 Spielen nie mehr als zwei Tore kassiert und nun ein 0:3.

Winkler (1860), Salou (MSV) trafen je fünf mal Latte oder Pfosten.

Ende der Wartequal: Carsten Jancker (Bayern) traf nach 617 Minuten wieder.

Ulf Kirstens Bilanz: Mit Tor Nummer 20 zum zehnten Male Bayers 1:0 besorgt. Dazu die 10. Gelbe Karte.

Daß der mächtige Deutsche Fußball-Bund (DFB) die Meisterschale nur widerwillig in die Pfalz bringen wird, das glaubt man beim 1. FC Kaiserslautern. Denn beide Seiten gerieten mehrfach aneinander. Darum sagt der Aufsichtsrats-Vorsitzende Dr. Robert Wieschemann, erster Mann im Verein: „Gegenüber dem DFB haben wir eine kritische Einstellung. Weil wir nicht kuschen, würde der Verband lieber Bayern oder Leverkusen als Meister sehen. Daran zweifle ich keine Sekunde." Er nennt Gründe:
Da ist der Fall Brehme. Der 86fache Nationalspieler schoß Deutschland 1990 zum WM-Titel, doch ein Abschiedsspiel wird wegen „Terminnot" abgelehnt. Dr. Wieschemann: „Er hätte es bekommen, würde er bei Bayern, in Dortmund oder Leverkusen spielen."

REPORT

Da wechselt der wichtige DFB-Ligasekretär Wolfgang Holzhäuser am 1. Oktober zu Bayer Leverkusen. Dr. Wieschemann: „Der DFB wußte es seit Monaten. Trotzdem durfte er bis zuletzt das Lizenzierungsverfahren für alle 36 Profiklubs vorbereiten, kannte also sämtliche Betriebsgeheimnisse. Ein Skandal! Der DFB hat kein Feeling für solidarisches Verhalten."
Da ist der Ärger wegen der Live-Übertragungen. Zwar zeigt „Premiere" ständig Live-Spiele des besten Aufsteigers aller Zeiten, doch ohne Extrageld. SAT.1 zahlt dem Heimverein 1,5 Millionen, dem Gast ca. 400 000 Mark. Fünf Spiele überträgt SAT.1, alle mit dem FC Bayern, nie mit dem FCK. In dieser Geldtabelle führt Bayern mit 3,1 Millionen vor Leverkusen (1,9), Dortmund, Schalke, Stuttgart (je 1,5). Dr. Wieschemann: „Der DFB hätte auf die Verteilung an alle bestehen müssen. Doch da bleibt die Solidarität, von den Vereinen gefordert, auf der Strecke. Er orientiert sich nur auf ein paar mächtige Vereine, mit denen er sich nicht anlegt."

Kaiserslautern plant mit den anderen nun den Aufstand. „Sonst verkommt unser Volkssport und wird zum Spielball der Reichen und der Steinreichen." Beim Aufstand würde der Meistertitel nützlich sein.

PROBLEM: IRANER

Nicht einmal die Team-Aussprache klappte nach dem 0:1 gegen Wolfsburg. Einige kamen gar nicht erst ins griechische Lokal „Sirtaki", der Trainer nur kurz, die Iraner Ali Daei und Karim Bagheri speisten mit persischen Freunden an einem Nebentisch. „Wir hätten uns so kurz nach dem Spiel doch nur zerfleischt", sagt Spieler Heiko Gerber. Zuviel hatte sich angestaut. Nach dem Ärger um Stefan Kuntz, den Arminia mittlerweile freigibt, sind die zwei Iraner das neue Feindbild für den Trainer und die einflußreichen Spieler (u.a. Koch, Stratos, Bode). Der Hauptvorwurf: Trainingsfaulheit. So breche Bagheri häufig das Training wegen angeblicher Blessuren ab. Der Arzt finde dann aber meistens nichts. Ali Daei lasse sich regelmäßig von Sonntag bis Mittwoch hängen, gebe erst am Donnerstag Gas, um dann am Sonnabend zu spielen. Trainer Middendorp wollte ihn deshalb im Trainingslager ins Gebet nehmen. Dazu kam es nicht, da zuvor die Mannschaft aktiv wurde. Freitag abend, nach dem Video-Studium von Gegner Wolfsburg, machten sich die Spieler, darunter Stratos und Bode, bei Trainer Middendorp dafür stark, daß Dauer-Reservist Uwe Fuchs statt Daei spielen solle. So kam es auch. Sportlich ein Eigentor. Im Sturm herrschte Flaute, die Fans waren stinksauer. Nun ist Daeis Stolz tief verletzt, das Band zwischen ihm, dem Trainer und vielen Mitspielern zerschnitten. Zumal Stürmer-Kollege Giuseppe Reina öffentlich sagte, er käme mit Kuntz besser zurecht als mit Daei. Mit Daei kommt nur Landsmann Bagheri klar, und das nicht nur wegen der Sprache. Daei spricht gebrochenes Englisch, Bagheri nur Iranisch. Und so hat sich die einst euphorisch gefeierte Verpflichtung der Iraner, die in ihrer Heimat Helden sind, als schwerer Mißgriff erwiesen. Er wird wohl mit dem Abstieg bezahlt.

„Ob was dran ist, an der Iran-Connection, Herr Middendorp? Bielefelds Doppel-Pack Ali Daei & Karim Bagheri hat jedenfalls gut lachen ...

SIE WÄREN DIE REICHSTEN ABSTEIGER
Karlsruher SC

Der KSC steuert Richtung Abstieg, erst recht nach dem 0:2 gegen Hertha. Muß man Mitleid haben mit dem armen KSC? „Wir wären der reichste Absteiger aller Zeiten", meint Manager Fuchs. „Wir sind wirtschaftlich die Nummer 1 der Liga. Nicht beim Umsatz, aber beim Gewinn. Da müßten wir sogar vor den Bayern liegen." 4,2 Millionen Mark Plus haben die Badener 1997 ausgewiesen. 1998 wird der Gewinn eher noch höher ausfallen. Woher das Geld kommt? Zum einen aus den Transferüberschüssen. Zuletzt wurden Fink und Tarnat für fast elf Millionen an den FC Bayern verkauft. Die Zugänge Schepens, Gilewicz, Nyarko und Régis kosteten zusammen neun Millionen. Blieb ein Plus von zwei Millionen. „Außerdem", so Klaus Fuchs, „haben sich die Teilnahme an internationalen Wettbewerben und lukrative Markerting-Verträge ausgezahlt." Zuletzt wurde im UEFA-Cup das Achtelfinale erreicht. Bei den Gehältern nimmt der KSC einen Platz „im oberen Mittelfeld" (Fuchs) ein. Kasse gefüllt, im Abstiegskampf schlapp. Präsident Schmider ist deshalb Zielscheibe der Fan-Angriffe. Der neue Trainer Jörg Berger darf in jedem Fall richtig investieren. Fuchs: „Es müssen neue Reizpunkte gesetzt werden. Es geht nicht gut, über Jahre immer mit den gleichen Spielern zu arbeiten. Dann schleift sich alles ein."

EIN GLÜCKSBRINGER FÜR FRIEDEL RAUSCH
Borussia M'Gladbach

Für den Trainer Friedel Rausch begann das erste Training in Gladbach mit einer Überraschung. Ein älterer Mann drückte ihm ein kleines Medaillon, einen Glücksbringer, in die Hand. Rausch: „Er ist deswegen aus Kaiserslautern, von wo er mich kennt, nach Gladbach gereist. Er war sehr krank, bis ihm jemand das Medaillon geschenkt hat. Und nun soll es mir Glück bringen." Glücksbringer Nummer 2 ist der von Rausch mitgebrachte, bewährte Co-Trainer Ignaz Good. Dessen Schwager Egon Milder hat 1965 das entscheidende Tor zum Bundesligaaufstieg für Borussia Mönchengladbach geschossen.

EINWURF

Mönchengladbach hat nun mit Rausch den dritten Trainer nach Bongartz (16. Platz beim Abgang) und Meier (17.). Für 1997/98 ist das ein Novum, passierte in der Bundesliga aber schon 17mal! Drei verbrauchten sogar vier Trainer:

1991/92 Düsseldorf: Hickersberger (20.), Schafstall (20.), Gede (20.), Köppel (20.)

1990/91 Hertha: Fuchs (18.), Csernai (18.), Neururer (18.), Heine (18.)

1985/86 Hannover 96: Biskup (14.), Rynio (16.), Berger (18.), Kalthoff (18.)

Der Abstieg konnte also in keinem Falle vermieden werden. Auch Karsten Heine, damals erster Ost-Trainer in der Bundesliga, konnte Hertha nicht mehr retten.

Beim 1. FC Köln hat ein Dreifach-Wechsel dagegen zweimal sogar Erfolg gebracht:

95/96: Olsen (14.), Engels (16.), Neururer (12.)

92/93: Berger (16.), Jerat (17.), Olsen (12.)

MAGAZIN

GELD GIBT ES NUR NOCH FÜR SIEGE
VfL Wolfsburg

Groß war der Jubel beim VfL über das 1:0 in Bielefeld: drei Punkte und dazu noch je 10 000 Mark! Damit zahlt Wolfsburg die mit Abstand höchste Siegprämie in der Bundesliga. Diese Regelung wurde mit dem neuen Trainer Wolfgang Wolf vereinbart und eingeführt: ab sofort nichts mehr für Remis, aber richtiges Geld für Sieg. Bislang gab es dafür 5000 Mark. Über eine Nichtabstiegsprämie wird nicht diskutiert, dafür die Siegprämie von Spiel zu Spiel neu ausgehandelt.

Aufstützen wird doch wohl erlaubt sein - so denkt zumindest Holger Greilich (links). Gesagt, getan! Also probiert es der 60er mit Hasan Salihamidzic (HSV).

Zwei 3:1 Siege, einer gegen Champions-League-Gewinner Borussia Dortmund in Rostock und der andere beim Dortmunder Nachbarn VfL Bochum, haben nach 30 Spieltagen den Platz des FC Hansa Rostock in der Spitzengruppe zementiert. Noch eine Stunde nach Abpfiff in Bochum besangen 2000 Rostocker Fans den Platz im „U-U-UEFA-Cup". Aus einem vermeintlichen Abstiegskandidaten hat der im Sommer 1997 gekommene Trainer Ewald Lienen ein Team geformt, daß zu der Überraschung der Saison geworden ist.

STEFAN BACKS UND MATTHIAS SONNENBERG

ZETTEL-EWALDS MUNTERE MEUTE

ROSTOCK ATTACKIERT DIE PROMINENZ

HANSA ROSTOCK Facts

Der FC Hansa wurde 1991 als letzter Meister des DFV (neben Dynamo Dresden) in die 1. Bundesliga aufgenommen. Auf Platz 18 stieg Hansa 1992 wieder ab. Nach dem Wiederaufstieg 1995 folgten Platz 6 mit 49 Punkten und 1996/97 Platz 15 mit 40 Punkten.

Die Trainer im ersten Bundesligajahr waren Uwe Reinders (bis 6.3.1992) und Erich Rutemöller (10.3.1992-30.6.1992). In der 2. Liga amtierten Horst Hrubesch und Jürgen Heinsch. Mit Frank Pagelsdorf (seit 1.7.1994) stieg Hansa 1995 wieder auf.

Vom Startjahrgang 1991/92 sind in dieser Saison noch Heiko März (33), Hilmar Weilandt (31) und Jens Dowe (30) im Aufgebot.

Ewald Lienen (44) bestritt zwischen 1977 und 1992 insgesamt 333 Bundesligaspiele für Mönchengladbach (244), Bielefeld (60), MSV Duisburg (29) und erzielte 49 Tore.

„Guten Tag, Herr Fandel, ich bin der Ewald ..."

Der Mann liebt die Ordnung. Ganz akkurat wickelt Ewald Lienen (44) das Salatblatt um die Gabel. Dann putzt er den Rand der Dressing-Flasche. Bei Fragen neigt er meist den Kopf zur Seite, wartet einige Sekunden - und antwortet dann ein bißchen wie auswendig gelernt. „Hier in Rostock gibt es gute Strukturen." Oder: „Ich habe ein professionelles Team." Und: „Ich will mit Hansa den Klassenerhalt schaffen." Öffentlichkeitsarbeit war noch nie die Sache des Ewald Lienen. „Ich muß mich arrangieren mit den Medien, mehr nicht. Für Schlagzeilen bin ich nicht zuständig." Was andere als „langweilig" bezeichnen, ist für Lienen „professionelle Arbeit". Und die ist die Grundlage für Rostocks beeindruckende Saisonleistung. Man kann sie so kennzeichnen.

Frage vor der Saison: Können Sie die Abgänge der Leistungsträger Hofschneider, Beinlich, Akpoborie verkraften? - Antwort Lienen: „Wir haben Jens Dowe, Slawomir Majak, Igor Pamic verpflichtet."

Ewald Lienen

Zusammenhalt: „Wir sind eine harmonische Mannschaft", sagt Lienen. Vor jedem Spiel schwören sich die Spieler in der Kabine ein. „Wir machen auch sonst viel gemeinsam", betont Sergej Barbarez. So trifft man sich nach gewonnenen Spielen oft in der Diskothek „Fun". Mindestens einmal im Monat geht das Team gemeinsam essen.

Besonnenheit: „Wir denken nicht ergebnisorientiert, sondern wollen einfach nur möglichst attraktiven Fußball spielen", ist Lienens Losung. „Unsere Fans sollen durch guten Fußball einen schönen Nachmittag haben, und diesen sage ich auch immer, daß sie selbst daran mitwirken können. Eine richtige Berufsauffassung wollen sie sehen. Dann kann man auch mal verlieren." Damit hat er viel Druck von der Mannschaft genommen. Die war vor zwei Jahren in Verkrampfung erstarrt, als sie den UEFA-Cup-Platz dicht vor Augen hatte. Nun spielt sie gelöst: Gegen Dortmund trumpfte sie erst richtig auf, als die Borussen 1:0 führten.

„Etliche reden gern vom ‚Ernst der Lage'. Davon gibt es tatsächlich viele - nur nicht im Fußball."

Ewald Lienen

Papier und Stift begleiteten den jungen Trainer Ewald Lienen schon vor vier Jahren, als er mit Duisburg an die Spitze stürmte. Anscheinend jede Szene notierte er auf Zettelchen. Worauf er den Spitznamen „Zettel-Ewald" bekam. Was ihn „natürlich nicht interessiert, höchstens amüsiert". Aber was steht denn drauf? Lienen lacht. „Dinge, die ich ansprechen möchte in der Halbzeit oder nach dem Spiel. Die Bundesliga ist ein emotionales Geschäft. Da vertraue ich lieber meinem geschriebenen Wort als meinem Erinnerungsvermögen."

Und ein Diktiergerät könne er ja schlecht seinen Spielern zur Pause vorspielen. Daß Lienen die Zettel abheftet, ist selbstverständlich. „Das gehört zu einer langfristigen Arbeit." Für Hansa eben.

„Nicht absteigen, ja. Aber einen bestimmten Platz anzustreben halte ich für kontraproduktiv. Mit einer funktionierenden Mannschaft weiterzumachen ist schön. Aber Abgänge sind die Chancen für jene, die dableiben, und für den Verein, neues Blut zu bringen."

Ewald Lienen

Spaß: Dieses Wort fällt immer wieder, wenn die Spieler ihre Erfolge erklären. Verteidiger Marco Rehmer: „Bei uns wird auch im Training viel gelacht." Vor allem Trainer Ewald Lienen sorgt mit Wortwitz und Anekdoten immer wieder für Gelächter. Außerhalb des Platzes ist Igor Pamic, der erfolgreichste Liga-"Joker", die Stimmungskanone.

Technik: Torjäger Sergej Barbarez erläutert das Spielsystem: „Es ist sehr offensiv ausgerichtet und funktioniert nur deshalb so gut, weil wir viele gute Techniker im Team haben. Peter Bosz ist der einzige defensive Mittelfeldspieler." Der Erfolg dieses 3-6-1 Systems beruht vor allem auf der Variabilität vieler Spieler. Yasser, Dowe, Micevski, Majak, Neuville (allerdings lange verletzt) stoßen immer wieder in die Spitze. Das imponierte auch Dortmunds Trainer Nevio Scala: „Die sind alle sehr schnell und bereiten so jeder Abwehr große Probleme."

Start: „Bis auf das erste Spiel mit dem 0:1 gegen Wolfsburg haben wir natürlich einen guten Saisonstart erwischt", schaut Marco Rehmer zurück. „Das hat allen Selbstvertrauen gegeben. Zudem haben uns viele Gegner lange unterschätzt." Auswärts verlor Hansa erst am 12. Spieltag mit 2:3 in Dortmund, und das unglücklich.

Ruhe: Auf dem Trainingsgelände können Spieler und Trainer ganz ungestört arbeiten. Anders als bei Spitzenklubs wie Bayern oder Dortmund zeigen sich beim täglichen Training nur wenige Zuschauer. So sind die Spieler eben Profis zum Anfassen geblieben, die nicht abgeschottet werden.

Es bleibt vorerst Ewald Lienens Geheimnis, was auf seinen Zetteln steht. Aber wissen möchte man´s doch, oder?!

Streicheleinheiten vom Chef - hier für seinen Lieblingsschüler Oliver Neuville.

CHRONIK

Der FC Bayern und Trainer Giovanni Trapattoni trennen sich nach der Saison. Ottmar Hitzfeld, sofort von Dortmund beurlaubt, wird der Nachfolger.

Bayerns Stärke: dritter drei-Tore-Sieg in fünf Spielen ohne Niederlage.

Kaiserslauterns Schwäche: in vier Heimspielen nur ein Sieg und nur zwei Treffer.

Gladbachs Katastrophe: fünf Heimspiele ohne Sieg und ohne Treffer, bei drei 0:0.

ERGEBNISSE

1. FC Kaiserslautern	1
Borussia Dortmund	1
VfL Bochum	1
Hansa Rostock	3
1. FC Köln	0
Karlsruher SC	1
Schalke 04	3
VfB Stuttgart	4
VfL Wolfsburg	1
Bayer Leverkusen	0
Hamburger SV	2
Arminia Bielefeld	0
Bayern München	3
München 1860	1
Hertha BSC Berlin	0
Werder Bremen	2
Borussia M´Gladbach	0
MSV Duisburg	3

TABELLE

1. 1. FC Kaiserslautern	29	17	8	4	51:32	+19		●
								●
								●
58								▲
3. Bayer Leverkusen	29	13	11	5	56:32	+24	50	▼
4. Hansa Rostock	30	13	7	10	45:36	+9		●
								▲
								●
								▲
45								▼
7. Werder Bremen	30	11	8	11	38:46	-8		▲
								▲
								▼
39								▼
9. MSV Duisburg	30	10	9	11	38:40	-2		▲
								▼
								●
39								●

Frohe Ostern? Sechs Gastgeber hätten am liebsten das Fest gestrichen. Denn fünf, soviel wie nie, verlieren. Und auch für Lautern, mit Elan und Chancen, ist das 1:1 gegen Dortmund eine Pleite. Denn Bayern, Sieger im Derby, rückt näher und näher. Ein Schwaben-Streich in letzter Minute stürzt Schalke in die erste Heimniederlage. In Wolfsburg beendet das Wolfs-Rudel mit seinem dritten 1:0 Leverkusens 21fache Serie ohne Niederlage. In Gladbach fließen Tränen, weil das 0:3 gegen Duisburg der tiefe Blick in die 2. Liga ist. Dort fühlt sich Bielefeld beim lange ungeschlagenen HSV schon angekommen. Im Gegensatz zum KSC, der mit Neu-Trainer Berger Kölns Auftrieb jäh stoppt. Hertha zu Hause nach sieben Monaten erstmals wieder ohne Tor. Schöne Ostern!

ZEITLUPE

Das erste Tor in der Bundesliga ist dem Karlsruher Rolf Guie-Mien einen Salto wert. Dabei macht er durchaus eine gute Figur, oder?!

Karlsruhes Trainer Winnie Schäfer hat Guido B u c h w a l d (37) im Januar aus Japan zurückgeholt, um mit dem Weltmeister von 1990 den Angriff auf einen UEFA-Cup-Platz zu stärken. Nun wurde daraus für den 76fachen Nationalspieler und zweifachen Meister mit dem VfB Stuttgart ein nervenaufreibender Kampf gegen den Abstieg, in dem er beim 1:0-Sieg in Köln auch noch die Rote Karte sah.

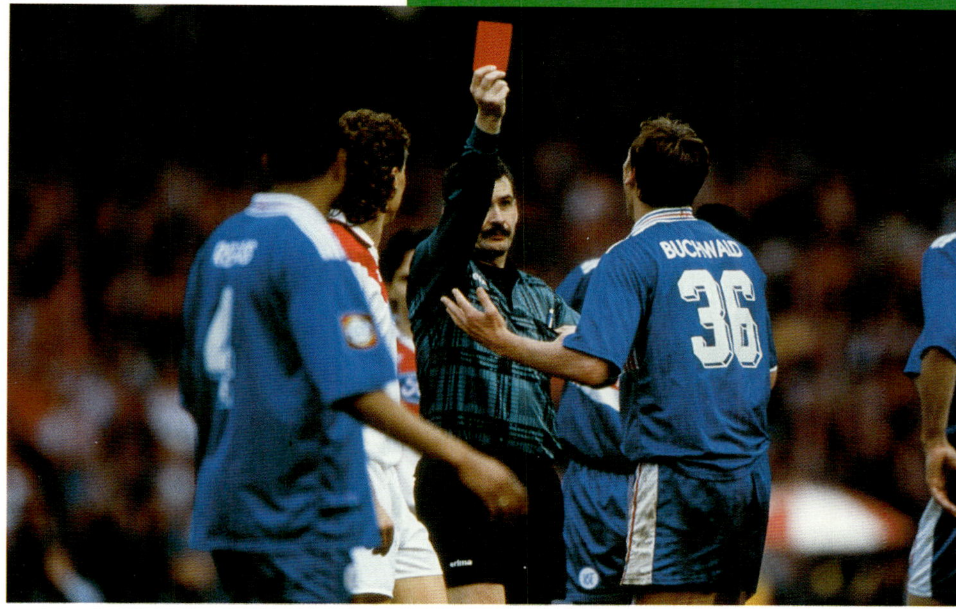

Hätten Sie gedacht, nach 19 Profi-Jahren noch in soetwas zu schlittern?
Nein, eine so gravierende Abstiegsangst ist für mich tatsächlich neu. Aber sie macht mich nicht so nervös wie jüngere Spieler, die um ihre Zukunft bangen. Mit 37 bin ich ruhiger. Bei der Roten Karte gab der Schiedsrichter zu, daß das Foul nicht Rot-würdig war. Ich war nicht der letzte Mann und hoffe auf Freispruch. (Buchwald wurde

INTERVIEW

dennoch für zwei Spiele gesperrt.)
Was ist mit den KSC-Fans los? Der Präsident mit Polizeischutz, die Spieler durch den Hinterausgang. Wurden Sie angepöpelt?
Zum Glück noch nie. Egal in welchem Verein ich spielte, hieß es in solchen Situationen: „Guido, geh du mal raus zu den Fans." Das habe ich auch nach dem 0:2 gegen Hertha gemacht. Es war positiv.
Wäre der Abstieg Ihr Karriere-Ende?
Im Winter hieß das Ziel noch UI-Cup, ein realistisches bei unseren vielen Nationalspielern. Ich habe mich noch nicht entschieden. Aber mit einem Abstieg möchte ich nach 19 Profi-Jahren nicht aufhören.
Nach dreieinhalb Jahren Japan: Hat sich die Bundesliga verändert?
Es kommen wesentlich mehr Zuschauer. Die Begeisterung ist gewachsen, deshalb macht´s mir noch mehr Spaß. Fußball ist für mich eine Sucht. Aber auch der Einfluß der Spieler hat sich verändert. Als Gründungsmitglied der VDV wollte ich Anfang der 90er Jahre verhindern, daß junge oder mittelmäßige Spieler von ihren Vereinen übers Ohr gehauen werden. Nach dem Bosman-Urteil sehe ich die Gefahr genau andersrum.
Also mehr verwöhnte, faule Profis?
Die gab es schon zu Zeiten von Fritz Walter und Uwe Seeler. Aber heute sind es mehr und, jeder 18-, 19-jährige hat einen Manager, der ihm einredet, der Beste zu sein. Wie soll einer, der frisch von der Schule kommt, verarbeiten, daß er 20 000 Mark im Monat verdient. Da glaubt er, sich von den Älteren nichts mehr gefallen lassen zu müssen. Bei manchen Gesprächen frage ich mich: Wer ist hier der 20-, wer der 30jährige?
Ist Trainer Schäfer an der fehlenden Hierarchie gescheitert?
Sein Problem war der unheimlich lockere Führungsstil. Er war der Meinung, die Älteren müßten den Jüngeren sagen, wo es langgeht. Aber die Älteren hatten selbst Probleme, waren verletzt oder ohne Stammplatz. Dann muß der Trainer die klare Linie vorgeben. Es hätte gutgetan, wenn Winni ab und zu dazwischengehauen hätte.
Was macht Jörg Berger anders?
Seine klare Linie ist ohne Wenn und Aber. Er sucht im Training viel zu erarbeiten, läßt oft Standardsituationen üben, setzt auf Disziplin. Schäfer war für viele wohl zu lieb.
Wie beurteilen Sie Thomas Häßlers derzeitige Verfassung?
Er sitzt zwischen den Stühlen, muß sich auf den KSC und die WM konzentrieren. In der Nationalelf ist er gegenüber Möller im Hintertreffen. Im Gegensatz zu ihm, hängt beim KSC alles allein von „Icke" ab. Er muß mehr laufen, verteidigen, statt seine Stärken auszuspielen. Die Mannschaft hat ihn runtergezogen. Aber „Icke" zeigt Willen.
Verfolgen Sie, was aus dem VfB wird?
Irgendwie ist es noch immer mein VfB. Doch die holten lieber teuere Spieler, die jünger waren. Fredi Bobic hat angeblich gesagt: „Was will Buchwald? Der hat doch alles erreicht!"

Nun geht für Guido Buchwald erst einmal zwei Spieltage gar nichts mehr - Schiri Berg zeigt ihm nämlich die Rote Karte.

TORSCHÜTZE DES TAGES
Jens Dowe

Jens Dowe (29) hat eine stressige Vergangenheit hinter sich. Über München 1860, den Hamburger SV, die Wolverhampton Wanderes und Sturm Graz kam der Weltenbummler zurück zu Hansa Rostock, wo er zuerst ab 1991 in der Bundesliga spielte. Das Vertrauen, das Trainer Ewald Lienen in ihn setzte, zahlt er nun mit Leistung zurück. So am vergangenen Spieltag gegen den VfL Bochum, wo Dowe mit zwei Toren Garant des 3:1-Sieges von Hansa war. Nun steht er bei fünf Saisontoren. Mit Lienen hat sich der nicht immer pflegeleichte Dowe mittlerweile bestens arrangiert: „Lienen ist ein Trainer, mit dem man sich einfach verstehen muß." Talent wurde ihm schon immer bescheinigt. Nun scheint er zu konstanter Leistungshöhe gefunden zu haben. Für seine beiden Tore gibt es von SPORT-BILD und „Continentale" einen Satz Trikots sowie 1000 Mark für die Jugendabteilung von Dowes Heimatverein Greifswalder SC (früher KKW). Zwei Tore erzielten auch Uwe Spies (MSV) und Jonathan Akpoborie (VfB), das Los entschied für Jens Dowe.

Das nennt man effektiv: Zweimal auf´s Bochumer Tor geschossen - zwei Tore! Der Mann der Tat: Jens Dowe

„Willkommen an Bord, Ottmar!" Mal sehen, ob des „Kaisers" Herzlichkeit auch von Dauer ist ...

Nicht der 3:1-Sieg der Bayern im Derby gegen 1860 war das Thema des Tages, sondern die Nachricht: Trapattoni geht und Hitzfeld kommt! Für Dortmunds Sportdirektor drängte die Zeit: Real Madrid oder der FC Bayern München? Bei beiden sollte er auf das Ende der Zusammenarbeit mit den jeweiligen Trainern - Heynckes bzw. Trapattoni warten. „Madrid hätte mich gereizt, bei allen Problemen, die mit dem erlernen einer neuen Sprache verbunden sind", sagte Ottmar Hitzfeld. „Ich habe mich dann für die Bayern entschieden, weil mir Franz Beckenbauer sagte, daß man sich mit Trapattoni geeinigt hätte." Zwar war Christoph Daum Bayerns Wunschkandidat, aber Hitzfeld hatte eigene Gründe:

Umfeld: „Ich weiß, daß Bayern schwierig ist. Aber ich will mir beweisen, daß ich in München bestehen kann.

Bundestrainer-Job: Er hatte gehofft, nach der WM Berti Vogts beerben zu können, dann aber gehört, daß sich Dortmunds Spieler beim DFB schlecht über ihn geäußert hatten. Er erfuhr: Du wirst nie Bundestrainer!

Mannschaft: Er hat jedem etwas voraus - den Gewinn der Champions League. Das macht ihn unantastbar für Kritiker.

Gehalt: Bei Borussia kam Hitzfeld inklusive 100 000 Mark pro Sieg in der Champions League und 10 000 pro Ligapunkt auf vier Millionen Mark im Jahr. Bei Bayern verdient er nicht weniger.

Die Präsidenten: Statt Manager Hoeneß wie sonst üblich hatte Präsident Beckenbauer die Aktion zur persönlichen Chefsache erklärt. Hitzfeld: „Das war wichtig für mich." Borussen-Präsident Dr. Niebaum gratulierte zwar telefonisch, aber man darf

REPORT

Tradition: „Bayern ist seit 30 Jahren der große deutsche Verein. Ich hatte immer den Hintergedanken, irgendwann dort zu arbeiten." Dreimal hat er Angebote abgelehnt: 1972 als Spieler, als er mit Uli Hoeneß in der Olympia-Elf stürmte, zweimal als Dortmunds Trainer.

nach dem internen Streit eine Hitzfeld-Rache darin sehen, zum größten Rivalen zu wechseln. In Dortmund wurde er von dem Job als Sportdirektor sofort freigestellt. „Ich habe auch alle Unterlagen über Spielerbeobachtungen und Empfehlungen abgegeben. Ab sofort arbeite ich für Bayern."

DER TOR DES TAGES
Bernd Meier

Wenn die TV-Sender die Bilder der Saison zusammenschneiden, wird Bernd Meier (26) unter Pleiten, Pech und Pannen sicher eine Hauptrolle bekommen. Dies mit jener Szene, die das Münchener Derby entschied und 1860 wieder ein Stück näher der 2. Liga brachte. Beim Stand von 0:1 ließ der Torwart den Ball arglos auf den Rasen fallen - genau vor die Füße von Bayern-Stürmer Jancker, der sich von hinten angeschlichen hatte. 0:2! Das dümmste Tor der Bundesliga einte sogar die zerstrittenen Bayern- und 60er-Fans in Spottgesängen: „Bernd Meier, Fußball-Depp". Es war nicht sein erster Patzer. „Mindestens fünf Punkte hat Meier uns in dieser Saison schon gekostet", schimpfte 1860-Präsident Wildmoser. 1996 galt Meier als „Elfmeter-Killer" der Liga und wurde sogar zur Nationalelf eingeladen. Seitdem stagniert er und ließ sich zuletzt auch von Gerüchten verunsichern, 1860 verhandle mit Scheuer (Bayern) und Gospodarek (Bochum). Da Meier-Vertreter Daniel Hoffmann auch schon patzte, „müssen wir Meier wieder aufbauen. Deshalb sage ich nichts mehr zur Torwartfrage", so noch Präsident Wildmoser. Es hatte schon gereicht.

Ein für Pechvogel Bernd Meier (1860) seltenes Gefühl an diesem Spieltag: Der Torwart fängt Bayern-Stürmer Rizzitelli gekonnt einen Ball weg.

MAGAZIN

DOCH ABSCHIEDSSPIEL FÜR ANDY BREHME?

1. FC Kaiserslautern

Die Kritik aus Kaiserslautern „der DFB gönnt uns den Titel nicht" erntet in anderen Vereinen zwar Kopfschütteln, aber jene an der Verweigerung eines Abschiedsspiels für Andy Brehme fand ein positives Echo. Liga-Ausschuß-Vorsitzender Gerhard Mayer-Vorfelder: „Es gab eine Grundsatzentscheidung des DFB-Präsidiums, die Abschiedsspiele für Nationalspieler abzuschaffen. Ich verstehe aber die Argumente für einen verdienten Spieler wie Andreas Brehme vollkommen und möchte deshalb einen persönlichen Lösungsvorschlag machen. Da nach der WM auch der Abschied von Jürgen Kohler und Jürgen Klinsmann ansteht, sollte für alle drei ein gemeinsames Abschiedsspiel veranstaltet werden. Die Ehrung dreier Weltmeister! Doch nach dem 1:1 gegen Dortmund hagelte es aus Lautern gleich die nächste Kritik. Weil der DFB den unerfahrenen Schiedsrichter Wolfgang Stark (28, 14 Bundesliga-Spiele) aus Bayern angesetzt hatte. Aufsichtsratsvorsitzender Dr. Wieschemann und Trainer Otto Rehhagel unisono: „Der Bayer hätte Dortmunds Cesar nach einer Notbremse Rot zeigen und uns mindestens einen Elfmeter geben müssen. Vielleicht sollte Uli Hoeneß die nächsten Spiele bei uns pfeifen, damit Bayern auch wirklich Meister wird." Rehhagel: „Wenn´s brennt, wollen wir erfahrene Brandmeister sehen."

PAGELSDORF: „WICHTIG IST, RUHE VORZULEBEN"

Hamburger SV

Mit nur 35 Toren hat der HSV 38 Punkte erobert und ist Zwölfter! Im Winter hatte Trainer Frank Pagelsdorf die Abwehr von Raum- auf Manndeckung umgestellt. Resultat: die beste Abwehr der Liga! „Es ist wichtig, Ruhe vorzuleben", sagte der Trainer, setzte auf Teamgeist und stellte sich immer vor seine Profis. Selbst als die Kritik über das Sturmduo Yeboah/Debinski hereinbrach, sagte er: „Ich glaube an die beiden." Und ein Magier steckte „Zaubernadeln" hinter die Tore.

SELBST FREIE TAGE HALFEN NICHT WEITER

Arminia Bielefeld

Trainer Middendorp hat wochenlang freie Tage gestrichen, das Team kaserniert - und hat verloren. Nun gab er vor dem HSV-Spiel (0:2) zwei Tage frei, weil sich die körperlichen Beschwerden häuften. Vergeblich. Den Abstieg vor Augen, will man das Kaiserslautern-Modell von 1996 kopieren. Sportdirektor Thomas von Heesen: „Wir behalten alle, die einen Vertrag für die neue Saison haben." Die Ausnahmen sind Torwart Koch, Kuntz, Maas, Silooy, Breitkreutz. Und Ernst Middendorps Vertrag wurde - egal, was kommt - bis 2000 verlängert. Trotz seiner aussichtslosen Lage wird Arminia noch zweimal vor vollem Haus spielen: Wenn Bayern und Kaiserslautern kommen! Wird Bielefeld am Ende noch zum Meister-Macher? So wie die Arminen sich schlagen, beweisen sie eine ungebrochene Moral. Die Fans danken´s ihnen ...

RAUSCH APPELLIERT AN DIE EHRE

Borussia M´Gladbach

Durch einen mit überragendem Konterspiel 3:0 siegenden MSV Duisburg wurde Gladbach in ein Tal der Tränen gestürzt. Selbst Stefan Effenberg übermannte es. „Mein Gott, Rüssmann, was hast du bloß aus meiner Borussia gemacht", schimpfte Ex-Borussen-Kapitän Berti Vogts aus dem Urlaub. Rechnerisch ist der Klassenerhalt noch möglich. Aber warum sollte in vier Spielen klappen, was in 30 nicht funktionierte? Das weiß auch „Retter" Friedel Rausch. „Wir haben uns schon lange über das Thema Zweite Liga unterhalten. Und Prämien sind jetzt Quatsch. Deshalb bin ich früher nicht schneller gelaufen. Es geht jetzt um die Ehre." Präsident Jacobs aber plant schon: „Da die meisten Spielerverträge auch für die 2. Liga gelten, werden wir das Gros halten. Und für die, die gehen, kassieren wir Ablöse." Es dürfte sich um Stefan Effenberg, Patrik Andersson, Karlheinz Pflipsen und Jörgen Petersson handeln, die den Verein beim Abstieg in die 2.Liga verlassen werden.

EINWURF

Die Serie der Leverkusener mit 21 Spielen ohne Niederlage ist bislang nur fünfmal übertroffen worden. Rekordhalter HSV legte damit die Grundsteine für die Meistertitel von 1982 und 1983, der FC Bayern für die von 1986 und 1987. Nur Frankfurt und Dortmund blieben danach ohne Titel. Die besten Serien/Spiele:

HSV	36	30.01.82 - 22.01.83
FC Bayern	27	03.05.88 - 25.03.89
FC Bayern	25	08.11.86 - 15.08.87
FC Bayern	23	02.12.89 - 22.02.90
E. Frankfurt	22	20.11.76 - 06.08.77
Leverkusen	21	27.09.97 - 11.04.98
B. Dortmund	19	04.10.91 - 28.03.92
FC Bayern	19	15.03.86 - 18.10.86
Leverkusen	17	23.08.89 - 17.02.90
1. FC Köln	17	16.11.88 - 20.05.89
HSV	17	08.03.83 - 10.09.83
M´Gladbach	17	02.11.74 - 13.04.75

Freud´ (Hamburgs Trainer Pagelsdorf) und Leid (die Gladbacher Trainer-Bank spricht Bände) liegen oft dicht beieinander.

CHRONIK

Für Dortmund war´s nach fünf Siegen und zwei Remis die erste Heimniederlage.

Allein Leverkusen ist weiter zu Hause ungeschlagen.

Dem KSC gelang in den letzten zehn Spielen sechsmal kein Tor.

Hansa blieb im sechsten Spiel unbesiegt.

Wolfsburg buchte nach drei 1:0 nur ein 2:2, und damit 1998 erstmals zwei Tore.

ERGEBNISSE

MSV Duisburg	2
VfL Wolfsburg	2
Werder Bremen	3
1. FC Köln	0
Hansa Rostock	2
1. FC Kaiserslautern	2
Karlsruher SC	0
Schalke 04	0
München 1860	3
Hertha BSC Berlin	1
Arminia Bielefeld	4
Bayern München	4
Bayer Leverkusen	5
Hamburger SV	0
Borussia Dortmund	1
Borussia M´Gladbach	2
VfB Stuttgart	2
VfL Bochum	0

TABELLE

1.	1. FC Kaiserslautern	30	17	9	4	53:34	+19	60	●
2.	Bayern München	31	17	8	6	63:36	+27	59	●
3.	Bayer Leverkusen	30	14	11	5	61:32	+29	53	●
4.	VfB Stuttgart	31	13	9	9	51:44	+7	48	▲
5.	Hansa Rostock	31	13	8	10	47:38	+9	47	▼
6.	Schalke 04	30	11	13	6	35:29	+6	46	▼
7.	Werder Bremen	31	12	8	11	41:46	-5	44	●
8.	MSV Duisburg	31	10	10	11	40:42	+2	40	▲
9.	Borussia Dortmund	30	10	9	11	51:47	+4	39	▼
10.	VfL Wolfsburg	31	11	6	14	37:44	-7	39	▲
11.	Hertha BSC Berlin	30	11	6	13	37:47	-10	39	▼
12.	Hamburger SV	31	9	10	12	35:45	-10	37	●
13.	1. FC Köln	30	10	5	15	44:56	-12	35	●
14.	München 1860	31	9	8	14	39:51	-12	35	▲
15.	VfL Bochum	30	9	7	14	35:44	-9	34	▼
16.	Karlsruher SC	31	8	10	13	39:51	-12	34	▼
17.	Borussia M´Gladbach	31	7	11	13	45:54	-9	32	●
18.	Arminia Bielefeld	30	7	6	17	37:50	-13	27	●

Die Reisekrankheiten der Duellanten halten an der Spitze alles im Patt. Lautern remisiert in Rostock, Bayern in Bielefeld. Die Fans können dabei zwölf Tore bejubeln. Diese Remis-Seuche - das sechste in diesem Jahr - quält alle Pfälzer. In Leverkusen fällt der HSV in alte Schwächen zurück: nach neun Spielen mit nur fünf Gegentoren nun dieses 0:5. Borussia contra Borussia endet in Dortmund mit verriegeltem Notausgang „UEFA-Cup" und neuen Gladbacher Überlebensträumen. Die schwinden in Karlsruhe, als Schalke nur ein 0:0, sein fünftes, gestattet. In München gibt der Hertha-Komödienstadl ein Gastspiel: zornbebend ob des 1:3 gegen 1860 entläßt Theater-Direktor Robert Schwan seinen Trainer Röber - um ihn anderntags wieder einzustellen.

ZEITLUPE

Der sterbende Schwan, perfekt in der Ausführung von Paul Agostino (1860), assistiert in Bodenlage von Hendrik Herzog (Hertha) ...

Der gebürtige Duisburger Friedel Rausch (58) soll seit dem 1. April in Gladbach die ruhmreiche Borussia retten. Nachdem er für Schalke 170 Bundesliga-Spiele bestritt, dort auch als Trainer begann, ist Borussia nun seine neunte Trainerstation. Mit Eintracht Frankfurt gewann er den UEFA-Cup, mit dem FC Luzern den Schweizer Titel und Pokal. Beim damals abstiegsbedrohten 1. FC Kaiserslautern aber wurde er im März 1996 entlassen. Der FCK stieg ab.

Freitag kehren sie mit Borussia nach Lautern zurück. Was erwarten Sie?
Auspfeifen werden sie mich kaum. Vielleicht rufen die Fans: „Friedel, wink einmal." So wie früher. Wenn nicht, ist mir das auch egal. Ich habe noch einen guten Draht nach Lautern. Außerdem ist Otto Rehhagel mein Freund. Aber ich gebe zu,

INTERVIEW

daß jene Entlassung ein Makel ist, den ich gerne auslöschen würde. Am besten mit einem Sieg.

Geht´s schief, trainieren Sie bald erstmals einen Zweitligisten.
Davon können Sie ausgehen. Aber damit mußte ich rechnen, als ich in Gladbach anfing. Ich bin doch nicht blauäugig.

Was passiert mit Stefan Effenberg?
Ich kann verstehen, wenn er geht. Stefan ist bald 30 und kann noch immer was ganz Großes erreichen. Er ist ein Weltklassemann, also muß er zu einem Welt-Klub.

Effenberg ist bei Bayern 1992 gescheitert, mit Florenz abgestiegen, wurde aus der Nationalelf geworfen und steigt vielleicht erneut ab. Er hat nicht viel erreicht.
Vielleicht war es ein Fehler von ihm, auf sein Herz zu hören und erneut nach Gladbach zu wechseln. Er hängt an Borussia. In Mannschaften, in denen zehn Mann vier oder fünf Millionen verdienen, wäre garantiert mehr möglich gewesen. Aber es ist lächerlich, zu schreiben, Stefans Tochter hätte ausgeplaudert, der Papa habe schon ein Haus in München gekauft. Dort, wo ihn jeder Hans und Franz kennt. So dämlich ist er nicht, da es hier noch um den Abstieg geht.

Udo Lattek hat ihm falsche Tränen unterstellt.
Als junger Spieler habe ich nach jedem verlorenen Spiel geheult, aus Wut und Enttäuschung. Wenn jemand weint, darf ein anderer nicht urteilen.

Lattek fürchtet, die Borussia könnte in die Regionalliga fallen.
Er weiß doch gar nicht, welche Möglichkeiten wir haben. Außerdem hat das der Fritz Walter 1996 dem FCK auch prophezeit. Dieser steht heute vor dem Titel.

Aber Ex-Schatzmeister Claßen meint, der Klub müsse hoffen, daß einige nicht auf ihre Zweitliga-Verträge pochen.
Wenn wir Leistungsträger verkaufen, können wir den Laden gleich dichtmachen. In Lautern waren die Gehälter im Unterhaus angeblich auch nicht tragbar. Aber sie haben´s gemacht, auch über Schulden. Das Präsidium hat mir zugesagt, auch in der 2. Liga eine bundesligataugliche Mannschaft zu haben. Dafür habe ich ein Angebot aus der Bundesliga abgelehnt. Wenn der Otto in Lautern auf totalen Neuaufbau gesetzt hätte, wäre er noch heute Zweitligist.

Wen wollen Sie halten?
Die Zusammensetzung ist derzeit nicht so glücklich. Wir haben zu viele, die jetzt nicht kämpfen können. Vielleicht will ich gar nicht diesen oder jenen der „Unbezahlbaren".

Planen Sie die nächste Saison weiter mit Manager Rolf Rüssmann?
Na klar, Rolli bleibt Manager. Da bin ich sicher. Ich kenne keinen, der den Job besser machen könnte.

Was fehlt der Bundesliga heute?
Die richtigen Typen sterben aus. Was mit Basler passiert, macht mich wütend. Spielt er toll, ist er der Allergrößte, dann heißt es, wir brauchen einen, der mal eine raucht, trinkt, das Maul aufmacht. Doch wehe, es läuft nicht so. So was ist traurig.

„Effenberg, geh´ du voran!" scheint Friedel Rausch (rechts) das Gladbacher-Juwel zu motivieren. Ob´s freilich hilft?

TORSCHÜTZE DES TAGES
Marijan Kovacevic

Seitdem Wolfgang Wolf den VfL Wolfsburg übernommen hat, entwickelte sich Manndecker Marijan Kovacevic (24) zum echten Torjäger. Am 28. Spieltag erzielte er das Tor des Tages beim 1:0 gegen 1860. Eine Woche später beim 1:0 in Bielefeld gelang ihm das gleiche Kunststück. Nun sorgte er mit zwei Treffern beim 2:2 in Duisburg dafür, daß sein Klub sich wohl endgültig den Klassenerhalt gesichert hat. Die Erklärung des in Hamburg aufgewachsenen Kroaten für seine neu entwickelte Torgefährlichkeit klingt eher simpel: „Ich gehe jetzt häufiger nach vorn und habe gerade einen guten Lauf." Der Wechsel des ehemaligen U-21-Nationalspielers vom HSV zu Saisonbeginn nach Wolfsburg hat seiner Entwicklung einen Riesenschub gegeben. In Wolfsburg gehört er inzwischen zu den Führungsspielern. Sein nächstes Ziel: der Sprung in die A-Auswahl seines Landes. Beim Horner TV in Hamburg, seinem Heimatklub, freut man sich nun über einen Satz Trikots und über 1000 Mark für die Jugendabteilung, gestiftet von „Continentale" und SPORT-BILD.

„Jetzt habe ich einfach das Glück, daß jeder Schuß sitzt", gibt sich Marijan Kovacevic selbstbewußt.

FACTS - FACTS - FACTS News

In dreizehn Spielen der Rückrunde hatte der FC Bayern dreizehn Tore kassiert, und nun beim Schlußlicht Bielefeld gleich vier!

Für den 1. FC Köln war das 0:3 in Bremen die 250. Niederlage in der Bundesliga. Bruno Labbadia kam dabei im 291. Spiel zu seinem ersten Elfmeter-Tor.

Weil dem Schiedsrichter das blaue Schalke-Dress dem weiß-blauen des KSC zu ähnlich war, mußten die Gäste in die gelben Ersatzhemden mit „Karlsruhe" hinten drauf schlüpfen, was aber einige überklebten. KSC contra „KSC": 0:0 - für Schalke aber schon das fünfte in dieser Saison.

Im Vorjahr kassierte Dortmund nur eine einzige Heimniederlage - durch Mönchengladbach mit 1:3. Diesmal war es ein 1:2, für Neu-Borusse Friedel Rausch der erste Sieg.

Aufatmen bei Balakov (VfB): Ein Elfmeter in der 89. Minute beendete seine 98er Torlosigkeit.

REPORT

Selbst Otto Rehhagel akzeptiert, daß das Wunder immer näher rückt. „Aber im Endspurt brauchen wir Nervenkraft. Kaiserslautern hat nichts zu verlieren, nur alles zu gewinnen. Wir sind von null auf hundert durchgestartet. Die Jungs können locker aufspielen, weil sie schon für Riesenfurore gesorgt haben. Wenn uns so wenig Fehler wie möglich unterlaufen, haben wir eine Chance oben zu bleiben." Daß der Optimismus in der Pfalz wieder grenzenlos ist, dafür gibt es zwei Gründe: Zum einen sind die Bayern anscheinend unfähig, vorbeizuziehen. Das jüngste Beispiel: Beim schweren Auswärtstreffen in Rostock erspielte sich Lautern ein 2:2, während Bayern beim Tabellenletzten Bielefeld durch das 4:4 nach zwei Kahn-Schnitzern, Kuffour-Eigentor und Scholls Abpraller den Sprung an die Spitze verpaßte. Zwei weitere Belege: Als der FCK gegen Abstiegskandidat Karlsruhe 0:0 spielte, verlor Bayern gegen Abstiegskandidat Köln 0:2. Als Lautern gegen Leverkusen 0:3 verlor, patzte Bayern gegen Karlsruhe - nur 1:1.

Zum anderen hat Kaiserslautern seine wochenlange Flaute überwunden. Was beim 1:1 gegen Dortmund anfing, fand in Rostock seine Fortsetzung. Libero Kadlec: „Spielerisch haben wir zu alter Stärke gefunden." Sforza erklärte, was vor dem Dortmund-Spiel passierte: „Der Trainer war zu Recht sauer, weil in Duisburg der letzte Funke gefehlt hatte. Wir Spieler haben gemerkt, daß wir auf einmal zu viel Angst vor Niederlagen hatten, obwohl alle Gegner Respekt vor uns haben. Er forderte aggressives Spiel nach vorn." Seitdem treiben Sforza, Marschall, Kadlec, Schjönberg ihre Mitspieler wie zu besten Zeiten an.
Trotzdem ärgert sich Rehhagel. Bayern spielt erst Sonntag gegen Leverkusen, Lautern aber schon Freitag gegen Gladbach. „Ich meinte, wir spielen Samstag. Schließlich kommen einige erst Donnerstag von Länderspielen zurück." Doch der Klub hatte ohne Otto Rehhagels Wissen die Vorverlegung beantragt. „Da haben wir einen Fehler gemacht." Doch aus Fehlern lernt man ja bekanntlich ...

BARBAREZ: WAS TUN?

Nach dem erneuten Gala-Auftritt von Sergej Barbarez (26) gegen Kaiserslautern zeigt nun auch Bundestrainer Berti Vogts Interesse: „Wenn Barbarez Deutscher werden will, soll er das machen. Wir werden ihn weiter beobachten und ihm die Türen zur Nationalmannschaft öffnen. Allerdings bin ich nicht der Innenminister, der ihm einen deutschen Paß besorgen kann. Das war auch bei Sean Dundee nicht anders. Wir würden aber Rostock, wie Karlsruhe damals, unterstützen." Nun aber muß sich plötzlich der Bosnier, der im Juli zu Borussia Dortmund wechselt, beeilen. Für den Mai hat ihn Nationaltrainer Muzurovic wieder zu einem Länderspiel eingeladen. Bisher hat Barbarez immer abgesagt. Seine Familie war im heimischen Mostar von kroatischen Nationalisten für den Fall bedroht worden, daß er Bosniens Auswahldreß überstreifen würde. Nun aber wurden Sicherheitsgarantien gegeben, was doch alle einigermaßen beruhigt. Spielt er aber dort einmal mit, darf er nicht mehr für Deutschland antreten. Barbarez: „Ich bin total überrascht. Die Aussagen von Herrn Vogts sind natürlich eine Ehre für mich. Ich muß jetzt klare Gedanken fassen und einige Dinge besprechen." Vogts hat schon deutliche Vorstellungen: „Für die EM 2000 und die WM 2002 könnte Barbarez mit Sicherheit ein Thema werden. Ich habe ihn oft auswärts gesehen. Er ist ein interessanter Spieler." In der offensiven Rolle hinter den Spitzen stehen mit Möller (30) und Häßler (31) zwei Spieler, deren karriere sich dem Ende zuneigt. Barbarez könnte Auffrischung bringen. Das gilt auch für seinen Rostocker Teamkollegen Oliver Neuville (24). Der Schweizer mit dem deutschen Paß feierte nach dreimonatiger Verletzungspause gegen Lautern ein tolles Comeback und ist wieder ein WM-Thema, vor allem als Konterstürmer.

Paarlaufen: Gansauge & Rische, Neuville & Torwart Reinke, Hristov & Dowe (von links nach rechts). Wen wundert´s, daß sich Hansa und der 1. FCK da auch noch friedlich 2:2 trennen.

MAGAZIN

NACH STEUERSÜNDERN WIRD NUN GEFAHNDET

Spielerberater

Die Verhaftung des Spielerberaters Wolfgang Vöge, zu dessen Klienten u.a. Riedle, Köpke, Thom und Doll gehören, zieht immer weitere Kreise. Die Staatsanwaltschaft ermittelt wegen Beihilfe zur Lohnsteuerhinterziehung. Zusätzlich wird die Bundesanstalt für Arbeit Anzeige erstatten. Denn Ex-Profi Vöge (u.a. in Leverkusen und Dortmund), der seinen Wohnsitz in der Schweiz hat, besitzt für Deutschland keine „Erlaubnis zur privaten Arbeitsvermittlung", war also illegal tätig. Die Bundesanstalt ermittelt gegen weitere neun Berater, darunter Roger Wittmann (Basler, Akpoborie, But) und Giovane Branchini (Elber, Cesar, Sousa). Sie brauchen eine Lizenz der FIFA und des Arbeitsamtes. Sonst drohen 50 000 DM Geldstrafe und die Annullierung aller abgeschlossenen Verträge. Die Berater scheuen nicht die 1000 Mark für die Arbeitsamts-Lizenz, sondern die Konsequenz: Beim damit notwendigerweise angemeldeten Wohnsitz muß auch die Steuererklärung abgegeben werden. Das machen sie lieber im Ausland. Jürgen Kremer vom Landesarbeitsamt Düsseldorf: „Sind die Berater überführt, kann die Staatsanwaltschaft auch die Geschäftspapiere und Konten der Vereine überprüfen. Damit sollen auch dort die Steuersünder überführt werden." Die Berater zeigen sich sogar auch gegenseitig an.

SCHWAN ENTLIESS RÖBER UND STELLTE IHN EIN

Hertha BSC Berlin

„Entweder Jürgen Röber wird entlassen - oder ich trete zurück." Mit diesem Wutausbruch reagierte Herthas Aufsichtsrats-Vorsitzender Robert Schwan (76) auf das 1:3 bei München 1860. Die Fans waren ebenso überrascht wie Trainer Röber. Doch für Insider kam der Ausbruch nur ein wenig früher als erwartet. Schwan: „Wir müssen aufpassen, daß wir nicht absteigen. Ich bin froh, daß mir die Gäule durchgegangen sind." Er traut Röber nicht zu, Hertha nach oben zu bringen. Dieser durfte dann doch im Amt bleiben. Vorerst. Doch auch im vierköpfigen Präsidium hat der Trainer zur Hälfte Gegner. Schöne Aussichten ...

EINWURF

Alter schützt vor Toren nicht. Das hat Lothar Matthäus wieder in Bielefeld bewiesen, als er mit seinem Treffer dem FC Bayern das Remis rettete. Mit seinen 37 Jahren und vier Monaten liegt er in der Bundesliga unter den „Senioren"-Torschützen auf Rang 8.
Der Bremer Mirko Votava war 1996 noch als 40jähriger erfolgreich, Manfred Burgsmüller (Bremen/1989) wie auch Morten Olsen (Köln/1989) und Günter Sebert (Mannheim/1987) mit 39. Die 38jährigen sind: Max Morlock (Nürnberg/1964), Richard Kreß (Frankfurt/1963), Siggi Held (Uerdingen/1981).
Die 37jährigen: Ewald Lienen (Duisburg/1991), Wolfgang Seel (Saarbrücken/1986), Michael Lameck (Bochum/1987), Hans Schäfer (Köln/1965), Klaus Fischer (Bochum/1987), Reinhold Hintermaier (Nürnberg/1993), Lothar Woelk (Bochum/1991), Frank Mill (Düsseldorf/1995), Lothar Matthäus (FC Bayern/1998).

SCHLECHTE ERFAHRUNGEN MACHEN VORSICHTIG

VfL Wolfsburg

Drei Siege und ein Remis. Noch ist der VfL mit Trainer Wolfgang Wolf ungeschlagen. Der Aufsteiger dürfte sich gerettet haben. Wolf wird, wie vereinbart, auch einen Vertrag für die nächste Saison bekommen. Aber länger nicht. Wolf muß ausbaden, daß Vorgänger Willi Reimann einen Vertrag bis 2000 erhielt und auf 1,8 Millionen Abfindung klagt. Schon dessen Vorgänger Roggensack und Krautzun erhielten hohe Abfindungen. Im VW-Klub ist man vorsichtig geworden.

Wenn Zickler (rechts) schon keine Tore für den FC Bayern schießt, dann bewährt er sich halt als Ballholer - hier nach Lothar Matthäus´ 4:4-Ausgleich.

HERTHA BSC BERLIN Facts

Jürgen Röber (44) trainiert Hertha seit dem 1.1.1996, Robert Schwan (76) ist im Hertha-Aufsichtsrat seit November 1996, Dieter Hoeneß (46) Manager als Nachfolger Carl-Heinz Rühls seit März 1997.

Zwischen 1926 und 1931 stand Hertha sechsmal ununterbrochen im Deutschen Endspiel; 1930 und 31 gewannen die Berliner den Titel.

Dem Gründungsmitglied der Bundesliga von 1963 wurde 1965 die Lizenz entzogen. In den Bestechungsskandal verwickelt, wurde man 1971/72 dennoch Sechster. Die Abstiege folgten 1980, 1983 und 1991.

Aus 83 Fanklubs mit 2000 Mitgliedern beim Aufstieg 1997 sind bis April 221 Klubs mit 4100 Mitgliedern geworden, darunter viele im Berliner Umland.

Hauptsponsor ist die Ufa. 1995 investierte sie 4,5 Millionen, 1996/97 sechs Millionen und 1997/98 neun Millionen. Bester Zuschauerschnitt bisher 43 800 - 1970/71, schlechtester: 15 400 - 1990/91; diese Saison: 52 863.

Ein Bild mit Symbol-Charakter: Herthas Boß Robert Schwan, im Branchenjargon der „große, weiße Vogel" genannt.

Sechs Jahre war Berlin ohne Fußball-Bundesliga. Europas einzige Hauptstadt ohne Erstliga-Verein. Welch ein Makel! Erstligareif waren jedoch schon die Zuschauerzahlen, zogen doch 75 000 zum Zweitliga-Spiel gegen Kaiserslautern, ein Rekord! Oben endlich angekommen, konnte Hertha die ersten drei Heimspiele nicht gewinnen, lockte dennoch im Schnitt 53 500 Hoffnungsfrohe ins Olympiastadion. Glanzvorstellungen auf dem Rasen gab´s später zu bewundern, als die Titelbewerber Kaiserslautern und Bayern geschlagen wurden. Eine Saison voller Trubel, Debatten.

VON WOLFGANG HARTWIG

HERTHA UND IHR SCHWAN

BERLIN SUCHT NOCH SEINEN RANG

Endlich der erste Sieg! Gegen Köln, im achten Versuch. Doch alle Brände, die in Herthas Chefetage schon flackerten, vermochte Feuerwehrmann Sverrisson mit seinem 1:0 nicht zu löschen. Nach drei weiteren Pleiten forderte Präsident Manfred Zemaitat, gekränkt weil von Jürgen Röber der „Ahnungslosigkeit" gescholten, den Kopf des Trainers. Dem vom Medienriesen Ufa beherrschten Aufsichtsrat war´s noch zu früh. Er machte die nächste Partie gegen Karlsruhe zum Scharfrichter. Röber entkam dem Schafott und jenem 3:1 folgten bis zur Winterpause weitere 19 Punkte. Hertha, am 13. Spieltag noch Letzter, war ins Mittelfeld entschwunden. Hallelujah. Vorm Zorn der versammelten Herthaner rettete die Röber-Kontrahenten nur der schnelle Sprung ins Büßerhemd. Der UEFA-Cup war plötzlich ein Thema. Dieter Hoeneß, Manager mit Weitblick, mahnte zur Vernunft. „So was braucht Jahre. Vor kurzem war unser Etat noch unter zehn Millionen. Jetzt werden wir 45 Millionen erreichen. Aber die Etablierten da vorn peilen die 200 Millionen an. Solche Sprünge muß man erst begreifen, dann wagen." Doch auf einer VIP-Tribüne, in der sich die aus Bonn zuwandernde Hautevolee aus Politik und Wirtschaft bereits auf die Füße trat, war „Geduld" ein Unwort. Und so verflog die zwischenzeitliche Euphorie, als nur noch das eigentliche Saisonziel übrig blieb, der Klassenerhalt.

„Auf lange Sicht kann Hertha den FC Bayern als Nummer 1 ablösen. Das Potential in Berlin ist ja viel größer als in München. Unerschöpflich."

Franz Beckenbauer, Bayern-Präsident

„Was erlaube Schwaaaan? Schwan und Präsidium von Hertha sind wie Flaschen leer."

Andreas Glock, Berlin-Charlottenburg

Welch weites Feld eigentlich für einen „Weisen aus den Bergen" wie Robert Schwan (76). Zwei Jahre zuvor hatten ihn die Herthaner mit Meiststimmen in den Aufsichtsrat gejubelt, weil er mit dem Satz „Ich hab´ nicht viel Zeit und will in ein, zwei Jahren mit Hertha in der 1. Bundesliga sein" haargenau ihre Sehnsüchte traf. Endlich raus aus Chaos und Zweitklassigkeit! Ja, dieser Schwan sollte dem Haveldampfer namens „Hertha" voranschwimmen, auf dem 106 Jahre zuvor der geliebte Verein gegründet worden war. Schwan und der FC Bayern, Glanz und Gloria, der ergraute Pfeifenraucher neben den oft wechselnden Trainern - da kehrte bei vielen auch die Erinnerungen an die besten Bundesliga-Jahre ihrer Hertha zurück: 1970, 1971, 1978 Dritter, 1975 sogar Zweiter. Bertelsmann-Manager und Schwan-Freund Rolf Schmidt-Holtz hatte Herthas neue Galionsfigur aus dem fernen Kitzbühel in einen Aufsichtsrat geholt, den die Ufa unter eine

Alternative stellte: Entweder er wird komplett gewählt oder der Geldhahn ist zu! Die Herthaner, mit 4,5 Ufa-Millionen zuvor vorm Konkurs bewahrt und mit noch vielen

„Das, was wir hier aufgebaut haben, würde ich gern auch zu Ende führen. Ich hänge an Berlin."

Jürgen Röber, Trainer

Millionen mehr vor Augen, schluckten die Kröte und die Zugereisten. Ein Jahr später ankerte die Hertha schon am Erstliga-Kai. Die richtigen Kader entscheiden mitunter halt doch (fast) alles ...
Doch mitten im letzten April mußte Robert Schwan, nun Aufsichtsrats-Vorsitzender, unfreundliche Sprüche lesen. „Wir wollen Röber! Schwan kann gehen!" - „Schwan hau endlich ab!"-„Schwan haben wir satt! Mit Röber in den UEFA-Cup!" Tausende Fans boykottierten für Minuten das Stadion und stellten dafür ihr Plakat hin: „Wir lieben unseren Verein. Und ihr?" Schwans Münchener Wutausbruch hatte das Chaos zu Hertha zurückgebracht. Ob des 1:3 bei den 60ern hatte er „sofort und achtkantig" Trainer Röber rausgeworfen („Der muß weg! Entweder er, oder ich!") und den protestierenden Manager Dieter Hoeneß („schleich' dich auch!") gleich mit. Als ihm die Satzung vorgehalten wurde, die solches dem (vom Aufsichtsrat bestellten) Präsidium reserviert, beorderte er die vier „Ober"-Herthaner anderntags nach Kitzbühel, zum Stangl-Wirt. Dort aber blieb der Röber-Rauswurf im 2:2 Stimmenpatt hängen. Was dem Kaufmännischen Leiter Dr. Norbert Müller den Job kostete. Eine Pro-Röber-Stimme weniger.
Schwans Rundumschlag („Hertha ist ein Narrenschiff" - „In Berlin bin ich umzingelt von schwachen Leuten") traf aber auch die Wichtigen. Und so paddelte der clevere Bayer rückwärts. „Schnell vergessen! Das sind hohe Entscheidungsträger, die wie die Leute von der Ufa oder der Continentale viel Geld zur Verfügung stellen. Und der Röber soll getrost weitermachen." Sprach´s und verschwand, gerade zum dritten Male getraut, zur Bergwanderung. Die Herthaner rollten trotzig ihre Plakate aus und Herthas Präsident Zemaitat umgab sich fürs Bielefeld-Spiel vorsorglich mit Bodygards.
Die Millionen aus Hamburg beendeten bei Hertha den ständigen Streit zwischen Schein und Sein. Aber die Ufa, bis zum Jahre 2003 in Kooperation (mit Option bis 2009), fühlt sich nicht als Goldesel auf Dauer. Mit dem 40-prozentigen Anteil der Hertha-Vermarktung will sie - so Rolf Schmidt-Holtz - „bald auch mal richtig was verdienen." Doch für weitere Hertha-Höhenflüge sind Streit und Chaos nur hinderlich. Also mußte der Frieden herbeigeredet werden. Robert Schwans Besserungs-Gelöbnisse und seine Botschaft „Jürgen Röber bleibt ohne Wenn und Aber über die nächste Saison unser Trainer" konnten auch einen Teil der erbosten Herthaner besänftigen. Und so wollten in einer Schicksals-Versammlung nur noch 123 von 334 ein neues Präsidium als Bollwerk gegen die ihrer Meinung nach zu knebelartige Bindung an die Ufa und deren Vertrauten Robert Schwan. Aber mit Herthas Wiedergeburt hat auch die Stunde der durch alle Tiefen gewanderten Alt-Herthaner geschlagen. Eine neue, selbstbewußte Generation bläst kritisch hinein. Neue Turbulenzen sind da nicht ausgeschlossen ...

Fürwahr ein Stehaufmännchen mit Format: Trainer Jürgen Röber

CHRONIK

Befreiter FCK: wieder Sieg nach drei Remis.

Der KSC verlor keines der letzten fünf Auswärtsspiele: Zwei Siege, drei Remis.

Schalke nach dem UEFA-Cup-Aus gegen Inter Mailand: fünf Spiele, kein Sieg, drei Niederlagen, viermal kein Treffer.

Drei Siege hintereinander ohne Gegentor erlebte Bremen zuletzt 1993. Auf Schalke war es zehn Jahre sieglos.

Hansa im Wind: siebenmal ohne Niederlage.

ERGEBNISSE

Hertha BSC Berlin	1
Arminia Bielefeld	1
1. FC Kaiserslautern	3
Borussia M´Gladbach	2
VfL Bochum	3
Karlsruher SC	3
Hansa Rostock	1
VfB Stuttgart	1
VfL Wolfsburg	1
Borussia Dortmund	4
Hamburger SV	1
MSV Duisburg	0
1. FC Köln	2
München 1860	3
Schalke 04	0
Werder Bremen	1
Bayern München	2
Bayer Leverkusen	1

TABELLE

1.	1. FC Kaiserslautern	31	18	9	4	56:36	+20	63	●
2.	Bayern München	32	18	8	6	65:37	+28	62	●
3.	Bayer Leverkusen	31	14	11	6	62:34	+28	53	●
4.	VfB Stuttgart	32	13	10	9	52:45	+7	49	●
5.	Hansa Rostock	32	13	9	10	48:39	+9	48	●
6.	Werder Bremen	32	13	8	11	42:46	-4	47	▲
7.	Schalke 04	31	11	13	7	35:30	+5	46	▼
8.	Borussia Dortmund	31	11	9	11	55:48	+7	42	▲
9.	MSV Duisburg	32	10	10	12	40:43	-3	40	▼
10.	Hamburger SV	32	10	10	12	36:45	-9	40	▲
11.	Hertha BSC Berlin	31	11	7	13	38:48	-10	40	●
12.	VfL Wolfsburg	32	11	6	15	38:48	-10	39	▼
13.	München 1860	32	10	8	14	42:53	-11	38	▲
14.	VfL Bochum	31	9	8	14	38:47	-9	35	▲
15.	Karlsruher SC	32	8	11	13	42:54	-12	35	▲
16.	1. FC Köln	31	10	5	16	46:59	-13	35	▼
17.	Borussia M´Gladbach	32	7	11	14	47:57	-10	32	●
18.	Arminia Bielefeld	31	7	7	17	38:51	-13	28	●

Wahnsinn! Auf dem „Betze“ tanzen Otto und die „Roten Teufel“. In allerletzter Minute rettet Freitag abend der dritte Hieb ihres Marschalls den wankenden Thron. Borussia M´Gladbach schaut beim 2:3 entsetzt ins Zweit-Liga-Elend. Überhaupt - überall nur Reinfälle der Rheinländer: in Köln durch München 1860, vom MSV in Hamburg, und Sonntag tobt Leverkusens Christoph Daum in München wegen seiner müden Kicker. Matthäus lenkt Bayern zum 2:1 und sich selbst in die WM-Debatten. Denn Schalke verliert doppelt: erst gegen Bremen, dann auch Libero Olaf Thon. Saisonende! Gegen die wackeren Bielefelder Arminen rettet sich die Hertha wohl endgültig, während Dortmund das „Wolf(s)-Rudel“ in dessen eigenem Zwinger bändigt. Und wie! Wahnsinn!

ZEITLUPE

Der „Ober“-Teufel der „Roten Teufel“ mit einem unbändigen Freudensprung, denn die Hürde Gladbach ist für Otto Rehhagel geschafft.

Man nennt ihn „Urso Negro", schwarzer Bär. Julio Cesar war vier Jahre Borussia Dortmunds Abwehrrecke, gefürchtet, souverän. Nun will er zurück nach Brasilien, für das er bei den Weltmeisterschaften 1982 und 1986 spielte. Seit 1986 war er in Europa aktiv für Stade Brest, SC Montpellier, Juventus Turin (1990-94) und Dortmund, gewann nahezu alles vom UEFA-Cup bis zur Champions League, Weltpokal und zwei Deutsche Titel. Ein ganz Großer verabschiedet sich also.

INTERVIEW

Läßt man Sie trotz des Vertrages bis 1999 so einfach gehen?
Ich bin vier Jahre bei Borussia und habe meine Aufgabe hier erfüllt. Jetzt reicht es. Daß ich noch einen Vertrag habe, stört mich nicht. Vor zwei Jahren wollte ich gehen. Damals habe ich mich überzeugen lassen, daß es besser ist, zu bleiben. Diesmal gibt es kein zurück.
Manager Meier meint, auf einen Manndecker ihrer Qualität könne man nicht verzichten.
Alle sind ersetzbar oder müssen es irgendwann sein. Ich bin 35 Jahre alt. Vielleicht spiele ich in meiner Heimat noch ein Jahr. Aber nach 14 Jahren in Europa will ich endlich heim. In Campinas nahe São Paulo wohnt meine Familie, Oma, Mutter, Bruder, meine Frau mit unserer Tochter Victoria. Die ist acht Monate alt. In vier Monaten habe ich sie einmal gesehen. Ich denke, Herr Meier versteht mich.
Was passiert mit ihren 100 Designer-Anzügen, ihren drei Pferden?
Die Sachen verkauft Freund Enzo. In Brasilien brauche ich keine Anzüge. Die Pferde habe ich den Stallbesitzern geschenkt. Geritten habe ich nie.
Was werden Sie zu Hause tun?
Vielleicht spiele ich noch ein Jahr. In Campinas leitet mein Bruder Cassio meine Fußballschule, um die ich mich kümmern werde.Wir haben 25 Talente, alle älter als 14. Die wollen wir nach Europa bringen. Meine Import-Export-Firma „Cesar Consulting" in Hamburg handelt weiter mit brasilianischem Fleisch und deutschem Bier.
Hätten Sie vermutet, daß Ihre letzte Saison so schlecht läuft?
Ich habe einmal gesagt, daß es lange dauern wird, bis Dortmund an Europas Spitze steht. Danach waren wir fast vier Jahre die Besten in Deutschland, in Europa, in der Welt. Jetzt beginnt eben die schlechte Zeit. Wie beim AC Mailand. Der war jahrelang ganz oben. Dort, wie in Dortmund, muß was Neues aufgebaut werden. Das kann Jahre dauern.
Was empfanden Sie, als man den genialen Paulo Sousa ziehen ließ?
Es hat mir sehr leid getan. Aber Paulo wollte nicht mehr. Er ist 26 und muß wissen, was er macht. Ich habe mit ihm einen Freund verloren. Aber Riedle und Lambert waren auch gut. Und die hat man auch weggehen lassen.
Man sagt immer, italienische Spieler haben mehr Respekt untereinander vor ihrer Arbeit?
Bei Juventus war es wie in Brasilien. Um 10 Uhr begann das Training. Dann haben wir Mittag gegessen. Um 16 Uhr war das zweite Training. Wir waren wie eine große Familie und den ganzen Tag zusammen. Hier trainiert man morgens, danach macht jeder, was er will.
Ist das andere ein Modell für die deutsche Bundesliga?
Das glaube ich nicht, weil die Mentalität anders ist. Den besten Fußball habe ich mit Juve erlebt, in einer Liga mit Weltstars wie Maradona und Careca. Aber in den vier Juve-Jahren bin ich nicht einmal Meister geworden.
Ärgert es Sie, in Dortmund mal 30 000 Mark Strafe gezahlt zu haben?
Es gibt Dinge, die sind wichtiger als Geld. Und das ist meine Familie. Deshalb kam ich verspätet aus dem Urlaub wieder nach Dortmund.

Auf dem Platz glänzt Julio Cesar (links) - der privat immer top gekleidet ist - 100 Designer-Anzüge und Krawatten! - stets durch vorbildliches Zweikampfverhalten.

TORSCHÜTZE DES TAGES Kai Michalke

Auf dem Weg ins Stadion fehlte Bochums Kai Michalke (22) nach eigener Aussage noch „die nötige innere Ruhe". Auch beim Warmlaufen deutete sich nicht an, daß das Spiel gegen Karlsruhe so erfolgreich für ihn laufen sollte. „Ich hatte richtiges Nervenflattern." Spätestens in der neunten Spielminute war das verflogen. Da traf Kai Michalke zum 1:0. Mit den Toren zum 2:2 und zum Endstand von 3:3 in der 86. Minute rettete er den Bochumern fast im Alleingang einen wichtigen Punkt im Kampf um den Klassenerhalt. Es war das erste Mal, daß ihm in der Bundesliga mehr als ein Tor gelang. Dort war er nun bisher zehnmal erfolgreich. Mit dem U-21-Nationalspieler freut sich bestimmt die Jugendabteilung von WSV Bochum, zu dem sich die SG Werne (bei der Michalke bis zum 12. Lebensjahr spielte) und Vorwärts Werne zusammengeschlossen haben. Sie erhält 1500 Mark und einen Satz Trikots, die von der „Continentale" und von SPORT-BILD gestiftet wurden. Gegen Olaf Marschall, der in Kaiserslautern auch dreimal traf, entschied das Los.

„Seht her, ich hab´ den Dreier gemacht", so Kai Michalke ausgelassen im Glück.

FACTS - FACTS - FACTS
News

Im Jubel über Olaf Marschalls 3:2-Treffer ereilte in Kaiserslautern einen 34jährigen, herzkranken Familienvater der tödliche Infarkt.

Erst im 14. Anlauf gelang München 1860 in Köln der erste Sieg. Bernhard Winkler ist mit seinem 50. Treffer nun der zweitbeste Torschütze der „Löwen" nach Rudi Brunnenmeier (66).

Fünffache Freistoß-Künstler: „Icke" Häßler gelang das für den KSC mit direkten, Michael Tarnat für den FC Bayern mit indirekten Freistößen. Zudem stellte Häßler mit neun Treffern einen neuen Saison-Rekord für sich auf.

Für Wolfsburg war das 1:4 gegen Dortmund die höchste Heim-Niederlage seit 1995, während der BVB mit 29 Treffern die erfolreichste Rückrundenelf ist.

Bielefeld ist 1998 weiter allein ohne Sieg und wartet seit elf Spielen auf einen dreifachen Punktgewinn!

Für Giovanni Trapattoni war das 100. Liga-Spiel mit dem FC Bayern. Seine Bilanz: 53 Siege, 32 Remis und 15 Niederlagen, 118:112 Tore, 1,18 pro Spiel. 1997 wurde er mit Bayern Meister.

REPORT

Vor zwei Monaten begeisterte Schalke ganz Europa im UEFA-Cup. Aber seit dem 1:1 gegen Inter Mailand sind die Euro-Fighter nicht mehr wiederzuerkennen. „Die Mannschaft hat seitdem einen Knacks. Sie war zu tief enttäuscht. Es ist blöd, wenn man die ganze Saison oben steht und in den letzten Spielen abrutscht", meinte Manager Rudi Assauer. In den fünf Spielen danach holte man zwei Punkte. Jetzt ist sogar der UEFA-Cup-Platz in Gefahr. Das hätte Folgen. „Wir bekommen zwar keine finanziellen Probleme, da wir den Etat nur auf der Bundesliga aufbauen", so Rudi Assauer, „aber ein Jahr ohne Europacup würde uns in unserer Entwicklung zurückwerfen." Man müßte auf 15 Millionen Mark verzichten.

Angeschoben durch die sportlichen Erfolge liefen bei Schalke die Geschäfte neben dem Fußball bisher prächtig. Assauer: „Wir sind seit einem Jahr schuldenfrei." Noch vor vier Jahren drückte eine Schuldenlast von 20 Millionen! Jetzt überholte man im Bereich Merchandising (Fan-Artikel) sogar den Ruhrpott-Rivalen Dortmund, verdiente im vergangenem Jahr über fünf Millionen. Selbst aus dem fernen China wurden Schalke-Utensilien bestellt.

Assauer bleibt zuversichtlich: „Wir werden es noch packen." Trotz der andauernden Angriffsmisere - Schalke ist mit 35 Saisontoren das Ligaschlußlicht - plant er ohne neue Stürmer. „Unsere Transferaktivitäten sind mit Sven Kmetsch und Nico van Kerckhoven abgeschlossen. Wir gehen davon aus, daß Jens Lehmann bleibt, Youri Mulder wieder fit sein wird. Und der lange Eijkelkamp hat verlängert. Damit haben wir zusammen mit Martin Max und Michael Goossens vier Top-Stürmer. Das reicht." Aber die Ansprüche der Fans wie der Spieler sind gestiegen. Vor allem Kapitän Olaf Thon machte sich wiederholt Sorgen. „Wenn mit Linke und eventuell Lehmann zwei Nationalspieler gehen, stimmt das bedenklich." Schalkes Pech, daß ausgerechnet der National-Libero zur neuerlichen UEFA-Cup-Qualifikation wegen seines Bänderrisses im Sprunggelenk, passiert beim Spiel gegen Werder Bremen, nichts mehr beitragen kann. „Ich bin nach einem Kopfball umgeknickt", sagte er tief bekümmert. Der befürchtete Wadenbeinbruch wäre das WM-Aus gewesen. „Olaf schafft die WM dennoch", hofft sein Trainer Huub Stevens. Aber es wird schwer für Schalke und erst recht für Thon.

Was für ein Sieg für die „Löwen"! Jens Jeremies kann´s noch gar nicht fassen, daß das vorentscheidende Abstiegs-Duell in Köln - die Szene mit dem FC-Torhüter Menger spiegelt die Dramatik wider - 3:2 gewonnen wurde.

SCHIESST SICH MARSCHALL NOCH ZUR WM?

1. FC Kaiserslautern

Olaf Marschall, der Torjäger aus dem sächsischen Torgau, bescherte Abstiegskandidat Mönchengladbach am Betzenberg den Super-GAU. Borussia führte bereits 2:0. Danach passierte dies: 1:2 Marschall, 2:2 Marschall, 3:2 Marschall. Ende. Aus. Lautern hatte damit die Spitze gegen Bayern verteidigt. Es waren Marschalls Treffer 15,16,17 im 21. Saisonspiel. Und jetzt liegt er im Fernduell um den vierten Stürmer-Platz für die WM wieder vor Fredi Bobic (13 Tore). Bierhoff, Kirsten, Klinsmann sind sowieso gesetzt. Dabei sah es vor zwei Monaten nach einem Karriere-Ende aus. Ein vermeintlicher Kreuzbandriß nach Zusammenstoß mit Ersatz-Torwart Szücs entpuppte sich aber zum Glück nur als Einriß im Fettgewebe am Knie. Beim Aufbautraining nahm ihn dann Weltmeister Andy Brehme zur Seite. „Olaf, tu alles dafür, damit du bei diesem einmaligen Erlebnis ‚WM' dabei sein kannst. Sonst hast du als Fußballer was verpaßt." Nach drei Wochen war Marschall wieder fit. In Lautern atmete man auf. Und vor dem Gladbacher Spiel sagte Otto Rehhagel in der Sitzung: „Olaf, Sie haben nur eine Chance, nach Frankreich zu fahren: Sie müssen in jedem Spiel drei Tore schießen." Gefordert, getan. Vorher hatte Olaf Marschall auch seine ältesten Treter rausgeholt. „Die hatte ich ewig nicht mehr an. Bei denen aber bleib ich."

FÜR DEN CUP GREIFT WERDER IN DIE TASCHE

Werder Bremen

In die Freude über den Höhenflug mischt sich bei Manager Willi Lemke auch Genugtuung. „Wir waren über die ganze Saison die Prügelknaben der Liga. Und plötzlich ziehen wir sogar an den ach so tollen Euro-Fightern vorbei. Das ist für die Kritiker eine schallende Ohrfeige." Am 14. Spieltag stand der Klub, der schon nach drei Spielen Trainer Dörner entließ, noch auf Platz 17. Dann aber zahlte sich das Vertrauen in Wolfgang Sidka aus. Wird der UEFA-Cup erreicht, winkt jedem Spieler mit mindestens 30 Spielen eine Prämie von 70 000 Mark, den anderen Akteure entsprechend weniger.

EINWURF

Stefan Effenberg hat in dieser Saison schon viel Kritik einstecken müssen, aber in Sachen Einsatz ist ihm kein Vorwurf zu machen. Nun handelt er sich in Kaiserslautern sogar die 14. Gelbe Karte ein. Damit ist er Spitzenreiter, seitdem 1979 die Spielsperre nach vier Gelben eingeführt wurde und es Statistiken gibt. Gelb zeigt man ja schon seit 1970. Die Spitze:

Effenberg (M´Gladbach)	1997/98	14
H. Herzog (VfB Stuttgart)	1995/96	13
Kostner (Saarbrücken)	1992/93	13
Paßlack (Uerdingen)	1995/96	13
Kovacevic (VfL Wolfsburg)	1997/98	12
Beiersdorfer (HSV)	1989/90	12
Eberl (VfL Bochum)	1994/95	12
Schäfer (VfB Stuttgart)	1987/88	12
Schupp (E. Frankfurt)	1995/96	12
D. Schuster (Karlsruhe)	1994/95	12

MAGAZIN

BEINLICHS ÄRGER MIT GRAVESEN UND DEM DFB

Bayer Leverkusen

In München fehlte Stefan Beinlich. Das zertrümmerte Jochbein war mit drei Metallplatten gerichtet worden. War´s ein unglücklicher Zweikampf mit Thomas Gravesen vom HSV? Der Leverkusener Mittelfeldspieler dazu: „Auf dem Video erkennt man deutlich die Absicht. Ich frage mich, warum der DFB nicht eingreift und warum sich Gravesen nicht wenigstens mal gemeldet hat." Doch der Däne mußte sich wenige Tage drauf einer Knieoperation unterziehen. Ironie des Schicksals.

Was für eine Momentaufnahme! Dariusz Wosz tröstet Thomas Häßler (links). Wer muß am Saisonende getröstet werden?

AUFSTEIGER Facts

Der 1. FC Nürnberg gewann seinen neunten und bisher letzten Titel in der Saison 1967/68. Eintracht Frankfurt brachte sich 1992 im letzten Spiel durch eine Niederlage in Rostock um seine zweite Meisterschaft.
Nürnberg stieg 1994 ab, Frankfurt 1996. Wegen Lizenzbetrug verlor der „Klub“ nach der Saison 1995/96 sechs Punkte und landete in der Regionalliga. Bundesligazeiten erlebten in Nürnberg nur Marc Oechler, Michael Wiesinger; in Frankfurt Uwe Bindewald, Oka Nikolov, Ralf Weber, Thorsten Flick, Oliver Bunzenthal, Thomas Sobotzik, Dirk Wolf.

Um ihren Platz hat es 1963 bei Gründung der Bundesliga keine Debatten gegeben: der 1. FC Nürnberg und Eintracht Frankfurt, zusammen neunmal Meister, gehörten hinein. Daß einstiger Ruhm keine Überlebensgarantie ist, durchlitten beide im Abstieg. Nürnberg fiel sogar bis in die Regionalliga. Nun klopfen die „Dinos“ wieder ans Tor zum Oberhaus, wenn auch mit gemäßigteren Ansprüchen als früher.

UDO MURAS UND MICHAEL SCHILLING

Dinos ANTE PORTAS

FRANKFURT UND NÜRNBERG WIEDER ERSTKLASSIG?

Kampf-Spiele sind in Liga 2 an der Tagesordnung - hier dokumentiert zwischen St. Pauli und Nürnberg.

SPECIAL

Oliver Bunzenthal hatte Tränen in den Augen, als er die Geschäftsstelle der Frankfurter Eintracht verließ. Er hatte dem Präsidium mitteilen wollen, daß eine erneute Knieoperation wohl das Ende seiner Karriere bedeuten würde - mit 24 Jahren. So was kommt öfter vor. Dann wird der Spieler zu einem Fall für die Berufsgenossenschaft. Nicht so in Frankfurt, nicht mehr jedenfalls. Präsident Rolf Heller und Schatzmeister Gaetano Patella, seit Herbst 1996 im Amt, gaben Bunzenthal einen Vier-Jahres-Vertrag und so zu verstehen, daß sie weiter auf ihn zählen. Ihm kamen Tränen der Rührung.

Im Zeichen der neuen Harmonie hat es Trainer Horst Ehrmanntraut versprochen: „Allen, die mithelfen, aufzusteigen, gebe ich die Chance, auch in die Bundesliga-Saison zu starten." Am Gesicht der neuen Eintracht wird sich aus finanziellen Grün-

„Daß wir für das Mieten der Werbebanden im Frankenstadion der Stadt Nürnberg als Stadioneigentümer 1,5 Millionen Mark zahlen müssen, belastet uns bei 17 Millionen Schulden enorm. Nun sind sogar 2,7 Millionen als Miete im Gespräch."

Michael A. Roth, Präsident des 1. FCN

den auch wenig ändern können. Ehrmanntraut hofft, daß der Bundesliga-Etat von 32 Millionen Mark, den Kauf von drei Leistungsträgern erlaubt. Doch Namen wie Stein, Bein, Gaudino, Yeboah, Okocha, die nicht nur für großen Fußball, sondern auch für hohe Gehälter (und deshalb leere Kassen) standen, wird man in Frankfurt auch nach dem Aufstieg so schnell nicht wieder finden. Wo nicht mal sicher ist, ob Ex-Nationalspieler Ralf Weber - den England, K'lautern, Schalke, Dortmund locken - gehalten werden kann.

Die neue Eintracht setzt auf Harmonie. Patella: „Wir sehen in jedem zuerst den Menschen, sind im Moment eine Familie, wo jeder jedem vertraut. Eine Oase im Profifußball." Er selbst hat Ralf Weber mental aufgebaut, als dieser an seiner zweijährigen Verletzung verzweifeln wollte. Nun dirigiert Weber wieder.

Der Schatzmeister zum Thema Vertrauen: „Alle sind bis auf den letzten Pfennig über unsere finanzielle Situation informiert." Das geht nur mit Spielern, die charakterlich in Ordnung sind. Doch sind das alle? Die kommenden Gehälter waren lange ungeklärt. Trainer Horst Ehrmanntraut, der im Dezember 1996 aus Meppen nach Frankfurt kam, ist es „fast schon zu ruhig". Den letzten Meckerer, Hakan Cengiz („ich will endlich spielen"), warf er im Herbst raus. Ein Einzelfall. Ehrmanntraut, 1997 mit einer lustlosen Truppe („viele kapierten nicht, daß Fußball Teamwork ist") fast abgestiegen, sagte: „Ich hatte 1,8 Millionen Mark und die Wahl: Kauf ich drei Hochkaräter oder lauter gleichwertige Spieler, die gute Typen sind?" Er nahm die Typen - solche, die er kannte oder immer schon wollte: Epp, Zampach, Kutschera, Sobotzik. Sie alle stehen dafür, daß Frankfurt wieder eine Eintracht ist.

Auch in Nürnberg war plötzlich alles ganz anders. Da betrat Trainer Felix Magath (44) in Uerdingen die Kabine und alle erwarteten trotz des 3:0-Sieges das übliche Donnerwetter. Doch Magath lächelte: „Heute bin ich mit euch zufrieden." Das erste Lob. Es bedeutete das Prädikat „aufstiegsreif". Die Planungen im Präsidium aber laufen in aller Bescheidenheit. München 1860, das sich aufwendig verstärkte, oder Arminia Bielefeld, das schon zu Zweitliga-Zeiten gestandene Profis beschäftigte, sind keine Vorbilder. Nürnberg hat junge Spieler und 17 Millionen Schulden. Magath, seit September 1997 im Amt, nimmt sich „Wolfsburg zum Vorbild". Wie Kollege Reimann will er auf die Zweitliga-Helden setzen. „Viele haben sich verbessert", so Magath. Ergänzt werden soll mit Schweiz-Importen,

„Wir können und werden nur zwei Millionen investieren. Die stärkste Bremse bei allen Verhandlungen mit preiswerten Kandidaten ist die Frage: In welcher Liga werden wir spielen?"

Rolf Heller, Eintracht-Präsident

weil Magath mit Stürmer Citic und Torwart Hilfiker (beide Aarau) gute Erfahrungen gemacht hat. „Am liebsten hätten wir Profis aus Franken. Davon gibt es es zuwenig." Deswegen bemühte sich Magath auch um die Rückkehr des Franken Bernd Hollerbach (28) vom HSV. „Doch Deutsche sind teuer. Der Schweizer Markt ist geeigneter." Beim „Klub" tut sich was. Die Trainer Dieter Nüssing (Amateure) und Kurt Eigl (Junioren) sollen im Eilverfahren Profis ausbilden. In der Geschäftsstelle wurde aufgestockt. Manager Georg Volkert, selbst 136 mal für Nürnberg aktiv und 1968 auch Meister, muß nicht mehr selbst die Telefone bedienen. Doch eine Niederlagenserie in der Schlußphase stellte alles wieder in Frage. Finanzielle Entlastung sollen auch steigende Zuschauerzahlen bringen. Mittelfeldspieler Thomas Ziemer, gebürtiger Nürnberger: „Unsere ersten Heimspiele werden sicher ausverkauft sein." Ein volles Frankenstadion mit 46 700 Plätzen bringt eine Million Mark brutto.

So agieren Macher: Horst Ehrmanntraut (Eintracht Frankfurt/oben) &Felix Magath (1. FC Nürnberg/unten). Und natürlich geht's zur Sache - hier Stefan Müller (Freiburg) & Thomas Epp (Frankfurt/am Boden).

CHRONIK

Kaiserslautern Meister, Bielefeld steigt ab.

Je zwei Feldverweise für Schalke und Rostock.

Schützenhilfe brauchen Köln und Gladbach.

ERGEBNISSE

1. FC Kaiserslautern	4	
VfL Wolfsburg	0	
Karlsruher SC	4	
VfB Stuttgart	2	
Werder Bremen	1	
VfL Bochum	0	
München 1860	1	
Schalke 04	0	
Arminia Bielefeld	2	
1. FC Köln	1	
Bayer Leverkusen	0	
Hertha BSC	1	
MSV Duisburg	0	
Bayern München	1	
Borussia Dortmund	0	
Hamburger SV	1	
Borussia M´Gladbach	5	
Hansa Rostock	2	
VfL Bochum	2	Nachhol-
Hertha BSC	1	spiele
Arminia Bielefeld	2	vom
1. FC Kaiserslautern	2	27. Spieltag
Bayer Leverkusen	2	(wegen des
Borussia Dortmund	2	Castor-
Schalke 04	1	Transportes
1. FC Köln	0	verschoben)

TABELLE

1.	1. FC Kaiserslautern	33	19	10	4	62:38	+24	67	●
2.	Bayern München	33	18	9	6	65:37	+28	63	●
3.	Bayer Leverkusen	33	14	12	7	64:37	+27	54	●
4.	Werder Bremen	33	14	8	11	43:46	-3	50	▲
5.	VfB Stuttgart	33	13	10	10	54:49	+5	49	▼
6.	Schalke 04	33	12	13	8	36:31	+5	49	▼
7.	Hansa Rostock	33	13	9	11	50:44	+6	48	▼
8.	Borussia Dortmund	33	11	10	12	57:51	+6	43	●
9.	Hamburger SV	33	11	10	12	37:45	-8	43	▲
10.	Hertha BSC	33	12	7	14	40:50	-10	43	▲
11.	MSV Duisburg	33	10	11	12	40:43	-3	41	▼
12.	München 1860	33	11	8	14	43:53	-10	41	▲
13.	VfL Wolfsburg	33	11	6	16	38:52	-14	39	▼
14.	VfL Bochum	33	10	8	15	40:49	-9	38	▼
15.	Karlsruher SC	33	9	11	13	46:56	-10	38	●
16.	Borussia M´Gladbach	33	8	11	14	52:59	-7	35	▲
17.	1. FC Köln	33	10	5	18	47:62	-15	35	▼
18.	Arminia Bielefeld	33	8	8	17	42:54	-12	32	●

Jubelorgien überziehen das Otto-Land: Ein Aufsteiger wird Meister - noch nie dagewesen! Kaiserslauterns 4:0 gegen Wolfsburg demoralisiert die Bayern bei ihrer Nullnummer in Duisburg. Zudem: Probt man so ein Pokalfinale? Leverkusens Heimserie mit 31 Spielen ohne Niederlage reißt durch Herthas Sieg. München 1860 und der HSV legen letzte Überlebensängste ab. Gladbach und Karlsruhe gewinnen, auch neue Hoffnung, Rostock und Stuttgart dagegen müssen durch Niederlagen um UEFA-Cup-Plätze fürchten. Dort sitzt nun Bremen. Was wiederum die Bochumer erneut wackeln läßt. In Köln aber stürzen schon Tränenbäche. Die Rechenschieber sagen: Nur mehrere Wunder auf einmal können den Liga-Gründern noch Rettung bringen.

ZEITLUPE

Das war K'lauterns zweiter Streich gegen die „Wölfe" durch den „Roten Teufel" Martin Wagner.

Der Westfale aus Herford, Thomas Helmer (33), ist seit 1992 ein Bayer. Über Bielefeld und Dortmund kam er nach München. 1992 debütierte er auch in der Nationalelf (65 Spiele), wurde Europameister, mit Bayern zweimal Meister, einmal UEFA-Cup-Gewinner, mit Dortmund DFB-Pokalsieger. Er ist einer der Profiliertesten, der sich als Bayern-Kapitän wie WM-Kandidat aber nun manchen Fragen stellen muß.

Wie groß ist die Enttäuschung?
Sicherlich haben wir ein paar Spiele blöd verloren. Am meisten schmerzten die Niederlagen gegen Kaiserslautern. Ein Handicap war, daß im Endspurt Elber, Scholl, Basler, Hamann und Jancker ausfielen. Das war schwer zu kompensieren.
Zum Top-Thema: Soll Matthäus in die Nationalelf zurückkehren?

INTERVIEW

Das ist nun wirklich die Entscheidung des Bundestrainers. Olaf Thon hat in der Nationalmannschaft gut gespielt. Lothar im Verein, da gibt es keine Diskussion.
Schielen Sie nicht selbst auf den Posten des WM-Liberos?
Eine dämliche Frage. Ich habe zuletzt in der Nationalmannschaft woanders gespielt (Vogts gab ihm das Kommando im Mittelfeld/d. R.) und das hat viel Spaß gemacht. Das hat man doch gesehen.
Ist Deutschland Europameister geworden, weil Matthäus gefehlt hat?
So weit würde ich nie gehen. Nein, das war es nicht. Auch wenn wir wenig Probleme bei der EM hatten.
Sie selbst haben in SPORT-BILD beklagt, das schlechte Verhältnis von Klinsmann und Matthäus belastet die Mannschaft. Wären beide über die sechs WM-Wochen unter einen Hut zu bringen?
Sportlich sind sie aber beide nicht schlecht. Eine Antwort ist sehr schwer für mich. Von der einen Seite sage ich „Ja", von der anderen „Nein". Aber die ablehnenden Aussagen von Klinsmann waren wohl ziemlich klar. Ich sperre mich nicht, zu helfen. Aber es ist keine leichte Situation. Hier die Nationalelf, dort Lothar. Es widerstrebt mir, mich gegen meinen Mitspieler auszusprechen.
Sie deuteten mal an, Matthäus eventuell eine Brücke zu bauen.
Ich habe ihm auch hier bei Bayern eine Brücke gebaut und mit dafür gesorgt, daß er bei uns wieder einen anderen Stellenwert hat.
Das war, als Sie wegen seines Tagebuchs neuer Kapitän wurden?
Ich sagte damals: „Lothar, ich will nicht, daß du den Job allein für dich machst, sondern daß du dich wieder einbringst, Verantwortung übernimmst, und nicht nur auf dem Feld." Er hat sich völlig korrekt verhalten. Olli Kahn und ich sagten: „Lothar, es ist nicht so, daß du gar nichts mehr giltst, daß du Außenseiter bist."
Es macht wenig Sinn, wenn er als reuiger Sünder zum DFB zurückkäme.
Wenn ein Matthäus dabei ist, kann man ihn nicht als zwanzigsten Mann mitnehmen. Das sollte er sich nicht antun. Vogts und Matthäus hatten Kontakt. Man redet vernüftig miteinander. Vogts hat versucht, Normalität hineinzubringen.
Spielt Matthäus jetzt einen offensiveren Libero, um auf sich aufmerksam zu machen?
Das hat mehrere Gründe. Er sah, daß wir schlechte Ergebnisse erzielten, wenn er hinten blieb, wie gegen Köln (0:2), Karlsruhe (1:1), Bochum (0:0). Andererseits wird der Libero auch in der Nationalelf offensiver interpretiert.
War es falsch, daß Matthäus mit seiner Rückkehr-Bereitschaft vorpreschte?
Vielleicht reagierte Vogts verärgert, weil er befürchtete, daß Druck auf ihn entsteht. Auch Matthäus wollte dieses Theater nicht.
Wird Kapitän Klinsmann eine Rolle bei der Entscheidung spielen?
Wenn ich Kapitän wäre, würde ich vom Trainer erwarten, daß er mit mir spricht, zumal sich beide so lange kennen.

Meisterschaft ade - Thomas Helmer kann es noch nicht fassen, daß Schiri Heynemann nicht nur den 0:0-Kick gegen Duisburg abgepfiffen hat.

TORSCHÜTZE DES TAGES
Olaf Marschall

Otto Rehhagel hat wochenlang auf seinen verletzten Torjäger gewartet. Mit Olaf Marschall sollte nach einer Reihe nicht so guter Spiele, fehlender Tore und schmelzendem Vorsprung auf den FC Bayern die Wende kommen. Und sie kam. Olaf Marschall trifft seit seinem Comeback wie am Fließband und hat quasi allein den 1. FC Kaiserslautern zur Meisterschaft geschossen. Sein 1:0 gegen Wolfsburg löste bei den „Roten Teufeln" „alle nervlichen Bremsen. Und mit seinem cleveren Heber zum 3:0 waren auch die letzten Zweifel beseitigt. Mit seinen Toren 19 und 20 rückte der 1,86 m große Sachse aus Torgau (bei Leipzig) den 22 Treffern des Sachsen aus Riesa (bei Dresden), Ulf Kirsten, sehr nahe. Außerdem waren sie weitere Pluspunkte bei der Bewerbung um ein WM-Trikot der Nationalmannschaft. Aber nun kann sich erst einmal die Jugendabteilung vom TSV Blau-Weiß Torgau über 1000 Mark und einen Satz Trikots freuen, von „Continentale" und SPORT-BILD gestiftet. Das Los entschied gegen Uwe Fuchs und dessen Treffer zum 2:1 der Bielefelder gegen Köln.

So sieht ein ausgepowerter Held aus: der „zweifache" Olaf Marschall ...

FACTS - FACTS - FACTS
News

Auftrieb für Gladbach: der erste Heimsieg in diesem Jahr und erstmals Sieg nach Torrückstand. Zudem nach 500 Minuten wieder ein Tor am Bökelberg.

Schläge für Rostock: Feldverweise für Yasser und Dowe sowie - als Novum in dieser Saison - ein Elfmeter-Tor kassiert.

Neues für Bremen: nach der Rehhagel-Ära erstmals vier Siege in Serie, dazu ohne Gegentor und ein Platz unter den ersten Fünf.

Ärger für Schalke: Die 400. Bundesliga-Niederlage wurde von Feldverweisen für Kurz und Nemec begleitet. Das 1:0 für 1860 besorgte Gorges, der zehnmal nicht mehr in der Anfangsformation spielte.

Applaus für Bielefeld: erster Sieg 1998, der Abstieg aber konnte nicht mehr verhindert werden. Der Ex-Kölner Uwe Fuchs markierte zwei Treffer, am 14.8.93 hatte er das letzte Mal getroffen. Es war Kölns fünfte Niederlage in Serie.

Hoffnung für Karlsruhe: Nach zwei Eigentoren glückte Hengen mit dem 1:0 das erste Saisontor und dem KSC danach 1998 der erste Heimsieg.

REPORT

Um 17.15 Uhr, nach dem 4:0-Sieg über Wolfsburg, begann die große Meisterfeier in Kaiserslautern. Nichts war vorbereitet. Warum auch? Die Pfälzer wußten mit ihren Idolen auf dem Rasen des „Betze" enthusiastisch zu feiern. Manches grüne Stück wanderte als Souvenir mit. In der Stadt ging es in allen Lokalen hoch her. Die letzten Spieler zogen morgens um sieben Uhr mit einem glücklichen Lächeln heim. So ein Tag, so wunderschön wie heute ... Für alle hat sich der große Triumph gelohnt. Als Meisterprämie erhält Rehhagel 600 000 Mark. Und jeden Pfennig hat er mehr als verdient. Denn durch den Einzug in die Champions League nimmt Kaiserslautern mindestens zwölf Millionen ein. Für den Aufstieg ein Jahr zuvor bekam der Trainer 500 000. Auch die wurden schon in der diesjährigen, atemberaubenden Meistersaison zigfach wieder eingespielt.

Auf die Spieler wartete pro Sieg 6000 Mark, für ein Remis 2000. Am Ende hatte man 19 Siege und zehn Remis auf der Haben-Seite. Und da waren natürlich noch die Sonderprämien - wie die 12 000 Mark für einen Sieg in München, vor dem ersten Spiel ausgesetzt. Die Spieler freuten sich, aber sicher lag es nicht am Geld, daß sie dann im Olympiastadion1:0 gewannen. Denn es gab auch Gegenbeispiele. In der Zweiten Liga wurde vor dem Bundesliga-Auftritt in Berlin eine Sonderprämie ausgelobt: Die Sache ging schief, der FCK verlor 0:2. Anschließend sagte Otto Rehhagel zu Präsident Hubert Keßler: „Es bringt nichts, wenn man vor dem Spiel mit einer Sonderprämie lockt." Sinnvoller sei es, wenn überhaupt, diese nach einem großartigen Sieg zu zahlen. Und so geschah es. Als Olaf Marschall mit seinem 3:2 gegen Mönchengladbach in letzter Sekunde das Tor zum Titel weit aufgestoßen hatte, stürzte der Präsident siegestrunken in die Kabine und verkündete, daß jeder zur Siegprämie von 6000 Mark noch 12 000 dazu erhalte. Die Mannschaft war völlig baff, weil beim FCK sonst das Geld nicht so locker sitzt.

HELD KEIN HELD

Beim Nachhol-Spiel Schalke - Köln (1:0) übersah Schiedsrichter Uwe Kemmling, daß Oliver Held in der 80. Minute einen Schuß von Tretschok absichtlich mit der Hand über die Latte lenkte. Die Kölner protestierten heftig und deshalb fragte Kemmling den Schalker, ob er seine Hand im Spiel hatte. Dieser antwortete laut Kemmling: „Mit dem Kopf, ich schwöre." Schiedsrichter-Lehrwart Eugen Strigel bestätigte die Anweisung an die Schiedsrichter, nicht bei jeder Lappalie, aber in solch einer Extremsituation durchaus, die Befragung als letzte Möglichkeit zu nutzen. Ich bin froh, daß Kemmling das getan hat. Leider hat Oliver Held versäumt, ein Zeichen zu setzen. Hätte er das Handspiel zugegeben, hätte Kemmling Strafstoß geben und Held des Feldes verweisen müssen. Held wäre nicht lange gesperrt worden." Der Kontrollausschuß habe per Rundschreiben an die Ehrlichkeit der Spieler appelliert und sie zur Selbstanzeige aufgefordert. Kölns Verteidiger Karsten Baumann sagte dagegen: „Ich hätte wohl genauso gehandelt wie Oliver Held."

Vom Sportgericht des DFB wurde der 25jährige Schalker Mittelfeldspieler „wegen unsportlichen Verhaltens" für zwei Wochen gesperrt. „das Gericht will der Öffentlichkeit sagen: Seid ehrlich! Aber Fair play ist kein Begriff des Rechtes", kommentierte Held-Verteidiger Schickhardt das Urteil. Deswegen ahndete das Gericht auch nicht das als „Tatsachenentscheidung des Schiedsrichters" zu bewertende Handspiel, sondern Helds „Lüge". Das geringe Strafmaß wurde damit begründet, daß sich der Spieler gegenüber seinem Verein in einer Zwangslage befunden habe. Schalke kämpft noch um einen Platz im UEFA-Cup.

Am Rande des Pokalfinales am 16. Mai in Berlin wird mit allen Schiedsrichtern eine Aufarbeitung aller Vorfälle dieser Saison stattfinden.

Das Wunder gegen Rostock hat für die Gladbacher zwei Namen: Stefan Effenberg (links) & Uwe Kamps (rechts). Und ist mehr als Glück, denn Schiri Dardenne, der hier

Jens Dowe vom Platz stellt, lag mit mehreren Entscheidungen voll daneben, was Hansa-Trainer Ewald Lienen sogar das Wort „Betrug" in den Mund nehmen läßt ... (Mitte)

EWALD LIENEN: „ICH ENTSCHULDIGE MICH!“

Hansa Rostock

„Es tut mir aufrichtig leid. Ich nehme das Wort ‚Betrug' öffentlich zurück. Es ist natürlich nicht so, daß ein Schiedsrichter eine Mannschaft absichtlich benachteiligt. Nachdem ich das Wort ausgesprochen hatte, wußte ich, daß es falsch war.“ So reagierte Hansa-Trainer Ewald Lienen auf seine hitzige Attacke in Mönchengladbach gegen Schiedsrichter Georg Dardenne. Er entschuldigte sich telefonisch auch bei Schiedsrichter-Obmann Volker Roth. Bei aller Einsicht bemängelte Lienen dennoch das fehlende Fingerspitzengefühl mancher Schiedsrichter. „Nehmen wir das Beispiel Igor Pamic. Der schießt ein reguläres Tor zum 3:3, protestiert gegen die Aberkennung und sieht dafür die fünfte Gelbe Karte. Für Hansa geht es um den fünften Platz, für Igor um die WM-Teilnahme. Jetzt fehlt er im letzten Spiel. Vier von fünf Gelben bekam er, weil er nach Toren auf den Zaun gesprungen ist. Das kann es doch nicht sein.“ Lienens eigene Konsequenz: „Eine Spende in die Mannschaftskasse. Denn ich kann nicht von den Spielern verlangen, daß sie in kritischen Situationen ruhig bleiben, und ich rege mich so auf. Wenn ich nicht so gegen meinen Verweis protestiere, bekommt Jens Dowe möglicherweise auch keine Rote Karte.“ Das DFB-Sportgericht verurteilte Lienen zu 5000 Mark Strafe und Sperre für ein Spiel.

WILLI LEMKE: „DAS WÄRE DER PURE WAHNSINN.“

Werder Bremen

Die Tabelle des 33. Spieltages würde sich Werder-Manager Willi Lemke am liebsten übers Bett hängen: Werder Vierter! „Wir nach so einem Jahr im UEFA-Cup - das wäre der pure Wahnsinn!“ Doch das entscheidet sich auch beim letzten Spiel in Stuttgart. Der VfB aber hat Lemke verärgert. Dessen Idee, im Falle des Sieges im Europacup der Cupsieger trotzdem im UEFA-Cup (mehr Einkünfte!) zu starten, findet Lemke „völlig abstrus. Hier beginnt der Kommerz, den Sport zu regieren.“

HANNES LÖHR BIETET WIEDER HILFE AN

1. FC Köln

Der Morgen danach. „Ich fühlte nur Bestätigung. Dieser Klub hat konsequent auf diesen Tag hingearbeitet.“ Hannes Löhr (55), als Spieler mit dem 1. FC Köln Meister, später Trainer, Manager, hat diesen Abstieg vorausgesagt. „Schon vor vier Jahren habe ich gewarnt. Aber es wurde nicht gehandelt.“ Der erste Meister der Bundesliga (1964) zweitklassig! Der jetzige DFB-Trainer (U-21) wollte 1997 als Sportdirektor zurückkehren. Carl-Heinz Rühl bekam den Job. Löhr: „Ich habe immer Hilfe angeboten. Wenn man über 20 Jahre in diesem Verein gearbeitet hat, ist das selbstverständlich. Aber ich wurde nie gefragt.“

MAGAZIN

Dieses Foto dokumentiert die größte Lüge der Liga, die für Köln abstiegsentscheidend wird: Schalkes Held bestreitet gegenüber Schiri Kemmling, daß er Hand gespielt hat. Hat er aber doch!

EINWURF

Als Kjetil Rekdal in Leverkusen zum Elfmeter antrat, gings um den Liga-Erhalt für Hertha. Der Norweger traf. Auf dem Gladbacher Ioan Lupescu lastete Gleiches. Rostock führte 1:0. Der Rumäne traf zum 1:1. Für Hertha war´s der erste Elfmeter in dieser Saison, für Gladbach der dritte (3 Tore). Nur der HSV hatte noch keine Elfmeterchance.
Die Spitze hält Wolfsburg (7), hat aber nur drei genutzt. Weiter: Duisburg 6 (5 Treffer), Köln 5 (3), Bochum 5 (2), Leverkusen 4 (4), Bremen 4 (3), 1860 München 3 (3), Gladbach 3 (3), Stuttgart 2 (2), Bielefeld 2 (2), Dortmund 2 (2), Rostock 2 (2), Kaiserslautern 2 (2), Karlsruhe 1 (1), Bayern 1 (1), Schalke 1 (1), Hertha 1 (1), HSV 0 (0).
Gegen Bremen wurden die meisten Elfmeter verhängt: 6 (6 Tore). Danach folgen Bielefeld und Hertha mit 5 (4), Leverkusen 4 (4), 1860 München 4 (4), Karlsruhe 4 (2). Nur Dortmund erhielt noch kein Elfmeter-Tor.

OTTO REHHAGEL Facts

Otto Rehhagel ist Essener (geb. 9.8. 1938). Sein Erfolgsweg als Trainer begann 1980 bei der Düsseldorfer Fortuna, mit der er durch einen 2:1-Finalsieg gegen den 1. FC Köln den DFB-Pokal holte. Diesen Cup gewann er auch 1991 und 1994 mit Werder Bremen.

In seinen 14 Bremer Jahren holte er desweiteren 1992 den Europacup der Pokalsieger und 1988 und 1993 die Deutsche Meisterschaft.

Otto Rehhagel spielte in der Bundesliga von 1963 bis 1965 für Hertha BSC und danach bis 1972 beim 1. FC Kaiserslautern. In 201 Bundesliga-Spielen erzielte der Verteidiger 22 Tore.

Seine Trainerstationen seit 1972: 1. FC Saarbrücken, Kickers Offenbach, Werder Bremen, Borussia Dortmund, Arminia Bielefeld, Fortuna Düsseldorf, Bremen (1981-95), Bayern München (bis 27.4.1996). Er übernahm den 1. FCK nach dessen Abstieg am 20.7.1996.

Kein seltenes Bild: Otto & Beate

Nachts um zwei im „La Forchetta". Dort, beim Italiener, ist Otto Rehhagel unter Freunden und läßt seinen Gefühlen freien Lauf. Als aus den Musik-Boxen die berühmte britische Fußball-Hymne „You´ll never walk alone" dröhnt, stürmt er mit seiner Frau Beate auf die provisorische Tanzfläche, und mit erhobenen Armen singen die beiden inbrünstig mit. So feierten sie das größte Wunder der Bundesligageschichte: aus der 2. Liga direkt zur Meisterschaft. In 35 Jahren Bundesliga hat kein Aufsteiger das geschafft.

JOCHEN COENEN

OTTO - Größe XXL

ALS AUFSTEIGER MEISTER VOR BAYERN

Was war Otto Rehhagel im Wolfsburg-Spiel innerlich aufgewühlt! Mit verschränkten Armen stand er da und dachte an die Jahre mit Lautern und an das andere: Schaffen die Bayern in Duisburg noch den Siegestreffer? Muß Kaiserslautern bis zum letzten Spieltag um den Titel zittern? Doch wieder einmal versagten die Bayern - nur 0:0! Für Münchens Titelträume bedeutet das: Ende, aus, Micky Maus! Als Rehhagel das Ergebnis erfuhr, gab es für ihn kein Halten mehr.
Ja, ja, - die Bayern. Irgendwie geisterten sie während der ganzen Saison durch Kaiserslautern. Schließlich hatten sie Rehhagel die schlimmste Niederlage seiner Karriere zugefügt. 1996 wurde er dort entlassen, obwohl er mit den Bayern idas UEFA-Cup-Finale erreicht hatte und noch um den Meistertitel mitspielte. Bis heute behauptet Rehhagel, daß er mit Bayern in jener Saison neben dem UEFA-Cup auch den Titel geholt hätte. Erzählt er aus seiner Bayern-Zeit, bleibt den Zuhörern die Spucke weg. Zum Beispiel, wie er damals von Spielern bedrängt wurde, Lothar Matthäus aus der Mannschaft zu werfen. Als Nachfolger Trapattoni entnervt seinen Rücktritt bekanntgab, sagte Rehhagel: „Außer Franz Beckenbauer gibt es niemanden, der die Bayern trainieren kann."

„Ich gratuliere vor allem meinen Spielern, denen ich aus meinem Fundus nur einige Ratschläge geben konnte, die sie sehr gut umgesetzt haben."

Otto Rehhagel

Das Gespenst Bayern. Es war allgegenwärtig. Vor allem, als der Neun-Punkte-Vorsprung schmolz. „Wenn der FC Bayern einmal vorne ist, dann ist es vorbei", beschwor Rehhagel seine Spieler. Und: „Wir müssen das Ding zumachen, bevor die anderen etwas merken." Das prägte sich ein. Deshalb kämpften alle mit solcher Hingabe. Hinterher war auch dem letzten Nörgler klar: Otto Rehhagel ist ein Trainer der Größe XXL.

„Wir sind zu Recht Meister geworden, weil wir als Mannschaft immer an uns geglaubt haben und teilweise begeisternde Spiele gezeigt haben. Und es herrschte kein Neid mehr, der damals unseren Absturz mit verursacht hat."

Martin Wagner, Ex-Kapitän

Natürlich hat es auch am „Betze" im Karton gekracht. Auch mit 59 Jahren ist Rehhagel ein brodelnder Vulkan. Und wehe, wenn der ausbricht. Zum Beispiel nach dem 1:1 in Duisburg am 3. April. Wütend stürmte Otto Rehhagel in die Kabine: „Wenn ihr so weitermacht, dann seid ihr bald alle wieder in der zweiten Liga." Da führte Lautern noch mit fünf Punkten vor Bayern. Oder nach dem 1:1 bei Schalke 04 am 31. Januar. Da kritisierte er Torwart Reinke: „Mann, den müssen Sie halten."

Oder nach dem 1:1 in Bremen am 6. März. Weil Ratinho nach seiner Auswechslung schnurstracks in die Kabine gestapft und nicht zur Bank gekommen war, bekam er anderntags einen Anpfiff vor allen: „So etwas macht man nicht!" Oder vor dem Spiel gegen Gladbach am 24. April. Da rasselten Kapitän Sforza und Rehhagel im Hotel so laut zusammen, daß es die Spieler mitbekamen. Der Spielmacher sollte diesmal Effenberg decken. Sforza fürchtete um den eigenen Spielaufbau. Rehhagel beendete das Gespräch abrupt. Sforza spielte hervorragend gegen Effenberg, der FCK gewann 3:2 und Rehhagel zog hinterher seinen Kapitän zur Seite: „Sehen Sie, ich hatte recht." Oder in Bielefeld am 29. April. Da motzte Rehhagel zur Pause über das 1:1: „Wenn man 1:0 führt, dann muß man dagegenhalten. Es kann nicht sein, daß wir immer solche Tore kassieren."
Rehhagel weiß aber auch, wann er Spieler trotz Fehler in Schutz nehmen muß. Als die Mannschaft nach dem Bielefelder Spiel zum Flughafen fuhr, verteidigte er Torwart Reinke, der das zweite Tor verschuldet hatte: „Regt euch nicht über Andreas auf! Ihr hättet auch viel mehr Tore schießen müssen." Man hatte die Möglichkeit im Dutzend vergeben. Aber warum sind die Spieler nie ernsthaft beleidigt, wenn Rehhagel sie nach schlechten Spielen hart attackiert? Er sagt ihnen häufig: „Als Mensch sind sie für mich unantastbar, ja heilig. Wenn ich kritisiere, meine ich immer nur die Leistung. Vergessen Sie das nie!" Sie spüren, daß er meint, was er sagt. So, wie es auch schon in seinen 14 Bremer Jahren war. Da ist er nach schlechten Spielen auch oft laut geworden. Am nächsten Tag fragte er dann seinen Co-Trainer Kalli Kamp: „War ich wieder so laut? Was habe ich nach dem Spiel gesagt?" Kamp: „Trainer, Sie haben nach dem Schlußpfiff zwei Spieler entlassen!" Rehhagel: „Sag den Jungs, sie sind wieder eingestellt."

„Der beste Psychologe unter allen Trainern der Bundesliga hat am Samstag die Pfalz in ein Otto-Land verwandelt."
Willi Lemke, Werder-Manager

Die Stunde des Siegers: König „Otto" mit der Meisterschale, die er als Trainer alle fünf Jahre gewinnt. Bei wem ist Rehhagel im Jahre 2003 unter Vertrag?

REHHAGELS 7 GEBOTE

Seit Jahren hat Otto Rehhagel sieben Gebote, an die sich die Spieler zu halten haben:
Erstens: Was in der Kabine besprochen wird, bleibt unter uns, auch wenn sich einer noch so geärgert hat.
Zweitens: Fair geht vor. Sagen Sie in der Öffentlichkeit nie Negatives, nur Positives über ihre Mitspieler. Sprechen Sie ansonsten nur über Ihre eigenen Leistungen.
Drittens: Kommen Sie nie zu spät zum Training.
Viertens: Meckern Sie nicht, daß gestandene Profis, die viel erreicht haben, bei mir Sonderrechte bekommen.
Fünftens: Geben Sie jenen, die momentan nur auf der Bank sitzen, nicht das Gefühl, zweite Wahl zu sein.
Sechstens: Nehmen Sie neue Spieler ohne Vorbehalte auf.
Siebtens: Strengen Sie sich in jedem Training an.

CHRONIK

Die Saison-Gewinner: Champions League: 1. FC Kaiserslautern (Meister), FC Bayern München (Vizemeister, in der Qualifikation). Europacup der Cupsieger: MSV Duisburg. UEFA-Cup: Bayer Leverkusen, VfB Stuttgart, Schalke 04.

Im UI-Cup: Hansa Rostock, Werder Bremen (zweifache UEFA-Cup-Qualifikation möglich). DFB-Pokalsieger: FC Bayern München.

Absteiger: 1. FC Köln (erstmals), Arminia Bielefeld (zum 4. Mal), Karlsruher SC (zum 5. Mal).

Alle Fanfaren blasen dieses Halali. Die 35. Saison bricht Rekorde. Denn der Fan-Strom überflutet die Dämme: Erstmals mehr als 10 Millionen in einer Saison und mehr als 400 000 an einem Spieltag! Fünf Stadien ausverkauft! Darunter das Münchner, wo es bei Bayern-Borussia um gar nichts mehr geht. Darunter das Hamburger, wo mehr als 20 000 Pfälzer ihren Meister FCK feiern. Jubel und Verzweiflung: Köln und Karlsruhe werden zur Zweitklassigkeit verdammt, Gladbach und Bochum bleiben in der Liga-Sonne. Stuttgart und Schalke stoßen Bremen und Rostock am Ende doch noch aus dem UEFA-Cup. Duisburg testet erfolgreich den Rasen des Pokalfinales, weil Hertha schon den Urlaub probt.

ERGEBNISSE

Hansa Rostock	4
Karlsruher SC	2
Hamburger SV	1
1. FC Kaiserslautern	1
Bayern München	4
Borussia Dortmund	0
Hertha BSC Berlin	1
MSV Duisburg	3
1. FC Köln	2
Bayer Leverkusen	2
Schalke 04	2
Arminia Bielefeld	1
VfL Bochum	1
München 1860	0
VfB Stuttgart	1
Werder Bremen	0
VfL Wolfsburg	0
Borussia M'Gladbach	2

TABELLE

1. 1. FC Kaiserslautern (N)	34	19	11	4	63:39	+24	68	●
2. Bayern München (M)	34	19	9	6	69:37	+32	66	●
3. Bayer Leverkusen	34	14	13	7	66:39	+27	55	●
4. VfB Stuttgart	34	14	10	10	55:49	+6	52	▲
5. Schalke 04	34	13	13	8	38:32	+6	52	▲
6. Hansa Rostock	34	14	9	11	54:46	+8	51	▲
7. Werder Bremen	34	14	8	12	43:47	-4	50	▼
8. MSV Duisburg	34	11	11	12	43:44	-1	44	▲
9. Hamburger SV	34	11	11	12	38:46	-8	44	●
10. Borussia Dortmund	34	11	10	13	57:55	+2	43	▼
11. Hertha BSC Berlin (N)	34	12	7	15	41:53	-12	43	▼
12. VfL Bochum	34	11	8	15	41:53	-8	41	▲
13. München 1860	34	11	8	15	43:54	-11	41	▼
14. VfL Wolfsburg (N)	34	11	6	17	38:54	-16	39	▼
15. Borussia M'Gladbach	34	9	11	14	54:59	-5	38	▲
16. Karlsruher SC	34	9	11	14	48:60	-12	38	▼
17. 1. FC Köln	34	10	6	18	49:64	-15	36	●
18. Arminia Bielefeld	34	8	8	18	43:56	-13	32	●

ZEITLUPE

Das ist Moral: Trotz des bitteren Abstiegs zeigen sich die Bielefelder Profis ihren treuen Fans. Na dann, auf ein Neues!

Giovanni Trapattoni (59) verabschiedet sich vom deutschen Fußball. Er hinterläßt viel Respekt. Mit dem FC Bayern gewann er 1997 seinen achten Meistertitel. Dazu kommen der Weltpokal und fünf Europacups, errungen in 26 Trainerjahren mit Inter und AC Mailand (für den er auch 18 Jahre spielte!), Juventus Turin. Eine glanzvolle Laufbahn, von der auch der FC Bayern in drei Jahren viel abbekam. „Grazie Trap" dankten ihm die Fans per Spruchband.

Hat keinen Grund zum Versteck spielen: Giovanne Trapattoni. An ihm lag es nun wahrlich nicht, daß der FC Bayern nicht Meister werden wollte.

INTERVIEW

Was werden Sie vermissen?
Die spannende Bundesliga, den Fußball, der so anders ist als in Italien, die Stadt München, die Freunde im Verein wie Franz Beckenbauer, Uli Hoeneß, Kalle Rummenigge. Danach werde ich mich sehnen. Aber ich muß nach Hause. Dort liegt meine Welt, mein Fußball. Warum, glauben Sie, sind Daum und die anderen Trainer aus der Türkei, aus Griechenland zurückgekehrt?
Empfinden Sie sich als gescheitert?
Ich bin sicher, daß wir im nächsten jahr wieder Meister geworden wären. aber das würde in meinem Leben nichts verändern, auch kein Titel in Frankreich, England, Spanien, Griechenland, Türkei, von wo ich zuletzt Angebote hatte. Ich gehe in meine Welt zurück.
Warum konnten Sie Ihre Fußball-Philosophie nicht so rüberbringen?
Gewohnheiten und Mentalitäten kann man nicht komplett ändern. Wir sind Kompromisse eingegangen. Jüngst sagte mir mein Freund Mehmet Scholl: „Sie hatten recht. Wir haben drei Jahre gebraucht, das zu kapieren." Ich sehe eine intakte Mannschaft. Viele machen Dinge, die sie vor drei Jahren nicht kannten. Und ich sehe viele Klubs mit mehr Ordnung, mit der Doppeldeckung, dem „Sandwich".
Sie haben mit der Vertragsrückgabe auf viele Millionen verzichtet.
Ich bin Trapattoni und weiß, wann meine Zeit um ist. Und Bayern war ich etwas schuldig. Vor einem Jahr, als meine Frau die schwierige Schilddrüsenoperation hatte, haben sie mir viel Wertschätzung entgegengebracht. Ich habe gelitten, als ich mit dem Vertrag zu Hoeneß ging. Aber ein Philosoph hat gesagt: „Für diejenigen, die ein wenig Mut haben, ist die Zukunft eine neue Chance." Ich hatte aus Italien ein Angebot als Technischer Direktor. Aber solange ich laufen kann, möchte ich selbst trainieren.
Warum war Ihre Depression nach dem Champions-League-Aus in Dortmund so groß?
Weil ich überzeugt war, daß wir bei einem Sieg auch das Finale erreicht hätten. Ich kann auch mit einer deutschen Gewohnheit nichts anfangen, bei so einem Bankett, mit essen und trinken bis drei Uhr früh, die Niederlage zu entdramatisieren. Ich bin ins Bett. Mir wäre lieber gewesen, die Spieler hätten sich fürs nächste Spiel erholt.
Durch Ihre Rede („Spieler wie Flasche leer") wurden Sie zur Kultfigur. Sie aber schämten sich. Warum?
Aus meinen Worten wurde nur die Polemik herausgefiltert. Dabei wollte ich keinen demütigen, nur der Meinung entgegentreten, daß Spieler mit großen Namen wie Basler und Scholl immer 90 Minuten spielen sollten. Ohne Dolmetscher war's eben schlechtes Deutsch.
Was haben Sie hier gelernt?
Vieles, was Leben und Verantwortung angeht, ist hier besser. Aber die Gewohnheit, so intensiv miteinander zu reden, daß auch verstecktes Potential geweckt wird, ist hier unterentwickelt. Hier heißt es noch sehr oft: „Du bist jünger, du machst, was ich will."
Die Spieler verehrten Sie wie einen Vater. Kann der elf Kinder gleich lieben?
Ich liebe Nerlinger. Er will sich immer verbessern. Mehmet ist wie ein Kind, macht oft Blödsinn, er ist super. Lothar Matthäus ist wie ich früher, will immer mehr. Natürlich habe ich für einige mehr Sympathien. Aber das Herz darf nie über den Verstand siegen.

„Icke" wie in den besten Tagen, aber auch zwei Tore und ein Kniefall retten für seinen KSC nichts mehr.

TORSCHÜTZE DES TAGES
Thomas Häßler

Es fing alles so gut an. In der 30. Minute traf Thomas Häßler für den Karlsruher SC beim Spiel gegen Rostock zum 1:0. Doch schon im Gegenzug fiel der Ausgleich. Dieses Remis aber hätte für den Klassenerhalt noch gereicht. Es kam anders. Rostock zog auf 4:1 davon. Und der zweite Treffer von Thomas Häßler war schließlich nur noch Ergebniskosmetik. Weil Gladbach in Wolfsburg siegte, war der KSC nach elf Jahren Bundesliga-Zugehörigkeit abgestiegen. Und der gebürtige Berliner „Icke" Häßler am Boden zerstört. Jetzt schwant Bundestrainer Vogts, daß Häßler, wie nach dem verlorenen Pokalfinale vor der EM 1996, womöglich ein schlechtes WM-Turnier spielt, weil er seinen Frust nicht abschütteln kann. Dazu kommt die Unsicherheit, bei welchem Klub Häßler spielen wird. Ein schwacher Trost für die mitleidenden Jugendkicker von Meteor 06 Berlin, seinem Heimatklub, ist die Prämie für den Torschützen des Tages (das Los mußte entscheiden). Die „Continentale" und SPORT-BILD stifteten 1000 Mark (500 pro Tor) und einen Satz Trikots.

FACTS - FACTS - FACTS
News

Mit 4:0 hat der FC Bayern zuletzt am 10. Februar 1979 gegen Dortmund gewonnen. München ist gegen die Borussia jetzt neunmal in Folge ohne Niederlage.

Die Bochumer Tragödie: Von sechs Elfmetern wurde nur einer von Stickroth (verletzt) verwandelt. Diesmal versagte Wosz, zuvor Mamic, Baluszynski, Michalke, Donkov.

Nach 1990 (14 Niederlagen) war dies Dortmunds schlechteste Saison mit 13 Niederlagen.

HSV zufrieden - das siebente Heimspiel in Serie ohne Niederlage und das auch gegen Meister FCK.

Duisburgs Torsten Wohlert im Gleichschritt - bei Hertha drittes Saisontor und dritten Elfmeter verursacht (den Rekdal vergab).

Stefan Effenberg schraubte in Wolfsburg seinen Rekord an Gelben Karten auf 15.

Wie schon in den Saisons 1995/96 und 1996/97 haben sich alle drei Aufsteiger in der Bundesliga behauptet.

Lothar Matthäus (FC Bayern) wurde von den Bundesliga-Kapitänen und Nationaltrainer Berti Vogts zum „Spieler der Saison" gewählt.

REPORT

Als Schiedsrichter Hartmut Strampe mit seinem Abpfiff der 35jährigen Bundesliga-Geschichte des 1. FC Köln vorerst ein Ende setzte, gab es keine Pfiffe, kein Aufstöhnen. Köln versank einfach in Trauer und Lethargie. Toni Polster lief ein letztes Mal in die Fankurve, den Oberkörper entblößt. Vorbei an Transparenten, die den Untergang so trefflich formulierten: „Nun habt ihr es geschafft" - „Nur Versager verlassen das sinkende Schiff" - „Danke für nichts!". Kaum ein Abstieg in den letzten Jahren war so vorhersehbar wie dieser. Immer weiter war geklüngelt worden in der Hoffnung: „Irgendwann kommt jeder Klub wieder nach oben, warum nicht wir?" Deshalb ist es kein Alibi-Gerede, wenn Polster sagt: „Dieser Verein kommt nur wieder hoch, wenn klare Konzepte entstehen." Daran sind Zweifel angebracht. Es war kein Geheimnis, daß Trainer Lorenz-Günter Köstner in den Visionen von Präsident Caspers keinen Platz hat. Schon vor dem Abstieg sagte Köstner: „Für mich gibt es ein Leben nach dem 1. FC Köln. Da braucht sich keiner Sorgen zu machen." Daß Polster nochmal für ihn in die Bresche sprang („Der FC muß mit Lorenz weitermachen, er ist ein guter Trainer") entlockte ihm ein Schmunzeln. „Der Toni ist ein guter Junge, aber sicher nicht der Beliebteste in der Mannschaft. Ich konnte mich immer auf ihn verlassen." Wie Polster fordert auch Köstner neue Konzepte, „und zwar vom Zeugwart bis zum Präsidenten". Daß er daran nicht mehr mitwirken darf, trifft ihn,

„Einige haben sich zu sicher gefühlt und ihr eigenes Ding gespielt. Wir waren keine Mannschaft mehr. Mit 18 Niederlagen hat man keine Ansprüche mehr zu stellen."
Karsten Baumann (1. FC Köln)

auch wenn er sich das nicht eingesteht. „Wenn hier immer nur der Trainer gefeuert wird, kommt der FC auch so schnell nicht mehr hoch. Wenn sie einen Sündenbock suchen, bitte schön, dann stelle ich mich gern zur Verfügung. Aber ich bezweifle, daß das der richtige Weg ist." Um 18.25 Uhr fuhr der Bus mit den FC-Profis das letzte Mal aus dem Bundesliga-Stadion. „Und wir steigen wieder auf!" haben die Fans hinterhergebrüllt. Viele befürchten, daß dies dauern wird. Anderntags gab auch Sportdirektor Carl-Heinz Rühl sein Amt auf.

Und immer wieder Stefan Effenberg, der nicht nur mit seinem 1:0 in Wolfsburg wohl den größten Anteil daran hatte, daß die Gladbacher Borussia nicht zweitklassig wurde.

TRAINER STEVENS VERLOR DIE FASSUNG
Schalke 04

Nach dem 2:1-Sieg über Bielefeld, der den UEFA-Cup-Platz doch noch sicherte, lobte Schalkes Manager Rudi Assauer überschwenglich: „Schiedsrichter Merk war Weltklasse." Das tat auch not, denn eine Stunde zuvor hatten er und Trainer Huub Stevens die Atmosphäre nach der berechtigten Gelb/Roten Karte gegen Wilmots wegen dessen „Schwalbe" (Wilmots: „Ich wollte einen Elfmeter haben.") böse vergiftet. Vor allem Stevens. Mit eindeutigen Handzeichen wiegelte er die ohnehin schon emotionsgeladenen Zuschauer in der Schalker Nordkurve gegen Dr. Merk auf.

Die Folge: Ein Schalker Fan übersprang den Zaun und wollte Merk an den Kragen. Der Ordnungsdienst griff zu. Die Vorstellung, in solch aufgeheizter Stimmung würde es keine Zäune - wie vom DFB angedacht - mehr geben, jagt den Schiedsrichtern kalte Schauer über den Rücken. Ihr Sprecher Manfred Amerell ungehalten: „Zwischen halb vier und halb sechs sind manche nicht mehr zurechnungsfähig. Die Herren müssen sich besser im Griff haben. Die Maske paßt, solange der Erfolg da ist. Wenn es jedoch ans Eingemachte geht, wird die Maske fallen gelassen. Wenn sie die Nerven nicht haben, unten zu sitzen, sollten sie auf die Tribüne gehen."

ALLE FÜNF ABGÄNGER DURFTEN NOCH MAL
Hansa Rostock

Hansa konnte Platz 6 zu recht feiern, wenn auch der UEFA-Cup-Platz (und je 70 000 Mark Prämie) nicht mehr erreicht wurden. Trainer Lienens Dank an die fünf prominenten Abgänger: Studer, Barbarez, Micevski, Groth, Bosz durften gegen den KSC alle nochmal ran. „Aber wir müssen Leistungsträger langfristig binden", fordert er. Und so wurden die Bezüge der umworbenen Neuville, Rehmer deutlich angehoben. Sie sind unverkäuflich.

DER GROSSE ZAHLTAG FÜR DEN MEISTER
1. FC Kaiserslautern

Weil die Meisterprämie von 1991 nach Einsätzen gestaffelt war, wucherte damals viel Neid beim FCK. Die Kameradschaft ging in die Brüche. Als Präsident Keßler auch diesmal diese Regelung vorschlug, drohte wieder Ärger. Verdiente Spieler wie Andy Brehme (5 Einsätze), Thomas Riedl (6 Einsätze) hätten nicht viel bekommen. Der Mannschaftsrat verhandelte neu mit Keßler. Nun erhalten alle 18 Spieler je 70 000 Mark, die restlichen fünf 50 000. Nur Spieler ohne Einsatz erhalten nichts. Der FC Bayern hatte für den Titel je 150 000 Mark ausgelobt.

MAGAZIN

Und noch ein Italiener sagt „Arrivederci!"; freilich hatte sich Nevio Scala sein Dortmunder Gastspiel (Vertrag bis 1999) ganz anders vorgestellt ...

EINWURF

Ulf Kirsten ist auch nach „Kanadischer Wertung" wie im Eishockey mit Toren und Vorlagen Spitze. Im Vorjahr hatten sich, angeführt von Fredi Bobic (VfB), da noch sechs andere vor den Leverkusener schieben können. Hier die Spitzengruppe dieser Saison:

	Punkte	Tore	Vorlagen
Kirsten (Leverkusen)	27	22	5
Balakov (VfB Stuttgart)	25	11	14
Marschall (Kaiserslautern)	24	21	3
Häßler (Karlsruhe)	24	12	12
Chapuisat (Dortmund)	21	14	7
Elber (FC Bayern)	20	11	9
Munteanu (1. FC Köln)	18	3	15
Polster (1. FC Köln)	18	13	5
Jancker (FC Bayern)	18	13	5
Preetz (Hertha BSC)	17	14	3
Pettersson (M'Gladbach)	17	13	4
Barbarez (Rostock)	17	11	6

(Bei Elfmetern erhält der gefoulte Spieler einen Vorlagenpunkt.)

Durch die Europacup-Triumphe von Borussia Dortmund und Schalke 04 von 1997 konnten in dieser Saison acht deutsche Vereine starten. Doch nur DFB-Pokalgewinner VfB Stuttgart erreichte im Cup der Cupsieger das Finale. Der Gegner hieß FC Chelsea, Liga-Vierter wie der VfB. Ein Tor von Gianfranco Zola entschied in Stockholm zugunsten der Londoner, die diesen Cup bereits 1971 erobern konnten.

CHRISTOPH LEUTRUM UND MICHAEL SCHILLING

VfB fiel INS BLAUE

NUR STUTTGART IM EUROPACUP-FINALE

EUROPACUP Facts

Die Bilanz der acht deutschen Vereine 1997/98: Champions League: Borussia Dortmund (Halbfinale), FC Bayern, Bayer Leverkusen (Viertelfinale); Cup der Cupsieger: VfB Stuttgart (Finale); UEFA-Cup: Schalke 04 (Viertelfinale), VfL Bochum, Karlsruher SC (Achtelfinale), München 1860 (2. Runde)

Stuttgarts Stationen auf dem Weg ins Finale: Vestmannaejyar, FC Ekeren, Slavia Prag, Lok Moskau; Chelsea: Slovan Bratislava, Tromsö, Betis Sevilla, FC Vicenza

So ist Fußball: Zola kam und traf für Chelsea - und schnappte sich den Cup (Mitte).

„Das Schicksal des Vereins hängt nicht mehr von Stockholm ab", hatte Präsident Gerhard Mayer-Vorfelder für jedermann hörbar aufgeatmet, als in letzter Liga-Stunde der UEFA-Cup-Platz gesichert worden war. Dieses Europacup-Finale war nun zur Kür nach einer Saison geworden, die sich die Schwaben ganz anders vorgestellt hatten. Denn finanziell hatte der Verein sein Ziel verfehlt. An den Europacup-Einnahmen sollte der Verein so gesunden, daß künftig kein Leistungsträger mehr verkauft werden mußte, wie im Vorjahr Elber für 12,5 Millionen Mark an den FC Bayern. Doch vier Europacup-Runden bis zum Finale brachten nur 7,5 Millionen Mark. Der Aufwand für die Lizenzspielerabteilung stieg dagegen um 17,3 Millionen Mark von 38,9 auf 56,2 Mill. Eine Steigerung um fast 45 Prozent! Deshalb wird der VfB wieder einen Leistungsträger verkaufen müssen.

„Eine Siegchance gab es, wenn wir vor der Pause eine der gut herausgespielten Chancen genutzt hätten. Mit hohen Bällen, wie später, hatten wir gegen diese Chelsea-Deckung keine Chance."

Joachim Löw, VfB-Trainer

Kandidaten könnten Krassimir Balakov (32) und Murat Yakin (23) sein. In Stockholm mußte sich der Schweizer Yakin, fast ohne Spielpraxis, als Libero für den gesperrten Kapitän Frank Verlaat bewähren. In den Wochen zuvor hatten sich mehrere wichtige VfB-Akteure, vor allem Balakov, gegen ihn gestellt. Die Mitspieler warfen ihm vor, daß er nicht stärker an seiner Fitness arbeite, Übergewicht habe und deswegen verletzungsanfällig sei. Noch entscheidender: Durch die dominante Rolle Balakovs konnte Yakin seine offensiven Qualitäten kaum ausspielen; die spielbestimmende Persönlichkeit mit Torqualität wie bei Grasshoppers Zürich konnte er in Stuttgart nicht sein. Aber auch Balakov, der sensible Bulgare, fand diese Saison seine Form nicht. Und da er die vielen Sonderwünsche (Hotel mit Klimaanlage, medizinische Behandlung in Portugal und Flüge 1. Klasse, Sonderurlaub wegen Geschäftsterminen etc.) nicht mehr durch besondere Leistungen untermauern konnte, schwand seine Akzeptanz im Team. Auf Balakovs Kritik am Verein antwortete daher Mayer-Vorfelder: „Wenn du glaubst, daß dieser Verein nicht gut genug für dich ist, kannst du jederzeit gehen. Nur die Ablöse muß stimmen." Yakin hatte den VfB acht Millionen, Balakov 3,5 Millionen gekostet. Der Bulgare würde dem VfB also einen satten Transfergewinn bescheren. Weil „MV" diese und andere Probleme seinem Trainer Jogi Löw anlastet, stellte er ihn seit Wochen ebenfalls in Frage. Weder Balakov noch Yakin konnten das Stockholmer Finale entscheidend gestalten. Das aber tat Chelseas Spielertrainer Gianluca Vialli (33), als er vom Rasen aus seinen italienischen Landsmann Zola von der Reservebank rief. Nur 30 Sekunden im Spiel, brachte dieser schon die Entscheidung. Zola hatte in Italien eine Leistenverletzung auskuriert und sich rechtzeitig zurückgemeldet.

Dieser Cup wird Blau in London noch stärker zur Modefarbe machen. Und auch Premierminister Tony Blair, sonst ein Fan von Newcastle United, wird an der Stamford Bridge mit den 34 000 im stets ausverkauften Stadion jubeln. Wie kein anderer Verein Londons genießt der Klub aus dem feinen Stadtteil mit den prächtigen Villen und Nachtlokalen die Sympathien der gutverdienenden Mittelklasse. Der gefällt das schillernde Image, das vor allem drei Italiener begründeten: Vialli, Mittelfeldstar Di Matteo und Zola, 1997 Englands Fußballer des Jahres. Wie stolz waren die Chelsea-Fans, als diese drei vor zwei Jahren aus der damals besten und teuersten Liga der Welt in die Premier League zu Chelsea kamen. Vialli verdient dort 60 000 Mark pro Woche! Ein Drittel der Profis im 35 Mann-Kader ist außerhalb Britanniens geboren. Eine Multi-Kulti-Truppe verbreitet das Flair eines Weltvereins, nur noch ein internationaler Titel fehlte.

„Ich fühlte mich draußen wie angekettet. Und dann ging alles so schnell, als ich endlich reindurfte. Phantastisch. Aber Stuttgart hat auch dafür gesorgt, daß dies ein Fußballfest wurde."

Gianfranco Zola, Chelseas Torschütze

Ein Kaufmann namens Ken Bates hatte 1982 den heruntergewirtschafteten Verein zum symbolischen Preis von einem Pfund gekauft. Mit rigorosen Maßnahmen bekam er die Finanzen und sogar Chelseas berüchtigte Hooligans in den Griff. Er drohte sogar bei Ausschreitungen die Stadionzäune unter Strom zu setzen. Im Februar warf er Spielertrainer Ruud Gullit raus, obwohl mit dem Holländer 1997 der englische Cup gewonnen worden war. Bates: „Der war mehr Playboy als Trainer." Da war Chelsea Liga-Zweiter. Statt des Rasta-Mannes kam der glatzköpfige Italiener Vialli ans Steuer. Und der setzte das eigenwillige Rotationsprinzip seines Vorgängers fort: Um Kraft zu sparen, landet jeder mal auf der Bank. Dort sitzen dann selbst Nationalspieler.

Vor dem Spiel: Bobic tauscht brav Wimpel mit Wise; im Spiel: ging man zur Sache - hier Leboeuf (links) & Akpoborie; nach dem Spiel: Allein-Gänger Fredi Bobic mit der „Blech-Plakette" für die Verlierer ... (von oben).

DFB-POKAL Facts

Die Serie der bisherigen 14 Endspielpaarungen in Berlin:

1985:	Bayer 05 Uerdingen - FC Bayern München	2:1
1986:	FC Bayern München - VfB Stuttgart	5:2
1987:	Hamburger SV - Stuttgarter Kickers	3:1
1988:	Eintracht Frankfurt - VfL Bochum	1:0
1989:	Borussia Dortmund - Werder Bremen	4:1
1990:	1. FC Kaiserslautern - Werder Bremen	3:2
1991:	Werder Bremen - 1. FC Köln	1:1/4:3 Elfmeterschießen
1992:	Hannover 96 - Borussia M'gladbach	0:0/4:3 Elfmeterschießen
1993:	Bayer Leverkusen - Hertha BSC (Amateure)	1:0
1994:	Werder Bremen - Rot-Weiß Essen	3:1
1995:	Borussia M'gladbach - VfL Wolfsburg	3:0
1996:	1. FC Kaiserslautern - Karlsruher SC	1:0
1997:	VfB Stuttgart - Energie Cottbus	2:0
1998:	FC Bayern München - MSV Duisburg	2:1

55. DFB-Pokalfinale

16. Mai 1998
Bayern München - MSV Duisburg
2:1 (0:1)
München: Kahn - Matthäus - Babbel, Helmer (34. Fink) - Basler, Hamann, Nerlinger, Tarnat, Lizarazu (34. Jancker) - Scholl (75. Strunz), Elber.
Duisburg: Gill - Vana - Wohlert , Komljenovic - Wolters, Töfting, Zeyer, Hajto, Hirsch - Salou (72. Osthoff), Spies.
Tore: 0:1 Salou (20.), 1:1 Babbel (70.), 2:1 Basler (89.).
Schiedsrichter: Strampe (Handorf).
Zuschauer: 76 000 (ausverkauft).
Gelbe Karten: Jancker, Tarnat.
Gelb/Rot: keine.
Rote Karten: keine.

Finale der Frauen

FCR Duisburg - FSV Frankfurt
6:2 (4:1)

Warum so traurig, Herr Basler? Antwort Super-Mario: „Ich habe noch in der 90. Minute ein Kopfball-Duell im eigenen Strafraum gewonnen. Und so ein Mann wird nicht zur WM mitgenommen.“ Stimmt! Da ist denn der Pott auch kein Trost ...

400 000 Karten hätten für das DFB-Pokalfinale 1998 wieder verkauft werden können, davon 100 000 durch den FC Bayern, 80 000 durch den MSV Duisburg. Das Berliner Olympiastadion ist mit diesem Endspiel, dem 14. in Serie, längst zur deutschen Fußball-Institution geworden. Die Münchner waren dort 1986 das letzte Mal in Aktion und holten jetzt ihren neunten Pokalsieg – deutscher Rekord! Die Duisburger debütierten in Berlin bei ihrem insgesamt dritten Pokalendspiel (zwei Niederlagen 1966 und 1975).

RAIMUND HINKO UND OLIVER WURM

TRAPS ABSCHIED

BAYERN – DUISBURG WIE VOR 32 JAHREN

Für Bayern-Trainer Giovanni Trapattoni war dieses Pokalfinale gegen Duisburg der letzte Arbeitstag in Deutschland. Jammerschade, aber es blieb dabei. „Ich gehe in meine Welt zurück, auch wenn ich mich nach manchem in München zurücksehnen werde“, gab der „Mister“ kund. In den Tagen zuvor tat er alles, um die Bayern noch einmal in Schwung zu bringen. Denn Bayerns 0:0 in Duisburg hatte den Lauterern schon vorzeitig die Meisterschaft gebracht. „Unsere Leistung in Berlin wird besser sein als vor zwei Wochen in Duisburg“, war sich Trapattoni sicher. Er wollte nach der Meisterschaft von 1997 mit einem zweiten Titel den deutschen Fußball verlassen.
Doch erst ein Konter-Tor des großartigen Bachirou Salou weckte die Münchner. Ihre stürmische zweite Halbzeit rettete einen 2:1-Triumph, für den Basler mit Freistoß-Glückstreffer in der 89. Minute sorgte. Ein Tarnat-Foul an Salou hatte zuvor Duisburg seines Wirkungsvollsten beraubt. Elf glückliche Bayern katapultierten ihren „Trap“ dann in die Lüfte und duschten ihn im Anzug.
Wenn die Bayern in letzter Zeit einen Titel feierten, strömten nur noch 30 000 Fans auf den Marienplatz. Diesmal fiel die Feier sogar aus. Als die Bayern nach dem Bundesligaufstieg 1965/66 gleich den DFB-Pokal nach einem 4:2 gegen die Duisburger (damals noch Meidericher SV) aus Frankfurt/Main mitbrachten, waren Hunderttausende auf den Beinen. Sie verstopften die gesamte Innenstadt. Niemand konnte damals ahnen, daß dieser erste Triumph (in der Nachkriegszeit) der Beginn einer großen Ära werden sollte. Ein Jahr später gewann der FC Bayern mit dem Europapokal der Pokalsieger seinen ersten internationalen Titel.

„De Deutsche ist nicht eine kleine Länder, ist eine für mich die vier beste Länder in der Welt. Un dann diese Pokal, zweite Platz und letzte Jahr Meister für mich sind, eh, zwei große, große, viel mehr wie andere von Italiener.“

O-Ton Giovanni Trapattoni

Trainer-Fuchs Tschik Cajkovski hatte im letzten Bundesligaspiel den alten Herberger-Trick angewandt und in Bremen (1:1) eine B-Elf spielen lassen. So waren die Stars ausgeruht, wenn auch sportmedizinisch gesehen nicht richtig ernährt. „Ihr müßt Spanferkel essen, das macht euch stark“, hatte Tschik seiner Elf eingeimpft. Doch es fing schlecht an. Mielke umspielte Beckenbauer und Olk - 0:1. Dann aber kamen die Bayern. Nach Ohlhausers 1:1 schlug Brenninger zweimal zu. Er hatte vier- und fünfblättrigen Klee im Schuh. Beckenbauer machte später das 4:2 perfekt und nur Gerd Müller hatte nicht getroffen.
Friedhelm Funkel, den heutigen MSV-Trainer, verbanden mit dem FC Bayern freudigere Erinnerungen. „1985 habe ich mit Uerdingen gegen Bayern die neue Berliner

Endspieltradition eröffnet. Damals war Bayer genauso krasser Außenseiter wie der MSV heute. Unser 2:1-Sieg war keine geringe Sensation." Davon hat er seinen Männern oft erzählt. Aber daß seine Spieler durch das 0:0 der Rückrunde ein paar Zentimeter gewachsen seien, will er nicht bestätigen. „Das Ergebnis und die Tatsache, daß wir hervorragend gespielt haben, waren enorm wichtig für das Selbstvertrauen. Die Jungs wissen nun, daß sie auch mit den großen Bayern mithalten können. Bei einer weiteren Niederlage wäre es schwer gewesen, mit breiter Brust nach Berlin zu fahren." In der Tat. Denn gegen Bayern bekam der MSV zuletzt regelmäßig Hiebe: in München 0:3 (in der Saison davor 2:5), zu Hause 0:4. Da war der Punktgewinn wie Psycho-Doping für Berlin. Zumal Funkel nach der Pleitenserie offenbar das Erfolgsrezept gegen die Bayern gefunden hatte. Beim 0:0 zeigte man Mut und spielte zeitweise mit dem Libero vor der Abwehr. Was Lothar Matthäus die Effektivität nahm.

„Ich bin sicker, war sicker, wenn ich vor zehn Jahren waren in Deutschland angekommen, sicherlich ich war noch in Deutschland. Jetzt ist zu spät, ich bin nicht eine Jung. Ich bin Kopf, jung in Kopf, aber ich habe 59 Jahre, Familie, Italien ..."

O-Ton Giovanni Trapattoni

„Europa - die Zebras kommen", so lautete das Motto der offiziellen Pokalfete, bei Sieg oder Niederlage. Denn Bayerns Start in der Champions League öffnete dem MSV den Weg in den Cup der Cupsieger von vornherein. Und neue Pläne gibt's auch an der Wedau. Das Ulrich-Haberland-Stadion in Leverkusen hat es Funkel angetan. „Da fühlt sich der Fan wohl. Dorthin kann man auch mal mit der ganzen Familie gehen." So ein Schmuckstück kann bald auch in Duisburg stehen. „Multi Casa" heißt der Komplex, den die Stadt mit Hilfe privater Investoren in der Nähe des Güterbahnhofs plant. Ein riesiges Geschäfts- und Bürozentrum mit einem 30 000-Mann-Stadion als Mittelpunkt. Dieses soll auch ein bewegliches Dach bekommen. Ende Juni wird die Machbarkeitsstudie erwartet.

Boden-Hakeln - hier perfekt von Giovane Elber (links) und Bachirou Salou demonstriert.

„Pott's Blitz", das Wasser spritzt - bis Flasche leer. Doch diese Art Wasserspiele genießt der Maestro, der viele Freunde in Deutschland gewonnen hat.

Die Champions pur: Bayers Meijer & Beinlich nach dem 6:1 in der Qualifikation gegen Tiflis; Bayerns Scholl (links) wird dieses wunderschöne Tor beim 5:1 gegen Paris Saint-Germain aberkannt; Dortmunds Heinrich beim akrobatischen 3:0 gegen Sparta Prag (von oben). Und über allem steht der Torskandal von Madrid ...

VON WOLFGANG HARTWIG

Real!

DORTMUND BIS INS HALBFINALE

Die ehrwürdige „l´Equipe" in Paris hatte eine sinnreiche Gleichung aufgemacht: „Real plus Juve = 27 Endspiele". Dieses Endspiel der Champions League war für sie das Nonplusultra. Denn beide Weltpokalsieger hatten zusammen 14 europäische Trophäen in den Schränken, Real acht, Juventus sechs. Nun konnte Real Madrid nach seinem 1:0-Finalsieg am 20. Mai in der neuen Amsterdamer Ajax-Arena den nächsten Riesenpott dazustellen. Der Jubel war grenzenlos, vor Ort wie in Spaniens Hauptstadt, die eine Explosion von Freude erlebte.

Beide waren von vielen Emotionen begleitet nach Amsterdam gereist. „Die Madrider kennen diesen Meistercup nur in Schwarz-Weiß. Damit muß endlich Schluß sein", hatte Real Madrids Präsident Lorenzo Sanz von Jupp Heynckes' „Equipo" gefordert. Denn am 11. Mai 1966, also 11640 Tage zuvor, als die Königlichen ihren sechsten und letzten Meistercup gegen Partizan Belgrad erobern konnten, waren die TV-Bilder noch nicht farbig. Als Dortmund im Halbfinale besiegt war, schmückte die Madrider Zeitung „Marca" ihre ganze Titelseite nur mit Reals Wappen, mit der Königskrone oben drauf.

Freude und Schmerz lagen bei Juventus da viel frischer beieinander. Die „Squadra" hatte 1996 in Rom den Titelverteidiger Ajax Amsterdam im Elfmeterschießen mit 4:2 (1:1 n. V.) entthront. Für den phantastischen Torwart Peruzzi und die anderen eine unvergeßliche Erinnerung. Im Jahr darauf jedoch stand der Portugiese Paulo Sousa auf der Gegenseite, bei den Dortmundern. Und die verwandelten durch ihren 3:1 Endspielerfolg München in ein schwarz-gelbes Fahnenmeer. Aber in dieser Saison konnte „Tuttosport" (Turin) den gerade 50 gewordenen Trainer erneut preisen: „Lippis viertes Meisterwerk", denn seit 1995 erreichte Juve stets ein Europa-Finale. Lippi: „In Amsterdam werden uns die Fans die Hölle heiß machen und zum Triumph treiben." Reals Argentinier Redondo gelassen: „Warum sollen wir nicht das schaffen, was Dortmund 1997 gelang?" Nach der an Bar-

celona verlorenen Meisterschaft kann nur dieser Cup die verkorkste Real-Saison noch retten - aber kaum Jupp Heynckes´Arbeitsplatz.
Für den sechsten Jahrgang war der League eine Frischzellenkur verordnet worden, mit 24 Vereinen statt 16. Die wurden zunächst

„Juve wie ein schwarz-weißes Omelette."
Il Messagero (Rom)

mit 2,4 Millionen Startgeld beglückt. Dazu gab es pro Vorrundensieg 1,2 Millionen (bei Remis die Hälfte), im Viertelfinale 3,6, im Halbfinale 3,9, für den Finalverlierer 4,8 und den Triumphator 6,0 Millionen. Ein warmer Regen, den 55 Vereine genießen wollten, unter ihnen erstmals die Vizemeister der laut UEFA-Statistik acht stärksten Länder. Als Leverkusen, der deutsche Vize, seine Qualifikation gegen Dynamo Tiflis mit 6:1/0:1 überstanden hatte, waren die Deutschen sogar im Trio, die Bayer-Elf, Meister Bayern und Titelverteidiger Dortmund. Ein Novum. Der Schreck, als Bayern und Bayer in eine Gruppe gelost wurden, währte nur kurz, denn Paris St. Germain und Monaco war gleiches passiert und so brauchte die UEFA nur zu tauschen. Ungeschlagen überstand keiner die Vorrunde, aber sensationell war der erste Rang von Dynamo Kiew vor Eindhoven, Newcastle und dem desolaten Barcelona. Mit Parmas Ex-Trainer Nevio Scala konnte Dortmund in seiner Gruppe die Italiener auf Rang 2 verweisen, und Bayern behauptete dank der besseren Torquote Platz 1 vor den Parisern. In Leverkusen schlossen Bayer und Monaco einen zehnminütigen, von gellenden Pfiffen begleiteten Nicht-Angriffspakt, weil das 2:2 beiden nützte. „So was muß man eben auch üben", war Trainer Daums Fazit.
Das Unausweichliche geschah im Viertelfinale: Deutsche Vereine trafen aufeinander. „Eine große Mannschaft holt in jedem Jahr einen Titel", war die italienisch animierte Trapattoni-Vorgabe für den FC Bayern. Aber beim 0:0 in München gegen Borussia sah er sein Team „blockiert und ohne Initiative", in Dortmund beim Rückspiel war es glücklos. Chapuisats Kunststoß in der 109. Minute schenkte den Borussen den 1:0 Sieg. Bayerns Carsten Jancker blickte

Das war in Madrid die Entscheidung: Karambeau (rechts) jubelt, denn der von ihm getretene Ball findet den Weg ins Dortmunder Tor zum 2:0-Endstand.

Das Objekt der alljährlichen Meister-Begierde: 70 Zentimeter hoch, 7,5 Kilogramm schwer. Und für die Sieger wichtig: Der Kelch faßt 15 Liter Flüssigkeit ...

nach über einer Stunde vom Trainingsgelände ein Ersatztor herbeigeschafft war. „Ich schämte mich wie noch nie in meinem Leben", gestand Präsident Lorenzo Sanz. Sein Dortmunder Kollege Dr. Niebaum empfand es „als Farce und Wettbewerbsverzerrung, weil um diese Nachtzeit bei uns kein Klub mehr spielt". Unter Protest und nur auf Wunsch der UEFA, die weitere Ausschreitungen unter den 90 000 befürchtete, trat Borussia an, zudem von Ausschluß und 600 000 Mark Strafe bedrängt. Anderntags zog Manager Meier den Protest zurück, „weil der Anpfiff eine unumkehrbare Tatsachenentscheidung war". Daran änderten auch die Nachmessungen am heilgebliebenen Tor nichts, die ergaben, daß an den geforderten 2,44 m Höhe drei

„Für Nevio Scala öffnet sich das Paradies, für Giovanni Trapattoni das Tor zur Hölle. An der großen europäischen Fußball-Kreuzung trennen sich Dortmund und München."

„Corriere dello Sport" zu Borussia - Bayern 100/0:0

Zentimeter fehlten. Real schuf sich in diesem Hinspiel ein 2:0-Polster durch Tore von Morientes und Karembeu. Dennoch wurde es schmerzhaft für Madrid: Stadionsperre für zwei EC-Spiele, 360 000 Mark Strafe und 1,2 Millionen zusätzlich, weil 15 000 Karten zu viel verkauft worden waren. „Das ist Raub!" schimpfte die Zeitung „Marca".

Die schon in Madrid von Ausfällen gebeutelten Borussen hatten beim Rückspiel mit Freund, Cesar, Herrlich, Kohler, dem Dauerpatienten Sammer sowie Kree (Verletzung nach nur zwölf Spielminuten) wieder viele Zwangszuschauer zu beklagen. Klos rettete bei Reals Kontern wenigstens das 0:0. „Gegen Leverkusen hat mich Madrid überzeugt, gegen Borussia nicht", verglich Berti Vogts beide Duelle. In der Kasse des Titelverteidigers klingelten 20 Millionen, 125 Millionen aus fünf EC-Starts insgesamt. So was spendet Trost.

Juventus Turin kräftigte die Erinnerung, noch nie gegen französische Klubs ausgeschieden zu sein, für die Duelle mit dem AS Monaco. Und dazu hatte Juve mit Zidane auch noch Frankreichs Nummer Eins als Regisseur in den eigenen Reihen. Der 23jährige Allesandro Del Piero schoß sich beim 4:1 mit drei Toren an die Spitze der diesjährigen Champions League (9 Treffer) und überflügelte mit insgesamt 19 sogar den Franzosen Michel Platini (17), einst Juves Rekordmann. Im Rückspiel legte er noch eins drauf. Ein Götterliebling, dem ganz Italien zu Füßen liegt ...

CHAMPIONS LEAGUE Facts

Mit dieser Saison hat die Champions League 1,5 Milliarden Mark in sechs Jahren eingespielt.

So werden derzeit die Gelder verteilt: 68,5 Prozent an die beteiligten Vereine, 21,5 Prozent an die Verbände, 10 Prozent an die UEFA.

Nach einer Fünf-Jahres-Wertung treffen sich die Meister ab Platz 26 in Qualifikation I, die Sieger mit den Meistern von Platz 8 bis 25 und den acht Vizemeistern in Qualifikation II. Titelverteidiger Dortmund und die Meister von Platz 1 bis 7 (darunter der FC Bayern) waren gesetzt.

entnervt auf 694, Giovane Elber auf 599 torlose Auftrittsminuten. Bayern in tiefer Krise. „Einige werden freiwillig gehen, andere nicht ganz freiwillig", grantelte Ober-Bayer Franz Beckenbauer.

In Leverkusen scheiterte Bayer beim 1:1 gegen Real an einem Deutschen. „Illgner war der Star und rettete Real in schwierigen Momenten", schrieb „El Mundo Deportivo". „Karembeus Tor war das Aspirin, das Real beruhigte." Auswärts bekamen die Werkskicker dann beim 3:0 der Madrilenen eine Lektion in Sachen Angriffskunst. „Jetzt können wir von mehr träumen", applaudierte Real-Präsident Lorenzo Sanz. „Die magischen Nächte sind ins Bernabeu zurückgekehrt."

Der Turiner Endspielgegner seinerseits zeigte in Kiew nach einem ernüchternden 1:1 zu Hause, was in ihm steckt: Auch bei Schnee und fünf Grad Minus siegte Juve 4:1.

Die nächste „magische Nacht" im Bernabeu aber begann mit einem Skandal. Randalierende Ultras rissen ein Tor um. Amüsiert schaute ganz Europa bei einer Reparaturposse zu, die erst endete, als

„Springer" Don Jupp hält Wort. Als er seinen Job bei Real im vergangenen Sommer antrat, hatte er vollmundig verkündet: „Ich kenne euer Sehnen ..." Nun ist der Cup da - und Heynckes kann wohl gehen!

AJAX´ FESTSPIELHAUS

Für das Finale der Champions League war das derzeit Feinste vom Feinen in Europa gerade gut genug: die erst vor einem Jahr erbaute, 244 Millionen Mark teure Amsterdamer Arena. Hier zaubert Ajax in der nächsten League-Saison. Die Arena bietet: 51 133 Sitzplätze (42 000 im Jahres-Abonnement verkauft), 54 „Sky-Boxen“ mit je 10 Plätzen (Jahresmiete 220 000, Einnahme: 12 Millionen), acht Logen (u.a. fürs Königshaus), 2600 Parkplätze in zwei Etagen unter dem Rasen mit Zufahrt von der Autobahn, einen Schnellbahn-Anschluß. Die Versorgung übernehmen 13 Restaurants, 60 Kioske, 6 McDonalds, Bars und Cafés. Bezahlt wird mit dem „Arena“ (Wert: 1,2 Mark, an Automaten eintauschbar). Das Dach kann geschlossen werden, was jedesmal 18 000 Mark kostet. Der Neubau ist zugleich auch Hollands größte Show-Arena. Nur die Natur spielt nicht mit. Durch zuwenig Sonne, Wind, Wetter muß der nur schwach wachsende Rasen pro Jahr dreimal erneuert werden. Aber sonst ist´s ein Festspielhaus.

Totale von einem furiosen Endspiel in der „Amsterdam-Arena“, das nach 90 Minuten nur einen Sieger haben konnte: die „Königlichen“

„Mamma Mia, Alessandro!“

1. SPIELTAG Saison 97/98

Tore:	23.
Eigentore:	keine.
Zuschauer:	362 859.
Gelbe Karten:	45.
Gelb/Rot:	1; Haber (Stuttgart).
Rote Karten:	keine.
Elfmeter:	1.
Torjäger:	Pettersson (M´Gladbach) 2, 21 Spieler je 1.

VfB Stuttgart - München 1860
1:1 (1:0)

Stuttgart: Wohlfahrt - Verlaat - Berthold, Legat - Hagner, Haber, Balakov, Soldo, Poschner - Bobic (88. Schwarz), Akpoborie (46. Yakin).
1860: Meier - Fach - Kientz, Walker (60. Bender) - Heldt, Nowak, Borimirov, Pelé, Stevic - Winkler, Cerny.
Tore: 1:0 Balakov (22.), 1:1 Winkler (88.).
Schiedsrichter: Krug (Gelsenkirchen).
Zuschauer: 46 000.
Gelbe Karten: keine.
Gelb/Rot: Haber (40.).
Rote Karten: keine.

Schalke 04 - Bayer Leverkusen
2:1 (0:1)

Schalke: Lehmann - Thon - de Kock, Linke - Latal (89. Müller), Nemec, van Hoogdalem, Büskens - Wilmots - Eijkelkamp (78. Kurz), Goossens (90. Anfang).
Leverkusen: Heinen - Nowotny (74. Rink) - Wörns, R. Kovac - Lehnhoff, Emerson (71. N. Kovac), Ramelow, Beinlich, Happe (87. Lottner) - Kirsten, Meijer.
Tore. 0:1 Kirsten (10.), 1:1 de Kock (59.), 2:1 van Hoogdalem (66.).
Schiedsrichter: Wagner (Hofheim).
Zuschauer: 48 900.
Gelbe Karten: Linke, Goossens, Wilmots, Büskens - Wörns.
Gelb/Rot: keine.
Rote Karten: keine.

Karlsruher SC - Werder Bremen
3:1 (1:0)

Karlsruhe: Reitmaier - Hengen - Reich, Regis - Keller, Nyarko, Häßler, Schepens, Wück (76. Krauß) - Dundee (86. Schroth), Gilewicz (62. Metz).
Bremen: Reck - Trares - Benken (76. Frings), Ramzy - Frey (71. Pfeifenberger), Eilts, Todt, A. Herzog, M. Bode - Labbadia, van Lent (62. Brand).
Tore: 1:0 Gilewicz (37.), 2:0 Wück (50.), 2:1 M. Bode (55.), 3:1 Schroth (90.).
Schiedsrichter: Dardenne (Nettersheim).
Zuschauer: 26 500.
Gelbe Karten: Reich, Nyarko - Trares, Todt.
Gelb/Rot: keine.
Rote Karten: keine.

VfL Bochum - Arminia Bielefeld
1:0 (0:0)

Bochum: Gospodarek - Waldoch, Kracht, Reis - Peschel, Stickroth, Dickhaut, Hofmann (76. Schreiber) - Wosz (82. Hutwelker) - Juran, Közle (55. Donkov).
Bielefeld: Miletic - Stratos - Schäfer, Silooy (84. Breitkreutz) - J. Bode, Meißner, Sternkopf (72. Gerber), Reeb - Kuntz - Reina, Daei.
Tor: 1:0 Wosz (80.).
Schiedsrichter: Zerr (Ottersweier).
Zuschauer: 28 379.
Gelbe Karten: Kracht, Stickroth, Waldoch, Juran - Silooy, Daei, Reina, Kuntz.
Gelb/Rot: keine.
Rote Karten: keine.

1. FC Köln - MSV Duisburg
3:2 (1:1)

Köln: Menger - Kostner (65. Vucevic) - Schuster, Baumann - Scherr (46. Rytschkow), Schmidt, Munteanu, Thiam, Tretschok - Polster (86. Rösele), Gaißmayer.
Duisburg: Gill - Wohlert, Emmerling, Hajto - Wolters (78. Skoog), Spies (69. Komljenovic), M. Zeyer (87. Reiter), Steffen, Hirsch - Salou, Osthoff.
Tore: 0:1 Hajto (18.), 1:1 Gaißmayer (35.), 1:2 M.Zeyer (69., Foulelfmeter), 2:2 Tretschok (71.), 3:2 Polster (76.).
Schiedsrichter: Strampe (Handorf).
Zuschauer: 21 000.
Gelbe Karten: Gaißmayer - Wolters, Hajto, Wohlert, Steffen, Emmerling.
Gelb/Rot: keine.
Rote Karten: keine.

Bayern München - 1. FC Kaiserslautern
0:1 (0:0)

München: Kahn - Matthäus - Helmer, Babbel - Scholl, Fink (74. Nerlinger), Strunz, Basler (55. D. Hamann), Lizarazu - Elber, Rizzitelli (55. Jancker).
Kaiserslautern: Reinke - Kadlec - Koch (31. Hristov), Schjönberg - Ratinho (75. Reich), Schäfer, Sforza, Roos, Wagner - Kuka, Marschall.
Tor: 0:1 Schjönberg (80.).
Schiedsrichter: Fröhlich (Berlin).
Zuschauer: 63 000 (ausverkauft).
Gelbe Karten: Matthäus, Fink, Strunz, Lizarazu - Sforza, Marschall, Wagner, Reinke.
Gelb/Rot: keine.
Rote Karten: keine.

Hansa Rostock - VfL Wolfsburg
0:1 (0:0)

Rostock: Bräutigam - Rehmer, Zallmann, März - Yasser, Lange, Dowe (66. Barbarez), Gansauge, Studer (78. Baumgart) - Pamic, Majak (66. Chalaskiewicz).
Wolfsburg: Zimmermann - Heidenreich - Keller, Kovacevic - Kapetanovic, Ballwanz, Reyna (81. Tomcic), Spies (64. Stammann), Novotny - Präger, Meissner (64. Ratke).
Tor: 0:1 Präger (90.).
Schiedsrichter: Weber (Essen).
Zuschauer: 20 500.
Gelbe Karten: Gansauge - Ballwanz, Kovacevic.
Gelb/Rot: keine.
Rote Karten: keine.

Hertha BSC - Borussia Dortmund
1:1 (1:1)

Hertha: Fiedler - Karl - H. Herzog, Sverrisson - Covic, Veit, Rekdal (60. A. Schmidt), Dinzey, Hartmann - Kruse (83. Arnold), Roy (60. Preetz).
Dortmund: Klos - Sammer (46. Kree) - Kohler, Feiersinger - Reuter, Ricken, Lambert, Möller, Heinrich (88. Reinhardt) - Herrlich, Chapuisat (67. Booth).
Tore: 0:1 Ricken (26.), 1:1 Covic (35.).
Schiedsrichter: Berg (Konz).
Zuschauer: 76 243 (ausverkauft).
Gelbe Karten: Covic, Rekdal, Dinzey, Kruse - Kree, Kohler.
Gelb/Rot: keine.
Rote Karten: keine.

Hamburger SV - Borussia M´Gladbach
2:2 (0:1)

Hamburg: Butt - Fischer, Vogel, Böger - Schopp (84. Babatz), Spörl, Kmetsch, Cardoso, Salihamidzic - Weetendorf, Uysal (55. Reincke).
M´Gladbach: Kamps - Chiquinho, Andersson, Klinkert, M. Schneider - Lupescu, Pflipsen (64. Hochstätter), Effenberg, Witeczek - Juskowiak, Pettersson (89. Wynhoff).
Tore: 0:1 Pettersson (38.), 0:2 Pettersson (47.), 1:2 Weetendorf (72.), 2:2 Salihamidzic (90.).
Schiedsrichter: Dr. Merk (Kaiserslautern).
Zuschauer: 32 337.
Gelbe Karten: Schopp, Uysal, Böger - Pettersson, Effenberg.
Gelb/Rot: keine.
Rote Karten: keine.

2. SPIELTAG Saison 97/98

Tore:	23; gesamt: 46.
Eigentore:	keine.
Zuschauer:	271 412; gesamt: 634 271.
Gelbe Karten:	43.
Gelb/Rot:	keine; gesamt: 1.
Rote Karten:	2; Emmerling (Schalke), Zafirov (HSV); gesamt: 2.
Elfmeter:	keiner.
Torjäger:	Pettersson (M´Gladbach) 3, Gilewicz (KSC), Kirsten (Leverkusen), Präger (Wolfsburg) je 2.

MSV Duisburg - Schalke 04
1:0 (0:0)

Duisburg: Gill - Wohlert, Emmerling, Hajto - Wolters (88. Reiter), M. Zeyer (81. Spies), Steffen, Hirsch, Neun - Salou, Osthoff (82. Komljenovic).
Schalke: Lehmann - Thon (66. Müller) - de Kock, Linke - Latal, Nemec, van Hoogdalem, Büskens - Wilmots, Goossens (72. Held) - Eijkelkamp (60. Klujew).
Tor: 1:0 Steffen (54.).
Schiedsrichter: Koop (Boizenburg).
Zuschauer: 23 500.
Gelbe Karten: Hirsch, Neun - Goossens, Thon.
Gelb/Rot: keine.
Rote Karte: Emmerling (78.).

Bayer Leverkusen - VfL Bochum
3:2 (0:1)

Leverkusen: Heinen - Nowotny - R. Kovac, Happe - Lehnhoff, Emerson, Ramelow, Beinlich, Heintze (56. N.Kovac) - Meijer (84. Rink), Kirsten (87. Rydlewicz).
Bochum: Gospodarek - Waldoch, Kracht, Reis - Stickroth, Hutwelker (65. Peschel), Dickhaut, Hofmann, Schreiber (74. Michalke) - Wosz - Juran (74. Gülünoglu).
Tore: 0:1 Juran (37.), 1:1 Kirsten (60.), 2:1 Meijer (69.), 2:2 Dickhaut (82.), 3:2 Ramelow (85.).
Schiedsrichter: Albrecht (Kaufbeuren).
Zuschauer: 22 000.
Gelbe Karten: Kirsten, R. Kovac - Dickhaut.
Gelb/Rot: keine.
Rote Karten: keine.

Arminia Bielefeld - VfB Stuttgart
2:1 (0:1)

Bielefeld: Miletic - Stratos - Schäfer, Meißner - J. Bode, Sternkopf (89. Ivanovic), Maul (68. Bagheri), Reeb - Kuntz - Reina (68. Breitkreutz), Daei.
Stuttgart: Wohlfahrt - Verlaat - Berthold, Endreß (85. Ristic) - Hagner, Soldo, Balakov, Poschner, Legat - Bobic, Akpoborie.
Tore: 0:1 Akpoborie (43.), 1:1 Daei (69.), 2:1 Sternkopf (82.).
Schiedsrichter: Kemmling (Burgwedel).
Zuschauer: 22 512 (ausverkauft).
Gelbe Karten: Sternkopf, Meißner - Endreß, Balakov, Legat.
Gelb/Rot: keine.
Rote Karten: keine.

München 1860 - Karlsruher SC
2:2 (1:1)

1860: Meier - Fach - Kientz, M. Hamann - Cerny, Stevic, Bender (74. Greilich), Nowak, Pelé - Winkler (56. Bodden), Borimirov (64. Heldt).
Karlsruhe: Reitmaier - Hengen - Regis, Ritter (75. Schroth) - Keller, Nyarko, Häßler, Schepens, Wück (46. Krauß) - Dundee, Gilewicz (88. Metz).
Tore: 0:1 Gilewicz (11.), 1:1 Bender (23.), 2:1 Bodden (69.), 2:2 Dundee (87.).
Schiedsrichter: Malbranc (Hamburg).
Zuschauer: 34 000.
Gelbe Karten: Pelé, Kientz, Bodden - Wück, Nyarko, Keller, Gilewicz.
Gelb/Rot: keine.
Rote Karten: keine.

Werder Bremen - Hansa Rostock
1:1 (1:0)

Bremen: Reck - Trares - Wiedener, Benken (77. Brand) - Todt, Eilts - Frey (66. Scholz), A. Herzog, M. Bode - Labbadia, van Lent (77. Flo).
Rostock: Bräutigam - Rehmer, Zallmann, März - Lange, Weilandt, Gansauge, Barbarez (89. Yasser), Studer - Baumgart (74. Pamic), Majak (72. Chalaskiewicz).
Tore: 1:0 van Lent (23.), 1:1 Majak (67.).
Schiedsrichter: Stark (Landshut).
Zuschauer: 26 600.
Gelbe Karten: Wiedener, Trares, A. Herzog.
Gelb/Rot: keine.
Rote Karten: keine.

VfL Wolfsburg - Hamburger SV
1:1 (1:1)

Wolfsburg: Zimmermann - Heidenreich (68. Stammann) - Tomcic, Kovacevic - Kapetanovic, J. Keller, Ballwanz, Reyna, Novotny (68. Dammeier) - Präger, Ratke (84. Meissner).
Hamburg: Butt - Fischer, Vogel, Böger - Schopp (46. Zafirov), Spörl, Cardoso, Kmetsch, Salihamidzic - Uysal (68. Reincke / 90. Wojtala), Weetendorf.
Tore: 1:0 Präger (33.), 1:1 Spörl (45.).
Schiedsrichter: Fandel (Kyllburg).
Zuschauer: 15 300 (ausverkauft).
Gelbe Karten: Ballwanz, Präger, Kovacevic, Stammann - Vogel, Uysal, Kmetsch.
Gelb/Rot: keine.
Rote Karte: Zafirov (88.).

1. FC Kaiserslautern - Hertha BSC
1:0 (0:0)

Kaiserslautern: Reinke - Kadlec - Roos, Schjönberg - Ratinho (77. Reich), Greiner (46. Buck), Brehme, Wagner - Marschall - Rische (46. Ertl), Kuka.
Hertha: Fiedler - H. Herzog, Karl, Sverrisson - Covic, Rekdal, Dinzey, Veit (74. Tchami), Mandreko (67. Hartmann) - Kruse, Roy (23. Preetz).
Tor: 1:0 Marschall (74.).
Schiedsrichter: Jansen (Essen).
Zuschauer: 38 000 (ausverkauft).
Gelbe Karten: Brehme - H. Herzog, Mandreko, Dinzey, Tchami, Hartmann.
Gelb/Rot: keine.
Rote Karten: keine.

Borussia M´Gladbach - Bayern München
1:1 (1:0)

M´Gladbach: Kamps - Chiquinho, Klinkert (59. Fournier), M. Schneider, Paßlack - Lupescu, Effenberg - Pflipsen, Witeczek - Pettersson (89. Hochstätter), Juskowiak (59. Wynhoff).
München: Kahn - Matthäus - Helmer, Babbel - Nerlinger, D. Hamann (66. Fink), Strunz, Basler (66. Scholl), Tarnat - Elber, Rizzitelli (86. Jancker).
Tore: 1:0 Pettersson (17.), 1:1 Strunz (55.).
Schiedsrichter: Strampe (Handorf).
Zuschauer: 34 500 (ausverkauft).
Gelbe Karten: Effenberg - Basler, Nerlinger, Strunz, Tarnat.
Gelb/Rot: keine.
Rote Karten: keine.

Borussia Dortmund - 1. FC Köln
3:0 (2:0)

Dortmund: Klos - Feiersinger - Kohler, Cesar (75. Kree) - Reuter, Lambert, Sousa (68. S. Freund), Heinrich - Ricken, Möller (61. Booth) - Herrlich.
Köln: Menger - Hauptmann - Baumann, Schmidt, Schuster - Thiam (46. Rösele), Rytschkow, Munteanu, Tretschok - Polster, Gaißmayer (58. Vucevic / 82. Vogt).
Tore. 1:0 Kohler (7.), 2:0 Herrlich (37.), 3:0 Heinrich (75.).
Schiedsrichter: Dr. Wack (Biberbach).
Zuschauer: 55 000 (ausverkauft).
Gelbe Karten: Kohler - Munteanu, Rösele.
Gelb/Rot: keine.
Rote Karten: keine.

Diese Dienstreise nach München war für Trainer Otto Rehhagel (9.8.1938) eine Genugtuung. Sein Erfolgsgeheimnis mit dem 1. FCK: „Ich bin hier der Dirigent, der das Orchester zusammenstellt …" (oben).

„Wenn man ernsthaft will, kann man vielmehr erreichen, als man ursprünglich selbst erwartet", so Wolfsburgs Coach Willi Reimann (24.12.1949). Beweis: Die „Wölfe" liegen nach gutem Start auf Platz 2!

VfB Stuttgart - Bayer Leverkusen
1:0 (1:0)

Stuttgart: Wohlfahrt - Endreß, Verlaat, Berthold - Haber, Soldo, Balakov, Yakin, Legat - Bobic, Akpoborie (57. Poschner).
Leverkusen: Heinen - Nowotny - Wörns, Happe - Lehnhoff (66. Frydek), Emerson (82. Lottner), Ramelow, Beinlich, Heintze (56. Meijer), N. Kovac - Kirsten.
Tor: 1:0 Bobic (18.).
Schiedsrichter: Steinborn (Sinzig).
Zuschauer: 32 000.
Gelbe Karten: Kirsten, Wörns.
Gelb/Rot: Legat (52.).
Rote Karten: keine.

VfL Bochum - MSV Duisburg
0:0

Bochum: Gospodarek - Waldoch, Kracht, Reis - Peschel (60. Hutwelker), Stickroth, Dickhaut, Hofmann (78. Bastürk) - Wosz - Donkov (60. Gülünoglu), Juran.
Duisburg: Gill - Wohlert, Steffen, Komljenovic - Osthoff, Wolters, M. Zeyer (83. Puschmann), Hirsch (84. Reiter), Neun - Spies (61. Skoog), Salou.
Schiedsrichter: Fröhlich (Berlin).
Zuschauer: 27 005.
Gelbe Karten: Hutwelker, Juran, Wosz - Osthoff, Wolters, Wohlert.
Gelb/Rot: keine.
Rote Karten: keine.

Karlsruher SC - Arminia Bielefeld
3:1 (1:0)

Karlsruhe: Reitmaier - Hengen, Reich, Regis - M. Keller, Nyarko, Häßler, Schepens, Wück (39. Krauß) - Dundee (60. Metz), Gilewicz (76. Schroth).
Bielefeld: Miletic - Stratos - Meißner, Silooy (60. Breitkreutz) - Kuntz, Gerber, Reeb, J. Bode (60. Bagheri), Sternkopf (82. Ivanovic) - Reina, Daei.
Tore: 1:0 Häßler (26., Foulelfmeter), 1:1 Reich (67., Eigentor), 2:1 Schepens (78.), 3:1 Schepens (88.).
Schiedsrichter: Berg (Konz).
Zuschauer: 25 050.
Gelbe Karten: Meißner, Silooy, Bagheri.
Gelb/Rot: Hengen (23.).
Rote Karten: keine.

Schalke 04 - Borussia Dortmund
1:0 (0:0)

Schalke: Lehmann - Thon - de Kock, Linke - Latal, van Hoogdalem, Wilmots, Nemec (90. Kurz), Büskens - Goossens (78. Anderbrügge), Eijkelkamp (88. Müller).
Dortmund: Klos - Kohler, Feiersinger (54. Freund), Cesar (46. Kree) - Reuter, Sousa (81. Zorc), Lambert, Heinrich - Ricken, Möller - Herrlich.
Tor: 1:0 Anderbrügge (86.).
Schiedsrichter: Weber (Essen).
Zuschauer: 68 200.
Gelbe Karten: Nemec, van Hoogdalem, de Kock, Anderbrügge - Klos, Kohler, Möller, Herrlich, Kree.
Gelb/Rot: keine.
Rote Karten: keine.

1. FC Köln - 1. FC Kaiserslautern
0:0

Köln: Menger - Hauptmann - Baumann, Cichon, Schuster - Thiam, Rytschkow (77. Azizi), Munteanu, Tretschok - Gaißmayer (68. Rösele), Polster.
Kaiserslautern: Reinke - Kadlec - Schjönberg, Roos - Ratinho (46. Buck), Schäfer, Brehme, Wagner (46. Reich) - Sforza - Marschall, Kuka.
Schiedsrichter: Buchhart (Schrobenhausen).
Zuschauer: 31 000.
Gelbe Karten: Munteanu, Cichon.
Gelb/Rot: keine.
Rote Karten: keine.

Bayern München - VfL Wolfsburg
5:2 (3:1)

München: Kahn - Matthäus - Helmer, Babbel - Scholl (56. D.Hamann), Basler, Strunz (78. Nerlinger), Fink, Lizarazu (56. Tarnat) - Elber, Rizzitelli.
Wolfsburg: Zimmermann - Heidenreich - Tomcic, Kovacevic - Kapetanovic, Ballwanz (69. Stammann), Reyna, J. Keller, Novotny (33. Dammeier) - Präger (69. Meissner), Ratke.
Tore: 1:0 Elber (10.), 2:0 Strunz (12.), 3:0 Rizzitelli (20.), 3:1 Reyna (40.), 4:1 Elber (59.), 5:1 Rizzitelli (69.), 5:2 Meissner (86.).
Schiedsrichter: Dardenne (Nettersheim).
Zuschauer: 57 000.
Gelbe Karte: Kovacevic.
Gelb/Rot: keine.
Rote Karten: keine.

Werder Bremen - München 1860
3:3 (2:1)

Bremen: Reck - Trares - Benken, Ramzy - Pfeifenberger (70. Frey), Eilts, Wicky, A. Herzog, M. Bode - Frings (80. Brand), van Lent (72. Labbadia).
1860: Meier - Fach - Walker, Kientz (88. Bodden) - Cerny, Nowak, Stevic, Heldt (62. Borimirov), Bender (84. Malz) - Winkler, Pelé.
Tore: 0:1 Bender (5.), 1:1 A. Herzog (26., Foulelfmeter), 2:1 Walker (40., Eigentor), 2:2 Borimirov (65.), 3:2 A. Herzog (87.), 3:3 Bodden (89.).
Schiedsrichter: Dr. Merk (Kaiserslautern).
Zuschauer: 24 062.
Gelbe Karten: Pfeifenberger, M. Bode - Walker, Cerny, Fach.
Gelb/Rot: keine.
Rote Karten: keine.

Hansa Rostock - Hamburger SV
2:1 (2:0)

Rostock: Bräutigam - Rehmer, Zallmann, März - Lange, Weilandt, Chalaskiewicz (80. Ehlers), Gansauge, Studer - Barbarez (70. Dowe), Majak (70. Baumgart).
Hamburg: Butt - Fischer, Vogel, Böger - Wojtala, Schopp (76. Babatz), Kmetsch, Cardoso (64. Reincke), Salihamidzic - Uysal, Weetendorf (46. Jepsen).
Tore: 1:0 Barbarez (35.), 2:0 Barbarez (41.), 2:1 Wojtala (69.).
Schiedsrichter: Krug (Gelsenkirchen).
Zuschauer: 18 500.
Gelbe Karten: Lange, Barbarez - Fischer, Kmetsch.
Gelb/Rot: keine.
Rote Karten: keine.

Hertha BSC - Borussia M´Gladbach
2:2 (1:0)

Hertha: Fiedler - Karl - H. Herzog, Sverrisson - Covic, Veit, Rekdal (68. Arnold / 84. Preetz), Mandreko, A. Schmidt, Dinzey - Kruse (76. Vural).
M´Gladbach: Kamps - Chiquinho (87. M. Schneider), Andersson, Fournier (66. Wynhoff), Pedersen (79. Ketelaer) - Lupescu, Witeczek - Effenberg, Pflipsen - Pettersson, Juskowiak.
Tore: 1:0 A. Schmidt (32.), 2:0 Veit (69.), 2:1 Wynhoff (79.), 2:2 Effenberg (89.).
Schiedsrichter: Zerr (Ottersweier).
Zuschauer: 50 321.
Gelbe Karten: Covic, Karl - Chiquinho.
Gelb/Rot: H. Herzog (75.).
Rote Karten: keine.

3. SPIELTAG Saison 97/98

Tore:	26; gesamt: 72.
Eigentore:	2; Reich (KSC), Walker (1860); gesamt: 2.
Zuschauer:	333 138; gesamt: 967 409.
Gelbe Karten:	35.
Gelb/Rot:	3; Legat (Stuttgart), Hengen (KSC), H. Herzog (Hertha); gesamt: 4.
Rote Karten:	keine; gesamt: 2.
Elfmeter:	2.
Torjäger:	Pettersson (M´Gladbach) 3, elf Spieler je 2.

VfL Wolfsburg - Hertha BSC
2:1 (1:0)

Wolfsburg: Hiemann - Heidenreich - Kovacevic, Tomcic - Kapetanovic, Ballwanz, Reyna (84. Kleeschätzky), Dammeier, J. Keller - Präger (74. Meissner), Ratke (74. Stammann).
Hertha: Fiedler - A. Schmidt, Karl (30. Hartmann), Sverrisson - Covic (81. Roy), Veit, Rekdal, Dinzey, Mandreko - Tchami (64. Preetz), Kruse.
Tore: 1:0 Präger (34.), 2:0 Kapetanovic (49.), 2:1 Reyna (54., Eigentor).
Schiedsrichter: Dr. Wack (Biberbach).
Zuschauer: 14 865.
Gelbe Karten: Heidenreich, Kovacevic - Sverrisson, Tchami.
Gelb/Rot: keine.
Rote Karten: keine.

München 1860 - Hansa Rostock
0:1 (0:0)

1860: Meier - Fach - Kientz (87. Bodden), Walker - Cerny, Pelé, Stevic, Bender (61. Hofschneider), Heldt (44. Malz) - Winkler, Agostino.
Rostock: Bräutigam - Rehmer, Zallmann, März - Lange (46. Groth), Gansauge, Barbarez (84. Yasser), Weilandt, Studer - Majak (64. Micevski), Baumgart.
Tor: 0:1 Groth (86.).
Schiedsrichter: Fandel (Kyllburg).
Zuschauer: 33 000.
Gelbe Karten: Malz, Winkler - Lange, Majak.
Gelb/Rot: Stevic (33.).
Rote Karten: keine.

1. FC Kaiserslautern - Schalke 04
3:0 (2:0)

Kaiserslautern: Reinke - Kadlec - Koch, Schjönberg - Ratinho, Roos (86. Riedl), Reich (62. Buck), Sforza, Wagner (78. Schäfer) - Marschall, Rische.
Schalke: Lehmann - Thon - de Kock, Linke (69. Kurz) - Held, van Hoogdalem, Wilmots, Klujew (67. Anfang), Büskens - Goossens, Eijkelkamp (57. Anderbrügge).
Tore: 1:0 Marschall (32.), 2:0 Sforza (40.), 3:0 Marschall (63.).
Schiedsrichter: Albrecht (Kaufbeuren).
Zuschauer: 38 000 (ausverkauft).
Gelbe Karten: Rische - Eijkelkamp, Klujew, van Hoogdalem, Thon, Goossens.
Gelb/Rot: keine.
Rote Karten: keine.

Borussia Dortmund - VfL Bochum
5:2 (3:1)

Dortmund: Klos - Feiersinger - Kohler, Kree - Reuter, Lambert, Ricken (69. S.Freund), Heinrich (87. Reinhardt) - Möller - Chapuisat (72. But), Herrlich.
Bochum: Gospodarek - Waldoch, Kracht, Reis (69. Reichel) - Stickroth, Hutwelker (69. Gülünoglu), Dickhaut (58. Közle), Schreiber - Wosz - Peschel, Juran.
Tore: 1:0 Heinrich (7.), 1:1 Wosz (18.), 2:1 Herrlich (25.), 3:1 Möller (36.), 4:1 Chapuisat (52.), 4:2 Peschel (63.), 5:2 Möller (90.).
Schiedsrichter: Dardenne (Nettersheim).
Zuschauer: 54 000.
Gelbe Karten: Reuter - Hutwelker, Wosz, Peschel, Stickroth.
Gelb/Rot: keine.
Rote Karten: keine.

MSV Duisburg - VfB Stuttgart
0:3 (0:1)

Duisburg: Gill - Wohlert, Steffen, Hajto - Wolters, Komljenovic, M. Zeyer, Hirsch (61. Spies), Neun (70. Skoog) - Salou, Osthoff.
Stuttgart: Wohlfahrt - Haber, Verlaat, Berthold - Hagner, Soldo, Yakin (64. Endreß), Poschner - Balakov (79. T.Schneider) - Bobic, Akpoborie (46. Raducioiu).
Tore: 0:1 Balakov (41.), 0:2 Bobic (65.), 0:3 Raducioiu (77.).
Schiedsrichter: Heynemann (Magdeburg).
Zuschauer: 14 393.
Gelbe Karten: Salou - Soldo, Yakin, Bobic, Hagner.
Gelb/Rot: keine.
Rote Karten: keine.

Bayer Leverkusen - Karlsruher SC
6:1 (2:1)

Leverkusen: Heinen - Nowotny - Wörns, Happe - Lehnhoff (73. Emerson), N. Kovac (84. R.Kovac), Ramelow, Beinlich, Lottner - Kirsten (60. Rink), Meijer.
Karlsruhe: Reitmaier - Wittwer - Reich, Regis - M. Keller, Nyarko, Häßler, Schepens, Wück (69. Krauß) - Gilewicz (69. Schroth), Dundee.
Tore: 0:1 Häßler (5.), 1:1 Meijer (16.), 2:1 N.Kovac (23.), 3:1 Kirsten (58.), 4:1 Kirsten (59.), 5:1 Lehnhoff (67.), 6:1 Rink (78.).
Schiedsrichter: Dr.Merk (Kaiserslautern).
Zuschauer: 22 200.
Gelbe Karten: Wittwer, Schepens.
Gelb/Rot: keine.
Rote Karten: keine.

Arminia Bielefeld - Werder Bremen
3:0 (1:0)

Bielefeld: Miletic - Stratos - Schäfer, Meißner - J. Bode, Reeb, Maul - Sternkopf (61. Breitkreutz), Kuntz - Reina (83. Ivanovic), Daei (74. Silooy).
Bremen: Reck - Ramzy - Benken (30. Frings), Frey (74. Wolter) - Pfeifenberger, Eilts, A. Herzog, Todt, Wicky - Labbadia (46. Brand), van Lent.
Tore: 1:0 Maul (10.), 2:0 Daei (50.), 3:0 Kuntz (88.).
Schiedsrichter: Weber (Essen).
Zuschauer: 22 512 (ausverkauft).
Gelbe Karten: Meißner, Daei, Silooy, Stratos - Benken, Frey, A.Herzog, Reck.
Gelb/Rot: Pfeifenberger (67.).
Rote Karten: keine.

Borussia M´Gladbach - 1. FC Köln
4:1 (3:0)

M´Gladbach: Kamps - Chiquinho (55. Paßlack), Andersson, Fournier, M. Schneider - Lupescu, Wynhoff (86. Ketelaer) - Witeczek, Pflipsen - Pettersson, Juskowiak (72. Villa).
Köln: Menger - Schuster, Baumann, B. Schmidt - Kostner - Rösele (46. Rytschkow), Hauptmann (46. Thiam), Munteanu, Tretschok - Azizi, Polster.
Tore: 1:0 Witeczek (25.), 2:0 Andersson (28.), 3:0 Wynhoff (41.), 3:1 Andersson (54., Eigentor), 4:1 Pflipsen (73.).
Schiedsrichter: Krug (Gelsenkirchen).
Zuschauer: 30 500.
Gelbe Karten: Paßlack - B. Schmidt, Polster.
Gelb/Rot: keine.
Rote Karten: keine.

Hamburger SV - Bayern München
0:2 (0:1)

Hamburg: Butt - Fischer, Schnoor, Böger - Spörl, Kmetsch, A. Zeyer (67. Babatz), Salihamidzic, Jepsen (58. Cardoso) - Dembinski, Weetendorf (58. Uysal).
München: Kahn - Matthäus - Babbel, Helmer - Basler, Fink, D. Hamann (67. Scholl), Nerlinger, Lizarazu (46. Tarnat) - Elber (51. Zickler), Rizzitelli.
Tore: 0:1 Basler (23.), 0:2 Zickler (82.).
Schiedsrichter: Jansen (Essen).
Zuschauer: 48 449.
Gelbe Karten: Kmetsch - Lizarazu, Basler, Fink, Helmer.
Gelb/Rot: keine.
Rote Karten: keine.

4. SPIELTAG Saison 97/98

Tore:	34; gesamt: 106.
Eigentore:	2; Reyna (Wolfsburg), Andersson (M´Gladbach); gesamt: 4.
Zuschauer:	277 919; gesamt: 1 245 328.
Gelbe Karten:	42.
Gelb/Rot:	2; Stevic (1860), Pfeifenberger (Bremen); gesamt: 6.
Rote Karten:	keine; gesamt: 2.
Elfmeter:	keiner.
Torjäger:	Kirsten (Leverkusen) 4, Pettersson (M´Gladbach), Präger (Wolfsburg), Marschall (K´lautern) je 3.

„Ich habe noch große Lust, hier weiter zu machen!" bekennt sich Winfried Schäfer (10.1.1950) zum KSC. Auf der Pool-Position der Liga ist die Karlsruher Welt vorerst in Ordnung. (oben)

Abpfiff für Dixie Dörner (25.1.1951), der seit dem 14. Januar 1996 auf Bremens Kommandobrücke stand. „Ich hatte keine Freude mehr am Job", kommentiert er seine „Beurlaubung".

5. SPIELTAG Saison 97/98

Tore:	27; gesamt: 133.
Eigentore:	keine; gesamt: 4 .
Zuschauer:	315 757; gesamt: 1 561 085.
Gelbe Karten:	34.
Gelb/Rot:	keine; gesamt: 6.
Rote Karten:	1; Hamann (FC Bayern); gesamt: 3.
Elfmeter:	2.
Torjäger:	Kirsten (Leverkusen)5, Präger (Wolfsburg), Marschall (K´lautern) je 4, Pettersson (M´Gladbach),Präger (Wolfsburg), Häßler (KSC), de Kock (Schalke), Tretschok (Köln) je 3.

VfL Bochum - 1. FC Kaiserslautern
1:3 (0:1)

Bochum: Gospodarek - Waldoch, Kracht, Reis - Peschel (46. Gülünoglu), Dickhaut, Wosz, Stickroth, Schreiber - Donkov (46. Közle), Juran (76. Michalke).
Kaiserslautern: Reinke - Kadlec - Koch, Schjönberg - Ratinho (88. Schäfer), Roos, Sforza, Wagner, Reich (60. Buck) - Marschall, Kuka.
Tore: 0:1 Kuka (19.), 1:1 Stickroth (69., Foulelfmeter), 1:2 Marschall (72.), 1:3 Kuka (90.).
Schiedsrichter: Stark (Landshut).
Zuschauer: 28 600.
Gelbe Karten: Wosz, Közle, Reis, Schreiber - Kadlec.
Gelb/Rot: keine.
Rote Karten: keine.

Hertha BSC - Hamburger SV
0:2 (0:1)

Hertha: Fiedler - Karl (76. van Burik), H. Herzog, Sverrisson - Covic, Veit, Rekdal, Dinzey, Mandreko - Tchami (71. Preetz), Roy (59. Lakies).
Hamburg: Butt - Fischer, Gravesen, Böger - Spörl (74. Schopp), Kmetsch, Cardoso (59. Babatz), A. Zeyer, Jepsen (46. Hollerbach) - Dembinski, Salihamidzic.
Tore: 0:1 Salihamidzic (34.), 0:2 Dembinski (72.).
Schiedsrichter: Buchhart (Schrobenhausen).
Zuschauer: 45 257.
Gelbe Karte: Hollerbach.
Gelb/Rot: keine.
Rote Karten: keine.

VfB Stuttgart - Borussia Dortmund
0:0

Stuttgart: Wohlfahrt - Haber, Verlaat, Berthold - Hagner (73. Raducioiu), Soldo, Yakin (84. Poschner), Legat - Balakov - Bobic, Akpoborie.
Dortmund: Klos - Feiersinger - Kohler, Kree - Reuter, Ricken, Lambert, Heinrich - Möller (86. But) - Herrlich, Chapuisat (71. Sousa).
Schiedsrichter: Fröhlich (Berlin).
Zuschauer: 53 000 (ausverkauft).
Gelbe Karten: Yakin, Bobic, Balakov, Haber - Heinrich.
Gelb/Rot: keine.
Rote Karten: keine.

Schalke 04 - Borussia M´Gladbach
2:0 (1:0)

Schalke: Lehmann - Thon - Linke, de Kock - Latal, Nemec, van Hoogdalem (78. Kurz), Anderbrügge (86. Klujew), Büskens - Wilmots, Eijkelkamp (83. Goossens).
M´Gladbach: Kamps - Chiquinho, Fournier (46. Klinkert / 62. Pedersen), Andersson, Schneider - Lupescu, Witeczek, Wynhoff (46. Juskowiak) - Effenberg, Pflipsen - Pettersson.
Tore: 1:0 de Kock (14.), 2:0 de Kock (58.).
Schiedsrichter: Aust (Köln).
Zuschauer: 59 400.
Gelbe Karten: Nemec - Witeczek.
Gelb/Rot: keine.
Rote Karten: keine.

1. FC Köln - VfL Wolfsburg
5:3 (2:1)

Köln: Menger - Baumann - Schmidt, Schuster - Thiam, Rytschkow (46. Rösele), Vucevic (66. Andersen), Munteanu, Tretschok - Azizi (70. Gaißmayer), Polster.
Wolfsburg: Hiemann - Heidenreich - Tomcic, Kovacevic - Kapetanovic, Ballwanz (58. Meissner), Dammeier (58. Tyszkiewicz), Keller (76. Spies) - Reyna - Präger, Stammann.
Tore: 1:0 Baumann (10.), 1:1 Präger (12.), 2:1 Tretschok (33.), 3:1 Azizi (47.), 3:2 Stammann (65.), 4:2 Schuster (82.), 4:3 Meissner (89.), 5:3 Tretschok (90.).
Schiedsrichter: Keßler (Wogau).
Zuschauer: 16 000.
Gelbe Karten: Andersen, Polster - Ballwanz, Stammann.
Gelb/Rot: keine.
Rote Karten: keine.

Werder Bremen - Bayer Leverkusen
2:1 (1:0)

Bremen: Reck - Ramzy - Wicky, Todt - Frey (50. Wiedener), Eilts, A. Herzog, Wolter, Brand (72. Flo) - van Lent (22. Labbadia), Bode.
Leverkusen: Heinen - Nowotny (80. Feldhoff) - Wörns, Happe - N.Kovac, Ramelow (46. Emerson), Beinlich (46. Lehnhoff), R.Kovac, Heintze - Kirsten, Meijer.
Tore: 1:0 Labbadia (42.), 1:1 Kirsten (55.), 2:1 Bode (75.).
Schiedsrichter: Krug (Gelsenkirchen).
Zuschauer: 26 500.
Gelbe Karten: Todt - Meijer, R. Kovac.
Gelb/Rot: keine.
Rote Karten: keine.

Hansa Rostock - Bayern München
1:3 (0:0)

Rostock: Bräutigam - Rehmer, Zallmann, März - Lange, Weilandt (65. Pamic), Barbarez, Gansauge, Studer (65. Yasser) - Baumgart (46. Micevski), Majak.
München: Kahn - Matthäus - Babbel, Helmer - Basler, Fink, Scholl (82. Zickler), Nerlinger, Tarnat - Elber (65. Hamann), Rizzitelli (58. Jancker).
Tore: 0:1 Scholl (58.), 0:2 Nerlinger (69.), 1:2 Pamic (85.), 1:3 Jancker (87.).
Schiedsrichter: Zerr (Ottersweier).
Zuschauer: 24 500 (ausverkauft).
Gelbe Karten: Gansauge - Babbel, Basler, Scholl, Jancker.
Gelb/Rot: keine.
Rote Karte: Hamann (90.).

Karlsruher SC - MSV Duisburg
1:2 (0:0)

Karlsruhe: Reitmaier - Hengen (75. Bähr) - Reich, Regis - Keller, Nyarko, Häßler, Schepens, Wück - Schroth (46. Dundee), Gilewicz.
Duisburg: Gill - Steffen, Wohlert, Hajto - Wolters (46. Puschmann), Komljenovic, M. Zeyer (87. Reiter), Osthoff, Neun - Salou (77. Hirsch), Spies.
Tore: 0:1 Spies (55.), 0:2 Zeyer (67., Foulelfmeter), 1:2 Häßler (82.).
Schiedsrichter: Kemmling (Burgwedel).
Zuschauer: 28 500.
Gelbe Karten: Gilewicz, Regis, Nyarko, Hengen.
Gelb/Rot: keine.
Rote Karten: keine.

München 1860 - Arminia Bielefeld
1:0 (0:0)

1860: Meier - Kientz, Hofschneider, Walker - Hamann, Malz - Cerny, Pelé, Heldt (61. Böhme) -Winkler (88. Hasi), Agostino (58. Borimirov).
Bielefeld: Miletic - Stratos - Schäfer, Meißner - Bode, Reeb, Maul (74. Gerber) - Sternkopf (82. Ivanovic), Daei, Kuntz (46. Silooy) - Reina.
Tor: 1:0 Winkler (68.).
Schiedsrichter: Koop (Bolzenburg).
Zuschauer: 34 000.
Gelbe Karten: Kientz, Walker, Hamann - Stratos, Schäfer.
Gelb/Rot: keine.
Rote Karten: keine.

6. SPIELTAG Saison 97/98

Tore:	28; gesamt: 161.
Eigentore:	2; Hengen (KSC), Hofschneider (1860); gesamt: 6.
Zuschauer:	274 783; gesamt: 1 835 868.
Gelbe Karten:	48.
Gelb/Rot:	2; Kracht, Reis (beide Bochum); gesamt: 8.
Rote Karten:	keine; gesamt: 3.
Elfmeter:	2.
Torjäger:	Marschall (K´lautern), Kirsten (Leverkusen) 5, Salihamidzic (HSV), Häßler (KSC), Präger (Wolfsburg) je 4.

Arminia Bielefeld - Hansa Rostock
0:1 (0:1)

Bielefeld: Miletic - Stratos - Meißner, Schäfer - J. Bode, Sternkopf, Reeb, Breitkreutz (71. Gerber), Maul (46. Ivanovic / 50. Silooy) - Reina, Kuntz.
Rostock: Bräutigam - Ehlers, Zallmann, Rehmer - Lange, Yasser, Gansauge, Barbarez (90. Pamic), Studer - Chalaskiewicz (39. Dowe), Majak (80. Baumgart).
Tor: 0:1 Majak (40.).
Schiedsrichter: Dardenne (Nettersheim).
Zuschauer: 21 500.
Gelbe Karten: Stratos, Silooy - Lange, Barbarez.
Gelb/Rot: keine.
Rote Karten: keine.

Hamburger SV - 1. FC Köln
2:1 (2:0)

Hamburg: Butt - Fischer, Gravesen (77. Babatz), Böger - Spörl (89. Schopp), A. Zeyer, Salihamidzic, Hollerbach, Schnoor - Dembinski, Weetendorf (84. Uysal).
Köln: Menger - Schuster, Baumann, Kostner, B. Schmidt (67. Andersen) - Munteanu (67. Rytschkow), Scherr, Hauptmann, Vucevic (46. Gaißmayer) - Polster, Tretschok.
Tore: 1:0 Salihamidzic (33.), 2:0 Salihamidzic (36.), 2:1 Polster (78.).
Schiedsrichter: Albrecht (Kaufbeuren).
Zuschauer: 22 433.
Gelbe Karten: Salihamidzic, Spörl, Weetendorf, Böger - Vucevic, Tretschok, Schuster, Gaißmayer.
Gelb/Rot: keine.
Rote Karten: keine.

VfL Wolfsburg - Schalke 04
0:0

Wolfsburg: Zimmermann - Heidenreich - Kryger, Kovacevic - Kapetanovic (28. Ratke), Greiner, Ballwanz, Spies, Novotny - Präger, Tyszkiewicz (73. Meissner).
Schalke: Lehmann - Thon - de Kock, Linke - Latal, Nemec, Wilmots, Anderbrügge (89. Klujew), Büskens, Kurz (6. Held) - Eijkelkamp (83. Goossens).
Schiedsrichter: Stark (Landshut).
Zuschauer: 15 500 (ausverkauft).
Gelbe Karten: Kovacevic (5., gesperrt), Heidenreich - Eijkelkamp, Nemec.
Gelb/Rot: keine.
Rote Karten: keine.

Borussia Dortmund - Karlsruher SC
2:2 (0:1)

Dortmund: Klos - Feiersinger - Kohler, Kree - S. Freund (64. Reinhardt), Lambert, Sousa (46. Tanko), Ricken, Heinrich - Herrlich, Chapuisat.
Karlsruhe: Reitmaier - Hengen - Reich, Regis - M. Keller, Nyarko, Häßler, Schepens (71. Wück), Krauß - Dundee (79. Schroth), Gilewicz (82. Metz).
Tore: 0:1 Gilewicz (25.), 1:1 Hengen (52., Eigentor), 2:1 Chapuisat (68.), 2:2 Häßler (81.).
Schiedsrichter: Strampe (Handorf).
Zuschauer: 54 500.
Gelbe Karten: S. Freund, Chapuisat - M. Keller, Reich, Regis.
Gelb/Rot: keine.
Rote Karten: keine.

MSV Duisburg - Werder Bremen
2:1 (2:1)

Duisburg: Gill - Wohlert, Emmerling, Hajto - Wolters (70. Puschmann), M. Zeyer, Steffen, Hirsch, Neun - Salou (85. Komljenovic), Spies (64. Skoog).
Bremen: Reck - Ramzy, Wicky (68. Pfeifenberger), Frey - Wolter (46. Trares), Todt, Eilts, A.Herzog (57. van Lent), Brand - M. Bode, Labbadia.
Tore: 1:0 Neun (7.), 2:0 M. Zeyer (10., Foulelfmeter), 2:1 Labbadia (20.).
Schiedsrichter: Buchhart (Schrobenhausen).
Zuschauer: 12 550.
Gelbe Karten: Hajto, Wolters, Wohlert, Gill.
Gelb/Rot: keine.
Rote Karten: keine.

Bayer Leverkusen - München 1860
2:2 (0:0)

Leverkusen: Heinen - Nowotny - Happe, Wörns - Lehnhoff, N. Kovac, Ramelow, Lottner - Emerson (68. Rink) - Kirsten (22. Feldhoff), Meijer.
1860: Meier - Hofschneider - Kientz, Gorges - M. Hamann, Stevic, Nowak (46. Bender), Pelé (78. Walker), Malz - Borimirov, Winkler.
Tore: 0:1 Borimirov (47.), 1:1 Lottner (61.), 1:2 Winkler (71., Foulelfmeter), 2:2 Wörns (76.).
Schiedsrichter: Heynemann (Magdeburg).
Zuschauer: 22 300.
Gelbe Karten: Ramelow, Feldhoff, Meijer, Wörns - Gorges, Malz, Pelé.
Gelb/Rot: keine.
Rote Karten: keine.

Bayern München - Hertha BSC
3:0 (1:0)

München: Kahn - Matthäus - Babbel, Helmer - Zickler, Strunz (82. Gerster), Nerlinger, Tarnat - Scholl (72. Fink) - Rizzitelli (63. Jancker), Elber.
Hertha: Fiedler - van Burik - H. Herzog, Sverrisson - Covic, Veit, Rekdal (90. Arnold), A. Schmidt, Dinzey - Roy (77. Hartmann), Kruse (77. Lakies).
Tore: 1:0 Elber (42.), 2:0 Jancker (73.), 3:0 Strunz (77.).
Schiedsrichter: Weber (Essen).
Zuschauer: 63 000 (ausverkauft).
Gelbe Karten: Scholl, Helmer, Jancker - Kruse, H. Herzog, Dinzey.
Gelb/Rot: keine.
Rote Karten: keine.

Borussia M´Gladbach - VfL Bochum
2:1 (0:1)

M´Gladbach: Kamps - Paßlack, Lupescu (84. Fournier), Andersson, M. Schneider (65. Chiquinho) - Witeczek, Effenberg - Pflipsen, Wynhoff - Pettersson, Villa (75. Juskowiak).
Bochum: Gospodarek - Waldoch, Kracht, Reis - Sundermann, Reichel, Dickhaut (82. Közle), Schreiber - Wosz - Juran (64. Michalke), Baluszynski (64. Hutwelker).
Tore: 0:1 Sundermann (16.), 1:1 Effenberg (78.), 2:1 Juskowiak (79.).
Schiedsrichter: Wagner (Hofheim).
Zuschauer: 25 000.
Gelbe Karten: Effenberg, Paßlack, Pflipsen - Wosz, Reichel.
Gelb/Rot: Kracht (63.), Reis (83.).
Rote Karten: keine.

1. FC Kaiserslautern - VfB Stuttgart
4:3 (1:2)

Kaiserslautern: Reinke - Kadlec - Koch, Schjönberg - Buck (56. Reich), Ratinho, Roos, Wagner - Sforza - Kuka (78. Rische), Marschall.
Stuttgart: Wohlfahrt - Haber, Verlaat, Berthold - T. Schneider, Soldo, Poschner, Legat (56. Spanring) - Balakov - Bobic, Akpoborie (76. Raducioiu).
Tore: 0:1 Bobic (14.), 1:1 Marschall (20.), 1:2 Akpoborie (37.), 2:2 Ratinho (55.), 3:2 Marschall (59.), 4:2 Marschall (80.), 4:3 Raducioiu (90.).
Schiedsrichter: Aust (Köln).
Zuschauer: 38 000 (ausverkauft).
Gelbe Karten: Marschall, Koch - Balakov, Berthold, Spanring.
Gelb/Rot: keine.
Rote Karten: keine.

„Nur die Ruhe bewahren!" sollte die Devise von Wolfgang Sidka (26.5.1954) lauten. Doch: „Es geht um kurzfristige Erfolge", hat Bremens neuer Steuermann erkannt. Ein 2:1 gegen Leverkusen ist doch was!

Hansa auf Platz 3 - wer hätte das gedacht! Ob`s an der „Zettelwirtschaft" des Ewald Lienen (28.11.1953) liegt? Der bekennt jedenfalls vieldeutig: „Ich arbeite als Trainer wie ich als Mensch bin ..." (unten)

7. SPIELTAG Saison 97/98

Karlsruher SC - 1. FC Kaiserslautern
2:4 (0:2)

Karlsruhe: Reitmaier - Hengen - Metz, Regis - M. Keller, Nyarko (46. Schroth), Häßler, Wück, Krauß (84. Schepens) - Dundee (61. Bähr), Gilewicz.
Kaiserslautern: Reinke - Kadlec - Koch, Schjönberg - Ratinho (86. Ballack), Buck, Wagner, Roos - Sforza - Kuka (73. M. Reich), Marschall.
Tore: 0:1 Ratinho (19.), 0:2 Wagner (23., Foulelfmeter), 1:2 Häßler (50.), 1:3 Kuka (53.), 2:3 M. Keller (57.), 2:4 M. Reich (90.).
Schiedsrichter: Krug (Gelsenkirchen).
Zuschauer: 33 700 (ausverkauft).
Gelbe Karten: M. Keller, Krauß - Buck.
Gelb/Rot: keine.
Rote Karten: keine.

München 1860 - MSV Duisburg
0:1 (0:1)

1860: Meier - Hofschneider - Walker, Kientz (30. Nowak) - Cerny, Stevic, M. Hamann - Pelé, Bender (63. Heldt) - Winkler, Agostino (46. Borimirov).
Duisburg: Gill - Emmerling - Hajto, Wohlert (46. Komljenovic) - Wolters (68. Puschmann), Steffen, M. Zeyer, Neun (37. Hirsch), Osthoff - Spies, Salou.
Tor: 0:1 M. Zeyer (4., Foulelfmeter).
Schiedsrichter: Keßler (Wogau).
Zuschauer: 22 500.
Gelbe Karten: Pelé, Cerny, Winkler, Agostino - Osthoff, Wolters, Wohlert.
Gelb/Rot: keine.
Rote Karten: keine.

Schalke 04 - Hamburger SV
2:2 (1:2)

Schalke: Lehmann - Thon (24. Müller) - Linke, de Kock - Latal, Nemec, Büskens, van Hoogdalem (59. Anderbrügge) - Wilmots - Goossens, Eijkelkamp (79. Klujew).
Hamburg: Butt - Fischer, Schnoor, Böger - Spörl, Gravesen, A.Zeyer, Hollerbach (27. Jepsen / 87. Molata) - Cardoso - Dembinski, Salihamidzic.
Tore: 1:0 Goossens (8.), 1:1 Dembinski (31.), 1:2 Salihamidzic (35.), 2:2 Anderbrügge (62., Foulelfmeter).
Schiedsrichter: Fröhlich (Berlin).
Zuschauer: 44 820.
Gelbe Karten: Salihamidzic, Böger, Schnoor.
Gelb/Rot: keine.
Rote Karten: keine.

1. FC Köln - Bayern München
1:3 (1:2)

Köln: Kraft - Kostner - Baumann, Schuster - Thiam (70. Rösele), Cichon (80. Vucevic), Munteanu, Andersen, Tretschok (72. Rytschkow) - Gaißmayer, Polster.
München: Kahn - Matthäus (31. Babbel) - Helmer, Kuffour - Zickler (90. Lizarazu), Strunz, Fink, Nerlinger, Tarnat - Elber (74. Scholl), Jancker.
Tore: 0:1 Jancker (11.), 0:2 Nerlinger (21.), 1:2 Tretschok (31.), 1:3 Scholl (90.).
Schiedsrichter: Fandel (Kyllburg).
Zuschauer: 47 000.
Gelbe Karten: Baumann - Zickler, Jancker, Elber.
Gelb/Rot: keine.
Rote Karten: keine.

Arminia Bielefeld - Bayer Leverkusen
2:1 (1:1)

Bielefeld: Miletic - Stratos - Meißner, Schäfer - J. Bode, Gerber, Reeb, Kuntz, Maul (63. Fuchs) - Reina (83. Breitkreutz), Sternkopf.
Leverkusen: Heinen - Lottner - Wörns, Happe (58. Lehnhoff) - R. Kovac, N. Kovac, Ramelow, Beinlich (70. Emerson), Heintze - Kirsten, Feldhoff (64. Rink).
Tore: 1:0 Kuntz (12., Foulelfmeter), 1:1 Kirsten (43., Foulelfmeter), 2:1 Fuchs (79.).
Schiedsrichter: Dr.Wack (Biberbach).
Zuschauer: 20 386.
Gelbe Karten: Gerber - Ramelow, Kirsten, R. Kovac, Lottner.
Gelb/Rot: Sternkopf (44.).
Rote Karte: N.Kovac (32.).

Werder Bremen - Borussia Dortmund
2:1 (2:1)

Bremen: Reck - Ramzy, Trares, Wicky - Pfeifenberger (75. Frey), Todt, Eilts, A. Herzog (57. Brand), Skripnik - Flo (82. van Lent), Labbadia.
Dortmund: Klos - Feiersinger - Kohler, Kree - Heinrich, Ricken, Sousa, Lambert (75. Zorc), Reinhardt (46. But) - Chapuisat, Herrlich.
Tore: 1:0 Todt (2.), 2:0 A. Herzog (23.), 2:1 Ricken (40.).
Schiedsrichter: Steinborn (Sinzig).
Zuschauer: 32 083.
Gelbe Karten: Reck - Kohler, Herrlich, Feiersinger.
Gelb/Rot: keine.
Rote Karten: keine.

Hansa Rostock - Hertha BSC
4:0 (2:0)

Rostock: Bräutigam - Gansauge, Zallmann, Rehmer - Lange, Yasser, Barbarez, Ehlers (46. Groth), Studer (80. Dowe) - Micevski, Majak (72. Pamic).
Hertha: Fiedler - van Burik - H.Herzog, Sverrisson (75. Preetz) - Covic, Veit, Rekdal (77. Arnold), A. Schmidt, Dinzey - Kruse, Roy (46. Karl).
Tore: 1:0 Lange (11.), 2:0 Majak (43.), 3:0 Zallmann (63.), 4:0 Pamic (88.).
Schiedsrichter: Dr. Merk (Kaiserslautern).
Zuschauer: 24 500.
Gelbe Karten: H. Herzog, Karl.
Gelb/Rot: keine.
Rote Karten: keine.

VfL Bochum - VfL Wolfsburg
2:1 (2:0)

Bochum: Gospodarek - Waldoch, Mamic, Sundermann - Hutwelker, Közle, Dickhaut, Schreiber (62. Hofmann) - Wosz - Baluszynski (46. Michalke), Juran (89. Donkov).
Wolfsburg: Zimmermann - Heidenreich (46. Reyna) - Kryger, Kleeschätzky - Greiner, Ballwanz, Spies (78. Deering), Dammeier, Stammann, Novotny (46. Meissner) - Präger.
Tore: 1:0 Hutwelker (16.), 2:0 Hutwelker (25.), 2:1 Präger (51.).
Schiedsrichter: Buchhart (Schrobenhausen).
Zuschauer: 20 091.
Gelbe Karten: Schreiber, Közle - Novotny, Dammeier, Meissner.
Gelb/Rot: keine.
Rote Karten: keine.

VfB Stuttgart - Borussia M´Gladbach
3:0 (2:0)

Stuttgart: Wohlfahrt - Haber, Verlaat, Berthold (46. Endreß) - Yakin, Soldo, Balakov, Hagner (83. Djordjevic), Poschner - Bobic, Akpoborie (60. Raducioiu).
M´Gladbach: Kamps - Paßlack, Andersson, Fournier, M.Schneider - Wynhoff (46. Hochstätter), Effenberg, Pflipsen (46. Ketelaer), Witeczek - Pettersson (72. Chiquinho), Villa.
Tore: 1:0 Bobic (18.), 2:0 Bobic (20.), 3:0 Balakov (48.).
Schiedsrichter: Berg (Konz).
Zuschauer: 42 000.
Gelbe Karten: Yakin, Akpoborie - Effenberg, Hochstätter.
Gelb/Rot: keine.
Rote Karten: keine.

Tore:	31; gesamt: 192.
Eigentore:	keine; gesamt: 6.
Zuschauer:	287 080; gesamt: 2 122 948.
Gelbe Karten:	37.
Gelb/Rot:	1; Sternkopf (Bielefeld); gesamt: 9.
Rote Karten:	1; N. Kovac (Leverkusen); gesamt: 4.
Elfmeter:	5.
Torjäger:	Marschall (K´lautern) 7, Kirsten (Leverkusen) 6, Salihamidzic (HSV), Häßler (KSC), Präger (Wolfsburg), Bobic (Stuttgart) je 5.

8. SPIELTAG Saison 97/98

MSV Duisburg - Arminia Bielefeld
2:1 (2:0)

Duisburg: Gill - Emmerling - Wohlert, Hajto (62. Komljenovic) - Wolters (85. Hopp), Osthoff, Steffen, M. Zeyer, Hirsch - Skoog, Spies (89. Salou).
Bielefeld: Miletic - Stratos (39. Alder) - Silooy, Meißner - J. Bode, Reeb, Maas, Kuntz, Maul - Reina, Fuchs (64. Breitkreutz).
Tore: 1:0 M. Zeyer (33., Foulelfmeter), 2:0 Wolters (39.), 2:1 Kuntz (89.).
Schiedsrichter: Dr. Merk (Kaiserslautern).
Zuschauer: 14 870.
Gelbe Karten: Hajto, M. Zeyer - Meißner, Kuntz.
Gelb/Rot: keine.
Rote Karten: keine.

Bayern München - Schalke 04
1:1 (0:1)

München: Kahn - Helmer - Kuffour, Babbel - Zickler (46. Fink), Strunz, Nerlinger, Tarnat - Scholl - Elber (77. Lizarazu), Jancker.
Schalke: Lehmann - Schierenberg - Linke, Müller - Latal (85. van Hoogdalem), Nemec, Held, Klujew, Wilmots, Büskens - Eijkelkamp (81. Mulder).
Tore: 0:1 Wilmots (26.), 1:1 Tarnat (50.).
Schiedsrichter: Steinborn (Sinzig).
Zuschauer: 63 000 (ausverkauft).
Gelbe Karten: Babbel - Klujew, Nemec.
Gelb/Rot: keine.
Rote Karten: keine.

VfL Wolfsburg - VfB Stuttgart
1:0 (0:0)

Wolfsburg: Zimmermann - J. Keller (80. Heidenreich) - Kovacevic, Kleeschätzky - Greiner (74. Deering), Ratke, Kryger, Reyna, Stammann - Präger, Meissner (74. Tyszkiewicz).
Stuttgart: Wohlfahrt - Haber, Verlaat, Berthold (46. Schwarz) - Hagner (89. Ristic), Soldo, Poschner, Endreß - Balakov - Bobic, Akpoborie (76. Raducioiu).
Tor: 1:0 Tyszkiewicz (77.).
Schiedsrichter: Jansen (Essen).
Zuschauer: 14 741.
Gelbe Karten: Kovacevic - Hagner, Endreß.
Gelb/Rot: keine.
Rote Karten: keine.

1. FC Kaiserslautern - Werder Bremen
1:3 (1:0)

Kaiserslautern: Reinke - Kadlec - Schjönberg, Koch - Buck, Ratinho (21. Reich), Wagner, Roos - Sforza - Marschall, Kuka.
Bremen: Reck - Trares - Wiedener (46. Skripnik), Wicky - Frings (82. Frey), Ramzy, Todt, Eilts, Brand - Herzog (74. Flo) - Labbadia.
Tore: 1:0 Marschall (5.), 1:1 Labbadia (56.), 1:2 Flo (85.), 1:3 Frey (89.).
Schiedsrichter: Zerr (Ottersweier).
Zuschauer: 38 000 (ausverkauft).
Gelbe Karten: Schjönberg, Sforza - Eilts, Ramzy, Brand, Trares.
Gelb/Rot: keine
Rote Karten: keine.

Borussia Dortmund - München 1860
2:3 (1:2)

Dortmund: Klos - Sammer - Feiersinger, Kree (51. Reinhardt) - Reuter, Lambert, Möller, Ricken (46. Sousa), Heinrich - Herrlich (46. Booth), Chapuisat.
1860: Meier - Hofschneider - Kientz, Jeremies - Cerny, Stevic, Malz - Pelé, Nowak (86. Gorges), Böhme (71. Walker) - Winkler (64. Borimirov).
Tore: 0:1 Pelé (13.), 1:1 Chapuisat (19.), 1:2 Winkler (33.), 1:3 Winkler (48.), 2:3 Jeremies (63., Eigentor).
Schiedsrichter: Wagner (Hofheim).
Zuschauer: 54 000.
Gelbe Karten: Ricken, Reinhardt, Heinrich - Cerny, Hofschneider, Borimirov.
Gelb/Rot: keine.
Rote Karten: keine.

Bayer Leverkusen - Hansa Rostock
1:1 (0:1)

Leverkusen: Heinen - Lottner (59. Rink) - Wörns (46. R.Kovac), Happe - Lehnhoff, Emerson, Ramelow, Beinlich, Heintze (46. Neuendorf) - Feldhoff, Meijer.
Rostock: Bräutigam - Rehmer, Zallmann, Gansauge - Lange, Yasser, Weilandt (80. Dowe), Studer - Barbarez (63. Pamic) - Majak (70. Neuville), Micevski.
Tore: 0:1 Lange (45.), 1:1 Feldhoff (87.).
Schiedsrichter: Strampe (Handorf).
Zuschauer: 21 000.
Gelbe Karten: Meijer, Neuendorf - Micevski.
Gelb/Rot: keine.
Rote Karten: keine.

Borussia M´Gladbach - Karlsruher SC
1:1 (0:0)

M´Gladbach: Kamps - Hausweiler, Fournier, Andersson - Hochstätter - Schneider (58. Ketelaer), Effenberg, Pflipsen (66. Chiquinho), Witeczek - Pettersson, Juskowiak (83. Villa).
Karlsruhe: Reitmaier - Hengen - Metz, Regis - M. Keller, Ritter, Häßler, Schepens, Wück - Gilewicz (55. Bähr), Schroth (77. Kolinger).
Tore: 0:1 Schroth (49.), 1:1 Chiquinho (89.).
Schiedsrichter: Heynemann (Magdeburg).
Zuschauer: 23 400.
Gelbe Karten: keine.
Gelb/Rot: keine.
Rote Karten: keine.

Hamburger SV - VfL Bochum
2:1 (0:0)

Hamburg: Butt - Fischer, Schnoor, Böger - Spörl (73. Schopp), A.Zeyer, Gravesen, Cardoso (73. Jepsen), Salihamidzic - Dembinski, Yeboah (62. Weetendorf).
Bochum: Gospodarek - Mamic (82. Bastürk) - Waldoch, Fahrenhorst - Hutwelker, Kracht, Wosz, Reis, Hofmann - Donkov (62. Gülünoglu), Közle.
Tore: 1:0 Spörl (53.), 1:1 Hofmann (61.), 2:1 A. Zeyer (78.).
Schiedsrichter: Kemmling (Burgwedel).
Zuschauer: 37 824.
Gelbe Karten: Salihamidzic, Böger - Kracht, Hutwelker, Fahrenhorst.
Gelb/Rot: keine.
Rote Karten: keine.

Hertha BSC - 1.FC Köln
1:0 (1:0)

Hertha: Kiraly - Karl - H. Herzog, van Burik (46. Preetz) - Mandreko (57. Covic), Rekdal (72. Hartmann), Veit, A. Schmidt, Dinzey - Kruse, Sverrisson.
Köln: Menger - Kostner - Baumann, Schuster (72. B.Schmidt) - Thiam, Cichon (65. Vladoiu), Munteanu, Tretschok, Andersen - Polster, Gaißmayer.
Tor: 1:0 Sverrisson (35.).
Schiedsrichter: Koop (Lüttenmark).
Zuschauer: 44 917.
Gelbe Karten: van Burik, Mandreko, Karl - Munteanu.
Gelb/Rot: Kostner (90.).
Rote Karten: keine.

Tore:	23; gesamt: 215.
Eigentore:	1; Jeremies (1860); gesamt: 7.
Zuschauer:	311 752; gesamt: 2 434 700.
Gelbe Karten:	34.
Gelb/Rot:	1; Kostner (Köln); gesamt: 10.
Rote Karten:	keine; gesamt: 4.
Elfmeter:	1.
Torjäger:	Marschall (K´lautern) 8, Kirsten (Leverkusen) 6, Salihamidzic (HSV), Häßler (KSC), Präger (Wolfsburg), Bobic (Stuttgart), Winkler (1860), Zeyer (Duisburg) je 5.

„Wir brauchen erst einmal 40 Punkte, um in der Bundesliga zu bleiben", hatte Ernst Middendorp (28.10.1958) die Marschrichtung vorgegeben. Das 2:1 gegen Leverkusen war da bereits Bielefelds dritter Streich.

„In Extremsituationen erkennt man die Leute, auf die man sich verlassen kann", so Peter Neururer (26.4.1955). Nach dem 0:1 in Berlin war seine Uhr beim 1. FC Köln abgelaufen ... (unten)

9. SPIELTAG Saison 97/98

Tore:	31; gesamt: 246.
Eigentore:	2; Hajto (Duisburg), Ricken (Dortmund); gesamt: 9.
Zuschauer:	299 686; gesamt: 2 734 386.
Gelbe Karten:	41.
Gelb/Rot:	3; Effenberg (M´Gladbach), Kracht (Bochum), Möller (Dortmund); gesamt: 13.
Rote Karten:	keine; gesamt: 4.
Elfmeter:	keiner.
Torjäger:	Marschall (K´lautern) 10, Bobic (Stuttgart) 7, Kirsten (Leverkusen), Winkler (1860) je 6.

München 1860 - 1. FC Kaiserslautern
1:3 (1:2)

1860: Meier - Hofschneider (60. Bodden) - Kientz, Jeremies - Cerny, Pelé, Malz, Stevic, Böhme (69. Bender), Nowak (46. Borimirov) - Winkler.
Kaiserslautern: Reinke - Kadlec - Schäfer, Schjönberg - Buck, Roos, Sforza, Wagner, Ratinho (69. Koch) - Rische (74. Reich), Marschall (85. Ojigwe).
Tore: 1:0 Winkler (14.), 1:1 Marschall (22.), 1:2 Sforza (35.), 1:3 Marschall (84.).
Schiedsrichter: Strampe (Handorf).
Zuschauer: 62 000.
Gelbe Karten: Malz, Hofschneider, Winkler - Marschall, Roos, Sforza.
Gelb/Rot: keine.
Rote Karten: keine.

Werder Bremen - Borussia M´Gladbach
1:0 (0:0)

Bremen: Reck - Ramzy (70. Frey), Trares, Todt - Frings, Pfeifenberger (61. Skripnik), Wicky, Eilts, Brand (73. Flo) - A. Herzog, Labbadia.
M´Gladbach: Kamps - Pedersen, Andersson, Klinkert, Hausweiler - M.Schneider (77. Chiquinho), Effenberg, Lupescu, Hochstätter (61. Ketelaer) - Pettersson (81. Fournier), Witeczek.
Tor: 1:0 Flo (75.).
Schiedsrichter: Albrecht (Kaufbeuren).
Zuschauer: 35 622 (ausverkauft).
Gelbe Karten: Todt, Eilts, Skripnik - M. Schneider, Ketelaer.
Gelb/Rot: Effenberg (82.).
Rote Karten: keine.

Karlsruher SC - VfL Wolfsburg
2:1 (2:0)

Karlsruhe: Reitmaier - Wittwer - Metz, Regis - M. Keller, Hengen, Häßler, Krauß (90. Bäumer), Schepens - Wück (84. Bähr), Schroth.
Wolfsburg: Zimmermann - J. Keller - Kovacevic, Kleeschätzky (78. Heidenreich) - Kryger - Greiner (78. Dammeier), Ratke (34. Tyszkiewicz), Deering, Stammann - Präger, Meissner.
Tore: 1:0 Regis (8.), 2:0 Schepens (24.), 2:1 Meissner (88.).
Schiedsrichter: Weber (Essen).
Zuschauer: 21 200.
Gelbe Karten: Wück, Metz - Kovacevic, Greiner, Kryger.
Gelb/Rot: keine.
Rote Karten: keine.

VfL Bochum - Bayern München
2:3 (1:2)

Bochum: Gospodarek - Stickroth - Kracht, Fahrenhorst (62. Bastürk) - Peschel (72. Közle), Dickhaut, Hofmann, Reis (74. Michalke) - Wosz - Gülünoglu, Juran.
München: Kahn - Helmer - Kuffour, Babbel - Tarnat, Nerlinger, Fink, D.Hamann (89. Lizarazu), Basler (55. Zickler) - Jancker, Elber (26. Scholl).
Tore: 1:0 Gülünoglu (16.), 1:1 Basler (23.), 1:2 Basler (34.), 1:3 Zickler (56.), 2:3 Juran (64.).
Schiedsrichter: Berg (Konz).
Zuschauer: 31 222 (ausverkauft).
Gelbe Karten: Tarnat, Nerlinger.
Gelb/Rot: Kracht (81.).
Rote Karten: keine.

Schalke 04 - Hertha BSC
1:0 (0:0)

Schalke: Lehmann - Thon - Linke, Müller - Latal (86. Held), van Hoogdalem, Nemec, Büskens - Wilmots - Eijkelkamp, Goossens (80. Mulder).
Hertha: Kiraly - H. Herzog, Karl, Sverrisson - Veit, A. Schmidt, Dinzey, Rekdal, Mandreko (73. Dardai) - Kruse (63. Preetz), Tchami (53. Roy).
Tor: 1:0 Wilmots (54.).
Schiedsrichter: Heynemann (Magdeburg).
Zuschauer: 42 930.
Gelbe Karten: Linke, Nemec (5., gesperrt) - H. Herzog, Kruse, Sverrisson.
Gelb/Rot: keine.
Rote Karten: keine.

Bayer Leverkusen - MSV Duisburg
2:1 (2:1)

Leverkusen: Heinen - Lottner - Wörns (43. R. Kovac), Happe - Lehnhoff, Emerson (70. N. Kovac), Ramelow, Beinlich, Heintze - Rink, Meijer (79. Feldhoff).
Duisburg: Gill - Emmerling (81. Komljenovic) - Wohlert, Hajto - M. Zeyer, Wolters, Steffen, Hirsch, Osthoff (66. Vana) - Salou, Spies (43. Skoog).
Tore: 0:1 Salou (5.), 1:1 Hajto (11., Eigentor), 2:1 Happe (23.).
Schiedsrichter: Fandel (Kyllburg).
Zuschauer: 22 200.
Gelbe Karten: Meijer, Happe, Lottner - Steffen, Hirsch.
Gelb/Rot: keine.
Rote Karten: keine.

Arminia Bielefeld - Borussia Dortmund
3:1 (0:0)

Bielefeld: Miletic - Stratos - Schäfer, Meißner - J. Bode (74. Fuchs), Kuntz, Reeb, Sternkopf, Gerber - Daei (83. Silooy), Reina (90. Alder).
Dortmund: Klos - Sammer - Kohler, Heinrich (57. Zorc) - Reuter, Lambert, Ricken (86. Riethmann), Reinhardt - Möller - Herrlich (74. But), Chapuisat.
Tore: 1:0 Ricken (67., Eigentor), 1:1 Zorc (70.), 2:1 Kuntz (80.), 3:1 Stratos (88.).
Schiedsrichter: Aust (Köln).
Zuschauer: 22 512 (ausverkauft).
Gelbe Karten: Reina, Daei, Fuchs - Ricken, Kohler (5., gesperrt), Zorc, Reuter.
Gelb/Rot: Möller (63.).
Rote Karten: keine.

Hansa Rostock - 1. FC Köln
1:2 (0:1)

Rostock: Bräutigam - Zallmann (49. Dowe), März (71. Pamic), Rehmer - Yasser, Lange, Barbarez, Weilandt, Studer - Micevski, Neuville.
Köln: Menger - Baumann - Schuster, B. Schmidt - Thiam, Cichon, Munteanu, Tretschok (79. Scherr), Andersen - Rösele (72. Gaißmayer), Polster.
Tore: 0:1 Polster (27.), 0:2 Rösele (46.), 1:2 Neuville (63.).
Schiedsrichter: Jansen (Essen).
Zuschauer: 22 000.
Gelbe Karten: Studer, Yasser - Thiam, Cichon.
Gelb/Rot: keine.
Rote Karten: keine.

VfB Stuttgart - Hamburger SV
5:2 (1:1)

Stuttgart: Wohlfahrt - Haber, Verlaat, Endreß - Hagner (84. Becker), Yakin, Balakov (86. Lisztes), Soldo, Poschner - Bobic, Akpoborie.
Hamburg: Butt - Böger, Gravesen, Fischer - Spörl, A.Zeyer (49. Babatz), Cardoso, Molata, Salihamidzic - Yeboah, Dembinski.
Tore: 1:0 Yakin (2.), 1:1 Dembinski (16.), 1:2 Yeboah (54.), 2:2 Poschner (56.), 3:2 Hagner (66.), 4:2 Bobic (73.), 5:2 Bobic (78.).
Schiedsrichter: Dardenne (Nettersheim).
Zuschauer: 40 000.
Gelbe Karten: Hagner - Yeboah.
Gelb/Rot: keine.
Rote Karten: keine.

10. SPIELTAG Saison 97/98

Tore:	29; gesamt: 275.
Eigentore:	1; Karl (Hertha); gesamt: 10.
Zuschauer:	309 530; gesamt: 3 043 916.
Gelbe Karten:	35.
Gelb/Rot:	1; Hajto (Duisburg); gesamt: 14.
Rote Karten:	1; Babbel (FC Bayern); gesamt: 5.
Elfmeter:	1.
Torjäger:	Marschall (K´lautern) 10, Bobic (Stuttgart), Winkler (1860) je 7, Kirsten (Leverkusen), Präger (Wolfsburg) je 6.

VfL Wolfsburg - Werder Bremen
1:0 (0:0)

Wolfsburg: Zimmermann - J. Keller - Kovacevic, Stammann - Greiner (83. Ratke), Deering, Kryger, Reyna, Dammeier (75. Tyszkiewicz) - Präger, Meissner (75. Spies).
Bremen: Reck - Trares - Wicky, Todt - Frey, Frings, Eilts, M. Bode, Brand (55. Pfeifenberger) - Flo (87. van Lent), Labbadia (74. Skripnik).
Tor: 1:0 Präger (90.).
Schiedsrichter: Koop (Lüttenmark).
Zuschauer: 15 200 (ausverkauft).
Gelbe Karten: Meissner - Frings.
Gelb/Rot: keine.
Rote Karten: keine.

Borussia Dortmund - Bayer Leverkusen
0:1 (0:0)

Dortmund: Klos - Reuter - Heinrich, Sauerland - Knoche (79. R.Schneider), S. Freund (71. Zorc), Sousa (46. But), Lambert, Reinhardt - Herrlich, Chapuisat.
Leverkusen: Heinen - Lottner - R. Kovac, Happe - Lehnhoff, Emerson, Ramelow, Beinlich, Heintze (67. N. Kovac) - Kirsten (54. Meijer), Feldhoff (77. Zivkovic).
Tor: 0:1 Beinlich (67.).
Schiedsrichter: Zerr (Ottersweier).
Zuschauer: 54 000.
Gelbe Karten: Herrlich, Reinhardt - Kirsten, Lottner, Beinlich, Happe.
Gelb/Rot: keine.
Rote Karten: keine.

1. FC Köln - Schalke 04
0:2 (0:1)

Köln: Menger - Baumann - B. Schmidt, Schuster (44. Fensch / 77. Gaißmayer), Cichon - Thiam, Tretschok, Munteanu (54. Vladoiu), Andersen - Rösele, Polster.
Schalke: Lehmann - Thon - de Kock, Linke - Latal, Held, Wilmots, Müller (64. Anderbrügge), Büskens - Goossens (88. Max), Eijkelkamp (56. Mulder).
Tore: 0:1 Held (44.), 0:2 Mulder (86.).
Schiedsrichter: Berg (Konz).
Zuschauer: 37 000.
Gelbe Karten: Andersen, Polster - Büskens.
Gelb/Rot: keine.
Rote Karten: keine.

Hertha BSC - VfL Bochum
2:2 (1:1)

Hertha: Kiraly - Karl - H. Herzog, van Burik (64. Hartmann) - Mandreko (46. Fährmann), Veit, A. Schmidt, Rekdal (57. Dardai), Dinzey - Sverrisson, Preetz.
Bochum: Gospodarek - Stickroth - Sundermann, Fahrenhorst - Peschel, Wosz, Mamic, Hofmann, Reis (87. Schreiber) - Gülünoglu (58. Dickhaut), Közle (72. Michalke).
Tore: 1:0 Dinzey (26.), 1:1 Karl (40., Eigentor), 1:2 Wosz (53.), 2:2 van Burik (63.).
Schiedsrichter: Steinborn (Sinzig).
Zuschauer: 36 746.
Gelbe Karten: Rekdal, Kiraly, Preetz - Reis.
Gelb/Rot: keine.
Rote Karten: keine.

Hamburger SV - Karlsruher SC
3:1 (1:1)

Hamburg: Butt - Böger, Schnoor, Molata - Spörl (78. Schopp), Gravesen, A. Zeyer, Hollerbach, Salihamidzic (88. Jepsen) - Yeboah, Dembinski.
Karlsruhe: Reitmaier - Hengen - Regis, Reich - M. Keller, Nyarko, Häßler, Metz, Schepens - Schroth, Wück (59. Dundee).
Tore: 0:1 Wück (33.), 1:1 Dembinski (42.), 2:1 Gravesen (54.), 3:1 Yeboah (90.).
Schiedsrichter: Keßler (Wogau).
Zuschauer: 23 854.
Gelbe Karten: Hollerbach, Salihamidzic - Wück.
Gelb/Rot: keine.
Rote Karten: keine.

MSV Duisburg - Hansa Rostock
0:1 (0:1)

Duisburg: Gill - Wohlert, Emmerling, Hajto - Wolters (80. Hopp), Steffen, M. Zeyer (46. Vana), Osthoff, Hirsch (76. Puschmann) - Skoog, Salou.
Rostock: Bräutigam - Rehmer, Weilandt, Groth - Lange, Yasser, Dowe, Studer, Barbarez (78. Pamic) - Neuville (61. Majak), Micevski (89. Ewen).
Tor: 0:1 Neuville (23.).
Schiedsrichter: Dr. Wack (Biberbach).
Zuschauer: 18 930.
Gelbe Karten: Micevski, Lange, Majak, Weilandt.
Gelb/Rot: Hajto (74.).
Rote Karten: keine.

1. FC Kaiserslautern - Arminia Bielefeld
3:1 (2:1)

Kaiserslautern: Reinke - Kadlec - Schjönberg, Schäfer (88. Koch) - Buck, Ratinho, Roos, Wagner (46. Riedl) - Sforza - Rische, Marschall.
Bielefeld: Koch - Stratos - Schäfer, Meißner - Gerber, Reeb, Maas (62. J.Bode), Maul (62. Fuchs) - Kuntz - Reina, Sternkopf (80. Breitkreutz).
Tore: 1:0 Rische (18.), 2:0 Kadlec (31.), 2:1 Kuntz (39.), 3:1 Rische (67.).
Schiedsrichter: Wagner (Hofheim).
Zuschauer: 38 000 (ausverkauft).
Gelbe Karten: Sforza (5., gesperrt) - Gerber, Maas, Fuchs.
Gelb/Rot: keine.
Rote Karten: keine.

Borussia M´Gladbach - München 1860
5:1 (2:1)

M´Gladbach: Kamps - Hausweiler (46. Paßlack), Klinkert, Andersson, M. Schneider - Hochstätter (71. Chiquinho), Lupescu, Witeczek - Pflipsen - Juskowiak (62. Villa), Pettersson.
1860: Meier - Hofschneider - Gorges, Kientz - Jeremies (78. Malz), Stevic, Cerny, Pelé (66. Borimirov), Nowak (9. Bender), Böhme - Winkler.
Tore: 1:0 Hochstätter (7.), 1:1 Winkler (35., Foulelfmeter), 2:1 Hochstätter (38.), 3:1 Lupescu (61., Handelfmeter), 4:1 Pettersson (76.), 5:1 Paßlack (79.).
Schiedsrichter: Kemmling (Burgwedel).
Zuschauer: 23 800.
Gelbe Karten: Klinkert - Pelé, Böhme, Jeremies.
Gelb/Rot: keine.
Rote Karten: keine.

Bayern München - VfB Stuttgart
3:3 (1:1)

München: Kahn - Helmer - Babbel, Kuffour - Basler (75. Zickler), D. Hamann, Nerlinger, Scholl (29. Fink), Tarnat - Elber (88. Gerster), Jancker.
Stuttgart: Wohlfahrt - Berthold, Verlaat, Haber - Hagner, Soldo, Yakin, Poschner - Balakov - Bobic, Akpoborie.
Tore: 1:0 Jancker (13.), 1:1 Yakin (14.), 2:1 D. Hamann (60.), 2:2 Berthold (63.), 2:3 Akpoborie (68.), 3:3 Kuffour (84.).
Schiedsrichter: Heynemann (Magdeburg).
Zuschauer: 62 000.
Gelbe Karten: Scholl - Soldo, Yakin.
Gelb/Rot: keine.
Rote Karte: Babbel (4.).

Ein symbolisches Bild: Günter-Lorenz Köstner (30.1.1952) signalisiert den Wechsel in Köln und gibt sich nach dem 2:1 in Rostock kämpferisch: „Wir genießen den Sieg, aber es gibt nichts zu feiern. (oben)

„Von uns muß in jeder Situation die Initiative ausgehen", fordert Christoph Daum (24.10.1953) von seinen Leverkusenern. In Dortmund beim 1:0-Auswärtssieg haben´s die Jungs voll verinnerlicht.

11. SPIELTAG Saison 97/98

Tore:	24; gesamt: 299.
Eigentore:	keine; gesamt: 10.
Zuschauer:	241 987; gesamt: 3 285 903.
Gelbe Karten:	38.
Gelb/Rot:	1; Todt (Bremen); gesamt: 15.
Rote Karten:	keine; gesamt: 5.
Elfmeter:	2; Polster (Köln) vergab.
Torjäger:	Marschall (K´lautern) 10, Winkler (1860) 8, Bobic (Stuttgart) 7, Kirsten (Leverkusen), Präger (Wolfsburg) je 6.

VfL Bochum - 1. FC Köln
2:1 (1:0)

Bochum: Gospodarek - Waldoch, Kracht, Reis - Stickroth, Peschel (78. Bastürk), Sundermann, Hofmann - Wosz (78. Gülünoglu) - Juran, Michalke (60. Schreiber).
Köln: Menger - Baumann - Schmidt, Cichon - Tretschok, Thiam, Schuster, Munteanu, Andersen - Vladoiu (81. Rösele), Polster (85. Gaißmayer).
Tore: 1:0 Wosz (27.), 1:1 Thiam (67.), 2:1 Waldoch (89.).
Schiedsrichter: Dr. Merk (Kaiserslautern).
Zuschauer: 26 675.
Gelbe Karten: Kracht, Reis - Vladoiu.
Gelb/Rot: keine.
Rote Karten: keine.

Werder Bremen - Hamburger SV
0:0

Bremen: Reck - Trares - Todt, Wicky - Frey (76. Ramzy), Pfeifenberger, Ramzy, Brand (69. Skripnik), M. Bode - Flo, Labbadia (52. Frings).
Hamburg: Butt - Böger, Schnoor, Molata - Schopp (80. Gümüs), Gravesen (80. Weetendorf), Dembinski, Cardoso (74. Hollerbach), A. Zeyer - Yeboah, Salihamidzic.
Schiedsrichter: Aust (Köln).
Zuschauer: 34 800.
Gelbe Karten: Flo, Trares, Frings - A. Zeyer, Schnoor, Gravesen.
Gelb/Rot: Todt (65.).
Rote Karten: keine.

Karlsruher SC - Bayern München
1:1 (1:0)

Karlsruhe: Reitmaier - Hengen - Regis, Metz - M. Keller, Reich, Schepens, Wück (68. Krauß) - Häßler - Dundee (83. Gilewicz), Schroth.
München: Kahn - Helmer - Kuffour, Tarnat - Zickler (46. Scholl), Fink, Basler, D. Hamann, Nerlinger - Elber (82. Rizzitelli), Jancker.
Tore: 1:0 Schroth (40.), 1:1 Tarnat (78.).
Schiedsrichter: Dardenne (Nettersheim).
Zuschauer: 33 500 (ausverkauft).
Gelbe Karten: Regis, Wück (5., gesperrt), Metz - Nerlinger.
Gelb/Rot: keine.
Rote Karten: keine.

VfB Stuttgart - Hertha BSC
4:1 (2:0)

Stuttgart: Wohlfahrt - Haber, Verlaat, Berthold (78. Endreß) - Becker (68. Hagner), Soldo, Balakov, Yakin, Poschner - Akpoborie (58. Raducioiu), Bobic.
Hertha: Kiraly - H. Herzog, Karl, van Burik (39. Hartmann) - A. Schmidt - Veit, Dinzey, Covic (54. Dardai) - Roy (62. Tchami) - Sverrisson, Preetz.
Tore: 1:0 Yakin (19.), 2:0 Akpoborie (35.), 3:0 Balakov (71.), 4:0 Balakov (76.), 4:1 A. Schmidt (80.).
Schiedsrichter: Krug (Gelsenkirchen).
Zuschauer: 30 000.
Gelbe Karten: Berthold - Tchami, Sverrisson.
Gelb/Rot: keine.
Rote Karten: keine.

MSV Duisburg - Borussia Dortmund
0:0

Duisburg: Gill - Wohlert, Emmerling, Komljenovic - Wolters, Steffen, M. Zeyer (86. Puschmann), Osthoff, Hirsch - Salou, Spies (70. Skoog).
Dortmund: Klos - Feiersinger - Kohler, Cesar - Reuter, S. Freund, Lambert (63. But), Heinrich - Möller - Chapuisat, Herrlich (81. Booth).
Schiedsrichter: Stark (Landshut).
Zuschauer: 27 000.
Gelbe Karten: Osthoff - Möller, Feiersinger.
Gelb/Rot: keine.
Rote Karten: keine.

Bayer Leverkusen - 1. FC Kaiserslautern
1:1 (0:0)

Leverkusen: Heinen - Lottner - R. Kovac, Happe - Lehnhoff, Emerson, Ramelow, Beinlich (66. N.Kovac), Heintze - Kirsten (83. Rink), Meijer (66. Feldhoff).
Kaiserslautern: Reinke - Kadlec (25. Lutz) - Koch (84. Ballack), Schjönberg - Buck, Roos, Ratinho, Schäfer (77. Ertl), Wagner - Marschall, Rische.
Tore: 1:0 Happe (72.), 1:1 Rische (85.).
Schiedsrichter: Albrecht (Kaufbeuren).
Zuschauer: 22 500 (ausverkauft).
Gelbe Karten: Kirsten (5., gesperrt), N. Kovac.
Gelb/Rot: keine.
Rote Karten: keine.

München 1860 - VfL Wolfsburg
2:1 (2:0)

1860: Meier - Hofschneider - Kientz, Jeremies - Cerny, Stevic, Pelé (68. Walker), Malz, Böhme (46. Heldt) - Winkler, Bodden (58. Borimirov).
Wolfsburg: Zimmermann - J. Keller - Kryger, Kovacevic - Greiner (68. Ratke), Deering, Reyna, Dammeier (46. M. Spies), Stammann - Präger, Meissner (46. Tyszkiewicz).
Tore: 1:0 Winkler (23.), 2:0 Bodden (34.), 2:1 M. Spies (52.).
Schiedsrichter: Steinborn (Sinzig).
Zuschauer: 27 000.
Gelbe Karten: Jeremies, Winkler, Malz - Greiner, Tyszkiewicz, Deering, Kovacevic.
Gelb/Rot: keine.
Rote Karten: keine.

Hansa Rostock - Schalke 04
4:1 (2:0)

Rostock: Bräutigam - Weilandt - Rehmer, Yasser - Lange, Groth, Barbarez, Micevski (89. Tomoski), Dowe (67. Ehlers), Studer - Neuville (85. Pamic).
Schalke: Lehmann - de Kock, Thon, Linke - Latal, Wilmots, Nemec, Held, Büskens (52. Anderbrügge) - Goossens (70. Max), Eijkelkamp (59. Mulder).
Tore: 1:0 Dowe (18.), 2:0 Barbarez (39., Foulelfmeter), 3:0 Neuville (59.), 3:1 Goossens (69.), 4:1 Pamic (87.).
Schiedsrichter: Buchhart (Schrobenhausen).
Zuschauer: 18 000.
Gelbe Karten: Studer, Pamic - Linke, Held.
Gelb/Rot: keine.
Rote Karten: keine.

Arminia Bielefeld - Borussia M´Gladbach
3:1 (2:1)

Bielefeld: Koch - Stratos - Meißner, Schäfer - J. Bode, Kuntz, Reeb, Maas, Sternkopf - Reina (87. Gerber), Daei (90. Alder).
M´Gladbach: Kamps - Klinkert, Andersson, Paßlack (59. Juskowiak), Schneider - Lupescu, Hochstätter (64. Ketelaer) - Effenberg, Pflipsen - Witeczek, Pettersson.
Tore: 1:0 Reeb (3.), 1:1 Paßlack (7.), 2:1 Reina (32.), 3:1 Daei (90.).
Schiedsrichter: Fandel (Kyllburg).
Zuschauer: 22 512 (ausverkauft).
Gelbe Karten: Meißner (5., gesperrt), Daei, Schäfer, Sternkopf - Pflipsen, Effenberg (5., gesperrt).
Gelb/Rot: keine.
Rote Karten: keine.

12. SPIELTAG Saison 97/98

Tore:	29; gesamt: 328.
Eigentore:	keine; gesamt: 10.
Zuschauer:	321 410; gesamt: 3 607 313.
Gelbe Karten:	34.
Gelb/Rot:	2; Molata (HSV), Malz (1860); gesamt: 17.
Rote Karten:	keine; gesamt: 5.
Elfmeter:	1; Reyna (Wolfsburg) vergab.
Torjäger:	Marschall (K´lautern) 11, Winkler (1860) 6, Bobic (Stuttgart), Kirsten (Leverkusen), Präger (Wolfsburg), Häßler (KSC) je 7.

1. FC Kaiserslautern - MSV Duisburg
1:0 (1:0)

Kaiserslautern: Reinke - Kadlec - Koch, Schjönberg - Buck, Ratinho, Schäfer, Wagner - Sforza - Marschall, Rische.
Duisburg: Gill - Emmerling (79. Skoog) - Wohlert, Komljenovic - Wolters, Osthoff, Steffen, M. Zeyer (72. Vana), Hirsch (51. Puschmann) - Salou, U. Spies.
Tor: 1:0 Marschall (21.).
Schiedsrichter: Fröhlich (Berlin).
Zuschauer: 38 000 (ausverkauft).
Gelbe Karten: keine.
Gelb/Rot: keine.
Rote Karten: keine.

Schalke 04 - VfL Bochum
2:0 (0:0)

Schalke: Lehmann - Thon - de Kock, Linke - Latal, Nemec (81. Klujew), van Hoogdalem (66. Held), Büskens - Wilmots - Goossens, Eijkelkamp (66. Max).
Bochum: Gospodarek - Waldoch, Kracht, Reis (46. Mamic) - Stickroth (56. Dickhaut), Peschel, Sundermann, Wosz, Hofmann - Bastürk (46. Schreiber), Juran.
Tore: 1:0 Wilmots (68.), 2:0 Goossens (77.).
Schiedsrichter: Dr. Wack (Biberbach).
Zuschauer: 47 640.
Gelbe Karten: Nemec - Stickroth, Schreiber, Reis.
Gelb/Rot: keine.
Rote Karten: keine.

VfL Wolfsburg - Arminia Bielefeld
2:0 (1:0)

Wolfsburg: Zimmermann - J. Keller - Kleeschätzky, Kovacevic - Greiner, Deering, Kryger, Reyna, Stammann - Präger, Stevanovic (75. Meissner).
Bielefeld: Koch (46. Miletic) - Stratos - Schäfer, Silooy (78. Foxe) - J. Bode, Reeb, Kuntz, Maas, Gerber - Reina (46. Breitkreutz), Daei.
Tore: 1:0 Stevanovic (27.), 2:0 Greiner (68.).
Schiedsrichter: Zerr (Ottersweier).
Zuschauer: 13 651.
Gelbe Karten: Deering, Kleeschätzky, Kovacevic - Reeb, Schäfer.
Gelb/Rot: keine.
Rote Karten: keine.

Borussia Dortmund - Hansa Rostock
3:2 (2:1)

Dortmund: Klos - Cesar - Kohler, S. Freund (81. Sauerland) - Heinrich, Lambert, Sousa, But (58. R. Schneider), Reinhardt - Möller - Chapuisat (59. Herrlich).
Rostock: Bräutigam - Weilandt - Rehmer, Yasser - Lange, Groth (82. Baumgart), Barbarez, Micevski (58. Pamic), Dowe, Studer - Neuville (73. Majak).
Tore: 1:0 Kohler (3.), 1:1 Dowe (9.), 2:1 Möller (40.), 3:1 Möller (53.), 3:2 Baumgart (88.).
Schiedsrichter: Albrecht (Kaufbeuren).
Zuschauer: 55 000 (ausverkauft).
Gelbe Karten: Lambert, Kohler, But, Chapuisat - Micevski, Barbarez.
Gelb/Rot: keine.
Rote Karten: keine.

Hertha BSC - Karlsruher SC
3:1 (0:1)

Hertha: Kiraly - Karl (75. Arnold) - H. Herzog, Sverrisson - Veit, Rekdal, A. Schmidt, Dinzey (46. Fährmann) - Roy - Tchami (76. Kruse), Preetz.
Karlsruhe: Reitmaier - Wittwer - Ritter, Regis - M. Keller (83. Gilewicz), Reich, Hengen, Nyarko, Schepens - Häßler - Schroth (55. Dundee).
Tore: 0:1 M. Keller (2.), 1:1 Roy (56.), 2:1 Sverrisson (82.), 3:1 Preetz (90.).
Schiedsrichter: Aust (Köln).
Zuschauer: 29 604.
Gelbe Karten: Tchami, Sverrisson (5., gesperrt) - Schepens, M. Keller, Reich.
Gelb/Rot: keine.
Rote Karten: keine.

Hamburger SV - München 1860
1:2 (0:1)

Hamburg: Butt - Böger, Schnoor (74. Cardoso), Molata - Schopp (59. Weetendorf), Gravesen, Dembinski, A. Zeyer, Hollerbach - Yeboah, Salihamidzic.
1860: Meier - Fach (65. Hofschneider) - Jeremies, Kientz - Stevic, Malz - Cerny, Pelé (61. Walker), Bender, Gorges - Borimirov (84. Heldt).
Tore: 0:1 Malz (41.), 0:2 Cerny (71.), 1:2 Cardoso (77.).
Schiedsrichter: Weber (Essen).
Zuschauer: 23 115.
Gelbe Karten: Bender, Jeremies, Pelé (5., gesperrt).
Gelb/Rot: Malz (48.) - Molata (79.).
Rote Karten: keine.

Borussia M´Gladbach - Bayer Leverkusen
2:2 (1:1)

M´Gladbach: Kamps - Paßlack (70. Ketelaer), Klinkert (82. Chiquinho), Andersson, M. Schneider - Lupescu - Pflipsen - Witeczek, Wynhoff - Pettersson, P. Pedersen (74. Villa).
Leverkusen: Heinen - Lottner - Wörns, Happe - Lehnhoff (79. Zivkovic), Emerson (34. R.Kovac), Ramelow, Beinlich, Heintze - Feldhoff (84. Frydek), Meijer.
Tore: 1:0 Pettersson (9.), 1:1 Meijer (23.), 1:2 Feldhoff (78.), 2:2 Andersson (89.).
Schiedsrichter: Buchhart (Schrobenhausen).
Zuschauer: 25 900.
Gelbe Karten: Wynhoff - Wörns, Meijer (5., gesperrt).
Gelb/Rot: keine.
Rote Karten: keine.

Bayern München - Werder Bremen
2:0 (1:0)

München: Kahn - Helmer - Kuffour, Tarnat - Basler (85. Gerster), D. Hamann, Fink, Nerlinger - Scholl - Jancker (71. Zickler), Elber.
Bremen: Reck - Trares - Wicky, Ramzy - Frey, Pfeifenberger, Eilts (77. Wiedener), Frings, Brand (64. Harttgen) - Flo (71. van Lent), M. Bode.
Tore: 1:0 Jancker (33.), 2:0 Basler (71.).
Schiedsrichter: Keßler (Wogau).
Zuschauer: 63 000 (ausverkauft).
Gelbe Karten: Jancker, Scholl - Ramzy, Eilts, Brand.
Gelb/Rot: keine.
Rote Karten: keine.

1. FC Köln - VfB Stuttgart
4:2 (3:1)

Köln: Menger - Baumann - Schmidt, Cichon - Thiam, Schuster, Tretschok, Munteanu (79. Rytschkow), Andersen - Vladoiu (65. Rösele), Polster (89. Nadaroglu).
Stuttgart: Wohlfahrt - Haber, Verlaat, Soldo - Hagner, Schwarz (83. Ristic), Poschner, Bochtler (46. Becker) - Balakov (58. Raducioiu) - Bobic, Akpoborie.
Tore: 1:0 Vladoiu (2.), 1:1 Poschner (9.), 2:1 Tretschok (15.), 3:1 Vladoiu (39.), 4:1 Rösele (68.), 4:2 Raducioiu (75.).
Schiedsrichter: Kemmling (Burgwedel).
Zuschauer: 25 500.
Gelbe Karten: Vladoiu - Soldo, Poschner.
Gelb/Rot: keine.
Rote Karten: keine.

„Ich will mit meiner Mannschaft möglichst rasch nach oben", so die Zielstellung von Bochums Klaus Toppmöller (12.8.1951). Das 2:2 in Berlin könnte da vielleicht Signalwirkung haben … (oben)

„Bei Hertha wollen wir mit dem Abstieg nichts zu tun haben", gab sich Jürgen Röber (25.12.1953) vor Saisonstart selbstbewußt. Beim 3:1 gegen Karlsruhe ging es für ihn schon um „alles oder nichts".

13. SPIELTAG Saison 97/98

Tore:	33; gesamt:361.
Eigentore:	1; Trares (Bremen); gesamt: 11.
Zuschauer:	319 822; gesamt: 3 927 135.
Gelbe Karten:	40.
Gelb/Rot:	keine; gesamt: 17.
Rote Karten:	1; Kuffour (FC Bayern); gesamt: 6.
Elfmeter:	3; Zeyer (Duisburg) vergab.
Torjäger:	Marschall (K´lautern) 13, Winkler (1860) 9, Bobic (Stuttgart) , Kirsten (Leverkusen), Präger (Wolfsburg), Häßler (KSC) je 7.

MSV Duisburg - Borussia M´Gladbach
4:5 (2:2)

Duisburg: Gill - Emmerling (83. Hajto) - Wohlert, Komljenovic - Wolters (74. Puschmann), M. Zeyer, Steffen, Hirsch (73. Skoog) - Salou, U. Spies, Osthoff.
M´Gladbach: Kamps - Paßlack, Klinkert, Andersson, M.Schneider - Hochstätter (64. Ketelaer), Witeczek - Effenberg, Pflipsen - Pettersson (69. Juskowiak), P. Pedersen (85. Fournier).
Tore: 1:0 Wohlert (7.), 1:1 M. Schneider (9.), 2:1 Osthoff (24.), 2:2 Hochstätter (37.), 2:3 Juskowiak (69.), 2:4 Effenberg (76., Foulelfmeter), 3:4 Skoog (83.), 4:4 Salou (88.), 4:5 Juskowiak (90.).
Schiedsrichter: Steinborn (Sinzig).
Zuschauer: 19 910.
Gelbe Karten: Wolters (5., gesperrt) - Effenberg.
Gelb/Rot: keine.
Rote Karten: keine.

Bayer Leverkusen - VfL Wolfsburg
2:1 (1:0)

Leverkusen: Heinen - Lottner - Wörns, Happe - Lehnhoff, Ramelow, Beinlich, Heintze - Emerson (89. R.Kovac) - Kirsten, Feldhoff (46. Rink).
Wolfsburg: Zimmermann - J. Keller - Kleeschätzky (69. M. Spies), Kryger - Kovacevic - Greiner (75. Ratke), Deering, Reyna, Stammann - Präger, Stevanovic (69. Meissner).
Tore: 1:0 Kirsten (37. Foulelfmeter), 2:0 Lehnhoff (80.), 2:1 Präger (86.).
Schiedsrichter: Dr. Merk (Kaiserslautern).
Zuschauer: 21 300.
Gelbe Karten: J. Keller, Stammann.
Gelb/Rot: keine.
Rote Karten: keine.

Borussia Dortmund - 1. FC Kaiserslautern
2:2 (2:1)

Dortmund: Klos - Feiersinger - Kohler (63. Reinhardt), Cesar - Reuter, But (74. Lambert), Sousa, S. Freund, Heinrich - Möller - Herrlich (81. Booth).
Kaiserslautern: Reinke - Brehme - Lutz, Schjönberg - Buck, Ratinho (63. Roos), Hristov, Koch (37. Kuka), Reich - Sforza - Marschall.
Tore: 1:0 S. Freund (4.), 2:0 Heinrich (30.), 2:1 Marschall (41.), 2:2 Marschall (76.).
Schiedsrichter: Heynemann (Magdeburg).
Zuschauer: 55 000 (ausverkauft).
Gelbe Karten: Sousa - Buck, Schjönberg.
Gelb/Rot: keine.
Rote Karten: keine.

Karlsruher SC - 1. FC Köln
3:1 (0:1)

Karlsruhe: Reitmaier - Wittwer - Regis, Metz - M. Keller (86. Nyarko), Ritter, Hengen (46. Schroth), Wück - Häßler - Dundee, Gilewicz (81. Bähr).
Köln: Menger - Baumann - Schmidt, Cichon (81. Luciano) - Schuster - Thiam, Tretschok, Munteanu (60. Rösele), Andersen - Vladoiu, Polster.
Tore: 0:1 Polster (42.), 1:1 Ritter (56.), 2:1 Häßler (68.), 3:1 Häßler (90.).
Schiedsrichter: Stark (Landshut).
Zuschauer: 28 800.
Gelbe Karten: Wück, Gilewicz - Andersen, Cichon.
Gelb/Rot: keine.
Rote Karten: keine.

VfB Stuttgart - Schalke 04
0:0

Stuttgart: Wohlfahrt - Haber, Verlaat, Berthold - Schwarz, Soldo (76. Endreß), Raducioiu (70. Hagner), Yakin, Poschner - Bobic, Akpoborie.
Schalke: Lehmann - Thon - de Kock, Linke - Latal, van Hoogdalem, Nemec, Büskens - Wilmots - Goossens (62. Max), Eijkelkamp (83. Klujew).
Schiedsrichter: Koop (Boizenburg).
Zuschauer: 52 900.
Gelbe Karten: Berthold, Schwarz, Hagner - van Hoogdalem, Eijkelkamp, de Kock.
Gelb/Rot: keine.
Rote Karten: keine.

Werder Bremen - Hertha BSC
0:2 (0:1)

Bremen: Reck - Trares - Wicky, Todt - Frey (75. Ramzy), Eilts, Harttgen (46. Benken), Skripnik, Brand (34. Flo) - Frings, M. Bode.
Hertha: Kiraly - H. Herzog, Karl, Mandreko - Veit, A. Schmidt, Rekdal, Arnold (83. Dardai), Dinzey - Tchami (80. Kruse), Preetz.
Tore: 0:1 Trares (10., Eigentor), 0:2 Preetz (88.).
Schiedsrichter: Wagner (Hofheim).
Zuschauer: 33 000.
Gelbe Karten: Frey, Brand - H. Herzog (5., gesperrt), Mandreko, Karl, Preetz, Dardai.
Gelb/Rot: keine.
Rote Karten: keine.

Hansa Rostock - VfL Bochum
2:2 (1:0)

Rostock: Bräutigam - Weilandt - Rehmer, Gansauge - Lange (46. Micevski), Groth, Barbarez, Yasser (80. Ehlers), Dowe, Studer (63. Pamic) - Neuville.
Bochum: Gospodarek - Kracht - Waldoch, Reis - Peschel, Hofmann (90. Reichel), Sundermann, Wosz, Schreiber - Donkov (78. Gülünoglu), Baluszynski (70. Mamic).
Tore: 1:0 Barbarez (20.), 1:1 Donkov (52.), 1:2 Peschel (59.), 2:2 Micevski (75.).
Schiedsrichter: Fandel (Kyllburg).
Zuschauer: 16 500.
Gelbe Karten: Studer, Lange (5., gesperrt), Yasser - Donkov, Schreiber, Kracht.
Gelb/Rot: keine.
Rote Karten: keine.

München 1860 - Bayern München
2:2 (1:1)

1860: Meier - Jeremies - Kientz, Gorges - Cerny, Stevic, Bender, Walker, Heldt (70. Böhme) - Winkler, Borimirov (82. Bodden).
Bayern: Kahn - Helmer - Babbel, Kuffour - Basler (73. Fink), D.Hamann, Scholl, Nerlinger, Tarnat - Jancker (62. Zickler), Elber (83. Strunz).
Tore: 1:0 Heldt (9.), 1:1 D. Hamann (35.), 2:1 Winkler (52.), 2:2 Basler (54.).
Schiedsrichter: Krug (Gelsenkirchen).
Zuschauer: 69 900 (ausverkauft).
Gelbe Karten: Gorges, Stevic, Heldt, Jeremies - Babbel, Basler.
Gelb/Rot: keine.
Rote Karte: Kuffour (68.).

Arminia Bielefeld - Hamburger SV
0:3 (0:1)

Bielefeld: Koch - Stratos - Schäfer (46. Breitkreutz), Meißner - J. Bode, Reeb, Maas, Sternkopf (70. Fuchs), Maul - Kuntz, Reina (74. Ivanovic).
Hamburg: Butt - Fischer, Schnoor, Böger - Spörl (88. Schopp), Gravesen, Dembinski, A. Zeyer, Hollerbach (90. Jepsen) - Yeboah, Salihamidzic (86. Cardoso).
Tore: 0:1 Dembinski (37.), 0:2 Schnoor (50.), 0:3 Salihamidzic (60.).
Schiedsrichter: Strampe (Handorf).
Zuschauer: 22 512 (ausverkauft).
Gelbe Karten: Meißner, Sternkopf, Kuntz - A. Zeyer.
Gelb/Rot: keine.
Rote Karten: keine.

14. SPIELTAG Saison 97/98

Tore:	21; gesamt: 382.
Eigentore:	1; Kleeschätzky (Wolfsburg); gesamt: 12.
Zuschauer:	295 537; gesamt: 4 222 672.
Gelbe Karten:	36.
Gelb/Rot:	keine; gesamt: 17.
Rote Karten:	keine; gesamt: 6.
Elfmeter:	1; Deering (Wolfsburg) vergab.
Torjäger:	Marschall (K´lautern) 13, Kirsten (Leverkusen) 10, Winkler (1860) 9, Bobic (Stuttgart), Präger (Wolfsburg), Häßler (KSC), Balakov (Stuttgart) je 7.

VfL Wolfsburg - MSV Duisburg
0:2 (0:2)

Wolfsburg: Zimmermann - J. Keller - Kleeschätzky, Kovacevic - Jensen (46. M. Spies), Greiner, Deering (46. Meissner), Stammann, Kryger - Präger, Stevanovic (68. Tyszkiewicz).
Duisburg: Gill - Emmerling - Komljenovic, Wohlert - Puschmann, M. Zeyer (79. Vana), Neun (79. Hirsch), Steffen, Osthoff - U. Spies (87. Hopp), Salou.
Tore: 0:1 Kleeschätzky (13., Eigentor), 0:2 U. Spies (45.).
Schiedsrichter: Aust (Köln).
Zuschauer: 13 165.
Gelbe Karten: Kryger - Komljenovic.
Gelb/Rot: keine.
Rote Karten: keine.

1. FC Kaiserslautern - Hansa Rostock
4:3 (2:2)

Kaiserslautern: Reinke - Kadlec - Schjönberg, H. Koch (78. Hristov) - Buck, Ratinho, Roos, Reich (82. Wagner) - Sforza - Marschall, Rische.
Rostock: Bräutigam - Rehmer, Zallmann (84. Pamic), Gansauge - Groth, Micevski (46. Weilandt), Ehlers, Barbarez (84. Baumgart), Dowe, Majak - Neuville.
Tore: 1:0 Sforza (2.), 1:1 Barbarez (8.), 1:2 Dowe (18.), 2:2 Rische (38.), 3:2 Schjönberg (48.), 3:3 Neuville (67.), 4:3 Rische (83.).
Schiedsrichter: Dardenne (Nettersheim).
Zuschauer: 38 000 (ausverkauft).
Gelbe Karten: Kadlec, Buck, Schjönberg - Groth, Barbarez, Majak, Neuville.
Gelb/Rot: keine.
Rote Karten: keine.

1. FC Köln - Werder Bremen
2:0 (0:0)

Köln: Menger - Baumann - B. Schmidt, Schuster (46. Rösele) - Thiam, Cichon, Tretschok, Munteanu (88. Nadaroglu), Andersen - Vladoiu (68. Gaißmayer), Polster.
Bremen: Reck - Trares - Todt, Wicky - Frey (71. Ramzy), Frings, Eilts (76. Wiedener), M. Bode, Skripnik (88. Harttgen) - Labbadia, Flo.
Tore: 1:0 Gaißmayer (86.), 2:0 Thiam (90.).
Schiedsrichter: Zerr (Ottersweier).
Zuschauer: 21 000.
Gelbe Karten: Thiam, Baumann - Eilts, Skripnik, Labbadia, Frey.
Gelb/Rot: keine.
Rote Karten: keine.

Hertha BSC - München 1860
2:0 (2:0)

Hertha: Kiraly - Sverrisson, Rekdal, A. Schmidt - Mandreko (82. Fährmann), Karl, Veit, Dinzey - Arnold (71. Dardai) - Tchami (41. Kruse), Preetz.
1860: Hoffmann - Fach - Gorges, Kientz - Cerny, Walker (36. Nowak), Malz, Bender - Pelé (65. Heldt) - Winkler (65. Bodden), Borimirov.
Tore: 1:0 Preetz (15.), 2:0 A. Schmidt (33.).
Schiedsrichter: Jansen (Essen).
Zuschauer: 50 054.
Gelbe Karten: Dinzey - Fach, Gorges.
Gelb/Rot: keine.
Rote Karten: keine.

Bayern München - Arminia Bielefeld
1:0 (1:0)

München: Kahn - Helmer - Babbel, Fink - Basler, D. Hamann, Scholl, Nerlinger, Tarnat - Elber, Jancker (74. Zickler).
Bielefeld: Koch - Stratos (80. Breitkreutz) - Schäfer, Meißner - J. Bode (66. Gerber), Reeb, Maas, Reina, Sternkopf (66. Maul) - Kuntz, Daei.
Tor: 1:0 Elber (24.).
Schiedsrichter: Kemmling (Burgwedel).
Zuschauer: 47 000.
Gelbe Karten: Stratos, Maas.
Gelb/Rot: keine.
Rote Karten: keine.

Hamburger SV - Bayer Leverkusen
0:1 (0:0)

Hamburg: Butt - Fischer, Schnoor, Molata (71. Cardoso) - Spörl (75. Schopp), Dembinski, Böger, Gravesen, Hollerbach (60. Weetendorf) - Yeboah, Salihamidzic.
Leverkusen: Heinen - Happe - Wörns, Zivkovic - Lehnhoff, Emerson, Ramelow, Beinlich (76. N.Kovac), Heintze - Kirsten (90. Rink), Meijer (63. R. Kovac).
Tor: 0:1 Heintze (56.).
Schiedsrichter: Steinborn (Sinzig).
Zuschauer: 29 819.
Gelbe Karten: Yeboah, Weetendorf - Kirsten.
Gelb/Rot: keine.
Rote Karten: keine.

Borussia M´Gladbach - Borussia Dortmund
1:1 (1:1)

M´Gladbach: Kamps - Paßlack, Klinkert, Andersson, M. Schneider - Effenberg (46. Ketelaer) - Lupescu, Witeczek - Pflipsen - P. Pedersen (72. Juskowiak), Pettersson.
Dortmund: Klos - Feiersinger - Reuter, Cesar - Kirovski, S. Freund, Sousa (78. Zorc), But, Heinrich - Möller - Booth.
Tore: 1:0 Paßlack (4.), 1:1 Booth (17.).
Schiedsrichter: Dr. Wack (Biberbach).
Zuschauer: 34 500 (ausverkauft).
Gelbe Karten: Effenberg - S. Freund, Heinrich, Reuter.
Gelb/Rot: keine.
Rote Karten: keine.

Schalke 04 - Karlsruher SC
2:0 (0:0)

Schalke: Lehmann - Thon - Linke, de Kock - Latal, van Hoogdalem (61. Held), Nemec, Büskens - Wilmots - Eijkelkamp (84. Müller), Max (65. Goossens).
Karlsruhe: Reitmaier - Wittwer, Metz, Regis - M. Keller (32. Bähr / 82. Schroth), Ritter, Häßler, Hengen, Schepens - Gilewicz, Dundee.
Tore: 1:0 Linke (77.), 2:0 Büskens (88.).
Schiedsrichter: Albrecht (Kaufbeuren).
Zuschauer: 37960.
Gelbe Karten: de Kock - Schepens.
Gelb/Rot: keine.
Rote Karten: keine.

VfL Bochum - VfB Stuttgart
0:2 (0:0)

Bochum: Gospodarek - Kracht, Sundermann (77. Baluszynski), Waldoch - Peschel (46. Gülünoglu), Dickhaut, Schreiber (59. Michalke), Hofmann - Wosz - Donkov, Juran.
Stuttgart: Wohlfahrt - T. Schneider, Verlaat, Berthold - Djordjevic (78. Haber), Yakin, Poschner, Schwarz - Balakov - Bobic (90. Endreß), Raducioiu (73. Akpoborie).
Tore: 0:1 Akpoborie (74.), 0:2 Balakov (89.).
Schiedsrichter: Keßler (Wogau).
Zuschauer: 24 039.
Gelbe Karten: Juran, Wosz (5., gesperrt), Hofmann, Kracht (5., gesperrt) - Verlaat, T. Schneider, Poschner.
Gelb/Rot: keine.
Rote Karten: keine.

„Die sollen nicht quatschen, die sollen Fußball spielen", sagt Werner Lorant (21.11.1948). Im Derby gegen die Bayern setzen die „Löwen" den Wahlspruch ihres „Dompteurs" um und haben Erfolg: 2:2!

„Es kann keine andere Zielstellung als den Klassenerhalt geben", so Friedhelm Funkel (10.12.1953) über die Liga-Ambitionen der Duisburger. Nach dem 2:0 in Wolfsburg scheint alles im Plan zu sein. (unten)

 STATISTIK

Karlsruher SC - VfL Bochum
1:1 (0:0)

Karlsruhe: Reitmaier - Hengen - Ritter, Regis - Metz, Reich, Nyarko, Wück - Häßler - Gilewicz (78. Dundee), Schroth (87. Bähr).
Bochum: Gospodarek - Waldoch, Kracht, Reis (68. Schreiber) - Peschel, Dickhaut, Bastürk (75. Michalke), Hofmann, Sundermann - Donkov, Baluszynski (68. Hutwelker).
Tore: 1:0 Nyarko (64.), 1:1 Donkov (90.).
Schiedsrichter: Heynemann (Magdeburg).
Zuschauer: 21 000.
Gelbe Karten: Regis (5. gesperrt), Nyarko - Bastürk.
Gelb/Rot: keine.
Rote Karten: keine.

MSV Duisburg - Hamburger SV
3:0 (2:0)

Duisburg: Gill - Komljenovic, Emmerlimg, Hajto - Wolters (56. Puschmann), Wohlert, Neun, M. Zeyer (68. Vana), Steffen - Salou (80. U. Spies), Osthoff.
Hamburg: Butt - Fischer, Gravesen, Böger - Spörl, Kmetsch, A. Zeyer (72. Trejgis), Cardoso, Salihamidzic - Dembinski, Yeboah.
Tore: 1:0 Salou (14.), 2:0 M. Zeyer (45.), 3:0 Puschmann (80.).
Schiedsrichter: Berg (Konz).
Zuschauer: 14 979.
Gelbe Karten: Emmerling, Osthoff, Neun - Kmetsch.
Gelb/Rot: keine.
Rote Karten: keine.

Borussia Dortmund - VfL Wolfsburg
2:1 (1:0)

Dortmund: Klos - Feiersinger - Reuter, Heinrich - Kirovski (83. Timm), S. Freund, Sousa, But, Reinhardt - Decheiver, Herrlich (85. Zorc).
Wolfsburg: Zimmermann - J. Keller - Kryger (83. Tyszkiewicz), Kleeschätzky - Greiner, Dammeier, Reyna - Präger, Stevanovic (64. Meissner).
Tore: 1:0 Heinrich (45.), 2:0 But (60.), 2:1 Reyna (73.).
Schiedsrichter: Buchhart (Schrobenhausen).
Zuschauer: 50 500.
Gelbe Karten: Reuter, Feiersinger, But - J. Keller, Greiner, Kleeschätzky.
Gelb/Rot: keine.
Rote Karten: keine.

Werder Bremen - Schalke 04
2:1 (2:1)

Bremen: Reck - Trares - Wicky, Ramzy - Todt, Frings, Eilts, Brand (82. Harttgen), Skripnik (70. Flo) - Labbadia (89. van Lent), M.Bode.
Schalke: Lehmann - Müller (79. Anderbrügge) - de Kock, Linke - van Hoogdalem, Nemec, Held, Wilmots (68. Klujew), Büskens - Goossens, Eijkelkamp (60. Max).
Tore: 0:1 Eijkelkamp (34.), 1:1 M. Bode (36.), 2:1 Ramzy (39.).
Schiedsrichter: Fröhlich (Berlin).
Zuschauer: 26 700.
Gelbe Karten: Skripnik, Todt - Eijkelkamp, de Kock, Lehmann.
Gelb/Rot: van Hoogdalem (56.).
Rote Karten: keine.

Arminia Bielefeld - Hertha BSC
1:3 (1:0)

Bielefeld: Koch - Stratos (79. Bagheri) - Schäfer, Meißner - J. Bode (69. Reina), Reeb, Maas, Sternkopf, Gerber (69. Maul) - Daei, Kuntz.
Hertha: Kiraly - A. Schmidt, Rekdal, Sverrisson - Fährmann, Veit, Karl, Dinzey - Arnold (80. van Burik) - Lakies (59. H. Herzog), Preetz.
Tore: 1:0 Kuntz (37., Foulelfmeter), 1:1 Preetz (60.), 1:2 A. Schmidt (64.), 1:3 Rekdal (90.).
Schiedsrichter: Dr. Merk (Kaiserslautern).
Zuschauer: 19 135.
Gelbe Karten: Schäfer, Maas - Arnold, Sverrisson, Rekdal, Dinzey (5., gesperrt), Fährmann.
Gelb/Rot: keine.
Rote Karten: keine.

VfB Stuttgart - Hansa Rostock
2:1 (1:0)

Stuttgart: Wohlfahrt - T. Schneider, Verlaat, Berthold - Djordjevic (80. Haber), Poschner, Soldo, Yakin - Balakov - Akpoborie (82. Schwarz), Bobic (82. Raducioiu).
Rostock: Bräutigam (57. Pieckenhagen) - Gansauge, Zallmann, Rehmer - Groth, Dowe, Lange, Studer (79. Majak) - Yasser (57. Barbarez), Pamic - Neuville.
Tore: 1:0 Djordjevic (11.), 1:1 Pamic (62.), 2:1 Balakov (70.).
Schiedsrichter: Weber (Essen).
Zuschauer: 25 000.
Gelbe Karten: Berthold, Verlaat, T. Schneider.
Gelb/Rot: keine.
Rote Karten: keine.

München 1860 - 1. FC Köln
1:0 (1:0)

1860: Hoffmann - Fach - Gorges, Kientz - Cerny, Malz, Bender, Jeremies, Heldt (60. Nowak) - Borimirov (77. Stevic), Agostino (86. Walker).
Köln: Menger - Baumann - Schmidt, Cichon (87. Azizi) - Thiam, Vucevic, Tretschok, Munteanu (74. Gaißmayer), Schuster - Vladoiu (66. Rösele), Polster.
Tor: 1:0 Agostino (23.).
Schiedsrichter: Fandel (Kyllburg).
Zuschauer: 20 000.
Gelbe Karten: Malz (5., gesperrt) - Vucevic, Cichon (5., gesperrt).
Gelb/Rot: keine.
Rote Karten: keine.

Borussia M´Gladbach - 1. FC Kaiserslautern
1:3 (0:1)

M´Gladbach: Kamps - Paßlack, Klinkert, Andersson, M. Schneider - Chiquinho, Hausweiler (72. Ketelaer), Witeczek - Pflipsen - P. Pedersen (55. Pettersson), Juskowiak.
Kaiserslautern: Reinke - Kadlec - Koch, Schjönberg - Buck, Roos, Wagner (68. Reich), Lutz - Sforza - Kuka (73. Rische), Marschall (81. Schäfer).
Tore: 0:1 Buck (29.), 0:2 Kuka (49.), 1:2 Andersson (65.), 1:3 Rische (76.).
Schiedsrichter: Stark (Landshut).
Zuschauer: 26 300.
Gelbe Karten: Andersson - Wagner.
Gelb/Rot: keine.
Rote Karten: keine.

Bayer Leverkusen - Bayern München
4:2 (1:2)

Leverkusen: Heinen - Happe - R. Kovac, Wörns - Lehnhoff, Emerson (9. N.Kovac / 67. Frydek), Ramelow, Beinlich, Heintze - Kirsten, Meijer (82. Rink).
München: Kahn - Matthäus - Kuffour, Helmer - Fink (77. Babbel), Hamann, Scholl (61. Zickler), Nerlinger, Tarnat - Elber (79. Rizzitelli), Jancker.
Tore: 0:1 Elber (6.), 0:2 Jancker (25.), 1:2 Heintze (45.), 2:2 Kirsten (69.), 3:2 Kirsten (90.), 4:2 Kirsten (90.).
Schiedsrichter: Heynemann (Magdeburg).
Zuschauer: 22 500 (ausverkauft).
Gelbe Karten: Rink - Matthäus, Tarnat, Kahn, Kuffour.
Gelb/Rot: keine.
Rote Karte: Wörns (33.).

15. SPIELTAG Saison 97/98

Tore:	29; gesamt: 411.
Eigentore:	keine; gesamt: 12.
Zuschauer:	226 114; gesamt: 4 448 786..
Gelbe Karten:	38.
Gelb/Rot:	1; van Hoogdalem (Schalke); gesamt: 18.
Rote Karten:	1; Wörns (Leverkusen); gesamt 7.
Elfmeter:	1.
Torjäger:	Marschall (K´lautern) 13, Kirsten (Leverkusen) 10, Winkler (1860) 9, Bobic (Stuttgart), Präger (Wolfsburg), Häßler (KSC), Balakov (Stuttgart) je 7.

VfL Bochum - Werder Bremen
0:1 (0:0)

Bochum: Gospodarek - Kracht, Waldoch, Reis (67. Gülünoglu) - Peschel (67. Michalke), Hofmann, Sundermann (46. Hutwelker), Schreiber - Wosz - Baluszynski, Donkov.
Bremen: Reck - Trares - Ramzy, Todt - Frings, Wicky (81. Pfeifenberger), Eilts, Brand (69. Harttgen), Skripnik - Labbadia (46. van Lent), M. Bode.
Tor: 0:1 Brand (65.).
Schiedsrichter: Steinborn (Sinzig).
Zuschauer: 22 605.
Gelbe Karten: Schreiber (5. gesperrt) - Wicky.
Gelb/Rot: keine.
Rote Karten: keine.

Hamburger SV - Borussia Dortmund
1:3 (1:1)

Hamburg: Butt - Fischer, Schnoor, Böger - Spörl (61. Kmetsch), Gravesen, Dembinski, A. Zeyer, Hollerbach (46. Cardoso) - Yeboah, Salihamidzic.
Dortmund: Klos - Feiersinger - Reuter, Cesar - Kirovski, S. Freund, Sousa (86. Zorc), But, Heinrich - Chapuisat (79. Booth), Herrlich.
Tore: 0:1 Herrlich (21.), 1:1 Spörl (42.), 1:2 Chapuisat (56.), 1:3 Herrlich (75.).
Schiedsrichter: Wagner (Hofheim).
Zuschauer: 37 854.
Gelbe Karten: Gravesen - Reuter (5., gesperrt), Sousa, Booth.
Gelb/Rot: Schnoor (80.).
Rote Karten: keine.

VfL Wolfsburg - 1. FC Kaiserslautern
2:1 (1:0)

Wolfsburg: Zimmermann - J. Keller - Kryger, Kovacevic - Greiner, M. Spies, Reyna, Dammeier (72. Tyszkiewicz), Nowotny - Präger, Stevanovic (13. Meissner / 86. Ballwanz).
Kaiserslautern: Reinke - Kadlec (83. Ballack) - Koch (46. Wagner), Lutz - Buck, Roos, Sforza, Hristov, Reich - Rische (74. Ertl), Kuka.
Tore: 1:0 M. Spies (26.), 1:1 Wagner (65.), 2:1 J. Keller (81., Foulelfmeter).
Schiedsrichter: Krug (Gelsenkirchen).
Zuschauer: 20 112 (ausverkauft).
Gelbe Karten: Nowotny, Dammeier, M. Spies - Hristov, Reich.
Gelb/Rot: keine.
Rote Karten: keine.

VfB Stuttgart - Karlsruher SC
3:0 (2:0)

Stuttgart: Wohlfahrt - T. Schneider, Verlaat, Berthold - Djordjevic, Soldo (83. Spanring), Yakin, Poschner - Balakov - Akpoborie (67. Raducioiu), Bobic (88. Ristic).
Karlsruhe: Reitmaier - Hengen - Ritter, Metz - Reich, Nyarko, Wück, Schepens (46. Schroth) - Häßler - Dundee, Gilewicz (81. Krauß).
Tore: 1:0 Bobic (20.), 2:0 Bobic (32.), 3:0 Akpoborie (67.).
Schiedsrichter: Dr. Wack (Biberbach).
Zuschauer: 44 000.
Gelbe Karten: T. Schneider - Ritter, Gilewicz.
Gelb/Rot: Nyarko (78.).
Rote Karten: keine.

Schalke 04 - München 1860
2:0 (0:0)

Schalke: Lehmann - Thon - Linke, de Kock - Latal, Nemec, Müller, Büskens - Wilmots - Eijkelkamp (70. Held), Max (89. Kurz).
1860: Hoffmann - Kientz (76. Heldt), Fach, Gorges - Hofschneider, Stevic (64. Agostino) - Bender, Jeremies, Nowak (64. Pelé) - Borimirov, Cerny.
Tore: 1:0 Max (49.), 2:0 Wilmots (90.).
Schiedsrichter: Keßler (Wogau).
Zuschauer: 38 610.
Gelbe Karten: Büskens - Hofschneider, Bender.
Gelb/Rot: keine.
Rote Karten: keine.

1. FC Köln - Arminia Bielefeld
3:5 (2:2)

Köln: Menger - Baumann - Schmidt, Schuster - Thiam, Fensch (78. Luciano), Vucevic (13. Scherr), Munteanu, Tretschok - Rösele (60. Gaißmayer), Polster.
Bielefeld: Koch - Stratos - Schäfer, Meißner - Reeb, Maas, Breitkreutz, Sternkopf (46. Bagheri), Gerber - Reina (88. Bremke), Kuntz.
Tore: 0:1 Reeb (6.), 0:2 Kuntz (10.), 1:2 Tretschok (14.), 2:2 Baumann (20.), 2:3 Kuntz (48.), 3:3 Gaißmayer (63.), 3:4 Reina (80.), 3:5 Kuntz (90.).
Schiedsrichter: Albrecht (Kaufbeuren).
Zuschauer: 18 000.
Gelbe Karten: Polster - G. Koch.
Gelb/Rot: keine.
Rote Karten: keine.

Hertha BSC - Bayer Leverkusen
2:2 (2:0)

Hertha: Kiraly - Rekdal - Sverrisson, Herzog - Fährmann, A. Schmidt, Arnold, Karl (60. van Burik), Veit (71. Hartmann) - Covic (67. Dardai), Preetz.
Leverkusen: Heinen - Happe - Wörns, Zivkovic - Lehnhoff (46. N. Kovac), Emerson, Ramelow, Beinlich, Heintze - Kirsten, Meijer.
Tore: 1:0 Arnold (2.), 2:0 Covic (32.), 2:1 Kirsten (60.), 2:2 Beinlich (62., Foulelfmeter).
Schiedsrichter: Strampe (Handorf).
Zuschauer: 52 550.
Gelbe Karten: Sverrisson, Hartmann, Covic - Happe, Emerson, Beinlich, Kirsten.
Gelb/Rot: keine.
Rote Karten: keine.

Bayern München - MSV Duisburg
3:0 (2:0)

München: Kahn - Matthäus (79. Kuffour) - Helmer, Babbel - Basler (76. Zickler), D. Hamann, Nerlinger, Scholl, Tarnat - Elber, Rizzitelli (67. Fink).
Duisburg: Gill - Emmerling - Komljenovic, Hirsch (62. Vana) - Puschmann, Osthoff, M. Zeyer, Neun, Wohlert - Salou, U. Spies.
Tore: 1:0 Helmer (10.), 2:0 Rizzitelli (37.), 3:0 Scholl (72.).
Schiedsrichter: Koop (Lüttenmark).
Zuschauer: 40 000.
Gelbe Karten: Rizzitelli - Neun.
Gelb/Rot: keine.
Rote Karten: keine.

Hansa Rostock - Borussia M´Gladbach
2:0 (2:0)

Rostock: Pieckenhagen - Rehmer, Zallmann, Gansauge - Lange, Groth, Barbarez, Weilandt (53. Micevski), Dowe (46. Yasser), Majak - Neuville (86. Baumgart).
M´Gladbach: Kamps - Paßlack, Klinkert, Andersson, M. Schneider (64. Pettersson) - Chiquinho (25. M. Pedersen), Hausweiler, Pflipsen, Witeczek - P. Pedersen, Juskowiak.
Tore: 1:0 Neuville (7.), 2:0 Neuville (28.).
Schiedsrichter: Berg (Konz).
Zuschauer: 14 500.
Gelbe Karten: Hausweiler, Paßlack, Klinkert, Pflipsen.
Gelb/Rot: keine.
Rote Karten: keine.

16. SPIELTAG Saison 97/98

Tore:	30; gesamt: 441.
Eigentore:	keine; gesamt: 12.
Zuschauer:	288 231; gesamt: 4 737 017.
Gelbe Karten:	32.
Gelb/Rot:	2; Schnoor (HSV), Nyarko (KSC); gesamt: 20.
Rote Karten:	keine; gesamt: 7.
Elfmeter:	2.
Torjäger:	Marschall (K´lautern) 13, Kirsten (Leverkusen) 11, Winkler (1860), Bobic (Stuttgart), Kuntz (Bielefeld) je 9, Präger (Wolfsburg), Häßler (KSC), Balakov (Stuttgart) je 7.

Was Nevio Scala (22.11.1947) in Dortmund bewirken will, hatte er klar formuliert: „Schöner Fußball spielen!" Nun, davon ist bisher wenig zu sehen. Vielleicht liegt´s ja noch an der Zeichensprache? (oben)

„Vom Potential der Fans kann Schalke die dritte Kraft in Deutschland werden." Diese Vision von Huub Stevens (29.11.1953) gewinnt zunehmend an Realität. Nicht nur beim Blick auf die Tabelle.

17. SPIELTAG Saison 97/98

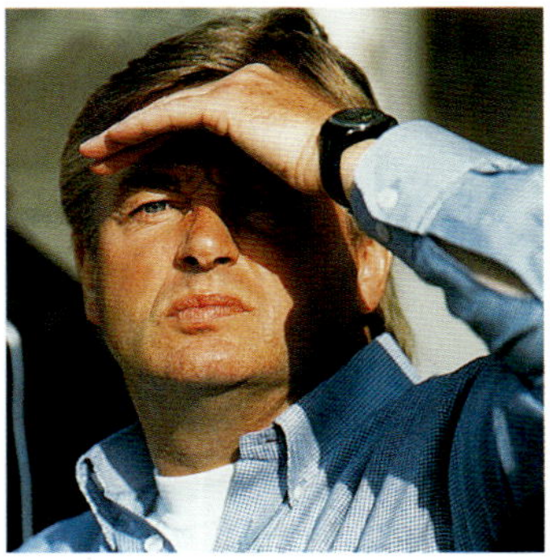

Tore:	23; gesamt: 464.
Eigentore:	keine; gesamt: 12.
Zuschauer:	241 739; gesamt: 4 978 756.
Gelbe Karten:	31.
Gelb/Rot:	3; Schopp, Yeboah (beide HSV), Yakin (Stuttgart); gesamt: 23.
Rote Karten:	keine; gesamt: 7.
Elfmeter:	1.
Torjäger:	Kirsten (Leverkusen) 14, Marschall (K´lautern) 13, Winkler (1860), Bobic (Stuttgart), Kuntz (Bielefeld), Balakov (Stuttgart) je 9, Präger (Wolfsburg) 8.

Bayer Leverkusen - 1. FC Köln
4:0 (2:0)

Leverkusen: Heinen - Happe - Wörns, Zivkovic - Lehnhoff (90. R.Kovac), Ramelow, Beinlich, N. Kovac (88. Frydek), Heintze - Meijer (86. Rink), Kirsten.
Köln: Menger - Baumann - Schmidt, Schuster - Cichon (46. Scherr) - Thiam, Tretschok, Munteanu (70. Rösele), Andersen - Vladoiu (46. Gaißmayer), Polster.
Tore: 1:0 Meijer (18.), 2:0 Kirsten (38.), 3:0 Kirsten (88.), 4:0 Kirsten (90.).
Schiedsrichter: Krug (Gelsenkirchen).
Zuschauer: 22 500 (ausverkauft).
Gelbe Karten: N. Kovac, Meijer - Schmidt, Munteanu, Cichon, Baumann.
Gelb/Rot: keine.
Rote Karten: keine.

Borussia Dortmund - Bayern München
0:2 (0:2)

Dortmund: Klos - Feiersinger - Reuter, Cesar - Kirovski, S. Freund (46. Zorc), Sousa, But, Heinrich - Möller - Gambo (58. Timm).
München: Kahn - Helmer - Babbel, Kuffour - Scholl (31. Fink), D. Hamann, Nerlinger, Tarnat - Basler - Elber (76. Zickler), Jancker.
Tore: 0:1 Jancker (36.), 0:2 Elber (40.).
Schiedsrichter: Strampe (Handorf).
Zuschauer: 55 000 (ausverkauft).
Gelbe Karten: Sousa, Feiersinger - D. Hamann.
Gelb/Rot: keine.
Rote Karten: keine.

Karlsruher SC - Hansa Rostock
3:0 (1:0)

Karlsruhe: Reitmaier - Régis - Ritter, Krauß - Metz, Reich, Häßler, Schepens, Bäumer (87. Guie-Mien) - Dundee (87. Schroth), Gilewicz (66. Bähr).
Rostock: Pieckenhagen - Rehmer, Zallmann (58. Pamic), Gansauge - Lange, Groth, Yasser (46. Micevski), Dowe, Majak - Barbarez - Neuville.
Tore: 1:0 Régis (22.), 2:0 Gilewicz (46.), 3:0 Dundee (79.).
Schiedsrichter: Jansen (Essen).
Zuschauer: 19 000.
Gelbe Karte: Dowe.
Gelb/Rot: keine.
Rote Karten: keine.

MSV Duisburg - Hertha BSC
0:1 (0:1)

Duisburg: Gill - Komljenovic, Emmerling, Wohlert - Osthoff - Wolters (64. Skoog), M. Zeyer, Steffen (55. Vana), Neun (24. Hirsch) - U. Spies, Salou.
Hertha: Kiraly - A. Schmidt, Rekdal, Sverrisson - Fährmann, Veit, Karl (85. van Burik), Arnold (68. Dardai), Dinzey - Covic (46. H. Herzog), Preetz.
Tor: 0:1 Preetz (22.).
Schiedsrichter: Kemmling (Burgwedel).
Zuschauer: 10 227.
Gelbe Karten: Steffen, Emmerling - Kiraly, Rekdal.
Gelb/Rot: keine.
Rote Karten: keine.

1. FC Kaiserslautern - Hamburger SV
2:1 (0:0)

Kaiserslautern: Reinke - Brehme - Koch (46. Reich), Schjönberg - Roos, Ratinho, Wagner, Buck - Sforza - Kuka (70. Ertl), Rische (72. Hristov).
Hamburg: Butt - Gravesen - Fischer, Böger - Schopp, Kmetsch, Dembinski (62. Breitenreiter), A. Zeyer, Hollerbach - Yeboah, Salihamidzic (79. Trejgis / 89. Vogel).
Tore: 0:1 Salihamidzic (58.), 1:1 Ratinho (75.), 2:1 Hristov (90.).
Schiedsrichter: Buchhart (Schrobenhausen).
Zuschauer: 38 000 (ausverkauft).
Gelbe Karten: Hollerbach, Böger.
Gelb/Rot: Yeboah (41.), Schopp (80.).
Rote Karten: keine.

Arminia Bielefeld - Schalke 04
1:1 (0:0)

Bielefeld: Koch - Stratos - Alder (72. Foxe), Meißner - Sternkopf (87. J. Bode), Reeb, Maas, Breikreutz, Gerber - Reina, Kuntz.
Schalke: Lehmann - Thon - de Kock, Linke - van Hoogdalem (70. Held), Müller, Klujew (75. Pereira), Nemec, Büskens - Max, Eijkelkamp (52. Anderbrügge).
Tore: 1:0 Reina (70.), 1:1 Max (83.).
Schiedsrichter: Weber (Essen).
Zuschauer: 22 512 (ausverkauft).
Gelbe Karten: Stratos (5., gesperrt), Gerber - de Kock (5., gesperrt), Linke.
Gelb/Rot: keine.
Rote Karten: keine.

München 1860 - VfL Bochum
0:2 (0:2)

1860: Hoffmann - Fach - Gorges, Kientz (46. Böhme) - Cerny, Stevic, Pelé, Jeremies, Bender (70. Nowak) - Borimirov, Agostino (46. Bodden).
Bochum: Ernst - Sundermann, Kracht, Reis - Peschel, Mamic, Dickhaut (46. Reichel), Hofmann, Wosz (77. Bastürk), Fahrenhorst - Donkov (68. Hutwelker).
Tore: 0:1 Peschel (5.), 0:2 Reis (15.).
Schiedsrichter: Aust (Köln).
Zuschauer: 24 000.
Gelbe Karten: Jeremies, Nowak, Stevic - Hutwelker.
Gelb/Rot: keine.
Rote Karten: keine.

Borussia M´Gladbach - VfL Wolfsburg
0:2 (0:2)

M´Gladbach: Kamps - Paßlack, Klinkert (66. Chiquinho), Andersson, M. Pedersen - Effenberg - M. Schneider, Witeczek (46. Ketelaer) - Pflipsen - P. Pedersen, Pettersson (46. Juskowiak).
Wolfsburg: Zimmermann - J. Keller - Kryger, Kovacevic - Greiner, M. Spies, Reyna (71. Jensen), Dammeier (42. Deering), Novotny - Präger, Meissner (61. Kleeschätzky).
Tore: 0:1 Kovacevic (24.), 0:2 Präger (28.).
Schiedsrichter: Fröhlich (Berlin).
Zuschauer: 21 300.
Gelbe Karten: Paßlack, Effenberg - Greiner.
Gelb/Rot: keine.
Rote Karten: keine.

Werder Bremen - VfB Stuttgart
2:2 (0:0)

Bremen: Reck - Wicky - Ramzy, Todt - Frings, Eilts, Maximow (58. Pfeifenberger), Skripnik, Brand (87. Schierenbeck) - van Lent (46. Wolter), M. Bode.
Stuttgart: Wohlfahrt - T. Schneider (87. Becker), Verlaat, Berthold - Djordjevic (76. Hagner), Soldo, Yakin, Balakov, Poschner - Akpoborie (76. Raducioiu), Bobic.
Tore: 1:0 Frings (61.), 2:0 Brand (69.), 2:1 Balakov (84., Foulelfmeter), 2:2 Balakov (89.).
Schiedsrichter: Dardenne (Nettersheim).
Zuschauer: 29 200.
Gelbe Karten: Maximow, Todt (5., gesperrt) - Verlaat, Hagner (5., gesperrt).
Gelb/Rot: Yakin (27.).
Rote Karten: keine.

18. SPIELTAG Saison 97/98

Tore:	25; gesamt: 489.
Eigentore:	2; Hamann (FC Bayern), Gorgas (1860); gesamt: 14.
Zuschauer:	228 095; gesamt: 5 206 851.
Gelbe Karten:	33.
Gelb/Rot:	1; Haber (Stuttgart); gesamt: 24.
Rote Karten:	keine; gesamt: 7.
Elfmeter:	2.
Torjäger:	Kirsten (Leverkusen) 14, Marschall (K´lautern) 13, Winkler (1860) 10, Bobic, Balakov (beide Stuttgart), Kuntz (Bielefeld), Präger (Wolfsburg) je 9.

1. FC Kaiserslautern - Bayern München
2:0 (1:0)

Kaiserslautern: Reinke - Kadlec - Schjönberg, Koch - Buck, Ratinho (69. Rische), Wagner, Roos - Sforza - Hristov, Kuka (67. Reich).
München: Kahn - Matthäus (46. Fink) - Babbel, Helmer - Hamann, Scholl, Zickler (75. Gerster), Nerlinger, Tarnat - Jancker, Elber (75. Rizzitelli).
Tore: 1:0 Hamann (45., Eigentor), 2:0 Hristov (85.).
Schiedsrichter: Fröhlich (Berlin).
Zuschauer: 38 000 (ausverkauft).
Gelbe Karten: Reich, Wagner - Nerlinger, Scholl (5., gesperrt), Zickler, Tarnat.
Gelb/Rot: keine.
Rote Karten: keine.

Arminia Bielefeld - VfL Bochum
0:2 (0:0)

Bielefeld: Koch - Kuntz - Silooy, Meißner - Sternkopf (43. J. Bode), Reeb, Breitkreutz, Maas, Maul (87. Fuchs) - Reina (75. Gerber), Daei.
Bochum: Ernst - Sundermann, Kracht, Mamic - Peschel, Dickhaut, Hofmann, Reis - Wosz - Donkov (67. Michalke), Juran (67. Baluszynski).
Tore: 0:1 Mamic (70.), 0:2 Wosz (86.).
Schiedsrichter: Koop (Lüttenmark).
Zuschauer: 18 441.
Gelbe Karten: Kuntz, Silooy - Donkov, Peschel, Sundermann.
Gelb/Rot: keine.
Rote Karten: keine.

Werder Bremen - Karlsruher SC
2:4 (2:1)

Bremen: Rost - Wicky - Wolter (65. Seidel), Ramzy - Pfeifenberger (60. Flo), Maximow, Eilts, Brand (88. Labbadia), Skripnik - Frings, M. Bode.
Karlsruhe: Reitmaier - Régis - Ritter, Krauss - Metz (46. Keller), Reich (72. Nyarko), Häßler, Schepens, Bäumer - Dundee (90. Kolinger), Schroth.
Tore: 0:1 Schroth (7.), 1:1 M. Bode (17.), 2:1 Frings (37.), 2:2 Schroth (56.), 2:3 Schroth (85.), 2:4 Schepens (87.).
Schiedsrichter: Berg (Konz).
Zuschauer: 23 500.
Gelbe Karten: Frings, Eilts (5., gesperrt) - Schepens.
Gelb/Rot: keine.
Rote Karten: keine.

München 1860 - VfB Stuttgart
1:3 (1:0)

1860: Hoffmann - Fach (23. Greilich) - Kientz, Gorges (73. Bodden) - Cerny, Jeremies, Stevic, Pelé, Heldt - Winkler (67. Borimirov), Agostino.
Stuttgart: Wohlfahrt - T. Schneider, Verlaat, Berthold - Haber, Soldo, Balakov (89. Ristic), Schwarz (61. Lisztes), Poschner - Akpoborie, Raducioiu (78. Endreß).
Tore: 1:0 Winkler (10.), 1:1 Raducioiu (62.), 1:2 Gorges (65., Eigentor), 1:3 Akpoborie (89.).
Schiedsrichter: Jansen (Essen).
Zuschauer: 24 500.
Gelbe Karten: Kientz - Poschner.
Gelb/Rot: Haber (78.).
Rote Karten: keine.

Bayer Leverkusen - Schalke 04
0:0

Leverkusen: Heinen - Nowotny - Wörns, Happe - Lehnhoff (79. R.Kovac), Frydek (69. Rink), Ramelow, Beinlich (79. Zivkovic), Heintze - Kirsten, Meijer.
Schalke: Lehmann - Thon - van Hoogdalem, Linke (90. Kurz) - Held, Müller, Nemec, Klujew, Wilmots, Büskens - Max.
Schiedsrichter: Stark (Landshut).
Zuschauer: 22 500 (ausverkauft).
Gelbe Karten: Kirsten - Wilmots, Nemec.
Gelb/Rot: keine.
Rote Karten: keine.

MSV Duisburg - 1. FC Köln
2:2 (1:1)

Duisburg: Gill - Wohlert, Emmerling, Hajto - Puschmann, Hirsch, M. Zeyer (69. U.Spies), Vana, Komljenovic - Salou, Osthoff.
Köln: Menger - Hauptmann - Baumann, Schmidt - Thiam, Cichon, Munteanu, Tretschok, Schuster - Polster (60. Rytschkow), Azizi (70. Vladoiu).
Tore: 1:0 Komljenovic (2.), 1:1 Azizi (44.), 2:1 Hirsch (71.), 2:2 Rytschkow (80.).
Schiedsrichter: Keßler (Wogau).
Zuschauer: 11 300.
Gelbe Karten: Cichon, Thiam.
Gelb/Rot: keine.
Rote Karten: keine.

Borussia M´Gladbach - Hamburger SV
1:1 (1:0)

M´Gladbach: Kamps - Paßlack, Andersson, Klinkert - M. Schneider, Effenberg - Hoersen, Wynhoff (77. P. Pedersen) - Pflipsen (89. Ketelaer) - Pettersson, Juskowiak (46. Witeczek).
Hamburg: Butt - Gravesen - Böger, Fischer - Kmetsch - Spörl (90. Breitenreiter), Molata (37. Trejgis), A. Zeyer, Hollerbach (80. Jepsen) - Dembinski - Salihamidzic.
Tore: 1:0 Klinkert (16.), 1:1 Spörl (69.).
Schiedsrichter: Zerr (Ottersweier).
Zuschauer: 21 000.
Gelbe Karten: Pettersson, Hoersen, Klinkert - Gravesen, Böger (5., gesperrt).
Gelb/Rot: keine.
Rote Karten: keine.

VfL Wolfsburg - Hansa Rostock
1:1 (0:0)

Wolfsburg: Zimmermann - J. Keller - Kryger, Kovacevic (89. Kleeschätzky) - Greiner, M. Spies (89. Deering), Dammeier, Reyna, Novotny - Präger, Meissner (16. Tyszkiewicz).
Rostock: Pieckenhagen - Rehmer, Zallmann, Gansauge - Lange (46. Weilandt), Studer, Groth, Ehlers (74. Micevski), Majak (81. Baumgart) - Barbarez, Neuville.
Tore: 1:0 Präger (55.), 1:1 Barbarez (74., Handelfmeter).
Schiedsrichter: Wagner (Hofheim).
Zuschauer: 17 854.
Gelbe Karten: Dammeier - Lange, Groth, Majak, Gansauge, Neuville, Rehmer, Zallmann.
Gelb/Rot: keine.
Rote Karten: keine.

Borussia Dortmund - Hertha BSC am 16.12.1997
3:0 (2:0)

Dortmund: Klos - Feiersinger - Reuter, Heinrich - S. Freund (46. Kirovski), Sousa, But (79. Zorc), Reinhardt - Möller - Herrlich, Chapuisat (66. Ricken).
Hertha: Kiraly - A. Schmidt (78. Mandreko), Karl, Sverrisson - Fährmann, Veit, Arnold, van Burik, Dinzey - Covic (46. Dardai), Preetz.
Tore: 1:0 Herrlich (3.), 2:0 Möller (17., Foulelfmeter), 3:0 Möller (73.).
Schiedsrichter: Fandel (Kyllburg).
Zuschauer: 51 000.
Gelbe Karten: keine.
Gelb/Rot: keine.
Rote Karten: keine.

Für Hannes Bongartz (3.10.1953) ist in M´Gladbach kein Land mehr in Sicht. „Vielleicht liegt es daran, daß halt ein Sündenbock her muß." So fügt er sich dem Schicksal der Erfolglosen und gibt auf. (oben)

„Weniger reden, mehr Fußball spielen", so das Credo von Giovanni Trapattoni (17.3. 1939). Bleibt die Frage offen: Wollen das die Bayern-Stars überhaupt? Jedenfalls sah´s auf dem „Betze" nicht danach aus.

 STATISTIK

Hansa Rostock - Werder Bremen
1:2 (1:1)

Rostock: Pieckenhagen - Rehmer, Zallmann (59. Pamic), Gansauge - Groth, Ehlers (82. Micevski), Weilandt, Majak, Studer (60. Yasser) - Neuville, Barbarez.
Bremen: Reck - Wicky - Ramzy (49. Pfeifenberger), Wiedener - Wolter, Todt, Maximow, Brand (90. Benken), Skripnik - Frings (87. Labbadia), M. Bode.
Tore: 1:0 Rehmer (11.), 1:1 M. Bode (12.), 1:2 M. Bode (53.).
Schiedsrichter: Kemmling (Burgwedel).
Zuschauer: 12 500.
Gelbe Karten: Pamic - Todt, Wolter.
Gelb/Rot: keine.
Rote Karten: keine.

Hertha BSC - 1. FC Kaiserslautern
2:0 (1:0)

Hertha: Kiraly - A. Schmidt, Rekdal, Sverrisson - Fährmann, Veit, Karl (85. van Burik), Dinzey - Arnold (90. Roy) - Covic (79. Dardai), Preetz.
Kaiserslautern: Reinke - Kadlec - Schäfer, Schjönberg - Ratinho (76. Ertl), Roos, Wagner (46. Reich), Buck - Sforza - Rische (76. Ballack), Hristov.
Tore: 1:0 Karl (3.), 2:0 Preetz (71.).
Schiedsrichter: Weber (Essen).
Zuschauer: 61 445.
Gelbe Karten: Covic, Rekdal (5., gesperrt) - Wagner (5., gesperrt), Buck, Kadlec.
Gelb/Rot: keine.
Rote Karten: keine.

VfB Stuttgart - Arminia Bielefeld
1:0 (0:0)

Stuttgart: Wohlfahrt - Endreß (66. Lisztes), Verlaat, Berthold - Djordjevic (70. Becker), Soldo, Yakin, Poschner (20. Hagner) - Balakov - Bobic, Akpoborie.
Bielefeld: Koch (46. Miletic) - Stratos - Silooy, Meißner - Rydlewicz, Reeb, Maas, Gerber (75. Maul) - Kuntz (30. Daei) - Bagheri, Reina.
Tor: 1:0 Balakov (80.).
Schiedsrichter: Aust (Köln).
Zuschauer: 35 000.
Gelbe Karten: Yakin (5., gesperrt), Akpoborie - Stratos, Silooy (5., gesperrt).
Gelb/Rot: keine.
Rote Karten: keine.

Hamburger SV - VfL Wolfsburg
1:2 (0:1)

Hamburg: Butt - Fischer, Gravesen, Schnoor - Schopp, Spörl, Kmetsch, Salihamidzic, Hollerbach (46. Weetendorf) - Dembinski (46. Breitenreiter), Yeboah.
Wolfsburg: Zimmermann - J. Keller - Kovacevic, Kryger - Greiner, M. Spies (83. Heidenreich), Dammeier, Reyna, Novotny - Deering (65. Kleeschätzky), Präger (89. Jensen).
Tore: 0:1 Reyna (37.), 0:2 Präger (71.), 1:2 Schnoor (87.).
Schiedsrichter: Albrecht (Kaufbeuren).
Zuschauer: 18 043.
Gelbe Karten: Kmetsch, Salihamidzic (beide 5., gesperrt) - J. Keller, Präger, Novotny, M. Spies.
Gelb/Rot: keine.
Rote Karten: keine.

1. FC Köln - Borussia Dortmund
4:2 (2:1)

Köln: Menger - Hauptmann - B. Schmidt, Grassow - Thiam (90. Rytschkow), Tretschok, Baumann, Munteanu, Schuster - Polster (76. Cichon), Azizi (68. Vladoiu).
Dortmund: Klos - Feiersinger - Reuter, Kree (74. Zorc) - Ricken, S. Freund, Sousa, Heinrich - Möller - Herrlich, Chapuisat.
Tore: 1:0 Polster (7.), 2:0 Polster (17.), 2:1 Herrlich (20.), 2:2 Chapuisat (50.), 3:2 Azizi (62.), 4:2 Polster (75.).
Schiedsrichter: Steinborn (Sinzig).
Zuschauer: 33 000.
Gelbe Karte: Thiam.
Gelb/Rot: keine.
Rote Karten: keine.

Schalke 04 - MSV Duisburg
1:1 (1:1)

Schalke: Lehmann - Thon - Linke, de Kock - Held, Anfang (68. Pereira), Müller, van Hoogdalem, Büskens - Max, Klujew.
Duisburg: Gill - Emmerling - Wohlert, Hajto - Wolters, Puschmann, Komljenovic, Vana (46. Hirsch), M. Zeyer - Osthoff, Salou (88. U. Spies).
Tore: 1:0 de Kock (5.), 1:1 Osthoff (30.).
Schiedsrichter: Dardenne (Nettersheim).
Zuschauer: 37 390.
Gelbe Karten: Klujew - Hajto, Wohlert (5., gesperrt), M. Zeyer.
Gelb/Rot: keine.
Rote Karten: keine.

Karlsruher SC - München 1860
0:0

Karlsruhe: Reitmaier - Hengen - Ritter, Krauss - M. Keller, Reich (77. Guie-Mien), Häßler, Schepens (64. Nyarko), Bäumer - Gilewicz (89. Kudei), Schroth.
1860: Hoffmann - Jeremies - Gorges (35. Greilich), Kientz - Stevic - Cerny (69. Borimirov), Pelé, Bender (66. Malz), Heldt - Winkler, Ouakili.
Schiedsrichter: Strampe (Handorf).
Zuschauer: 22 500.
Gelbe Karten: Gilewicz (5., gesperrt), Schroth - Jeremies, Winkler (beide 5., gesperrt).
Gelb/Rot: keine.
Rote Karten: keine.

Bayern München - Borussia M´Gladbach
3:2 (1:0)

München: Kahn - Matthäus - Babbel, Fink - Zickler, Hamann, Basler (89. Gerster), Nerlinger, Tarnat - Jancker (73. Rizzitelli), Elber.
M´Gladbach: Kamps - Paßlack, Klinkert (53. Ketelaer), Andersson - Hoersen (75. Chiquinho), Wynhoff, Effenberg, Pflipsen, M. Schneider - Pettersson, Juskowiak, (53. Woronin).
Tore: 1:0 Jancker (20.), 2:0 Jancker (50.), 3:0 Nerlinger (52.), 3:1 Effenberg (63.), 3:2 Pettersson (87.).
Schiedsrichter: Fandel (Kyllburg).
Zuschauer: 46 000.
Gelbe Karten: Basler, Tarnat (beide 5., gesperrt) - Effenberg, Paßlack (5., gesperrt).
Gelb/Rot: keine.
Rote Karten: keine.

VfL Bochum - Bayer Leverkusen
0:0

Bochum: Ernst - Kracht - Fahrenhorst, Mamic (56. Peschel) - Reichel (56. Közle), Dickhaut, Hofmann, Schreiber - Wosz - Michalke (73. Donkov), Juran.
Leverkusen: Heinen - Nowotny - Wörns, Happe - Lehnhoff (46. R. Kovac), Zivkovic (70. Emerson), Ramelow, Beinlich, Heintze - Rink, Meijer (62. Feldhoff).
Schiedsrichter: Zerr (Ottersweier).
Zuschauer: 22 009.
Gelbe Karten: Wörns (5., gesperrt), Ramelow, Zivkovic, Nowotny.
Gelb/Rot: keine.
Rote Karten: keine.

19. SPIELTAG
Saison 97/98

Tore:	22; gesamt: 511.
Eigentore:	keine; gesamt: 14.
Zuschauer:	287 887; gesamt: 5 494 738.
Gelbe Karten:	35.
Gelb/Rot:	keine; gesamt: 24.
Rote Karten:	keine; gesamt: 7.
Elfmeter:	keiner.
Torjäger:	Kirsten (Leverkusen) 14, Marschall (K´lautern) 13, Winkler (1860), Balakov (Stuttgart), Präger (Wolfsburg) je 10, Bobic (Stuttgart), Jancker (FC Bayern), Kuntz (Bielefeld) je 9.

Borussia Dortmund - Schalke 04
2:2 (1:0)

Dortmund: Klos - Feiersinger - Reuter, Heinrich - S. Freund, Sousa, Ricken (81. Zorc), But, Reinhardt (86. Kree) - Möller - Herrlich.
Schalke: Lehmann - Thon - Linke, de Kock - Held (87. Pereira), Kurz (69. Anderbrügge), Klujew, van Hoogdalem, Büskens - Wilmots, Eijkelkamp.
Tore: 1:0 But (26.), 1:1 Klujew (75.), 2:1 Möller (79.), 2:2 Lehmann (90.).
Schiedsrichter: Jansen (Essen).
Zuschauer: 55 000 (ausverkauft).
Gelbe Karten: Herrlich, Feiersinger (5., gesperrt) - Held, Klujew, Thon, Eijkelkamp (5., gesperrt).
Gelb/Rot: keine.
Rote Karten: keine.

Borussia M´Gladbach - Hertha BSC
4:2 (2:2)

M´Gladbach: Kamps - Andersson, Hochstätter, Klinkert - Wynhoff, Effenberg, M. Schneider, Ketelaer (69. Chiquinho) - Pflipsen (83. Lupescu) - Pettersson (81. Woronin), P. Pedersen.
Hertha: Kiraly - Sverrisson - van Burik, Rekdal - Fährmann (41. Hartmann), Mandreko (74. Dardai), Arnold, Karl (81. Roy), Dinzey - Covic, Preetz.
Tore: 0:1 Covic (5.), 1:2 Preetz (7.), 1:2 Klinkert (11.), 2:2 Pflipsen (37.), 3:2 Effenberg (69.), 4:2 P. Pedersen (80.).
Schiedsrichter: Krug (Gelsenkirchen).
Zuschauer: 20 100.
Gelbe Karten: Hochstätter, Pflipsen - Dinzey, Sverrisson, Rekdal.
Gelb/Rot: keine.
Rote Karten: keine.

München 1860 - Werder Bremen
0:1 (0:0)

1860: Hoffmann - Stevic - Greilich, Kientz (82. Böhme) - Cerny, Hasi, Pelé, Malz (60. Bodden), Heldt - Borimirov, Ouakili.
Bremen: Reck - Wicky - Todt, Wiedener - Wolter, Maximow, Eilts, Brand (60. Pfeifenberger), Skripnik - Frings (72. Labbadia), M. Bode (90. Flo).
Tor: 0:1 Maximow (57.).
Schiedsrichter: Wagner (Hofheim).
Zuschauer: 24 500.
Gelbe Karten: Bodden - M. Bode.
Gelb/Rot: keine.
Rote Karten: keine.

VfL Wolfsburg - Bayern München
2:3 (1:2)

Wolfsburg: Zimmermann - Keller - Kovacevic, Kryger - Greiner, Deering (46. Tyszkiewicz), Reyna, Dammeier, Novotny - Präger, Stevanovic (76. Jensen).
München: Kahn - Matthäus - Babbel, Fink - Zickler, Hamann, Scholl, Nerlinger, Kuffour - Elber (35. Rizzitelli), Jancker.
Tore: 0:1 Scholl (5.), 0:2 Jancker (26.), 1:2 Reyna (45.), 2:2 Dammeier (47.), 2:3 Kuffour (79.).
Schiedsrichter: Aust (Köln).
Zuschauer: 21 600 (ausverkauft).
Gelbe Karten: Präger - Kahn, Babbel (5., gesperrt).
Gelb/Rot: keine.
Rote Karten: keine.

1. FC Kaiserslautern - 1. FC Köln
3:2 (1:1)

Kaiserslautern: Reinke - Kadlec - Koch (46. Ballack), Schjönberg - Buck (46. Riedl), Ratinho, Roos, Reich - Sforza - Hristov, Rische.
Köln: Menger - Hauptmann - Schmidt (84. Gaißmayer), Grassow - Baumann - Thiam, Tretschok, Munteanu, Schuster - Azizi (63. Vladoiu), Polster.
Tore: 1:0 Hristov (25.), 1:1 Munteanu (45.), 2:1 Riedl (59.), 2:2 Polster (75.), 3:2 Schjönberg (82.).
Schiedsrichter: Heynemann (Magdeburg).
Zuschauer: 38 000 (ausverkauft).
Gelbe Karten: Sforza - Schuster, Hauptmann, Baumann.
Gelb/Rot: keine.
Rote Karten: keine.

MSV Duisburg - VfL Bochum
2:0 (0:0)

Duisburg: Gill - Komljenovic, Emmerling, Hajto - Wolters, Vana, Osthoff, M. Zeyer (78. Reiter), Puschmann - Salou (88. Kapic), U. Spies (84. Kienle).
Bochum: Ernst - Kracht - Mamic (61. Donkov), Fahrenhorst - Peschel, Dickhaut, Hofmann, Schreiber - Wosz - Közle (46. Juran), Baluszynski (61. Michalke).
Tore: 1:0 Salou (49.), 2:0 Salou (70.).
Schiedsrichter: Dr. Wack (Biberbach).
Zuschauer: 13 327.
Gelbe Karten: Kienle - Peschel, Michalke.
Gelb/Rot: keine.
Rote Karten: keine.

Bayer Leverkusen - VfB Stuttgart
6:1 (3:1)

Leverkusen: Vollborn - Nowotny - R. Kovac (62. Zivkovic), Happe - Lehnhoff, Ramelow, Emerson (38. N. Kovac / 67. Feldhoff), Heintze - Beinlich - Rink, Meijer.
Stuttgart: Wohlfahrt - Verlaat, Berthold, T. Schneider - Haber, Soldo, Schwarz (67. Lisztes), Hagner (55. Becker) - Balakov (77. Raducioiu) - Bobic, Akpoborie.
Tore: 1:0 Beinlich (2.), 2:0 Rink (15.), 3:0 Beinlich (19.), 3:1 Bobic (34.), 4:1 Lehnhoff (76.), 5:1 Rink (79.), 6:1 Heintze (80.).
Schiedsrichter: Koop (Lüttenmark).
Zuschauer: 22 500 (ausverkauft).
Gelbe Karten: Bobic, Berthold (5., gesperrt), Soldo.
Gelb/Rot: keine.
Rote Karten: keine.

Arminia Bielefeld - Karlsruher SC
2:1 (0:1)

Bielefeld: Koch - Stratos - Meißner (7. Alder), Reeb - Rydlewicz, Maas, Breitkreutz (70. Daei), Bagheri, Gerber - Kuntz, Reina.
Karlsruhe: Reitmaier - Wittwer - Ritter, Krauss (56. Metz) - Keller, Reich, Hengen, Bäumer (81. Nyarko), Schepens - Häßler - Schroth (81. Dundee).
Tore: 0:1 Reich (36.), 1:1 Bagheri (58.), 2:1 Daei (88.).
Schiedsrichter: Fröhlich (Berlin).
Zuschauer: 22 512 (ausverkauft).
Gelbe Karten: Reeb, Kuntz (5., gesperrt) - Wittwer.
Gelb/Rot: Maas (80.).
Rote Karten: keine.

Hamburger SV - Hansa Rostock
0:1 (0:1)

Hamburg: Butt - Schnoor - Fischer, Hertzsch - Böger, A. Zeyer, Cardoso, Gravesen (46. Breitenreiter), Jepsen (46. Hollerbach) - Dembinski (66. Weetendorf), Yeboah.
Rostock: Pieckenhagen - Rehmer, Weilandt, Lange - Groth, Ehlers (56. Gansauge), Majak, Barbarez, Studer (77. Dowe) - Neuville (72. Baumgart), Micevski.
Tor: 0:1 Barbarez (14.).
Schiedsrichter: Dr. Merk (Kaiserslautern).
Zuschauer: 24 093.
Gelbe Karten: Gravesen, Hollerbach (5., gesperrt) - Micevski, Majak.
Gelb/Rot: keine.
Rote Karte: Fischer (80.).

20. SPIELTAG
Saison 97/98

Tore:	34; gesamt: 545.
Eigentore:	keine; gesamt: 14.
Zuschauer:	241 632; gesamt: 5 736 370.
Gelbe Karten:	33.
Gelb/Rot:	1; Maas (Bielefeld); gesamt: 25.
Rote Karten:	1; Fischer (HSV); gesamt: 8.
Elfmeter:	keiner.
Torjäger:	Kirsten (Leverkusen) 14, Marschall (K´lautern) 13, Winkler (1860), Balakov (Stuttgart), Präger (Wolfsburg), Bobic (Stuttgart), Jancker (FC Bayern) je 10.

„Vom Gefühl her hätte ich bei Hansa bleiben sollen." Frank Pagelsdorf (5.2.1958), dessen Verstand ihm gesagt haben soll, er müsse die Perspektive HSV wahrnehmen, ist nachdenklich geworden. (oben)

„In dem Geschäft kann man von nichts ausgehen", wird nach Spieltag 28 Norbert Meier (20.8.1958) verkünden. Am Bökelberg jedenfalls kann er nichts bewegen - und geht wieder ins zweite Glied zurück.

21. Spieltag Saison 97/98

Tore:	25; gesamt: 569.
Eigentore:	1; Ramelow (Leverkusen); gesamt: 15.
Zuschauer:	289 501; gesamt: 6 025 871.
Gelbe Karten:	33.
Gelb/Rot:	keine; gesamt: 25.
Rote Karten:	keine; gesamt: 8.
Elfmeter:	keiner.
Torjäger:	Kirsten (Leverkusen) 14, Marschall (K´lautern) 13, Winkler (1860), Balakov (Stuttgart), Präger (Wolfsburg), Bobic (Stuttgart), Jancker (FC Bayern) je 10.

VfB Stuttgart - MSV Duisburg
1:1 (1:0)

Stuttgart: Wohlfahrt - T. Schneider, Yakin, Spanring - Haber, Soldo, Poschner (70. Djordjevic), Stojkovski - Balakov - Akpoborie (80. Raducioiu), Bobic.
Duisburg: Gill - Emmerling - Komljenovic, Reiter - Wolters (84. Puschmann), Vana, M. Zeyer (75. Töfting), Hirsch, Wohlert - Salou, Osthoff (68. U.Spies).
Tore: 1:0 Bobic (15.), 1:1 Wohlert (56.).
Schiedsrichter: Steinborn (Sinzig).
Zuschauer: 20 500.
Gelbe Karten: Osthoff (5., gesperrt), Emmerling, M. Zeyer.
Gelb/Rot: keine.
Rote Karten: keine.

VfL Bochum - Borussia Dortmund
2:1 (1:0)

Bochum: Ernst - Waldoch, Kracht, Sundermann, Reis - Peschel (79. Dickhaut), Mamic, Hofmann - Wosz - Donkov, Michalke (75. Schreiber).
Dortmund: Klos - Binz (79. Booth) - Kohler, Cesar - Kirovski (58. Zorc), Reuter, Ricken, Heinrich - Möller - Decheiver, Chapuisat.
Tore: 1:0 Donkov (3.), 2:0 Peschel (65.), 2:1 Decheiver (80.).
Schiedsrichter: Heynemann (Magdeburg).
Zuschauer: 31 222.
Gelbe Karten: Michalke - Heinrich, Zorc.
Gelb/Rot: keine.
Rote Karten: keine.

Hertha BSC - VfL Wolfsburg
1:0 (1:0)

Hertha: Kiraly - Karl - H. Herzog, Sverrisson - Covic (77. Fährmann), Veit, Arnold (85. van Burik), A. Schmidt, Dinzey - Preetz, Thom.
Wolfsburg: Zimmermann - J. Keller - Kryger (73. Jensen), Kovacevic - Kapetanovic, Greiner, Reyna, Dammeier, Novotny (65. Stevanovic) - Präger, Breitenreiter (65. Ballwanz).
Tor: 1:0 Thom (2.).
Schiedsrichter: Dr. Fleischer (Neuburg).
Zuschauer: 40 179.
Gelbe Karten: Preetz, Thom - Kryger, Kovacevic (10., gesperrt), Ballwanz.
Gelb/Rot: keine.
Rote Karten: keine.

Schalke 04 - 1. FC Kaiserslautern
1:1 (0:1)

Schalke: Lehmann - Thon - Linke, de Kock - Latal (86. Klujew), van Hoogdalem, Nemec, Büskens - Wilmots - Max, Goossens (67. Held).
Kaiserslautern: Reinke - Kadlec - Schjönberg, Koch - Buck (87. Riedl), Roos, Lutz (46. Ballack), Reich (65. Ratinho) - Sforza - Marschall, Hristov.
Tore: 0:1 Hristov (9.), 1:1 van Hoogdalem (58.).
Schiedsrichter: Buchhart (Schrobenhausen).
Zuschauer: 51 600.
Gelbe Karten: Wilmots, van Hoogdalem - Lutz.
Gelb/Rot: keine.
Rote Karten: keine.

Werder Bremen - Arminia Bielefeld
2:1 (1:1)

Bremen: Reck - Trares - Todt, Wicky - Eilts, Wolter (59. Labbadia), Maximow, Skripnik (77. Flo), Brand - Frings (79. Kunz), M. Bode.
Bielefeld: Koch - Stratos - Schäfer (82. Sternkopf), Meißner - Rydlewicz, Reeb, Bagheri, Silooy, Gerber - Daei, Reina.
Tore: 0:1 Bagheri (24.), 1:1 Maximow (37.), 2:1 Flo (79.).
Schiedsrichter: Jansen (Essen).
Zuschauer: 26 000.
Gelbe Karten: M. Bode, Wicky - Gerber, Meißner, Reina.
Gelb/Rot: keine.
Rote Karten: keine.

Hansa Rostock - München 1860
3:0 (0:0)

Rostock: Pieckenhagen - Weilandt - Rehmer, Gansauge - Lange, Bosz, Micevski, Dowe (80. Ehlers), Majak - Barbarez - Pamic (71. Baumgart).
1860: Meier - Jeremies - Greilich, Walker - Cerny, Zelic (46. Hofschneider), Hasi, Bender, Heldt (59. Borimirov) - Hobsch, Agostino (59. Jovov).
Tore: 1:0 Lange (48.), 2:0 Barbarez (83.), 3:0 Ehlers (90.).
Schiedsrichter: Aust (Köln).
Zuschauer: 12 000.
Gelbe Karten: Barbarez (5., gesperrt) - Zelic, Hobsch, Greilich, Hofschneider, Walker.
Gelb/Rot: keine.
Rote Karten: keine.

Bayern München - Hamburger SV
3:0 (2:0)

München: Kahn - Matthäus - Fink, Helmer (65. Lizarazu) - Basler (59. Zickler), Hamann, Scholl, Nerlinger, Tarnat - Elber (74. Strunz), Jancker.
Hamburg: Golz - Böger (4. Gravesen), Schnoor, Panadic - Fischer, A. Zeyer (74. Dembinski), Kmetsch, Hertzsch - Spörl - Yeboah (46. Trejgis), Salihamidzic.
Tore: 1:0 Elber (1.), 2:0 Elber (42.), 3:0 Jancker (56.).
Schiedsrichter: Weber (Essen).
Zuschauer: 44 000.
Gelbe Karten: Kmetsch, Schnoor.
Gelb/Rot: keine.
Rote Karten: keine.

1. FC Köln - Borussia M´Gladbach
3:2 (1:0)

Köln: Menger - Baumann - B. Schmidt, Grassow - Thiam, Tretschok, Munteanu, Schuster - Münch - Vladoiu (76. Azizi), Polster (89. Cichon).
M´Gladbach: Kamps - Hochstätter - Klinkert (40. Lupescu), Andersson - Effenberg, M. Schneider - Chiquinho (87. Juskowiak), Witeczek - Pflipsen (67. Wynhoff) - P. Pedersen, Pettersson.
Tore: 1:0 Baumann (30.), 1:1 Pettersson (52.), 2:1 Schuster (68.), 2:2 Pettersson (72.), 3:2 Polster (84.).
Schiedsrichter: Dr. Merk (Kaiserslautern).
Zuschauer: 42 000.
Gelbe Karten: Grassow, Vladoiu, Thiam (5., gesperrt) - Effenberg (10., gesperrt).
Gelb/Rot: keine.
Rote Karten: keine.

Karlsruher SC - Bayer Leverkusen
1:1 (1:1)

Karlsruhe: Reitmaier - Wittwer - Reich, Régis - Keller (21. Metz), Hengen, Häßler, Nyarko, Bäumer - Dundee (69. Gilewicz), Schroth.
Leverkusen: Heinen - Nowotny - Happe, Wörns - Lehnhoff (63. Feldhoff), R. Kovac, Skammelsrud, Ramelow, Beinlich - Rink (87. Zivkovic), Meijer.
Tore: 1:0 Ramelow (10., Eigentor), 1:1 Rink (23.).
Schiedsrichter: Krug (Gelsenkirchen).
Zuschauer: 22 000.
Gelbe Karten: Wörns, Feldhoff.
Gelb/Rot: keine.
Rote Karten: keine.

22. Spieltag Saison 97/98

Tore:	22; gesamt: 591.
Eigentore:	keine; gesamt: 15.
Zuschauer:	267 518; gesamt: 6 293 389.
Gelbe Karten:	41.
Gelb/Rot:	keine; gesamt: 25.
Rote Karten:	3; Donkov (Bochum), Walker (1860), Reck (Bremen); gesamt: 11.
Elfmeter:	2.
Torjäger:	Kirsten (Leverkusen) 16, Marschall (K´lautern) 13, Bobic (Stuttgart) 12, Präger (Wolfsburg), Jancker (FC Bayern) je 11, Winkler (1860), Balakov (Stuttgart) je 10.

MSV Duisburg - Karlsruher SC
1:0 (0:0)

Duisburg: Gill - Emmerling - Komljenovic, Reiter (76. Hajto) - Wohlert - Wolters, Töfting (62. Puschmann), M. Zeyer, Hirsch (4. Neun) - U. Spies, Skoog.
Karlsruhe: Reitmaier - Wittwer - Régis, Krauß - Metz (83. Eller), Hengen, Häßler, Schepens, Bäumer (86. Kirjakow) - Gilewicz (67. Dundee), Schroth.
Tor: 1:0 Hajto (79.).
Schiedsrichter: Fandel (Kyllburg).
Zuschauer: 11 857.
Gelbe Karten: Wolters, Neun - Wittwer, Gilewicz.
Gelb/Rot: keine.
Rote Karten: keine.

1. FC Kaiserslautern - VfL Bochum
3:0 (2:0)

Kaiserslautern: Reinke - Kadlec - Koch (83. Hrutka), Schjönberg - Buck, Ratinho, Roos (83. Ballack), Sforza, Wagner (46. Reich) - Rische, Hristov.
Bochum: Ernst - Sundermann (77. Juran), Kracht (46. Dickhaut), Reis (63. Schreiber), Mamic - Peschel, Waldoch, Hofmann - Wosz, Michalke - Donkov.
Tore: 1:0 Wagner (33.), 2:0 Rische (45.), 3:0 Rische (82.).
Schiedsrichter: Kemmling (Burgwedel).
Zuschauer: 38 500 (ausverkauft).
Gelbe Karten: Kracht (5., gesperrt), Sundermann.
Gelb/Rot: keine.
Rote Karte: Donkov (20.).

Borussia Dortmund - VfB Stuttgart
3:1 (3:0)

Dortmund: Klos - Feiersinger - Kohler, Cesar - Ricken (69. Kirovski), Reuter, But (74. Zorc), Heinrich - Möller - Decheiver, Chapuisat (89. Herrlich).
Stuttgart: Wohlfahrt - T.Schneider (46. Spanring), Yakin, Berthold - Haber, Soldo, Poschner (76. Lisztes), Stojkovski - Balakov - Raducioiu (69. Akpoborie), Bobic.
Tore: 1:0 Decheiver (22.), 2:0 Kohler (29.), 3:0 Decheiver (42.), 3:1 Bobic (63.).
Schiedsrichter: Berg (Konz).
Zuschauer: 54 500.
Gelbe Karten: Kohler, Feiersinger, Reuter (5., gesperrt), Zorc - T. Schneider, Poschner.
Gelb/Rot: keine.
Rote Karten: keine.

Borussia M´Gladbach - Schalke 04
0:1 (0:1)

M´Gladbach: Kamps - Hochstätter - Klinkert, Andersson - Paßlack, Witeczek (46. Lupescu), M. Schneider - Pflipsen, Wynhoff (57. Ketelaer) - P. Pedersen (67. Juskowiak), Pettersson.
Schalke: Lehmann - Thon - de Kock, Linke (79. Müller) - Latal, van Hoogdalem, Nemec, Büskens - Wilmots - Eijkelkamp (60. Eigenrauch), Max (88. Held).
Tor: 0:1 Max (42.).
Schiedsrichter: Strampe (Handorf).
Zuschauer: 30 700.
Gelbe Karten: M. Schneider, Paßlack, Hochstätter - Latal, van Hoogdalem (5., gesperrt).
Gelb/Rot: keine.
Rote Karten: keine.

Hamburger SV - Hertha BSC
1:1 (1:1)

Hamburg: Butt - Schnoor - Panadic, Hertzsch - Fischer, Spörl, Kmetsch, A. Zeyer, Hollerbach (75. Weetendorf) - Dembinski (75. Trejgis), Salihamidzic.
Hertha: Kiraly - Karl - H. Herzog, Sverrisson - Fährmann (59. van Burik), A. Schmidt, Arnold, Veit, Dinzey - Preetz, Thom.
Tore: 0:1 A. Schmidt (5.), 1:1 Fischer (28.).
Schiedsrichter: Stark (Landshut).
Zuschauer: 35 236.
Gelbe Karten: Panadic, Fischer, Kmetsch, Hollerbach - Dinzey, Fährmann, Arnold.
Gelb/Rot: keine.
Rote Karten: keine.

Arminia Bielefeld - München 1860
1:1 (0:0)

Bielefeld: Koch - Stratos - Silooy, Meißner - Rydlewicz, Bagheri, Maas, Kuntz, Reeb - Reina (75. Sternkopf), Daei.
1860: Meier - Jeremies - Greilich, Walker - Borimirov, Kientz, Bender (85. Agostino), Hasi (70. Cerny), Heldt - Hobsch (75. Jovov), Winkler.
Tore: 1:0 Rydlewicz (64.), 1:1 Agostino (87.).
Schiedsrichter: Weber (Essen).
Zuschauer: 19 312.
Gelbe Karten: Sternkopf - Meier, Winkler.
Gelb/Rot: keine.
Rote Karte: Walker (67.).

Bayer Leverkusen - Werder Bremen
4:1 (1:1)

Leverkusen: Heinen - Nowotny - Wörns, Happe - Lehnhoff (87. R.Kovac), Skammelsrud, Ramelow, Heintze - Beinlich - Kirsten (75. Rink), Meijer (87. Feldhoff).
Bremen: Reck - Todt, Trares, Wicky - Eilts - Frings (75. Wolter), Maximow, Brand (77. Kunz), Skripnik - Labbadia (71. Flo), M. Bode.
Tore: 1:0 Kirsten (7.), 1:1 Brand (37., Foulelfmeter), 2:1 Kirsten (66., Foulelfmeter), 3:1 Meijer (71.), 4:1 Beinlich (83.).
Schiedsrichter: Fröhlich (Berlin).
Zuschauer: 22 300.
Gelbe Karten: Meijer - Trares, Eilts, Frings.
Gelb/Rot: keine.
Rote Karte: Reck (82.).

Bayern München - Hansa Rostock
2:0 (2:0)

München: Kahn - Matthäus (60. Babbel) - Fink, Helmer - Zickler, Hamann, Scholl, Nerlinger, Tarnat - Jancker, Rizzitelli (57. Strunz).
Rostock: Pieckenhagen - Rehmer, Weilandt, Gansauge - Lange, Micevski, Bosz (85. Ewen), Dowe, Ehlers (46. Studer) - Majak - Pamic (46. Baumgart).
Tore: 1:0 Zickler (16.), 2:0 Tarnat (18.).
Schiedsrichter: Keßler (Wogau).
Zuschauer: 36 000.
Gelbe Karten: Helmer, Hamann, Nerlinger (5., gesperrt) - Dowe, Gansauge.
Gelb/Rot: keine.
Rote Karten: keine.

VfL Wolfsburg - 1. FC Köln
1:1 (0:0)

Wolfsburg: Zimmermann - J. Keller - Kryger, Jensen - Kapetanovic, Greiner, Reyna (50. Stevanovic), Dammeier, Novotny (68. M. Spies) - Präger, Breitenreiter (82. Ballwanz).
Köln: Menger - Hauptmann - Schuster, Grassow (85. Rytschkow) - Tretschok, Cichon (72. B. Schmidt), Baumann, Munteanu, Münch - Vladoiu (72. Azizi), Polster.
Tore: 1:0 Präger (75.), 1:1 Azizi (87.).
Schiedsrichter: Zerr (Ottersweier).
Zuschauer: 19 113.
Gelbe Karten: Zimmermann, Greiner (5., gesperrt), Präger - Münch, Baumann (5., gesperrt).
Gelb/Rot: keine.
Rote Karten: keine.

„Ich verbiete niemandem, Emotionen und Leidenschaft einzubringen sowie Verantwortung zu übernehmen." Meint Joachim Löw (3.2.1960). Ob seine VfB-Kicker diesen Anspruch ernsthaft verinnerlichen?

Beim 1:1 gegen den KSC am Spieltag 21 hatte Bayer-Coach Christoph Daum vor allem Leidenschaft vermißt. Gegen Bremen war sie da. „Jetzt geht es wieder um Ordnung und Zielstrebigkeit ..." (unten)

 STATISTIK

23. SPIELTAG Saison 97/98

Tore:	28; gesamt: 619.
Eigentore:	3; Todt (Bremen), Andersson (M´Gladbach), Preetz (Hertha); gesamt: 18.
Zuschauer:	320 966; gesamt: 6 614 355.
Gelbe Karten:	35.
Gelb/Rot:	1; Feiersinger (Dortmund); gesamt: 26.
Rote Karten:	1; Jensen (Wolfsburg); gesamt: 12.
Elfmeter:	keiner.
Torjäger:	Kirsten (Leverkusen) 17, Marschall (K´lautern) 13, Bobic (Stuttgart), Präger (Wolfsburg) je 12, Jancker (FC Bayern) 11, Winkler (1860), Balakov (Stuttgart) je 10.

Karlsruher SC - Borussia Dortmund
0:1 (0:1)

Karlsruhe: Reitmaier - Wittwer (58. Gilewicz) - Reich, Régis - Metz, Hengen, Bäumer (78. Krauß), Schepens (73. Kirjakow) - Häßler - Dundee, Schroth.
Dortmund: Klos - Feiersinger - Kohler, Cesar - Ricken (61. R. Schneider), S. Freund, But, Heinrich - Möller - Herrlich (86. Zorc), Chapuisat (73. Binz).
Tor: 0:1 Herrlich (42.).
Schiedsrichter: Koop (Boizenburg).
Zuschauer: 27 000.
Gelbe Karten: Schepens (5., gesperrt), Wittwer - Herrlich (5., gesperrt), S. Freund.
Gelb/Rot: Feiersinger (73.).
Rote Karten: keine.

Werder Bremen - MSV Duisburg
2:2 (1:0)

Bremen: Reck - Trares - Todt, Wicky - Frings, Maximow (12. Wolter), Eilts, Brand (59. A. Herzog), Skripnik (72. Kunz) - Flo, M. Bode.
Duisburg: Gill - Emmerling - Wohlert, Reiter (72. Hajto) - Wolters, Töfting (60. Puschmann), M. Zeyer, Komljenovic, Hirsch - U. Spies, Osthoff (90. Popowitsch).
Tore: 1:0 Eilts (5.), 1:1 Todt (54., Eigentor), 1:2 U. Spies (80.), 2:2 Todt (82.).
Schiedsrichter: Krug (Gelsenkirchen).
Zuschauer: 23 960.
Gelbe Karten: keine.
Gelb/Rot: keine.
Rote Karten: keine.

1. FC Köln - Hamburger SV
1:2 (0:0)

Köln: Menger - Hauptmann - B. Schmidt (83. Vucevic), Grassow - Rytschkow, Tretschok, Schuster, Munteanu, Münch (72. Gaißmayer) - Polster, Vladoiu (46. Azizi).
Hamburg: Butt - Gravesen - Panadic, Hertzsch - Fischer, Spörl (84. Molata), Kmetsch, A. Zeyer, Hollerbach - Dembinski (89. Babatz), Salihamidzic (78. Trejgis).
Tore: 0:1 Salihamidzic (64.), 0:2 Hollerbach (80.), 1:2 Tretschok (87.).
Schiedsrichter: Wagner (Hofheim).
Zuschauer: 29 000.
Gelbe Karten: Hauptmann, Grassow, Polster (5., gesperrt) - Salihamidzic.
Gelb/Rot: keine.
Rote Karten: keine.

Schalke 04 - VfL Wolfsburg
1:1 (1:1)

Schalke: Lehmann - Thon - de Kock, Linke - Latal (67. Eigenrauch), Müller (61. Anderbrügge), Nemec, Büskens - Wilmots - Max Eijkelkamp.
Wolfsburg: Zimmermann - J. Keller - Jensen, Kryger - Kapetanovic, Ballwanz, Kovacevic, Dammeier, Novotny - Präger (88. Deering), Ratke (74. Kleeschätzky).
Tore: 1:0 Wilmots (12.), 1:1 Präger (37.).
Schiedsrichter: Dr. Merk (Kaiserslautern).
Zuschauer: 41 500.
Gelbe Karten: Eijkelkamp, Büskens, Max - Kryger, Kapetanovic, Dammeier.
Gelb/Rot: keine.
Rote Karte: Jensen (72.).

VfB Stuttgart - 1. FC Kaiserslautern
0:1 (0:0)

Stuttgart: Wohlfahrt - T. Schneider, Verlaat (46. Djordjevic), Berthold - Haber, Soldo, Yakin, Poschner (83. Ristic) - Balakov - Akpoborie, Bobic.
Kaiserslautern: Reinke - Kadlec - Koch, Schjönberg - Roos (85. Riedl) - Buck (85. Hrutka), Ratinho, Sforza, Wagner - Rische, Hristov.
Tor: 0:1 Hristov (81.).
Schiedsrichter: Albrecht (Kaufbeuren).
Zuschauer: 53 000 (ausverkauft).
Gelbe Karten: Bobic, Yakin, Djordjevic - Wagner.
Gelb/Rot: keine.
Rote Karten: keine.

München 1860 - Bayer Leverkusen
3:4 (1:0)

1860: Meier - Jeremies - Greilich, Gorges - Borimirov, Zelic (81. Hofschneider), Walker, Heldt - Bender (72. Hasi) - Winkler, Hobsch (66. Agostino).
Leverkusen: Heinen - Nowotny - Wörns, Happe - Lehnhoff (56. Zivkovic), Ramelow, Skammelsrud (56. Feldhoff), Beinlich, Heintze - Kirsten, Meijer (33. Rink).
Tore: 1:0 Hobsch (12.), 1:1 Kirsten (59.), 2:1 Agostino (69.), 3:1 Agostino (71.), 3:2 Happe (74.), 3:3 Rink (76.), 3:4 Rink (83.).
Schiedsrichter: Heynemann (Magdeburg).
Zuschauer: 26 500.
Gelbe Karten: Heldt, Greilich, Borimirov - Beinlich.
Gelb/Rot: keine.
Rote Karten: keine.

Hansa Rostock - Arminia Bielefeld
2:1 (1:0)

Rostock: Pieckenhagen - Rehmer, Weilandt, Gansauge - Lange, Micevski (82. Pamic), Bosz, Dowe, Majak - Barbarez, Baumgart (74. Studer).
Bielefeld: Koch - Stratos - Silooy, Meißner - Rydlewicz, Maas, Kuntz, Bagheri (86. Sternkopf), Reeb, Gerber (46. Maul) - Daei (46. Reina).
Tore: 1:0 Barbarez (12.), 1:1 Meißner (72.), 2:1 Pamic (84.).
Schiedsrichter: Dr. Wack (Biberbach).
Zuschauer: 14 000.
Gelbe Karten: Barbarez, Lange - Silooy, Stratos, Bagheri.
Gelb/Rot: keine.
Rote Karten: keine.

Hertha BSC - Bayern München
2:1 (1:0)

Hertha: Kiraly - Karl - van Burik, Sverrisson - Covic (89. Fährmann), A. Schmidt, Veit, Dinzey - Arnold (87. O. Schmidt) - Preetz, Thom.
München: Kahn - Matthäus - Fink, Helmer - Basler, Hamann, Tarnat, Lizarazu (57. Strunz) - Scholl - Jancker (57. Zickler), Rizzitelli.
Tore: 1:0 Preetz (18.), 2:0 Covic (70.), 2:1 Preetz (83., Eigentor).
Schiedsrichter: Berg (Konz).
Zuschauer: 76 000 (ausverkauft).
Gelbe Karten: Karl (5., gesperrt) - Hamann, Scholl, Rizzitelli.
Gelb/Rot: keine.
Rote Karten. keine.

VfL Bochum - Borussia M´Gladbach
3:1 (1:1)

Bochum: Ernst - Waldoch - Mamic, Sundermann - Peschel, Dickhaut, Michalke, Reichel (46. Schreiber), Hofmann - Wosz, Juran (65. Reis).
M´Gladbach: Kamps - Andersson - Anagnostou, Paßlack - M. Schneider, Effenberg, Hochstätter (46. Wynhoff), Lupescu (88. Woronin), Ketelaer (58. Juskowiak) - Pflipsen - Pettersson.
Tore: 0:1 Pettersson (28.), 1:1 Dickhaut (45.), 2:1 Andersson (48., Eigentor), 3:1 Peschel (75.).
Schiedsrichter: Steinborn (Sinzig).
Zuschauer: 30 006.
Gelbe Karten: Wosz, Dickhaut - Effenberg, Anagnostou.
Gelb/Rot: keine.
Rote Karten: keine.

24. SPIELTAG Saison 97/98

Tore:	14; gesamt: 633.
Eigentore:	keine; gesamt: 18.
Zuschauer:	320 695; gesamt: 6 935 050.
Gelbe Karten:	40.
Gelb/Rot:	2; Zafirov (Bielefeld), Schreiber (Bochum); gesamt: 28.
Rote Karten:	keine; gesamt: 12.
Elfmeter:	2; Keller (Wolfsburg) vergab.
Torjäger:	Kirsten (Leverkusen) 17, Marschall (K´lautern) 13, Bobic (Stuttgart), Präger (Wolfsburg) je 12, Jancker (FC Bayern) 11, Winkler (1860), Balakov (Stuttgart), Barbarez (Rostock) je 10.

1. FC Kaiserslautern - Karlsruher SC
0:0

Kaiserslautern: Szücs - Kadlec - Koch (63. Ballack), Schjönberg - Buck, Ratinho, Sforza, Roos, M. Reich (46. Kuka) - Rische, Hristov.
Karlsruhe: Reitmaier - Wittwer - B. Reich, Régis - M. Keller (86. Ritter), Hengen, Buchwald, Krauß, Bäumer - Häßler - Schroth (68. Dundee).
Schiedsrichter: Dardenne (Nettersheim).
Zuschauer: 38 000 (ausverkauft).
Gelbe Karten: Hristov - Schroth, Régis, M. Keller.
Gelb/Rot: keine.
Rote Karten: keine.

Borussia Dortmund - Werder Bremen
2:2 (0:0)

Dortmund: Klos - Binz - Kohler, Cesar (65. Reinhardt) - Reuter (46. Ricken), S. Freund, But (83. Kree), Heinrich - Möller - Decheiver, Chapuisat.
Bremen: Reck - Trares - Todt, Wicky (69. Frey) - Wolter (81. Kunz), Eilts, Pfeifenberger, A. Herzog (75. Brand), Skripnik - Frings, Flo.
Tore: 0:1 A. Herzog (75.), 1:1 Heinrich (77.), 2:1 Chapuisat (80.), 2:2 Pfeifenberger (88.).
Schiedsrichter: Buchhart (Schrobenhausen).
Zuschauer: 55 000 (ausverkauft).
Gelbe Karten: Heinrich (5., gesperrt) - Frings (5., gesperrt), Pfeifenberger.
Gelb/Rot: keine.
Rote Karten: keine.

Borussia M´Gladbach - VfB Stuttgart
0:0

M´Gladbach: Kamps - Hochstätter - Andersson, Klinkert - Paßlack, Effenberg, M. Schneider, Witeczek, Ketelaer (81. Wynhoff) - Juskowiak (66. Woronin), Pflipsen.
Stuttgart: Ziegler - Yakin (71. Endreß) - Spanring, Berthold - T. Schneider, Djordjevic, Soldo, Balakov, Poschner, Stojkovski - Akpoborie (78. Ristic).
Schiedsrichter: Keßler (Wogau).
Zuschauer: 23 990.
Gelbe Karten: Paßlack, Klinkert, Ketelaer, Witeczek, Wynhoff - Yakin, Spanring, Berthold, Balakov.
Gelb/Rot: keine.
Rote Karten: keine.

VfL Wolfsburg - VfL Bochum
0:2 (0:1)

Wolfsburg: Zimmermann - J. Keller - Kovacevic, Kryger - Kapetanovic (75. Ballwanz), Greiner, Reyna, Dammeier, Novotny (36. Stevanovic) - Präger, Ratke (36. Meissner).
Bochum: Ernst - Mamic - Waldoch, Reis (88. Bastürk) - Sundermann, Dickhaut, Schreiber, Wosz, Hofmann - Michalke (69. Gülünoglu), Juran (59. Baluszynski).
Tore: 0:1 Hofmann (16.), 0:2 Baluszynski (80.).
Schiedsrichter: Stark (Landshut).
Zuschauer 16 122.
Gelbe Karten: Novotny, J. Keller, Dammeier (5., gesperrt) - Michalke, Juran, Schreiber.
Gelb/Rot: Schreiber (79.).
Rote Karten: keine.

Hamburger SV - Schalke 04
1:1 (0:1)

Hamburg: Butt - Gravesen - Panadic, Hertzsch - Wojtala (69. Trejgis), Spörl, Kmetsch, A. Zeyer, Hollerbach (66. Schnoor) - Dembinski (46. Yeboah), Weetendorf.
Schalke: Lehmann - Thon - de Kock, Linke - Latal (87. Müller), van Hoogdalem, Nemec, Büskens - Wilmots - Eijkelkamp (85. Pereira), Max (70. Eigenrauch).
Tore: 0:1 Linke (34.), 1:1 Gravesen (70.).
Schiedsrichter: Steinborn (Sinzig).
Zuschauer: 36 304.
Gelbe Karten: Hollerbach, A. Zeyer - Nemec.
Gelb/Rot: keine.
Rote Karten. keine.

Bayern München - 1. FC Köln
0:2 (0:0)

München: Kahn - Matthäus - Babbel, Helmer - Basler (46. Zickler), Hamann, Scholl (70. Strunz), Nerlinger, Tarnat (60. Lizarazu) - Elber, Jancker.
Köln: Menger - Hauptmann - Baumann, Schmidt - Schuster, Thiam, Tretschok, Münch, Munteanu - Vladoiu (84. Cichon), Azizi (90. Rösele).
Tore: 0:1 Münch (50., Foulelfmeter), 0:2 Azizi (63.).
Schiedsrichter: Strampe (Handorf).
Zuschauer: 45 000.
Gelbe Karten: Babbel - Baumann, Tretschok, Thiam.
Gelb/Rot: keine.
Rote Karten: keine.

Bayer Leverkusen - Arminia Bielefeld
0:0

Leverkusen: Heinen - Nowotny - Wörns, Happe - Lehnhoff, Emerson (79. Feldhoff), Ramelow, Beinlich, Heintze (63. Skammelsrud) - Kirsten, Rink.
Bielefeld: Koch - Stratos - Schäfer, Zafirov - Sternkopf (71. Daei), Meißner, Breitkreutz (50. Bagheri), Maas, Reeb - Kuntz, Reina (80. Gerber).
Schiedsrichter: Dr. Merk (Kaiserslautern).
Zuschauer: 22 500 (ausverkauft).
Gelbe Karten: Nowotny, Feldhoff - Kuntz, Maas, Bagheri.
Gelb/Rot: Zafirov (72.).
Rote Karten: keine.

MSV Duisburg - München 1860
0:2 (0:0)

Duisburg: Gill - Emmerling (72. Skoog) - Wohlert, Reiter - Wolters, M. Zeyer, Komljenovic, Hirsch, Neun (58. Töfting) - U. Spies, Osthoff (46. Salou).
1860: Meier - Jeremies - Greilich, Kientz - Borimirov, Stevic, Quakili (88. Hasi), Zelic, Heldt - Hobsch (79. Gorges), Winkler.
Tore: 0:1 Greilich (51.), 0:2 Borimirov (88.).
Schiedsrichter: Zerr (Ottersweier).
Zuschauer: 12 761.
Gelbe Karten: Emmerling (5., gesperrt) - Heldt, Greilich.
Gelb/Rot: keine.
Rote Karten: keine.

Hertha BSC - Hansa Rostock
1:1 (0:0)

Hertha: Kiraly - van Burik - A. Schmidt - Covic, Veit, Dardai, Arnold, Roy (80. Tchami), Dinzey - Preetz, Thom (19. Fährmann).
Rostock: Pieckenhagen - Rehmer, Weilandt, Gansauge - Lange, Bosz, Micevski, Dowe, Studer (74. Groth) - Barbarez (77. Pamic) - Majak (68. Baumgart).
Tore: 1:0 Preetz (52.), 1:1 Barbarez (58.).
Schiedsrichter: Krug (Gelsenkirchen).
Zuschauer: 71 018.
Gelbe Karten: Veit - Majak (5., gesperrt), Weilandt.
Gelb/Rot: keine.
Rote Karten: keine.

„Wir spielen jetzt a bisserl besser Fußball. Aber das ist noch kein Image", erklärt Herthas-Aufsichtsratschef Robert Schwan. Trainer Röber wird´s egal sein, wenn´s zum Sieg gegen den FC Bayern reicht.

Sensationeller 2:0-Auswärtssieg des 1. FC Köln bei den Münchner Bayern. Und was sagt Trainer Günter-Lorenz Köster dazu? „Die Mannschaft ist auf jeden Fall wieder näher zusammengerückt." (unten)

25. SPIELTAG Saison 97/98

Tore:	30; gesamt: 663.
Eigentore:	keine; gesamt: 18.
Zuschauer:	265 450; gesamt: 7 200 500.
Gelbe Karten:	38.
Gelb/Rot:	3; Wicky (Bremen), Ballack (K´lautern), Hauptmann (Köln); gesamt: 31.
Rote Karten:	2; Spörl (HSV), Linke (Schalke); gesamt: 14.
Elfmeter:	2; Tretschok (Köln) vergab.
Torjäger:	Kirsten (Leverkusen) 18, Marschall (K´lautern), Präger (Wolfsburg) je 13, Bobic (Stuttgart) 12, Jancker (FC Bayern), Winkler (1860) je 11, Balakow (Stuttgart), Barbarez (Rostock) je 10.

Werder Bremen - 1. FC Kaiserslautern
1:1 (1:1)

Bremen: Reck - Trares - Wicky, Todt - Pfeifenberger, A. Herzog, Brand (56. Labbadia), Eilts, Skripnik (51. M. Bode) - Kunz (67. Frey), Flo.
Kaiserslautern: Reinke - Kadlec - Reich (74. Wagner), Schjönberg - Ratinho (58. Koch), Roos, Sforza, Lutz (23. Ballack), Buck - Kuka, Hristov.
Tore: 1:0 Pfeifenberger (14.), 1:1 Schjönberg (35., Foulelfmeter).
Schiedsrichter: Weber (Essen).
Zuschauer: 34 804.
Gelbe Karten: A. Herzog, Eilts - Lutz, Hristov.
Gelb/Rot: Wicky (68.) - Ballack (70.).
Rote Karten: keine.

VfL Bochum - Hamburger SV
0:0

Bochum: Ernst - Mamic - Waldoch, Sundermann - Dickhaut (76. Bastürk), Michalke, Hofmann, Wosz, Reis - Donkov (46. Juran), Gülünoglu (69. Baluszynski).
Hamburg: Butt - Gravesen - Panadic, Hertzsch (83. Molata) - Böger, Spörl, Kmetsch, A. Zeyer, Hollerbach - Weetendorf (46. Yeboah), Salihamidzic (74. Dembinski).
Schiedsrichter: Dr. Wack (Biberbach).
Zuschauer: 26 543.
Gelbe Karten: Wosz, Sundermann, Michalke (5., gesperrt) - Hertzsch, Böger, Hollerbach.
Gelb/Rot: keine.
Rote Karte: Spörl (36.).

Arminia Bielefeld - MSV Duisburg
3:3 (1:0)

Bielefeld: Koch - Stratos (74. Silooy) - Schäfer, Meißner - Sternkopf, Reeb, Breitkreutz (55. Bagheri), Maas, Gerber - Daei, Kuntz (25. Reina).
Duisburg: Gill - Komljenovic (86. Skoog) - Wohlert, Hajto - Wolters, Töfting (63. Vana), M. Zeyer, Puschmann, Neun (63. Osthoff) - Salou, U. Spies.
Tore: 1:0 Meißner (6.), 1:1 Wolters (66.), 2:1 Reina (70.), 2:2 Salou (75.), 3:2 Daei (84.), 3:3 Salou (87.).
Schiedsrichter: Heynemann (Magdeburg).
Zuschauer: 18 586.
Gelbe Karten: Reeb - Töfting, Wohlert.
Gelb/Rot: keine.
Rote Karten: keine.

München 1860 - Borussia Dortmund
4:2 (4:0)

1860: Meier - Jeremies - Greilich, Kientz - Borimirov (56. Pelé), Zelic, Quakili, Stevic (75. Walker), Heldt (78. Jovov) - Winkler, Hobsch.
Dortmund: Klos - Kohler, Feiersinger, Cesar - Kirovski (29. R. Schneider), S. Freund (26. Zorc), But, Reinhardt - Möller - Decheiver, Chapuisat.
Tore: 1:0 Stevic (4.), 2:0 Hobsch (8.), 3:0 Winkler (15.), 4:0 Hobsch (25.), 4:1 Möller (81.), 4:2 R. Schneider (84.).
Schiedsrichter: Kemmling (Burgwedel).
Zuschauer: 31 000.
Gelbe Karten: Kientz, Jeremies.
Gelb/Rot: keine.
Rote Karten: keine.

Hansa Rostock - Bayer Leverkusen
1:2 (0:2)

Rostock: Pieckenhagen - Weilandt - Rehmer, Gansauge (88. Ehlers) - Lange, Bosz (69. Groth), Dowe, Studer - Barbarez - Micevski (76. Baumgart), Pamic.
Leverkusen: Heinen - Nowotny - Wörns, Zivkovic - Ramelow, Emerson (65. Ledwon), Skammelsrud, Beinlich, Heintze - Kirsten (88. Lottner), Rink (89. Feldhoff).
Tore: 0:1 Kirsten (13.), 0:2 Zivkovic (39.), 1:2 Studer (46.).
Schiedsrichter: Fandel (Kyllburg).
Zuschauer: 13 500.
Gelbe Karten: Bosz, Groth - Wörns, Feldhoff.
Gelb/Rot: keine.
Rote Karten: keine.

1. FC Köln - Hertha BSC
2:0 (1:0)

Köln: Menger - Hauptmann - O. Schmidt, Schuster - Thiam, Baumann, Munteanu, Tretschok (84. Grassow), Münch - Azizi (77. Vladoiu), Polster (63. Cichon).
Hertha: Kiraly - van Burik, H. Herzog (54. Sverrisson), Karl - Covic, Veit, Arnold (73. Dardai), A. Schmidt, Dinzey - Preetz, Tchami (54. Roy).
Tore: 1:0 Tretschok (41.), 2:0 Münch (88.).
Schiedsrichter: Albrecht (Kaufbeuren).
Zuschauer: 24 000.
Gelbe Karten: Covic (5., gesperrt), H. Herzog.
Gelb/Rot: Hauptmann (36.).
Rote Karten: keine.

Karlsruher SC - Borussia M´Gladbach
2:5 (1:1)

Karlsruhe: Reitmaier - Régis - Reich (70. Kirjakow), Ritter - M. Keller, Hengen (51. Dundee), Buchwald, Bäumer - Häßler - Schroth, Gilewicz (82. Guie-Mien).
M´Gladbach: Kamps - Hochstätter - Hoersen, Klinkert - M. Schneider, Paßlack, Effenberg, Lupescu, Witeczek - Pettersson (70. Anagnostou), Juskowiak.
Tore: 0:1 Paßlack (17.), 1:1 Régis (28.), 1:2 Juskowiak (49.), 2:2 M. Keller (58.), 2:3 Effenberg (68.), 2:4 Paßlack (88.), 2:5 Effenberg (90.).
Schiedsrichter: Berg (Konz).
Zuschauer: 26 000.
Gelbe Karten: Buchwald, Gilewicz, Ritter - Klinkert (5., gesperrt), M. Schneider, Juskowiak.
Gelb/Rot: keine.
Rote Karten: keine.

VfB Stuttgart - VfL Wolfsburg
2:1 (0:1)

Stuttgart: Ziegler - Haber (46. Becker), Verlaat, Berthold - Djordjevic, Lisztes, Soldo, Poschner, Stojkovski (56. Yakin) - Balakov - Ristic (88. Endreß).
Wolfsburg: Zimmermann - J. Keller - Kovacevic, Kryger - Jensen, Greiner, Ballwanz (80. Meissner), Novotny - Reyna (54. M. Spies) - Präger, Ratke (72. Kapetanovic).
Tore: 0:1 Präger (21.), 1:1 Lisztes (61.), 2:1 Djordjevic (77.).
Schiedsrichter: Jansen (Essen).
Zuschauer: 20 000.
Gelbe Karten: Verlaat, Stojkovski, Poschner (5., gesperrt) - J. Keller (5., gesperrt), Ratke.
Gelb/Rot: keine.
Rote Karten: keine.

Schalke 04 - Bayern München
1:0 (1:0)

Schalke: Lehmann - Thon - de Kock, Linke - Latal, van Hoogdalem, Nemec, Anderbrügge (87. Eigenrauch), Büskens - Max (75. Kurz), Eijkelkamp (82. Goossens).
München: Kahn - Helmer - Babbel, Fink (78. Lizarazu) - Zickler (58. Basler), Hamann, Strunz (58. Scholl), Nerlinger, Tarnat - Jancker, Elber.
Tor: 1:0 Linke (19.).
Schiedsrichter: Aust (Köln).
Zuschauer: 71 017 (ausverkauft).
Gelbe Karten: Latal, Nemec - Nerlinger, Jancker (5., gesperrt), Hamann, Lizarazu.
Gelb/Rot: keine.
Rote Karte: Linke (73.).

26. SPIELTAG Saison 97/98

Tore:	16; gesamt: 679.
Eigentore:	1; Hengen (KSC); gesamt: 19.
Zuschauer:	315 767; gesamt: 7 517 267.
Gelbe Karten:	31.
Gelb/Rot:	1; Rydlewicz (Bielefeld); gesamt: 32.
Rote Karten:	1; Andersson (M´Gladbach); gesamt: 15.
Elfmeter:	1; Dammeier (Wolfsburg) vergab.
Torjäger:	Kirsten (Leverkusen) 18, Marschall (K´lautern), Präger (Wolfsburg) je 13, Bobic (Stuttgart) 12, Jancker (FC Bayern), Winkler (1860) je 11, Balakow (Stuttgart), Barbarez (Rostock), Kuntz (Bielefeld), Preetz (Hertha) je 10.

MSV Duisburg - Bayer Leverkusen
1:1 (1:1)

Duisburg: Gill - Emmerling - Wohlert, Hajto - Wolters (75. Puschmann), Komljenovic, M. Zeyer, Töfting (58. Vana), Hirsch - Osthoff (83. Skoog), Salou.
Leverkusen: Heinen - Nowotny - Wörns, Zivkovic - Lehnhoff (76. Skammelsrud), Ramelow, Emerson, Beinlich (76. Ledwon), Heintze - Kirsten (63. Feldhoff), Rink.
Tore: 1:0 Osthoff (4.), 1:1 Emerson (35.).
Schiedsrichter: Wagner (Hofheim).
Zuschauer: 13 389.
Gelbe Karten: Wohlert, Emmerling, Komljenovic, Vana - Beinlich, Lehnhoff.
Gelb/Rot: keine.
Rote Karten: keine.

Hertha BSC - Schalke 04
1:4 (0:1)

Hertha: Kiraly - H. Herzog, Karl, van Burik - Fährmann (39. Mandreko), A. Schmidt (46. Tchami), Arnold, Veit (72. Roy), Dinzey - Sverrisson, Preetz.
Schalke: Lehmann - Thon - van Hoogdalem, de Kock - Held, Nemec, Kurz, Anderbrügge (69. Eigenrauch), Büskens - Wilmots (83. Müller), Max (81. Goossens).
Tore: 0:1 Wilmots (22.), 0:2 Thon (46.), 1:2 Preetz (54.), 1:3 Max (74.), 1:4 Müller (90.).
Schiedsrichter: Dardenne (Nettersheim).
Zuschauer: 60 517.
Gelbe Karten: Arnold, Sverrisson - Goossens, Kurz.
Gelb/Rot: keine.
Rote Karten: keine.

Hamburger SV - VfB Stuttgart
0:0

Hamburg: Butt - Gravesen - Panadic, Hertzsch - Böger, Kmetsch, Dembinski, A. Zeyer (75. Weetendorf), Hollerbach (65. Schnoor) - Yeboah, Salihamidzic.
Stuttgart: Wohlfahrt - T. Schneider, Verlaat, Berthold - Yakin, Haber, Stojkovski, Endreß - Djordjevic, Lisztes (77. Ristic) - Bobic (88. Becker).
Schiedsrichter: Krug (Gelsenkirchen).
Zuschauer: 30 516.
Gelbe Karten: Salihamidzic - Djordjevic, T. Schneider (5., gesperrt), Lisztes.
Gelb/Rot: keine.
Rote Karten: keine.

Bayern München - VfL Bochum
0:0

München: Kahn - Matthäus (46. Fink) - Babbel, Helmer - Basler (20. Zickler), Hamann, Nerlinger, Tarnat (81. Lizarazu) - Scholl - Elber, Rizzitelli.
Bochum: Ernst - Mamic - Dickhaut, Waldoch - Sundermann, Reis, Schreiber, Hofmann, Wosz (90. Winkler) - Baluszynski (46. Bastürk), Donkov (67. Buckley).
Schiedsrichter: Koop (Lüttenmark).
Zuschauer: 49 000.
Gelbe Karten: Reis, Dickhaut.
Gelb/Rot: keine.
Rote Karten: keine.

Borussia Dortmund - Arminia Bielefeld
3:2 (1:0)

Dortmund: Klos - Binz - Kohler, Cesar - Kirovski (81. Mehnert), Zorc (58. R. Schneider), Ricken, Heinrich - Möller - Chapuisat (88. Gambo), Decheiver.
Bielefeld: Koch - Stratos (82. Bagheri) - Zafirov, Schäfer (68. Bode) - Rydlewicz, Meißner, Reeb, Maas, Sternkopf - Reina (68. Daei), Kuntz.
Tore: 1:0 Chapuisat (26.), 2:0 R. Schneider (63.), 3:0 R. Schneider (87.), 3:1 Kuntz (89.), 3:2 Bagheri (90.).
Schiedsrichter: Fandel (Kyllburg).
Zuschauer: 55 000 (ausverkauft).
Gelbe Karten: Kohler (5., gesperrt) - Daei (5., gesperrt).
Gelb/Rot: Rydlewicz (19.).
Rote Karten: keine.

1. FC Kaiserslautern - München 1860
1:0 (1:0)

Kaiserslautern: Reinke - Kadlec - Koch, Schjönberg - Buck, Ratinho (90. Reich), Roos, Sforza, Wagner - Kuka (84. Rische), Hristov.
1860: Meier - Jeremies - Greilich, Kientz - Borimirov, Zelic (64. Bender), Quakili (30. Pelé), Stevic, Heldt - Hobsch (59. Agostino), Winkler.
Tor: 1:0 Ratinho (45.).
Schiedsrichter: Strampe (Handorf).
Zuschauer: 38 000 (ausverkauft).
Gelbe Karten: Schjönberg - Pelé.
Gelb/Rot: keine.
Rote Karten: keine.

Borussia M´Gladbach - Werder Bremen
0:0

M´Gladbach: Kamps - Hochstätter - Andersson, Paßlack - Hoersen, Lupescu, M. Schneider, Effenberg, Witeczek - Juskowiak (33. Pflipsen / 89. Ketelaer), Pettersson (86. P.Pedersen).
Bremen: Reck - Trares - Todt, Ramzy - Frey (46. Kunz), Pfeifenberger, Eilts (75. Skripnik), A. Herzog (55. Brand), M. Bode - Flo, Frings.
Schiedsrichter: Dr. Merk (Kaiserslautern).
Zuschauer: 28 000.
Gelbe Karten: Witeczek - Skripnik, Frey.
Gelb/Rot: keine.
Rote Karte: Andersson (24.).

VfL Wolfsburg - Karlsruher SC
1:2 (1:1)

Wolfsburg: Zimmermann - Kovacevic - Jensen (73. Stammann), Kryger (73. Kapetanovic) - Greiner, Ballwanz, M. Spies, Dammeier, Kleeschätzky - Präger, Tyszkiewicz (73. Stevanovic).
Karlsruhe: Reitmaier - Hengen - Ritter, Régis - M. Keller (90. Kolinger), Buchwald, Bäumer, Häßler, Krauß - Dundee (81. Reich), Wück (58. Schroth).
Tore: 1:0 Hengen (9., Eigentor), 1:1 Dundee (30.), 1:2 Häßler (69.).
Schiedsrichter: Albrecht (Kaufbeuren).
Zuschauer: 14 345.
Gelbe Karte: Kovacevic.
Gelb/Rot: keine.
Rote Karten: keine.

1.FC Köln - Hansa Rostock
0:0

Köln: Menger - Baumann - B. Schmidt, Schuster - Thiam (31. Fensch), Cichon, Munteanu, Tretschok, Münch - Azizi (81. Gaißmayer), Polster (61. Vladoiu).
Rostock: Pieckenhagen - Rehmer, Weilandt, Gansauge (46. Yasser) - Lange, Bosz, Dowe, Studer (46. Micevski) - Barbarez, Majak - Pamic (70. Baumgart).
Schiedsrichter: Heynemann (Magdeburg).
Zuschauer: 27 000.
Gelbe Karten: Polster, B. Schmidt - Lange, Barbarez, Gansauge (5., gesperrt), Studer, Yasser.
Gelb/Rot: keine.
Rote Karten: keine.

Das 2:5 gegen M´Gladbach läutet für Winfried Schäfer den schnellen Abschied ein. Dabei hatte er danach noch kämpferisch verkündet: „Das einzige, von wo ich zurücktrete, ist die Bahnsteigkante …“ (oben)

Noch im Dezember hatte Willi Reimann seinen Vertrag in Wolfsburg kühn bis ins Jahr 2000 verlängert. Doch nach dem KSC-Spiel bekannte er hellseherisch: „Ich sehe mich in der Tat gefährdet.“

Werder Bremen - VfL Wolfsburg
3:1 (1:0)

Bremen: Reck - Todt, Trares, Wicky - Kunz, Pfeifenberger, Herzog (85. Brand), Eilts, M. Bode - Frings (74. Labbadia), Flo.
Wolfsburg: Zimmermann - J. Keller - Jensen, Kovacevic - Kapetanovic, Reyna (73. M. Spies), Kryger, Dammeier, Stammann (59. Meissner) - Stevanovic (74. Breitenreiter), Präger.
Tore: 1:0 Flo (45.), 2:0 Kunz (61.), 2:1 Dammeier (64., Foulelfmeter), 3:1 Flo (84.).
Schiedsrichter: Keßler (Wogau).
Zuschauer: 31 363.
Gelbe Karten: Trares (5., gesperrt) - Kovacevic.
Gelb/Rot: keine.
Rote Karten: keine.

Hansa Rostock - MSV Duisburg
2:1 (1:0)

Rostock: Pieckenhagen - Rehmer, Weilandt, Ehlers - Lange, Dowe (72. Baumgart) - Bosz, Yasser, Majak - Barbarez, Micevski (80. Pamic).
Duisburg: Gill - Emmerling - Wohlert, Hajto - Wolters (75. Puschmann), Vana, M. Zeyer (82. Komljenovic), Neun, Hirsch (46. U. Spies) - Osthoff, Salou.
Tore: 1:0 Majak (29.), 1:1 Salou (61.), 2:1 Pamic (87.).
Schiedsrichter: Stark (Landshut).
Zuschauer: 12 000.
Gelbe Karten: Micevski (5., gesperrt), Pamic - Wohlert, Osthoff, Hirsch.
Gelb/Rot: keine.
Rote Karten: keine.

Karlsruher SC - Hamburger SV
0:1 (0:0)

Karlsruhe: Reitmaier - Hengen - Régis, Reich - M. Keller, Buchwald, Kolinger, Schepens (78. Guie-Mien), Häßler - Schroth (63. Gilewicz), Kirjakow (87. Bodenstein).
Hamburg: Butt - Gravesen - Hertzsch, Panadic - Böger, Schnoor (5. Molata), Dembinski (87. Trejgis), A. Zeyer, Hollerbach - Yeboah (90. Weetendorf), Salihamidzic.
Tor: 0:1 Panadic (60.).
Schiedsrichter: Weber (Essen).
Zuschauer: 27 200.
Gelbe Karten: Buchwald, Kolinger - Hollerbach, Molata.
Gelb/Rot: keine.
Rote Karten: keine.

München 1860 - Borussia M´Gladbach
2:0 (1:0)

1860: Meier - Kientz, Jeremies, Greilich - Quakili, Borimirov, Zelic, Stevic, Heldt (72. Walker) - Hobsch (80. Agostino), Winkler.
M´Gladbach: Kamps - Hochstätter (36. Wynhoff) - Klinkert, Andersson - Paßlack, Effenberg (70. Anagnostou), M. Schneider (62. Pflipsen), Lupescu, Witeczek - Juskowiak, Pettersson.
Tore: 1:0 Hobsch (45.), 2:0 Quakili (54.).
Schiedsrichter: Steinborn (Sinzig).
Zuschauer: 30 300.
Gelbe Karten: Zelic - Effenberg, M. Schneider.
Gelb/Rot: keine.
Rote Karten: keine.

VfB Stuttgart - Bayern München
0:3 (0:2)

Stuttgart: Wohlfahrt - Spanring, Verlaat, Berthold - Djordjevic (46. Hagner), Soldo (30. Stojkovski), Yakin (76. Lisztes), Poschner - Balakov - Raducioiu, Ristic.
München: Kahn - Matthäus - Babbel, Kuffour - Scholl (63. Strunz), Hamann, Nerlinger, Lizarazu, Fink - Jancker (85. Tarnat), Elber (77. Zickler).
Tore: 0:1 Fink (21.), 0:2 Scholl (40.), 0:3 Zickler (78.).
Schiedsrichter: Berg (Konz).
Zuschauer: 53 000 (ausverkauft).
Gelbe Karten: Yakin - Fink.
Gelb/Rot: keine.
Rote Karten: keine.

VfL Bochum - Hertha BSC am 29. April 1998
2:1 (1:0)

Bochum: Ernst - Dickhaut - Waldoch, Kracht, Schreiber - Peschel (73. Bastürk), Mamic, Hofmann - Wosz - Michalke (90. Reichel), Juran (64. Buckley).
Hertha: Kiraly - Rekdal - Herzog, van Burik (66. Dinzey) - Covic (60. Thom) Karl (60. Arnold), Roy, Schmidt, Mandreko - Tchami, Preetz.
Tore: 1:0 Juran (10.), 2:0 Juran (56.), 2:1 Thom (71.).
Schiedsrichter: Zerr (Ottersweier).
Zuschauer: 24 000.
Gelbe Karten: Waldoch - Herzog, Karl, Kiraly, Rekdal, Arnold.
Gelb/Rot: keine.
Rote Karten: keine.

Arminia Bielefeld - 1. FC Kaiserslautern am 29.4.1998
2:2 (1:1)

Bielefeld: Miletic - Stratos (39. Silooy) - Zafirov, Bremke - Rydlewicz, Kuntz, Maas, Reeb, Maul (79. Bagheri) - Reina (74. Gerber), Daei.
Kaiserslautern: Reinke - Kadlec - Roos (75. Kuka), Koch (70. Ballack) - Buck, Reich (67. Rische), Sforza, Schjönberg, Wagner - Marschall, Hristov.
Tore: 0:1 Marschall (24.), 1:1 Daei (35.), 2:1 Daei (64.), 2:2 Rische (87.).
Schiedsrichter: Strampe (Handorf).
Zuschauer: 22 512 (ausverkauft).
Gelbe Karten: Bremke, Reeb, Silooy.
Gelb/Rot: keine.
Rote Karten: keine.

Bayer Leverkusen - Borussia Dortmund am 29.4.1998
2:2 (0:1)

Leverkusen: Heinen - Nowotny - R. Kovac, Happe - Lehnhoff, Ledwon, Ramelow, N. Kovac (74. Frydek), Heintze - Kirsten, Meijer (19. Rink).
Dortmund: Klos - Binz - Schneider (64. Ricken), Kohler - Timm, Reuter, Freund, But, Heinrich - Möller - Chapuisat (87. Gambo).
Tore: 0:1 Chapuisat (20.), 1:1 Rink (61.), 1:2 Chapuisat (78.), 2:2 Kirsten (80.).
Schiedsrichter: Berg (Konz).
Zuschauer: 22 500 (ausverkauft).
Gelbe Karten: Freund, Möller.
Gelb/Rot: keine.
Rote Karten: keine.

Schalke 04 - 1. FC Köln am 29. April 1998
1:0 (0:0)

Schalke: Lehmann - Müller - de Kock, Kurz - Held, Nemec, van Hoogdalem, Eigenrauch (77. Klujew) - Wilmots - Goossens, Eijkelkamp (59. Latal).
Köln: Menger - Hauptmann - Schmidt (90. Rösele), Baumann - Scherr, Tretschok, Cichon, Munteanu, Schuster - Vladoiu (77. Gaißmayer), Polster.
Tor: 1:0 Latal (90.).
Schiedsrichter: Kemmling (Burgwedel).
Zuschauer: 55 000.
Gelbe Karten: Kurz, van Hoogdalem, Wilmots - Baumann, Cichon.
Gelb/Rot: keine.
Rote Karten: keine.

27. SPIELTAG Saison 97/98

Tore:	25; gesamt 704.
Eigentore:	keine; gesamt: 19.
Zuschauer:	279 130; gesamt: 7 796 397.
Gelbe Karten:	33.
Gelb/Rot:	keine; gesamt: 32.
Rote Karten:	keine; gesamt: 15.
Elfmeter:	1.
Torjäger:	Kirsten (Leverkusen) 19, Marschall (K´lautern) 14, Präger (Wolfsburg) 13 Bobic (Stuttgart) 12, Jancker (FC Bayern), Winkler (1860) je 11, Balakov (Stuttgart), Barbarez (Rostock), Kuntz (Bielefeld), Preetz (Hertha) je 10.

VfL Wolfsburg - München 1860
1:0 (1:0)

Wolfsburg: Hiemann - J. Keller - Kleeschätzky, Kovacevic - Kapetanovic, Kryger, Reyna, Dammeier (87. Deering), Stammann (73. M. Spies) - Präger, Breitenreiter (67. Meissner).
1860: Meier - Zelic - Greilich, Kientz (57. Walker) - Borimirov (68. Jovov), Stevic, Quakili (57. Bender), Pelé, Heldt - Hobsch, Winkler.
Tor: 1:0 Kovacevic (28.).
Schiedsrichter: Berg (Konz).
Zuschauer: 15 735.
Gelbe Karten: J. Keller, Kapetanovic - Zelic, Greilich, Bender, Jovov.
Gelb/Rot: keine.
Rote Karten: keine.

Hamburger SV - Werder Bremen
2:1 (0:1)

Hamburg: Butt - Gravesen - Hertzsch, Panadic - Böger (73. Wojtala), A. Zeyer, Molata (46. Dembinski), Salihamidzic, Hollerbach (46. Schnoor) - Yeboah, Weetendorf.
Bremen: Reck - Todt, Wicky, Ramzy - Kunz (75. Wolter), Frey, Eilts, A. Herzog (55. Brand), M. Bode - Frings, Flo.
Tore: 0:1 M. Bode (25.), 1:1 Dembinski (77.), 2:1 Yeboah (90.).
Schiedsrichter: Fandel (Kyllburg).
Zuschauer: 38 261.
Gelbe Karten: Hollerbach (10., gesperrt), Salihamidzic - Flo, Wolter.
Gelb/Rot: keine.
Rote Karten: keine.

Bayern München - Karlsruher SC
1:1 (0:1)

München: Kahn - Matthäus - Helmer (46. Zickler), Babbel - Scholl, Hamann (68. Kuffour), Fink, Nerlinger, Lizarazu (46. Tarnat) - Elber, Jancker.
Karlsruhe: Reitmaier - Buchwald - Reich, Régis - Metz (51. Kolinger), Hengen (78. Schepens), Keller, Ritter - Häßler - Schroth, Guie-Mien (78. Krauss).
Tore: 0:1 Régis (45.), 1:1 Elber (76.).
Schiedsrichter: Wagner (Hofheim).
Zuschauer: 63 000 (ausverkauft).
Gelbe Karte: Ritter.
Gelb/Rot: keine
Rote Karten: keine.

Hertha BSC - VfB Stuttgart
3:0 (2:0)

Hertha: Kiraly - Rekdal - Sverrisson (67. Herzog), van Burik - Covic, A. Schmidt, Roy (73. Thom), Mandreko, Arnold (75. Dardai) - Preetz, Tchami.
Stuttgart: Wohlfahrt - T. Schneider, Verlaat (58. Spanring), Berthold - Djordjevic, Schwarz, Endreß, Stojkovski, Hagner, Lisztes - Raducioiu (46. Ristic).
Tore: 1:0 Tchami (24.), 2:0 Rekdal (44.), 3:0 Preetz (71.).
Schiedsrichter: Aust (Köln).
Zuschauer: 50 396.
Gelbe Karten: Mandreko - Hagner, Verlaat (5., gesperrt), Schwarz, Spanring
Gelb/Rot: keine.
Rote Karten: keine.

Borussia Dortmund - MSV Duisburg
3:0 (1:0)

Dortmund: Klos - Binz - Kohler, Cesar - Reuter, S. Freund, But (65. Ricken), Heinrich - Möller (74. Zorc) - Herrlich (83. Decheiver), Chapuisat.
Duisburg: Gill - Emmerling - Hajto, Wohlert - Osthoff (73. Komljenovic), Wolters, Vana, M. Zeyer, Neun - U. Spies, Salou.
Tore: 1:0 Chapuisat (28.), 2:0 Möller (67.), 3:0 Chapuisat (71.).
Schiedsrichter: Dr. Wack (Biberbach).
Zuschauer: 54 000.
Gelbe Karten: S. Freund (5., gesperrt), Chapuisat, Binz - Neun (5., gesperrt), Osthoff.
Gelb/Rot: keine.
Rote Karten: keine.

1.FC Kaiserslautern - Bayer Leverkusen
0:3 (0:0)

Kaiserslautern: Szücs - Kadlec - Koch (63. Rische), Schjönberg - Reich, Roos, Sforza, Ballack, Wagner (74. Kuka) - Hristov - Marschall.
Leverkusen: Heinen - Nowotny - Wörns, Happe - Zivkovic, Emerson, Ramelow, Beinlich (90. Skammelsrud), Heintze (84. R. Kovac) - Kirsten, Rink (89. Feldhoff).
Tore: 0:1 Beinlich (61.), 0:2 Rink (78.), 0:3 Kirsten (90.).
Schiedsrichter: Zerr (Ottersweier).
Zuschauer: 38 500 (ausverkauft).
Gelbe Karten: Ballack - Kirsten, Ramelow, Rink.
Gelb/Rot: keine.
Rote Karten: keine.

Borussia M´Gladbach - Arminia Bielefeld
0:0

M´Gladbach: Kamps - Andersson - Klinkert, Paßlack - Hoersen, Effenberg, M. Schneider, Witeczek (60. Ketelaer) - Pflipsen - Pettersson (77. Pedersen), Juskowiak.
Bielefeld: Koch - Stratos - Schäfer (46. Alder), Zafirov - J. Bode, Maas, Reeb, Meißner (45. Bagheri), Gerber (87. Breitkreutz) - Reina, Kuntz.
Schiedsrichter: Albrecht (Kaufbeuren).
Zuschauer: 30 200.
Gelbe Karten: Effenberg - Schäfer (5., gesperrt), Maas (5., gesperrt), Bagheri, Alder.
Gelb/Rot: keine.
Rote Karte: Juskowiak (44.).

Schalke 04 - Hansa Rostock
0:0

Schalke: Lehmann - Thon - de Kock, Eigenrauch - Latal, van Hoogdalem (71. Kurz), Nemec, Büskens - Wilmots - Max (76. Pereira), Eijkelkamp (71. Goossens).
Rostock: Pieckenhagen - Rehmer, Weilandt, Gansauge - Lange, Ehlers (67. Groth), Bosz, Dowe, Majak (88. Zallmann) - Yasser (77. Baumgart), Barbarez.
Schiedsrichter: Fröhlich (Berlin).
Zuschauer: 47 650.
Gelbe Karte: Barbarez.
Gelb/Rot: keine.
Rote Karten: keine.

1.FC Köln - VfL Bochum
2:1 (1:0)

Köln: Menger - Baumann - B. Schmidt, Schuster - Cichon, Hauptmann, Munteanu, Münch, Tretschok (76. Fensch) - Azizi (59. Vladoiu), Polster (85. Grassow).
Bochum: Ernst - Kracht - Waldoch, Dickhaut - Mamic, Sundermann, Michalke (70. Juran), Reis (62. Schreiber), Hofmann - Wosz - Buckley (46. Donkov).
Tore: 1:0 Polster (30.), 2:0 Polster (48.), 2:1 Dickhaut (51.).
Schiedsrichter: Buchhart (Schrobenhausen).
Zuschauer: 32 000.
Gelbe Karten: Munteanu (5., gesperrt), Schuster, Hauptmann - Schreiber, Kracht.
Gelb/Rot: Cichon (82.).
Rote Karten: keine.

28. SPIELTAG Saison 97/98

Tore:	18; gesamt: 722.
Eigentore:	keine; gesamt: 19.
Zuschauer:	369 740; gesamt: 8 166 137.
Gelbe Karten:	38.
Gelb/Rot:	1; Cichon (Köln); gesamt: 33.
Rote Karten:	1; Juskowiak (M´Gladbach); gesamt: 16.
Elfmeter:	1; Polster (Köln) vergab.
Torjäger:	Kirsten (Leverkusen) 20, Marschall (K´lautern) 14, Präger (Wolfsburg) 13, Bobic (Stuttgart), Preetz (Hertha) je 12, Jancker (FC Bayern), Winkler (1860), Polster (Köln), Chapuisat (Dortmund) je 11, Balakov (Stuttgart), Barbarez (Rostock), Kuntz (Bielefeld) je 10.

„Ich will erst mal schauen und mir einen Überblick verschaffen", so Uwe Erkenbrecher (14.11.1954). Genau ein Spiel hatte Wolfsburgs Amateur-Coach dafür Zeit, dann wurde er bereits abgelöst … (oben)

…, denn der neue Leitwolf war´d gefunden. „Ich habe große Begeisterung in der Mannschaft angetroffen", stellte Wolfgang Wolf (24.9.1957) nach seiner Sieg-Premiere gegen die „Löwen" fest.

 STATISTIK

29. SPIELTAG Saison 97/98

Tore: 21; gesamt: 743.
Eigentore: keine; gesamt: 19.
Zuschauer: 246 558; gesamt: 8 412 695.
Gelbe Karten: 25.
Gelb/Rot: 1; Salihamidzic (Hamburg); gesamt: 34.
Rote Karten: keine; gesamt: 16.
Elfmeter: 2; Mamic (Bochum) vergab.
Torjäger: Kirsten (Leverkusen) 21, Marschall (K´lautern) 15, Präger (Wolfsburg) 13, Bobic (Stuttgart), Preetz (Hertha), Jancker (FC Bayern), Polster (Köln), Chapuisat (Dortmund) je 12, Winkler (1860) 11, Balakov (Stuttgart), Barbarez (Rostock), Kuntz (Bielefeld), Pettersson (M´Gladbach) je 10.

Karlsruher SC - Hertha BSC
0:2 (0:0)

Karlsruhe: Reitmaier (49. Jentzsch) - Buchwald - Reich (78. Kirjakow), Ritter - Metz (54. Zitelli), Hengen, Nyarko - M. Keller, Häßler, Guie-Mien - Schroth.
Hertha: Kiraly - Rekdal - van Burik (15. Herzog), Sverrisson, Covic, Arnold, Roy (61. Dinzey), A. Schmidt, Mandreko - Preetz, Tchami (69. Thom).
Tore: 0:1 Preetz (47.), 0:2 (Arnold (89.).
Schiedsrichter: Heynemann (Magdeburg).
Zuschauer: 26 800.
Gelbe Karten: Kirjakow - Preetz, Sverrisson (10., gesperrt), Dinzey.
Gelb/Rot: keine.
Rote Karten: keine.

MSV Duisburg - 1. FC Kaiserslautern
1:1 (0:1)

Duisburg: Gill - Emmerling - Komljenovic, Wohlert - Wolters, Hajto, M. Zeyer, Töfting (74. Osthoff), Hirsch - Salou, U. Spies (77. Popowitsch).
Kaiserslautern: Szücs - Kadlec - Koch, Schjönberg - Buck (49. Reich), Roos, Sforza, Hristov, Wagner - Marschall, Kuka (72. Rische).
Tore: 0:1 Marschall (40.), 1:1 Hajto (65.).
Schiedsrichter: Koop (Lüttenmark).
Zuschauer: 19 941.
Gelbe Karten: Hajto (5., gesperrt) - Buck (5., gesperrt), Roos, Marschall.
Gelb/Rot: keine.
Rote Karten: keine.

Hansa Rostock - Borussia Dortmund
3:1 (0:1)

Rostock: Pieckenhagen - Rehmer, Weilandt, Gansauge - Lange, Bosz, Micevski (85. Groth), Yasser, Dowe (46. Pamic), Majak (89. Studer) - Barbarez.
Dortmund: Klos - Binz - Reuter, Kree - Mehnert (70. Decheiver), Ricken (79. Gambo), Zorc, But, Kirovski, Reinhardt - Chapuisat.
Tore: 0:1 Chapuisat (18.), 1:1 Majak (54.), 2:1 Pamic (60.), 3:1 Lange (83.).
Schiedsrichter: Strampe (Handorf).
Zuschauer: 24 500.
Gelbe Karten: Gansauge, Pieckenhagen.
Gelb/Rot: keine.
Rote Karten: keine.

München 1860 - Hamburger SV
1:1 (0:1)

1860: Meier - Zelic - Greilich, Kientz - Borimirov (46. Cerny), Stevic, Quakili, Pelé, Heldt (88. Agostino) - Hobsch, Winkler.
Hamburg: Butt - Gravesen - Panadic, Hertzsch - Böger (90. Wojtala), Kmetsch, Salihamidzic, Spörl (85. Dembinski), A. Zeyer, Schnoor - Yeboah.
Tore: 0:1 Panadic (39.), 1:1 Hobsch (54.).
Schiedsrichter: Jansen (Essen).
Zuschauer: 30 200.
Gelbe Karten: Stevic, Winkler - A. Zeyer, Kmetsch.
Gelb/Rot: Salihamidzic (90.).
Rote Karten: keine.

Bayer Leverkusen - Borussia M´Gladbach
1:1 (0:0)

Leverkusen: Heinen - Nowotny - Wörns (67. Zivkovic), Happe - Lehnhoff, Emerson (66. R.Kovac), Ramelow, Skammelsrud (64. Meijer), Heintze - Kirsten, Rink.
M´Gladbach: Kamps - Lupescu - Paßlack, Klinkert - Hoersen, Schneider, Anagnostou (89. Hausweiler), Witeczek - Effenberg, Pflipsen (82. Ketelaer) - Pettersson (86. P. Pedersen).
Tore: 1:0 Kirsten (49.), 1:1 Pettersson (51.).
Schiedsrichter: Kemmling (Burgwedel).
Zuschauer: 22 500 (ausverkauft).
Gelbe Karten: Kirsten (10., gesperrt), Happe, R. Kovac - Lupescu.
Gelb/Rot: keine.
Rote Karten: keine.

Werder Bremen - Bayern München
0:3 (0:1)

Bremen: Reck - Wicky - Ramzy, Todt - Kunz, Frey (67. van Lent), Eilts, A. Herzog (46. Brand), M. Bode - Frings (46. Labbadia), Flo.
München: Kahn - Matthäus - Babbel, Kuffour - Fink, Nerlinger, Scholl (86. Bugera), Hamann, Tarnat - Elber (12. Zickler / 54. Lizarazu), Jancker.
Tore: 0:1 Scholl (7., Foulelfmeter), 0:2 Scholl (61.), 0:3 Jancker (81.).
Schiedsrichter: Dardenne (Nettersheim).
Zuschauer: 35 883 (ausverkauft).
Gelbe Karten: Reck, Frey (5., gesperrt) - Jancker, Nerlinger.
Gelb/Rot: keine.
Rote Karten: keine.

VfL Bochum - Schalke 04
3:0 (1:0)

Bochum: Ernst - Mamic - Waldoch, Kracht - Sundermann, Dickhaut (80. Reichel), Wosz, Hofmann, Schreiber - Donkov (64. Bastürk), Michalke (64. Buckley).
Schalke: Lehmann - Thon (46. Müller) - de Kock, Linke - Latal (80. Held), Eigenrauch, Nemec, Büskens - Wilmots - Goossens, Eijkelkamp (70. Klujew).
Tore: 1:0 Michalke (45.), 2:0 Bastürk (74.), 3:0 Mamic (87.).
Schiedsrichter: Dr. Merk (Kaiserslautern).
Zuschauer: 31 222 (ausverkauft).
Gelbe Karte: Lehmann.
Gelb/Rot: keine.
Rote Karten: keine.

Arminia Bielefeld - VfL Wolfsburg
0:1 (0:0)

Bielefeld: Koch - Stratos - Bremke, Zafirov - J. Bode (59. Bagheri), Rydlewicz, Reeb, Kuntz, Sternkopf (80. Gerber) - Reina, Fuchs (59. Daei).
Wolfsburg: Hiemann - J.Keller - Kleeschätzky, Kovacevic - Kapetanovic, Kryger, Dammeier, Stammann - Reyna (77. Stevanovic) - Breitenreiter (63. M. Spies), Präger (90. Meissner).
Tor: 0:1 Kovacevic (84.).
Schiedsrichter: Steinborn (Sinzig).
Zuschauer: 22 512 (ausverkauft).
Gelbe Karten: Kleeschätzky, Stevanovic.
Gelb/Rot: keine.
Rote Karten: keine.

VfB Stuttgart - 1. FC Köln
1:1 (0:0)

Stuttgart: Wohlfahrt - Berthold, Yakin, T.Schneider - Hagner (80. Spanring), Haber, Balakov, Lisztes, Poschner - Bobic, Akpoborie (68. Raducioiu).
Köln: Menger - Baumann - B.Schmidt, Grassow - Thiam (78. Vladoiu), Schuster, Hauptmann, Tretschok, Münch - Polster, Azizi.
Tore: 1:0 Lisztes (66.), 1:1 Polster (83.).
Schiedsrichter: Stark (Landshut).
Zuschauer: 33 000.
Gelbe Karten: keine.
Gelb/Rot: keine.
Rote Karten: keine.

30. SPIELTAG Saison 97/98

Tore: 26; gesamt: 769.
Eigentore: keine; gesamt: 19.
Zuschauer: 365 767; gesamt: 8 778 462.
Gelbe Karten: 31.
Gelb/Rot: keine; gesamt:34.
Rote Karten: 1; Buchwald (Karlsruhe); gesamt:17.
Elfmeter: keiner.
Torjäger: Kirsten (Leverkusen) 21, Marschall (K´lautern) 15, Präger (Wolfsburg), Jancker (FC Bayern) je 13, Bobic (Stuttgart), Preetz (Hertha), Polster (Köln), Chapuisat (Dortmund) je 12, Winkler (1860) 11, Balakov (Stuttgart) Barbarez (Rostock), Kuntz (Bielefeld), Pettersson (M´Gladbach) je 10.

1. FC Kaiserslautern - Borussia Dortmund
1:1 (0:0)

Kaiserslautern: Reinke - Kadlec - Koch (76. Rische), Schjönberg - Reich (84. Riedl), Roos, Sforza, Ballack (75. Kuka), Wagner - Hristov, Marschall.
Dortmund: Klos - Feiersinger - Kohler, Cesar - Reuter, Freund, Zorc, But, Kree - Ricken (76. Binz), Chapuisat (88. Tanko).
Tore: 0:1 Freund (69.), 1:1 Kuka (80.).
Schiedsrichter: Stark (Landshut).
Zuschauer: 38 000 (ausverkauft).
Gelbe Karten: Wagner - Kree, Cesar.
Gelb/Rot: keine.
Rote Karten: keine.

VfL Bochum - Hansa Rostock
1:3 (0:0)

Bochum: Ernst - Kracht - Waldoch, Mamic - Sundermann (71. Bastürk), Dickhaut, Hofmann, Schreiber (56. Buckley) - Wosz - Michalke, Gülünoglu (25. Donkov).
Rostock: Pieckenhagen - Rehmer, Weilandt, Gansauge (81. Studer) - Lange, Bosz, Dowe, Majak (69. Ehlers) - Micevski (46. Pamic), Yasser - Barbarez.
Tore: 0:1 Dowe (54.), 0:2 Dowe (60.), 1:2 Mamic (74.), 1:3 Pamic (90.).
Schiedsrichter: Keßler (Wogau).
Zuschauer: 24 122.
Gelbe Karten: Schreiber, Bastürk - Barbarez, Majak, Pieckenhagen.
Gelb/Rot: keine.
Rote Karten: keine.

1. FC Köln - Karlsruher SC
0:1 (0:1)

Köln: Menger - Baumann - B.Schmidt (62. Rösele), Schuster - Thiam (62. Vladoiu), Tretschok, Hauptmann, Munteanu, Münch - Polster, Azizi (84. Gaißmayer).
Karlsruhe: Jentzsch - Buchwald - Ritter, Régis - Metz (55. Krauß), Hengen (59. Schepens), Nyarko, M. Keller - Häßler - Guie-Mien (76. Gilewicz), Schroth.
Tor: 0:1 Guie-Mien (33.).
Schiedsrichter: Berg (Konz).
Zuschauer: 33 000.
Gelbe Karten: Hauptmann - Régis.
Gelb/Rot: keine.
Rote Karte: Buchwald (87.).

Schalke 04 - VfB Stuttgart
3:4 (2:2)

Schalke: Lehmann - Thon - de Kock, Linke - Eigenrauch, van Hoogdalem, Nemec (46. Latal), Büskens - Wilmots - Goossens (81. Max), Eijkelkamp (72. Klujew).
Stuttgart: Wohlfahrt - T. Schneider, Verlaat, Berthold - Haber, Lisztes (78. Djordjevic), Poschner, Stojkovski - Balakov - Bobic, Akpoborie (90. Endreß).
Tore: 1:0 Wilmots (5.), 2:0 Goossens (10.), 2:1 Akpoborie (15.), 2:2 Poschner (45.), 3:2 van Hoogdalem 46.), 3:3 Akpoborie (69.), 3:4 Verlaat (90.).
Schiedsrichter: Steinborn (Sinzig).
Zuschauer: 56 200.
Gelbe Karten: keine.
Gelb/Rot: keine.
Rote Karten: keine.

VfL Wolfsburg - Bayer Leverkusen
1:0 (1:0)

Wolfsburg: Hiemann - J. Keller - Kovacevic, Kleeschätzky - Greiner (77. Meissner), Kryger, Reyna (65. Jensen), Dammeier, Kapetanovic - Breitenreiter (71. M. Spies), Präger.
Leverkusen: Heinen - Nowotny - Wörns, Happe - R. Kovac (59. Zivkovic), Emerson, Ramelow, Beinlich, Heintze (59. Feldhoff) - Rink, Meijer.
Tor: 1:0 Greiner (6.).
Schiedsrichter: Dr. Wack (Biberbach).
Zuschauer: 19 265.
Gelbe Karten: Präger (5., gesperrt), Breitenreiter - Wörns, R. Kovac (5., gesperrt), Feldhoff (5., gesperrt), Zivkovic, Rink.
Gelb/Rot: keine.
Rote Karten: keine.

Hamburger SV - Arminia Bielefeld
2:0 (1:0)

Hamburg: Butt - Schnoor - Panadic, Hertzsch - Spörl (79. Böger), Kmetsch, Dembinski, Gravesen, Hollerbach - Weetendorf (71. A. Zeyer), Yeboah (86. Trejgis).
Bielefeld: Koch - Stratos - Bremke, Zafirov - Rydlewicz (46. Sternkopf), Bagheri, Maas, Reeb (65. Gerber) - Kuntz - Reina, Daei.
Tore: 1:0 Spörl (28.), 2:0 Dembinski (90.).
Schiedsrichter: Dardenne (Nettersheim).
Zuschauer: 34 622.
Gelbe Karten: Hollerbach, Kmetsch - Bagheri (5., gesperrt), Maas, Reeb, Bremke.
Gelb/Rot: keine.
Rote Karten: keine.

Bayern München - München 1860
3:1 (2:0)

München: Kahn - Matthäus - Fink, Kuffour - Babbel, Hamann, Nerlinger, Tarnat, Lizarazu - Scholl (78. Strunz), Jancker (70. Rizzitelli).
1860: Meier - Jeremies - Greilich (46. Quakili), Walker - Cerny, Stevic, Zelic, Bender (46. Pelé), Heldt (76. Borimirov) - Hobsch, Winkler.
Tore: 1:0 Scholl (39.), 2:0 Jancker (43.), 3:0 Matthäus (47.), 3:1 Quakili (73.).
Schiedsrichter: Heynemann (Magdeburg).
Zuschauer: 69 000 (ausverkauft).
Gelbe Karten: Nerlinger - Winkler, Jeremies, Walker.
Gelb/Rot: keine.
Rote Karten: keine.

Hertha BSC - Werder Bremen
0:2 (0:1)

Hertha: Kiraly - H. Herzog, Rekdal, van Burik - Covic, A. Schmidt (79. Dardai), Arnold (73. Neuendorf), Roy, Mandreko (46. Thom) - Tchami, Preetz.
Bremen: Reck - Trares - Todt, Ramzy - Wolter (37. Frings), Eilts, Brand (77. Maximow), Wicky (88. Wiedener), Skripnik - Labbadia, M. Bode.
Tore: 0:1 Labbadia (18.), 0:2 M. Bode (83.).
Schiedsrichter: Dr. Merk (Kaiserslautern).
Zuschauer: 57 058.
Gelbe Karten: H. Herzog - Todt, Skripnik (5., gesperrt), Eilts.
Gelb/Rot: keine.
Rote Karten: keine.

Borussia M´Gladbach - MSV Duisburg
0:3 (0:3)

M´Gladbach: Kamps - Lupescu - Paßlack, Klinkert - Hoersen, Pflipsen, Anagnostou (46. M.Schneider), Witeczek (46. Ketelaer) - Effenberg - Pedersen (46. Woronin), Pettersson.
Duisburg: Gill - Emmerling - Wohlert, Komljenovic - Wolters, Töfting (88. Neun), M. Zeyer (66. Vana), Osthoff, Hirsch - U. Spies (80. Reiter), Salou.
Tore: 0:1 U. Spies (27.), 0:2 U. Spies (37.), 0:3 Salou (39.).
Schiedsrichter: Fröhlich (Berlin).
Zuschauer: 34 500 (ausverkauft).
Gelbe Karten: Klinkert - Osthoff.
Gelb/Rot: keine.
Rote Karten: keine.

„Es wird zwar ganz schön schwer, aber es kann klappen, wenn wir jetzt auch auswärts punkten", verkündete Friedel Rausch (27.2. 1940). Ob das für Gladbach in Dortmund, K´lautern und Wolfsburg ein Wunsch bleibt?

Mit einem 1:0 in Köln ist Jörg Berger (13.10. 1944) seinem Ruf als Feuerwehrmann der Liga gerecht geworden. „Die Feuerwehr kommt, löscht und geht dann wieder. Ich habe aber auch länger und erfolgreicher gearbeitet", so der Retter von Krisen-Klubs.

31. SPIELTAG Saison 97/98

„Seinen Schatten fürchte ich nicht", so Ewald Lienen über Vorgänger Frank Pagelsdorf. Muß der Hansa-Coach auch nicht, denn nach dem 2:2 gegen Spitzenreiter K'lautern winkt sogar ein UEFA-Cup-Platz.

Werder Bremen - 1. FC Köln
3:0 (1:0)

Bremen: Reck - Trares - Ramzy, Todt - Kunz (57. Wiedener), Wicky, Eilts, Frings, Brand (55. Frey) - Flo (79. Maximow), Labbadia.
Köln: Menger - Baumann - B. Schmidt, Schuster - Thiam (57. Vladoiu), Tretschok, Hauptmann, Munteanu, Münch - Azizi, Polster (83. Gaißmayer).
Tore: 1:0 Labbadia (36.), 2:0 Frey (65.), 3:0 Labbadia (81., Foulelfmeter).
Schiedsrichter: Jansen (Essen).
Zuschauer: 34 679.
Gelbe Karten: Wicky - Baumann, Vladoiu (5., gesperrt), Hauptmann (5., gesperrt), Tretschok.
Gelb/Rot: keine.
Rote Karten: keine.

MSV Duisburg - VfL Wolfsburg
2:2 (0:0)

Duisburg: Gill - Emmerling - Wohlert, Komljenovic - Wolters (63. Hajto), Töfting, Hirsch (63. Skoog), M. Zeyer (84. Reiter), Osthoff - U.Spies, Salou.
Wolfsburg: Hiemann (26. Zimmermann) - J. Keller (66. Jensen) - Kleeschätzky, Kovacevic - Greiner, Kryger (81. Spies), Reyna, Dammeier, Kapetanovic - Breitenreiter, Stevanovic.
Tore: 0:1 Kovacevic (55.), 1:1 Komljenovic (73.), 2:1 Salou (79.), 2:2 Kovacevic (90., Foulelfmeter).
Schiedsrichter: Krug (Gelsenkirchen).
Zuschauer: 11 805.
Gelbe Karten: Emmerling, Wohlert - J. Keller, Greiner.
Gelb/Rot: keine.
Rote Karten: keine.

Hansa Rostock - 1. FC Kaiserslautern
2:2 (1:1)

Rostock: Pieckenhagen - Rehmer, Weilandt, Gansauge - Lange (46. Micevski), Bosz (87. Zallmann), Dowe, Majak - Barbarez, Yasser - Neuville (53. Pamic).
Kaiserslautern: Reinke - Kadlec - Roos (53. Koch), Schjönberg - Buck, Hristov, Sforza (84. Ballack), Wagner, Reich - Marschall, Rische.
Tore: 1:0 Barbarez (1.), 1:1 Rische (20.), 2:1 Dowe (46.), 2:2 Gansauge (69., Eigentor).
Schiedsrichter: Aust (Köln).
Zuschauer: 24 500 (ausverkauft).
Gelbe Karten: Pamic, Bosz - Kadlec, Roos, Koch, Buck.
Gelb/Rot: keine.
Rote Karten: keine.

Karlsruher SC - Schalke 04
0:0

Karlsruhe: Jentzsch - Wittwer - Reich, Régis - Metz (65. Gilewicz), Nyarko, M. Keller, Ritter - Häßler - Guie-Mien, Schroth.
Schalke: Lehmann - Thon - de Kock, Linke - Latal (56. Kurz), Eigenrauch, van Hoogdalem, Büskens - Wilmots (65. Klujew) - Goossens, Eijkelkamp.
Schiedsrichter: Fandel (Kyllburg).
Zuschauer: 33 500 (ausverkauft).
Gelbe Karten: Ritter - Latal.
Gelb/Rot: keine.
Rote Karten: keine.

München 1860 - Hertha BSC
3:1 (2:0)

1860: Hofmann - Zelic - Kientz, Greilich - Borimirov (68. Pelé), Stevic, Quakili, Jeremies, Heldt (90. Jovov) - Winkler, Hobsch (80. Agostino).
Hertha: Kiraly - Rekdal - H. Herzog, Sverisson - van Burik (61. Covic), A. Schmidt, Arnold (46. Tchami), Roy, Mandreko - Thom, Preetz.
Tore: 1:0 Hobsch (23.), 2:0 Winkler (35., Foulelfmeter), 2:1 Preetz (53.), 3:1 Quakili (90.).
Schiedsrichter: Kemmling (Burgwedel).
Zuschauer: 31 800.
Gelbe Karten: Quakili, Jeremies, Heldt - Roy, Preetz (5., gesperrt), H. Herzog, van Burik.
Gelb/Rot: keine.
Rote Karten: keine.

Arminia Bielefeld - Bayern München
4:4 (2:3)

Bielefeld: Koch - Stratos - Schäfer (38. Reeb), Zafirov - J. Bode (73. Gerber) Maas, Sternkopf, Maul - Kuntz - Reina, Daei.
München: Kahn - Matthäus - Babbel, Kuffour - Hamann, Nerlinger, Lizarazu, Tarnat, Fink - Jancker (63. Zickler), Scholl (78. Rizzitelli).
Tore: 1:0 Maas (3.), 1:1 Tarnat (27.), 1:2 Babbel (35.), 2:2 Sternkopf (40.), 2:3 Nerlinger (45.), 3:3 Stratos (74.), 4:3 Kuffour (81., Eigentor), 4:4 Matthäus (87.).
Schiedsrichter: Zerr (Ottersweier).
Zuschauer: 22 512 (ausverkauft).
Gelbe Karten: Stratos - Hamann (5., gesperrt), Kuffour, Matthäus.
Gelb/Rot: keine.
Rote Karten: keine.

Borussia Dortmund - Borussia M'Gladbach
1:2 (0:2)

Dortmund: Klos - Binz - Reuter, Cesar - Kirovski, S. Freund, Ricken (46. Zorc), Heinrich (18. Timm) - Möller - Tanko (46. Gambo), Chapuisat.
M'Gladbach: Kamps - Paßlack, Andersson, Klinkert (14. Ketelaer) - Hoersen, Effenberg, Wynhoff (76. Witeczek), Hausweiler, M. Schneider - Pflipsen - Pettersson (81. Lintjens).
Tore: 0:1 Pettersson (38.), 0:2 Pflipsen (42.), 1:2 Cesar (73.).
Schiedsrichter: Koop (Lüttenmark).
Zuschauer: 55 000 (ausverkauft).
Gelbe Karte: Freund.
Gelb/Rot: keine.
Rote Karten: keine.

Bayer Leverkusen - Hamburger SV
5:0 (2:0)

Leverkusen: Heinen - Nowotny - Happe, Wörns - Lehnhoff, Emerson (59. Ledwon), Ramelow, Beinlich (73. Frydek), Heintze - Kirsten, Meijer (76. Rink).
Hamburg: Butt - Gravesen - Panadic, Hertzsch - Spörl (77. Böger), Kmetsch (77. Molata), Dembinski, A. Zeyer (59. Trejgis), Hollerbach - Yeboah, Salihamidzic.
Tore: 1:0 Ramelow (13.), 2:0 Kirsten (38.), 3:0 Meijer (63.), 4:0 Beinlich (69.), 5:0 Hertzsch (73., Eigentor).
Schiedsrichter: Albrecht (Kaufbeuren).
Zuschauer: 22 500 (ausverkauft).
Gelbe Karten: Heintze, Wörns - Gravesen (5., gesperrt), Panadic, Yeboah.
Gelb/Rot: keine.
Rote Karten: keine.

VfB Stuttgart - VfL Bochum
2:0 (1:0)

Stuttgart: Wohlfahrt - Verlaat, Spanring (63. Schwarz), Berthold - Haber, Soldo (64. Endreß), Poschner (88. Yakin), Hagner - Balakov - Bobic, Akpoborie.
Bochum: Ernst - Kracht - Mamic, Waldoch - Sundermann, Dickhaut (63. Bastürk), Hofmann, Michalke - Wosz - Baluszynski (63. Közle), Donkov (71. Juran).
Tore: 1:0 Bobic (20.), 2:0 Balakov (89., Handelfmeter).
Schiedsrichter: Strampe (Handorf).
Zuschauer: 32 000.
Gelbe Karten: Hagner, Poschner, Verlaat - Juran (5., gesperrt).
Gelb/Rot: keine.
Rote Karten: keine.

Tore:	33; gesamt: 802.
Eigentore:	3; Gansauge (Rostock), Kuffour (FC Bayern), Hertzsch (Hamburg); gesamt: 22.
Zuschauer:	268 296; gesamt: 9 046 758.
Gelbe Karten:	38.
Gelb/Rot:	keine; gesamt:34.
Rote Karten:	keine; gesamt:17.
Elfmeter:	6; Michalke (Bochum), Labbadia (Bremen) vergaben.
Torjäger:	Kirsten (Leverkusen) 22, Marschall (K'lautern) 15, Präger (Wolfsburg), Jancker (FC Bayern), Bobic (Stuttgart), Preetz (Hertha) je 13, Polster (Köln), Chapuisat (Dortmund), Winkler (1860) je 12, Balakov (Stuttgart), Barbarez (Rostock), Pettersson (M'Gladbach) je 11, Kuntz (Bielefeld), Salou (Duisburg), Rische (K'lautern), je 10.

32. SPIELTAG Saison 97/98

„Endlich sind wir raus aus der Hölle", erklärte der sichtlich erleichterte Dortmunder Trainer Nevio Scala nach dem gesicherten Erstliga-Verbleib durch das 4:1 in Wolfsburg.

1. FC Kaiserslautern - Borussia M'Gladbach
3:2 (1:2)

Kaiserslautern: Reinke - Kadlec - Schjönberg, Koch - Buck (79. Kuka), Roos (46. Reich), Hristov, Sforza, Wagner - Rische (46. Ballack), Marschall.
M'Gladbach: Kamps - Hochstätter (66. Witeczek) - Paßlack, Andersson - Hausweiler, Pflipsen, Effenberg, Hoersen, M. Schneider, Wynhoff (65. Ketelaer) - Pettersson (79. Woronin).
Tore: 0:1 Hausweiler (16.), 0:2 Pettersson (43.), 1:2 Marschall (45.), 2:2 Marschall (60.), 3:2 Marschall (90.).
Schiedsrichter: Heynemann (Magdeburg).
Zuschauer: 38 000 (ausverkauft).
Gelbe Karten: Sforza - Effenberg, Pettersson, M. Schneider (5., gesperrt).
Gelb/Rot: keine.
Rote Karten: keine.

Hertha BSC - Arminia Bielefeld
1:1 (0:1)

Hertha: Kiraly - Herzog, Rekdal, Sverrisson - Covic, A. Schmidt, Roy (82. van Burik), Veit (46. Arnold), Mandreko - Thom, Tchami.
Bielefeld: Miletic - Stratos - Reeb, Zafirov - Rydlewicz (85. Bagheri), Maul (56. Gerber), Maas - Kuntz, Sternkopf (51. J. Bode) - Daei, Reina.
Tore: 0:1 Kuntz (18.), 1:1 Sverrisson (80.).
Schiedsrichter: Jansen (Essen).
Zuschauer: 46 762.
Gelbe Karten: A. Schmidt - Maul, Maas.
Gelb/Rot: keine.
Rote Karten: keine.

VfL Bochum - Karlsruher SC
3:3 (1:2)

Bochum: Ernst - Kracht, Mamic, Sundermann - Hofmann, Peschel, Bastürk (70. Buckley), Dickhaut - Wosz - Donkov (46. Közle / 62. Schreiber), Michalke.
Karlsruhe: Jentzsch - Wittwer - Reich, Régis - Hengen (74. Schepens) - Ritter, Nyarko, M.Keller - Häßler - Guie-Mien (58. Gilewicz), Schroth (58. Dundee).
Tore: 1:0 Michalke (9.), 1:1 M. Keller (16.), 1:2 Häßler (43.), 2:2 Michalke (57.), 2:3 Gilewicz (74.), 3:3 Michalke (86.).
Schiedsrichter: Fröhlich (Berlin).
Zuschauer: 25 100.
Gelbe Karten: Közle - Wittwer (5., gesperrt), Nyarko, Hengen, M. Keller (5., gesperrt), Reich.
Gelb/Rot: keine.
Rote Karten: keine.

Hansa Rostock - VfB Stuttgart
1:1 (1:0)

Rostock: Pieckenhagen - Rehmer, Weilandt, Gansauge - Groth (79. Ehlers), Bosz, Dowe, Majak - Yasser, Barbarez (24. Pamic) - Neuville (75. Baumgart).
Stuttgart: Wohlfahrt - Spanring, Verlaat, Berthold - T. Schneider (56. Djordjevic), Soldo, Poschner, Hagner (73. Lisztes) - Balakov - Akpoborie, Bobic.
Tore: 1:0 Dowe (25.), 1:1 Poschner (74.).
Schiedsrichter: Krug (Gelsenkirchen).
Zuschauer: 23 000.
Gelbe Karten: Majak, Bosz - Verlaat, Hagner, Poschner.
Gelb/Rot: keine.
Rote Karten: keine.

VfL Wolfsburg - Borussia Dortmund
1:4 (1:2)

Wolfsburg: Zimmermann - J. Keller - Kleeschätzky (51. M. Spies), Kovacevic - Greiner, Kryger, Dammeier (51. Stevanovic), Kapetanovic - Reyna - Breitenreiter (70. Ballwanz), Präger.
Dortmund: Klos - Binz - Kohler, Reuter - Kirovski (31. Timm), S. Freund, But (85. Ricken), Mehnert (54. R. Schneider), Heinrich - Möller, Chapuisat.
Tore: 0:1 Chapuisat (15.), 1:1 Reyna (43.), 1:2 But (44.), 1:3 Möller (49.), 1:4 Chapuisat (78.).
Schiedsrichter: Dardenne (Nettersheim).
Zuschauer: 21 600 (ausverkauft).
Gelbe Karten: Kryger (5., gesperrt) - Mehnert, R. Schneider.
Gelb/Rot: keine.
Rote Karten: keine.

Hamburger SV - MSV Duisburg
1:0 (1:0)

Hamburg: Butt - Schnoor - Hertzsch, Panadic - Spörl, Kmetsch, A. Zeyer, Hollerbach (40. Jepsen) - Salihamidzic (88. Böger) - Weetendorf (78. Reincke), Dembinski.
Duisburg: Gill - Wohlert, Emmerling, Komljenovic - Wolters (62. Popowitsch), Töfting, Hajto, Osthoff (62. Vana), Hirsch - Salou, U. Spies.
Tor: 1:0 Salihamidzic (27.).
Schiedsrichter: Wagner (Hofheim).
Zuschauer: 32 038.
Gelbe Karten: Schnoor - Emmerling, Hajto.
Gelb/Rot: keine.
Rote Karten: keine.

1. FC Köln - München 1860
2:3 (0:3)

Köln: Menger - Baumann - B. Schmidt, Schuster - Thiam (46. Gaißmayer), Tretschok, Cichon (75. Rösele), Munteanu, Münch - Azizi, Polster.
1860: Hofmann - Zelic - Kientz, Greilich - Cerny, Stevic, Quakili (60. Pelé), Jeremies, Heldt - Hobsch (59. Walker), Winkler (84. Gorges).
Tore: 0:1 Cerny (13.), 0:2 Winkler (32.), 0:3 Heldt (34.), 1:3 Schuster (51.), 2:3 Polster (56., Foulelfmeter).
Schiedsrichter: Dr. Merk (Kaiserslautern).
Zuschauer: 32 000.
Gelbe Karten: Baumann, Cichon, Thiam, Polster - Kientz (5., gesperrt), Cerny, Jeremies.
Gelb/Rot: keine.
Rote Karten: keine.

Schalke 04 - Werder Bremen
0:1 (0:1)

Schalke: Lehmann - Thon - Linke, de Kock - Eigenrauch (58. Latal), van Hoogdalem (79. Held), Nemec, Büskens - Wilmots - Eijkelkamp (58. Klujew), Goossens.
Bremen: Reck - Trares - Ramzy, Todt - Kunz (65. Frings), Wicky, Eilts, Skripnik, Frey (79. Maximow) - Labbadia (85. Flo), M. Bode.
Tor: 0:1 M. Bode (18.).
Schiedsrichter: Buchhart (Schrobenhausen).
Zuschauer: 43 733.
Gelbe Karten: Linke (5., gesperrt), Thon, Büskens (5., gesperrt) - Skripnik, Wicky, Todt.
Gelb/Rot: keine.
Rote Karten: keine.

Bayern München - Bayer Leverkusen
2:1 (1:0)

München: Kahn - Matthäus - Helmer, Kuffour - Babbel, Fink, Nerlinger, Tarnat, Lizarazu - Rizzitelli (69. Basler), Zickler.
Leverkusen: Heinen - Nowotny - Wörns (46. Ledwon), Happe - Lehnhoff (50. Rink), R. Kovac, Ramelow, Frydek, Heintze - Kirsten (50. Feldhoff), Meijer.
Tore: 1:0 Tarnat (16.), 2:0 Rizzitelli (49.), 2:1 Rink (83.).
Schiedsrichter: Steinborn (Sinzig).
Zuschauer: 54 000.
Gelbe Karten: Wörns (10., gesperrt), Ledwon, Feldhoff.
Gelb/Rot: keine.
Rote Karten: keine.

Tore:	30; gesamt: 832.
Eigentore:	keine; gesamt: 22.
Zuschauer:	316 243; gesamt: 9 363 001.
Gelbe Karten:	40.
Gelb/Rot:	keine; gesamt:34.
Rote Karten:	keine; gesamt:17.
Elfmeter:	2; Donkov (Bochum) vergab.
Torjäger:	Kirsten (Leverkusen) 22, Marschall (K'lautern) 18, Chapuisat (Dortmund) 14, Präger (Wolfsburg), Jancker (FC Bayern), Bobic (Stuttgart), Preetz (Hertha), Polster (Köln), Winkler (1860) je 13, Pettersson (M'Gladbach) 12, Balakov (Stuttgart), Barbarez (Rostock), Kuntz (Bielefeld) je 11, Salou (Duisburg), Rische (K'lautern), Möller (Dortmund) je 10.

33. SPIELTAG Saison 97/98

Tore:	24; gesamt: 856.
Eigentore:	keine; gesamt: 22.
Zuschauer:	317 809; gesamt: 9 680 810.
Gelbe Karten:	31.
Gelb/Rot:	4; Lisztes (Stuttgart), Kurz, Nemec (beide Schalke), Yasser (Rostock); gesamt: 38.
Rote Karten:	1; Dowe (Rostock); gesamt: 18.
Elfmeter:	2.
Torjäger:	Kirsten (Leverkusen) 22, Marschall (K´lautern) 20, Chapuisat (Dortmund) 14, Präger (Wolfsburg), Jancker (FC Bayern), Bobic (Stuttgart), Preetz (Hertha), Polster (Köln), Winkler (1860), Pettersson (M´Gladbach) je 13, Balakov (Stuttgart), Barbarez (Rostock), Kuntz (Bielefeld), Rische (K´lautern) je 11, Salou (Duisburg), Möller (Dortmund), Salihamidzic (Hamburg), Häßler (Karlsruhe), Akpoborie (Stuttgart) je 10.

1.FC Kaiserslautern - VfL Wolfsburg
4:0 (1:0)

Kaiserslautern: Reinke - Kadlec - Koch, Schjönberg - Buck, Reich (46. Ratinho), Sforza (64. Rische), Ballack, Wagner - Hristov, Marschall (72. Kuka).
Wolfsburg: Zimmermann - J. Keller - Kleeschätzky, Kovacevic - Greiner (79. Meißner), Ballwanz (59. Tomcic), Dammeier, Kapetanovic - Reyna - Breitenreiter, Präger.
Tore: 1:0 Marschall (24.), 2:0 Wagner (52.), 3:0 Marschall (55.), 4:0 Rische (88.).
Schiedsrichter: Jansen (Essen).
Zuschauer: 38 000 (ausverkauft).
Gelbe Karten: Schjönberg (5., gesperrt) - J. Keller.
Gelb/Rot: keine.
Rote Karten: keine.

Karlsruher SC - VfB Stuttgart
4:2 (1:0)

Karlsruhe: Jentzsch - Buchwald - Ritter, Régis - Guie-Mien (49. Metz), Hengen, Nyarko, Schepens - Häßler - Zitelli (80. Reich), Gilewicz (63. Schroth).
Stuttgart: Wohlfahrt - Spanring (73. Djordjevic), Verlaat, Berthold - Haber, Soldo, Poschner, Hagner (65. Ristic) - Balakov - Akpoborie, Bobic (14. Lisztes).
Tore: 1:0 Hengen (8.), 1:1 Akpoborie (46.), 2:1 Régis (48.), 3:1 Häßler (75.), 3:2 Ristic (88.), 4:2 Metz (90.).
Schiedsrichter: Steinborn (Sinzig).
Zuschauer: 33 700 (ausverkauft).
Gelbe Karten: Hengen - Spanring, Haber.
Gelb/Rot: Lisztes (68.).
Rote Karten: keine.

Werder Bremen - VfL Bochum
1:0 (0:0)

Bremen: Reck - Trares - Ramzy (46. Brand), Todt - Frings (60. Kunz), Wicky, A. Herzog, Eilts, Skripnik - Labbadia (73. Maximow), M. Bode.
Bochum: Ernst - Dickhaut, Waldoch, Kracht, Schreiber - Peschel, Mamic, Wosz, Hofmann, Michalke (75. Bastürk) - Juran.
Tor: 1:0 Maximow (81.).
Schiedsrichter: Albrecht (Kaufbeuren).
Zuschauer: 35 769 (ausverkauft).
Gelbe Karten: Todt - Michalke, Schreiber, Juran.
Gelb/Rot: keine.
Rote Karten: keine.

München 1860 - Schalke 04
1:0 (1:0)

1860: Hofmann - Zelic - Greilich (73. Walker), Gorges - Cerny, Jeremies, Ouakili, Stevic, Heldt - Hobsch, Winkler (8. Agostino/ 84. Borimirov).
Schalke: Lehmann - Müller (58. van Hoogdalem) - de Kock, Linke - Eigenrauch, Kurz, Nemec, Büskens - Held - Goossens (74. Pereira), Wilmots (73. Klujew).
Tor: 1:0 Gorges (8.).
Schiedsrichter: Wagner (Hofheim).
Zuschauer: 45 700.
Gelbe Karten: Cerny (5., gesperrt), Jeremies (10., gesperrt) - Goossens (5., gesperrt).
Gelb/Rot: Kurz (60.), Nemec (65.).
Rote Karten: keine.

Arminia Bielefeld - 1.FC Köln
2:1 (0:1)

Bielefeld: Miletic - Silooy - Zafirov, Bremke - Rydlewicz, Kuntz (46. Fuchs), Bagheri, Maas, Maul - Reina (90. J. Bode), Daei (36. Gerber).
Köln: Menger - Hauptmann - Baumann, Schuster - Tretschok, Thiam (75. Scherr), Cichon (67. B. Schmidt), Munteanu, Münch - Polster, Gaißmayer (67. Azizi).
Tore: 0:1 Munteanu (16.), 1:1 Fuchs (55.), 2:1 Fuchs (74.).
Schiedsrichter: Buchhart (Schrobenhausen).
Zuschauer: 22 512 (ausverkauft).
Gelbe Karten: Bagheri, Zafirov - Schuster (5., gesperrt), B. Schmidt, Polster.
Gelb/Rot: keine.
Rote Karten: keine.

Bayer Leverkusen - Hertha BSC
0:1 (0:0)

Leverkusen: Vollborn - Nowotny - Happe, Wörns - Lehnhoff, Ledwon (64. Frydek), N. Kovac (77. Feldhoff), Ramelow, Heintze (64. Lottner) - Kirsten, Rink.
Hertha: Kiraly - Rekdal - H. Herzog, A. Schmidt - Veit, Karl (77. O. Schmidt), Mandreko, Dinzey - Thom, Roy (85. Arnold) - Preetz.
Tor: 0:1 Rekdal (65., Foulelfmeter).
Schiedsrichter: Krug (Gelsenkirchen).
Zuschauer: 22 500 (ausverkauft).
Gelbe Karte: A. Schmidt.
Gelb/Rot: keine.
Rote Karten: keine.

Borussia Dortmund - Hamburger SV
0:1 (0:1)

Dortmund: Klos - Binz - R. Schneider (81. Kirovski), Kohler - Reuter, S. Freund, Zorc (62. Timm), But, Heinrich - Möller (31. Ricken) - Chapuisat.
Hamburg: Butt - Schnoor - Panadic, Hertzsch - Wojtala, Kmetsch, Böger, Jepsen - Spörl (72. A .Zeyer) - Dembinski (84. Simunic), Salihamidzic (76. Yeboah).
Tor: 0:1 Salihamidzic (1.).
Schiedsrichter: Dr. Merk (Kaiserslautern).
Zuschauer: 55 000 (ausverkauft).
Gelbe Karte: Hertzsch.
Gelb/Rot: keine.
Rote Karten: keine.

Borussia M'Gladbach - Hansa Rostock
5:2 (2:1)

M'Gladbach: Kamps - Hochstätter (55. Anagnostou) - Paßlack, Andersson - Wynhoff, Effenberg, Lupescu, Ketelaer (90. Lintjens), Witeczek - Pflipsen (86. Woronin), Pettersson.
Rostock: Pieckenhagen - Rehmer, Weilandt, Yasser - Langen (75. Zallmann), Bosz (67. Groth), Micevski (75. Baumgart), Dowe, Majak - Neuville, Pamic.
Tore: 0:1 Neuville (25.), 1:1 Lupescu (39., Foulelfmeter), 2:1 Wynhoff (43.), 2:2 Rehmer (57.), 3:2 Pflipsen (72.), 4:2 Woronin (88.), 5:2 Pettersson (90.).
Schiedsrichter: Dardenne (Mechernich).
Zuschauer: 34 500 (ausverkauft).
Gelbe Karten: Hochstätter, Paßlack, Lupescu, Pflipsen, Andersson - Majak, Pamic (5., gesperrt), Micevski, Weilandt.
Gelb/Rot: Yasser (72.).
Rote Karte: Dowe (90.).

MSV Duisburg - Bayern München
0:0

Duisburg: Gill - Vana - Wohlert, Komljenovic - Wolters, Töfting (86. Puschmann), M. Zeyer, Hajto, Hirsch - Salou, U. Spies.
München: Kahn - Matthäus - Babbel, Helmer - Zickler (46. Strunz), Fink, Nerlinger, Tarnat (60. Basler), Lizarazu - Jancker, Rizzitelli (46. Scholl).
Schiedsrichter: Heynemann (Magdeburg).
Zuschauer: 30 128 (ausverkauft).
Gelbe Karten: Töfting - Nerlinger, Tarnat.
Gelb/Rot: keine.
Rote Karten: keine.

34. SPIELTAG Saison 97/98

Tore:	27; gesamt: 883.
Eigentore:	1; Ouakili (1860); gesamt: 23.
Zuschauer:	402 937; gesamt: 10 083 747.
Gelbe Karten:	33.
Gelb/Rot:	1; Wilmots (Schalke); gesamt: 39.
Rote Karten:	2; Bobic (Stuttgart), Keller (Karlsruhe); gesamt: 20.
Elfmeter:	6; Rekdal (Hertha), Wosz (Bochum), Reuter (Dortmund) vergaben.
Torjäger:	Kirsten (Leverkusen) 22, Marschall (K´lautern) 21, Chapuisat (Dortmund), Preetz (Hertha) je 14, Präger (Wolfsburg), Jancker (FC Bayern), Bobic (Stuttgart), Polster (Köln), Winkler (1860), Pettersson (M´Gladbach) je 13, Häßler (Karlsruhe) 12, Balakov (Stuttgart), Barbarez (Rostock), Kuntz (Bielefeld), Rische (K´lautern), Elber (FC Bayern) je 11, Salou (Duisburg), Möller (Dortmund), Salihamidzic (Hamburg), Akpoborie (Stuttgart) je 10.

Hertha BSC Berlin - MSV Duisburg
1:3 (0:1)

Hertha: Kiraly - Rekdal - H. Herzog, A. Schmidt - Karl (31. Covic), Tchami, Roy (46. Dinzey), Mandreko, van Burik (51. Veit) - Preetz, Thom.
Duisburg: Stauce - Vana - Wohlert (77. Reiter), Komljenovic - Wolters, Töfting (60. Hajto), M. Zeyer, Neun, Osthoff - Salou (46. U. Spies), Popowitsch.
Tore: 0:1 Wohlert (38.), 0:2 Osthoff (61.), 1:2 Preetz (67.), 1:3 U. Spies (74.).
Schiedsrichter: Dr. Wack (Biberach).
Zuschauer: 49 637.
Gelbe Karten: Mandreko (5., gesperrt) - Wohlert (10., gesperrt).
Gelb/Rot: keine.
Rote Karten: keine.

VfL Wolfsburg - Borussia M'Gladbach
0:2 (0:2)

Wolfsburg: Zimmermann - Keller - Kleeschätzky, Kovacevic - Greiner (77. Ballwanz), Tomcic, Stammann, Dammeier (46. Meissner), Kapetanovic - Präger, Breitenreiter (77. Stevanovic).
M'Gladbach: Kamps - Hochstätter (72. Klinkert) - Andersson, Witeczek - Paßlack, Schneider, Effenberg, Ketelaer (64. Hoersen), Wynhoff (83. Anagnostou), Pflippsem - Pettersson.
Tore: 0:1 Effenberg (13.), 0:2 Wynhoff (35.).
Schiedsrichter: Fandel (Kyllburg).
Zuschauer: 21 600 (ausverkauft).
Gelbe Karten: Kovacevic - Effberg (15., gesperrt), Pflippsen, Wynhoff.
Gelb/Rot: keine.
Rote Karten: keine.

Hansa Rostock - Karlsruher SC
4:2 (2:1)

Rostock: Pieckenhagen - Rehmer, Weilandt, Gansauge - Groth, Micevski (46. Baumgart), Bosz (78. Ewen), Studer (76. Zallmann), Majak - Barbarez - Neuville.
Karlsruhe: Jentzsch - Buchwald - Ritter, Régis - Keller, Hengen, Nyarko (46. Reich), Schepens - Häßler - Zitelli (55. Schroth), Gilewicz.
Tore: 0:1 Häßler (30.), 1:1 Neuville (31.), 2:1 Studer (45.), 3:1 Baumgart (68.), 4:1 Majak (77.), 4:2 Häßler (90.).
Schiedsrichter: Weber (Essen).
Zuschauer: 24 500 (ausverkauft).
Gelbe Karten: Barbarez (10., gesperrt) - Häßler, Nyarko (5., gesperrt), Keller, Schroth.
Gelb/Rot: keine.
Rote Karte: Keller (68.).

VfL Bochum - München 1860
1:0 (1:0)

Bochum: Ernst - Sundermann, Waldoch, Kracht, Schreiber (60. Reichel) - Peschel, Dickhaut, Hofmann, Michalke (74. Fahrenhorst) - Wosz - Juran (74. Bastürk).
1860: Hofmann - Zelic - Greiner (29. Gorges), Klentz - Borimirov, Hasi, Ouakili (74. Malz), Walker, Heldt - Hobsch (66. Jovov), Agostino.
Tor: 1:0 Ouakili (38., Eigentor).
Schiedsrichter: Koop (Lüttenmark).
Zuschauer: 31 500.
Gelbe Karten: Schreiber, Peschel, Michalke - Hasi, Gorges.
Gelb/Rot: keine.
Rote Karten: keine.

VfB Stuttgart - Werder Bremen
1:0 (0:0)

Stuttgart: Wohlfahrt - Spanring, Verlaat, Berthold Haber (60. Djordjevic), Soldo, Poschner (67. Ristic), Hagner - Balakov - Akpoborie, Bobic.
Bremen: Reck (43. Rost) - Trares, Ramzey, Todt - Frey, Wicky, A. Herzog (46. Maximow), Eilts (79. Flo), Skripnik - Labbadia, Bode.
Tor: 1:0 Djordjevic (77.).
Schiedsrichter: Aust (Köln).
Zuschauer: 53 700 (ausverkauft).
Gelbe Karten: Djordjevic - Todt (10., gesperrt), Eilts, Bode, Ramzey.
Gelb/Rot: keine.
Rote Karte: Bobic (43.).

1.FC Köln - Bayer Leverkusen
2:2 (1:0)

Köln: Menger - Hauptmann - Schmidt, Baumann - Rösele (46. Scherr), Cichon (73. Gaißmayer), Tretschok, Munteanu, Münch - Polster, Azizi (57. Vladoiu).
Leverkusen: Heinen - Nowotny (46. Lottner) - Wörns, Happe - Ledwon (46. Lehnhoff), R. Kovac, Zivkoviv, N. Kovac, Heintze - Rink, Kirsten (75. Feldhoff).
Tore: 1:0 Munteanu (24.), 2:0 Scherr (61.), 2:1 Feldhoff (83.), 2:2 Lottner (89.).
Schiedsrichter: Strampe (Handorf).
Zuschauer: 39 000.
Gelbe Karten: Cichon, Gaißmayer, Münch - Rink.
Gelb/Rot: keine.
Rote Karten: keine.

Bayern München - Borussia Dortmund
4:0 (0:0)

München: Kahn - Matthäus - Babbel, Helmer - Basler (66. Strunz), Nerlinger, Tarnat, Lizarazu - Scholl (68. Rizzitelli), Jancker (50. Elber).
Dortmund: Klos - Binz - Reuter, Kohler - Timm (71. Pedersen), Freund, Ricken, But, Heinrich - Gambo (68. Zorc), Chapuisat.
Tore: 1:0 Scholl (47.), 2:0 Matthäus (49.), 3:0 Elber (82), 4:0 Elber (90.).
Schiedsrichter: Keßler (Wogau).
Zuschauer: 63 000 (ausverkauft).
Gelbe Karten: Basler, Elber - Binz.
Gelb/Rot: keine.
Rote Karten: keine.

Hamburger SV - 1.FC Kaiserslautern
1:1 (0:0)

Hamburg: Butt - Simunic, Schnoor, Hertzsch - Spörl (75. Yeboah), Kmetsch, Wojtala, Böger, Jepsen (60. Zeyer) - Dembinski, Salihamidzic (82. Molata).
Kaiserslautern: Reinke - Kadlec (12. Ballack) - Koch, Wagner - Buck (19. Ratinho), Hrutka, Sforza (70. Rische), Brehme, Reich - Marschall, Hristov.
Tore: 1:0 Dembinski (50.), 1:1 Marschall (86., Foulelfmeter).
Schiedsrichter: Krug (Gelsenkirchen).
Zuschauer: 58 000 (ausverkauft).
Gelbe Karten: keine.
Gelb/Rot: keine.
Rote Karten: keine.

Schalke 04 - Arminia Bielefeld
2:1 (1:1)

Schalke: Lehmann - Müller (69. Pereira) - de Kock, Linke - Latal (54. Max), van Hoogdalem, Eigenrauch, Büskens - Wilmots - Eijelkamp (74. Anderbrügge), Klujew.
Bielefeld: Koch - Silooy - Bremke, Zafirov (55. Alder) - Bode, Reeb (68. Breitkreutz), Maas, Gerber, Maul (82. Fuchs) - Rydlewicz, Reina.
Tore: 0:1 Gerber (14.), 1:1 van Hoogdalem (44., Foulelfmeter), 2:1 van Hoogdalem (77., Foulelfmeter).
Schiedsrichter: Dr. Merk (Kaiserslautern).
Zuschauer: 62 000.
Gelbe Karten: van Hoogdalem, de Kock, Büskens - Silooy, Fuchs.
Gelb/Rot: Wilmots (31.).
Rote Karten: keine.

„Meine Taktik ist immer richtig!“ Muß sie wohl, denn der Erfolg der „Ottokratie“ - der Star ist der Trainer - gab Otto Rehhagel recht: Deutscher Meister 1998!

„Ich habe fertig!“ Maestro Trapattoni muß es wissen. Sicher ist, daß Giovanni nicht nur den bayerischen Regenschirmhaltern fehlen wird …

EWIGE TABELLE

1963/1964 - 1997/1998

VEREIN	SPIELE	GEWONNEN	REMIS	VERLOREN	TORE	PUNKTE
1. BAYERN MÜNCHEN	1126	611	274	241	2430:1700	2107
2. 1. FC KÖLN	1186	520	301	365	2139:1700	1861
3. HAMBURGER SV	1186	496	318	372	2021:1688	1806
4. BORUSSIA M´GLADBACH	1126	493	300	333	2131:1628	1779
5. WERDER BREMEN	1152	487	299	366	1912:1648	1760
6. VFB STUTTGART	1118	476	268	374	1989:1658	1696
7. 1. FC KAISERSLAUTERN	1152	453	302	397	1891:1799	1661
8. EINTRACHT FRANKFURT	1118	439	285	394	1916:1726	1602
9. BORUSSIA DORTMUND	1050	430	265	355	1858:1660	1555
10. SCHALKE 04	1016	363	253	400	1477:1603	1342
11. VFL BOCHUM	854	270	226	358	1204:1369	1036
12. MSV DUISBURG	812	266	222	324	1136:1286	1020
13. FORTUNA DÜSSELDORF	752	238	206	308	1121:1329	920
14. BAYER LEVERKUSEN	650	236	205	209	1002: 927	913
15. KARLSRUHER SC	744	222	215	307	1025:1301	881
16. EINTRACHT BRAUNSCHWEIG	672	236	170	266	908:1026	878
17. 1. FC NÜRNBERG	676	227	166	283	920:1093	847
18. HERTHA BSC BERLIN	570	198	144	228	835: 950	738
19. MÜNCHEN 1860	468	166	121	181	740: 734	619
20. KFC UERDINGEN	476	138	129	209	644: 844	543
21. HANNOVER 96	472	136	120	216	683: 835	528
22. ARMINIA BIELEFELD	306	94	69	143	390: 515	351
23. WALDHOF MANNHEIM	238	71	72	95	299: 378	285
24. KICKERS OFFENBACH	238	77	51	110	368: 486	282
25. ROT-WEIß ESSEN	238	61	79	98	346: 483	262
26. FC ST. PAULI	204	46	65	93	224: 347	203
27. HANSA ROSTOCK	140	48	37	55	179: 190	181
28. SC FREIBURG	136	49	28	59	193: 209	175
29. WATTENSCHEID 09	140	34	48	58	186: 248	150
30. 1. FC SAARBRÜCKEN	166	32	48	86	202: 336	144
31. DYNAMO DRESDEN	140	33	45	62	132: 211	140
32. ROT-WEISS OBERHAUSEN	136	36	31	69	182: 281	139
33. ALEMANNIA AACHEN	102	34	21	47	140: 200	123
34. WUPPERTALER SV	102	25	27	50	136: 200	102
35. BORUSSIA NEUNKIRCHEN	98	25	18	55	109: 223	93
36. FC HOMBURG/SAAR	102	21	27	54	103: 200	90
37. STUTTGARTER KICKERS	72	20	17	35	94: 132	77
38. DARMSTADT 98	68	12	18	38	86: 157	54
39. TENNIS BORUSSIA BERLIN	68	11	16	41	85: 174	49
40. VFL WOLFSBURG	34	11	6	17	38: 54	39
41. FORTUNA KÖLN	34	8	9	17	46: 79	33
42. PREUSSEN MÜNSTER	30	7	9	14	34: 52	30
43. BLAU-WEISS 90 BERLIN	34	3	12	19	36: 76	21
44. VFB LEIPZIG	34	3	11	20	32: 69	20
45. TASMANIA 1900 BERLIN	34	2	4	28	15: 108	10

ALLE TABELLENFÜHRER	
380	BAYERN MÜNCHEN
126	BORUSSIA M´GLADBACH
95	WERDER BREMEN
87	HAMBURGER SV
84	1. FC KAISERSLAUTERN
81	1. FC KÖLN
77	BORUSSIA DORTMUND
55	EINTRACHT FRANKFURT
35	EINTRACHT BRAUNSCHWEIG
32	1. FC NÜRNBERG
29	SCHALKE 04
18	MÜNCHEN 1860
13	BAYER LEVERKUSEN
7	BAYER UERDINGEN
5	FORTUNA DÜSSELDORF, KICKERS OFFENBACH, HANSA ROSTOCK
4	HANNOVER 96, KARLSRUHER SC
3	HERTHA BSC BERLIN, MSV DUISBURG
2	ARMINIA BIELEFELD, ROT-WEIß ESSEN, ROT-WEIß OBERHAUSEN
1	FC ST. PAULI

ANMERKUNGEN

Seit der Saison 1995/96 werden für einen Sieg 3 Punkte vergeben. Die Tabelle ist nach dem Drei-Punkte-System errechnet.

In der Saison 1994/95 wurde Dynamo Dresden wegen Lizenzvergehen vier Punkte abgezogen.

In der Saison 1971/72 wurden alle Spiele von Arminia Bielefeld nur für den Gegner gewertet (Arminia Bielefeld 34 6 7 21 41:75 19:49).

Bayer Uerdingen spielt ab der Saison 1995/96 als KFC Uerdingen.

BUNDESLIGA 97/98	Bayern München	Bayer Leverkusen	Borussia Dortmund	VfB Stuttgart	VfL Bochum	Karlsruher SC	München 1860	Werder Bremen	MSV Duisburg	1. FC Köln	Borussia M´Gladbach	Schalke 04	Hamburger SV	Arminia Bielefeld	Hansa Rostock	1. FC Kaiserslautern	VfL Wolfsburg	Hertha BSC Berlin
Bayern München		**2:1**	**4:0**	3:3	0:0	1:1	3:1	2:0	3:0	0:2	3:2	1:1	3:0	1:0	2:0	0:1	5:2	3:0
Bayer Leverkusen	4:2		**2:2**	6:1	3:2	6:1	2:2	4:1	2:1	4:0	1:1	0:0	5:0	0:0	1:1	1:1	2:1	**0:1**
Borussia Dortmund	0:2	0:1		3:1	5:2	2:2	2:3	2:2	3:0	3:0	1:2	2:2	**0:1**	3:2	3:2	2:2	2:1	3:0
VfB Stuttgart	0:3	1:0	0:0		2:0	3:0	1:1	**1:0**	1:1	1:1	3:0	0:0	5:2	1:0	2:1	0:1	2:1	4:1
VfL Bochum	2:3	0:0	2:1	0:2		**3:3**	**1:0**	0:1	0:0	2:1	3:1	3:0	0:0	1:0	1:3	1:3	2:1	**2:1**
Karlsruher SC	1:1	1:1	0:1	**4:2**	1:1		0:0	3:1	1:2	3:1	2:5	0:0	0:1	3:1	3:0	2:4	2:1	0:2
München 1860	2:2	3:4	4:2	1:3	0:2	2:2		0:1	0:1	1:0	2:0	**1:0**	1:1	1:0	0:1	1:3	2:1	3:1
Werder Bremen	0:3	2:1	2:1	2:2	**1:0**	2:4	3:3		2:2	3:0	1:0	2:1	0:0	2:1	1:1	1:1	3:1	0:2
MSV Duisburg	**0:0**	1:1	0:0	0:3	2:0	1:0	0:2	2:1		2:2	4:5	1:0	3:0	2:1	0:1	1:1	2:2	0:1
1. FC Köln	1:3	**2:2**	4:2	4:2	2:1	0:1	**2:3**	2:0	3:2		3:2	0:2	1:2	3:5	0:0	0:0	5:3	2:0
Borussia M´Gladbach	1:1	2:2	1:1	0:0	2:1	1:1	5:1	0:0	0:3	4:1		0:1	1:1	0:0	**5:2**	1:3	0:2	4:2
Schalke 04	1:0	2:1	1:0	3:4	2:0	2:0	2:0	**0:1**	1:1	**1:0**	2:0		2:2	**2:1**	0:0	1:1	1:1	1:0
Hamburger SV	0:2	0:1	1:3	0:0	2:1	3:1	1:2	2:1	**1:0**	2:1	2:2	1:1		2:0	0:1	**1:1**	1:2	1:1
Arminia Bielefeld	4:4	2:1	3:1	2:1	0:2	2:1	1:1	3:0	3:3	**2:1**	3:1	1:1	0:3		0:1	**2:2**	0:1	1:3
Hansa Rostock	1:3	1:2	3:1	**1:1**	2:2	**4:2**	3:0	1:2	2:1	1:2	2:0	4:1	2:1	2:1		2:2	0:1	4:0
1. FC Kaiserslautern	2:0	0:3	1:1	4:3	3:0	0:0	1:0	1:3	1:0	3:2	**3:2**	3:0	2:1	3:1	4:3		**4:0**	1:0
VfL Wolfsburg	2:3	1:0	**1:4**	1:0	0:2	1:2	1:0	1:0	0:2	1:1	**0:2**	0:0	1:1	2:0	1:1	2:1		2:1
Hertha BSC Berlin	2:1	2:2	1:1	3:0	2:2	3:1	2:0	0:2	**1:3**	1:0	2:2	1:4	0:2	**1:1**	1:1	2:0	1:0	

ANMERKUNGEN
Waagerecht: Heimresultate
Senkrecht: Auswärtsresultate

DIE SAISON IN ZAHLEN

444 Spieler kamen zum Einsatz (Vorjahr 457), die meisten benötigte Borussia Dortmund (31), die wenigsten Bayern München (19).

Fünf Profis versäumten keine Spielminute: Häßler (Karlsruhe), Kahn (FC Bayern), Kamps (M'Gladbach), Klos (Dortmund), Lehmann (Schalke), Rehmer (Rostock).

Es fielen 883 Tore (1996/97: 911). Der Schnitt von 2,89 pro Spiel ist einer der schlechtesten der Bundesliga-Historie. Rekord-Saison: 1983/84 mit 1097 Treffern (Schnitt: 3,58).

Torschützenkönig wurde erneut der Leverkusener Ulf Kirsten, der wie im Vorjahr auf 22 Tore kam.

Die meisten Tore fielen bei Duisburg - M'Gladbach (4:5).

Nur 57 Elfmeter (Vorjahr 84) gab es zu verzeichnen, wobei die Schützen 40 mal erfolgreich waren. Die meisten Treffer: Michael Zeyer (Duisburg 5/6).

Die meisten Siege kommen auf das Konto von Meister K'lautern und Vize FC Bayern (je 19), nur achtmal holte dagegen Absteiger Bielefeld drei Punkte.

Die meisten Niederlagen verbuchten Köln und Bielefeld (jeweils 18), während K'lautern lediglich viermal verlor.

Unentschieden-Spezialisten sind Leverkusen und Schalke (jeweils 13), während Neuling Wolfsburg und Absteiger Köln (je 6) am kompromißlosesten waren.

Am torhungrigsten zeigte sich Bayern München (69), die wenigsten Treffer gelangen Schalke und Wolfsburg (je 38).

Die beste Abwehr hatte Schalke (32 Gegentore), Köln war dagegen am anfälligsten (64).

Der Joker der Liga war mit 6 Toren bei 20 Einwechslungen der Kroate Igor Pamic von Hansa Rostock.

Als härteste Mannschaft erwies sich München 1860 (84 Gelbe Karten, 3 Platzverweise), während Meister K'lautern am fairsten zur Sache ging (48/1).

Zum 24. Mal wurde der Herbstmeister am Ende auch Deutscher Meister; 11 mal konnte er abgefangen werden.

Sechs Trainer wurden entlassen. Rekordjahr: 1991/92 (13). Nach dem letzten Spieltag wurde Köstner (Köln) gekündigt, während Scala (Dortmund) seinen Vertrag selbst auflöste.

Nur ein Spielausfall war zu verzeichnen: München 1860 - Arminia Bielefeld (wegen Arbeiten am Tribünendach!, 5. Spieltag). Rekord: 46 (1978/79).

Die meisten Erstliga-Einsätze als Schiedsrichter absolvierten erneut Hellmut Krug und Dr. Markus Merk (je 18).

Die Zehn-Millionen-Besucher-Grenze wurde mit 10 083 747 erstmals überschritten. Die meisten Zuschauer kamen zum Spiel Hertha BSC - Borussia Dortmund (76 243), die wenigsten sahen MSV Duisburg - Hertha BSC (10 227).

Von den 16 Gründungsmitgliedern der Fußball-Bundesliga ist nur noch der Hamburger SV in der 36. Saison dabei.

HALLEN-MASTERS 1998

Finale (17. - 18. Januar 1998 in München)

GRUPPE A

SCHALKE 04 - FORTUNA KÖLN	3:1					
TORE: SCHIERENBERG, BÜSKENS, NEMEC - NIGGEMANN.						
1. FC KAISERSLAUTERN - FORTUNA KÖLN	4:0					
TORE: BALLACK (2), RATINHO, SCHJÖNBERG.						
1. FC KAISERSLAUTERN - SCHALKE 04	3:4					
TORE: RIEDL, SCHJÖNBERG, RATINHO - ANFANG (2), DYBEK, KLUJEW						

TABELLE						
1. SCHALKE 04	2	2	-	-	7:4	6
2. 1. FC KAISERSLAUTERN	2	1	-	1	7:4	3
3. FORTUNA KÖLN	2	-	-	2	1:7	0

GRUPPE B

VFL BOCHUM - SPVGG UNTERHACHING	2:2
TORE: BASTÜRK, HUTWELKER - LUST, GARCIA.	
WERDER BREMEN - SPVGG UNTERHACHING	3:2
TORE: TRARES, BRAND (9-METER), LABBADIA - ZEITLER, LUST (9-METER).	
WERDER BREMEN - VFL BOCHUM	6:2
TORE: BRAND (3), LABBADIA, TRARES, SKIPNIK - BASTÜRK, PESCHEL.	

TABELLE						
1. WERDER BREMEN	2	2	-	-	9:4	6
2. SPVGG UNTERHACHING	2	-	1	1	4:5	1
3. VFL BOCHUM	2	-	1	1	4:8	1

GRUPPE C

FORTUNA DÜSSELDORF - VFB STUTTGART	4:1
TORE: RIETPIETSCH (2), ZEDI, UNGER - RADUCIOIU.	
CARL ZEISS JENA - VFB STUTTGART	1:4
TORE: JÜPTNER - SOLDO, RADUCIOIU, AKPOBORIE, DJORDJEVIC.	
CARL ZEISS JENA - FORTUNA DÜSSELDORF	0:2

TABELLE					
1. FORTUNA DÜSSELDORF	2	2	-	-	6
2. VFB STUTTGART	2	1	-	1	3
3. CARL ZEISS JENA	2	-	-	2	0

GRUPPE D

HANSA ROSTOCK - FC GÜTERSLOH	2:2
TORE: TOMOSKI, LANGE - LÖBE, WAGNER.	
BAYERN MÜNCHEN - FC GÜTERSLOH	2:4
TORE: RIZZITELLI, BABBEL - WAGNER, FLOCK, LANDGRAF, LEWE.	
BAYERN MÜNCHEN - HANSA ROSTOCK	2:6
TORE: BASLER (2, DAVON EIN 9-METER) - YASSER (2), DOWE, NEUVILLE, GROTH, PAMIC (9-METER).	

TABELLE						
1. HANSA ROSTOCK	2	1	1	-	8:4	4
2. FC GÜTERSLOH	2	1	1	-	6:4	4
3. BAYERN MÜNCHEN	2	-	-	2	4:10	0

HALBFINALE

SCHALKE 04 - WERDER BREMEN	4:0
TORE: ANFANG (2), BÜSEKSN, SCHIERENBECK (EIGENTOR).	
FORTUNA DÜSSELDORF - HANSA ROSTOCK	1:2
TORE: RIETPIETSCH - YASSER, BAUMGART.	

UM PLATZ 3

WERDER BREMEN - FORTUNA DÜSSELDORF	4:5
TORE: BRAND (2), VAN LENT, WIEDENER - NIESTROJ (2), ZEDI, RIETPIETSCH (9-METER), TARE.	

ENDSPIEL

SCHALKE 04 - HANSA ROSTOCK	3:4
TORE: KLUJEW, SCHIERENBERG, VAN HOOGDALEM - BARBAREZ (2), LANGE, YASSER.	

DIE BISHERIGEN SIEGER

1987*	HAMBURGER SV
1988	BAYER UERDINGEN
1989	WERDER BREMEN
1990	BORUSSIA DORTMUND
1991	BORUSSIA DORTMUND
1992	BORUSSIA DORTMUND
1993	1. FC KÖLN
1994	BAYER LEVERKUSEN
1995	KARLSRUHER SC
1996	MÜNCHEN 1860
1997	1. FC KAISERSLAUTERN
1998	HANSA ROSTOCK

TORSCHÜTZENKÖNIGE		
1987	SCHMÖLLER (HAMBURGER SV)	4
1988	SMOLAREK (EINTRACHT FRANKFURT)	7
1989	GAUDINO (VFB STUTTGART)	6
1990	MILL (BORUSSIA DORTMUND)	
	LITTBARSKI (1. FC KÖLN)	JE 5
1991	RUFER (WERDER BREMEN)	5
1992	MILL (BORUSSIA DORTMUND)	6
1993	SAMMER (BORUSSIA DORTMUND)	
	LABBADIA (BAYERN MÜNCHEN)	JE 7
1994	ARWELADSE (1. FC KÖLN)	7
1995	SERGIO (BAYER LEVERKUSEN)	7
1996	NOWAK (MÜNCHEN 1860)	
	EFFENBERG (BORUSSIA M´GLADBACH)	JE 4
1997	WAGNER (1. FC KAISERSLAUTERN)	5
1998	BRAND (WERDER BREMEN)	6

*1987 wurde das Turnier inoffiziell ausgetragen, seit 1988 findet das Hallen-Masters unter DFB-Regie statt.

Eine Verschwörung ohne Folgen: Der FC Bayern erlebt beim Hallen-Masters eine saftige Pleite - zwei Spiele, zwei Niederlagen - Aus!!!

DFB-POKAL 1997/98

1. RUNDE (14.-16.8.1997)	
HANSA ROSTOCK - **BAYER LEVERKUSEN**	0:2
FSV ZWICKAU - **SCHALKE 04**	0:1
CHEMNITZER FC - **KARLSRUHER SC**	1:3
SV WARNEMÜNDE - **BORUSSIA DORTMUND**	0:8
ROT-WEISS OBERHAUSEN - **WERDER BREMEN**	0:2
SSV ULM 1846 - 1. FC KÖLN	3:1
DJK WALDBERG - **BAYERN MÜNCHEN**	1:16
ROT-WEISS ESSEN - **MSV DUISBURG**	1:2
HAMBURGER SV (A) - **VFL BOCHUM**	2:3
BORUSSIA M´GLADBACH (A) - **VFB STUTTGART**	0:1
HANNOVER 96 - BORUSSIA M´GLADBACH	1:1 N.V., E. 5:3
WACKER NORDHAUSEN - **HAMBURGER SV**	1:3
1. FC KAISERSLAUTERN (A) - **1. FC KAISERSLAUTERN**	0:5
WERDER BREMEN (A) - **VFL WOLFSBURG**	2:3 N.V.
TUS CELLE FC - **TSV MÜNCHEN 1860**	0:2
SSV REUTLINGEN - **ARMINIA BIELEFELD**	0:3
STAHL EISENHÜTTENSTADT - **HERTHA BSC BERLIN**	0:4
VFB LEIPZIG - FC GÜTERSLOH	2:1
CARL ZEISS JENA - FC ST. PAULI	1:1 N. V., E. 4:2
WALDHOF MANNHEIM - SG WATTENSCHEID 09	2:2 N. V., E. 4:3
TSV PANSDORF - **ENERGIE COTTBUS**	1:4
1. FC SAARBRÜCKEN - SC FREIBURG	1:0
ALEMANNIA AACHEN - 1. FC NÜRNBERG	0:0 N. V., E. 4:3
VFR MANNHEIM - FORTUNA KÖLN	6:2
REINICKENDORFER FÜCHSE - **SV MEPPEN**	0:2
VFB LÜBECK - FORTUNA DÜSSELDORF	2:1
FC SINGEN 04 - **SPVGG GREUTHER FÜRTH**	0:2
PREUSSEN MÜNSTER - **FSV MAINZ 05**	2:2 N.V., E. 6:7
SC NEUKIRCHEN - **KFC UERDINGEN 05**	0:2
VFL HALLE 96 - **EINTRACHT FRANKFURT**	0:4
EINTRACHT TRIER - SPVGG UNTERHACHING	2:1
VFB OLDENBURG - **STUTTGARTER KICKERS**	2:4

2. RUNDE (23.-25.9.1997)	
MSV DUISBURG - VFL BOCHUM	1:0
KARLSRUHER SC - **ARMINIA BIELEFELD**	2:2 N.V., E. 2:4
VFL WOLFSBURG - **BAYERN MÜNCHEN**	3:3 N. V., E. 3:4
VFB STUTTGART - HERTHA BSC BERLIN	2:0
BAYER LEVERKUSEN - HAMBURGER SV	2:1 N. V.
EINTRACHT FRANKFURT - WERDER BREMEN	3:0
SPVGG GREUTHER FÜRTH - **BORUSSIA DORTMUND**	2:4
EINTRACHT TRIER - SCHALKE 04	1:0
HANNOVER 96 - TSV MÜNCHEN 1860	2:1
1. FC SAARBRÜCKEN - **1. FC KAISERSLAUTERN**	0:4
SV MEPPEN - STUTTGARTER KICKERS	4:1
WALDHOF MANNHEIM - ENERGIE COTTBUS	4:3
ALEMMANIA AACHEN - VFB LEIPZIG	2:1 N.V.
SSV ULM 1846 - FSV MAINZ 05	4:1
VFR MANNHEIM - **CARL ZEISS JENA**	1:1 N. V., E. 3:4
VFB LÜBECK - **KFC UERDINGEN 05**	1:4

ACHTELFINALE (28.10./2.-3.12.1997)	
EINTRACHT TRIER - BORUSSIA DORTMUND	2:1
1. FC KAISERSLAUTERN - **BAYERN MÜNCHEN**	1:2
MSV DUISBURG - EINTRACHT FRANKFURT	1:0
HANNOVER 96 - **CARL ZEISS JENA**	1:1 N. V., E. 2:4
SSV ULM 1846 - **VFB STUTTGART**	1:3
SV MEPPEN - **KFC UERDINGEN 05**	0:2
BAYER LEVERKUSEN - ARMINIA BIELEFELD	1:1 N. V., E. 4:3
ALEMANNIA AACHEN - **WALDHOF MANNHEIM**	1:1 N. V., E. 4:5

VIERTELFINALE (16.-17.12.1997)	
EINTRACHT TRIER - WALDHOF MANNHEIM	1:0
KFC UERDINGEN 05 - **VFB STUTTGART**	0:4
CARL ZEISS JENA - **MSV DUISBURG**	1:2
BAYERN MÜNCHEN - BAYER LEVERKUSEN	2:0

HALBFINALE (17.-18.2.1998)	
BAYERN MÜNCHEN - VFB STUTTGART	3:0
EINTRACHT TRIER - **MSV DUISBURG**	1:1 N. V., E. 9:10

War im 55. DFB-Vereinspokal der große Favoritenschreck: Eintracht Trier. Nach UEFA-Cup-Sieger Schalke 04 wurde auch Weltcup-Sieger Borussia Dortmund - hier erzielt Thömmes das 1:0 - geputzt. Erst im Halbfinale war im Elfmeter-Schießen - diesmal gab es im gesamten Wettbewerb elf! - mit 10:11 gegen Duisburg Feierabend ...

LÄNDER-SPIELE 1997/98

NORDIRLAND - DEUTSCHLAND 1:3 (0:0)
20.8.1997 IN BELFAST (WM-QUALIFIKATION)

NORDIRLAND: DAVISON - NOLAN, HILL, MORROW, TAGGERT - GILLESPIE (80. MCMAHON), LENNON, MAGILTON, HORLOCK (83. GRIFFIN) - HUGHES, QUINN.
DEUTSCHLAND: KÖPKE - HELMER - KOHLER - WÖRNS (64. HÄSSLER), NOWOTNY, ZIEGE, HEINRICH - BASLER (84. BABBEL), MÖLLER - KLINSMANN, KIRSTEN (70. BIERHOFF).
TORE: 1:0 HUGHES (60.), 1:1 BIERHOFF (73.), 1:2 BIERHOFF (78.), 1:3 BIERHOFF (79.).
SCHIEDSRICHTER: GARCIA-ARANDA ENCINAR (SPANIEN).
ZUSCHAUER: 12 000.
GELBE KARTEN: HUGHES - BASLER, HEINRICH.
GELB/ROT: KEINE.
ROTE KARTEN: KEINE.

DEUTSCHLAND - PORTUGAL 1:1 (0:0)
6.9.1997 IN BERLIN (WM-QUALIFIKATION)

DEUTSCHLAND: KÖPKE - HELMER - KOHLER - HEINRICH (79. WOSZ), REUTER (46. BABBEL), NOWOTNY, ZIEGE - BASLER, HÄSSLER - KLINSMANN, BIERHOFF (70. KIRSTEN).
PORTUGAL: SILVINO - PAULINHO SANTOS - BETO, HELDER, DIMAS - PAULO SOUSA, OCEANO (84. PAULETER) - FIGO, RUI COSTA (78. SERGIO CONVEICO), PEDRO BARBOSA - JOAO PINTO.
TORE: 0:1 BARBOSA (71.), 1:1 KIRSTEN (81.).
SCHIEDSRICHTER: BATTA (FRANKREICH).
ZUSCHAUER: 75 800 (AUSVERKAUFT).
GELBE KARTEN: ZIEGE, KOHLER, KIRSTEN.
GELB/ROT: RUI COSTA (75.).
ROTE KARTEN: KEINE.

DEUTSCHLAND - ARMENIEN 4:0 (0:0)
10.9.1997 IN DORTMUND (WM-QUALIFIKATION)

DEUTSCHLAND: KÖPKE - THON - WÖRNS - HEINRICH, KMETSCH (46. RICKEN), HELMER, TARNAT (66. BIERHOFF) - HÄSSLER, WOSZ (81. NOWOTNY) - KLINSMANN, KIRSTEN.
ARMENIEN: BERESOWSKI - CHRBASJAN (62. TER-PETROSJAN), NAZARJAN, HOWSEPIAN, WARDANJAN, AVALJAN (46. SARKISSJAN) - PETROSJAN (79. AWETISJAN), SCHAHGELDJAN, MCHITARJAN - MIKAELJAN, ASSADURJAN.
TORE: 1:0 KLINSMANN (70.), 2:0 KLINSMANN (84.), 3:0 HÄSSLER (86.), 4:0 KIRSTEN (90.).
SCHIEDSRICHTER: MIKKELSEN (DÄNEMARK).
ZUSCHAUER: 53 000.
GELBE KARTEN: KEINE.
GELB/ROT: KEINE.
ROTE KARTEN: KEINE.

DEUTSCHLAND - ALBANIEN 4:3 (0:0)
11.10.1997 IN HANNOVER (WM-QUALIFIKATION)

DEUTSCHLAND: KAHN - THON - KOHLER, HELMER - HÄSSLER, REUTER, HEINRICH - MÖLLER, KUNTZ (72. MARSCHALL) - BOBIC (60. TARNAT), BIERHOFF.
ALBANIEN: STRAKOSHA - SHULKU - FAKAI, XHUMBA - BUSHI (90. PRENGA), TOLE (79. GALLO), VATA, HAXHI - KOLA - HALILI (55. PECO), TARE.
TORE: 0:1 KOHLER (55., EIGENTOR), 1:1 HELMER (64.), 2:1 BIERHOFF (73.), 2:2 TARE (80.), 3:2 MARSCHALL (86.), 3:3 VATA (88.), 4:3 BIERHOFF (90.).
SCHIEDSRICHTER: PETERSEN (NORWEGEN).
ZUSCHAUER: 44 522.
GELBE KARTEN: THON, REUTER - FAKAI.
GELB/ROT: KEINE.
ROTE KARTEN: KEINE.

DEUTSCHLAND - SÜDAFRIKA 3:0 (2:0)
15.11.1997 IN DÜSSELDORF

DEUTSCHLAND: KAHN - HELMER (78. TARNAT) - WÖRNS, LINKE - BASLER, HAMANN, JEREMIES, ZIEGE (46. HEINRICH) - HÄSSLER - KIRSTEN (46. MARSCHALL), BIERHOFF.
SÜDAFRIKA: ANDERSON - FISH, ISSA, RADEBE - MKHALELE (75. HATLEY), MNGUNI (53. MC CARTHY), AUGUSTINE, TINKLER, NYATHI - MASINGA, BARTLETT (69. NDLANYA).
TORE: 1:0 HAMANN (13.), 2:0 BIERHOFF (32.), 3:0 HEINRICH (70.).
SCHIEDSRICHTER: MICHEL (SLOWAKEI).
ZUSCHAUER: 27 000.
GELBE KARTEN: BASLER - RADEBE, HARTLEY.
GELB/ROT: KEINE.
ROTE KARTEN: KEINE.

OMAN - DEUTSCHLAND 0:2 (0:1)
18.2.1998 IN MASKAT

OMAN: SUBEIT - ZAYID - HABRISH, FARID ALI - ALI SAEED, AZIZ (86. SALEH), HAMDAN, ABDULLAH (77. MUBARAK), MOHAMED KHAMIS, JASSIM (58. SALIM), DHABIT (46. AHMED ALI).
DEUTSCHLAND: KÖPKE (46. LEHMANN) - THON - KOHLER, WÖRNS - RICKEN (46. MÖLLER), KMETSCH (46. REUTER), JEREMIES, HEINRICH - HÄSSLER - BIERHOFF, KIRSTEN.
TORE: 0:1 KOHLER (27.), 0:2 HEINRICH (63.).
SCHIEDSRICHTER: SALAH (VEREINIGTE ARABISCHE EMIRATE).
ZUSCHAUER: 10 000.
GELBE KARTE: SUBEIT.
GELB/ROT: KEINE.
ROTE KARTEN: KEINE.

SAUDI-ARABIEN - DEUTSCHLAND 0:3 (0:1)
22.2.1998 IN RIAD

SAUDI-ARABIEN: HUSSEIN AL SADIQ - SHILAIH, AMED JAMEEL, SULIMAN, HUSSEIN ABDULGHANI - IBRAHIM SUWEID, MAATER (69. KHAMIS), FOUD ANWAR, KHALID MUSAAD (69. HAMZA SALEH) - AL-JABER (69. OBEID AL DOSSARY), SAYEED AL-OWAIRAN.
DEUTSCHLAND: KÖPKE - THON (46. NOWOTNY) - KOHLER, LINKE - BASLER (57. HÄSSLER), HAMANN, HELMER, TARNAT - MÖLLER - BIERHOFF (46. BOBIC), KIRSTEN (46. MARSCHALL).
TORE: 0:1 MÖLLER (19.), 0:2 HELMER (73.), 0:3 MARSCHALL (90.).
SCHIEDSRICHTER: SULTAN MJALLEI KHAMIS (BAHRAIN).
ZUSCHAUER: 20 000.
GELBE KARTEN: JAMEEL - THON.
GELB/ROT: KEINE.
ROTE KARTEN: KEINE.

DEUTSCHLAND - BRASILIEN 1:2 (0:1)
25.3.1998 IN STUTTGART

DEUTSCHLAND: KÖPKE - THON - WÖRNS, KOHLER - HEINRICH, HAMANN, HELMER (80. BABBEL), ZIEGE (67. TARNAT) - MÖLLER - KLINSMANN (46. KIRSTEN), BIERHOFF.
BRASILIEN: TAFFAREL - CAFU, BAIANO, ALDAIR, CARLOS - SAMPAIO, DUNGA - RIVALDO, DENILSON (80. DORIVA), ROMARIO (82. BEBETO), RONALDO.
TORE: 0:1 SAMPAIO (27.), 1:1 KIRSTEN (65.), 1:2 RONALDO (88.).
SCHIEDSRICHTER: ELLERAY (ENGLAND).
ZUSCHAUER: 52 803 (AUSVERKAUFT).
GELBE KARTEN: HAMANN - DUNGA, DENILSON, ALDAIR.
GELB/ROT: DUNGA (57.).
ROTE KARTE: KOHLER (35.).

DEUTSCHLAND - NIGERIA
22.4.1998 IN KÖLN

DEUTSCHLAND: KAHN - THON - WÖRNS, BABBEL - JEREMIES (46. REUTER), HAMANN, TARNAT - HÄSSLER, MÖLLER (80. FREUND) - BIERHOFF, KIRSTEN.
NIGERIA: SHOROUNMU (46. OPARA) - PASCAL, OKECHUKWU, WEST, AJIDE - OLISEH, FINIDI GEORGE (70. BABANGIDA), OKOCHA, ADEPOJU (73. AKPOBORIE) - KANU, AMOKACHI (46. IKPEBA).
TOR: 1:0 MÖLLER (58.).
SCHIEDSRICHTER: NIETO (SPANIEN).
ZUSCHAUER: 40 000 (AUSVERKAUFT).
GELBE KARTEN: JEREMIES, REUTER - PASCAL. IKPEBA.
GELB/ROT: KEINE.
ROTE KARTEN: KEINE.

Nach Redaktionsschluß gab es in Vorbereitung auf die WM in Frankreich noch folgende Länderspiele:
27.5.1998 in Helsinki: Finnland - Deutschland
30.5.1998 in Frankfurt/Main: Deutschland - Kolumbien
05.06.1998 in Kaiserslautern: Deutschland - Luxemburg

In der WM-Vorrunden-Gruppe F traf Deutschland auf folgende Teams:
15.06.1998 in Paris: Deutschland - USA
21.06.1998 in Lens: Deutschland - Jugoslawien
25.06.1998 in Montpellier: Deutschland - Iran

CHAMPIONS LEAGUE 1997/98

QUALIFIKATION (13.8./27.8.1998)*		
BAYER LEVERKUSEN** - DYNAMO TIFLIS	6:1	0:1***
BEITAR JERUSALEM - **SPORTING LISSABON**	0:0	0:3
IFK GÖTEBORG - GLASGOW RANGERS	3:0	0:0
AUSTRIA SALZBURG - **SPARTA PRAG**	0:0	0:3
1. FC KOSICE - SPARTAK MOSKAU	2:1	0:0
STEAUA BUKAREST - **PARIS ST. GERMAIN**	3:0****	0:5
ANORTHOSIS LARNACA - **LIERSKE SK**	2:0	0:3
FEYENOORD ROTTERDAM - FC JAZZ PORI	6:2	2:1
FC SION - **GALATASARAY ISTANBUL**	1:4	1:4
BRÖNDBY IF - **DYNAMO KIEW**	2:4	1:0
WIDZEW LODZ - **AC PARMA**	1:3	0:4
OLYMPIAKOS PIRÄUS - MPKZ MOSYR	5:0	2:2
NEWCASTLE UNITED - CROATIA ZAGREB	2:1	2:2 N. V.
FC BARCELONA - SKONTO RIGA	3:2	1:0
MTK BUDAPEST - **ROSENBORG TRONDHEIM**	0:1*****	1:3
BESIKTAS ISTANBUL - BRANIK MARIBOR	0:0	3:1

CHAMPIONS LEAGUE, GRUPPE A	
1. SPIELTAG (17.9.1997)	
GALATASARAY ISTANBUL - BORUSSIA DORTMUND	0:1
SPARTA PRAG - AC PARMA	0:0
2. SPIELTAG (1.10.1997)	
BORUSSIA DORTMUND - SPARTA PRAG	4:1
AC PARMA - GALATASARAY ISTANBUL	2:0
3. SPIELTAG (22. 10.1997)	
AC PARMA - BORUSSIA DORTMUND	1:0
SPARTA PRAG - GALATASARAY ISTANBUL	3:0
4. SPIELTAG (5.11.1997)	
BORUSSIA DORTMUND - AC PARMA	2:0
GALATASARAY ISTANBUL - SPARTA PRAG	2:0
5. SPIELTAG (27.11.1997)	
BORUSSIA DORTMUND - GLATASARAY ISTANBUL	4:1
AC PARMA - SPARTA PRAG	2:2
6. SPIELTAG (10.12.1997)	
SPARTA PRAG - BORUSSIA DORTMUND	0:3
GALATASARAY ISTANBUL - AC PARMA	1:1

ENDSTAND GRUPPE A******						
1. BORUSSIA DORTMUND	6	5	-	1	14:3	15
2. AC PARMA	6	2	3	1	6:5	9
3. SPARTA PRAG	6	1	2	3	6:11	5
4. GALATASARAY ISTANBUL	6	1	1	4	4:11	4

CHAMPIONS LEAGUE, GRUPPE B	
1. SPIELTAG	
JUVENTUS TURIN - FEYENOORD ROTTERDAM	5:1
1. FC KOSICE - MANCHESTER UNITED	0:3
2. SPIELTAG	
MANCHESTER UNITED - JUVENTUS TURIN	3:2
FEYENOORD ROTTERDAM - 1. FC KOSICE	2:0
3. SPIELTAG	
MANCHESTER UNITED - FEYENOORD ROTTERDAM	2:1
1. FC KOSICE - JUVENTUS TURIN	0:1
4. SPIELTAG	
FEYENOORD ROTTERDAM - MANCHESTER UNITED	1:3
JUVENTUS TURIN - 1. FC KOSICE	3:2
5. SPIELTAG	
FEYENOORD ROTTERDAM - JUVENTUS TURIN	2:0
MANCHESTER UNITED - 1. FC KOSICE	3:0
6. SPIELTAG	
1.FC KOSICE - FEYENOORD ROTTERDAM	0:1
JUVENTUS TURIN - MANCHESTER UNITED	1:0

ENDSTAND GRUPPE B						
1. MANCHESTER UNITED	6	5	-	1	14:5	15
2. JUVENTUS TURIN	6	4	-	2	12:8	12
3. FEYENOORD ROTTERDAM	6	3	-	3	8:10	9
4. 1. FC KOSICE	6	-	-	6	2:13	0

* Die 16 Sieger haben sich für die Gruppenspiele der Champions League qualifiziert, die 16 Verlierer nehmen am UEFA-Pokal teil.
** Fettgedruckte Mannschaften eine Runde weiter.
*** Fettgedruckte Ergebnisse sind die Rückspiele.
**** Hinspiel 3:2, aber wegen unberechtigten Mitwirkens eines Spielers bei Paris 3:0 gewertet.
***** Hinspiel beim Stand von 3:2 wegen Flutlichtausfalls abgebrochen und am 14.8.1997 wiederholt.
****** Die sechs Gruppensieger und die besten beiden Zweitplazierten im Viertelfinale.

CHAMPIONS LEAGUE, GRUPPE C	
1. SPIELTAG	
PSV EINDHOVEN - DYNAMO KIEW	1:3
NEWCASTLE UNITED - FC BARCELONA	3:2
2. SPIELTAG	
FC BARCELONA - PSV EINDHOVEN	2:2
DYNAMO KIEW - NEWCASTLE UNITED	2:2
3. SPIELTAG	
DYNAMO KIEW - FC BARCELONA	3:0
PSV EINDHOVEN - NEWCASTLE UNITED	1:0
4. SPIELTAG	
NEWCASTLE UNITED - PSV EINDHOVEN	0:2
FC BARCELONA - DYNAMO KIEW	0:4
5. SPIELTAG	
FC BARCELONA - NEWCASTLE UNITED	1:0
DYNAMO KIEW - PSV EINDHOVEN	1:1
6. SPIELTAG	
PSV EINDHOVEN - FC BARCELONA	2:2
NEWCASTLE UNITED - DYNAMO KIEW	3:2

ENDSTAND GRUPPE C						
1. DYNAMO KIEW	6	3	2	1	13:6	11
2. PSV EINDHOVEN	6	2	3	1	9:8	9
3. NEWCASTLE UNITED	6	2	1	3	7:8	7
4. FC BARCELONA	6	1	2	3	7:14	5

CHAMPIONS LEAGUE, GRUPPE D	
1. SPIELTAG	
REAL MADRID - ROSENBORG TRONDHEIM	4:1
OLYMPIAKOS PIRÄUS - FC PORTO	1:0
2. SPIELTAG	
FC PORTO - REAL MADRID	0:2
ROSENBORG TRONDHEIM - OLYMPIAKOS PIRÄUS	5:1
3. SPIELTAG	
REAL MADRID - OLYMPIAKOS PIRÄUS	5:1
ROSENBORG TRONDHEIM - FC PORTO	2:0
4. SPIELTAG	
FC PORTO - ROSENBORG TRONDHEIM	1:1
OLYMPIAKOS PIRÄUS - REAL MADRID	0:0
5. SPIELTAG	
FC PORTO - OLYMPIAKOS PIRÄUS	2:1
ROSENBORG TRONDHEIM - REAL MADRID	2:0
6. SPIELTAG	
REAL MADRID - FC PORTO	4:0
OLYMPIAKOS PIRÄUS - ROSENBORG TRONDHEIM	2:2

ENDSTAND GRUPPE D						
1. REAL MADRID	6	4	1	1	15:4	13
2. ROSENBORG TRONDHEIM	6	3	2	1	13:8	11
3. OLYMPIAKOS PIRÄUS	6	1	2	3	6:14	5
4. FC PORTO	6	1	1	4	3:11	4

CHAMPIONS LEAGUE, GRUPPE E	
1. SPIELTAG	
BAYERN MÜNCHEN - BESIKTAS ISTANBUL	2:0
PARIS ST. GERMAIN - IFK GÖTEBORG	3:0
2. SPIELTAG	
IFK GÖTEBORG - BAYERN MÜNCHEN	1:3
BESIKTAS ISTANBUL - PARIS ST. GERMAIN	3:1
3. SPIELTAG	
BAYERN MÜNCHEN - PARIS ST. GERMAIN	5:1
BESIKTAS ISTANBUL - IFK GÖTEBORG	1:0
4. SPIELTAG	
PARIS ST. GERMAIN - BAYERN MÜNCHEN	3:1
IFK GÖTEBORG - BESIKTAS ISTANBUL	2:1
5. SPIELTAG	
BESIKTAS ISTANBUL - BAYERN MÜNCHEN	0:2
IFK GÖTEBORG - PARIS ST. GERMAIN	0:1
6. SPIELTAG	
BAYERN MÜNCHEN - IFK GÖTEBORG	0:1
PARIS ST. GERMAIN - BESIKTAS ISTANBUL	2:1

 STATISTIK

CHAMPIONS LEAGUE 1997/98

ENDSTAND GRUPPE E						
1. BAYERN MÜNCHEN	6	4	-	2	13:6	12
2. PARIS ST. GERMAIN	6	4	-	2	11:10	12
3. BESIKTAS ISTANBUL	6	2	-	4	6:9	6
4. IFK GÖTEBORG	6	2	-	4	4:9	6

CHAMPIONS LEAGUE, GRUPPE F	
1. SPIELTAG	
BAYER LEVERKUSEN - LIERSE SK	1:0
SPORTING LISSABON - AS MONACO	3:0
2. SPIELTAG	
AS MONACO - BAYER LEVERKUSEN	4:0
LIERSE SK - SPORTING LISSABON	1:1
3. SPIELTAG	
SPORTING LISSABON - BAYER LEVERKUSEN	0:2
AS MONACO - LIERSE SK	5:1
4. SPIELTAG	
BAYER LEVERKUSEN - SPORTING LISSABON	4:1
LIERSE SK - AS MONACO	0:1
5. SPIELTAG	
LIERSE SK - BAYER LEVERKUSEN	0:2
AS MONACO - SPORTING LISSABON	3:2
6. SPIELTAG	
BAYER LEVERKUSEN - AS MONACO	2:2
SPORTING LISSABON - LIERSE SK	2:1

ENDSTAND GRUPPE F						
1. AS MONACO	6	4	1	1	15:8	13
2. BAYER LEVERKUSEN	6	4	1	1	11:7	13
3. SPORTING LISSABON	6	2	1	3	9:11	7
4. LIERSE SK	6	-	1	5	3:12	1

VIERTELFINALE (4.3./18.3.1998)		
BAYERN MÜNCHEN - **BORUSSIA DORTMUND**	0:0	**0:1 N. V.**
BAYER LEVERKUSEN - **REAL MADRID**	1:1	**0:3**
JUVENTUS TURIN - DYNAMO KIEW	1:1	**4:1**
AS MONACO - MANCHESTER UNITED	0:0	**1:1**

HALBFINALE (1.4./15.4.1998)		
REAL MADRID - BORUSSIA DORTMUND	2:0	**0:0**
JUVENTUS TURIN - AS MONACO	4:1	**2:3**

ENDSPIEL (AM 20. MAI 1998 IN AMSTERDAM)

JUVENTUS TURIN - REAL MADRID 0:1 (0:0)

TURIN: PERUZZI - TORRICELLI, MONTERO, IULIANO - DI LIVIO (46. TACCHINARDI), DESCHAMPS (78. CONTE), DAVIDS, PESSOTTO (71. FONSECA) - ZIDANE - DEL PIERO, INZAGHI.
MADRID: ILLGNER - PANUCCI, HIERRO, SANCHIS, ROBERTO CARLOS - KAREMBEU, REDONDO, SEEDORF - RAUL (90. AMAVISCA) - MIJATOVIC (89. SUKER), MORIENTES (82. JAIME).
TOR: 0:1 MIJATOVIC (67.).
SCHIEDSRICHTER: KRUG (DEUTSCHLAND).
ZUSCHAUER: 45 700 (AUSVERKAUFT).
GELBE KARTEN: DAVIDS, MONTERO - HIERRO, ROBERTO CARLOS, KAREMBEU, SEEDORF.
GELB/ROT: KEINE.
ROTE KARTEN: KEINE.

POKALSIEGER - CUP 1997/98

QUALIFIKATION (14.8./28.8.1998)		
HB TORSHAVN - **APOEL NICOSIA**	1:1	**0:6**
FC GLENAVON - **LEGIA WARSCHAU**	1:1	**0:4**
JALGIRIS WILNA - **HAPOEL BEER-SHEVA**	0:0	**1:2**
FC DINABURG - KAPAZ GANJA	1:0	**1:0**
SLOGA SKOPJE - **FC ZAGREB**	1:2	**0:2**
SADAM TALLIN - **BELSCHINA BOBRUISK**	1:1	**1:4**
LEVSKI SOFIA - **SLOVAN BRATISLAVA**	1:1	**1:2**
PRIMORJE AJDOVSCINA - UNION LUXEMBURG	2:0	**1:0**
FC BALZERS - **BVSC BUDAPEST**	1:3	**0:2**
ZIMBRU CHISINAU - **SCHACHTJOR DONEZK**	1:1	**0:3**
HJK HELSINKI - **ROTER STERN BELGRAD**	1:0	**0:3**
FC HIBERNIANS - **IB VESTMANNAEYJAR**	0:1	**0:3**
CWMBRAN TOWN - **NATIONAL BUKAREST**	2:5	**0:7**
FC KILMARNOCK - FC SHELBOUME	2:1	**1:1**
DYNAMO BATUMI - **ARARAT EREWAN**	0:3	**2:0**

1. RUNDE (18.9./2.10.1997)		
IB VESTMANNAEYJAR - **VFB STUTTGART**	1:3	**1:2**
AIK SOLNA - **PRIMORJE AJDOVSCINA**	0:1	**1:1 N. V.**
FC KOPENHAGEN - ARARAT EREWAN	3:0	**2:0**
BELSCHINA BOBRUISK - **LOKOMOTIVE MOSKAU**	1:2	**0:3**
KACAELISPOR - NATIONAL BUKAREST	2:0	**1:0**
BOAVISTA PORTO - **SCHACHTJOR DONEZK**	2:3	**1:1**
FC ZAGREB - **TROMSÖ IL**	3:2	**2:4 N. V.**
GERMINAL EKEREN - ROTER STERN BELGARD	3:2	**1:1**
SLAVIA PRAG - FC LUZERN	4:2	**2:0**
AEK ATHEN - FC DINABURG	5:0	**4:2**
APOEL NICOSIA - **STURM GRAZ**	0:1	**0:3**
HAPOEL BEER-SHEVA - **RODA JC KERKRADE**	1:4	**0:10**
OGC NIZZA - FC KILMARNOCK	3:1	**1:1**
BETIS SEVILLA - BVSC BUDAPEST	2:0	**2:0**
FC CHELSEA LONDON - SLOVAN BRATISLAVA	2:0	**2:0**
VICENZA CALCIO - LEGIA WARSCHAU	2:0	**1:1**

2. RUNDE (23.10./6.11.1997)		
GERMINAL EKEREN - **VFB STUTTGART**	0:4	**4:2**
LOKOMOTIVE MOSKAU - KACAELISPOR	2:1	**0:0**
BETIS SEVILLA - FC KOPENHAGEN	2:0	**1:1**
OGC NIZZA - **SLAVIA PRAG**	2:2	**1:1**
PRIMORJE AJDOVSCINA - **KODA JC KERKRADE**	0:2	**0:4**
TROMSÖ IL - **FC CHELSEA LONDON**	3:2	**1:7**
SCHACHTJOR DONEZK - **VICENZA CALCIO**	1:3	**1:2**
AEK ATHEN - STURM GRAZ	2:0	**0:1**

VIERTELFINALE (5.3./19.3.1998)		
SLAVIA PRAG - **VFB STUTTGART**	1:1	**0:2**
RODA JC KERKRADE - **VICENZA CALCIO**	1:4	**0:5**
AEK ATHEN - **LOKOMOTIVE MOSKAU**	0:0	**1:2**
BETIS SEVILLA - **FC CHELSEA LONDON**	1:2	**1:3**

HALBFINALE (2.4./16.4.1998)		
VFB STUTTGART - LOKOMOTIVE MOSKAU	2:1	**1:0**
VICENZA CALCIO - **FC CHELSEA LONDON**	1:0	**1:3**

ENDSPIEL (AM 13. MAI 1998 IN STOCKHOLM)

VFB STUTTGART - FC CHELSEA LONDON 0:1 (0:0)
STUTTGART: WOHLFAHRT - SCHNEIDER (55. ENDRESS), YAKIN, BERTHOLD - HABER (75. DJORDJEVIC), SOLDO, POSCHNER, HAGNER (79. RISTIC) - BALAKOV - BOBIC, AKPOBORIE.
CHELSIEA: DE GOEY - CLARKE, DUBERRY, LEBOEUF, GRANVILLE - PETRESCU, WISE, DI MATTEO, POYET (81. NEWTON) - FLO (71. ZOLA), VIALLI.
TOR: 0:1 ZOLA (71.).
SCHIEDSRICHTER: BRASCHI (ITALIEN).
ZUSCHAUER: 35 000 (AUSVERKAUFT).
GELBE KARTEN: AKPOBORIE - WISE.
GELB/ROT: KEINE.
ROTE KARTEN: POSCHNER (90.) - PETRESCU (85.).

UEFA-POKAL 1997/98

1. RUNDE (16.9./30.9.1997)

SCHALKE 04 - HAJDUK SPLIT	2:0	**3:2**
TRABZONSPOR - **VFL BOCHUM**	2:1	**3:5**
FC JAZZ PORI - **MÜNCHEN 1860**	0:1	**1:6**
KARLSRUHER SC - ANORTHOSIS FAMAGUSTA	2:1	**1:1**
MTK BUDAPEST - ATLANIA WLADIKAWKAS	3:0	**1:1**
MPKZ MOSYR - **DYNAMO TIFLIS**	1:1	**0:1**
FC SION - **SPARTAK MOSKAU**	0:1	**2:2**
WIDZEW LODZ - **UDINESE CALCIO**	1:0	**0:3**
FC TWENTE ENSCHEDE - LILLESTRÖM SK	0:1	**2:1**
RAPID WIEN - HAPOEL PETAH TIVKA	1:0	**1:1**
STEAUA BUKAREST - FENERBAHCE ISTANBUL	0:0	**2:1**
VITESSE ARNHEIM - **SC BRAGA**	2:1	**0:2**
ROTOR WOLGOGRAD - ÖREBRO SK	2:0	**4:1**
REAL VALADOLID - SKONTO RIGA	2:0	**0:1**
CROATIA ZAGREB - GRASSHOPPER ZÜRICH	4:4	**5:0**
EXCELSIOR MOUSCRON - **FC METZ**	0:2	**1:4**
BEITAR JERUSALEM - **FC BRÜGGE**	2:1	**0:3**
OLYMPIQUE LYON - BRÖNDBY IF	4:1	**3:2**
AARHUS GF - FC NANTES	2:2	**1:0**
MARIBOR TEATANIC - **AJAX AMSTERDAM**	1:1	**1:9**
AUSTRIA SALZBURG - **RSC ANDERLECHT**	4:3	**2:4**
DEPORTIVO LA CORUNA - **AJ AUXERRE**	1:2	**0:0**
SAMPDORIA GENUA - **ATHLETIC BILBAO**	1:2	**0:2**
OFI KRETA - FERENCVAROS BUDAPEST	3:0	**1:2**
RACING STRASSBURG - GLASGOW RANGERS	2:1	**2:1**
VITORIA GUIMARAES - **LAZIO ROM**	0:4	**1:2**
GIRONDINS BORDEAUX - **ASTON VILLA**	0:0	**0:1 N. V.**
INTER MAILAND - NEUCHÂTEL XAMAX	2:0	**0:2**
ATLETICO MADRID - LEICESTER CITY	2:1	**2:0**
PAOK SALONIKI - FC ARSENAL LONDON	1:0	**1:1**
CELTIC GLASGOW - **FC LIVERPOOL**	2:2	**0:0**
SC BASTIA - BENEFICA LISSABON	1:0	**0:0**

2. RUNDE (21.10./4.11.1997)

FC METZ - **KARLSRUHER SC**	0:2	**1:1**
RAPID WIEN - MÜNCHEN 1860	3:0	**1:2**
SCHALKE 04 - RSC ANDERLECHT	1:0	**2:1**
FC BRÜGGE - **VFL BOCHUM**	1:0	**1:4**
AARHUS GF - **FC TWENTE ENSCHEDE**	1:1	**0:0**
SC BRAGA - DYNAMO TIFLIS	4:0	**1:0**
MTK BUDAPEST - **CROATIA ZAGREB**	1:0	**0:2**
AJ AUXERRE - OFI KRETA	3:1	**2:3**
ATLETICO MADRID - PAOK SALONIKI	5:2	**4:4**
STEAUA BUKAREST - SC BASTIA	1:0	**2:3**
ATHLETIC BILBAO - **ASTON VILLA**	0:0	**1:2**
AJAX AMSTERDAM - UDINESE CALCIO	1:0	**1:2**
ROTOR WOLGOGRAD - **LAZIO ROM**	0:0	**0:3**
INTER MAILAND - OLYMPIQUE LYON	1:2	**3:1**
RACING STRASSBURG - FC LIVERPOOL	3:0	**0:2**
SPARTAK MOSKAU - REAL VALLADOLID	2:0	**2:1**

3. RUNDE (25.11./9.12.1997)

KARLSRUHER SC - **SPARTAK MOSKAU**	0:0	**0:1 N. V.**
SC BRAGA - **SCHALKE 04**	0:0	**0:2**
AJAX AMSTERDAM - VFL BOCHUM	4:2	**2:2**
FC TWENTE ENSCHEDE - **AJ AUXERRE**	0:1	**0:2**
RAPID WIEN - **LAZIO ROM**	0:2	**0:1**
STEAUA BUKAREST - **ASTON VILLA**	2:1	**0:2**
RACING STRASSBURG - **INTER MAILAND**	2:0	**0:3**
CROATIA ZAGREB - **ATLETICO MADRID**	1:1	**0:1**

VIERTELFINALE (3.3./17.3.1998)

INTER MAILAND - SCHALKE 04	1:0	**1:1 N. V.**
AJAX AMSTERDAM - **SPARTAK MOSKAU**	1:3	**0:1**
LAZIO ROM - AJ AUXERRE	1:0	**2:2**
ATLETICO MADRID - ASTON VILLA	1:0	**1:2**

HALBFINALE (31.3./14.4.1998)

ATLETICO MADRID - **LAZIO ROM**	0:1	**0:0**
INTER MAILAND - SPARTAK MOSKAU	2:1	**2:1**

ENDSPIEL (6. MAI 1998 IN PARIS)

INTER MAILAND - LAZIO ROM 3:0 (2:0)

INTER: PAGLIUCA - FRESI - COLONESE, WEST, ZANETTI - WINTER (68. CAUET), ZE ELIAS, SIMEONE, DJORKAEFF (68. MORIERO) - RONALDO, ZAMORANO (75. SARTOR).
LAZIO: MARCHEGIANI - GRANDONI (55. GUTTARDI), NEGRO, NESTA, FAVALLI - FUSER, VENTURIN (49. ALMEYDA), NEDVED, JUGOVIC - CASIRAGHI, MANCINI.
TORE: 1:0 ZAMORANO (5.), 2:0 ZANETTI (60.), 3:0 RONALDO (70.).
SCHIEDSRICHTER: LOPEZ NIETO (SPANIEN).
ZUSCHAUER: 47 000 (AUSVERKAUFT).
GELBE KARTEN: FRESI, ZANETTI, RONALDO.
GELB/ROT: ALMEYDA (88.).
ROTE KARTE: WEST (82.).

Ronaldo! Unnachahmlich umspielt der Inter-Star Lazios Torwart Marchegiani, und es steht 3:0 für die Mailänder. Nach so einer Glanztat läßt sich der Brasilianer schon mal von Mitspieler Moriero (17) symbolisch die Töppen putzen.

ABSCHLUSS-TABELLEN 1997*

INTERNATIONAL

FÄRÖER-INSELN

1. B36 TORSHAVN	18	58:24	48
2. HB TORSHAVN	18	61:19	41
3. GI GÖTA (M)	18	46:25	35
4. VB VAGUR	18	32:18	35
5. KI KLAKSVIK	18	48:31	26
6. NSI RUNAVIK (N)	18	26:33	22
7. IF FUGLAFJÖRDUR	18	27:50	17
8. B68 TOFTIR	18	23:40	15
9. FS VAGAR	18	16:53	9
10. B71 SANDUR**	18	12:56	7

FINNLAND

1. HJK HELSINKI	27	53:18	58
2. VAASA PS	27	40:20	48
3. FINNPA HELSINKI	27	27:36	39
4. TURKU PS	27	43:41	38
5. MYPA ANJALANKOSKI	27	31:23	37
6. ROVANIEMI PS	27	31:30	33
7. FC JAZZ PORI (M)	27	31:42	31
8. FF JARO	27	33:48	28
9. TP SEINÄJOKI (N)**	27	22:34	27
10. INTER TURKU**	27	23:42	26

ISLAND

1. IB VESTMANNAEYJAR	18	44:17	40
2. IA AKRANES (M)	18	42:24	35
3. LEIFTUR OLAFSFJÖRDUR	18	27:17	30
4. FRAM REYKJAVIK(N)	18	29:23	29
5. KR REYKJAVIK	18	38:23	27
6. IB KEFLAVIK	18	21:28	24
7. UMF GRINDAVIK	18	21:29	22
8. VALUR REYKJAVIK	18	21:36	21
9. UMF SKALLAGRIMUR (N)**	18	19:40	15
10. STJARNAN GARDABAER**	18	14:39	7

LETTLAND

1. SKONTO RIGA (M)	24	89:8	64
2. DAUGAVA RIGA	24	35:27	43
3. FC DINABURG	24	37:19	42
4. FC VENTSPILS (N)	24	32:21	42
5. METALURGS LIEPÄJA	24	27:32	31
6. UNIVERSITATE RIGA	24	25:42	29
7. FC VALMIERA (N)	24	29:43	28
8. LOKOMOTIVE DAUGAPILS	24	29:52	17
9. FK REZEKNE**	24	10:69	8

NORWEGEN

1. ROSENBORG TRONDHEIM (M)	26	87:20	61
2. SK BRANN	26	59:37	50
3. STRÖMSGODSET DRAMMEN	26	58:44	46
4. MOLDE FK	26	47:36	45
5. STABAEK IF	26	33:35	43
6. KONGAVINGER IL	26	43:48	38
7. FK BODÖ/GLIMT	26	39:34	37
8. VIKING STAVANGER	26	42:34	34
9. HAUGESUND FK (N)	26	31:38	32
10. LILLESTRÖM SK	26	34:43	32
11. SOGNDAL IL (N)	26	34:56	29
12. TROMSÖ IL	26	37:44	28
13. LYN OSLO (N)**	26	28:58	17
14. SKEID OSLO**	26	27:72	12

RUSSLAND

1. SPARTAK MOSKAU (M)	34	67:30	73
2. ROTOR WOLGOGRAD	34	54:27	68
3. DYNAMO MOSKAU	34	50:20	68
4. SCHINNIK JAROSLAWL (N)	34	38:35	55
5. LOKOMOTIVE MOSKAU	34	47:37	54
6. TSCHERNOM. NOVOROSSISK	34	40:26	53
7. KRYLIA SOWJETOW SAMARA	34	32:30	49
8. ZENIT ST. PETERSBURG	34	28:29	49
9. BALTIKA KALININGRAD	34	38:33	49
10. ALANIA WLADIKAWKAS	34	52:42	46
11. TORPEDO MOSKAU	34	50:46	45
12. ZSKA MOSKAU	34	31:42	42
13. ROSTSELMASCH ROSTOW	34	34:38	41
14. SCHEMTSCHUSCHINA SOTSCHI	34	38:41	40
15. FC TJUMEN (N)	34	28:46	34
16. FACKEL WORONESCH (N)**	34	25:49	26
17. LOK NISCHNI-NOWGOROD**	34	26:60	23
18. KAMAS NABERESCH. TSCHELNY**	34	38:75	21

Die Liga spielt 1998 nur noch mit 16 Vereinen.

SCHWEDEN

1. HALMSTADS BK	26	49:27	52
2. IFK GÖTEBORG (M)	26	50:32	49
3. MALMÖ FF	26	48:28	46
4. ÖREBRO SK	26	43:34	46
5. ÖRGRYTE GÖTEBORG	26	34:29	43
6. HELSINGBORGS IF	26	40:28	41
7. IF ELFSBORG (N)	26	45:35	41
8. AIK SOLNA	26	38:26	37
9. IFK NORRKÖPING	26	27:36	28
10. TRELLEBORGS FF	26	32:48	28
11. ÖSTER VÄXJÖ	26	28:44	23
12. VÄSTERAS SK (N)**	26	26:49	23
13. DEGERFORS IF**	26	29:47	20
14. LJUNSKILE SK (N)**	26	31:57	20

WEISSRUSSLAND

1. DYNAMO MINSK	30	74:24	70
2. BELSCHINA BOBRUISK	30	67:30	66
3. LOK-96 WITEBSK	30	46:30	59
4. DNJEPR MOGILEW	30	48:32	52
5. DYNAMO-93 MINSK	30	53:30	49
6. MPKZ MOSYR (M)	30	39:30	43
7. DYNAMO BREST	30	44:52	42
8. TORPEDO MINSK	30	45:43	42
9. NAFTAN NOVOPOLOTSK	30	40:33	39
10. NEMAN GRODNO	30	32:41	38
11. KOMMUNALNIK SLONIM (N)	30	32:61	30
12. ATAKA-AURA MINSK	30	29:44	30
13. FC MOLODESCHNO	30	28:44	30
14. TRANSMASCH MOGILEW (N)	30	30:52	28
15. TORPEDO MOGILEW**	30	29:59	28
16. SCHACHTJOR SOLIGORSK**	30	22:53	24

* Diese Länder haben im Herbst 1997 ihre Meisterschaft beendet.
** Absteiger
M = Meister des Vorjahres
N = Neuling

Rußlands Meister Spartak Moskau ist für so manchen deutschen Klub ein Alptraum. Nicht nur der KSC - hier eine Szene aus dem 0:0-UEFA-Cup-Spiel mit Metz & Tichonow (rechts) - weiß ein Lied zu singen ...

 STATISTIK

ABSCHLUSS-TABELLEN 1997/98

INTERNATIONAL

IRLAND

1. ST. PATRICKS ATHLETIC´S	33	46:24	68
2. FC SHELBOURNE	33	58:32	67
3. CORK CITY	33	50: 40	53
4. SHAMROCK ROVERS	33	41:32	52
5. FC BOHEMIANS	33	49:36	50
6. FC DUNDALK	33	41:43	45
7. SLIGO ROVERS	33	46:48	44
8. FINN HARPERS	33	41:43	43
9. DERRY CITY (M)	33	30:31	40
10. UC DUBLIN	33	36:38	39
11. KILKENNY CITY**	33	27:63	19
12. DROGHEDA UNITED (N)**	33	20:55	15

WALES

1. BERRY TOWN (M)	38	134:31	104
2. FC NEWTOWN	38	101:47	78
3. FC EBBW VALE	38	87:40	77
4. INTER CARDIFF	38	58:28	74
5. CWBRAN TOWN	38	78:48	73
6. BANGOR CITY	38	72:54	68
7. CONNAH´S QUAY NOMADS	38	75:54	66
8. FC RHYL	38	61:49	61
9. CONWAY UNITED	38	66:59	53
10. ABERYSTWAITH TOWN	38	64:63	51
11. FC CAERSWS	38	64:71	46
12. CARMARTHEN TOWN	38	52:72	44
13. CAERNARFON TOWN	38	57:66	43
14. FC LLANSANRFFRAID	38	54:67	42
15. RHAYADER TWON (N)	38	55:78	39
16. HAVERFORDWEST COUNTY (N)	38	54:87	38
17. CPD PORTHADOG**	38	55:77	35
18. FFLINT TOWN UNITED**	38	50:77	34
19. FC WELSHPOOL**	38	55:97	25
20. FC CEMAES BAY**	38	30:155	9

SCHOTTLAND

1. CELTIC GLASGOW	36	64:24	74
2. GLASGOW RANGERS (M)	36	76:38	72
3. HEART OF MIDLOTHIAN	36	70:46	67
4. FC KILMARNOCK	36	40:52	50
5. FC ST. JOHNSTONE (N)	36	38:42	48
6. FC ABERDEEN	36	39:53	39
7. DUNDEE UNITED	36	43:51	37
8. DUNFERMLINE ATHLETIC	36	43:68	37
9. FC MOTHERWELL	36	46:64	34
10. HIBERNIAN EDINBURGH**	36	38:59	30

Nun lieben sie ihn wieder. Vier Tore insgesamt, dabei ein lupenreiner Hattrick in vier Minuten: Jürgen Klinsmann, Stürmer bei Tottenham Hotspurs rettete den Klub quasi im Alleingang beim 6:2 gegen den FC Wimbledon vor dem Abstieg. Und sich selbst schoß er wieder in die Herzen der Fans.

ENGLAND

1. FC ARSENAL LONDON	38	68:33	78
2. MANCHESTER UNITED (M)	38	73:26	77
3. FC LIVERPOOL	38	68:42	65
4. FC CHELSEA LONDON	38	71:43	63
5. LEEDS UNITED	38	57:46	59
6. BLACKBURN ROVERS	38	57:52	58
7. ASTON VILLA	38	49:48	57
8. WEST HAM UNITED	38	56:57	56
9. DERBY COUNTY	38	52:49	55
10. LEICESTER CITY	38	51:41	53
11. COVENTRY CTY	38	46:44	52
12. FC SOUTHAMPTON	38	50:55	48
13. NEWCASTLE UNITED	38	35:44	44
14. TOTTENHAM HOTSPURS	38	44:56	44
15. FC WIMBLEDON	38	34:46	44
16. SHEFFIELD WEDNESDAY	38	52:67	44
17. FC EVERTON	38	41:56	40
18. BOLTON WANDERES (N)**	38	41:61	40
19. FC BARNSLEY (N)**	38	37:82	35
20. CRYSTAL PALACE**	38	37:71	33

NORDIRLAND

1. FC CLIFTONVILLE	36	49:37	68
2. FC LINFIELD	36	50:19	64
3. FC PORTADOWN	36	50:38	60
4. FC GLENTORAN	36	52:34	59
5. FC CRUSADERS (M)	36	51:51	51
6. BALLYMENA UNITED	36	54:55	51
7. FC COLERAINE	36	44:40	44
8. FC GLENAVON	36	49:59	37
9. OMAGH TOWN (N)**	36	43:68	31
10. FC ARDS**	36	31:63	23

BELGIEN

1. FC BRÜGGE	34	78:29	84
2. RACING GENK	34	65:40	66
3. GERMINAL EKEREN	34	60:48	58
4. RSC ANDERLECHT	34	53:37	57
5. RC HARELBEKE	34	50:31	55
6. SC LOKEREN	34	68:68	52
7. LIERSE SK (M)	34	54:45	50
8. AA GENT	34	50:44	47
9. STANDART LÜTTICH	34	53:50	43
10. VC WESTERLO (N)	34	52:56	41
11. FC LOMMEL	34	46:50	41
12. EXCELSIOR MOUSCRON	34	39:45	41
13. SC CHARLEROI	34	46:57	39
14. VV ST. TRUIDEN	34	32:45	37
15. ENDRACHT AALST	34	51:66	36
16. SK BEVEREN (N)	34	30:48	32
17. RWD MOLENBEEK**	34	39:74	31
18. FC ANTWERPEN**	34	38:71	25

FRANKREICH

1. RC LENS	34	55:30	68
2. FC METZ	34	48:28	68
3. AS MONACO (M)	34	51:33	59
4. OLYMPIQUE MARSEILLE	34	47:41	57
5. GIRONDINS BORDEAUX	34	49:41	57
6. OLYMPIQUE LYON	34	39:37	53
7. AJ AUXERRE	34	55:45	51
8. PARIS ST. GERMAIN	34	43:35	50
9. SEC BASTIA	34	36:31	50
10. AC LE HAVRE	34	38:35	44
11. FC NANTES	34	35:41	41
12. MONTPELLIER HERAULT	34	32:42	41
13. RC STRASSBURG	34	39:43	37
14. STADE RENNES	34	36:48	36
15. FC TOULOUSE (N)	34	26:46	36
16. EA GUINGAMP**	34	30:42	35
17. LB CHATEAUROUX**	34	31:59	31
18. AS CANNES**	34	32:59	28

ABSCHLUSS-TABELLEN 1997/98

INTERNATIONAL

SPANIEN

1. FC BARCELONA	38	78:56	74
2. ATHLETIC BILBAO	38	52:42	65
3. REAL SOC. SAN SEBASTIAN	38	60:37	63
4. REAL MADRID (M)	38	63:45	63
5. ATLETICO MADRID	38	79:56	60
6. RCD MALLORCA (N)	38	55:39	60
7. CELTA VIGO	38	54:47	60
8. BETIS SEVILLA	38	49:50	59
9. FC VALENCIA	38	58:52	55
10. ESPANYOL BARCELONA	38	44:31	53
11. REAL VALLADOLID	38	36:47	50
12. DEPORTIVO LA CORUNA	38	44:46	49
13. REAL SARAGOSSA	38	45:53	48
14. DU SALAMANCA (N)	38	46:46	45
15. RACING SANTANDER	38	46:55	45
16. CD TENERIFFA	38	44:57	45
17. SD COMPOSTELA	38	56:66	44
18. REAL OVIEDO	38	36:51	40
19. CP MERIDA (N)**	38	33:53	39
20. SPORTING GIJON**	38	31:80	13

TÜRKEI

1. GALATASARAY ISTANBUL (M)	34	86:43	75
2. FENERBAHCE ISTANBUL	4	61:25	71
3. TRABZONSPOR	34	68:42	66
4. ISTANBULSPOR	34	60:42	54
5. SAMSUNSPOR	34	42:42	49
6. BESIKTAS ISTANBUL	34	56:40	48
7. ALTAY IZMIR	34	45:52	47
8. BURSASPOR	34	46:50	45
9. KAEABÜKSPOR (N)	34	34:50	44
10. KOCAELISPOR	34	46:46	43
11. DARDANELSPOR	34	37:40	41
12. ANTAYASPOR	34	51:55	41
13. ANKARAGÜCÜ	34	40:47	41
14. GENCLERBIRLIGI	34	41:46	38
15. GAZIANTEPSPOR	34	39:44	38
16. KAYSERISPOR (N)**	34	42:60	38
17. SEKERSPOR ANKARA (N)**	34	41:67	36
18. VABSPOR**	34	26:70	24

NIEDERLANDE

1. AJAX AMSTERDAM	34	112:22	89
2. PSV EINDHOVEN (M)	34	95:44	72
3. VITESSE ARNHEIM	34	85:48	70
4. FEYENOORD ROTTERDAM	34	67:34	61
5. WILLEM II TILBURG	34	66:58	55
6. SC HEERENVEEN	34	56:59	55
7. FORTUNA SITTARD	34	51:53	48
8. NEC NIJMEGEN	34	40:57	44
9. FC TWENTE ENSCHEDE	34	41:42	43
10. FC UTRECHT	34	56:64	43
11. DE GRAAFSCHAP	34	45:49	42
12. NAC BREDA	34	41:49	42
13. SPARTA ROTTERDAM	34	50:59	41
14. RODA JC KERKRADE	34	44:45	38
15. MVV MAASTRICHT (N)	34	35:75	32
16. RKC WAALWIJK	34	48:71	31
17. FC GRONINGEN	34	42:65	31
18. FC VOLENDAM**	34	33:102	21

ITALIEN

1. JUVENTUS TURIN (M)	34	67:28	74
2. INTER MAILAND	34	62:27	69
3. UDINESE CALCIO	34	62:40	64
4. AS ROM	34	67:42	59
5. AC FLORENZ	34	65:36	57
6. AC PARMA	34	55:39	57
7. LAZIO ROM	34	53:30	56
8. FC BOLOGNA	34	55:46	48
9. SAMPDORIA GENUA	34	52:55	48
10. AC MAILAND	34	37:43	44
11. AS BARI (N)	34	30:45	38
12. FC EMPOLI (N)	34	50:58	37
13. FC PIACENZA	34	29:38	37
14. VICENZA CALCIO	34	36:61	36
15. BRESCIA CALCIO (N)**	34	45:63	35
16. ATALANTA BERGAMO**	34	25:48	32
17. US LECCE (N)**	34	32:72	26
18. SSC NEAPEL **	34	25:76	14

RUMÄNIEN

1. STEAUA BUKAREST (M)	34	83:36	80
2. RAPID BUKAREST	34	70:24	78
3. ARGES PITESTI	34	56:38	65
4. OTELUL GALATI	34	54:28	65
5. NATIONAL BUKAREST	34	57:40	60
6. DINAMO BUKAREST	34	66:50	54
7. CSM RESITA (N)	34	54:49	51
8. UNIVERSITATEA CRAIOVA	34	65:46	49
9. CEAGLAUL PIATRA-NEAMT	34	46:49	49
10. FCM BACAU	34	41:42	45
11. GLORIA BISTRITZA	34	56:63	44
12. FARUL CONSTANTA	34	36:52	43
13. INIVERSITATEA CLUJ	34	42:40	40
14. PETROLUL PLOIESTI	34	41:45	40
15. FORESTA FALTICENI (N)	34	32:41	39
16. FC CHINDIA TORGOVISTE**	34	40:66	38
17. SPORTUL STUD. BUKAREST**	34	32:65	19
18. JIUL PETROSANI**	34	19:116	10

ÖSTERREICH

1. STURM GRAZ	36	80:28	81
2. RAPID WIEN	36	42:36	62
3. GRAZER AK	36	53:33	61
4. AUSTRIA SALZBURG (M)	36	48:33	56
5. FC LASK LINZ	36	67:58	55
6. FC TIROL	36	49:51	48
7. AUSTRIA WIEN	36	39:54	40
8. SV RIED	36	42:55	39
9. AUSTRIA LUSTENAU (N)	36	38:59	32
10. VFB ADMIRA-WACKER MÖDLING**	36	34:85	22

Mit 27 Treffern Torschützenkönig der Serie A: Oliver Bierhoff (20). Da jubelt auch Sponsor Nike: „Jetzt können wir aufhören, die Italiener zu beneiden. Grazie, Oliver!"

ABSCHLUSS-TABELLEN 1997/98

INTERNATIONAL

KROATIEN***

1. CROATIA ZAGREB (M)	10	28:10	49
2. HAJDUK SPLIT	10	17:16	36
3. FC OSIJEK	10	13:12	32
4. HRV DRAGOVOLJAC ZAGREB	10	7:12	32
5. FC ZAGREB	10	16:16	30
6. FC ZADAR	10	11:26	21

BULGARIEN

1. LITEX LOVETSCH (N)	30	73:25	69
2. LEVSKI SOFIA	30	74:27	64
3. ZSKA SOFIA (M)	30	70:29	61
4. NEFTOCHIMIK BURGAS	30	62:31	55
5. SLAVIA SOFIA	30	51:30	54
6. LEVSKI KJUSTENDIL	30	45:40	46
7. SPARTAK VARBA	30	42:36	42
8. MINIOR PERNIK	30	32:35	41
9. LOKOMOTIVE SOFIA	30	42:40	39
10. MTALURG PERNIK (N)	30	28:36	37
11. BOTEV PLOVDIV	30	35:48	3
12. DOBRUDSCHA DOBRITSCH	30	33:55	36
13. LOKOMOTIVE PLOVDIV	30	31:58	36
14. OLYMPIK GALATA (N)**	30	26:50	35
15. SPARTAK PLEVEN**	30	32:75	21
16. ETAR TARNOVO**	30	21:82	14

SCHWEIZ***

EINEN SPIELTAG VOR ABSCHLUSS DER MEISTERSCHAFTSRUNDE STEHT GRASSHOPPER ZÜRICH ALS NEUER SCHWEIZER TITELTRÄGER FEST.

1. GRASSHOPPER ZÜRICH	13	35:14	54
2. SERVETTE GENF	13	16:11	41
3. FC ZÜRICH	13	25:14	38
4. LAUSANNE SPORTS	13	13:16	37
5. FC SION (M)	13	20:19	34

DÄNEMARK

BEI NOCH DREI RUNDEN HAT BRÖNDBY IF ZUM DRITTEN MAL IN FOLGE DIE MEISTERSCHAFT SICHER.

1. BRÖNDBY IF (M)	30	76:32	69
2. FC KOPENHAGEN	30	59:36	58
3. SILKEBORG IF	30	50:29	56

PORTUGAL

ERNEUT TRIUMPHIERTE DER FC PORTO. EIN SPIELTAG IST NOCH OFFEN.

1. FC PORTO (M)	33	73:35	77
2. BENFICA LISSABON	33	55:28	65

UNGARN

DREI RUNDEN VOR ABSCHLUSS HABEN NUR NOCH DREI TEAMS DIE CHANCE AUF DEN TITEL, WOBEI SPITZENREITER UJPEST BUDAPEST KLAR FAVORISIERT IST. ABGESCHLAGEN AUF RANG FÜNF TITELVERTEIDIGER MTK BUDAPEST, DER JEDOCH MIT EINEM 1:0 GEGEN UJPEST DEN POKAL VERTEIDIGTE.

1. UJPEST	30	54:21	67
2. FERENCVAROS BUDAPEST	30	57:36	62
3. VASAS BUDAPEST	31	60:34	60

GRIECHENLAND

ERNEUT SETZTE SICH OLYMPIAKOS PIRÄUS DURCH. EIN SPIELTAG STEHT NOCH AUS.

1. OLYMPIAKOS PIRÄUS (M)	33	88:25	88
2. PANATHINAIKOS ATHEN	33	83:24	82

POLEN

FÜNF SPIELTAGE VOR DEM ENDE SIEHT ALLES NACH EINEM ZWEIKAMPF ZWISCHEN LKS LODZ UND POKALSIEGER LEGIA WARSCHAU AUS. OHNE CHANCE IST TITELVERTEIDIGER WIDZEW LODZ (48 PUNKTE).

1. LKS LODZ	29	46:19	58
2. LEGIA WARSCHAU	29	45:24	53
3. POLONIA WARSCHAU	29	36:26	51

JUGOSLAWIEN

MEISTER PARTIZAN BELGRAD IST LÄNGST AUS DEM RENNEN. DIE ENTSCHEIDUNG FÄLLT AM NOCH AUSSTEHENDEN LETZTEN SPIELTAG. SCHAFFT AUFSTEIGER FK OBILIC BELGRAD DIE SENSATION?

1. FK OBILIC BELGRAD	32	71:18	85
2. ROTER STERN BELGRAD	32	85:20	84
3. PARTIZAN BELGRAD	32	73:36	70

LUXEMBURG

AUCH HIER WIRD DIE MEISTERSCHAFT AM LETZTEN SPIELTAG ENTSCHIEDEN.

1. JEUNESSE ESCH (M)	21	68:19	51
2. US LUXEMBURG	21	61:19	50

TSCHECHIEN

SPARTA PRAG HAT BEREITS DEN TITEL SICHER, OBWOHL NOCH ZWEI RUNDEN AUSSTEHEN.

1. SPARTA PRAG (M)	28	50:17	68
2. SLAVIA PRAG	28	40:21	55

SLOWAKEI

BEI NOCH VIER RUNDEN HAT TITELVERTEIDIGER FC KOSICE DIE BESTEN CHANCEN, DARF SICH ABER KEINE AUSRUTSCHER LEISTEN.

1. FC KOSICE (M)	26	64:20	59
2. SPARTAK TRNAVA	26	52:29	56

MOLDAWIEN

NICHTS MIT DEM MEISTERSCHAFTSAUSGANG HAT MOLDAWIENS CHAMPION DES VORJAHRES CONSTRUCTORUL CHISINAU FÜNF SPIELTAGE VOR SCHLUSS ZU TUN.

1. ZIMBRU CHISINAU	21	57:5	56
2. TILIGUL TIRASPOL	21	34:9	53
3. CONSTRUCTORUL CHISINAU (M)	21	43:26	44

UKRAINE

WIE IM VORJAHR GIBT ES ERNEUT EINEN ZWEIKAMPF ZWISCHEN DYNAMO KIEW UND SCHACHTJOR DONEZK, WOBEI DIE HAUPTSTÄDTER BEI SECHS AUSSTEHENDEN RUNDEN NOCH ZWEI NACHHOLSPIELE HABEN.

1. SCHACHTJOR DONEZK	24	45:18	53
2. DYNAMO KIEW (M)	22	47:13	51

GEORGIEN

VIER SPIELTAGE VOR DEM FINALE HAT ES ERNEUT DYNAMO TIFLIS - GEGNER VON BAYER LEVERKUSEN IN DER QUALIFIKATION ZUR CHAMPIONS LEAGUE 1997/98 - GESCHAFFT.

1. DYNAMO TIFLIS	26	71:15	61
2. DYNAMO BATUMI	26	54:16	54

SLOWENIEN

ERNEUT AUF TITELKURS IST MARIBOR-BRANIK, DENN BEI NOCH FÜNF SPIELTAGEN HAT DAS TEAM SIEBEN PUNKTE VORSPRUNG VOR DEM ZWEITPLAZIERTEN.

1. MARIBOR-BRANIK	31	53:26	62
2. MURA MURSKA SOBOTA	31	55:38	58

ANMERKUNG

Folgende Meisterschaften waren zum Redaktionsschluß noch nicht beendet: Schweiz, Dänemark, Portugal, Ungarn, Griechenland, Polen, Jugoslawien, Luxemburg, Tschechien, Slowakei, Moldawien, Ukraine, Georgien und Slowenien.
Stand der Tabellen (-Spitze) ist der 19. Mai 1998.

*** Meisterrunde; keine Absteiger

WM 1998 QUALIFIKATION EUROPA

GRUPPE 1

1. DÄNEMARK	8	14:6	17
2. KROATIEN	8	17:12	15
3. GRIECHENLAND	8	11:4	14
4. BOSNIEN-HERZEGOWINA	8	9:14	9
5. SLOWENIEN	8	5:20	1

GRUPPE 2

1. ENGLAND	8	15:2	19
2. ITALIEN	8	11:1	18
3. POLEN	8	10:12	10
4. GEORGIEN	8	7:9	10
5. MOLDAWIEN	8	2:21	0

GRUPPE 3

1. NORWEGEN	8	21:2	20
2. UNGARN	8	10:8	12
3. FINNLAND	8	11:12	11
4. SCHWEIZ	8	11:12	10
5. ASERBAIDSCHAN	8	3:22	3

GRUPPE 4

1. ÖSTERREICH	10	17:4	25
2. SCHOTTLAND	10	15:3	23
3. SCHWEDEN	10	16:9	21
4. LETTLAND	10	10:14	10
5. ESTLAND	10	4:16	4
6. WEISSRUSSLAND	10	5:21	4

GRUPPE 5

1. BULGARIEN	8	18:9	18
2. RUSSLAND	8	19:5	17
3. ISRAEL	8	9:7	13
4. ZYPERN	8	10:15	10
5. LUXEMBURG	8	2:22	0

GRUPPE 6

1. SPANIEN	10	26:6	26
2. JUGOSLAWIEN	10	29:7	23
3. TSCHECHIEN	10	16:6	16
4. SLOWAKEI	10	18:14	16
5. FÄRÖER INSELN	10	10:31	6
6. MALTA	10	2:37	0

GRUPPE 7

1. NIEDERLANDE	8	26:4	19
2. BELGIEN	8	20:11	18
3. TÜRKEI	8	21:9	14
4. WALES	8	20:12	7
5. SAN MARINO	8	0:42	0

GRUPPE 8

1. RUMÄNIEN	10	37:4	28
2. IRLAND	10	22:8	18
3. LITAUEN	10	11:8	17
4. MAZEDONIEN	10	22:18	13
5. ISLAND	10	11:16	9
6. LICHTENSTEIN	10	3:52	0

GRUPPE 9

1. DEUTSCHLAND	10	23:9	22
2. UKRAINE	10	10:6	20
3. PORTUGAL	10	12:4	19
4. ARMENIEN	10	8:17	8
5. NORDIRLAND	10	6:10	7
6. ALBANIEN	10	7:20	4

ANMERKUNG

Die neun Gruppensieger und der beste Gruppenzweite (Schottland) sind automatisch für die WM-Endrunde in Frankreich (10.6. - 12.7.1998) qualifiziert.
Die übrigen acht Gruppenzweiten mußten Ausscheidungsspiele um vier weitere Europa-WM-Plätze bestreiten.
Zur Ermittlung der besten Gruppenzweiten wurden nur die Ergebnisse gegen den Ersten, Dritten und Vierten der jeweiligen Gruppe berücksichtigt. Gastgeber Frankreich war neben Titelverteidiger Brasilien automatisch für das WM-Endrundenturnier qualifiziert, an dem erstmals 32 Mannschaften teilnehmen.

ALLE SPIELE

NORDIRLAND - UKRAINE	0:1
ARMENIEN - PORTUGAL	0:0
NORDIRLAND - ARMENIEN	1:1
UKRAINE - PORTUGAL	2:1
ALBANIEN - PORTUGAL	0:3
ARMENIEN - DEUTSCHLAND	1:5
ALBANIEN - ARMENIEN	1:1
DEUTSCHLAND - NORDIRLAND	1:1
PORTUGAL - UKRAINE	1:0
NORDIRLAND - ALBANIEN	2:0
PORTUGAL - DEUTSCHLAND	0:0
ALBANIEN - UKRAINE (IN GRANADA)	2:3
NORDIRLAND - PORTUGAL	0:0
UKRAINE - NORDIRLAND	2:1
ALBANIEN - DEUTSCHLAND (IN GRANADA)	2:3
ARMENIEN - NORDIRLAND	0:0
DEUTSCHLAND - UKRAINE	2:0
UKRAINE - ARMENIEN	1:1
UKRAINE - DEUTSCHLAND	0:0
PORTUGAL - ALBANIEN	2:0
UKRAINE - ALBANIEN	1:0
NORDIRLAND - DEUTSCHLAND	1:3
PORTUGAL - ARMENIEN	3:1
DEUTSCHLAND - PORTUGAL	1:1
ARMENIEN - ALBANIEN	3:0
ALBANIEN - NORDIRLAND (IN ZÜRICH)	1:0
DEUTSCHLAND - ARMENIEN	4:0
DEUTSCHLAND - ALBANIEN	4:3
PORTUGAL - NORDIRLAND	1:0
ARMENIEN - UKRAINE	0:2

DIE TABELLE DER ZWEITEN

1. SCHOTTLAND	6	6:2	13
2. ITALIEN	6	5:0	12
3. BELGIEN	6	11:11	12
4. RUSSLAND	6	12:5	11
5. KROATIEN	6	11:8	11
6. JUGOSLAWIEN	6	7:5	11
7. IRLAND	6	8:6	8
8. UKRAINE	6	5:5	8
9. UNGARN	6	4:7	6

AUSSCHEIDUNGSSPIELE DER GRUPPEN-ZWEITEN (29.10./15. - 16.11.1997)

KROATIEN - UKRAINE	2:0	1:1
RUSSLAND - **ITALIEN**	1:1	0:1
IRLAND - **BELGIEN**	1:1	1:2
UNGARN - **JUGOSLAWIEN**	1:7	0:5

Toni für Österreich! Und das wieder mal im Doppelpack. Beim 4:0 gegen Weißrußland sorgte der Mannschaftskapitän mit zwei Toren entscheidend dafür, daß das Team Austria erneut bei einer WM-Endrunde dabei ist.

IMPRESSUM

Die Deutsche Bibliothek – CIP-Einheitsaufnahme
Fussball '98: das Bundesliga-Jahrbuch /
Red. Wolfgang Hartwig; Raymund Stolze. –
Berlin: SVB Sportv., 1998
ISBN 3-328-00778-4

Idee, Konzeption und Projektleitung:
Raymund Stolze
Mitarbeit:
Gabriele Kluge (Produktion)
Christoph Hermanny (Assistenz)
Philipp Stolze (Statistik)
Harry Radunz/Thilo Witt (Schlußredaktion)
Umschlaggestaltung:
Volkmar Schwengle, Buch & Werbung, Berlin
Layout und DTP:
creAtiv Werbeagentur GmbH, Berlin, Carola Gerdsmeyer
Titelfotos:
Bongarts Sportfotografie
Fotos:
Behrendt, Bongarts, Camera 4, Deutsche Presse-Agentur/DPA-Sportreport Berlin,
firo, Horstmüller, Kosecki, Nagel, Rauchensteiner, SPORT-BILD-Archiv (Becker, Rauchensteiner, Rogmans),
Sven Simon, Team 2, Wende, Werek, Witters
Redaktionschluß: 21. Mai 1998
Lithos: Fischer Repro Technik GmbH, Frankfurt/Main
Druck und Verarbeitung: Neue Stalling GmbH, Oldenburg
Printed in Germany 1998
ISDN 3-328-00778-4
Gedruckt auf alterungsbeständigem Papier mit chlorfrei gebleichtem Zellstoff

SPORT-BILD-Autoren:
Jörg Althoff
Stefan Backs
Jochen Coenen
Pit Gottschalk
Raimund Hinko
Jörg Hobusch
Christoph Graf Leutrum
Udo Muras
Michael Schilling
Matthias Sonnenberg
Oliver Wurm

Chefredakteur:
Gerhard Pietsch

SPIELPLAN SAISON

98 — 99

JULI

	WM - ENDRUNDE FRANKREICH '98
3/4	VIERTELFINALE
7/8	HALBFINALE
11	SPIEL UM PLATZ 3
12	WM - ENDSPIEL
4/5	UIC-2. RUNDE-HINSPIELE
11/12	UIC-2. RUNDE-RÜCKSPIELE
18/19	UIC-3. RUNDE-HINSPIELE
25	UIC-3. RUNDE-RÜCKSPIELE
29	UIC-HALBFINALE-HINSPIELE
30	LIGA-POKAL 1. GRUPPENSPIELE

NOVEMBER

1	12. SPIELTAG 2. BUNESLIGA
3/4/5	EUROPAPOKAL 2. RUNDE-RÜCKSPIELE CHAMPIONS LEAGUE/4. SPIELTAG
6/7	11. SPIELTAG 1. BUNDESLIGA
8	13. SPIELTAG 2. BUNDESLIGA
10/11	12. SPIELTAG 1. BUNDESLIGA
13/14	13. SPIELTAG 1. BUNDESLIGA
15	14. SPIELTAG 2. BUNDESLIGA
20/21	14. SPIELTAG 1. BUNDESLIGA
22	15. SPIELTAG 2. BUNDESLIGA
24	EUROP APOKAL 3. RUNDE-HINSPIELE
25	CHAMPIONS LEAGUE/5. SPIELTAG
27/28	15. SPIELTAG 1. BUNDESLIGA
29	16. SPIELTAG 2. BUNDESLIGA

MÄRZ

2/3	EUROPAPOKAL VIERTELFINALE-HINSPIELE
5/6	21. SPIELTAG 1. BUNDESLIGA
7	21. SPIELTAG 2. BUNDESLIGA
9/10	DFB-VEREINSPOKAL HALBFINALE
12/13	22. SPIELTAG 1. BUNDESLIGA
14	22. SPIELTAG 2. BUNDESLIGA
16/17/18	EUROPAPOKAL VIERTELFINALE-RÜCKSPIELE
19/20	23. SPIELTAG 1. BUNDESLIGA
21	23. SPIELTAG 2. BUNDESLIGA
27	EM-QUALIFIKATION NORDIRLAND-DEUTSCHLAND
31	EM-QUALIFIKATION DEUTSCHLAND-FINNLAND